YAMAGUCHI ATSUSHI

山口 厚

CRIMINAL LAW

刑　法

第3版

第3版 はしがき

　本書の第2版を平成23（2011）年9月に刊行したが，それからすでに3年あまりが経過した。その間，刑の一部執行猶予制度や危険運転致死傷罪等に関する刑法等の改正が行われたほか，共犯や詐欺罪に関する最高裁判例など重要な判例・裁判例が出されている。それらを踏まえ，本書を改訂することとした。

　本書の執筆方針は初版以来同じであり，限られた紙幅の中で，判例・学説の現状を可能な限り正確に伝えるよう努めた。これまでの記述については，法改正の内容を反映させると共に，判例・学説の進展を踏まえて再検討し，とくに共犯や詐欺罪の項目等において，部分的な加筆修正を施している。それによって，現時点で刑法の基本的な理解に必要と思われる重要な情報は，簡潔な形ではあれ，一応網羅されたと思われる。読者の方々には，そうした解釈論を，単なる抽象的な命題としてではなく，具体的な事実へのあてはめを意識しながら，そして，自らそれができるようになることを目指して，判例・裁判例を参照しつつ学修することをお願いしたい。そのため，本書で引用した判例・裁判例については，読者の方々の便宜を図り，『判例刑法総論』・『判例刑法各論』（第6版）の判例番号を付記している。

　本書の刊行に当たっては，有斐閣書籍編集第一部の山宮康弘氏及び小林久恵氏に大変お世話になった。ここに記して，厚く御礼を申し上げたい。

　　　平成26年12月

山　口　　厚

　　編集部注：第6刷の重版にあたり，『判例刑法総論』・『判例刑法各論』の判例
　　　　番号を，第7版のものに改めました。

初版 はしがき

　本書は，法科大学院の法学未修者として，あるいは法学部において，これから本格的に刑法を学び始めようとする者を主として念頭においた刑法の教科書である。とくに，判例及び通説における刑法解釈論の基礎的な枠組みを解説することに主眼をおき，入門・初歩の段階から相当のレベルにまで，刑法解釈論についての読者の理解を高めることを目的としている。

　刑法解釈論を学ぶにあたり，学説が前提としている解釈論の基本的枠組みや通説・判例の基本的な内容は，刑法解釈論に関して最終的にいかなる立場を採るにせよ，正確かつ適切に理解されていなければならない。その上で，それぞれの解釈論が形成・展開される必要があるといえよう。現在比較的多く見られる刑法学習者の態度は，解釈論の細部や末端の枝葉のレベルにおいて，その結論をひたすら暗記しようとするものではないかと懸念される。ことに，刑法解釈論においては，結果無価値論と行為無価値論など見解の対立が厳しいとの理解から，解釈の展開において一貫性を欠いてはならないとの思いのあまり，特定の学説を，その具体的な結論のレベルにおいて，間違えなく覚えようとする態度が生じることになるものと思われる。学説が常に論理一貫しているわけではないことはともかく，そうした学習態度は望ましいものではない。なぜなら，そこでは，問題解決に至る考え方の道筋が十分に理解されずに，単に結論だけが重視され，その結果として，応用力が育たないことになるからである。刑法解釈論を適切に学ぶためには，あくまでも段階的な学習が必要なのであり，まず，枝葉に分かれる前の，いかなる見解も前提としている，基本的な理解を身につけることが肝要である。本書は，こうした見地から，刑法解釈論の基本的な枠組みを解説しようとするものである。読者の方々には，本書により刑法解釈論の基礎的理解を身につけた後，さらに，法科大学院における法学既修者向けの授業等において，その応用能力を涵養することが期待される。解釈論の修得は，それを実際の事案に即し適用することができて初めて完全なものとなるのであり，そうした態度で，刑法解釈論についての理解を深めていただきたい

はしがき　iii

と念じている。

　なお，本書においては，最新の刑法改正法である，「人身売買罪の新設等を内容とする刑法等の一部を改正する法律」（平成17年法律第66号）のみならず，さらには，実際上の重要性に鑑みて，第162回国会で継続審議されたが衆議院の解散により廃案となった「犯罪の国際化及び組織化並びに情報処理の高度化に対処するための刑法等の一部を改正する法律案」の内容までを解説の対象としている。

　本書の刊行にあたっては，いろいろな方にお世話になった。まず，樋口亮介東京大学助教授には，本書の草稿に目を通していただき，いくつかの点について貴重なご意見をいただいた。また，有斐閣書籍編集第一部の酒井久雄氏，重松由希子氏には，細かい点についてまでご配慮いただいた。本書の叙述の正確性が高まり，また，それが多少なりとも読みやすくなったとすればこれらの方々のおかげである。厚くお礼を申し上げたい。

　　　平成17年8月

山　口　　厚

第2版 はしがき

　本書の初版を平成17（2005）年10月に刊行してから，6年が経とうとしている。その間，多くの重要な判例・裁判例が出され，刑法も本年の最新の改正（情報処理の高度化等に対処するための刑法等の一部を改正する法律）を含め，数回改正されている。そこで，初版刊行後の立法・判例・学説を採り入れ，本書を改訂することとした。

　本書の執筆方針は初版と同じである。第2版においては，判例・学説の現状を踏まえた上で，その方針をさらに押し進めることとした。そのため，たとえば，因果関係論や共犯論などにおける記述をその方針に従って整理し，一部書き改めている。本書では，刑法の基本的な理解に現在必要と思われる解釈論上の情報はカヴァーされていると思われるが，読者の方々には，そうした解釈論

を具体的な事実にあてはめることができるよう，『判例刑法総論』，『判例刑法各論』（有斐閣）といった判例教材に収録された判例・裁判例を参照しながら学習していただくことが肝要である。そのため，本書で引用した判例・裁判例には同書（第5版）の判例番号を付記することとした。

　本書を手にされる初学者の方々は，いわば漫然と本書を読み進めるのではなく，学ぶべきことがらを明確化した上で，それが理解されているかを確認しながら学習することが必要である。そのためには，教室での授業における教員の指示・解説が有用であることは当然のことであるが，予習・復習，あるいは独習するに当たっては，著者も参加して作成した刑法の「共通的な到達目標モデル」の各項目が「学ぶべきことがら」を示すものとして参考になるであろう（これは，法科大学院協会のサイトで見ることができる。http://www.lawschool-jp.info 参照）。それぞれの該当項目が理解できたかを確認しながら本書を読み進めることによって，刑法の理解をより確かなものとすることができると思われる。また，本書は，刑法を一応学習された方々が，学習した知識・理解を再確認し，整理するためにも利用することができるであろう。本書を手がかりにして，刑法の学習をさらに深めていただくことを著者として切望する次第である。

　本書の刊行に当たっては，有斐閣書籍編集第一部長の土肥賢氏及び同部の小林久恵氏に大変お世話になった。この場を借りて，厚くお礼申し上げたい。

　　平成23年7月

山　口　　厚

目　次

第1編　序　　論

第1章　刑法：犯罪と刑罰の法 ——————————————— 3

第2章　刑法の基礎 ———————————————————— 5

第3章　罪刑法定主義 ——————————————————— 8

第1節　総　説　8

第2節　法律主義　9

第3節　事後法の禁止　12

第4節　刑罰法規の適正　14

　　1　総説（14）　　2　明確性の原則（14）　　3　内容の適正さ（16）　　4　罪刑の均
衡（18）

第2編　総　　論

第1章　犯罪論の体系 ——————————————————— 21

第2章　構成要件該当性 —————————————————— 23

第1節　構成要件の意義　23

第2節　主　体　24

　　1　自然人（24）　　2　法人（26）

第3節　行為及び結果　27

　　1　行為（27）　　2　結果（28）

第4節　因果関係　30

　　1　起点としての実行行為（30）　　2　危険の現実化としての因果関係（31）

第5節　間接正犯　39

第6節　不作為犯　44

第7節　主観的構成要件要素　52

vi

第3章　違法性 —————————————— 56

第1節　総　説　56

　1　違法性の概念 (56)　　2　違法性と違法性阻却 (58)　　3　違法性阻却の実質的原理 (59)

第2節　正当行為　61

第3節　正当防衛　63

　1　総説 (63)　　2　正当防衛の成立要件 (65)　　3　過剰防衛 (72)　　4　盗犯等防止法の特則 (73)

第4節　緊急避難　74

　1　緊急避難の法的性格 (74)　　2　緊急避難の成立要件 (76)　　3　過剰避難 (82)

第5節　被害者の同意　82

　1　総説 (82)　　2　同意の有効要件 (84)　　3　同意の効果 (87)　　4　治療行為と同意 (88)　　5　生命侵害と同意 (89)　　6　推定的同意 (91)

第6節　実質的違法性阻却　92

　1　超法規的違法性阻却 (92)　　2　「可罰的違法性」論 (94)

第4章　責　任 —————————————— 99

第1節　責任の意義　99

第2節　故　意　101

　1　総説 (101)　　2　故意の要件 (101)　　3　未必の故意 (110)

第3節　事実の錯誤　112

　1　総説 (112)　　2　具体的事実の錯誤 (115)　　3　抽象的事実の錯誤 (119)

第4節　過　失　122

　1　過失犯処罰の例外性 (122)　　2　過失犯の構造 (123)　　3　予見可能性 (125)　　4　信頼の原則 (127)　　5　管理・監督過失 (128)

第5節　違法性の意識　130

第6節　期待可能性　133

第7節　責任能力　134

　1　心神喪失・心神耗弱 (134)　　2　刑事未成年 (135)　　3　原因において自由な行為 (135)

目　次　vii

第5章　未遂犯 ————————————————————————— 139

第1節　総　説　139

第2節　実行の着手　140

第3節　不能犯　142

第4節　中止犯　144

　1　刑の減免の根拠（144）　2　犯罪の中止（146）　3　任意性（147）　4　予備罪と中止（148）

第6章　共　犯 ————————————————————————— 149

第1節　共犯の基礎理論　149

　1　総説（149）　2　共犯の因果性（155）　3　共犯の従属性（156）

第2節　共犯類型　159

　1　教唆（159）　2　幇助（160）　3　共同正犯（161）

第3節　共犯の諸問題　164

　1　共犯と身分（164）　2　必要的共犯（167）　3　共犯と違法性阻却事由（170）　4　共犯と錯誤（171）　5　片面的共犯（173）　6　承継的共犯（174）　7　共犯関係からの離脱（175）　8　過失と共犯（177）　9　不作為と共犯（179）

第7章　罪　数 ————————————————————————— 180

第1節　総　説　180

第2節　法条競合　181

第3節　包括一罪　183

第4節　科刑上一罪　186

第5節　併合罪　190

第8章　刑法の適用範囲 ————————————————————— 192

第1節　刑法の時間的適用範囲　192

第2節　刑法の場所的適用範囲　194

第9章　刑罰論 ————————————————————————— 196

第3編　各　論

第1章　刑法各論の意義と体系 ——————————————————— 203

viii

第 1 部　個人的法益に対する罪　204

第 2 章　生命に対する罪 —————————————————— 204

第 1 節　生命の保護　204

第 2 節　殺人罪　205

1　総説 (205)　　2　殺人罪 (205)　　3　自殺関与罪・同意殺人罪 (206)

第 3 節　堕胎罪　208

1　総説 (208)　　2　堕胎の意義 (209)　　3　堕胎罪の諸類型 (209)　　4　胎児性致死傷 (211)　　5　排出された胎児の法的地位 (212)

第 4 節　遺棄罪　213

1　法益・罪質 (213)　　2　客体 (213)　　3　行為 (214)　　4　保護責任 (215)　　5　遺棄等致死傷罪 (215)

第 3 章　身体に対する罪 —————————————————— 216

第 1 節　総　説　216

第 2 節　暴行罪　216

第 3 節　傷害罪　218

1　傷害罪 (218)　　2　傷害致死罪 (219)　　3　現場助勢罪 (219)　　4　同時傷害の特例 (220)

第 4 節　凶器準備集合罪　221

1　総説 (221)　　2　凶器準備集合罪 (222)　　3　凶器準備結集罪 (224)

第 5 節　過失致死傷罪　224

1　総説 (224)　　2　重過失致死傷罪 (225)　　3　業務上過失致死傷罪 (225)　　4　自動車運転による致死傷行為の処罰 (226)

第 4 章　自由に対する罪 —————————————————— 228

第 1 節　自由の保護　228

第 2 節　脅迫・強要罪　228

1　脅迫罪 (228)　　2　強要罪 (230)

第 3 節　逮捕・監禁罪　232

1　保護法益 (232)　　2　行為類型 (233)　　3　同意と錯誤 (234)　　4　逮捕・監禁致死傷罪 (235)

第 4 節　略取・誘拐・人身売買罪　235

1　総説（235）　　2　未成年者略取・誘拐罪（237）　　3　営利目的等略取・誘拐罪（237）　　4　身の代金目的略取・誘拐罪（238）　　5　所在国外移送目的略取・誘拐罪（240）　　6　人身売買罪（241）　　7　被略取者等所在国外移送罪（241）　　8　被略取者引渡し等罪（241）　　9　解放による刑の減軽（242）　　10　親告罪（243）

第5節　性的自由に対する罪　243

1　総説（243）　　2　強制わいせつ罪（244）　　3　強姦罪（245）　　4　準強制わいせつ罪・準強姦罪（246）　　5　集団強姦等罪（248）　　6　親告罪（248）　　7　強制わいせつ等致死傷罪（249）

第6節　住居侵入罪　250

1　総説（250）　　2　客体（251）　　3　住居侵入罪（253）　　4　不退去罪（255）

第5章　人格的法益に対する罪 ——————————— 256

第1節　秘密に対する罪　256

1　秘密とその保護（256）　　2　信書開封罪（256）　　3　秘密漏示罪（257）

第2節　名誉に対する罪　258

1　総説（258）　　2　名誉毀損罪（259）　　3　侮辱罪（265）　　4　親告罪（266）

第6章　信用及び業務に対する罪 ——————————— 267

第1節　総　説　267

第2節　信用毀損罪　267

1　保護法益・客体（267）　　2　構成要件（268）

第3節　業務妨害罪　268

1　業務（268）　　2　妨害手段（271）　　3　業務妨害（274）

第7章　財産に対する罪 ——————————————— 275

第1節　財産犯の体系　275

第2節　窃盗罪　277

1　総説（277）　　2　財物（277）　　3　占有（280）　　4　窃盗罪の保護法益（285）　　5　占有の取得（288）　　6　不法領得の意思（289）　　7　不動産侵奪罪（292）　　8　親族間の犯罪に関する特例（295）

第3節　強盗罪　297

1　総説（297）　　2　客体（297）　　3　暴行・脅迫（298）　　4　強取（299）　　5　不法利得（301）　　6　事後強盗罪（302）　　7　昏酔強盗罪（305）　　8　強盗致死

x

傷罪（306） 9 強盗強姦罪及び同致死罪（308）

第4節 詐欺罪 309

1 総説（309） 2 客体（310） 3 人を欺く行為（311） 4 交付行為（313） 5 物・利益の移転（318） 6 電子計算機使用詐欺罪（321） 7 準詐欺罪（323）

第5節 恐喝罪 323

1 総説（323） 2 客体（324） 3 恐喝（324） 4 交付行為（325） 5 物・利益の移転（326） 6 他の犯罪との関係（328）

第6節 横領罪 328

1 総説（328） 2 客体（330） 3 横領行為（336） 4 共犯（339） 5 罪数（339） 6 業務上横領罪（340） 7 遺失物等横領罪（341）

第7節 背任罪 342

1 総説（342） 2 主体（343） 3 任務違背行為（345） 4 図利加害目的（346） 5 財産上の損害（347） 6 共犯（348） 7 委託物横領罪との関係（348）

第8節 盗品等に関する罪 350

1 総説（350） 2 客体（351） 3 行為類型（353） 4 本犯と盗品等関与罪との関係（355） 5 親族等の間の犯罪に関する特例（356）

第9節 毀棄・隠匿罪 356

1 総説（356） 2 毀棄・隠匿罪の諸類型（357） 3 境界損壊罪（363）

第2部 社会的法益に対する罪 364

第8章 公共危険罪 ———————————————————————— 364

第1節 総 説 364

第2節 騒乱罪 364

1 総説（364） 2 構成要件（365） 3 多衆不解散罪（367）

第3節 放火罪・失火罪 368

1 総説（368） 2 現住建造物等放火罪（369） 3 非現住建造物等放火罪（372） 4 建造物等以外放火罪（374） 5 延焼罪（375） 6 消火妨害罪（375） 7 失火罪（376） 8 激発物破裂罪（377） 9 ガス漏出等罪・同致死傷罪（377）

目　次　xi

第4節　出水罪　378

第5節　往来妨害罪　378

　1　総説（378）　　2　往来妨害罪・同致死傷罪（378）　　3　往来危険罪（380）

　4　汽車転覆等罪・同致死罪（381）　　5　往来危険による汽車転覆等罪（382）　　6

過失往来危険罪（383）

第6節　公衆の健康に対する罪　384

第9章　取引等の安全に対する罪—————————————385

第1節　総　説　385

第2節　通貨偽造罪　385

　1　総説（385）　　2　通貨偽造罪・同行使等罪（386）　　3　外国通貨偽造罪・同行

使等罪（388）　　4　偽造通貨等収得罪（389）　　5　収得後知情行使等罪（389）

　6　通貨偽造等準備罪（389）

第3節　文書偽造罪　390

　1　総説（390）　　2　詔書偽造等罪（395）　　3　公文書偽造等罪（396）　　4　虚

偽公文書作成等罪（400）　　5　公正証書原本不実記載等罪（401）　　6　偽造公文

書行使等罪（403）　　7　私文書偽造等罪（405）　　8　虚偽診断書等作成罪（411）

　9　偽造私文書等行使罪（412）　　10　電磁的記録不正作出罪・同供用罪（413）

第4節　有価証券偽造罪　415

　1　総説（415）　　2　有価証券偽造罪・同虚偽記入罪（416）　　3　偽造有価証券行

使等罪（418）

第5節　支払用カード電磁的記録に関する罪　419

　1　総説（419）　　2　支払用カード電磁的記録不正作出等罪（419）　　3　不正電磁

的記録カード所持罪（422）　　4　支払用カード電磁的記録不正作出準備罪（422）

第6節　印章偽造罪　423

　1　総説（423）　　2　印章・署名・記号（423）　　3　偽造・使用（425）　　4　犯

罪類型（425）

第7節　不正指令電磁的記録に関する罪　426

第10章　風俗に対する罪—————————————————428

第1節　総　説　428

第2節　わいせつ及び重婚の罪　428

xii

　　　1　総説（428）　　　2　わいせつの意義（429）　　　3　公然わいせつ罪（429）　　　4
わいせつ物頒布等罪（430）　　5　淫行勧誘罪（433）　　6　重婚罪（433）

　第3節　賭博及び富くじに関する罪　433

　　　1　総説（433）　　　2　賭博罪（434）　　　3　常習賭博罪（434）　　　4　賭博場開張等
図利罪（435）　　5　富くじ発売等罪（436）

　第4節　礼拝所及び墳墓に関する罪　436

第3部　国家的法益に対する罪　439

第11章　国家の存立に対する罪 ──────────── 439

　第1節　内乱に関する罪　439

　　　1　総説（439）　　　2　内乱罪（439）　　　3　内乱予備罪・同陰謀罪（441）　　　4　内
乱等幇助罪（441）

　第2節　外患に関する罪　442

　　　1　総説（442）　　　2　外患誘致罪（442）　　　3　外患援助罪（442）

第12章　国交に関する罪 ──────────────── 443

　第1節　総　説　443

　第2節　外国国章損壊等罪　443

　第3節　私戦予備罪・同陰謀罪　444

　第4節　中立命令違反罪　444

第13章　国家の作用に対する罪 ─────────── 445

　第1節　総　説　445

　第2節　公務の執行を妨害する罪　445

　　　1　総説（445）　　　2　公務執行妨害罪（446）　　　3　職務強要罪（450）　　　4　封印
等破棄罪（451）　　5　強制執行妨害目的財産損壊等罪（452）　　　6　強制執行行為
妨害等罪（455）　　7　強制執行関係売却妨害罪（455）　　　8　加重封印等破棄等罪
（456）　　9　公契約関係競売等妨害罪（457）　　10　談合罪（458）

　第3節　逃走の罪　460

　　　1　総説（460）　　　2　逃走罪（461）　　　3　加重逃走罪（462）　　　4　被拘禁者奪取
罪（463）　　5　逃走援助罪（464）　　6　看守者等による逃走援助罪（464）

　第4節　犯人蔵匿及び証拠隠滅の罪　465

目　次　xiii

1　総説（465）　　2　犯人蔵匿等罪（466）　　3　証拠隠滅等罪（468）　　4　親族
による犯罪に関する特例（471）　5　証人等威迫罪（472）

第5節　偽証の罪　473

1　総説（473）　　2　偽証罪（473）　　3　自白による刑の減免（475）　　4　虚偽
鑑定等罪（475）

第6節　虚偽告訴の罪　475

1　総説（475）　　2　虚偽告訴等罪（476）　　3　自白による刑の減免（477）

第7節　職権濫用罪　477

1　総説（477）　　2　公務員職権濫用罪（478）　　3　特別公務員職権濫用罪（479）

4　特別公務員暴行陵虐罪（480）　　5　特別公務員職権濫用等致死傷罪（480）

第8節　賄賂罪　480

1　総説（480）　　2　収賄罪（485）　　3　受託収賄罪（486）　　4　事前収賄罪
（486）　　5　第三者供賄罪（487）　　6　加重収賄罪（487）　　7　事後収賄罪（488）

8　あっせん収賄罪（488）　　9　贈賄罪（489）　　10　没収及び追徴（490）

条文索引／判例索引／事項索引　巻末

本書のコピー，スキャン，デジタル化等の無断複製は著作権法上での例外を
除き禁じられています。本書を代行業者等の第三者に依頼してスキャンや
デジタル化することは，たとえ個人や家庭内での利用でも著作権法違反です。

xiv

凡　例

□　法令名略語

　法令名の略語については，原則として有斐閣六法の略語を用いる。

□　判例集等略語

刑録	大審院刑事判決録
判決全集	大審院判決全集
刑集（大審院）	大審院刑事判例集
刑集（最高裁）	最高裁判所刑事判例集
民集（最高裁）	最高裁判所民事判例集
裁集刑	最高裁判所裁判集刑事
高刑集	高等裁判所刑事判例集
判特	高等裁判所刑事判決特報
裁特	高等裁判所刑事裁判特報
東高刑時報	東京高等裁判所判決時報刑事
高検速報	高等裁判所刑事裁判速報集
下刑集	下級裁判所刑事裁判例集
一審刑集	第一審刑事裁判例集
刑月	刑事裁判月報
判時	判例時報
判タ	判例タイムズ
新聞	法律新聞
評論	法律学説判例評論全集

□　『判例刑法』項目番号の引用

　本書のなかで，判例の後に〈総1〉，〈各1〉という形で表記されているものは，それぞれ，『判例刑法 総論〔第7版〕』，『判例刑法 各論〔第7版〕』（2018年刊行）に登載されている項目番号を示す。

第 1 編

序　論

第1章

刑法：犯罪と刑罰の法

刑法（刑罰法規，刑罰規定ともいう）とは，いかなる行為が**犯罪**であり，それに対していかなる**刑罰**が科されるかを規定した法である（実質的意義の刑法）。このような刑法としては，「刑法」という名の法律（刑法典〔明治40年法律第45号〕）が最も重要である（形式的意義の刑法）。なぜなら，これは，社会生活上重要な意義を有する基本的な犯罪類型（殺人罪，窃盗罪，放火罪，収賄罪など）を規定するものであるとともに，同法第1編に定められた総則の規定は，特別の規定がない限り，あらゆる刑法（刑罰法規）に適用されることになるからである（刑8条）。

実質的意義の刑法としては，刑法典の他にも数多くの罰則規定が存在している。刑法典に規定された犯罪の特殊類型を規定するものとしては，暴力行為等処罰ニ関スル法律（大正15年法律第60号），盗犯等ノ防止及処分ニ関スル法律（昭和5年法律第9号）など古いものから，組織的な犯罪の処罰及び犯罪収益の規制等に関する法律（平成11年法律第136号）や自動車の運転により人を死傷させる行為等の処罰に関する法律（平成25年法律第86号）など新しいものまで存在する。さらに経済生活・社会生活を規律する各種の法律（身近なところでは，道路交通法）においては，その法律で定められた法的な義務の履行を担保するために，義務に違反する行為を処罰する罰則も多数規定されているのである。

犯罪とは何か。本書はこれに対する回答を与えようとするものであるが，本書における叙述の出発点としては，犯罪とは「それに対して刑罰が科されるべき行為」であるとしておくことで足りるであろう。本書が解説しようとする刑法解釈論は，刑法の解釈によって，いかなる場合に犯罪が成立すると解されるべきかを明らかにすることを任務としているのである[1]。刑法解釈論は，**刑法**

4 第1編 第1章 刑法：犯罪と刑罰の法

総論と**刑法各論**に分かれる。前者は，およそ犯罪となるために必要である一般的な成立要件を明らかにすることを目的とする（本書第2編）。後者は，刑法総論において明らかにされた一般的な成立要件を前提としつつ，個別の犯罪における固有の成立要件を明らかにすることを目的とするものである（本書第3編）。

　刑罰は，犯罪に対する反作用であり，犯罪を行った者に対して科される制裁である。その内容については，刑法9条以下が規定している（主刑として，死刑，懲役，禁錮，罰金，拘留及び科料が，付加刑として，没収が規定されている)[2]。刑罰の目的（その正当化の根拠）については，それを犯罪に対する応報に求める**応報刑論**と，将来の犯罪抑止に求める**目的刑論**の対立を軸として，多年にわたり議論が行われてきたが，犯罪から国民を保護することをその任務とする現代国家においては，それは基本的に犯罪予防の見地から理解されなければならないといえよう。すなわち，刑法が一定の行為（犯罪）の遂行に対して刑罰の賦課を予告し，実際にそれが遂行された場合に，犯罪行為を行った者に刑罰を賦課することは，将来犯罪が行われることを防止するためのやむをえない施策として正当化されるべきものであると思われる[3]。また，刑罰には，それが賦課される者にとって苦痛となるという害悪性が必要であるが（そうでなくては，犯罪を抑止する効果は生じない），さらに，そこには**非難**という特別の意味が込められていることを看過してはならない（この点において，刑罰は病気に対する治療とは異なる）。本書においてその成立要件を検討する犯罪は，「刑罰が科されるべき行為」であるから，このような**非難**としての害悪である刑罰の賦課を正当化するものである必要があることに留意すべきであろう。

---

1)　これに対して，いかなる行為を処罰の対象とすることが刑事政策上望ましいかを検討することは，刑法の立法論の任務である。

2)　その他，罰金又は科料を完納できない場合の措置として労役場留置が規定され（刑18条），没収の換刑処分として追徴が規定されている（刑19条の2）。

3)　刑罰の予告と賦課により，一般国民による犯罪遂行を抑止することを**一般予防**といい，犯罪を犯した者に刑罰を賦課することにより，当該犯罪者が将来犯罪を行うことを抑止することを**特別予防**という。

第2章

刑法の基礎

(1) 総　説

　刑法は，個人・社会・国家に害悪をもたらす一定の行為を犯罪として，それが行われた場合に刑罰を科することを規定しているが，そこには，①犯罪がもたらす害悪の側面で，いかなる行為が犯罪として処罰の対象となるのかという問題と，②犯罪とされた行為を行った行為者の主観面で，いかなる条件が充たされたとき犯罪を行ったとして行為者が処罰の対象となるのかという問題が存在している。この点についての考え方は，あらゆる時代・社会を通じて共通というわけではない。それは，個人のいかなる行為を刑罰により国家が規制するかという問題であるから，個人と社会・国家の関係についての一定の理解を前提とした，政策的考慮によって決められるべきものであるといえる。わが国の刑法の解釈を考えるにあたっては，まず，現行法の基礎にあると解される①②についての基本的な考え方（政策的考慮）の内容を明らかにしておくことが有益であろう。

(2) 法益保護主義

　刑法は，私たちのかけがえのない利益（生命，身体，自由，財産など）を守るため，そのような利益を害することを犯罪として禁止し，その違反行為に対して刑罰を科することとしていると理解することができる。このように，刑法は，利益の保護，より正確にいえば，保護に値しない利益を除外するという意味で，法的に保護に値する利益（これを，**法益**という）の保護を目的とし，法益を侵害し，又は法益侵害の危険をもたらす行為を犯罪として禁止・処罰することにしているのである（**法益保護主義**）。かつては，刑法は，社会倫理の維持を目的とし，国民が守るべき倫理を強制するために，倫理違反行為を処罰するものであ

6　第1編　第2章　刑法の基礎

るとする理解（社会倫理主義）が採られていたが，現在は，社会倫理の維持・強制自体は国家の任務ではないとする理解から，法益保護主義の立場が基本的に支持されている。したがって，犯罪とされるのは，法益を侵害し，又はそれに危険をもたらす行為であるということになり，犯罪はそのようなものとして理解されることになる。

　刑法が保護の対象とする法益は，生命・身体を初めとする個人に属する**個人的法益**が中心となるが，個人の集団としての社会の法益である，公共の安全などの**社会的法益**，さらには，国民の利益を維持・増進する組織である国家の法益である，国家の存立，公務の公正さなどの**国家的法益**も保護されている。これらの法益を害するいかなる行為が犯罪とされているかについては，第3編において解説する。そこでは，個別の犯罪について，いかなる法益が保護の対象となっているのか，いかなる結果（法益侵害又は法益侵害の危険）が成立要件とされているのか，さらにいかなる付加的要件が要求されているのかが検討の対象となる。

　以上のように，刑法は法益保護を目的としているが，法益を保護する手段は刑罰の賦課に限られない。法的な手段に限ってみても，行政的施策・制裁，民事的措置・制裁などが存在するのである。それらの中で，生命・自由・財産の侵害を内容とする刑罰は，最も峻厳なものであるといえる。刑罰は，すでに述べたように，害悪性をその本質的な内容としており，刑罰の賦課という保護手段は，そうした害悪を意図的に国民に科するものであるだけに，いわば「必要悪」であり，避けうるのであれば避けることが望ましいであろう。こうして，刑罰は，他の保護手段では法益保護のために不十分なときにのみ，最後の手段として用いられるべきものということになる（これを，**刑法の補充性**という）。したがって，法益を侵害し又は危険をもたらす行為すべてが犯罪とされているわけではなく，処罰が必要かという視点から，（付加的な要件によって）限定された範囲の行為だけが，しかも全領域にわたり包括的にではなく，部分的・断片的に犯罪とされているにすぎないのである（これを，**刑法の断片性**という）。

　(3)　責　任　主　義

　法益に対する侵害行為が行われれば，それだけで犯罪として処罰することが正当とされるわけではない。行為者に加害行為を行ったことについての**責任**が

認められることが必要である。これを**責任主義**という。責任の意義については
さまざまな議論があるが，行為にでたことについて如何ともしがたいと解される場合には，行為についての責任はなく，処罰することはできないのであり，このような意味での責任主義の考え方は，現在，広く受け入れられるところとなっている。

　犯罪として処罰するために，当該行為を行ったことについての責任が要求されるべきことは，犯罪に対する反作用・制裁としての刑罰に**非難**の意味が含まれていることと関係している。すなわち，非難という意味を持った刑罰を受けるに値する行為，「非難に値する行為」のみが犯罪として処罰の対象となりうるのであり，ここから**非難可能性**という意味での**責任**の要件が導かれることになるのである。ある行為にでたことについて非難可能であるというためには，その行為にでないことが可能であったこと（**他行為可能性**）を必要とする。したがって，犯罪行為にでたことについて，他行為可能性が欠けるときには，非難可能性を認めることができず，責任は否定されることになるのである。

　責任の具体的な要件についてはさらに検討すべき問題があるが，故意又は過失の存在が必須の要件である。わが国の現行法では，このような意味での責任主義の要請は基本的には充たされているといえる。しかしながら，若干の問題（後述する，①結果的加重犯〔104頁以下〕，②両罰規定〔26頁〕）について，判例においては，責任主義の徹底になお問題を残しており，今後の課題となっている。

第3章

罪刑法定主義

第1節　総　　説

　前章で述べたように，法益保護主義及び責任主義の見地から，犯罪の成立を肯定するためには，法益に対する加害行為が有責に行われたことが必要であるが，それだけで犯罪の成立を肯定することはできない。その法益に対する加害行為が，法律によって事前に犯罪として定められたものであることが必要である。このように，法律により，事前に犯罪として定められた行為についてのみ，犯罪の成立を肯定することができるという考え方を罪刑法定主義という。

　罪刑法定主義は，刑法理論上の原則であるだけでなく，憲法上の要請でもある。すなわち，憲法によれば，「何人も，法律の定める手続によらなければ，その生命若しくは自由を奪はれ，又はその他の刑罰を科せられない」（憲31条）が，ここにいう「法律の定める手続」には，犯罪を認定して刑罰を科す手続である刑事訴訟を規律する手続法（刑事訴訟法）ばかりではなく，そこにおいて適用される実体法（刑法）も含まれているのである。また，「何人も，実行の時に適法であった行為……については，刑事上の責任を問はれない」（憲39条）とされ，内閣に制定権が付与された「政令には，特にその法律の委任がある場合を除いては，罰則を設けることができない」（憲73条6号但書）とされているところにも，後に触れるように，罪刑法定主義の考えが現れている。

　形式的には「罪刑の法定」を意味する罪刑法定主義の背後には，次のような実質的な原理・基礎が存在する。まず，罪刑法定主義の背後には民主主義の原理が存在する。すなわち，何が犯罪として処罰の対象となるかは，国民が「正

当に選挙された国会における代表者」を通じて自ら決定するという原理である。何が犯罪かは，国会において，「法律」により定められなければならず，行政府又は裁判所は罰則を制定することができない。これが，**法律主義**の原則であり，憲法 31 条，同 73 条 6 号但書はそれを規定するものである。さらに，罪刑法定主義の背後には**自由主義**の原理が存在する。すなわち，何が犯罪かは法律によって定められるだけでは足りず，それが事前（行為の遂行前）に定められている必要があるというものである。行為後に制定された法律により犯罪とされ，その法律を行為時にまで遡及して適用することにより処罰されるのでは，行動の予測可能性が害され，自由が著しく侵害されることになるから，それは禁止されなければならない。こうした自由保障の見地から，<u>遡及処罰の禁止，事後法の禁止</u>が導かれるのであり，憲法 39 条はそのことを規定しているのである。

第 2 節　法　律　主　義

(1)　何が犯罪で，それに対していかなる刑罰が科されるかは，国会が法律により定める必要があるというのが，法律主義の原則である。**法律主義**は，行政府との関係，地方自治体との関係，さらには裁判所との関係で，その内容が具体化されなければならない。

(2)　行政府は，国法上制定権を有する命令において，独自の罰則を定めることができない。ただし，「特にその法律の委任」がある場合には，命令において罰則を定めることが例外的に許されている（憲 73 条 6 号但書，行組 12 条 3 項・13 条 2 項）。ここでいう「委任」は，委任する事項が特定されたもの（これを，**特定委任**という）でなくてはならず，一般的包括的な委任は許されない。行政府に具体的な罰則の制定を許す場合でも，民主主義の原理は守られなくてはならず，そのためには，国会が罰則の内容についてコントロールしていることが必要だからである[1]。

---

1)　旧憲法下においては，命令ノ条項違犯ニ関スル罰則ノ件（明治 23 年法律第 84 号）という法律が存在し，「命令ノ条項ニ違犯スル者ハ各其ノ命令ニ規定スル所ニ従ヒ二百円以内ノ罰金若ハ一年以下ノ禁錮ニ処ス」と規定していた。こうした罰則の一般的・包括

10 第1編 第3章 罪刑法定主義

判例は，政令に罰則を定めるためには，実施されるべき法律に「具体的な委任」が存在することが必要であるとしている[2]。公務員が衆議院議員選挙の際に，ある政党を支持する目的で同党の公認候補者のポスターを公営掲示場に掲示したことが，国家公務員法 102 条 1 項（罰則は，同法 110 条 1 項 19 号）が定める，「人事院規則で定める政治的行為」の禁止に違反するとされた猿払事件において，国家公務員法による違反行為の人事院規則への委任が憲法の許容する限度を超えるかが問題となった。判例は，「国公法 102 条 1 項が，公務員の政治的中立性を損うおそれのある行動類型に属する政治的行為を具体的に定めることを委任するものであることは，同条項の合理的な解釈により理解しうる」等と述べ，憲法の許容する委任の限度を超えるものでないとしている（最大判昭和 49・11・6 刑集 28 巻 9 号 393 頁〈総 2〉）。

　(3)　普通地方公共団体（都道府県及び市町村）は，「法令に違反しない限りにおいて」，法令により処理することとされた事務に関し，**条例**を制定することができるとされており（自治 14 条 1 項），「法令に特別の定めがあるものを除くほか」，条例中に，条例に違反した者に対し，2 年以下の懲役若しくは禁錮，100 万円以下の罰金，拘留，科料若しくは没収の刑を科する旨の規定を設けることができるとされている（自治 14 条 3 項）。これにより，法令より下位の法形式であり，法令に反するものの効力が明文で否定されている[3] 条例について，より上位の法形式である政令については許されない罰則の一般的・包括的委任が規定されていることになる。こうしたことが，果たして許されるのかが，問題となるのである。

　法律主義は，形式的には法律による罰則の制定を要請するものであるが，その実質的根拠は，何が犯罪かは国民が決定するという民主主義の原理にある。

　的委任を定める法律は，現在では，憲法 73 条 6 号但書に反し，違憲無効である。

2)　最大判昭和 27・12・24 刑集 6 巻 11 号 1346 頁〈総 1〉は，その旨を判示し，罰則を定めていた銃砲火薬類取締法施行規則（明治 44 年勅令第 16 号）の有効性を否定した。

3)　このために，条例の罰則が法律に違反して無効か否かが問題となる。これは，国による一律の規制がなされることが要請されるのか，地域の実情に応じた規制が許されるべきなのかという観点から実質的に判断される必要がある。道路交通法といわゆる公安条例の関係については，徳島市公安条例事件に関する最大判昭和 50・9・10 刑集 29 巻 8 号 489 頁〈総 4・14〉参照。青少年保護育成条例については，最大判昭和 60・10・23 刑集 39 巻 6 号 413 頁〈総 15〉参照。

条例は，住民の選挙により選出された議員によって構成される議会により制定されるものであるから，その中に罰則を定めることを認めても，何ら民主主義の原理には反しない。この意味で，地方自治法が，普通地方公共団体が定める条例中に罰則の制定を一般的・包括的に委任することは，法律主義に実質的には反することはなく，許されるものと解される。**判例**も，条例は自治立法であり，行政府の制定する命令等とは性質を異にし，むしろ国民の公選した議員をもって組織する国会の議決を経て制定される法律に類するものであるから，「条例によって刑罰を定める場合には，法律の授権が相当な程度に具体的であり，限定されておればたりる」として[4]，地方自治法が，「具体的な内容の事項」について，「限定された刑罰」の範囲内において，条例をもって罰則を定めることができるとしているのは，憲法31条に違反しないとしている（最大判昭和37・5・30刑集16巻5号577頁〈総 *3*〉）。

(4) 法律主義は，裁判所による法適用との関係でも問題となる。すなわち，裁判所は，罰則を適用することなく処罰することは許されないのであり（**判例法，慣習法による処罰の否定**），また罰則を適用する場合には，解釈により罰則において処罰の対象とされていると解される行為のみを処罰の対象とすることが許されるのである（<u>**類推解釈の否定**</u>）。

刑法の解釈として，拡張解釈は許されるが類推解釈は許されないと一般に解されている。それは，類推解釈は，裁判所による（事後的）立法であり，法律主義（及び事後法の禁止）に違反して，罪刑法定主義に反し許されないためである。許容されうる拡張解釈と許されない類推解釈の相違は，結論を正当化する**論理**の違いにある。拡張解釈は，処罰の対象となっている行為の概念を拡張的に画定し，その概念の中に当該事例を取り込んで，処罰範囲に含めるものである（もっとも，これも無限に許容されるわけではなく，法文の文言の枠内において理解しうるものであることが必要である）。たとえば，窃盗罪（刑235条）の客体である「財物」の概念を（有体物ではなく）物理的管理可能性を備えたものと広く画定し，電気などのエネルギーをその中に含ませる解釈がその例である（電気が旧刑法366条の窃盗罪の客体に含まれることを肯定した，大判明治36・5・21刑録9輯

---

4) 地方自治法による授権が「相当な程度に具体的」であるかは疑問であり，判旨のこの部分については，その必要性に疑問の余地があろう。

12 第1編 第3章 罪刑法定主義

874頁〈総 *11*, 各 *169*〉参照)5)。これに対し，類推解釈は，問題となる行為が，罰則による処罰の対象に含まれないことを認めつつ，それにもかかわらず，処罰の対象となっている行為と害悪性において同等であることを理由に，処罰の対象とするものである。この論理の前半部分で当該の行為が罰則で処罰の対象となっていないことを認めるのであるから，それにもかかわらずそれを処罰の対象とすることは「結論を正当化する論理として」罪刑法定主義に反して許されないことになる。刑法129条の過失往来危険罪の客体である「汽車」に，汽車代用のガソリンカーを含めた判決（大判昭和15・8・22刑集19巻540頁〈総 *12*〉）は，交通往来の安全を保護するという規定の趣旨，汽車とガソリンカーの動力の種類の違いの非重要性を理由中で強調しているが，前者の理由については，この観点からは疑問が残る。

第3節　事後法の禁止

(1) 罪刑法定主義の実質原理である自由主義は，罰則が事前（行為の遂行前）に制定（公布及び施行）されていることを要請する。事後的に制定された罰則を遡及して適用し，処罰することは許されない（遡及処罰の禁止）。そうでなければ，行動に関する予測可能性が失われ，遡及処罰の可能性による萎縮効果が発生し，国民の行動の自由が著しく害されるからである。憲法39条も，「何人も，実行の時に適法であつた行為……については，刑事上の責任を問はれない」として，このことを規定している。

(2) 憲法39条は，「実行の時に適法であつた行為」の事後的処罰を禁止しているが，行為時に「違法」ではあっても刑罰が科されていなかった行為6)に，事後的に刑罰を科すことも，処罰はされないという意味での予測可能性を害し行動の自由を損なうとともに，不可罰であった行為の遡及処罰自体不公正な処

---

5) ちなみに，学説では，電気を窃盗罪の客体に含ませることに対して反対が強かったため，現行刑法は，245条において，「窃盗及び強盗の罪」の章の罪について，電気を財物とみなす旨の規定を置いたのである。

6) 売春防止法は，売春行為自体を違法としている（同法3条）が，それ自体に対して刑は科していない。

罰でもあるから，同様に，事後法禁止の原則に反すると解する余地がある。

さらに，行為時に処罰されていた行為に対する刑罰を事後的に加重して，それを遡及適用することは，遡及処罰の禁止との関係で許されるかが問題となる。（行為時に軽く）処罰されている行為を（軽く処罰されるという負担付で）行う自由自体は保護に値しないと考えることもできるが，どの程度の刑が科されるかの点についての予測可能性を害することには変わりなく，また事後的に重い刑罰を定めて遡及して適用することは，そのこと自体の公正さに疑問があり，やはり事後法禁止の原則に触れると解する余地があろう。いずれにせよ，刑法6条は，「犯罪後の法律によって刑の変更があったときは，その軽いものによる」と規定し，明文で，重い刑の遡及適用を否定している[7]。

遡及適用が排除されるのは，主刑又は付加刑自体の加重，労役場留置期間の延長（大判昭和16・7・17刑集20巻425頁〈総 *5*〉）のほか，刑の執行猶予に関する条件の加重（ただし，最判昭和23・6・22刑集2巻7号694頁〈総 *445*〉は，刑の執行方法に関する規定の変更であるとして，遡及適用を肯定している）なども含まれると解される。なお，訴訟法規定に関しては，新規定を適用することが原則であると解されており，公訴時効期間の廃止・延長について（時効が完成した場合を除き）その遡及適用が肯定されている（刑の加重による公訴時効期間の延長については，適用される加重前の罰条を基準とする旨判示した最決昭和42・5・19刑集21巻4号494頁〈総 *7*〉は，この問題とは無関係である）。

(3) 学説においては，判例が行為者に不利益に変更された場合，遡及処罰の禁止の趣旨に従い，当該事件における被告人に対して，変更された解釈の（遡及）適用を否定する見解（**判例の不遡及的変更**）が存在する。この見解は，判例の実質的な法源性に着目するものであるが，刑法においては，判例は形式的には法源ではありえない。**判例**は，不利益に変更した判例を遡及適用することにより被告人を処罰しても憲法39条に違反しないとしている（最判平成8・11・18刑集50巻10号745頁〈総 *208*〉）。被告人の救済は，具体的な事情に照らし，違法性の意識の可能性の欠如による免責（後述130頁以下）などに求められるべきであろう[8]。

---

7) 行為時から裁判時の間に複数回の法改正があった場合，もっとも軽い刑を適用する。そのときに軽く処罰されえたという利益を保持させるためである。

14　第1編　第3章　罪刑法定主義

第4節　刑罰法規の適正

1　総　　説

罪刑法定主義は，事前の法律による「罪刑の法定」を要請するが，事前に法律で定めた罰則であれば，それに違反した行為を処罰することが常に正当化されるわけではない。その法律が憲法に違反したものであってはならないことは明らかであり，罰則の内容的な適正さが問題となるのである。

憲法の個別の条項に違反する罰則は，当然，違憲無効であるが，国民の権利・自由を正当な理由なく侵害する罰則は，それが憲法の個別の条項に直接に違反するものでなくとも，違憲無効と解される（憲法31条に違反して無効だとするのが，**実体的デュー・プロセス**の理論[9]である）。そのような罰則としては，①不明確であり，実質的に罪刑法定主義に反する罰則，②無害な行為を処罰し，又は著しく広範な処罰を定める罰則，③著しく罪刑の均衡を失する罰則が問題となる。

2　明確性の原則

罰則が存在しても，その内容が不明確であれば，何が犯罪であるかがあいまいではっきりせず，何が具体的に犯罪かが法の適用者により事後的に決せられることになるから，法律主義及び事後法の禁止に反することとなる。したがって，不明確な罰則は，実質的に罪刑法定主義に違反し，許されない。罰則の不明確性は，犯罪の成立要件及び法定刑について問題となるが，実際に争われるのは前者である[10]。

---

8)　最判平成8・11・18に付された河合裁判官の補足意見〈総208参照〉は，判例を信頼した結果，自己の行為が適法であると信じたことに相当な理由がある者について，故意の欠如による免責の余地を認めるが，本件においては，行為時の判例はいずれ変更されることが予想される状況にあり，それを知っていたから免責は認められないとしている。

9)　実体的デュー・プロセスの理論については，芝原邦爾『刑法の社会的機能』を参照。

10)　法定刑については，刑の種類又は刑の量を定めない罰則の合憲性が問題となる。絶対的不確定刑は許されないとされているが，わが国の法定刑の幅は，一般的に，相当広くなっている（たとえば，殺人罪の法定刑は，死刑から懲役5年までであり，刑の酌量

罰則の**明確性**の有無は，罰則自体について，一般的・抽象的に判断されなければならない。当該の事案が明らかに罰則の中核部分に該当するから，周辺部分に不明確さが存在するとしても，当該事案の適用に関する限り罰則は不明確でない，としてはならない。不明確な罰則自体が有する不当な萎縮効果が問題だからである。また，罰則を限定解釈して得られる犯罪成立要件が明確であればよいというのでもない。そのような限定解釈により得られた成立要件が，罰則に接した一般の国民に理解しうるものでなければならないのである[11]。なぜなら，明確な処罰範囲を示すことのない，あいまいな罰則の存在自体が萎縮効果を持ち，国民の自由を侵害するのであり，ここに，不明確な罰則を憲法31 条ないしは罪刑法定主義に違反して，無効とする根拠があるからである。

判例も，公安条例中の「交通秩序を維持すること」という規定が，犯罪構成要件の内容をなすものとして明確かが問題となった徳島市公安条例事件大法廷判決において，刑罰法規の定める犯罪構成要件があいまい不明確である場合には，憲法 31 条に違反して無効であるとした。それは，通常の判断能力を有する一般人に対し，禁止される行為とそうでない行為とを識別するための基準を示すところがなく，そのため，適用を受ける国民に刑罰の対象となる行為をあらかじめ告知する機能を果たさず，運用がこれを適用する国などの機関の主観的判断にゆだねられて恣意に流れるなど重大な弊害を生ずるからであるとしている。そして，罰則があいまい不明確のゆえに憲法 31 条に違反するものと認めるかどうかは，「通常の判断能力を有する一般人の理解において，具体的場合に当該行為がその適用を受けるものかどうかの判断を可能ならしめるような基準が読みとれるかどうかによってこれを決定すべきである」とする（最大判昭和 50・9・10 刑集 29 巻 8 号 489 頁〈総 **4・14**〉）[12]。ただし，事案の解決としては，

　減軽の可能性〔刑 66 条〕を考慮すれば，その幅はさらに広がる）。

11)　ただし，罰則の解釈は技術的になっており，一般人が処罰範囲を認識しうるかには，実際上問題がある。この意味で，さほど厳格な明確性が要求されうるものでないことは認めざるをえないであろう。

12)　福岡県青少年保護育成条例事件（最大判昭和 60・10・23 刑集 39 巻 6 号 413 頁〈総 **15**〉）では，青少年保護育成条例中の罰則における「淫行」処罰の広範さが問題となり，後述のように，限定解釈により憲法 31 条に違反しないとされたが，「このような解釈は通常の判断能力を有する一般人の理解にも適う」とされている（なお，同判決には，罰則は不明確だとする反対意見が付されている）。

16　第1編　第3章　罪刑法定主義

通常の判断能力を有する一般人が，自分のしようとしている行為が禁止に触れ
るかは，通常その判断にさほどの困難を感じることはないはずだとして，違憲
の主張を退けている。立法論的な当否の問題とは区別された，合憲性に関する
判例の具体的な基準はそれほど厳格だとはいえないであろう[13]。

3　内容の適正さ

(1)　明確な罰則であっても，国民の自由を不当に侵害する罰則は，違憲無効
であると解される。こうした罰則としては，無害な行為を処罰の対象とするも
の，過度に広範な罰則であり，国民の自由を不当に侵害するものを挙げること
ができる[14]。

(2)　**無害な行為を処罰する罰則**は，根拠なく国民の自由を侵害するものであ
り，許されない（憲法31条に違反して，違憲無効と解すべきだと思われる）。**判例は,**
HS式無熱高周波療法を業として行ったことが，（旧）あん摩師，はり師，きゅ
う師及び柔道整復師法12条が禁止する，業として行う医業類似行為にあたり，
同法14条により処罰の対象となるかが問題となった事案において，憲法22条
の職業選択の自由は公共の福祉に反しない限り保障されるから，処罰は公共の
福祉に反する医業類似行為に限定されなければならないとする立場から，処罰
の対象となるのは，「人の健康に害を及ぼす虞のある業務行為」に限られると
して，無害な行為を処罰することは許されないという合憲的限定解釈を行って
いる（最大判昭和35・1・27刑集14巻1号33頁〈総16〉）。原判決は，同法で医業
類似行為を業とすることが禁止されているのは，積極的に人体に危害を生ぜし
める場合もあり，そうでなくとも人をして正当な医療を受ける機会を失わせ，
疾病の治療恢復の時期を遅らせる虞があるためであるとして有罪としたのであ

---

[13]　ただし，判例は，徳島市公安条例事件大法廷判決以前のある判決において，争議行
為のあおり罪の二重のしぼり論は不明確な限定解釈であり，犯罪構成要件の保障的機能
を失わせることになって，明確性を要請する憲法31条に違反する疑いすら存するとして
いた（最大判昭和48・4・25刑集27巻4号547頁）。法文を限定する解釈の場面で，
明確性は厳格に考えられていた。

[14]　最大判昭和49・11・6刑集28巻9号393頁〈総2〉（猿払事件判決）も，一般論と
してではあるが，「刑罰規定が罪刑の均衡その他種々の観点からして著しく不合理なも
のであって，とうてい許容し難いものであるときは，違憲の判断を受けなければならな
いのである」としていた。

るが，最高裁は，「害を及ぼす虞」についての判示がないとして，原判決を破棄した[15]。もっとも，その後の判例は，有害性を必ずしも明示的に要求していない。このことは，業務に関し，無許可で，法定の除外事由なく，クエン酸又はクエン酸ナトリウムを主成分とする「つかれず」及び「つかれず粒」を販売したという事案について，「人体に対し有益無害なものであるとしても」，薬事法違反の罪が成立するとした判決（最判昭和57・9・28刑集36巻8号787頁〈総 *17*〉)[16]に窺われる。

(3)　規制の目的に照らし，**過度に広範な処罰規定**は，国民の自由を不当に侵害するもので，許されない（憲法31条に違反して，違憲無効と解すべきだと思われる）。合憲解釈により，罰則の処罰範囲を限定するとしても，そうした限定された処罰範囲が，罰則に接した一般の国民に認識可能でない場合には，過度に広範な罰則により不当な萎縮効果が生じるため，やはり罰則はそれ自体として違憲無効と解すべきだと思われる。

福岡県青少年保護育成条例中の青少年（小学校就学時から18歳に達するまでの者）との「淫行」を処罰の対象とする罰則の処罰の範囲が不当に広範に過ぎ，また「淫行」の範囲が不明確で，条例の罰則は違憲無効だとする主張がなされた事案において，**判例**は，規定の趣旨は，青少年の健全な育成を図るため，青少年を対象としてなされる性行為などのうち，その育成を阻害するおそれのあるものとして社会通念上非難を受けるべき性質のものを禁止することとしたものであることが明らかであるとし，そこから「淫行」とは，広く青少年に対する性行為一般をいうものと解すべきではなく，「青少年を誘惑し，威迫し，欺罔し又は困惑させる等その心身の未成熟に乗じた不当な手段により行う性交又は性交類似行為」のほか，「青少年を単に自己の性的欲望を満足させるための対象として扱っているとしか認められないような性交又は性交類似行為」をいうと解するのが相当だとした。そう限定しなくては，広きに失することが明らかであり，このような解釈は「通常の判断能力を有する一般人」の理解にも適

---

15)　なお，差戻し後の控訴審判決では，害を及ぼす虞があるとされ，同判決は確定した。

16)　同判決には，積極的な危険がなくとも，適切な医療を失わせるおそれがあることが処罰の根拠となるが，本件では積極的な弊害はもとより消極的な弊害も生ずるおそれはないとする，木戸口裁判官の反対意見が付されている。

18 第1編 第3章 罪刑法定主義

うというのである（最大判昭和60・10・23刑集39巻6号413頁〈総15〉）。しかし
ながら，本判決以前にはこのような解釈が当然の理解ではなかったことからし
ても，それが「通常の判断能力を有する一般人」の理解に適うかは疑問だとの
指摘がなされている[17][18]。

4　罪刑の均衡

　定められた犯罪に対して，極めて著しく均衡を失する法定刑を定める罰則は，
立法裁量の範囲を超え，憲法31条に反し，違憲無効と解すべきである。判例
（猿払事件大法廷判決）も，一般論としてではあるが，「刑罰規定が罪刑の均衡そ
の他種々の観点からして著しく不合理なものであって，とうてい許容し難いも
のであるときは，違憲の判断を受けなければならない」としている（最大判昭
和49・11・6刑集28巻9号393頁〈総2〉）[19]。もっとも，違憲無効とされるため
には，犯罪に対する刑罰の重さが，およそ明らかに著しく均衡を失したもので
あることが必要である。そうした程度に至らない場合でも，他の関連する犯罪
について定められた法定刑の重さとの均衡から，限定的法律解釈として，均衡
を失する部分の法定刑の適用を制限することは可能である（こうした解釈を行っ
た例として，東京高判平成11・3・12判タ999号297頁）。

---

17)　本判決が「淫行」に含めている後者の類型を処罰の対象とすることの妥当性には疑
問が呈示されている。また，この類型を処罰の対象とすることには，条例による売春行
為自体の処罰を禁止している売春防止法との関係で，法令違反の問題がある。

18)　広島市暴走族追放条例について合憲的限定解釈を行った判例として，最判平成19・
9・18刑集61巻6号601頁がある。

19)　最大判昭和48・4・4刑集27巻3号265頁は，刑法旧200条の尊属殺加重処罰規定
について，刑罰加重の程度が極端で，立法目的達成の手段として甚だしく均衡を失する
から，差別は著しく不合理であり，憲法14条1項に違反して無効だとしている。

第 2 編

総　論

第1章

犯罪論の体系

犯罪とは,「構成要件に該当する,違法で有責な行為」をいう。これが現在の一般的な理解である。すなわち,犯罪とは,人の行為であって,①「構成要件」に該当すること,②「違法」であること,③「有責」(=責任がある)であることという要件をすべて備えたものをいうのである。犯罪の成否はこの順序で判断されることになる。

第1に,犯罪は行為でなければならない。単なる思想,内心の状態は処罰の対象とならないということは,刑法のもっとも基本的な原則である。

第2に,犯罪であるというためには,法律により犯罪として決められた行為類型に該当する必要がある。法律により犯罪として決められた行為の類型を,構成要件という(殺人罪であれば,「人を殺した」行為であること)。問題となる行為が構成要件に該当すること(これを,構成要件該当性という)が犯罪の成立を肯定するためには必要であり,これは,法律で犯罪として規定された行為のみを処罰することが許されるとする罪刑法定主義の要請するところである。

第3に,犯罪であるというためには,構成要件に該当する行為が違法(刑法上禁止されていること)でなければならない。犯罪として法律上規定された行為(すなわち,構成要件に該当する行為)は,当該行為を禁止するために犯罪として規定されているのであるから[1],本来違法であることが想定されたものである。たとえば,知りながら(故意で)人を殺すことは,殺人罪の構成要件に該当し,それは違法であることが想定されているが,正当防衛(刑36条)で人を殺すことが許されるように,例外的な事情が存在する場合には,構成要件に該当する

---

[1] 当該行為を禁止する理由は,当該行為により脅威にさらされる法益を保護するためであり,ここに,法益保護主義の理念が妥当する。

行為であっても違法性が認められないこと（これを，**違法性阻却**という）がある。犯罪であるというためには，構成要件に該当する行為にこのような特段の事情（これを，**違法性阻却事由**という）が存在せず，刑法上禁止されたものであることが必要となるのである。

第4に，犯罪であるというためには，構成要件に該当し，違法である行為が（行為者により）**有責**に（**責任**があること）行われたのでなければならない。構成要件に該当し，違法な行為であっても，責任主義の要請から，非難可能性としての責任を肯定できない行為を犯罪として処罰することはできない。

以上をまとめれば，犯罪であるというためには，問題となる行為に，①構成要件該当性，②違法性，③責任が肯定されることが必要となるのである。これらの3要件の詳細については，以下の各章において解説することにする。

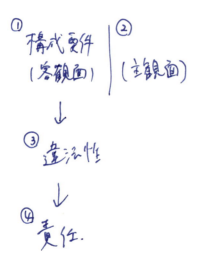

第2章

構成要件該当性

第1節　構成要件の意義

　犯罪の第1の成立要件は，問題となる行為が構成要件に該当することである（これを，**構成要件該当性**という）。

　構成要件（犯罪構成要件）の意義・理解については，様々な見解があるが，「立法者が犯罪として法律上規定した行為の類型」をいうとするのが基本的な理解である。犯罪は，われわれのかけがえのない利益を侵害する行為（法益侵害行為としての犯罪）であり，それを抑止・予防するために禁止・処罰の対象とされているのであるから，構成要件は<u>違法行為（刑法上禁止の対象とされている行為）の類型である</u>（**違法行為類型**としての構成要件）[1]。もちろん，処罰は法益保護の最後の手段であるから[2]，法益侵害行為をすべて処罰の対象とするのではなく，真に処罰に値する行為に処罰を限定するために，さまざまな限定的・付加的要件が要求されているのである（法益侵害行為がすべて処罰されているのは，生命・身体の侵害行為くらいである）。

　殺人を例にとると，「人を殺す」行為の類型には，知りながら（故意で）人を殺す場合（殺人罪）と，うっかり誤って（過失で）人を殺す場合（過失致死罪）とがある。両者には犯罪としての当罰性（処罰に値する程度）に差異があり，ま

---

1)　構成要件を「単なる行為の類型」と解する少数説を除き，この点に異論はない。議論があるのは，構成要件は有責行為の類型でもあるかという点についてである。

2)　より侵害性の低い手段により法益保護が図られるのであれば，そのような方法を採るべきだとするのが，刑法の補充性の原則の要求するところである。前出6頁参照。

た犯罪としても区別して規定されているため，殺人罪の構成要件を単に「人を殺すこと（殺人）」と解するのではなく，「故意で人を殺すこと」と解して，「過失により人を殺す」場合である過失致死罪と，構成要件において区別する見解が一般的となっている。このような理解においては，故意・過失は，故意犯・過失犯の構成要件を特徴づけ，限定する要素として理解されることになる。このように構成要件を限定する要素としての故意・過失を，それぞれ，**構成要件的故意・構成要件的過失**という。

　なお，少数説であるが，構成要件を単に違法行為の類型と解し，故意・過失は行為の違法性には影響せず，もっぱら責任の要素であるという見地から，構成要件から故意・過失を排除する見解も主張されている（この場合，違法行為類型としての構成要件と責任要素である故意・過失で形成されるものを犯罪類型といい，これが上記見解にいう構成要件に相当することになる）。この見解では，たとえば，殺人罪と過失致死罪とは，構成要件においては同一である（すなわち，それは，「人を殺すこと」である）が，犯罪類型としては区別されることになる。こうした見解の対立の実益は，後述する（108頁以下），違法性阻却事由に該当する事実の誤信事例の解決方法に現れることになる。

　構成要件は，それを構成する**構成要件要素**からなっている。構成要件要素は，当然のことながら，個別の犯罪ごとに異なっているが，一般的・抽象的にいえば，それらは，①行為の主体，②行為，③結果，④行為と結果との間の因果関係，⑤故意・過失であり，場合によっては，⑥一定の状況，⑦特別の主観的要素が要求されることもある。次節以降では，これらの構成要件要素について，順次解説を加えることにする。

第2節　主　　体

1　自　然　人

　犯罪行為の主体は「者」と法文上表現されているが，これは**自然人**をさす。法人はこれに含まれず，それを処罰の対象とする特別の罰則がある場合にのみ，限定的・例外的に処罰されるにとどまるのである。たとえば，殺人罪の処罰規定（刑199条）は「人を殺した者」を処罰の対象とするが，自然人のみがこれ

第2節 主体 25

にあたり，法人が殺人罪で処罰されることはない。

多くの犯罪については，その主体は「……した者」とのみ法文上規定され，「……した者」であれば誰でもその主体たりうるが（殺人罪は，人を殺した者であれば，誰であっても成立する），犯罪の中には，<u>主体に一定の属性（これを，**身分**という）を要求し，主体の範囲を限定しているもの</u>も存在する。これを**身分犯**という。刑法197条1項の収賄罪が，その主体を公務員に限定しているのが，その例である。身分犯にあっては，身分のない者の行為について，構成要件該当性を肯定することができない。

身分犯は，行為者に身分が欠ける場合における犯罪の成否により，①行為者に身分が存しない場合には，およそ犯罪の成立が認められないこととなる**構成的身分犯**（これを，**真正身分犯**ともいう）[3]と，②行為者に身分がなくとも犯罪となるが，身分があることによって刑が加重又は減軽されることとなる**加減的身分犯**（これを，**不真正身分犯**ともいう）[4]とに区別することができる[5]。なお，身分犯において，犯罪の成立要件として一定の身分を要求するのは，実質的にみれば，身分の存在によって行為の違法性や行為者の責任に影響があるからである（すなわち，身分の存在により，行為の違法性又は行為者の責任が基礎づけられ，あるいは，それらが加重され又は減軽される）。このような観点からは，身分犯は，行為の違法性の有無・程度に影響する身分（違法身分）を要件とする違法身分犯と，行為者の責任の有無・程度に影響する身分（責任身分）を要件とする責任身分犯とに区別することができる。

なお，身分犯と似て非なるものとして，**疑似身分犯**がある。これは，犯罪の成立に必要な結果を発生させるため，一定の属性の存在が行為者に事実上要求されるが，犯罪の主体はその属性を備えた者に限定されていない犯罪である。その例として，強姦罪（刑177条）を挙げることができる。すなわち，強姦罪の成立要件である女子の「姦淫」は男でなければなしえないが，同罪の主体は

---

3) 例として，公務員を主体とする収賄罪（刑197条以下）がある。

4) 例として，医師等が行うことにより刑が加重される業務上堕胎罪（刑214条）がある。

5) 身分犯については，身分者と非身分者が共犯関係に立つ場合に，非身分者にいかなる犯罪が成立するかが問題となる。これを規律するのが刑法65条であり，この解釈については後述する（164頁以下）。

26 第2編 第2章 構成要件該当性

男に限定されていない。したがって，女でも（責任能力や故意を欠く）男を利用して（間接正犯〔後述39頁以下〕として）強姦罪を犯すことは可能である[6]。

2 法 人

法人は，一般の罰則にいう「者」には含まれず，それを処罰する規定が存在する場合にのみ，犯罪の主体となる。そのような法人処罰規定としては，業務主としての法人を，違反行為を実際に行った自然人行為者と共に処罰する（**業務主処罰規定としての**）**両罰規定**の形式を採るものが一般的である。これは，「法人の代表者又は法人若しくは人の代理人，使用人その他の従業者が，その法人又は人の業務に関して……の罪を犯したときは，行為者を罰するほか，その法人又は人に対して各本条の罰金刑を科する」などといった形で規定されている。ここで，業務主としての法人が処罰される根拠・要件が問題となる[7]。

業務主処罰規定によって自然人の業務主が処罰される根拠について，**判例**は，無過失転嫁罰を定めたものと解する立場（大判昭和17・9・16刑集21巻417頁〈総*20・181*〉参照）を離れ，業務主として「行為者らの選任，監督その他違反行為を防止するために必要な注意を尽さなかった過失の存在を推定した規定」であると解するに至った（業務主が注意を尽したことの証明がなされない限り，刑事責任を免れないことになる。このような理解を，**過失推定説**という。最大判昭和32・11・27刑集11巻12号3113頁〈総*21・182*〉）。それに対応して，この理解は，「事業主が法人（株式会社）で，行為者が，その代表者でない，従業者である場合にも，当然推及されるべきである」とされ，法人業務主処罰についても過失推定説が及ぶこととなったのである（最判昭和40・3・26刑集19巻2号83頁〈総*22*〉）。ここでは，法人の代表者と法人とを同一視する立場（**同一視説**）を前提

---

6) ただし，判例は，強姦罪は主体が男性に限られる構成的身分犯であると判示したことがある（最決昭和40・3・30刑集19巻2号125頁〈総*359*〉）。女性は，刑法65条1項により強姦罪の共同正犯となるが，強姦罪は疑似身分犯であるとすれば同条同項を適用せずに同じ結論となる。

7) 法人はおよそ犯罪の主体となりうるか（**法人の犯罪能力**）がかねて問題とされてきた（大判昭和10・11・25刑集14巻1217頁〈総*19*〉は，これを否定していた）。これを否定する立場は，法人処罰規定を法人の「**受刑能力**」を認めたにすぎないものと解するのである。

として，自然人行為者による違反行為を防止するために必要な注意を尽くさなかった過失が代表者に推定され，刑事責任が法人業務主に及ぶことになる。理論としては，必要な注意を尽したことの証明がなされれば，業務主は免責されるが，実際にはかなり困難であって，厳格な責任が追及されているのが実情である。

第3節　行為及び結果

1　行　　為

　すでに述べたように（前述 21 頁），**行為**だけが処罰の対象となり，思想・信条や意思は，それが行為者の内心にとどまる限り，処罰の対象とはならない。このような行為の意義については，かつて盛んに議論が行われ，**自然的行為論**（意思に基づく身体の動静を行為と解する），**目的的行為論**（目的によって支配された身体の運動を行為と解する），**人格的行為論**（行為者人格の主体的現実化である身体の動静を行為と解する），**社会的行為論**（社会的に意味のある身体の動静を行為と解する）などの諸見解が主張されたところである。しかしながら，行為でないものを処罰の対象から除外するという意味で，行為の概念を問題とする場合には，「意思に基づく身体の動静」を行為と解することで足りるように思われる[8]。すなわち，身体の動静であっても，意思に基づかないもの（たとえば，反射運動）が行為から除外されることになるのである（行為であることを否定したものとして，大阪地判昭和 37・7・24 下刑集 4 巻 7 ＝ 8 号 696 頁〈総 *26*〉〔半覚半醒の状態〕参照）。

　行為が意思に基づく身体の「動静」をいうとするのは，身体の「動」である**作為**のみならず，身体の「静」である**不作為**も行為に含まれるためである。なお，ここで**不作為**とは，「何もしないこと」ではなく，「期待された作為を行わないこと」を意味するから，それは純然たる内心状態にすぎないのではない。また，「期待された作為」をしていないかぎり，それ以外の作為を行っていても，依然として不作為であることに留意する必要がある。

---

[8]　なお，学説には，過失不作為の場合などを含めるため，意思の要素は過多の要求だとする見解も存在する。

28　第2編　第2章　構成要件該当性

2　結　　果

(1)　構成要件的結果

　法益保護の観点から，刑法は，保護法益を侵害し，あるいは，侵害しないまでもそれに対して脅威をもたらす（これは，保護法益侵害の危険をもたらすことをいう）行為を将来抑止して，法益を保護するために，保護法益の侵害行為・危殆化行為を犯罪として規定し，処罰の対象とするものと理解される。この意味で，犯罪とは**法益侵害・危殆化行為**をいい，犯罪の成立には法益侵害・危険の惹起が必要となる。このことは，たとえば，殺人罪（刑199条）のように，人の死という，行為により惹起される結果の発生が要求されることが法文上明らかな犯罪（これを，**結果犯**という）においては容易に理解されるところである。しかし，このことは，たとえば，住居侵入罪（刑130条）のように，「住居……に侵入」するという行為のみが規定されているようにみえる犯罪（これを，**単純行為犯**，<u>挙動犯</u>などという）においても，同様に妥当するのである。後者においては，法文上規定された行為の遂行によって法益侵害が同時に発生するから，行為と区別されて結果の発生が別途法文上規定されていないというにすぎない。

　構成要件要素である結果（これを，**構成要件的結果**という）は，構成要件要素である**行為客体**の侵害として法文上規定されるが，それによって，行為客体とは**区別された保護客体**（**保護法益**）の侵害が要求されている。たとえば，殺人罪（刑199条）は，「人を殺した」ことが法文上成立要件とされているが，ここにいう「人」は行為客体であり，その殺害が規定されることによって，保護法益である「人の生命」の侵害が要求されているのである。また，公務執行妨害罪（刑95条1項）においては，職務執行にあたる公務員が行為客体として規定され，これに対して暴行・脅迫を加えることが要件とされているが，それにより，公務の執行という保護法益に対する危険が要求されている。

　構成要件的結果には，保護法益の侵害のみならず，侵害の危険も含まれる。前者の，法益侵害を結果とする犯罪を**侵害犯**，後者の，法益侵害の危険を結果とする犯罪を**危険犯**という。

　危険犯の結果である法益侵害の**危険**とは，法益侵害発生の客観的な蓋然性・可能性をいうが，これは程度を付しうる概念であるため，どの程度の危険の発生が必要となるかは解釈によって決められなければならない。危険犯には，法

文上，具体的な「危険」の発生が規定・要求されているもの（これを，**具体的危険犯**という。刑法110条の建造物等以外放火罪や，刑法125条の往来危険罪などがその例である）と，一般的・抽象的に危険な行為が規定・要求されているもの（これを，**抽象的危険犯**という。刑法108条の現住建造物等放火罪などがその例である）が存在する。前者の場合には，個別の事案において「危険」の発生が認定される必要があるが，後者においても，法文上規定された行為の遂行により通常は危険の発生を認めることができるというにすぎず，具体的な事案の特殊事情によっては，危険の発生が排除されていることがあり，そのような場合には，犯罪の成立を否定する余地を認めるべきではないかが問題となっている（最決昭和55・12・9刑集34巻7号513頁〈総 *30*, 各 *477*〉〔団藤，谷口裁判官の補足意見〕参照）。

(2)　結果の発生と犯罪の終了

構成要件的結果が発生すると犯罪は成立するが，こうして一旦成立した犯罪はいつ終了するのかが問題となる。行為が終了しても，犯罪が終了しない間は公訴時効（刑訴250条，253条）が進行しないから（最決昭和63・2・29刑集42巻2号314頁〈各 *21*〉によれば，刑訴法253条1項において公訴時効の起算点とされている「犯罪行為」には結果が含まれる），犯罪の終了時点を画定することには実際上も重要な意義があるのである。

犯罪の終了時期の観点から，犯罪は，即成犯又は状態犯と継続犯とに区別することができる。**即成犯**とは，構成要件的結果発生により犯罪が成立するが，それと同時に終了する犯罪をいう。殺人罪（刑199条）がその例であり，結果発生により法益は消滅するため，犯罪が直ちに終了することが明らかな場合である。これに対して，**継続犯**とは，構成要件的結果発生により犯罪が成立し，その結果が継続する間，犯罪が継続的に成立する犯罪をいう。監禁罪（刑220条）がその例であり，監禁状態が生じることによって監禁罪は成立するが，その状態が持続する限り，同罪は持続的・継続的に成立し，被害者が解放されて初めて犯罪は終了するのである。このような継続犯と似ているが，区別されなければならないのが，**状態犯**である。これは，構成要件的結果発生により犯罪が成立した後，法益侵害状態は継続するが，即成犯と同様に[9]，犯罪成立と同時に終了する犯罪をいう。窃盗罪（刑235条）がその例であり，財物の窃取・

30　第2編　第2章　構成要件該当性

占有の移転によって犯罪は成立するが，その後は財物が窃取された状態が継続するにすぎないため，犯罪は継続的には成立せず，犯罪成立と共に終了するものと解されている。ある犯罪が継続犯か状態犯かについては，解釈上問題が生じうるが，構成要件に該当する事実が継続的・持続的に生じている（そうであれば継続犯であり，そうでなければ状態犯である）かによって区別することができるであろう[10]。具体的にいえば，たとえば，監禁罪においては，人の場所的移動の自由を侵害することが構成要件該当事実であり，監禁状態から解放されない限り，この状態（構成要件該当事実）が継続するため，同罪は継続的に成立する継続犯である。これに対し，窃盗罪においては，他人の占有する財物の占有を移転することが構成要件該当事実であり，占有喪失状態（法益侵害状態）は継続するが，占有移転（構成要件該当事実）が継続することはありえないため，同罪は継続犯ではなく状態犯であると解されることになる。

第4節　因 果 関 係

1　起点としての実行行為

　行為者は，その行為によって構成要件的結果を惹起することが必要であるが，構成要件該当性を肯定するためには，その行為は無限定ではなく，構成要件的結果を惹起する**現実的な危険性**が認められる行為でなければならない（最決平成16・1・20刑集58巻1号1頁〈総*28*，各*12*〉参照）。このような**構成要件的結果への因果関係の起点**となる行為を，一般に，**実行行為**という。すなわち，構成要件要素としての因果関係は，構成要件的結果をもたらす現実的危険性を備えた実行行為（これを，**構成要件的行為**ともいう）と構成要件的結果との間に要求されるのであり，実行行為以前の行為と構成要件的結果との間に因果関係が認められることでは足りないのである。たとえば，殺人のために毒薬を調達して，自宅居室の戸棚の奥に隠しておいたところ，それを偶然に発見した子供が取り

---

9)　したがって，実は，即成犯と状態犯を区別する意義，その可能性には疑問がある。

10)　学説では実行行為の継続の有無で両者を区別する見解が有力である。しかし，継続犯と解される場合に実行行為が継続していると説明されているにすぎず，実行行為の継続性が本当に独自の判断基準であるかには疑問がある。

出して誤って飲み，死亡したという場合，殺人罪の構成要件該当性を肯定することはできない。なぜなら，行為者による毒薬の調達・保管行為と被害者の死亡との間に因果関係を肯定することはできるが，毒薬の調達・保管行為は殺人罪の実行行為（構成要件的行為）とはいえず，いまだそれ以前の行為（殺人罪の構成要件の枠外にある，**予備行為**）にすぎないからである。

　なお，実行行為にあたるか，それ以前の行為にすぎないかをいかにして判断するか，は解釈上重要な問題となる。

2　危険の現実化としての因果関係

(1)　条件説と相当因果関係説

　学説では，因果関係をめぐりさまざまな議論がこれまで展開された。しかしながら，構成要件要素として，実行行為（構成要件的行為）と構成要件的結果との間に要求される因果関係を肯定するためには，事実的なつながりとしての条件関係が必要であるという点については従来異論がなかった。争いがあったのは，それをどのようにして判断するかという点であり，「当該行為がなければ当該結果は発生しなかったであろうか」という仮定的消去法の公式（これは，conditio sine qua non の関係を判断する公式という意味でコンディツィオ公式ともいわれる）を用いるという伝統的な理解に対し，それでは明らかに因果関係があると考えられるのにそれを認めることができない場合が生じてしまうから，行為と結果との間の事実的なつながりを自然法則等の適用によって判断すべきだという理解が対立していた[11]。いずれにせよ，このような条件関係があれば因果関係を認めることができるとする見解（これを，**条件説**という）も存在したが，かつての通説的見解は，条件関係に加え，追加的・付加的要件として，実行行為から構成要件的結果が発生することが一般的にありうること，その関係が異常・不相当なものではないこと（これを，**相当性**という）が必要であるとしてきた（これを，**相当因果関係説**という）。相当因果関係説がかつて通説化したのは，実行行為と構成要件的結果との間に事実的なつながりである条件関係が認めら

---

11)　問題となるのは，結果を惹起しうる**代替的な原因**がある場合である。そのような場合には，実行行為を取り去って考えても代替的な原因によって同一の結果が発生していたであろうといえるため，条件関係が否定されてしまうではないかというのである。

れても，結果が極めて異常な経過をたどって生じたような場合にまで，因果関係を肯定して，その結果を惹起したことによる犯罪の成立を認めることは妥当でないと考えられたからである。たとえば，AがBにナイフで斬りかかり，致命傷には至らない傷を負わせたところ，救急車で病院に搬送される途中，救急車が交通事故にあい，Bがそのために死亡した場合や，搬送先の病院で火災が発生し，そのためにBが死亡した場合には，Aの傷害行為とBの死亡との間に条件関係が存在することを否定することはできないが，Aの刑事責任は傷害罪とすべきで，傷害致死罪の罪責を問うのは妥当でないと解されたのである。このようにして，相当因果関係説においては，実行行為と構成要件的結果との間に**因果経過の相当性**が要求され，それによって構成要件要素としての因果関係が限定されることになっている。

　相当因果関係説においては，因果経過の相当性をいかなる事情を基礎として（これは，**判断基底**の問題と呼ばれている）判断するかが重要な問題となる。この点については，①行為者が認識・予見した事情及び認識・予見しえた事情を考慮する**主観説**，②行為当時存在したすべての事情及び行為後に生じた客観的に予見可能な事情を考慮する**客観説**，③行為当時一般人に認識・予見可能であった事情及び行為者がとくに認識・予見していた事情を考慮する**折衷説**が対立していた。このうち，主観説は少数説であり，客観説と折衷説の間で争いがあった。客観説については，行為時に存在したすべての事情を考慮しながら，相当性が否定されることがありうるのか，それがありうるとすれば，いかなる判断によるのかが問題となる。また，折衷説については，因果関係が客観的な構成要件要素であることと行為者の認識・予見を考慮することは矛盾しないか，複数の行為者が結果惹起に関与した場合，認識が異なる行為者によって因果関係の有無に差が生じることが妥当か（たとえば，AがBにVの殺人を教唆し，BがVを殺した事例において，Aの教唆行為とVの死亡との間には因果関係を肯定できるが，Bの殺人行為とVの死亡との間には因果関係を肯定できないことになってよいか）が問題とされた。

　相当因果関係説は，実行行為から構成要件的結果に至る因果経過の相当性を要求することによって，①実行行為に構成要件的結果を惹起する十分な危険性が認められること，②その危険性が構成要件的結果へと実現したことを必要と

する見解であるともいえる。とくに、因果経過の相当性は、行為の危険性の結果への実現に関係するものである。因果経過が異常であれば、行為の危険性とは異なった別の危険が結果へと実現したと解されるからである。しかしながら、①行為の危険性を、いかなる事情を基礎として判断するかに問題があり（これは、上述の判断基底をめぐる学説上の対立に明らかである）、②行為の危険性の実現と、因果経過の経験的通常性との関係が不明瞭であること、すなわち、因果経過が通常とはいえないが、それにもかかわらず行為の危険が結果へと実現したということがあるのではないかが問題となる。

(2) 危険の現実化

因果関係の起点としての実行行為に構成要件的結果を惹起する現実的・客観的危険性を要求する立場からは、因果関係・因果経過はそのような現実的・客観的危険性が構成要件的結果へと現実化する過程（**危険の現実化としての因果関係**）と理解されることになる[12]。

判例は、かつて条件説に立っていると解されていたが、そうとはいえない。それは、行為者による行為後に第三者の行為が介入した事案である米兵ひき逃げ事件において、第三者の行為の事後的介入が経験則上予測できないことを理由として因果関係を否定する判断が示されたことにも現れている（最決昭和42・10・24刑集21巻8号1116頁〈総*61*〉）。しかし、学説において従来展開されてきた（因果経過の経験的通常性を相当性として理解する）相当因果関係説そのものが判例において採られているというわけでもない。そこでは、「行為の危険性が結果へと現実化したか」（**危険の現実化**）が基準とされて、因果関係の判断が行われている（最決平成22・10・26刑集64巻7号1019頁〈総*68*〉、最決平成24・2・8刑集66巻4号200頁〈総*239*〉参照）。以下でみるように、判例においては、相当因果関係説に関して問題となった、上記①②についての立場は明らかである。すなわち、①行為の危険性は、行為時に存在した事情を基礎に客観的に判断され、②因果経過の経験的通常性自体には独自の意味はなく、それが欠ける場合であっても、行為の危険性の結果への実現が肯定されることがある、

---

12) このような理解からは、事実的な因果関係を検討し、さらにそれを限定するという理解は採られない。危険の「現実化」自体が行為と結果との事実的なつながりを示すものであり、また、その間の関係を限定するものであるからである。

いい換えれば，危険の現実化が判断基準であり，因果経過に介在する事情はその観点で考慮されるのである。以下では，事案類型ごとに判例を中心に解説を加えることにする。

（i）被害者の特殊事情　被害者に特殊な事情（病的素因）が存在したために，それがなければ死亡しない程度の暴行によって，被害者が死亡した事例においては，判例は，被害者の特殊事情を考慮した上で，因果関係を判断し，その存在を肯定する態度を一貫して採っている。たとえば，行為者が被害者に布団で鼻口部を圧迫するなどの暴行を加えたところ，被害者の心臓等に高度の病的素因があり，そのために心臓死したという事案（布団蒸し事件）について，「致死の原因たる暴行は，必ずしもそれが死亡の唯一の原因または直接の原因であることを要するものではなく，たまたま被害者の身体に高度の病変があったため，これとあいまって死亡の結果を生じた場合であっても，右暴行による致死の罪の成立を妨げない」とし，このことは，「被告人が行為当時その特殊事情のあることを知らず，また，致死の結果を予見することもできなかったものとしても」妥当するとの判断が示されている（最判昭和46・6・17刑集25巻4号567頁〈総 *46*〉）。ここでは，被害者の特殊事情が一般人に認識・予見可能であったか，行為者に認識・予見されていたかを問わず，その存在を前提とした判断がなされていることが明らかである（さらに，最判昭和25・3・31刑集4巻3号469頁〈総 *45*〉，最決昭和49・7・5刑集28巻5号194頁〈総 *47*〉などを参照）。このように行為の危険性を客観的に判断すれば，行為の危険性は肯定され，それに基づいて死の結果が発生した以上，危険の現実化も肯定されることになる。

（ii）被害者の行為の介入　行為者の行為後に被害者の行為が介入して，その被害者の行為が直接的な原因となって構成要件的結果が発生した場合については，行為者の当初の行為によって被害者の行為がもたらされる一定程度の危険性が必要であり，それが結果へと現実化したかが問題となる。

まず，行為者の行為によって，被害者が当該行為にでざるをえない状況が作り出された場合には，被害者の行為をもたらすかなり高い危険性が行為に認められ，それが結果へと現実化したと解することができる。たとえば，火傷を加えられた被害者が，苦痛のため水中に飛び込み心臓麻痺で死亡した事例（大判昭和2・9・9刑集6巻343頁〈総 *49*〉）や，暴行に耐えかねた被害者が逃走しよう

として池に落ち，頭部擦過打撲傷に基づくくも膜下出血により死亡した事例（最決昭和59・7・6刑集38巻8号2793頁〈総50〉）などにおいては，因果関係を肯定しうることに疑問の余地はない。被害者が，それ自体としては，かなり危険な行為にあえてでた結果，そのことが原因で死亡した場合であっても，被害者の精神的な圧迫状態を考慮すると，そのような行為にでることが異常なこととはいえないことがある。たとえば，長時間にわたり激しい暴行を受け，すきをみて逃走した被害者が，追跡から逃れるために高速道路に進入し，疾走してきた自動車に衝突・れき過されて死亡した事案（高速道路進入事件）において，高速道路への進入は「それ自体極めて危険な行為である」が，「被告人らに対し極度の恐怖感を抱き，必死に逃走を図る過程で，とっさにそのような行動を選択したものと認められ，その行動が，被告人らの暴行から逃れる方法として，著しく不自然，不相当であったとはいえ」ず，「被害者が高速道路に進入して死亡したのは，被告人らの暴行に起因するものと評価することができるから，被告人らの暴行と被害者の死亡との間の因果関係を肯定」することができるとされている（最決平成15・7・16刑集57巻7号950頁〈総53〉）。

直接結果をもたらす原因となった被害者の行為に不適切さが認められる場合であっても，当初の行為者の行為に被害者の不適切な行為を生じさせる危険性があり，それによりまさに被害者の不適切な行為が行われた場合には，その危険が結果へと現実化したと解することが可能となる。たとえば，スキューバダイビングの潜水指導者である被告人が，夜間潜水の指導中不用意に移動して受講生らのそばから離れ，受講生らを見失ったところ，指導補助者及び受講生である被害者の不適切な行動が介在して被害者が溺死した事例（夜間潜水事件）においては，被告人の行動は，それ自体が被害者をして溺死させる結果を引き起こしかねない危険性を持つものであり，指導補助者及び被害者に適切を欠く行動があったことは否定できないが，それは被告人の行動から「誘発」されたものであって，因果関係を肯定する妨げとはならないとされている（最決平成4・12・17刑集46巻9号683頁〈総52・65〉）。また，結果を直接もたらすに至った被害者の不適切な行為が，通常はなされない異常なものであったとしても，具体的な事情を考慮すると，必ずしもありえないことではなく，むしろ当初の行為がそれをもたらしたといえる場合には，行為の危険性は結果へと現実化し

36　第2編　第2章　構成要件該当性

たと認めることが可能となる。たとえば，柔道整復師である被告人が風邪気味
の被害者から診察・治療を依頼されて承諾し，誤った治療方法を指示したとこ
ろ，被害者がそれに従ったため，症状が悪化して死亡したという事例（柔道整
復師事件）においては，「被告人の行為は，それ自体が被害者の病状を悪化させ，
ひいては死亡の結果をも引き起こしかねない危険性を有していたものであるか
ら，医師の診察治療を受けることなく被告人だけに依存した被害者側にも落度
があったことは否定できないとしても，被告人の行為と被害者の死亡との間に
は因果関係がある」とされている（最決昭和63・5・11刑集42巻5号807頁〈総
51〉）。

　なお，行為者が被害者に傷害を加えたところ，被害者が医師の指示に従わず
に安静に努めないという，被害者の不適切な行為が介入した結果，被害者の容
体がさらに悪化して死亡したという場合には，当初の傷害行為に認められる危
険が，医師の治療により妨げられることなく，死の結果へと現実化したとみる
ことが可能となる。判例は，「傷害は，それ自体死亡の結果をもたらし得る身
体の損傷であって，仮に被害者の死亡の結果発生までの間に，……被害者が医
師の指示に従わず安静に努めなかったために治療の効果が上がらなかったとい
う事情が介在していたとしても，被告人らの暴行による傷害と被害者の死亡と
の間には因果関係がある」としている（最決平成16・2・17刑集58巻2号169頁
〈総54〉）。これは，行為者が惹起した重大な傷害がそのまま悪化して死亡した
との判断が可能だからであると思われる。しかし，当初の傷害の程度がそれほ
ど重大とはいえず，かつ，通常の一般的治療により容易に治癒することが見込
まれる場合や，治療の効果が上がり，状態が著しく改善された場合において，
その後，被害者の極めて不適切な行為が介入し，容体が急変して死亡したよう
なときにまで，同様に解すべきかには問題があろう。

　(iii)　第三者の行為の介入　　行為者の行為の後に第三者の行為が介入し，
それにより構成要件的結果が発生した場合においても，判例においては，行為
の危険性が結果に現実化したかが基準とされている。①当初の行為によって，
結果惹起にとって決定的な原因が作り出された場合には，その後の経過が通常
のものとはいえないとしても，行為の危険性が結果に現実化したとの判断が可
能となる。これに対し，②結果惹起の直接的な原因が当初の行為によって形成

第 4 節　因果関係　37

されたのではなく，事後的に介入した第三者の行為こそがそれを形成した場合には，そのような第三者の行為の介入をもたらす危険性が当初の行為に認められなければ，行為の危険性が結果へと現実化したとはいえないことになり，したがって因果関係を肯定するためには，第三者の行為を誘発するなどの関係が要求されることになろう。被告人が第 1 現場で被害者に暴行を加え，脳出血を発生させて意識消失状態にして，第 2 現場（大阪南港の資材置場）に運び放置したところ，被害者は脳出血により死亡したが，生存中，何者かにより角材で頭部を殴打されており，これは死期を若干早める影響を与えるものであったという事例（大阪南港事件）において，判例は，「犯人の暴行により被害者の死因となった傷害が形成された場合には，仮にその後第三者により加えられた暴行によって死期が早められたとしても，犯人の暴行と被害者の死亡との間の因果関係を肯定することができ」るとしている（最決平成 2・11・20 刑集 44 巻 8 号 837 頁〈総 62〉）。ここでは，第 1 現場での被告人による暴行の重大な危険性が，事後的な第三者による故意行為の介入にもかかわらず，結果へと現実化したとの判断が行われているといえよう。すなわち，第 1 現場での死因となる傷害を形成した暴行の危険性は重大であり，第 2 現場で介入した故意行為は幾分か死期を早める影響を与えるものにすぎなかったことから，このような判断がなされることになるのである。これに対し，被告人が自動車を運転中，自転車に乗った被害者をはね飛ばし，自動車の屋根にはね上げられ意識を失った被害者に気づかず運転を続けているうち，同乗者がそれに気づき，走行中の自動車の屋根から被害者を引きずり降ろして路上に転落させ，死亡させたものの，死因となった頭部の傷害が，最初の衝突の際生じたのか，路上に転落した際生じたのか確定できないという事例（米兵ひき逃げ事件）は，行為者の行為後に第三者の故意行為が介入したものであるが，判例は，同乗者の行為は「経験上，普通，予想しえられるところではなく」，被告人の過失行為から死の結果が発生することが「われわれの経験則上当然予想しえられるところであるとは到底いえない」として因果関係を否定している（前出最決昭和 42・10・24）。死因となった傷害が被告人の行為によって生じたことの証明がない本件においては，それは同乗者の行為によって惹起されたものとして被告人の刑事責任は判断されることになるが[13]，これは上記（36 頁）の後者②の場合にあたるといえよう。し

38 第2編 第2章 構成要件該当性

たがって，同乗者の行為がもたらされる可能性・蓋然性が因果関係を肯定する
ためには必要となると解される。そして，同乗者の行為は普通予想しうること
ではない以上，因果関係は否定されることになるのである[14]。

　なお，被告人が高速道路上に自車及びＡが運転する自動車を停止させＡに
暴行を加えた後，自車が走り去ってから7，8分後までＡがその場にＡ車を
停止させ続けたところ，後続車がＡ車に追突して死傷の結果が生じた事案に
おいては，高速道路上に自車及びＡ車を停止させたという当初の過失行為は，
それ自体において後続車の追突等による人身事故につながる重大な危険性を有
しており，その後介在した他人の行動等は被告人の過失行為及びこれと密接に
関連してされた一連の暴行等に誘発されたものであるから，被告人の過失行為
と被害者らの死傷との間には因果関係があるとされる（最決平成16・10・19刑
集58巻7号645頁〈総66〉）。また，被害者を自動車後部のトランクに押し込ん
で脱出不能にし，同車を発進走行させた後，路上で停車したところ，後方から
自動車が追突して，トランク内の被害者が死亡した事案では，「被害者の死亡
原因が直接的には追突事故を起こした第三者の甚だしい過失行為にあるとして
も，道路上で停車中の普通乗用自動車後部のトランク内に被害者を監禁した本
件監禁行為と被害者の死亡との間の因果関係を肯定することができる」とされ
ている（最決平成18・3・27刑集60巻3号382頁〈総67〉）。直接の死因は自動車
の追突による傷害であるとしても，追突事故は珍しいことではないから，ト
ランク内という逃げ場のない場所に監禁する行為自体に危険性を認めることがで
き，その危険性の現実化を肯定することができるといえよう。

　(iv)　行為者の行為の介入　　行為者の行為の後に，行為者の新たな行為が
介入して結果が発生した場合についても，当初の行為の危険性が結果に現実化
したかによって判断されるべきことになろう。

　行為者の過失行為が介入した場合としては，被告人が被害者の頸部を細麻縄
で締め，死んだものと誤信して，犯行の発覚を防ぐ目的で海岸砂上に運び，放

---

13)　「疑わしきは被告人の利益に」との刑事裁判の鉄則を適用した結果である。

14)　したがって，被告人の当初の行為によって死因となる傷害が惹起された（そして，
　　そのことが証明された）場合には，被告人の行為と死の結果との間に因果関係を肯定す
　　ることが可能となりうる。

置したところ，頸部絞扼と砂末吸引により死亡した事案があり，そこでは，被告人の死体遺棄行為は因果関係を遮断するものではないとして，頸部絞扼と死亡との間の因果関係は肯定されている（大判大正 12・4・30 刑集 2 巻 378 頁〈総 55・192〉）。頸部絞扼だけによって被害者の死亡が生じたとはいえず，海岸砂上への放置行為が死亡の重要な（共同）原因となっているが，殺人行為後に行為者が死体遺棄行為にでることはありうることである以上，行為者の第 1 行為の危険性は，第 2 行為を経由して，結果へと現実化したものということができよう。

　行為者の故意行為が介入した場合としては，被害者を熊と間違えて猟銃を発射し，重傷を負わせた被告人が，苦悶する被害者を早く楽にさせた上で逃走しようと，被害者をさらに射殺した事例（熊うち事件）があり，そこでは，業務上過失致傷罪と殺人罪の併合罪の成立が肯定され，当初の過失行為と死の結果との間の因果関係が否定されている（最決昭和 53・3・22 刑集 32 巻 2 号 381 頁〈総 57・405〉）。この事案については，過失行為によりすでに死因となる傷害が惹起されたとみうるのであれば，第 1 行為と死の結果との間について（大阪南港事件と同様に）因果関係を肯定しうるように思われるが（業務上過失致死罪が成立することになる），第 2 行為について殺人罪が成立することを否定できないと思われる以上，被害者の死を業務上過失致死罪と殺人罪とで二重評価することが許されるかという問題がそこで生じることになろう（それを回避する方策としては，判例の解決に妥当性があると考えることができる）。なお，第 2 の殺人行為により死因が形成された場合であれば，第 1 行為により第 2 行為を行う蓋然性・可能性がもたらされたかが問題となり，それが肯定できない限り，第 1 行為と死の結果との間の因果関係は否定されることになるものと思われる（過失により自動車で被害者をひいた後，故意により再度ひいた事例に関する東京高判昭和 63・5・31 判時 1277 号 166 頁〈総 58〉参照）。

第 5 節　間　接　正　犯

(1)　総　　説

構成要件該当性が認められる場合には，行為者が実行行為（構成要件的行為）

40　第2編　第2章　構成要件該当性

を自ら行い（**自手実行**），結果を直接惹起する場合のほかに，このような実行行為を外形上行為者が自ら行うのではなく，他人に行わせ（**間接実行**），その他人によって結果が惹起される場合がある。前者の場合には，行為者が構成要件該当事実を生じさせたと当然に見うるが（この場合を，**直接正犯**という），後者の場合であっても，行為者が構成要件該当事実を惹起したと見うることがあるのである（たとえば，被害者の自宅に宅配便で毒入り饅頭を送り，知らない被害者にそれを食べさせて殺害する場合）。この場合を**間接正犯**という。

　直接正犯と間接正犯 15) とは，（正犯の）構成要件該当性が認められる事例における，内部的な事実上の区別にすぎない 16)。ここで，外形的には実行行為の自手実行がないのに，いかなる場合に，自手実行がある場合と同視しうるのかが問題となるのである。すなわち，行為者の行為後に他人の行為が介入して，他人により結果が惹起された場合について，（処罰拡張類型としての〔後述 149 頁〕）共犯ではなく，（本来の，第一次的な処罰類型である）正犯が成立するのはいかなる場合かが解釈上問題となる（これは，共犯ではなく正犯となる要件，すなわち，**正犯性**がいかなる場合に認められるかという問題であるといえる）。以下では，いくつかの類型ごとに，自手実行と同視できる間接正犯の成立要件について解説を加えることにする。

　なお，学説上，犯罪の中には自手実行の場合にのみ構成要件該当性を肯定することができるものがある（これを，**自手犯**という）との見解が主張されている。偽証罪（刑 169 条）などがそれにあたると解されており，自手犯においては，間接正犯は解釈上成立しえないとされる。

(2)　行為の介入類型と間接正犯の成否

　間接正犯が認められるためには，比喩的にいえば，他人の行為を「**自己の犯罪実現のための道具として利用した**」といいうることが必要である（最決平成 9・10・30 刑集 51 巻 9 号 816 頁〈総 *346*〉参照。この場合に，利用者の行為に正犯性が肯定される)17)。そのようなことがいかなる場合に肯定されるのかについて，問

---

15)　直接「正犯」，間接「正犯」というのは，後に（第 6 章）解説する共犯とは異なり，本来の（第一次的）処罰類型であることを意味している。

16)　したがって，身分犯においては，非身分者に直接正犯が成立しえないように，間接正犯が成立することもありえないことになる。

第 5 節 間 接 正 犯 41

題となる類型ごとに解説することにする。

(ⅰ) 被害者の行為の介入　　行為者の行為後に，自由で（惹起される構成要件的結果・法益侵害に関し）瑕疵のない意思に基づく被害者の行為が介入した場合，間接正犯の成立は認められない。生命以外の法益については，当該法益（たとえば，財産）が被害者自身によって処分・侵害される場合であり，この結果は被害者の意思に合致するため法益侵害性が失われることとなって，構成要件該当性を肯定できないからである（**不可罰な自損行為・自傷行為への関与**の事例）。また，法益主体の当面の意思に反する後見的保護が認められている生命の場合には，行為者の関与行為には正犯性が認められず，自殺関与罪（刑202条）が成立するのみである。

　これに対し，行為者が被害者の行為をもたらし，その被害者に構成要件的結果についての認識が欠ける場合（大判昭和8・4・19刑集12巻471頁〈各8〉，最決昭和27・2・21刑集6巻2号275頁〈総112，各9〉），被害者が欺罔により錯誤[18]に陥っている場合（最判昭和33・11・21刑集12巻15号3519頁〈総114，各6〉〔偽装心中事件〕），被害者の行為を強制した場合（最決昭和59・3・27刑集38巻5号2064頁〈各11〉，最決平成16・1・20刑集58巻1号1頁〈総28，各12〉〔他の行為を選択することができない精神状態に陥らせていた〕）には間接正犯が成立する。

(ⅱ) 非故意行為の介入　　行為者が，構成要件的結果について故意のない媒介者の行為を介入させた場合には，媒介者を「道具のように」利用して構成要件を実現したと見ることができ，間接正犯の成立を肯定することができると解されている（最決昭和31・7・3刑集10巻7号955頁〈総343〉〔被告人が他人の物を勝手に売却し，情を知らない者に引き取らせた事例について，窃盗罪が成立する〕）。故意のない媒介者は，「道具のように」利用可能だから，背後者が直接結果を惹起した場合と同視しうるといえるのである。なお，媒介者に他の結果を惹起することについては故意があったが，実際に発生した構成要件的結果について

---

17)　なお，間接正犯として処罰するためには，故意犯の場合，利用者の行為に正犯性を認めうる事情を，利用者が認識する必要がある。

18)　判例は，錯誤がなければ同意しなかったであろうという場合には，同意は無効だと解している。これに対し，学説では，法益侵害性又は法益の評価に関する事実についての錯誤（これを，**法益関係的錯誤**という）があった場合に限って法益主体による有効な法益処分を否定すべきだとする見解が主張されている。後述85頁以下参照。

故意がなかった場合（たとえば，Aが，B所有の屏風の背後にBがいることを知りながら，そのことを知らないCに「屏風を拳銃で撃て」と命じて，Cが拳銃を発射してBが死亡した場合。この場合，Cには器物損壊罪の故意はあるが，殺人罪の故意はない）にも，媒介者は「利用された」として背後者に間接正犯の成立を肯定することができるのではないかが問題となる。

　(iii)　責任なき行為の介入　　行為者が意思能力を欠く者を媒介して構成要件的結果を生じさせた場合には，その者を思うがままに利用したといえるため，間接正犯が成立すると解されている。また，責任能力が欠ける者（心神喪失者）の行為を介在させる場合でも，この者が是非弁別能力に欠けるときには，同様に解しうる。これに対し，媒介者が刑事未成年（刑41条）の場合であっても，是非弁別能力があるときには，意思の抑圧などの事情が存在しない限り，間接正犯の成立を肯定することはできない（最決昭和58・9・21刑集37巻7号1070頁〈総 *341*〉〔12歳の少女の意思を抑圧して窃盗を行わせた事例について，窃盗罪の間接正犯の成立を肯定〕，最決平成13・10・25刑集55巻6号519頁〈総 *342*〉〔12歳の少年との間で，強盗罪の間接正犯ではなく，共同正犯の成立を肯定〕）。

　(iv)　故意行為の介入　　構成要件的結果について故意を有し，自由な意思で行為する者を介入させて結果を生じさせた場合には，間接正犯は成立しないと考えられる（この場合には，共犯の罪責が問題となるにとどまる）。ただし，かつての判例には，会社の代表取締役である被告人が使用人に命じて，食糧管理法に違反して米を運搬輸送させた事案について，被告人を「実行正犯」として処罰したものがある（最判昭和25・7・6刑集4巻7号1178頁〈総 *345*〉）。また，下級審判決には，故意により結果を惹起した直接の行為者を幇助（これを，**単純な故意ある幇助的道具**という）とし，背後者を正犯としたものもある（横浜地川崎支判昭和51・11・25判時842号127頁〈総 *322*〉，大津地判昭和53・12・26判時924号145頁〈総 *323*〉など）。しかし，このような形態の間接正犯を認めることには問題がある。

　(v)　構成要件非該当行為の介入　　媒介者の行為を介入させて結果を生じさせた場合であって，媒介者に構成要件要素である身分や目的がないため，媒介者の行為に構成要件該当性を肯定することができないときには，媒介者に結果を惹起する認識・意思があっても，間接正犯が成立しうると考えられてきた

（これは，**身分なき故意ある道具**，**目的なき故意ある道具**を利用する間接正犯という）。しかし，これらの場合，媒介者には結果惹起意思がある（そして，当該犯罪についての共犯としての罪責が問われる可能性がある）以上，背後者に間接正犯の成立を肯定することには検討の余地がある。

媒介者に身分がない場合には，背後者に直接正犯（又は共同正犯）が成立し，媒介者はその共犯（共同正犯又は幇助）として処罰されうる。たとえば，公務員Aが非公務員Bを介してCから賄賂を収受したときには，BがCから賄賂を収受した段階でAが収受したとみることができる場合を除き（BがAの妻である場合など。この場合には，この段階でAに収賄罪が成立する），AがBから賄賂を現実に受領した段階で，Aについて収賄罪（このときは，自らの受領行為により収賄罪が成立するのであるから，間接正犯ではなく直接正犯又は共同正犯である）が，Bについて収賄罪の共犯（共同正犯又は幇助）が成立することになると解される。

媒介者に目的がない場合には，背後者について，間接正犯の成立を肯定することができる。たとえば，Aが行使の目的を欠くBを利用して通貨を偽造させた場合，行使の目的により通貨の信用性を害する危険が生じるが（これが，通貨偽造罪の法益の危険である），Bにはこの認識がなく，故意がない場合と同視しうるからである（ただし，Bに，Aには行使の目的があるとの認識がある場合には，B自身に行使の目的を肯定する余地があることもあり，Bには通貨偽造罪の正犯が成立しうる）。

(vi) 適法行為の介入　　媒介者の行為を介入させて構成要件該当事実を生じさせたが，媒介者の行為は違法性阻却事由が存在するために処罰の対象とならない場合に，背後者について間接正犯が成立するかが問題とされてきた。これは困難な問題であるが，判例では，妊婦に堕胎手術を施した結果として，妊婦の生命に危険を生じさせ，緊急避難（刑37条）として医師に胎児の排出をさせた事案について，堕胎罪の間接正犯の成立が肯定されている（大判大正10・5・7刑録27輯257頁〈総 *344*〉）。また，国際宅配便を利用した大麻密輸の事案に関し，航空貨物の税関検査の際，大麻の隠匿が発覚したため，麻薬特例法によるコントロールド・デリバリー[19]が実施され，捜査当局と打ち合わせた配

---

19) 薬物の不正取引が行われる際，取締・捜査当局がその事情を知りながら，直ちに検挙せず，その十分な監視の下に薬物の運搬を許容・追跡し，不正取引に関与する者を特

44　第2編　第2章　構成要件該当性

送業者が貨物の宛先に配送し，それを被告人が受け取った事案について，関税法上の禁制品輸入罪（既遂）の間接正犯の成立が肯定されている（前出最決平成9・10・30）。

第6節　不 作 為 犯

(1)　真正不作為犯と不真正不作為犯

　構成要件要素である実行行為（構成要件的行為）は，通常，作為であるが，「期待された作為をしない」という**不作為**の場合もある。作為（たとえば，拳銃の引き金を引き，銃弾を発射する）により構成要件を実現する場合を**作為犯**といい，不作為（たとえば，瀕死の重傷を負った者を救助せず放置する）により構成要件を実現する場合を**不作為犯**という。

　積極的な作為により構成要件的結果を惹起した場合（たとえば，拳銃を発砲して人を射殺した場合）に犯罪の成立を肯定し，作為をしないことを要求することには何らの問題もないが，構成要件的結果を回避する作為を怠った不作為（たとえば，プールで溺れた人を放置し，死亡させた場合）を理由として処罰するためには，特別の理由が必要である。倫理的には「人助け」はすべきであろうが，自分のやりたいこと（何もしないことも含む）をなげうってまで，積極的な「エネルギーの投入」を刑罰の威嚇をもって要求することには特段の根拠が必要となるからである（人がプールで溺れたときに，それを知りながら救助しなかった者すべてを殺人罪で処罰することはおよそ考えられないであろう）。不作為犯の成立を肯定するためには，構成要件的結果回避のための作為を要求しうる条件・根拠が必要であり，それが何かというのが，不作為犯についての基本的な問題である（なお，後述する不真正不作為犯においては，作為を要求する根拠とともに，不作為による結果惹起が作為による結果惹起と同視しうることが必要となる）。

　不作為犯には，2種類のものがある。第1は，不作為を明示的に構成要件要素として規定し，それが犯罪となる条件を法文上明定しているものであり，これを**真正不作為犯**という。「老年者，幼年者，身体障害者又は病者を保護する

　定するための捜査手法をいう。

責任のある者が……その生存に必要な保護をしなかったとき」に成立する保護
責任者不保護罪（刑218条），「正当な理由がないのに，……要求を受けたにも
かかわらずこれらの場所〔人の住居等〕から退去しなかった」ときに成立する
不退去罪（刑130条）などがその例である。第2は，不作為が明示的に構成要
件要素として規定されてはいない犯罪であって，通常は作為により実現される
構成要件を不作為で実現する場合であり，これを**不真正不作為犯**という。殺人
罪（刑199条）は「（故意で）人を殺した」ときに成立するが，構成要件的結果
である人の死を回避する作為を行わないことにより，人の死を惹起したとして
処罰される場合がその例である。ここでは，不作為により構成要件的結果を惹
起したとき，いかなる条件の下で構成要件該当性が肯定されるかが法文上明定
されていないから，それを解釈により明らかにする必要があることになるので
ある。すなわち，この場合には，作為によって構成要件的結果を惹起した場合
と同視しうる条件は何かが問題となる。予め結論を示せば，不真正不作為犯は，
① （保障人的地位に基づく）**作為義務**，②**作為可能性**の判断に基づいて，不作為
による**結果惹起**が作為による**構成要件実現**と同視しうる場合（**同視可能性**）に成
立することになるのである。不真正不作為犯においては，一定の作為をあえて
要求しうる根拠・条件の存在という不作為処罰の一般的要件のみならず，それ
に加えて，その不作為による結果惹起が作為による結果惹起と同様に構成要件
に該当するという同視可能性が必要となる点が重要であるといえよう[20]。不
作為犯について総論の解釈上問題となるのはこれらの点であり，以下では不真
正不作為犯を対象として解説を行うことにする。

　なお，学説の一部には，不真正不作為犯の処罰は罪刑法定主義に違反すると
の見解が存在する。これは，真正不作為犯以外の犯罪においては，作為が構成
要件要素であるとの解釈を前提とするものである。しかし，たとえば，殺人罪
は「人を殺した」ときに成立すると規定されているにすぎず，同罪は「作為に
よる」殺人に限定されていないという意味では，不真正不作為犯の処罰が罪刑
法定主義に違反するとはいえない。ただし，作為による構成要件実現の場合と

---

20) 同視可能性は**同価値性**といってもよい。学説には，作為義務に加えて，作為による
　結果惹起との同価値性を別の要件として要求する見解もある。同価値性にとくに言及し
　ない見解は，それを作為義務の認定において考慮しているのである。

の同視可能性を確保することは必要であり，そうでなければ構成要件該当性がない不作為を処罰する結果となって，この意味で罪刑法定主義違反の問題を生ずることになるのである。

(2)　作為と不作為の区別

たとえば，プールで溺れている人を助けずに，その場を立ち去った場合，その場から立ち去るのは身体の「動」きであるから，作為であろうか。それとも，救助しないという不作為なのであろうか。もしも，作為ならば，作為による構成要件的結果惹起は（特別の理由でもない限り，作為にでない不作為義務は当然肯定され）処罰の対象となるが，不作為ならば，後述するように，作為義務が肯定される例外的な場合にのみ処罰の対象となる点において，問題となる行為が作為なのか不作為なのかを明らかにすることは，重要な意味を有している。

不作為は，「何もしない」ことを意味せず，**「期待された作為をしない」**ことを意味する。したがって，期待された作為をしないことと，何か別のことをすることとは両立しうるのであり，そこから，身体の動きである行為が，問題となる構成要件的結果惹起との関係で，作為なのか不作為なのかが問われることになるのである。

作為と不作為の区別をいかに行うかについては，かつて議論が行われたが，実際上は，作為犯の成否を検討した後に不真正不作為犯の成否を問題とすれば足りる。上記のプールの例では，プールから立ち去った（作為）から溺れた人が死んだのではなく，救助しなかった（不作為）から死んだのである。この意味で，作為犯は成立せず，不作為犯の成否が問題となるといえよう。

(3)　不作為の因果関係

かつて不作為は「無」であるから，「無から有は生じない」ので，不作為には因果性（すなわち，結果との間の因果関係）を肯定することができないとの見解が存在した（現在でも，不作為と結果との関係は，作為による結果惹起の関係とは異なるとの理解が存在する）[21]。しかしながら，不作為についても，作為とは形態上の差はあるにせよ，結果との間に因果関係を肯定することができる[22]。

---

21)　この点を強調すれば，不作為は特別の処罰規定がない限り不可罰であることになり，不真正不作為犯の処罰は否定されるべきことになる。

22)　不作為の因果性は，真正不作為犯及び不真正不作為犯共通に問題となる。

たとえば，プールで溺れている者を救助せずに，その結果その者が溺死したという場合，死を直接かつ物理的に惹起したのは肺に入った水であるが，救助の不作為により溺れた者が水中にとどまった結果として溺死したのであり，解消しなかった溺死の危険がそのまま溺死へと現実化したといいうるのである。

判例では，不作為の因果関係は，かつて，「危険の現実化」ではなく，「期待された作為を行っていたら結果が回避されたであろうか」によって判断された。たとえば，覚せい剤の注射により錯乱状態となった少女をホテルの客室に放置したため同女が死亡した事案においては，「直ちに被告人が救急医療を要請していれば，……，十中八九同女の救命が可能」であり，「同女の救命は合理的な疑いを超える程度に確実」であったとして[23]，救急医療要請の不作為と死の結果との間に因果関係が肯定（保護責任者遺棄致死罪が成立する）されているのである（最決平成元・12・15刑集43巻13号879頁〈総*69*，各*32*〉）[24]。

(4) 作 為 義 務

(i) 作為義務の必要性　　不真正不作為犯については，①不作為犯一般について必要となる，不作為を処罰の対象とする合理性を基礎づけるものとしての，作為を強制する根拠のみならず，さらに②不真正不作為犯固有の問題として，不作為による構成要件的結果惹起が，作為による構成要件実現と同視しうる条件が処罰を肯定するためには必要となる。不作為は，作為と異なり，構成要件的結果との間に因果関係を有する不作為をなした者すべてを処罰の対象とすることはできないが（これは，プールで人が溺れ，救助されずに死亡した場合，救助・救命が可能であった者すべてについて殺人罪の成立を認めることが不当であることを考えれば明白である），それは上記①②が，不真正不作為犯の成立を肯定するために必要となることを裏から示しているのである。いい換えれば，不作為を

---

23) 判断基準となるのは，救命可能性である。「十中八九」救命可能であった場合に合理的な疑いを入れない程度に確実であるといえ，その立証ができたというにすぎない。

24) 判例はこのような判断を因果関係の判断と理解したが，この判断は「危険の現実化」という一般の因果関係判断とは異なっており，行為者に課された義務を遵守していた場合に結果を回避することができたかという，それとは別の要件（結果回避可能性）についての判断ではないかという疑問がある。過失犯でも，結果回避義務を遵守することによって結果を回避できたことがその成立要件とされている（後述125頁参照）が，それと同質の判断であるといえよう。なお，故意作為犯でもこのような要件（結果回避可能性）は要求されないのかということが問題となる。

48　第2編　第2章　構成要件該当性

処罰の対象とするためには，期待された（構成要件的結果を回避するための）作為を行う特別の法的義務（これを，**作為義務**という）が必要であるが（たとえば，大判大正13・3・14刑集3巻285頁〈総*71*〉参照），このような作為義務は①②の条件を充たすことが可能である限りにおいて肯定されることになるということができる[25]。

　(ii)　作為義務の発生根拠としての保障人的地位　　作為義務はいかなる場合に肯定しうるのであろうか。不真正不作為犯は，結果回避のための作為を行うことが当然に期待され，そのため，これをしないことが結果を惹起したことと同視しうる場合に，その成立が認められると考えられるから，不真正不作為犯の処罰を基礎づける作為義務は，こうした条件を充足するものとして，その存在・範囲が画定されなければならないということができよう。

　作為義務は，倫理的義務ではなく，法的な義務でなければならないところから，そうした法的義務を課する**法律**，法的義務に準ずる義務の根拠となる**契約・事務管理**が根拠となり，さらには，条理上の要求から**先行行為**（先行行為とは，結果発生の危険をもたらした，不作為に先行する行為をいう。これが作為義務の根拠になるのは，自らの行為により結果発生の危険を生じさせた者には，その危険の解消が当然要求されると考えられたからである）が根拠となると伝統的に解されてきた。これらの条件が充たされれば，作為は法的に要請され，あるいはそれを行うことが当然のようにも思われるが，その不作為が構成要件的結果を作為により惹起したことと同じといえるかについては，さらに検討を要するものがあるといえよう。こうしたことから，学説においては，作為義務の実質的な根拠の究明の努力が続けられている。

　作為義務は法的な義務であるが，それがいかなる場合・条件で認められるかが問題であり，学説においては，そのような作為義務が肯定される状況にあること（地位）を**保障人的地位**と呼んでいる[26]。いい換えれば，保障人的地位が

---

25)　このような理解に対して，作為義務と同価値性を区別する見解からは，前者が①で後者が②と理解することになる。この立場からは，作為義務は広く解され，本文で検討するような実際上重要な問題は同価値性として整理されることになる。

26)　**保証人的地位**と表記することもある。これは，法益の安全・確保を保障し，それが侵害されないことを保証すべき地位にあることを意味する。

いかなる場合に認められるかが問題となるのであり，学説においては多様な見解が主張されているのが現状である。たとえば，保護の引受けに着目する見解，排他的支配ないし支配領域性に着目する見解などが主張されており，それぞれに重要な視点・基準を提示するものではある。しかし，いずれも，保障人的地位＝作為義務の範囲を画する基準として一般的妥当性を有するかについては問題がある[27]。

　　(iii)　判例の動向　　不真正不作為犯は，事実上，放火罪，殺人罪，詐欺罪など比較的限られた犯罪について，その成否が問題となっているにすぎない[28]。わが国の実務は，不真正不作為犯の成立を肯定するにあたり，比較的謙抑的な態度を採っているように思われる。以下，若干の犯罪類型について，状況を見ることにする。

　第1に，放火罪を採り上げるが，以下の3判例が重要である。まず，①養父を争いの末に殺害した被告人が，その際に養父が投げた燃木尻の火が内庭に積んであった藁に引火したにもかかわらず，養父殺害の罪跡を隠滅しようとして消火せず，住宅などを焼損した事例において，火を「消止ムヘキ法律上ノ義務」「容易ニ之ヲ消止メ得ル地位」（結果回避の容易性）及び「既発ノ火力ヲ利用スル意思」により，放火罪の成立が肯定されている（大判大正7・12・18刑録24輯1558頁〈総72〉）。ここでは，「物件ノ占有者又ハ所有者」であること（対象物件について支配していること）が消火義務の根拠とされている。次に，②自己が点火したロウソクが神符の方に傾いているのを被告人は認識しながら，火事になれば保険金を得ることができると考えて，そのまま外出した事例について，上記大正7年判決と同様の要件により放火罪の成立が肯定されている（大判昭和13・3・11刑集17巻237頁〈総73〉）。ここでは，過失による先行行為と対象物

---

27)　学説では排他的支配に着目する見解が有力であり，それが認められる場合に作為義務を肯定することは比較的容易だと考えられる。しかし，過失犯では排他的支配は一般に要求されておらず，したがって，それは保障人的地位の一般的判断基準とはなりえない。一定の支配・依存関係を要求するとしても，結果を惹起する原因についての支配にとどまるのではないかが問題となろう。

28)　なお，過失犯においては，過失犯固有の注意義務としての結果回避義務と不真正不作為犯の要件としての作為義務とが理論的に区別できないため，結果回避義務の要件として同様のことが問題となる。

件についての管理・支配が作為義務を基礎づけている。さらに，③ひとり事務室において残業していた被告人が，仮眠した間に，自分が机の下に放置しておいた火鉢から書類や机に火が燃え移ったにもかかわらず，自らの失策が発覚することをおそれて，そのまま立ち去った事案について，「自己の過失行為により右物件を燃焼させた者（また，残業職員）」として作為義務を肯定し，必要かつ容易な消火措置を執らず建物を焼損したとして，放火罪の成立が肯定されている（最判昭和33・9・9刑集12巻13号2882頁〈総*74*〉）。ここでは，作為義務の存在，結果回避の容易性が要件とされているのは①②と同様であるが，「既発の危険・火力を利用する意思」は不要とされていることが注目される。下級審判決においても，自己が管理・支配している場所での過失による先行行為が認められる場合に，容易な消火措置を怠ったことを理由に放火罪の成立を肯定したものが多く見られる（大阪地判昭和43・2・21下刑集10巻2号140頁〈総*75*〉，東京高判昭和55・1・21東高刑時報31巻1号1頁，東京地判昭和57・7・23判時1069号153頁など）。

第2に，殺人罪においては，食物の不給付，嬰児の不救助，医療措置の不給付，置去り，ひき逃げなどの諸類型について不作為による殺人罪の成立が肯定されている。判例・裁判例では，まず，食物の不給付類型において，貰い受けて5ヶ月養育した嬰児に食物を与えず死亡させた事案（大判大正4・2・10刑録21輯90頁〈総*77*, 各*35*〉），家出した妻が知人に預けた生後8ヶ月の子を引き取り一旦は食事を与えたものの，自暴自棄になり何ら食物を与えずに放置したため餓死した事案（名古屋地岡崎支判昭和43・5・30下刑集10巻5号580頁〈総*78*〉）について，不作為による殺人罪の成立が肯定されている。これらの事案では，子が，保護の引受けによって被告人の支配下にあり，同人に依存している状況が認められる。次に，嬰児の不救助類型としては，陣痛を催した被告人が，便秘による腹痛と思い便所に入っているうちに，嬰児を便槽内に産み落とし，とっさに殺害を決意して放置し死亡させた事案（福岡地久留米支判昭和46・3・8判タ264号403頁〈総*80*〉），仮死状態で出産した嬰児を放置して死亡させた事案（東京高判昭和35・2・17下刑集2巻2号133頁〈総*79*〉〔ただし，作為も行われた事案〕）について不作為による殺人罪が肯定された。これらの事案では，被告人への依存性が認められるといえよう。また，医療措置の不給付類型として，

被告人が自宅に住まわせていた従業員に暴行を加え，骨折などの傷害を負わせたところ，重篤な症状を呈するに至ったにもかかわらず，犯行の発覚をおそれて医師による治療を受けさせず，化膿止めの薬を投与するなどの措置を執るにとどまり，死亡させた事案（東京地八王子支判昭和57・12・22判タ494号142頁〈総81〉）について不作為による殺人罪の成立が認められている。この事案では，暴行という先行行為，従業員であるという関係，被害者は被告人の支配領域におかれ，被告人に依存していたこと，医師による措置を与えることが容易であったことなどが認められる。さらに，入院中の患者を退院させてその生命に具体的な危険を生じさせた上，その親族（共犯者）から患者に対する手当てを全面的にゆだねられた者が，患者の生命を維持するために必要な医療措置を受けさせずに患者を死亡させた事案では，「自己の責めに帰すべき事由により患者の生命に具体的な危険を生じさせた」こと，「重篤な患者に対する手当てを全面的にゆだねられた立場にあった」ことから，不作為による殺人罪の成立が肯定されている（最決平成17・7・4刑集59巻6号403頁〈総82，各37〉〔シャクティ治療殺人事件〕）。ここでは，先行行為による危険の創出，患者に対する支配関係（患者が依存している関係）から保障人的地位が肯定されている。次いで，置去り類型では，小児麻痺のため歩行困難な被害者を騙して，厳寒期に深夜人気のない山中に連行し，所持金を奪って置去りにした（が被害者は救助された）という事案（前橋地高崎支判昭和46・9・17判時646号105頁〈総83〉）について不作為による殺人未遂が肯定された。ここでは，置去りという極めて危険な先行行為が認められるのである。最後に，ひき逃げ類型では，単純なひき逃げについては不作為による殺人罪の成立は肯定されていない[29]。その成立が肯定されたのは，自己の過失により重傷を負わせた被害者を，最寄りの病院に搬送するため自動車に乗せて出発したが，刑事責任を問われることをおそれ，適当な場所に遺棄して逃走しようと走行中に，被害者が死亡した事案（東京地判昭和40・9・30下刑集7巻9号1828頁〈総84，各36〉），自己の過失により重傷を負わせた被害者を，自動車に乗せ，深夜寒気厳しい時刻に人に発見される見込みのない場所に，自動車から引きずり降ろして放置した（発見されて死に至らなかっ

---

29) 過失運転致死傷罪と道路交通法上の救護義務違反・報告義務違反罪が成立する。

52 第2編 第2章 構成要件該当性

た）という事案（東京高判昭和 46・3・4 高刑集 24 巻 1 号 168 頁〈総 *85*〉）などである。これらの事案においては，先行行為，被害者が支配下にあって被告人に依存していたことが認められる。

(5) 作為可能性

作為義務が肯定されても，物理的又は心理的に，不作為者にとって，作為の可能性が認められない場合には，不作為犯は成立しない。なしえないことを法的に要求することは無意味であり，また，それにもかかわらず，しなかったことを理由として処罰することは不当だからである。もっとも，すでに見たように，判例で実際に問題とされているのは，このような作為の可能性ではなく，作為によって結果を回避する可能性，とくにその容易性であることに留意したい。

第 7 節　主観的構成要件要素

(1) 総　　説

第 1 節において述べたように，構成要件は「立法者が犯罪として法律上規定した行為の類型」であるから，それは違法行為の類型であり，いい換えれば，法益侵害・危険惹起行為の類型である。また，処罰の可否は故意・過失を考慮して決められているという観点からすると，**故意・過失**も構成要件要素に含まれることになる（**構成要件的故意・構成要件的過失**）。このような理解が学説上通説的地位を占めているが，本書では，叙述の便宜上，故意・過失は第 4 章（責任）において解説することにする[30]。

構成要件が違法行為の類型で（も）あるとする通説的な立場から，法益侵害・危険の惹起が違法性を基本的に基礎づけると解する限り，故意・過失は別として，構成要件は基本的に法益侵害に関わる客観的な要素から構成されるものであることになる（これを，**客観的構成要件要素**という）。しかし，例外的には，一定の行為を行う目的などの主観的要素も法文上犯罪の成立要件として規定さ

---

30) 故意・過失をもっぱら違法性に関わる要素と解する少数説を除けば，故意・過失が責任に関わる要素であることに異論はなく，責任要件としてのみ問題となる故意・過失と併せて第 4 章で解説することにする。

れ，構成要件要素とされることがある（これを，**主観的構成要件要素**という）。た
とえば，通貨偽造罪（刑 148 条 1 項）では，「行使の目的」が成立要件として明
示的に要求されており，したがって，主観的構成要件要素となっている。また，
窃盗罪（刑 235 条）においては，通説・判例（大判大正 4・5・21 刑録 21 輯 663 頁
〈各 *130・220*〉など）によれば，「不法領得の意思」が書かれざる成立要件とし
て要求されているのである。

　こうした主観的構成要件要素はいかなる意味で要求されているのかが問題と
なる。なぜなら，その理解によって，当該の主観的要素の解釈に指針が与えら
れることになるからである。主観的構成要件要素は，犯罪の成立に関わるもの
として要求されているのであるから，それは，実質的にみれば，責任要素か違
法要素のいずれかであるといえよう[31]。以下では，いくつかの犯罪類型を素
材としながら，このような主観的構成要件要素について若干の解説を加えるこ
とにする。

　(2)　責任要素である主観的要素

　窃盗罪（刑 235 条）の書かれざる主観的構成要件要素としての「不法領得の
意思」（さらに詳しくいえば，そのうち利用意思）は責任要素として要求されてい
ると解される（後述 289 頁）。すなわち，それは，窃取行為という客観的な法益
侵害行為について認められる行為者の責任を加重する要素として犯罪の成立要
件とされているのである。

　なお，構成要件要素としての故意・過失（構成要件的故意，構成要件的過失）
も，それが責任に関係すると解される限り[32]，これも責任要素としての主観
的構成要件要素ということができる。

　(3)　違法要素である主観的要素

　主観的要素が責任に関わりがあることは自然なことであるが，これに対して，
違法性の理解と関係して学説上議論があるのが，違法要素としての主観的構成
要件要素（これを，構成要件要素としての，**主観的違法要素**という）である。すなわ

---

31)　ここでは，犯罪の実質的な基礎づけに関わるのは，違法性又は責任であるという理
　解が前提とされている。

32)　故意・過失は行為の要素であり，違法性に関係する違法要素であるが責任要素では
　ないという見解は，判例・通説の採るところではない。

ち，学説においては，違法性の客観的理解を強調する立場から，主観的違法要素を一切認めない見解も主張されているが，これを肯定するのが通説的見解となっている。後述するように，違法性の実質を法益侵害・危険の惹起と解する立場からであっても，危険惹起に関係する限り，主観的違法要素を肯定することはできるのである。以下では，若干の犯罪類型について，主観的違法要素という観点から解説を加えることにする。

　(i)　目的犯　　一定の目的を有することが成立要件とされている犯罪（これを，**目的犯**という）における目的が主観的違法要素かが学説上問題とされている。

　目的の内容が法益侵害行為を行うことである場合には，この目的は法益侵害の危険の有無・程度に関係する主観的違法要素である。通貨偽造罪（刑148条1項）や文書偽造罪（刑155条1項，159条1項）における「行使の目的」がこれにあたる。なぜなら，偽造通貨・文書の行使は，通貨・文書の信用性という通貨偽造罪・文書偽造罪の保護法益を害する法益侵害行為であり，それを行う意思の存在によって，法益侵害の危険が基礎づけられることになるからである。未遂犯における，既遂行為を行う意思も，法益侵害行為である既遂行為を行う意思の存在によって，法益侵害の危険が基礎づけられる[33]という意味で，同様に主観的違法要素である。

　なお，略取誘拐罪（刑225条）や薬物犯罪（営利目的輸入罪など）等，いくつかの犯罪において成立要件とされている「営利の目的」については争いがある。これは，営利の目的があることによって，法益侵害が強化される点に着目して要求されているのか，それとも，利得目的が法益侵害行為の責任を重くするのかについての理解の差による（前者であれば，主観的違法要素となる）。

　(ii)　表現犯　　内心の表現が処罰の対象となる犯罪（これを，**表現犯**という）における内心状態は主観的違法要素か問題とされている。これは，偽証罪（刑169条）における「虚偽の陳述」の意義に関係して議論され，陳述と内心の記憶との食い違いを「虚偽」と解する主観説（大判大正3・4・29刑録20輯654頁〈総*35*，各*576*〉）からは，主観的違法要素が認められることになり，客観的

---

　33)　後述するように（140頁以下），未遂犯の成立要件は，既遂構成要件が充足される具体的危険であり，構成要件的結果惹起の具体的危険である。

事実との相違を「虚偽」と解する客観説からは，それが否定されると一般に説明されている[34]。

　(ⅲ)　傾向犯　　行為者の内心の意図ないし傾向を構成要件要素とする犯罪を**傾向犯**という。問題は，このような内心の意図が当該犯罪において構成要件要素とされているかにある。争われているのが，強制わいせつ罪（刑176条）であり，同罪において行為者における「性的意図」が構成要件要素であるかが問題とされている。判例は，かつてこれを肯定し，強制わいせつ罪が成立するためには，わいせつ行為が「犯人の性欲を刺戟興奮させまたは満足させるという性的意図」の下に行われることが必要であるとした（報復，侮辱，虐待の目的の場合には，強制わいせつ罪は成立しない。最判昭和45・1・29刑集24巻1号1頁〈総*36*，各*100*〉）。しかし，客観的にみてわいせつ行為であれば，「性的意図」の有無に関係なく，保護法益である被害者の性的自由は侵害されるのであるから，「性的意図」を要件とする上記判例には疑問があり，その後の下級審もこの判例に従った判断を行っているわけではない（東京地判昭和62・9・16判時1294号143頁〈総*37*，各*101*〉）。わいせつ性の認識が故意の要件として要求されるにすぎない。

---

34)　しかし，義務違反の認識が要求されているのではなく，主観説からも記憶に反する客観的な陳述が違法性を基礎づけているのであるから，単なる内心の状態が違法要素となっているわけではない。その意味で，いずれの立場からも主観的違法要素は認められないのではないかという疑問がある。

第3章

違　法　性

第1節　総　説

1　違法性の概念

(1)　客観的違法性

違法性とは，形式的には，行為が法規範に反することをいう（このように形式的に理解された違法性を，**形式的違法性**という）。これは，行為者の内心の状態を前提とすることなく，原則として [1] 客観的に判断される。このような違法性の理解を**客観的違法論**といい，現在では，定説となっている。これに対し，**主観的違法論**は，命令としての法規範に従って行為しうる者の違反のみを違法と解する見解であり，責任能力を備えた者による故意・過失行為のみに違法性が肯定されることになる。すなわち，主観的違法論においては，「責任のない違法」という観念は否定され，その結果として，違法性と責任の区別が失われることになるのである。客観的違法論は，「責任のない違法」を認め，違法性と責任を区別する見解として，一般の支持を得ている。

客観的違法論を支える論理として，評価と命令の区別，すなわち法規範の内部における**評価規範**（機能）と**命令規範**（機能）の区別が指摘され，評価規範（機能）に対する違反が違法性を基礎づけ，命令規範（機能）に対する違反が責任を基礎づけるとの説明がなされてきた。命令はその対象についての評価を前提とするから，評価規範（機能）は命令規範（機能）に論理的に先行するもの

---

1)　この例外が，主観的違法要素である。

であり，このような説明には今日なお意義を認めることができる。

客観的違法性の意義は，形式的には，主観的責任と区別されて判断されるというところにあるが，実質的には，(2)において述べるように，法益侵害・危険惹起行為という客観的事態が判断の対象となるということである。もっとも，すでに述べたように（53頁），行為者の内心も判断の対象となることがある（主観的違法要素）。このように主観的違法要素を認める立場においても，それを行為の危険性に影響を及ぼす要素という観点から限定的に肯定する場合（これは，(2)で述べる結果無価値論の立場である）には，客観的違法性の意義は，法益侵害・危険惹起という判断対象の客観性に求められることになる。これに対し，行為に対する社会的非難を違法性評価に加味すべきだとする見地から，比較的緩やかに主観的違法要素を肯定する場合（これは，(2)で述べる行為無価値論の立場である）には，客観的違法性の意義は，判断対象の客観性にではなく，判断基準の客観性に求められることになる。すなわち，違法評価は一般人を基準としてなされ，責任評価は行為者を基準としてなされるという具合である。

(2) 実質的違法性

違法性の理解においては，実質的根拠からする理解が重要である（このように実質的に理解された違法性を，**実質的違法性**という）。違法性を実質的に理解することは，後述する（61頁以下）個別の**違法性阻却事由**についての解釈基準を提供する点において，また，実質的に判断して違法性が認められない場合を明らかにすることにより，明文にない違法性阻却事由（これを，**超法規的違法性阻却事由**という）を導くことを可能とする点において重要である。

実質的違法性の理解については，基本的な見解の対立がある。それは，刑法の任務を法益保護と解する立場から，法益侵害・危険（これを，**結果無価値**[2]ともいう）の惹起が禁止の対象であり，結果無価値の惹起が違法性の実質をなすとする見解（これを，**結果無価値論**という）と，刑法の任務を社会倫理の保護と解する立場から，あるいは，それを法益保護と解しながらも，行為に対する社会的非難（このような，法益侵害・危険に解消しえない行為の属性を，**行為無価値**とい

---

2) これは，ドイツ語（Erfolgsunwert）からの翻訳用語である。それは，本来，単に価値がない状態ではないから，「無価値」ではなく，「反価値」という用語の方が適切だともいえるが，無価値との表現はすでに定着している。

58　第2編　第3章　違法性

う）を違法性の評価に加味すべきだとする見解（これを，**行為無価値論**という）の対立である。前者においては，主観的違法要素は限定的に肯定されるのに対し，後者においては，故意・過失を含め，広く肯定されることになる。

　上記の結果無価値論によれば，違法性は結果無価値の惹起により判断されることになる。これに対し，行為無価値論においては，行為無価値のみが違法性の実質をなすとの見解（**一元的行為無価値論**）が主張されていないわけではないが，多数の見解は，結果無価値の惹起に加えて行為無価値を併せ考慮するという立場（**折衷的行為無価値論**）を採っているのである。

　学説では上記の結果無価値論と行為無価値論が対立関係にあり，違法性をめぐる議論はそうした対立を踏まえて展開されている。判例では，結果無価値を相当重視しながらも，行為無価値的要素を違法性判断から排除しないという意味で，折衷的行為無価値論に類する独自の立場が採られているということができよう。

2　違法性と違法性阻却

　構成要件は違法行為類型であると理解する限り，構成要件に該当する行為は原則として（すなわち，特段の事情がない限り）違法である（これを，構成要件の**違法性推定機能**ともいう）。たとえば，殺人罪の構成要件に該当する行為（すなわち，人を殺した行為）は，特段の例外的事情が認められない限り，刑法上禁止されたものであり，違法である。ここで，構成要件該当行為について，刑法上の禁止を解除し，違法性を失わせる（これを，**違法性阻却**という）特段の事情を**違法性阻却事由**という。構成要件該当性が肯定された後に問題となる，第2の犯罪成立要件である違法性に関しては，違法性阻却が検討されることになるのである。

　違法性の実質的理解に関する結果無価値論と行為無価値論の対立は，違法性阻却の解釈・判断において大きな意味を有することになる（構成要件該当性の判断においては，いずれの立場に立つにせよ，構成要件要素すべてが充たされなければ構成要件該当性を肯定しえないという点において差はない）。すなわち，結果無価値論の立場からは，違法性阻却を肯定するためには，（構成要件該当性により肯定される）結果無価値を結果価値（法益の保全）により止揚（中性化）することが必要であり，またそれで足りることになるのである。これに対し，行為無価値論か

らは，違法性阻却を肯定するために，（構成要件該当性により肯定される）結果無価値及び行為無価値が結果価値（法益の保全）及び行為価値（行為に対する積極的評価）により止揚（中性化）されることが必要であるとされている[3]。判例は，上述したように，結果価値・無価値を考慮しつつも，行為無価値論に近い考え方を採っており，結果価値により結果無価値を止揚する（目的が正当であること）のみならず，「その手段・方法が法秩序全体の精神に照らし相当なものとして社会観念上是認されるものである」ことを要求しているのである（最決昭和53・5・31刑集32巻3号457頁〈総 *92*〉〔外務省機密漏洩事件〕参照）。

3　違法性阻却の実質的原理

(1)　違法性阻却事由

違法性阻却事由として刑法典総則中に規定されたものとしては，正当行為（刑35条），正当防衛（刑36条），緊急避難（刑37条）があり，刑法典以外の法律に定められたものとしては，業務上堕胎罪（刑214条前段）の違法性阻却事由である医師の認定による人工妊娠中絶（母体保護14条）などがある。さらに，実質的違法性論の立場からは，実質的に理解された違法性が失われる場合に，不文の書かれざる違法性阻却事由（これを，**超法規的違法性阻却事由**という)[4] を認めることが可能となるのである。

これらの違法性阻却事由について，実質的違法性の見地からは，違法性阻却判断に関する実質的基準が示されることになる。これは，すでに述べたように，明文にない超法規的違法性阻却事由の要件を明らかにするという点において意義のあることであるが，さらに，明文で規定された個別の違法性阻却事由の解釈にとっても極めて重要なことである。

(2)　社会的相当性

行為無価値論の立場から，違法性阻却の実質的基準として指摘されることが

---

3)　理論的には，結果無価値及び行為無価値の双方により違法性が基礎づけられると解するのであれば，結果無価値が結果価値によって止揚されるだけで，違法性はその基礎づけを失うように解されるが，実際には，行為無価値論は，行為無価値の行為価値による止揚を重要な要件として要求している。

4)　これは，明文の法規を超えたところで肯定される違法性阻却事由ではあるが，あくまでも現行法の枠内で，解釈により認められるものである。

あるのが，**社会的相当性**という観念である。この観念については多様な理解が可能であるが，つまるところ，判例の表現を借用すれば，「社会観念上是認される」ことであるということができよう[5]。問題となる法益侵害行為が，別の法益の保護に資するものであっても，なお，法益保護手段として社会的に非難されるようなものかという判断がさらに留保されており（判例は，法益衡量を重視しつつも，この点で，行為無価値論的な違法性阻却判断を行っているといえる），違法阻却の判断において重視されている。

(3) 同等利益・優越的利益の保護

結果無価値論の立場からは，社会的相当性という観念の不明瞭性が批判される。また，結果無価値が結果価値によって止揚されているのに，さらに行為価値による行為無価値の止揚を要求するのは，結局，行為無価値のみを根拠として犯罪の成立を肯定すること（折衷的行為無価値論もこれを認めていない）になるのではないかとの批判がなされることになる。

結果無価値論の立場から違法性阻却の実質的基準・原理となるのは，**法益性の欠如**と**法益衡量**である。前者は，個別事案の特殊性のために，問題となる法益が保護に値しない場合である。その典型例は，被害者が法益侵害惹起に対して瑕疵ない意思で同意している場合（これは，被害者の同意といわれている）である。後者は，法益の要保護性は認められ，したがって法益侵害の発生は否定できないが，そのような法益侵害を惹起することが，別の法益を保護するために必要であり，そうして保護された法益（回避された法益侵害）と侵害された法益（惹起された法益侵害）とを衡量した結果，保護された法益（回避された法益侵害）が侵害された法益（惹起された法益侵害）と同等か，それよりも優越している場合である（**同等利益・優越的利益の保護**）。ここでは，法益保護のため，行った構成要件該当行為よりも侵害性の低い代替手段が存在しなかったという要件（これを，**補充性の要件**という）と，回避した害（法益侵害）と惹起した害（法益侵害）

---

5) 社会的相当性とは，社会生活上の通常性という意味ではない。社会生活上よく行われる行為であるというだけで許容されることにはならない。このことは，自動車の速度違反を考えれば明らかである。また，それは，歴史的に形成された倫理秩序の範囲内の行為であることでもない。それでは，過去に例のない行為はおよそ違法性阻却の余地がなくなりかねない。

との均衡（害の均衡）が，具体的な要件となる。後述する（74頁以下）緊急避難（刑37条）はこれを法定したものと解することができる。なお，法益性の欠如については，法益侵害自体が否認されると解することが可能であり，そのような理解によれば，構成要件該当性自体がすでに認められないこととなる。そうだとすると，固有の違法性阻却原理・基準としては，法益衡量による同等利益・優越的利益の保護のみを挙げることで足りることになろう（なお，法益性の欠如は，衡量の対象となる法益の評価において考慮することもできる）。

第2節　正当行為

(1)　法令行為

　刑法35条が規定する違法性阻却事由としての**正当行為**としては，まず，**法令行為**を挙げることができる。これは，構成要件該当行為を行うことが法令により命じられ又はとくに許されている場合である。たとえば，刑訴法上，現行犯人は何人でも逮捕状なく逮捕することができるとされており（刑訴213条），これによって，逮捕監禁罪（刑220条）の構成要件該当行為の違法性が阻却されることになる（なお，刑法220条は，「不法に」逮捕・監禁した者を罰することを規定しているが，ここにいう「不法に」とは，違法性阻却事由が存在しないことを意味し，それが構成要件要素となっているわけではない）。

　法令行為として構成要件該当行為の違法性が阻却されるのは，形式論理としては，構成要件該当行為の遂行を許容する規定が法令上存在する限り，**法秩序の統一性**の観点から，刑法においても許容の趣旨が及ばなければならないことによる。すなわち，一国の法秩序は矛盾のない形で解釈・運用されなければならず，ある法が許容している行為を別の法が禁止することはないと解釈され，刑法35条はこのことを定めるものと解することもできる。なお，ある法が構成要件該当行為を許容するのは，そのことに必要性・合理性が認められるからであり，このような必要性・合理性によって，法令行為が許容されることを実質的に説明することも可能である。

(2)　正当業務行為

　刑法35条は，「正当な業務による行為」について違法性阻却を肯定し，**正当**

62　第2編　第3章　違 法 性

業務行為を違法性阻却事由として規定している。しかし，正当な業務と因果関係がある行為すべての違法性が阻却されるわけではなく，正当な業務による正当な行為のみについて違法性が阻却されるにすぎない。この意味で，「正当な行為については違法性が阻却される」との趣旨が定められているだけで，規定内容は乏しい[6]。したがって，業務として行われた行為の違法性阻却を判断する際には，一般的・実質的な違法性阻却原理が援用される必要があることになる。以下では，正当業務行為とされるいくつかの類型について解説を加えることにする。

　　(i)　医療行為　　医師による医療行為（患者の身体への侵襲）については，医師の業務上の権利として違法性が阻却され許容されるのではなく，患者の生命・健康の維持・増進という利益をもたらす行為であって，**患者の意思に基づく**ものであるから違法性が阻却されるのである。一般に，医療行為について違法性が阻却される要件として，①患者の同意，②医学的適応性（医療行為が患者の生命・健康の維持・増進にとって必要であること），③医術的正当性（医療行為が医学上承認された医療技術に従って行われること）が挙げられるのは，このような意味で理解される。

　　(ii)　弁護活動　　弁護士による，たとえば刑事弁護人として行う，被告人を擁護するための正当な弁護活動については，正当業務行為として違法性が阻却されるが，**判例**は，法令上の根拠，弁護目的との関連性，被告人自身が行ったとき違法性が阻却されるかという諸点を考慮して，法秩序全体の見地から許容されるべきものであることが必要であるとしている（最決昭和51・3・23刑集30巻2号229頁〈総*91*，各*168*〉〔丸正事件〕）。

　　(iii)　取材活動　　国民の知る権利に奉仕する報道機関の取材活動については，正当業務行為として違法性が阻却されうる。**判例**は，報道機関の国政に関する取材行為は，真に報道の目的からでたものであり，その手段・方法が法秩序全体の精神に照らし相当なものとして社会観念上是認されるものである限りは，実質的に違法性を欠き，正当な業務行為だとしている（最決昭和53・5・31

---

6)　正当業務行為の規定は，業務に基づく行為であって，違法性が阻却されるものについて，明文の根拠を与えるという意味はあるが，立法論としては削除することも考えられる。

刑集 32 巻 3 号 457 頁〈総 *92*〉〔外務省機密漏洩事件〕)。

(ⅳ) 宗教活動　憲法上保障されている国民の信教の自由 (憲 20 条) に奉仕する宗教活動についても, 違法性阻却が問題となる。下級審判決には, キリスト教の牧師が牧会活動として罪を犯した少年を隠避させた行為について, 正当業務行為として違法性阻却を肯定したものがある (神戸簡判昭和 50・2・20 刑月 7 巻 2 号 104 頁〈総 *93*〉)。

(ⅴ) 争議行為　勤労者の争議権は憲法上保障され (憲 28 条), 労働組合法 1 条 2 項も正当な目的のためにする争議行為については刑法 35 条の適用がある旨を規定している (ここから, 争議行為は法令行為として違法性が阻却されるとする見解もある)。**判例**は,「争議行為に際して行なわれた犯罪構成要件該当行為について刑法上の違法性阻却事由の有無を判断するにあたっては, その行為が争議行為に際して行なわれたものであるという事実をも含めて, 当該行為の具体的状況その他諸般の事情を考慮に入れ, それが法秩序全体の見地から許容されるべきものであるか否かを判定しなければならない」としている (最大判昭和 48・4・25 刑集 27 巻 3 号 418 頁〈総 *94*〉〔久留米駅事件〕)。

第 3 節　正 当 防 衛

1　総　　説

　刑法には, 正当行為 (刑 35 条) のほかに, 正当防衛 (刑 36 条) 及び緊急避難 (刑 37 条) が違法性阻却事由として規定されている。正当防衛・緊急避難の両者は, 法益の侵害が切迫した緊急状態において, 法益を保護するために行った構成要件該当行為についての違法性阻却事由であり, **緊急行為**として, その成立要件において類似性を有している。しかし, 両者の間には見過ごすことのできない相違も存在する (64 頁の対比表参照)。

　緊急避難は, すでに述べたように, 実質的違法阻却原理としての法益衡量を明文化したものとして基本的には理解することができる (行為無価値論の立場からは, そのような法益衡量の要件を充たすものであっても, 社会観念上是認しがたい行為については, 緊急避難の成立を否定するとの考えが出てきうるであろう)。したがって, 正当防衛について, 緊急避難と異なる, それよりも緩和された成立要件が

正当防衛と緊急避難の成立要件の対比

正当防衛	急迫不正の侵害	自己又は他人の権利を防衛するため	やむを得ずにした行為	（害の均衡は不要）
緊急避難	自己又は他人の生命，身体，自由又は財産に対する現在の危難	現在の危難を避けるため	やむを得ずにした行為（補充性の要件）	害の均衡

規定されていることの趣旨・理由が問題となり，学説においては，主として結果無価値論に立つ論者の間で，この点に関して議論が行われている。いずれも，正当防衛固有の要件である「不正の侵害」に着目しつつ，正当防衛の要件が緊急避難よりも緩和されていることの説明を試みるものである。一つの見解は，正当防衛の違法性阻却根拠を「自己保全の利益」と「法確証の利益」の擁護に求めている。侵害の脅威にさらされた法益の保護に加え，個人の法益を保護するための客観的秩序である法が現存することを確証する利益（これが，法確証の利益である）が保護されるため，保護される利益の増加を理由に，正当防衛においては緊急避難よりも緩やかに違法性阻却が肯定されていることを説明しようというのである[7]。他の見解は，「急迫不正の侵害」者の法益は，防衛に必要な限度で，その法益性を失うとして，補充性の要件，害の均衡の要件が不要であることを説明しようとしている[8]。

いずれにせよ，正当防衛の成立要件が緊急避難のそれよりも緩やかなのは，正当防衛は急迫不正の侵害者に対して権利を防衛するものであるというところに根拠がある。不正な侵害に対して，それを回避・退避することが可能な場合には，それをせずに侵害者の法益を侵害することは許されないとする（正当防衛に補充性の要件を要求する場合，これを認めることになる）のは，不正な侵害を是

---

[7] この見解に対しては，後述するように（70頁），正当防衛においては補充性の要件が不要であることを説明することが困難であるとの問題がある。なぜなら，いかに優越する利益であるにせよ，他に保護の可能性がある場合には，それを保護するための法益侵害は正当化されないからである。

[8] これに対しては，侵害者の利益について，その法益性が失われる根拠にあいまいさがあるとの批判がある。

認することと同じことになり，不正な侵害を「不正」と評価することと矛盾するとすらいえよう。そのようにしてしか守ることのできない利益は「権利」ともいいがたいといえる。したがって，不正な侵害に対しては，それを回避・退避する必要がないというのが基本的な考えとならなければならないのである。こうして，権利（法益）を保護する（防衛する）ため，不正な侵害を回避・退避することなく，侵害者に対して侵害を加えることができるが，その際，法益保護のため，予想される侵害よりも過大な侵害を加えることが必要なことがありうる。この場合に正当防衛が認められないとする（正当防衛に害の均衡の要件を要求する場合，これを認めることになる）のは，結局，不正の侵害を回避・退避することを求めることに帰着し，権利防衛という観点からは妥当ではないと思われる。こうして，正当防衛においては，権利（法益）を保護する防衛行為者に，不正な侵害者との関係で，優越的な地位を認めることが必要・妥当となり，そこから，正当防衛の要件が緩やかになっている（補充性の要件，害の均衡の要件が不要である）ことが理解・説明されるのである。

2 正当防衛の成立要件

(1) 急迫不正の侵害

正当防衛とは，「急迫不正の侵害」に対して，「自己又は他人の権利を防衛するため」「やむを得ずにした行為」をいう。正当防衛の前提条件をなし，重要な意義を有するのが**急迫不正の侵害**の要件である。以下，その意義について，順次解説を加えることにする。

(i) 侵害 **侵害**とは，権利（法益）を侵害する危険をもたらすものをいう。これが行為に限られるかについては，学説上争いがある。すなわち，行為によらない侵害に対する正当防衛（これを，**対物防衛**という）が認められるかについては，肯定説と否定説とが対立している。否定説は，不正という評価は人の行為に対してのみなしうることを理由とするものであり，それに対して，肯定説は，被侵害者の立場から，侵害が人によるものか，物によるものかによって，防衛行為としてなしうることが異なり，後者の方が許容範囲が狭まる[9]

---

9) 正当防衛が成立しないのであれば，可能なのは緊急避難であり，それが成立するためには，補充性，害の均衡というより制限的な要件が充たされる必要がある。

ことは妥当でないということを理由とするものである。

(ii) 不正な侵害　　**不正**とは，違法であることを意味する（大判昭和 8・9・27 刑集 12 巻 1654 頁〈総 *136*〉参照）。侵害者の行為は有責である必要はない（対物防衛を肯定する立場からは，必然のことでもある）。また，不正な侵害であるためには，構成要件該当行為である必要はなく（福岡高判昭和 55・7・24 判時 999 号 129 頁〈総 *142*〉〔夫権に対する急迫不正の侵害を肯定している〕参照），要保護性を備えた利益に対する侵害であれば足りる。ただし，このように刑法以外の法領域において違法という評価を受ける侵害であっても，刑法上違法性が阻却されるものについては，不正とはいえないと解するべきであろう（そうでないと，刑法上違法でないとして許容した行為を，違法として阻止することを肯定することになり，評価矛盾を来すことになるからである）。

違法であっても，侵害の当座の受忍が要求され，不正の侵害から除外されるべき場合がある。たとえば，賃貸借の対象物が賃貸借契約終了後返還されない場合，不返還は確かに違法ではあるが，正当防衛により取り戻すことはできない。それは，このような物の回復は，そのために用意された紛争解決制度を通じてなされるべきであり，私的な実力行使を認めることは適当でないからである。下級審判決には，このような考慮を急迫性の要件で考慮したものがあり（高知地判昭和 51・3・31 判時 813 号 106 頁〈総 *134*〉），判例には，団体交渉の拒否という「単なる不作為」は急迫不正の侵害にあたらないとして，それに対する正当防衛を否定したものがあるが（最決昭和 57・5・26 刑集 36 巻 5 号 609 頁〈総 *135*〉），こうした観点から理解することができる。

(iii) 侵害の急迫性　　不正の侵害は**急迫**したものでなければならない。すなわち，被侵害者の法益が侵害される危険が切迫したものであることが必要である（最判昭和 24・8・18 刑集 3 巻 9 号 1465 頁〈総 *125・141*〉）。もっとも，侵害が継続しているかを判断する基準はやや緩やかなものとなっている（最判平成 9・6・16 刑集 51 巻 5 号 435 頁〈総 *126*〉）。そのような状況が存在した場合，公的機関による保護を求める余裕がなく，侵害の脅威にさらされた法益を保護するためには，実力を行使することが必要となるのである。ここに，正当防衛が緊急状態において例外的に許容されることの必要性が認められることになる（前出高知地判昭和 51・3・31 参照）。

第3節 正当防衛 67

　一旦法益が侵害されても，新たな侵害がさらに加えられる状況があれば，侵害の急迫性を肯定することができる。監禁罪（刑 220 条）などの継続犯についてもこのことは当然妥当する。また，窃盗罪（刑 235 条）などの状態犯についても，違法状態の継続は犯罪の継続的・持続的成立を基礎づけるものでないとはいえ，継続的・持続的な法益侵害であることは否定できないから，侵害の急迫性が直ちに否定されることにはならない。しかし，このような場合には，すでに述べたように，公的紛争解決制度の利用が要請されることから，不正な侵害又は侵害の急迫性が否定され，正当防衛が認められないことがある。この場合には，正当防衛よりも厳格な要件で認められる**自救行為**[10] としての違法性阻却の問題となるのである。

　侵害が**予期**されたものであった場合，侵害の急迫性を肯定することができるであろうか。もし，正当防衛が，不意打ちにより正しい判断・行為をなしがたい状況下で行った違法行為について責任阻却を認めるものであれば，侵害の予期があるため不意打ちとはいえないときには，侵害の急迫性を否定することが考えられるであろう。しかし，正当防衛は，そのような責任阻却事由ではないから，このような不意打ちを要求する理由はない。実際にも，侵害が不意打ちであることを要求すると，反復する侵害に対しては，最初の段階でしか正当防衛が許されないことになり，妥当でないと思われる。したがって，侵害の予期があることによって，侵害の急迫性が失われると解するのは妥当ではなく，急迫性は，侵害の客観的な切迫性として基本的に理解される必要がある。**判例**も，侵害を予期していたとしても侵害の急迫性は直ちに失われるものではないとしている（最判昭和 46・11・16 刑集 25 巻 8 号 996 頁〈総 *130・132・145*〉）。しかし，判例は，確実に侵害が予期されたとしても侵害の急迫性は直ちに失われないとしながらも，その機会を利用して積極的に相手に加害行為をする意思（**積極的加害意思**）で侵害に臨んだときには，侵害の急迫性の要件は充たされないとしているのである（最決昭和 52・7・21 刑集 31 巻 4 号 747 頁〈総 *131*〉）。

---

10)　自救行為とは，急迫不正の侵害が終了した後において，公的機関の保護を求める余裕がなく，即時に行わなければ権利実現が困難になる例外的な場合に違法性阻却が認められる，実力による権利実現である。判例も，この存在自体は承認している（最決昭和 46・7・30 刑集 25 巻 5 号 756 頁〈総 *106*〉参照）。

68　第2編　第3章　違　法　性

　すでに述べたように，侵害を確実に予期しても，回避・退避する義務は一般的には存在しない。そのようなことを認めては，回避・退避せざるをえない者に正当な利益が侵害されることの甘受を求めることになり，侵害を不正と評価することと矛盾する結果となるからである。しかし，単に侵害を予期して，それに対して対抗する意思を有するにとどまらず，その機会を利用して相手を侵害しようとの積極的な加害意思を有する場合には，そうした対抗行為はもはや緊急状態下でやむなくなされる緊急行為としての性格を失うことになると考えることができる。このような場合に，予期された侵害は急迫性を失うとして正当防衛を否定することができよう。

　なお，判例は，被告人の暴行により触発され，その直後に，近接した場所で一連一体の事態として相手方の攻撃が行われた場合，被告人は不正の行為により自ら侵害を招いたものといえるから，その攻撃が被告人の暴行の程度を大きく超えるものでないといった事実関係の下では，被告人の侵害行為は，被告人において何らかの反撃行為に出ることが正当とされる状況における行為とはいえないとして，正当防衛の成立を否定している（最決平成20・5・20刑集62巻6号1786頁〈総 *140*〉）。これは，**自招侵害**の事案について，上記の客観的な要件の下で，正当防衛の成立を否定するものであり，正当防衛の限定基準として注目される。

(2)　権利の防衛

　正当防衛は，急迫不正の侵害に対して，**自己又は他人の権利**を防衛するために認められる。正当防衛は，被侵害者自身による防衛行為のみならず，被侵害者以外の者による防衛行為についても，その成立が肯定されうるのである（他人のためにする正当防衛を，**緊急救助**という）。これは，被侵害者本人が事実上防衛行為をなしえないとき，本人に代わって防衛行為をなすことを他人に可能とする意義を有する。

　「他人」には，法益主体としての国家も含まれる（すなわち，国有財産を守るための正当防衛も可能である）が，**公共的法益**のための正当防衛は可能かが問題とされている。判例は，公共的法益についても正当防衛が許されるべき場合があるが，それは国家公共の機関の有効な公的活動を期待しえない極めて緊迫した場合においてのみ例外的に許容されるべきものとしている（前出最判昭和24・

第3節　正当防衛　　69

8・18）。公共的法益に対する侵害であっても，具体的な法益主体の法益に対する侵害を含むものであれば，それによって正当防衛は許されるべきこととなるが，単に法秩序を擁護するために（すなわち，違法行為が行われることを，具体的な被侵害者の防衛を問題とせずに，阻止するために）正当防衛を認めることには問題があると思われる。

(3)　防衛行為

（i）　防衛の対象　　正当防衛として許容されるのは，侵害者の法益を侵害する場合に限られる。侵害者以外の第三者の法益を侵害した場合には，正当防衛としては許容されない（例外的には緊急避難として許容されることがありうるかもしれないが，通常は第三者に発生した結果についての故意犯又は過失犯[11]が成立する）。

（ii）　防衛の意思　　正当防衛は「防衛するため」の行為，すなわち**防衛行為**でなければならない。問題となるのが，防衛行為であるためには，客観的に防衛行為としての性質を有していればよいのか，それとも，それに加えて**防衛の意思**でその行為がなされなければならないのかである。

判例は，大審院当時（大判昭和11・12・7刑集15巻1561頁〈総*143*〉など）より，防衛の意思を正当防衛の要件と解している。防衛の意思は，当初，かなり狭く解されていたが，次第にその内容は緩和され，憤激・逆上したからといって防衛の意思は直ちに失われず（前出最判昭和46・11・16），攻撃の意思が併存していても防衛の意思は認められうる（最判昭和50・11・28刑集29巻10号983頁〈総*146*〉）とされている。ただし，「攻撃を受けたのに乗じ積極的な加害行為に出たなどの特別な事情」があるときには防衛の意思は否定され（前出最判昭和46・11・16），「防衛に名を借りて侵害者に対し積極的に攻撃を加える行為」（**積極的加害行為**）は防衛の意思を欠く（前出最判昭和50・11・28）とされているのである[12]。判例においては，防衛の意思は，急迫不正の侵害の単なる認識以上

---

11)　後述する（114頁）故意に関する抽象的法定符合説によれば，侵害者に対する故意があれば，第三者に発生した予見せざる結果に対する故意を肯定することが可能となりうる。しかし，正当防衛の認識で行為する場合には，そもそも故意を肯定することはできず，第三者に生じた結果に対する故意は否定されることになる。この場合，具体的法定符合説によれば，当然，第三者に生じた結果に対する故意を肯定することはできない。

12)　判例においては，積極的加害意思があると侵害の急迫性が否定され，積極的加害行為については防衛の意思が否定される。これは，主観的要素により客観的要件が否定さ

70　第2編　第3章　違 法 性

のものとして理解されている。そして，多少なりとも防衛の動機に基づく行為
であれば防衛行為としての性格を失わないが，もっぱら攻撃の動機・意思で行
った行為は，もはや防衛行為とはいえず，単なる加害行為となる。これにより，
実際上は，**意図的な過剰行為**が正当防衛の範囲から除外されることになるとい
えよう。

　学説においては，（主として行為無価値論に立脚する）防衛の意思必要説と（主
として結果無価値論に立脚する）不要説とが対立している。このうち，必要説の
中には，防衛の意思を正当防衛状況の認識と解するものもあるが（この見解に
よると，正当防衛状況の認識なく，防衛行為を行った場合である**偶然防衛**のみが正当防
衛から除外されることになる），多くの見解は，それ以上の内容を要求しながらも，
判例と同様に，防衛の意思の範囲を緩やかに認めようとしているのが現状であ
る。これに対し，不要説からは，防衛行為にあたるかは客観的に判断されるこ
とになるが，このような立場からも，判例が防衛の意思の要件によって正当防
衛から除外しようとしている意図的な過剰行為は，過剰防衛として正当防衛か
ら排除されることには変わりはない（過剰防衛であるとしても，刑の減免を行わな
いことにより対処することが可能である）。

　(4)　やむを得ずにした行為

　正当防衛として違法性が阻却されるためには，防衛するため，**やむを得ずに
した行為**であることが必要である。すでに述べたように，法益衡量の原理に立
脚する緊急避難（刑37条）とは異なり，正当防衛においては，防衛行為者には
侵害者に対して優越的な地位が認められるから，防衛行為は，それが違法性阻
却されるためには，法益保護のために（より侵害性が低い手段がないという意味
で）他に手段がないことまでは必要としていない（すなわち，補充性の要件は不
要である）。そして，防衛行為によって実際に生じた法益侵害が，それによって
回避した法益侵害よりも，侵害性において大であっても，そのことによって正
当防衛の成立が否定されるものではないのである（すなわち，害の均衡は要件と
されていない）。しかしながら，「防衛の程度を超えた」過剰防衛（刑36条2項）

　れ，客観的要素により主観的要件が否定されるようにみえるが，侵害の急迫性は侵害以
　前の段階で問題となるために「意思」が，防衛の意思は侵害に対する反撃行為の時点で
　問題となるために「行為」が基準となっているのである。おかしなことではない。

が別途規定されていることからも明らかなように，許容される防衛行為には限度がある（これを，**防衛行為の相当性**という）。この限度をいかに画するかが問題となる。

　判例は，手の指を摑んでねじり上げる侵害者を，右手で突き飛ばしたところ，同人は仰向けに倒れ頭部打撲傷を負ったという事案において，「刑法 36 条 1 項にいう『已ムコトヲ得サルニ出テタル行為』とは，急迫不正の侵害に対する反撃行為が，自己または他人の権利を防衛する手段として必要最小限度のものであること，すなわち反撃行為が侵害に対する防衛手段として相当性を有するものであることを意味するのであって，反撃行為が右の限度を超えず，したがって侵害に対する防衛手段として相当性を有する以上，その反撃行為により生じた結果がたまたま侵害されようとした法益より大であっても，その反撃行為が正当防衛行為でなくなるものではないと解すべきである」とした（最判昭和 44・12・4 刑集 23 巻 12 号 1573 頁〈総 *150*〉）。これは，生じた結果と回避した結果との比較によって防衛行為の相当性は判断されてはならないこと，さらに，防衛行為の相当性とは，反撃行為が防衛手段として必要最小限度のものであることを示したものといえる。その後の判例は，防衛行為の相当性は，侵害と防衛行為とを比較するとしても，それは形式的に判断されるべきではなく [13]，また，「防御的な行動」か否かといった点を考慮して判断されるべきことを示していると解される（最判平成元・11・13 刑集 43 巻 10 号 823 頁〈総 *152*〉，前出最判平成 9・6・16）。

　これに対し，学説における防衛行為の相当性に関する判断基準は必ずしも明瞭ではない。それは，学説における議論の枠組みである，防衛行為の「必要性」及び「相当性」という概念が不明瞭であることに基づいている。前者は，法益保護のため他に方法がなく，防衛行為が必須であるとの意味ではなく（これを要求すると，緊急避難における補充性の要件を要求することに帰着する），その内容は不明確であり，また後者の判断基準自体がそもそもあいまいだからである。正当防衛は，権利防衛の観点から被侵害者に優越的な地位を認め，侵害の回

---

13)　下級審判決には，侵害者の用いた手段と防衛行為者の用いた手段とを比較して，同等の場合に防衛行為の相当性を肯定するもの（いわゆる**武器対等の原則**）が存在したが，最高裁はこのような形式的判断を否定したということができる。

72　第2編　第3章　違　法　性

避・退避義務を否定することを前提としているから，侵害に直面した防衛行為者にとって，侵害を回避・退避することなく，防衛するために**必要最小限度**の法益侵害行為は許容されるということが基本的な考えになるものと解される。この必要最小限度性は，当該の具体的状況の下において，可能な防衛手段の選択肢及びその使用態様（攻撃的か防御的か）を考慮した上で，具体的に判断される必要がある。たとえば，力の弱い防衛行為者は侵害性の強い手段を用いなくては防衛をなしえないことが考えられるから，それによって必然的に大きな結果が生じることがあっても，その結果を含め正当防衛として許容しなければならないと思われる。そうでなければ，そのような者にとっては，侵害を回避・退避することが事実上要求されることになり，不正がまかり通ることを是認する結果となってしまうであろう。

3　過　剰　防　衛

防衛行為が「防衛の程度を超えた」場合には，正当防衛として違法性は阻却されず，**過剰防衛**となり，犯罪が成立する（刑36条2項）。過剰防衛の形態としては，①防衛行為自体が侵害排除に必要とされる以上の侵害性を備えていた場合（これを，**質的過剰防衛**という）と，②侵害に対して（事案によっては侵害終了後にまで）反撃を継続するうちに，その反撃が量的に過剰になった場合（これを，**量的過剰防衛**という。最決平成20・6・25刑集62巻6号1859頁〈総 *156*〉参照）がある。このうち，量的過剰の類型において，防衛行為の相当性が失われた後又は侵害終了後の反撃行為は，純然たる犯罪行為であり，防衛行為の性質を失うのではないかということを問題とする余地はあるが（このように解すると，量的に過剰になる前の行為について正当防衛が成立しても，その後に行われた行為により犯罪が成立し，しかもそれは過剰防衛ですらないということになる），**判例**は，一連一体として行われたといいうる限りで，それらが全体として過剰防衛となりうると解している（最決平成21・2・24刑集63巻2号1頁〈総 *157*〉）。

違法性阻却されない過剰防衛は犯罪ではあるが，急迫不正の侵害に対するものとして行われたことを考慮し，裁量的な刑の減軽・免除という特別の法的効果が規定されている（刑36条2項）。そこで，その趣旨・理由が問題となる。①**責任減少説**は，急迫不正の侵害に直面した防衛行為者の心理的抑圧状態のた

め，許容される範囲内に防衛行為がとどまらないことがあり，適法な行為の限度で防衛行為を行うことを期待する可能性が減少することによる責任減少にその根拠を求めている。この立場から，過剰な結果をとくに意図した場合には，責任減少を認める根拠に欠けるとして，過剰防衛の成立を否定する見解が主張されている。この見解に対しては，防衛行為は過剰であったにせよ，防衛のために行われたのであるから，違法性減少を肯定することができ，それを否定する理由はないとの指摘が可能である。②**違法減少説**は，このような理解から，違法性の減少に根拠を求めるものであるが，過剰部分だけをみれば完全な犯罪の成立が認められるのに，刑の減免という法的効果を説明することが困難だとの指摘をなしうるであろう（もちろん，防衛としてではなく法益侵害を惹起した場合よりも軽い刑を科すること，この意味で，刑の減軽を説明することは可能であるが，さらに刑の免除までが可能であることを説明することは困難である）。③**違法・責任減少説**は，責任減少説を基礎としつつ，前提となる違法減少を肯定する見解であり，責任減少説の問題点を補うものといえる。これが学説における多数の支持を集めていることには理由があるといえよう。

4　盗犯等防止法の特則

　盗犯等ノ防止及処分ニ関スル法律（昭和5年法律第9号，盗犯等防止法と略称する）1条1項は，正当防衛の特則を規定している。すなわち，①盗犯を防止し又は盗贓を取還せんとするとき，②凶器を携帯して又は門戸牆壁等を踰越損壊し若しくは鎖鑰を開きて人の住居又は人の看守する邸宅，建造物若しくは船舶に侵入する者を防止せんとするとき，③故なく人の住居又は人の看守する邸宅，建造物若しくは船舶に侵入したる者又は要求を受けてこれらの場所より退去せざる者を排斥せんとするとき，の各場合において，自己又は他人の生命，身体又は貞操に対する現在の危険を排除するため犯人を殺傷したときは，刑法36条1項の防衛行為があったものとすると規定しているのである。

　この規定は，刑法36条の正当防衛の要件を緩和したものか，それとも，具体的な適用範囲を示した注意規定にすぎないものかが問題となる。立法者は後者の立場を採っていたもののようであるが，**判例**は，「正当防衛が成立するについては，当該行為が形式的に規定上の要件を満たすだけでなく，現在の危険

74　第2編　第3章　違　法　性

を排除する手段として相当性を有するものであることが必要である」としながら，一定の目的の場合に限定した規定であること，「やむを得ずにした行為」が要件として規定されていないことから，その相当性は，刑法36条1項におけるものよりも緩やかなものを意味すると解している（最決平成6・6・30刑集48巻4号21頁〈総 *164*〉）。

第4節　緊　急　避　難

1　緊急避難の法的性格

　刑法37条1項は，違法性阻却事由としての緊急避難を規定している。これは，実質的違法阻却原理としての**同等利益・優越的利益の保護**を法定したものと解することができる。しかしながら，このような理解に異論がなかったわけではない。それは，危難の発生とは全く無関係の他人に侵害を転嫁することはやむをえない（責任は問いがたい）とはいえても，適法であるとすることに対するためらいの表れである。以下では，緊急避難の法的性格に関するいくつかの理解を紹介し，解説を加えることにする。

　①**違法性阻却事由説**が通説である。これは，避難行為者と無関係の他人のためにする緊急避難も肯定されていること，さらに害の均衡が明文で要件とされていることなどを根拠とする。すでに指摘したように，緊急避難は，同等利益・優越的利益の保護を根拠とするものであり，このような理解が基本的には妥当であるところから，学説上広い支持を得ている。

　②**責任阻却事由説**もかつて有力に主張されていた。これは，侵害を無関係の他人に転嫁することは正当化できないことを根拠とする（したがって，この見解によると，避難行為は違法であり，これに対しては正当防衛が可能となる）。しかし，無関係の他人のためにする避難行為について，責任阻却を認めることは困難であると思われる。このため，現在では，違法性阻却事由説が通説であり，責任阻却事由説は少数の支持を得るにとどまっている。

　学説においては，①又は②の見解を基本としつつも，違法性阻却又は責任阻却の一方のみでは説明が困難であるとして，双方の場合が含まれていると解する③**二元説**も主張されている。この二元説にもいくつかのバリエーションがあ

第4節　緊急避難　75

る。まず，③(A)基本的には責任阻却事由であると解しながら，保全法益が侵害法益よりも著しく優越する場合には，違法性阻却を認める見解がある。しかし，この見解に対しては，保全法益の優越の場合に違法性阻却の余地を認めるのであれば，それが著しい優越の場合に限定されなければならない理由はないとの指摘が可能である。そこで，③(B)基本的には違法性阻却事由であると解しながら，保全法益・侵害法益が同価値の場合には責任阻却事由であると解する見解が主張されることになる。これは，法益同価値の場合には，侵害の転嫁を認めず，むしろ転嫁される他人に正当防衛を認めることによって，被転嫁者に優越的な地位を肯定しようとするものである。しかし，この見解に対しては，法益同価値の場合，法益保全の見地から全体としてマイナスがない以上，犯罪を基礎づける違法性は認めることができないとして，違法性阻却を肯定することが不可能ではないとの指摘が可能である（通説は，このような理解に立っている）。さらに，③(C)基本的には違法性阻却事由であると解しながら，法益の特殊性に着目し，生命対生命，身体対身体の場合には，責任阻却事由であると解する見解が存在する。これは，生命・身体は人格の根本的要素であり，人格は他の目的に奉仕する手段として用いられてはならないとの見地から，侵害を許容することはできないということを根拠としている。しかし，この見解に対しては，身体対身体の場合をおよそ衡量の対象から除外すべきだとまではいえないとの指摘が可能である（たとえば，とっさに隣の人を突き飛ばして，差し迫った死・重大な傷害の危険を回避することが違法だとはいえない）。

　以上から，緊急避難は違法性阻却事由であると解することが妥当であるように思われる。しかしながら，③(C)説の指摘するように，人格は自己目的であり手段として扱われてはならないと考えれば，人の生命の侵害や身体内部への侵襲については違法性は阻却されず，責任阻却が可能である[14]にすぎないのではないかという問題があろう。いかに生命保護のためであり，他に方法がないとはいえ，何らの帰責事由のない他人からの臓器の強制摘出，強制採血を適法であるとすることは困難であろう（多数の学説は，これらの場合，避難行為の相当

14）このように解する場合には，同一の条文に異なった阻却事由が規定されていると解するのは解釈上困難であるから，責任阻却事由の部分については，刑法37条1項の埒外にある超法規的責任阻却事由と解することが適当であろう。

76 第2編 第3章 違 法 性

性に欠けるとして，違法阻却を否定するものと思われる）。

2 緊急避難の成立要件

(1) 総 説

緊急避難は，「自己又は他人の生命，身体，自由又は財産に対する現在の危難」「を避けるため」，「やむを得ずにした行為」であって，「生じた害が避けようとした害の程度を超えなかった場合」に成立する。すでに述べたように，これらの成立要件は，正当防衛と類似しているが，重要な点で異なっている。以下では，正当防衛との相違に着目しながら，緊急避難の成立要件について，順次解説を加えることにする。

(2) 現在の危難

生命，身体，自由又は財産に対する**現在の危難**とは，人の生命，身体，自由又は財産の侵害の危険が切迫している状態をいう。脅威にさらされる法益としては，生命，身体，自由，財産が規定されているが，個人的法益はほぼ網羅されており，自由を広く解すれば，個人的法益をすべて含むことも可能である（このような緩やかな解釈を否定しても，超法規的違法性阻却事由を肯定して違法性阻却を認めることができるから，端的に個人的法益すべてに対する現在の危難を含むと解することが簡明である）。なお，ここで，侵害の脅威にさらされた利益は，要保護性・保護価値が認められるものでなければならない。保護に値する利益について，公的機関による保護を待つこともできない緊急状況がある場合に，侵害を他人へ転嫁することが例外的に許容されることになるのである。こうして，保護法益に対する侵害の切迫性という意味においては，基本的には，正当防衛における「急迫……の侵害」と同様である[15]。

現在の危難については，行為性が不要であることに異論がない。したがって，自然災害による場合等であっても含まれる。たとえば，豪雨による水田の湛水のために稲苗が枯死する危険がある場合（大判昭和8・11・30刑集12巻2160頁

---

[15] 正当防衛では「急迫」性が，緊急避難では「現在」性が要件とされているのは，それぞれ，「侵害」，「危難」という表現に対応した違いであるにすぎない。もっとも，法益侵害の切迫度については，緊急避難については，正当防衛よりも相対的に緩やかに解する余地がある。

〈総 *165・174*〉），吊り橋が腐朽したために通行者の生命，身体に危険が生じる場合（最判昭和 35・2・4 刑集 14 巻 1 号 61 頁〈総 *166・168*〉〔関根橋事件。ただし，危険の切迫性を否定〕）などが含まれる。

現在の危難は違法である必要はない（このことは，避難行為に対して緊急避難が否定されるわけではないことを意味する）。したがって，適法な行為による侵害について，緊急避難はなしうることになる。ただし，適法な行為による侵害の場合には，当該行為に対する関係で，侵害の脅威にさらされた法益の保護価値が否定されるため，その結果として現在の危難が認められずに，緊急避難が成立しないことがある。たとえば，死刑囚は緊急避難を援用して死刑執行を（たとえば，職員に対する暴行，施設の損壊など）実力で阻止することはできない。また，急迫不正の侵害者が，自己に対する正当防衛に対して，緊急避難で対抗することができないのも同様の理由によるのである [16]。

侵害にさらされた法益の主体が侵害に同意している場合には，保全法益の保護価値・要保護性が否定されるため，現在の危難は認められず，緊急避難の成立は否定される。学説には，法益主体の意思に反した保護を緊急避難により肯定する見解があるが，法益主体の意思を法益の構成要素と解する限り，保全法益が否定されることになるから，緊急避難は認められないと解されることになる [17]。

現在の危難が違法行為により惹起される場合（すなわち，正当防衛の要件である急迫不正の侵害である場合）であっても，もちろん緊急避難は可能である。しかし，後述する補充性の要件から，まず侵害者自身に対する正当防衛により法益保護が図られるべきであり，それが不可能である場合にのみ，第三者に対する緊急避難は可能となる（これは，法益の要保護性が否定される侵害者の利益を侵害する方が，第三者の法益を侵害するよりも侵害性が軽微であるから，そうした方法を採ることが要請されることによる）。具体的には，他人から犯罪行為の遂行を強要された場合（たとえば，子供を誘拐した犯人に強要されて銀行強盗を行う場合）におい

---

16) 正当防衛の違法阻却根拠の理解の如何にかかわらず，侵害者の利益は防衛のために必要な範囲内において保護価値を失うためである。

17) ただし，法益主体の（当座の）意思に反した保護が肯定されている生命については，法益主体の意思に反する緊急避難を肯定する余地が生じることになる。

78　第2編　第3章　違　法　性

て，行った構成要件該当行為の違法性阻却を緊急避難を理由として肯定しうる
かが問題とされているが（これは，**強要による緊急避難**という），それをおよそ否
定する理由はないように思われる（東京地判平成8・6・26判時1578号39頁〈総
172〉）。

(3)　避　難　行　為

緊急避難は，現在の危難を避けるための行為（**避難行為**）について成立する。
これは，現在の危難による侵害を回避するための法益侵害行為であり，現在の
危難には無関係の第三者に向けられる場合（これを，**攻撃的緊急避難**という）のほ
か，現在の危難自体に向けられる場合（これを，**防御的緊急避難**という）[18] も含ま
れる。

避難行為であるためには，**避難の意思**が必要か問題となる。この点について
は，正当防衛における防衛の意思の要否と同様に解することができるものと思
われるが，正当防衛の場合ほど議論されてはいない。それは，緊急避難におい
ては，避難意思の要否以前に，避難行為にでない限り侵害を回避することがで
きないことがそもそも前提となるから，そうした場合でありながら，緊急避難
の成立を否定すべきなのは，後述する自招危難の場合など，正当防衛の場合以
上に限定されることによるからであると思われる。

(4)　やむを得ずにした行為

緊急避難は，現在の危難を避けるため，**やむを得ずにした行為**について成立
する。正当防衛と同じ文言が使用されているが，その意味は，正当防衛の場合
よりも限定され，危難回避のため，より侵害性の低い行為が他に存在しないこ
とが要件となる。緊急避難は危難回避の方法が他に存在しない場合に補充的に
認められるという意味で，これを**補充性**の要件と呼んでいる。これは，緊急避
難は，危難とは無関係の他人に侵害を転嫁することを（全体としての法益保全と
いう観点から）許容するものであるところから，他に方法がない限定的な場合
にのみ肯定される（他によりよい法益保全の方法がある場合には，それによるべきで

---

18)　防御的緊急避難は，正当防衛が成立しない限度で問題となる。したがって，不正で
ない侵害，正当防衛の要件としての急迫性を備えない侵害（これは，現在の危難の方が，
正当防衛よりも，侵害の切迫度が低くてもよいことから問題となる）などの場合に限ら
れる。

ある）ことに基づいている。

　判例・裁判例では，腐朽した吊り橋が危険なので，雪害によって落橋したように装い，災害補償金の交付を受けて架け替えようと，ダイナマイトで吊り橋を爆破した事案（通行人への危険は切迫したものではなく，現在の危難が否定された）においては，通行制限の強化その他適当な手段を講ずる余地があったとして（前出最判昭和35・2・4），また，急病人を運ぶため，自動車を無免許で運転した事案においては，救急車の出動を要請すべきだったとして（東京高判昭和46・5・24東高刑時報22巻5号182頁〈総 *169*〉），それぞれ補充性の要件に欠けるとされている。これに対して，自動車を運転中，対向車が中央線を越えて進行するのを認め，減速して進路を左に変更したところ，自動二輪車に接触してその運転者に傷害を負わせた事案については，補充性の要件が充たされているとされた（大阪高判昭和45・5・1高刑集23巻2号367頁〈総 *167*〉）。

　なお，裁判例・学説においては，このような補充性の要件に加えて，避難行為を行うことが相当であると認められること（これを，**避難行為の相当性**という）が必要だとするものが存在する。これは，社会的相当性の観点により違法性阻却を限定する要件として機能しうるものである。

(5) 害の均衡

　(i) 法益衡量　緊急避難においては，避難行為を行った結果として，「これによって生じた害が避けようとした害の程度を超えなかった」ことが要求されている。これは，正当防衛においては，防衛行為の相当性の要件が充足される場合，回避しようとした法益侵害よりも，重い法益侵害が発生したとしても，なお違法性が阻却されることとは異なっている。緊急避難においては，結果としての，事後的な**害の均衡**が要求されているのである。これは，緊急避難が実質的な違法性阻却原理としての**法益較量**（同等利益・優越的利益の保護）に基づく違法性阻却事由であることによる。なぜなら，現在の危難と無関係の他人に侵害を転嫁することを許容する緊急避難においては，全体としての法益保全がその根拠であり，結果的に害の均衡が守られていない場合には，全体として法益保全が実現しておらず，違法性阻却を肯定することはできないからである。

　害の均衡の要件は，保全法益（具体的には，回避された法益侵害）が侵害法益

（具体的には，惹起した法益侵害）と同程度か，それよりも優越していることを要求している。ここで，両者が同程度であっても緊急避難が成立するところに刑法37条1項の規定の特色がある。

　害の均衡の判断に際しては，回避された法益侵害と惹起した法益侵害とが具体的に比較衡量されなければならない。一般的・抽象的な法益の価値が衡量されるのではなく，具体的な侵害結果が衡量の対象となる。異なった種類の法益・結果の間（たとえば，生命と財産）では法益の価値の序列に従った判断が比較的容易であるが，同等の法益の間では実際には困難な問題がある。たとえば，財産についてみると，その市場価値で法益侵害を評価するのか，市場価値がない物についてはどうするのか，所有者の「愛情価値」の強さで評価するのか，など困難な問題は多い。とはいえ，異なった法益主体間における法益・結果を衡量する必要があるのであるから，両者共通に妥当する一般的・客観的基準を適用することが必要となるのである。なお，これに対し，同一の法益主体の内部において，害の均衡判断を行う必要がある場合（Aに属するa_1を保護するため，同人に属するa_2をBが侵害するような場合）には，一般的・客観的基準ではなく，法益主体本人の基準が妥当する必要がある。すなわち，同一の法益主体内部における害の衡量においては，**法益主体の意思**が考慮されなければならないのである。なぜなら，法益主体は，一方の法益を他方の法益の犠牲において保持する自由を有しており，その自由の行使が一般的・客観的基準によって制約されるいわれはないからである。

　　(ii)　侵害法益・侵害結果　　害の均衡の判断に際しては，避難行為により複数の併発結果が生じた場合の扱いが問題となる。これは，①別の構成要件的結果が生じた場合（すなわち，複数の構成要件該当性が認められ，それぞれに違法性阻却が問題となる場合。たとえば，現在の危難を避けるため，人を故意で負傷させ，同時に，人の財産を故意で損壊した場合には，傷害罪と器物損壊罪の構成要件該当性が認められ，それぞれについて違法性阻却が問題となる），②構成要件該当性[19]のない法益侵害を惹起した場合（たとえば，上記の例で，人の財産の損壊が過失行為による場合）について問題となる。いずれの場合においても，回避された結果より，

---

19)　故意・過失を構成要件に含めない場合には，犯罪類型該当性を欠く法益侵害の場合を意味する。

侵害結果を合算したものの方が重大でないときには，害の均衡の要件は充たされているといえるが，侵害結果を合算したものの方が法益侵害として重大なときが問題となるのである。全体としての法益保全という観点からは，過大な結果が生じている以上，害の均衡の要件が充たされていないと解することができるように思われるが，検討を要する問題はある（それは，②について，犯罪とならないはずの事実を根拠として処罰されることにならないかということである。さらに，考慮しうる害に歯止めがなくなるのではないかということも問題となる）。なお，「社会観念上是認される」ことという見地から，違法性阻却を限定する行為無価値論（及び判例）の立場からは，結論としては，害の均衡又は避難行為の相当性を否定することにより，違法性阻却を認めないことになるものと思われる。

(iii) 保全法益・回避結果　　保全法益・回避結果との関係では，まず，法益主体が侵害に同意していた場合には，すでに述べたように（77頁），回避結果は「害」としての性質を失うから，現在の危難が認められず，緊急避難は成立しない。また，法益主体の同意以外の事情により，保全法益の要保護性・保護価値が否定される場合として，すでに述べたように（77頁），急迫不正の侵害者は，被侵害者に正当防衛が許容される限度で，自己の法益の要保護性・保護価値が否定され，その結果として現在の危難が認められず，防衛行為に対する緊急避難はなしえないことを挙げることができる。

(6) 自 招 危 難

避難行為者自身が現在の危難を招き，その危難をそれにさらされた者から他人に転嫁した場合（これを，**自招危難**という）に緊急避難が成立するかが問題とされている。判例は，自招危難について，緊急避難が成立しないことを認めている（大判大正13・12・12刑集3巻867頁〈総170〉，東京高判昭和45・11・26東高刑時報21巻11号408頁〈総171〉など）。学説においても，緊急避難の成立を否定する見解が一般的であるが，その理論構成等については争いがある。

(7) 業務上特別義務者の例外

刑法37条2項は，「業務上特別の義務がある者」には37条1項の規定（緊急避難及び過剰避難）を適用しないと規定している。これは，業務の性質上，危難に対処する責務を負わされている者については，業務遂行にあたり，危険の一定限度での受忍が要求されていることによる。したがって，業務遂行と矛盾

82 第2編 第3章 違 法 性

しない限度での緊急避難や，受忍を期待・要求しえない高度の危難に対する緊急避難は認められるものと解される。

3 過 剰 避 難

　刑法37条1項但書は，同項本文（緊急避難）を受けて，「その程度を超えた行為」については，緊急避難は成立しないものの，裁量により刑を減軽又は免除することを認めている。この場合を，**過剰避難**という。過剰避難の形態としては，過剰防衛と同様，質的過剰避難のほか量的過剰避難の場合が存在する（東京高判昭和57・11・29刑月14巻11＝12号804頁〈総*176*〉〔酒気帯び運転の量的過剰の事例〕）。過剰避難の場合において，刑の裁量的減免が可能とされている根拠・理由は，すでに述べた過剰防衛の場合と同様，緊急状態における違法・責任減少に求めることができる。

　過剰避難は，①害の均衡の要件を逸脱した場合に認められるが，②補充性の要件を逸脱した場合にも認めることができるかが問題とされている。この場合，過剰避難の成立を否定すると解される裁判例もあるが（前出東京高判昭和46・5・24など），これを肯定するものも存在しており（前出東京高判昭和57・11・29，大阪簡判昭和60・12・11判時1204号161頁〈総*179*〉，堺簡判昭和61・8・27判タ618号181頁〈総*177*〉など），否定する理由はないように思われる。

第5節　被害者の同意

1 総　　説

　被害者の同意（承諾）は，法益主体の有効な同意により，法益がその要保護性・保護価値を失うため，犯罪の成立が否定される場合である。このように，被害者の同意により，犯罪の成立が否定される根拠は**法益性の欠如**にある。したがって，被害者の同意は違法性阻却事由として取り扱われることが多いが，惹起された結果について法益侵害性が失われるため，すでに構成要件該当性が否定されると解することも十分に可能である（したがって，違法性阻却事由というよりは，**構成要件非該当事由**とすることもできる）。たとえば，依頼されて散髪する場合には，暴行罪（刑208条）の構成要件に該当するが，違法性が阻却され

るのではなく，暴行罪の構成要件にそもそも該当しないことになるのである。しかしながら，学説においては，犯罪によっては，法益主体の同意によって構成要件該当性は否定されず，違法性が阻却されるにすぎない場合があるとの見解も主張されている。このような見解によれば，たとえば，患者の同意を得て，医療行為として身体に侵襲を加える場合，傷害罪の構成要件該当性は認められるが，違法性が阻却されることになるのである。これは，法文に用いられている用語の日常的理解に従い，同意の存在により当該用語に該当しなくなるか否かを基準として，構成要件非該当の場合と違法性阻却の場合とを区別しようとするものといえよう。ある事由が，構成要件に位置づけられるか，それとも違法性に位置づけられるかによって，その取扱いに差異が生じるのであれば，この問題はさらに検討を要するものであるが，犯罪の成立を否定する根拠自体は同一である以上，そのような区別した取扱いは妥当とはいえないと思われる（したがって，後述するように，違法性阻却事由該当事実を誤信した場合も，構成要件該当事実を認識しなかった場合と同様に，故意が認められないことになるのである[20]）。そのような観点からは，被害者の同意を構成要件非該当事由と解するか，違法性阻却事由と解するかは，二次的な，重要性の低い（さらにいえば，実益のない）問題だということになる。

　以上の理解に対し，被害者の有効な同意が存在する場合，それだけの理由によって犯罪の成立を否定するのではなく，加えて，「社会観念上是認される」という制約を課する立場（行為無価値論及び判例）からは，被害者の同意は**違法性阻却事由**となり[21]，しかも，他の要素とともに，構成要件該当行為の違法性阻却を判断する（重要ではあるが）一要素として位置づけられることになるものと解される。**判例**は，保険金詐欺の目的で，共犯者から傷害に対する同意を得たという事案に関し，「被害者が身体傷害を承諾したばあいに傷害罪が成立するか否かは，単に承諾が存在するという事実だけでなく，右承諾を得た動機，

20）　これと異なる見解（**厳格責任説**）は，構成要件的故意の独自の意義を強調し，構成要件該当事実の認識・不認識は故意の問題であるが，違法性阻却事由該当事実の認識・不認識は故意とは無関係であると解している。しかし，これは，判例・通説の採用するところではない。

21）　ただし，依頼を受けて散髪するなど，社会観念上是認しうることが明らかな場合については，すでに構成要件該当性を否定することも可能であろう。

目的，身体傷害の手段，方法，損傷の部位，程度など諸般の事情を照らし合せて決すべきものであるが，本件のように，過失による自動車衝突事故であるかのように装い保険金を騙取する目的をもって，被害者の承諾を得てその者に故意に自己の運転する自動車を衝突させて傷害を負わせたばあいには，右承諾は，保険金を騙取するという違法な目的に利用するために得られた違法なものであって，これによって当該傷害行為の違法性を阻却するものではないと解するのが相当である」としている（最決昭和55・11・13刑集34巻6号396頁〈総 *119*，各 *56*〉）。ここでは，被害者の同意は，違法性阻却を判断する際に考慮されるべき要素のうちに含まれるものとして扱われている。

2　同意の有効要件

（1）　有効な同意

（i）　同意の主体　　被害者の同意により犯罪の成立が否定されるためには，まず，同意は当該法益の主体によりなされなければならない。なお，当該法益について，法益主体から処分権が付与された者が，与えられた処分権の範囲内で同意する場合も含まれる。法益主体に，年少者であることなどにより意思能力等が欠け，(ii)で解説する同意能力が否定される場合には，本人に代わり，代理人（たとえば，親権者）による**同意の代行**が認められるが，代行しうる同意の範囲は，法益の種類（身体，自由，財産など），侵害の程度，本人にとっての利益性，法益主体の実質的能力の程度により決められることになる。

（ii）　同意能力　　法益侵害に対して同意しうるためには，**同意能力**が必要となる。これを認めるためには，同意の対象となる法益侵害の意義を理解するに足る精神能力が必要である。必要とされる精神能力の程度は，法益侵害の種類・程度等により異なって解する必要があるが，判例では，6歳未満の幼児（大判昭和9・8・27刑集13巻1086頁〈総 *111*〉〔生命侵害の事案〕），意思能力を欠く精神障害者（最決昭和27・2・21刑集6巻2号275頁〈総 *112*，各 *9*〉〔生命侵害の事案〕）について同意能力が否定されている。

（iii）　同意の対象・存在時期等　　同意の対象は，結果を含む構成要件該当事実であるが，とくに重要なのが結果であり，行為に対して同意しただけでは足りない[22]。それは，結果に対する法益主体の同意により，法益は要保護性

を失い，法益主体の意思に合致した結果について法益侵害性が認められないことになるからである（したがって，同意を認めるためには，結果が発生することについて予見があるのみでは足りず，それが法益主体の意思に添ったものであることが必要である）[23]。また，同意は行為時に存在したとしても，結果発生時に撤回されていた場合，生じた結果は被害者の意思に反するものであり，同意の効果を認めることはできない（ただし，被害者の同意の認識があることを理由に，故意の存在を否定することはできよう）。これとは逆に，行為時に同意が存在しなくとも，結果発生時において存在する場合には，同意の効果を認めることはできる（ただし，同意の認識・予見がなければ，未遂犯の成立を肯定することはできよう）。

なお，学説においては，行為者は被害者の同意を認識している場合にのみ法益侵害行為を行うことが許されるとの前提に立って[24]，そのような認識を行為者に担保するために，同意は外部に表示されなければならないとする見解が主張されている（**意思表明説**）。これに対し，法益侵害が法益主体の意思に合致している場合には当該事実から法益侵害性が失われると解する立場からは，同意は存在することで足り，それが外部に表示される必要はないことになる（**意思方向説**）。

(2) 瑕疵ある同意

同意はその意思に瑕疵があるものであってはならない。すなわち，**瑕疵ある意思に基づく同意**には，同意の法的効果を認めることはできないのである。瑕疵の原因としては，①欺罔による錯誤，②脅迫による意思の抑圧が問題となる。それらについて，以下，順次検討を加えることにする。

(i) 欺罔による錯誤に基づく同意　　**欺罔**による錯誤に基づいて同意を行った場合，瑕疵ある同意として，同意の法的効果を認めることができないので

---

22) 危険な行為が被害者の意思に基づいて行われた（これを，**危険の引受け**という）ところ，被害者の意思に反して結果が惹起された場合には，結果に対する同意がないから，被害者の同意を理由として犯罪の成立を否定することはできない。このような事例について犯罪の成立を否定するためには（千葉地判平成7・12・13判時1565号144頁〈総**248**〉），別途の理由づけが必要となる。

23) 学説では，少なくとも認容的甘受が必要であるとの見解が有力に主張されている。

24) これは，主観的違法性阻却要素として，防衛の意思，避難の意思を要求することと類似の考えに基づく。ただし，このように解することが防衛の意思等を必要とする立場から必然的に要請されるわけではない。

86 第2編 第3章 違 法 性

はないかが問題となる。まず，①惹起される結果の法益侵害性について錯誤に
陥っていた場合には，現実に生じた結果についての同意は存在しないから，同
意の効果は認められないことは明らかである（たとえば，木製の軽い球を足に落
下させることに同意したが，実際には鉄製の重い球であった場合には，重い球により足
に生じる侵害に対する同意は存在しない）。また，②法益の保護価値，結果の法益
侵害性の法的評価に影響を及ぼす事実について錯誤に陥っていた場合にも，現
実に生じた結果の法的に評価された法益侵害性について認識がなく，①と同様
に，同意の効果は認められないことになる（たとえば，偽の捜索令状を示され，住
居の中に入れた場合，本当は拒否しうるにもかかわらず拒否しえないとの錯誤に陥って
おり，「住居権」の保護範囲について正しい認識が欠けている）。問題とされているの
は，③（①②の錯誤はなく）同意することについての動機に錯誤があるにすぎな
い場合である。**判例**は，この場合，被害者の女性が被告人を熱愛し，追死して
くれるものと信じていることを利用し，追死する意思がないのにあるかのよう
に装い誤信させ，毒薬を飲ませて死亡させたという事案において，被害者の死
の決意は「真意に添わない重大な瑕疵ある意思であることが明らかである」か
ら，同意は無効だとしている（最判昭和33・11・21刑集12巻15号3519頁〈総
114，各*6*〉）。学説においては，このような判例の態度に反対して，③の場合に
は，同意は有効と解するべきだとの見解も有力に主張されている（そこでは，
①②の場合のように，実際に生じた法益侵害に関わる事実についての錯誤 25) のみが，
同意の法的効果を失わせるとの見解が主張されている）。

(ii) **脅迫により抑圧された意思に基づく同意**　　**脅迫**により意思が抑圧さ
れ，それによって法益侵害に対する同意が与えられた場合，同意は無効である
ことに異論はない（この場合には，同意は，法益主体の真意に反することが明らかで
ある）。問題となるのは，どの程度の意思の抑圧が認められる場合に，同意は
無効であり，被害者に侵害を求める行為に実行行為性が認められるかである。
判例は，自殺させて保険金を取得する目的で，被害者に命令して岸壁上から自
動車ごと海中に転落させた事案において，命じられた行為以外の行為を選択す

---

25) これを，**法益関係的錯誤**という。すなわち，この見解は，錯誤すべてが同意の効果
を否定するのではなく，法益関係的錯誤のみがその効果を否定すると解するものである
（法益関係的錯誤説）。

ることができない精神状態に陥っていた被害者をして自らを死亡させる現実的
危険性の高い行為に及ばせたとして，殺人（未遂）罪の成立を肯定している
（最決平成 16・1・20 刑集 58 巻 1 号 1 頁〈総 *28*，各 *12*〉）。

3　同意の効果

　被害者の（瑕疵のない）同意が認められる場合には，法益は法益性を失い，
惹起された結果は法益侵害性を失うから，犯罪の成立は否定される（判例はこ
の理解に限定を加え，犯罪の成立の余地を認めていることについては 83 頁参照）。この
ことは，被害者の同意が問題となる個人法益のうち，自由，名誉，財産につい
ては直ちに妥当すると考えることができる（たとえば，自由法益については，法益
主体の意思に反することが，法益侵害を肯定するために前提となると解される）。これ
に対し，生命については，刑法 202 条が同意殺人罪を規定していることから明
らかなように，同意には犯罪の成立を失わせる効果は認められていない（単に，
刑の減軽を可能とする違法性減少事由とされているにすぎない）。これは，生命法益
のかけがえのない重要性から，法益主体の当座の意思に反する保護が認められ
ていることによるのである。

　同意の法的効果について問題が生じるのは，法益の価値序列中，生命と自
由・名誉・財産の中間に位置する身体である。すなわち，身体を保護法益とす
る犯罪である暴行罪（刑 208 条）・傷害罪（刑 204 条）について，同意暴行・同
意傷害が可罰的か問題とされることになる。**同意暴行**は軽微であるため [26] 実
際に可罰性の有無が問われるのが，同意傷害である。**同意傷害**の法的評価につ
いては，以下の 3 説が対立している。

　（i）　**公序良俗違反説**　　同意を得て行う傷害が公序良俗に反する（社会観
念上是認されない）場合に，傷害罪が成立すると解する見解である。このような
見解は行為無価値論に立つ論者により主張されているが，このような理由から

---

[26]　同意暴行については，そこから死の結果が生じた場合，①傷害致死罪が成立するか
　　（同意暴行の可罰性は肯定されている。大阪高判昭和 40・6・7 下刑集 7 巻 6 号 1166 頁
　　〈総 *118*〉など），それとも②過失致死罪が成立するにとどまるか（同意暴行の可罰性は
　　否定されている。大阪高判昭和 29・7・14 裁特 1 巻 4 号 133 頁〈総 *117*〉など）とい
　　う形で，可罰性が問題となる。

88　第2編　第3章　違法性

傷害罪の成立を肯定した下級審判決もある（仙台地石巻支判昭和62・2・18判時1249号145頁〈総*120*〉〔やくざの同意に基づく「指つめ」は公序良俗に反するから，傷害罪が成立する〕）。**判例**も，すでに述べた，保険金詐欺目的での同意傷害事例に関し，同様の傾向を示しているが（最決昭和55・11・13刑集34巻6号396頁〈総*119*,各*56*〉），結果無価値論からは，公序良俗違反であることが処罰を基礎づけることになっていると批判されている。

　(ii)　生命に危険のある重大な傷害説　　公序良俗違反説を批判する結果無価値論の立場から主張されるのが，生命に危険のある重大な傷害については，同意があっても，傷害罪として可罰的であると解する見解である。これは，生命については，法益主体の意思に反する保護が認められているところから，生命に対する危険の存在を理由として，同意傷害の可罰性を肯定するものである。

　(iii)　不可罰説　　学説には，少数説ながら，同意傷害の可罰性を否定する見解が存在する。これは，個人主義の立場を徹底させるものであり，刑法202条のような同意殺人に関する減軽規定が特別に規定されていない以上，被害者の同意は犯罪の成立を阻却する効果を有するとの原則に返り，同意傷害が処罰の対象となることを否定しようとするものである。

4　治療行為と同意

　医師による治療行為が，患者の身体に対する侵襲を伴うにもかかわらず許容される根拠の中核をなすのは，**患者の同意**である。ただし，治療行為の特殊性は，客観的にみたとき，患者の身体的利益を増進するものである点にあり，純然たる法益侵害行為にすぎないものとは異なっている。この理由により，生命に危険のある重大な傷害について同意傷害の可罰性を肯定する見解においても，治療行為は（生命に危険をもたらすものであっても）許容されることになるのである。念のために言及すれば，治療行為の，患者に対する客観的な利益性だけによって，それが許容されることを正当化することはできない。なぜなら，治療行為による侵害とその結果もたらされる身体的利益の増進は，いずれも法益主体の利益であり，その意思を考慮することなしに，許容性の判断をなすことはできないからである。

　したがって，治療行為の許容性の判断にあたっては，患者の同意が決定的な

意義を有するが，しかしながら，治療行為にそなわる客観的な身体的利益増進性によって，患者の推定的同意（これについては，91頁以下で後述する）を緩やかに肯定することができるものと思われる[27]。

5　生命侵害と同意

(1)　総　　説

生命侵害は，法益主体の同意を得て行われた場合であっても，処罰の対象となる（刑202条）ことはすでに述べたとおりである（87頁）。しかしながら，人の生命の終焉に隣接した状況において，本人の意思により，①苦痛を回避するため，又は②「人としての尊厳に反した状況」を回避するという本人の利益のために，生命侵害に至る行為が例外的に許容されることがあるのではないかが問題とされてきた。①が安楽死の問題であり，②が尊厳死の問題である。以下，順次解説することにする。

(2)　安　楽　死

安楽死とは，死期が間近に迫り，激しい肉体的苦痛を訴える患者を，その苦痛から解放するために，患者の意思により生命を絶つことをいう。これは，同意殺人罪（刑202条）の構成要件に該当する行為であるが，例外的に違法性が阻却される[28]ことがあるのではないかが問題とされてきたのである。安楽死には，患者の苦痛の除去・緩和が間接的に死期を若干早める場合である**間接的安楽死**と，患者を苦痛から解放するために端的にその生命を絶つ場合である**直接的安楽死**がある[29]。

間接的安楽死は，許容されると考えられている。死期が迫った患者に対しては，苦痛を受忍するよう強制することはできないのであり，苦痛除去と生命維

---

27)　医師による患者への説明が十分になされることは，患者の自己決定権の内実を豊かにするものとして，望ましいことではあるが，それが適当でない場合がありうることは否定できないであろう。このような場合，推定的同意を認めることによって，治療行為を許容することが考えられる。

28)　なお，極限的な状況において，適法な行為の期待可能性の欠如を理由とする責任阻却の可能性が排除されるわけではない。

29)　さらに，無益で苦痛をもたらすにすぎない延命措置を中止する**消極的安楽死**も問題となる。この場合には，患者の意思に反する無益な延命措置を施す義務が存在しない限りで，可罰性は否定される。

90 第2編 第3章 違 法 性

持の利益を比較衡量することが本人に許され，苦痛除去の利益を優先させた場合には，それが法的にも承認されなければならないと考えられるからである。

問題があるとされてきたのが，直接的安楽死の許容性である。裁判例においては，一般論として直接的安楽死（積極的安楽死）の許容可能性が肯定されたことがあるものの，その要件はかなり厳格であり，具体的な事案においてその許容性を肯定したものはない 30)。苦痛除去・緩和の措置が患者の死を招くという点において直接的安楽死も間接的安楽死も共通だから，後者を許容する以上，前者もおよそ許容される余地がないとまではいえないであろうが，それを肯定することには困難がある。

許容される安楽死の要件を示したものとして，近年に至るまで注目されてきた名古屋高判昭和 37・12・22 高刑集 15 巻 9 号 674 頁〈総 *122*〉は，①病者が現代医学の知識と技術からみて不治の病に冒され，しかもその死が目前に迫っていること，②病者の苦痛が甚だしく，何人も真にこれを見るに忍びない程度のものなること，③もっぱら病者の死苦の緩和の目的でなされたこと，④病者の意識がなお明瞭であって意思を表明できる場合には，本人の真摯な嘱託又は承諾のあること，⑤医師の手によることを本則とし，これによりえない場合には医師によりえないと首肯するに足る特別な事情があること，⑥その方法が倫理的にも妥当なものとして認容しうること，を要件としていた。しかし，直接的安楽死について⑤の要件を充足することは困難であり，また⑥はその内容が不明瞭であって，間接的安楽死以外にそれを充足しうる場合があるのかには疑問が呈されてきたのである。

また，東海大学安楽死事件判決（横浜地判平成 7・3・28 判時 1530 号 28 頁〈総 *123*〉）は，①患者に耐えがたい激しい肉体的苦痛が存在することが必要である，②死が避けられず，かつ死期が迫っていることが必要である，③患者の意思表示が必要となるが，間接的安楽死については患者の推定的意思があれば足りるのに対し，積極的安楽死（直接的安楽死）については明示の意思表示を必要とする，との判断を示している。これに対して，川崎協同病院事件最高裁決定（最決平成 21・12・7 刑集 63 巻 11 号 1899 頁〈総 *124*〉参照。問題となった抜管行為の

---

30) ただし，具体的な事情を考慮して，実刑ではなく，執行猶予が言い渡されている。

許容性を否定）の原判決（東京高判平成 19・2・28 刑集 63 巻 11 号 2135 頁）は，患者の自己決定権，治療義務の限界からのアプローチのいずれにも難点があると指摘する[31]。

(3) 尊 厳 死

尊厳死（自然死ともいう）とは，回復の見込みがなく死期の迫った患者に無益で過剰な延命措置を施すことをやめ，自然の死を迎えさせることをいう。患者の意思に反する治療行為は許容されないとの見地からは，患者の意思に基づき延命措置をやめることは許されることになろう。ただし，延命措置を中止する時点においては，患者は自己の意思を表明しえない状態にあることが想定されるから，事前に表明された本人の意思等により，慎重にその意思を確認する必要がある。

6 推定的同意

(1) 総 説

学説においては，被害者の同意が現実に存在しない場合であっても，被害者の「推定される意思」に合致した構成要件該当行為（法益侵害行為）の違法性は阻却されると解されている。これは，**推定的同意**と呼ばれ，被害者の同意とは区別された違法性阻却事由であると解されている（被害者の同意を構成要件非該当事由と解する見解からも，推定的同意は違法性阻却事由であるとして扱われている）。このような推定的同意による違法性阻却が問題となる場合としては，①法益主体の利益のために，法益侵害行為を行う場合（たとえば，水道の蛇口から溢れ出ている水を止めるため，留守中の隣人の家に立ち入る場合〔住居侵入罪〕，旅行中である手紙の受取人のために，必要な措置を執るべく，手紙を開封する場合〔信書開封罪〕，意識を喪失した患者の救命のために緊急手術を行う場合〔傷害罪〕），②行為者又は第三者の利益のために，法益侵害行為を行う場合（たとえば，友人が一時不在の間に，たばこを 1 本もらって吸う場合〔窃盗罪〕）である。

学説の中には，①の場合にだけ推定的同意の適用を肯定する見解もあるが[32]，法益侵害が法益主体の（推定されるとはいえ）意思に添ったものである

---

31) 患者の自己決定権については，刑法 202 条との関係に問題があり，治療義務の限界については，適用範囲は限定され，またそれ自体になお疑問がある，とされる。

ことが違法性阻却の根拠である以上，②の場合を除外する理由はないものと思われる（もっとも，推定的同意の法理の適用には慎重を要することを確認する意義はあると思われる）。

(2) 意思の推定

実際上大きな問題となるのが，ここでは被害者の現実の同意が存在しないことが前提となっている以上，被害者の推定的意思をいかに判断して，推定的同意を肯定するかである。この点については，法益主体が事態を（現実には，それに直面し，認識しているわけではないのであるが）認識していたら同意を与えていたであろうといいうる場合に推定的同意は肯定されるとの理解が一般的である。あくまでも，法益主体の「推定される意思」のあり方が問題なのである[33]。ここで，たとえ当該法益侵害行為を行うことが法益主体の意思に反していたことが事後的に明らかになったとしても，事前の段階では，同意するであろうとの判断がなされる場合には，依然として違法性は阻却されるとの理解が有力である。このように解する場合，結果として被害者の意思に反する行為についても，違法性阻却を肯定する点に，推定的同意の独自の意義があることになる[34]。

第6節　実質的違法性阻却

1　超法規的違法性阻却

学説において現在共有されている実質的違法性の理解からは，実質的違法性阻却原理を適用することにより，明文のない違法性阻却事由を認めることがで

---

33) ここでは，「同意したであろうか」という事実判断がなされるのであり，「同意すべきだ」という規範的判断がなされるのではない。

34) なお，推定的同意は法益主体の意思を確認できない場合に限られるとし，法益主体の意思を確認しうるが確認せずに同意を仮定して行為する場合を**仮定的同意**ということがある。

32) なお，このような前提から，推定的同意の事例を緊急避難で説明しようとする見解もあるが，法益主体の意思を無視し，客観的な法益衡量により許容性を判断するのであれば，それは妥当でないこと，法益主体の意思を考慮するのであれば，それが現実的には存在しないことをいかに解するかという問題は残ることを指摘しうる。こうして，①に限ったとしても，推定的同意を緊急避難で説明することは適切でない。

きることになる。これを，**超法規的違法性阻却事由**という。被害者の同意を違法性阻却事由と解する場合には，これがすでに超法規的違法性阻却事由である。判例においても，明文なき違法性阻却事由という考え方は肯定されている（最大判昭和 48・4・25 刑集 27 巻 3 号 418 頁〈総 *94*〉〔久留米駅事件〕参照。そこでは，「法秩序全体の見地」が援用されている）。

　超法規的違法性阻却の判断基準は，違法性阻却の実質的原理そのものである。したがって，結果無価値論からは，**法益衡量**が基準となる。しかしながら，その基準は刑法 37 条の緊急避難として法定されていると解されるから，それと異なる超法規的違法性阻却事由はその範囲外においてのみ存在の余地があり，そのようなことを認めるためには，後述する「可罰的違法性」という考え方を何らかの意味において採用する必要があることになろう。これに対し，行為無価値論からは，「**社会的相当性**」が基準とされることになる。この判断においては，法益衡量も考慮されることになるが，「**社会観念上是認される**」との評価を受けるかが最終的な判断基準となると解される。

　判例においては，超法規的違法性阻却判断の方式・形式として，当該構成要件該当行為が「**正当な目的のための相当な手段**」かが問題とされることがある。たとえば，報道機関の取材活動の違法性阻却が問題となった外務省秘密漏洩事件においては，報道という正当な目的からでたものであるとしても，そのために執られた手段が法秩序全体の精神に照らし相当なものとして社会観念上是認されるかが問題とされているのである（最決昭和 53・5・31 刑集 32 巻 3 号 457 頁〈総 *92*〉）。「正当な目的のための相当な手段」という方式は，目的（法益保護）と手段（法益侵害）の衡量として結果無価値論的判断方法としても理解しうるが，判例においては，法益衡量に加えて，手段の相当性が「社会観念上是認される」ものかという観点から問題とされており，この意味では行為無価値論的判断方法が採られていると評することができるように思われる（上記外務省秘密漏洩事件においては，新聞記者が女性事務官と関係を持ち，同女を利用した後は顧みることがなかったという「人格の尊厳の著しい蹂躙」を理由に，手段の相当性，ひいては，違法性阻却は否定された）。

2 「可罰的違法性」論

(1) 総　説

犯罪の成立要件である違法性は，法益侵害・危険惹起行為に対する評価であり，処罰に値する性質・程度のもの，すなわち当罰性を備えたものでなければならない。構成要件は，このような当罰的な違法行為を類型化したものであり，当罰的な違法行為といえない行為はすでに構成要件に該当しないが，構成要件該当行為であっても，個別事案の特別な事情により当罰性を備えた違法性が認められないときには，違法性は阻却されることになる。この意味で，犯罪成立要件としての違法性は，「**可罰的違法性**」でなければならないということができる。このような刑法の違法性概念の特殊性は，「可罰的違法性」をキー・ワードとして論じられたが，それは違法性の実質的意義を明確化することに役立つものであったといえる。要するに，犯罪の成立要件である違法性は，当該犯罪の処罰を基礎づけるに足りるだけの質と量を備えたものでなければならないのである。

(2) 違法性の一元性・多元性

構成要件該当行為が，刑法以外の法領域で違法と評価されたものである場合，刑法において違法性が阻却される余地があるかが問題とされてきた。具体的に問題とされてきたのが，労働法上違法として禁じられた争議行為に際して行われた構成要件該当行為について，違法性が阻却されることがあるかについてである。

判例は，まず，(旧) 公共企業体等労働関係法 (公労法) 17 条が禁止する争議行為に際して行われた (旧) 国鉄職員による構成要件該当行為に関し，公労法 17 条の争議行為の禁止は憲法 28 条に違反するものではなく，「争議行為を禁止され争議権自体を否定されている以上，その争議行為について正当性の限界如何を論ずる余地はな」いとしていた (最判昭和 38・3・15 刑集 17 巻 2 号 23 頁〔国労檜山丸事件〕)。これは，ある法領域において違法とされた行為は刑法上も違法である (違法性は阻却されない) とする，法域を通じて違法性を一元的に理解する考え方 (**違法一元論**) といえる。この判例は，全逓東京中郵事件判決 (最大判昭和 41・10・26 刑集 20 巻 8 号 901 頁〈総 *96*〉) により変更され，公労法違反の争議行為であっても，労組法 1 条 1 項の目的を達成するためのもので，不当

性を伴わない場合には処罰の対象とならないとして，違法性阻却の余地が肯定されるに至った。すなわち，刑法以外の法領域において違法とされた行為についても，違法性阻却の余地が肯定されることになったのである。しかし，その後，判例は，再度態度を変化させ，名古屋中郵事件判決（最大判昭和 52・5・4 刑集 31 巻 3 号 182 頁〈総 99〉）において，東京中郵事件判決は変更されることとなった。ただし，同判決においては，「刑罰は国家が科する最も峻厳な制裁であるから，それにふさわしい違法性の存在が要求されることは当然であろう」とされ，当初の見解に完全に逆戻りしたわけではない（また，単純参加者も不可罰とされている）。

　この問題についての学説は，刑法以外の法領域において違法とされた行為について，刑法上の違法性阻却の余地を否定する見解（以下で述べるやわらかな違法一元論と対比する意味で，**かたい違法一元論**という）は少数であり，それを肯定する見解が多数である。しかし，肯定説は，①ある法領域で違法であれば，刑法上違法でなくなるわけではないが（**法秩序の統一性**に基づく違法の一元性），犯罪成立要件としては，処罰に適する質と量の違法性（これを，可罰的違法性という）が必要であり，それが失われれば犯罪の成立は否定されるべきだとする見解（**やわらかな違法一元論**）と，②法域によって（さらには刑法という同一法域においても，犯罪によって）違法性の評価は多元的であり異なるとする見解（これは，**違法多元論**に基づき，**違法の相対性**を肯定する見解である）とが対立している。

　やわらかな違法一元論の意義は，刑法以外の法領域において違法でないとされた行為について，そのことにより刑法上の違法性を否定するところにあり，刑法以外の法領域において違法とされた行為についても，刑法上の違法性（可罰的違法性）の特殊性により，それが失われることがあることを否定するものではない。その見解が違法一元論の基本的立場を採るのは，国民に提示される行為規範の内容に混乱が生じることのないよう，法秩序は統一的に解釈されなければならないとするからである（すなわち，A 法では違法と評価する行為を，刑法で適法と評価することは，法秩序の統一性に反するとする。しかし，処罰に必要な違法性が備わっているかは別問題だとするのである）。これに対し，違法多元論から違法の相対性を肯定する見解は，法領域において違法性の統一的評価をなすことに実際上の重要性を認めず [35]，問題となる法領域における法的効果を支える

96　第2編　第3章　違　法　性

要件の存否を重視するものといえる（すなわち，A法において違法だが，刑法上処罰されない行為について，違法だか可罰的違法性がないということに重要性を認めず，端的に違法でないとすればよいとするのである）。ともあれ，どちらの見解も，刑法上処罰の対象となる行為には，特別の違法性が認められることが必要である（やわらかな違法一元論は違法性の質を問題とし，違法多元論は違法の相対性を肯定する）と解していることに変わりがない。

(3)　軽微な違法性

　構成要件が規定する法益侵害・危険が惹起されても，それが軽微であり，当該犯罪について規定された法定刑をもって処罰するにはあたらない程度の違法性しか認められない場合には，犯罪の成立は否定される。これは，違法性の程度に関する「可罰的違法性」の意義であり，法的効果の内容からその要件である違法性の内容・程度を論定する目的論的解釈の帰結に他ならない。

　違法性が軽微な場合としては，①惹起した結果自体が軽微であり，構成要件該当性自体が否定される事例（**絶対的軽微型**。たとえば，スリが金品をスリ取ろうとしたところ，ティッシュ・ペーパー数枚をスリ取ったときには，ティッシュ・ペーパー数枚は窃盗罪にいう「財物」にあたらず，窃盗既遂は成立せず，窃盗未遂となる），②惹起した結果は決して軽微ではないが，擁護した法益との衡量の結果，違法性が阻却されないものの，違法性が軽微であり，当該の犯罪として処罰に値しないとされる事例（**相対的軽微型**。たとえば，緊急避難において，害の均衡の要件は充たされ，補充性の要件をわずかに逸脱したにすぎないときには，過剰避難ですらなく，違法性が阻却される）。すなわち，違法性が軽微な事例は，構成要件段階，違法性段階でそれぞれ問題となるのである。

　(i)　絶対的軽微型　　惹起した結果が軽微であるため，構成要件該当性が否定される場合である。法定刑の下限が極めて低い場合には，このような理由から構成要件該当性を否定することは困難である（とはいえ，ありえないわけではない）。**判例**では，かつて，煙草耕作人である被告人が価額1厘相当の葉煙草を国に納付することなく消費したという煙草専売法違反の事案において，「零

---

35)　もちろん，この見解も，刑法以外の法領域，とくに民事法上許容された行為を刑法において違法として処罰の対象とすることは，刑法の補充性という見地から妥当でないと解するものである。

細ナル反法行為」は（犯人に危険性がある特殊な場合を除き）処罰の必要がないとして犯罪の成立が否定され（大判明治43・10・11刑録16輯1620頁〈総*100*〉〔1厘事件〕），旅館業を営む被告人が宿泊客のためにたばこを買い置いたというたばこ専売法違反の事案においても，「たばこ専売法制定の趣旨，目的に反するものではなく，社会共同生活の上において許容さるべき行為」だとして犯罪の成立が否定されていた（最判昭和32・3・28刑集11巻3号1275頁〈総*101*〉）。しかし，その後，電話を無料でかけることを可能とするマジックホンと称する機器を加入電話回線に取り付け，1回通話を試みただけで取り外した事案については犯罪の成立を肯定しており（最決昭和61・6・24刑集40巻4号292頁〈総*102*〉），犯罪の成立を否定することには厳格な態度を採るに至っているといえよう。

(ii)　相対的軽微型　　構成要件該当行為についての違法性阻却判断の結果，完全に違法性が阻却されないが，残存した違法性は軽微であり，処罰に値する程度を下回るため，端的に，違法性阻却が肯定されることになる場合である。結果無価値論の立場からは，このような考え方を肯定してこそ，超法規的違法性阻却事由に存在意義が生じるのである。

判例では，超法規的違法性阻却事由の適用に関し，昭和30年代までは，補充性の要件などを厳格に解することによって，違法性阻却を否定する態度が採られていた（最大判昭和38・5・22刑集17巻4号370頁〔東大ポポロ事件〕，最決昭和39・12・3刑集18巻10号698頁〈総*105*〉〔舞鶴事件〕）。他方，三友炭坑事件においては，「いまだ違法に刑法234条にいう威力を用いて人の業務を妨害したもの」といえないとして無罪判決が維持されており（最判昭和31・12・11刑集10巻12号1605頁〈総*95*〉），また，昭和40年代には，犯罪の成立を否定する判例が見られるようになっていたのである（最決昭和45・6・23刑集24巻6号311頁〔札幌市電事件〕，最決昭和48・3・20裁集刑186号329頁〈総*104*〉〔大阪学芸大事件〕）。しかしながら，判例は，その後，処罰を否定することに対しては厳格な態度を採るに至り，「法秩序全体の見地から許容されるべきものであるか否かを判定」するという「久留米駅事件方式」（最大判昭和48・4・25刑集27巻3号418頁〈総*94*〉）により，原審の無罪判決を次々と破棄するに至った（最判昭和50・8・27刑集29巻7号442頁〔日本鉄工所事件〕，最判昭和50・11・25刑集29巻10号928頁〔光文社事件〕など）。こうして，判例は，超法規的違法性阻却の判断に

おいて，違法性が軽微であることを理由に犯罪の成立を否定することに対しては，消極的な態度を示しているといいうるのである。

第4章

責　任

第1節　責任の意義

　構成要件に該当し違法な行為であっても，それを行ったことについて責任が認められない場合には，犯罪の成立を肯定することはできない。これが，**責任主義**の意義・要請である。構成要件該当・違法行為を抑止し，法益保護を図ることが刑法の目的であるが，そのために用いられている手段は**刑罰**の賦課であり，このような特別の手段の使用を正当化するために責任は要件とされているのである。すなわち，刑罰は**非難**という性格・意味が込められた特別の反作用であるが[1]，そのような手段の使用を正当化するためには，構成要件該当・違法行為の遂行が**非難に値する**ものであることが必要となる。こうして，構成要件該当・違法行為を行った者に対する**非難可能性としての責任**が，非難という性質を備えた刑罰の賦課を正当化する要件として要求されることになるのである[2]。

　非難可能性としての責任を判断するにあたり，行為者の認識などの主観面が判断の対象となることは明らかであるが，19世紀後半において有力であった，犯罪の自然主義的理解（犯罪とは，行為による結果の惹起をいうと解する）を基礎

---

1) いい換えれば，刑法は非難という性格を備えた刑罰を賦課しうる限度で，法益保護を図ろうとするものであることになる。

2) そして，このような非難可能性を基礎づけるのが，**他行為可能性**（構成要件該当・違法行為を回避できたこと，それ以外の行為をなすことができたこと）である。この理解については，人の行為に関する決定論・非決定論の対立が関わるが，本書ではこれには立ち入らない。

に，責任とは行為により惹起された結果に対する行為者の主観面をいうとの見解がかつて有力に主張された（これを，**心理的責任論**という）。このような責任理解は故意については妥当するとしても，結果に対する認識が欠如する過失については妥当しないのではないかが問題とされることになる。そこで，過失においては，結果の認識という心理面ではなく，結果を認識すべきであったという規範的な評価こそが本質であるとの理解から，責任の内実として重要なのは，行為にでるべきではなかったという規範的評価（非難可能性）であり，これは故意・過失に共通のものであるという見解が主張されることになる。このような責任理解を**規範的責任論**といい，現在の通説となっている。この責任理解においては，行為者の主観面である故意のほか，過失，さらには期待可能性や違法性の意識といった要素が，規範的に理解された責任を左右するものとして，責任論において重要な位置を占めることになる。

　このように，責任は，行為者において認められる単なる心理的事実ではなく，非難可能性という規範的な評価であるが，だからといって責任判断の対象となる心理的事実の意義がないがしろにされてはならない。むしろ，責任評価は心理的事実の上に形成されるものであり，いかなる心理的事実が責任を基礎づける要素となるかを明確にすることが重要である。非難されるべき場合に責任があるとしても，いかなる心理的事実が存在するときに責任非難が可能となるかという問題は軽視されてはならない。

　また，非難可能性としての責任は，行為者が行った当該の構成要件該当・違法行為についての責任である（これを，**行為責任**という）。これに対し，学説には，人は自らの自由意思により行為を選択することができるとする行為の非決定論的理解を基礎として，行為者の人格により他行為可能性が制約されていた場合には，その限りで行為責任は限定されるが，そうした人格を形成したことについての責任（人格形成責任）を併せ考慮し，全体としての責任（これを，**人格責任**という）を問題とする見解も，少数説ながら存在する（人格責任論）。これは常習犯人に対する刑の加重を基礎づけるところにねらいがあると解されるが，人格形成責任を援用することによって，責任が減軽されることを否定するのではなく，責任が加重されることまで説明しうるかには疑問が呈されている。

第2節　故　　意

1　総　説

　責任を認めるためには，少なくとも，当該犯罪についての故意又は（過失犯が処罰される場合には）過失が必要である。したがって，故意・過失の要件を画定することは，まず検討を要する重要な課題となる。学説においては，故意・過失を構成要件に位置づける（このように構成要件要素とされた故意・過失を，**構成要件的故意・構成要件的過失**という）見解が通説的地位を占めているが，本書では叙述の便宜上責任において取り扱うことにする。

　現行法では，犯罪の成立を肯定するためには故意を必要とするのが原則である（刑38条1項本文）。この意味でも故意の意義を明らかにすることはとくに重要である。また，故意の概念は過失の理解に関係するという点においても，基本的な重要性が認められる。

2　故意の要件

(1)　犯罪事実の認識

　刑法38条1項によれば，**故意**とは，「罪を犯す意思」をいう。これは**犯罪事実の認識・予見**といい換えることができよう[3]。そうすると，故意の要件は，①何が認識・予見の対象となる犯罪事実か，②犯罪事実を認識・予見しているとはいかなることをいうのか，を検討することによって明らかにされるべきことになる。②については3において扱うこととし，ここでは①について検討を加えることにする。

　故意があるというために認識・予見される必要がある「罪」（犯罪事実）は，**違法と評価される事実**である。このような事実について認識・予見があるとき，違法な行為を行ったことについての（故意犯の）責任を問うことができること

---

　3)　これに対応させて考えると，過失は，予見義務違反・予見可能性に関する限り，犯罪事実の認識・予見の可能性ということになる。この意味では，過失は「故意の可能性」となり，過失における予見可能性の意義は故意の理解によって基本的には規定されることになると解することができる。

102　第2編　第4章　責　任

になる[4]。行為の違法性を基礎づける事実[5]を認識した者は，それによって当該行為を行うことが違法であるとの認識（**違法性の意識**）に到達し，反対動機を形成して，当該行為にでることを思いとどまらなければならない。そうしたことが可能であるのに行為にでた場合，当該行為を行ったことについて非難可能性が認められることになるのである。

　故意を認めるために認識・予見が必要・問題となる（行為の違法性を基礎づける）犯罪事実は，（客観的）**構成要件該当事実**[6]と**違法性阻却事由該当事実**に分けられる。構成要件該当事実は積極的に行為の違法性を基礎づける事実であるから，それが認識・予見されなければならないことは容易に理解しうると思われる。それに対し，違法性阻却事由該当事実の認識・予見は，以下のような意味で故意[7]の（消極的）要件となるのである。すなわち，構成要件該当事実が存在しても，違法性阻却事由該当事実が存在する場合には，構成要件該当行為の違法性は阻却されるから，構成要件該当事実の認識・予見があっても，違法性阻却事由該当事実の認識・予見がある場合には，行為者が認識・予見している事実は，全体として違法という評価を受けない事実である。その結果，違法性を基礎づける事実の認識・予見が認められないことになり，責任要件としての故意が否定されることになるのである（異なった学説もあるが，このような理解が，結論として，判例・通説の採るところである）。こうして，構成要件該当事実の認識・予見があることを前提とすると，違法性阻却事由該当事実の認識・予見が存在しないことが，（責任要件としての）故意の要件であることになる（いい換えると，違法性阻却事由該当事実の認識・予見は，責任要件としての故意の阻却要件・消

---

4)　違法と評価される事実の認識・予見可能性があるとき，違法な行為を行ったことについての過失犯の責任を問うことができることになる。

5)　これは行為が違法であることの認識ではない。それは，違法性の意識であり，故意とは別ものである。違法性の意識については，後述130頁以下参照。

6)　故意を構成要件要素とし，構成要件的故意を認める通説的立場からは，構成要件は客観的構成要件と主観的構成要件に分けられることとなり，故意は**客観的構成要件該当事実**の認識・予見とされることになる。

7)　この場合の「故意」は，構成要件的故意を認める立場からは，構成要件的故意を前提として責任要件に位置づけられる「責任故意」と理解されることになる。これに対し，構成要件的故意を認めない立場からは，責任要件としての故意がもっぱら問題となるにすぎない。

第 2 節 故 意 103

極的要件ということになる)。

(2) 構成要件該当事実

(i) 故意の構成要件関連性 故意があるというためには,(客観的)構成要件該当事実についてはすべて認識・予見されていることが必要である。これを, **故意の構成要件関連性**という[8]。すなわち,構成要件に含まれている事実の認識・予見が必要であり,後述する「意味の認識」があるだけでは足りず,また,「違法性の意識」を有するに足りる事実の認識[9]があるだけでも足りない。判例が,メタノールの所持・販売を禁止・処罰する罰則の適用にあたり,行為者には「メタノール」であることの認識が必要であり,単に身体に対する有害性の認識があったのでは足りないとしている(最判昭和 24・2・22 刑集 3 巻 2 号 206 頁〈総 *188*〉)のは,この意味で理解することができる[10]。

行為者によって認識された構成要件該当事実は,特定されたものでなく,一定の範囲の概括的なものでもかまわない(このような故意を, **概括的故意**という)。A を殺害するため,その留守中に鉄瓶の湯の中に毒薬を投入したところ,A ほか 3 名がその湯を飲んだが,味がおかしいので飲むのをやめたことにより殺害に至らなかったという事例において,A の家人もその湯を飲むことについて予見がある場合,実際に湯を飲んだ人の数に応じた故意犯(殺人未遂罪)の成立を肯定することは可能である(大判大正 6・11・9 刑録 23 輯 1261 頁〈総 *187*〉)。

(ii) 認識・予見が要求されない事実 故意を認めるためには,(i)で述べたように,(客観的)構成要件該当事実すべての認識・予見が必要である。しかし,刑法 38 条 1 項本文の故意犯処罰の原則にも同項但書において例外が留保されているように,規定の趣旨からして,構成要件該当事実のうち,一部の事実について,その認識・予見が犯罪の成立に不要とされていると解釈しうる場

---

8) なお,過失における予見可能性の対象となる事実についても,構成要件的関連性が必要である。

9) 過失の場合にも,違法性の意識に至りうる事実の認識が実際上必要だから,このような事実の認識があるだけでは,過失とは区別された故意を認めることができない。

10) なお,判例は,覚せい剤の輸入・所持の事案について,対象物が覚せい剤であることの可能性が行為者の認識から排除されていないときには故意を認めることができるとしているが(最決平成 2・2・9 判時 1341 号 157 頁〈総 *189*〉),覚せい剤の認識が排除されている場合には故意が否定されるという意味では,故意の構成要件関連性は堅持されている。

合がある。

第1は，**結果的加重犯**の重い結果である。結果的加重犯とは，基本となる犯罪（基本犯）から重い結果（加重結果）が発生したときに成立する，基本犯よりも刑が加重された犯罪である。たとえば，傷害罪（刑204条）が犯され，それにより人の死という重い結果が生じたときには，傷害致死罪（刑205条）が成立するが，ここでは，傷害罪が基本犯，傷害致死罪が結果的加重犯であることになる。結果的加重犯の加重結果については認識・予見は不要である。たとえば，傷害致死罪については，致死という加重結果についての認識・予見は不要であると解される。なぜなら，致死について認識・予見がある場合には，殺人罪（刑199条）が成立してしまい，傷害致死罪の独自の領域が失われてしまうからである。なお，**判例**は，結果的加重犯における加重結果について，認識・予見が不要であるのみならず，過失（認識・予見可能性）も必要ないと解している（最判昭和26・9・20刑集5巻10号1937頁〈総 *180*，各 *60*〉）。しかし，結果的加重犯が基本犯よりも重く処罰される理由が，加重結果の惹起による違法性の加重にある以上，責任主義の見地からは，加重結果について過失が必要であるとするのが学説における定説となっている。このような理解からは，結果的加重犯は，故意犯と過失犯の結合形態だということになる。

第2は，**客観的処罰条件**である。客観的処罰条件とは，立法者が，処罰範囲の明確化ないし限定の見地から，処罰のために必要とする条件である。たとえば，破産法265条の詐欺破産罪における破産手続開始決定の確定，刑法197条2項の事前収賄罪における公務員への就職などがその例である。客観的処罰条件は，その用語が示すように，客観的に存在することで足り，それについての故意・過失（認識・予見，認識・予見可能性）は不要であると解されてきた。そこには，客観的処罰条件が存在しなくとも実体的には犯罪としての実質が備わっており，それは，処罰範囲の明確化などのために，政策的に特別に要求されている外部的条件にすぎず，故意・過失は不要であるとの理解が存在しているのである。しかしながら，このような条件が存在しない場合には，犯罪の成立を肯定することは適当でないとの考慮から要求されたものである以上，処罰条件といっても，それは犯罪の実体的成否と無関係なものではありえないのではないかとの疑問が提起されている。このような見地からは，客観的処罰条件と

されるものも構成要件要素であり，責任主義の見地から，少なくとも過失が要求されるべきだとの主張がなされることになる。

　　(ⅲ)　意味の認識　　構成要件要素には，殺人罪（刑199条）における「人」などのように，特段の精神的な評価作用の働きなしに認識しうる**記述的要素**と，窃盗罪（刑235条）における財物の「他人」性，わいせつ物頒布罪（刑175条）における文書などの「わいせつ」性のように，その認識のために規範的判断を必要とする**規範的要素**とが存在する。両者の区別は相対的なものではあるが，後者について，いかなるときにその認識・予見があるといいうるかがとくに問題とされてきたのである（**規範的構成要件要素の認識**）。

　規範的要素の意義は，最終的には裁判所の法解釈によって決まるが，規範的要素の認識があったというためには，裁判所による法解釈と同じ判断（すなわち，法文への正しい当てはめの認識）が求められるわけではない。それでは，違法性の意識を部分的にせよ要求することとなり（これは，131頁で後述するように妥当でない），また，そのような理解によっては，高度の法的知識を備えた者のみに故意を認めうることともなり，妥当ではないのである。しかしながら，単に自然的事実の認識で足りるとすることにも問題がある。たとえば，外国語で書かれたわいせつ文書について，その文字を認識することはできても，ことばの意味を理解できない者にとっては，文書の意味するところが全く理解されていない以上，「わいせつ」性の認識を肯定することはできないのである。故意にとって必要なのは，当該事実を立法者が罰則を制定する上で着目した属性において理解することである。これを，**意味の認識**という。たとえば，わいせつ文書については，それが法解釈によれば刑法上のわいせつ文書にあたるという認識までは必要としないが，それが人の性的なことがらに関係する「いやらしい」ものであるといった認識が要求されることになる。このような意味の認識が存在しない場合には，故意を認めることができない。これに対し，意味の認識は存在するが，法規範への当てはめを正しく行うことができない場合には，故意はあるが違法性の意識が欠けるにすぎないことになるのである。

　故意が否定される場合と，故意は認められるが違法性の意識を欠くにすぎない場合とでは，法的効果が異なるから，両者の区別は極めて重要である（前者については，過失がある場合であって過失犯処罰規定が存在するとき，過失犯が成立す

るにすぎない。これに対し，後者については，判例によれば故意犯が成立し，有力説によれば，違法性の意識の可能性がある限り故意犯が成立することになる）。しかしながら，両者のいずれにあたるかの判定は必ずしも容易ではなく，争いのあるところである（これは，**事実の錯誤と違法性の錯誤の区別**の問題と呼ばれている）。そして，この点に関する判例の態度がすべて一貫しているかにも疑問の余地はある。それは，認識されるべき「意味」は，当該犯罪構成要件の解釈により決まるためであるが，さらに，判例は違法性の意識（の可能性）を欠く場合における免責を正面から認めていないため，処罰すべきでない事案において故意を否定しているためではないかとの指摘もなされているのである。以下では，こうした判例・裁判例の状況を示すことにする。

　同じ狩猟法違反の事案において，禁猟獣である「むささび」を（それと同一であり，その俗称である）「もま」と思って捕獲した場合には，故意があるとされたが（大判大正13・4・25刑集3巻364頁〈総*211*〉〔むささび・もま事件〕），禁猟獣である「たぬき」を（それと同一であり，その俗称ではあるが，それとは別の動物であると思っていた）「むじな」だと思って捕獲した場合には故意がないとされた（もっとも，これは傍論である。大判大正14・6・9刑集4巻378頁〈総*212*〉〔たぬき・むじな事件〕）。また，封印等破棄罪（刑96条）の事案において，債務の弁済がなされたため封印を破棄してもよいと思って破棄した場合には，差押えがなくなったか，又は封印を破棄する権利があると誤信したことにより故意が失われる（大決大正15・2・22刑集5巻97頁〈総*213*〉）とされる一方で，裁判所執行吏がすでに適法になされていた差押えを仮装の処分であり無効だと誤信して破棄した場合には，公務員の施した差押えの標示であることの認識があれば故意はあるとしている（最判昭和32・10・3刑集11巻10号2413頁〈総*214*〉）。これらの区別にはかなり微妙なものがあるといえよう。

　判例の中には，「裸の事実」の認識があれば故意を認めることができ，それに対する法的評価の認識は故意とは無関係だとするものがある。たとえば，市会議長の職務行為を不適法と考え妨害した事案について，不適法であるとの誤信は法律上の判断にすぎないとして公務執行妨害罪の成立を肯定したもの（大判昭和7・3・24刑集11巻296頁〈各*551*〉），「メチルアルコール」であることを知っている以上「メタノール」についての故意はあり，両者の同一性の不知は

第 2 節 故　意　107

法律の不知にすぎないとしたもの（最大判昭和 23・7・14 刑集 2 巻 8 号 889 頁〈総 215〉），わいせつ文書であることの故意があるというためには，「問題となる記載の存在の認識」があれば足り，わいせつでないと思っても，故意を阻却しない法律の錯誤にすぎないとしたもの（最大判昭和 32・3・13 刑集 11 巻 3 号 997 頁〈総 216〉〔チャタレー事件〕），無申告で物品税の課税物品を製造した事案において，課税物品であり製造申告を要することの不知は法令の不知にすぎず，故意は失われないとしたもの（最判昭和 34・2・27 刑集 13 巻 2 号 250 頁〈総 217〉），サンダル履きで自動車を運転した事案において，それを罰する県道路交通規則が存在することの不知は法の不知にすぎず，故意は失われないとしたもの（東京高判昭和 38・12・11 高刑集 16 巻 9 号 787 頁〈総 218〉）などがある。

　故意の存在を否定した判例には以下のようなものがある。まず，ある行為が，一定の地域・区域内でのみ禁止処罰されている場合，当該行為が区域内で行われたことの認識を要求する判例が存在する。すなわち，要塞地域内で許可なく写真撮影を行う罪が成立するためには，禁止区域内であることの認識が必要であるとしたもの（大決昭和 12・3・31 刑集 16 巻 447 頁）[11]，不注意により追越し禁止区域であることの標示を見落として自動車を追い越した事案において，追越し禁止区域内であることの認識が故意の要件であるとしたもの（東京高判昭和 30・4・18 高刑集 8 巻 3 号 325 頁〈総 222〉），銃猟禁止区域内で銃猟を行った事案において，銃猟禁止区域内であることの認識が欠ける場合には故意が阻却されるとしたもの（東京高判昭和 35・5・24 高刑集 13 巻 4 号 335 頁）などがある。そのほか，故意を否定した判例として，寺院規則が失効したと誤信して，その手続によらずに総代を選任などして登記したという事案において，登記事項が虚偽不実であることの認識が欠け，公正証書原本不実記載罪（刑 157 条 1 項）の故意が否定されるとしたもの（最判昭和 26・7・10 刑集 5 巻 8 号 1411 頁〈総 219〉），飼犬取締規則の無鑑札犬は無主犬とみなす旨の規定を誤解して，他人の犬でも鑑札を付けていない犬は無主犬とみなされると誤信して撲殺したという事案において，他人所有に属する事実の認識が欠けていることの可能性を認めたもの（最判昭和 26・8・17 刑集 5 巻 9 号 1789 頁〈総 220〉），公衆浴場の無許可営業の事

11）　ただし，過失犯処罰規定が存在するとして，不可罰とされたわけではない。なお，このような「明文なき過失犯処罰」の問題性については後述する（123 頁）。

108 第2編 第4章 責 任

案において，許可申請事項変更届の受理により営業許可があったと認識していたとして，無許可営業の故意がないとしたもの（最判平成元・7・18刑集43巻7号752頁〈総*221*〉）などがある。

(3) 違法性阻却事由該当事実

（i）総説　すでに述べたように（102頁），（客観的）構成要件該当事実の認識・予見（構成要件的故意）があっても，違法性阻却事由該当事実の認識・予見がある場合には，責任要件としての故意は阻却される（ここでは，実際には違法性阻却事由該当事実は存在せず，構成要件該当行為は違法なのであるから，その点についての認識・予見を欠いたことに関して過失がある場合には，過失犯が成立する）。それは，故意責任があるというために認識・予見が必要な事実は，違法という評価を受ける事実である（そのとき，違法な事実を惹起したことについての故意責任を問うことができる）ところ，構成要件該当性が認められても違法性阻却事由があるときには，当該行為は違法といえないから，違法性阻却事由該当事実を認識・予見している行為者には，違法という評価を受ける事実の認識が欠けるからである。このような理解が判例・通説となっているが[12]，その基礎には，違法評価との関係では，構成要件該当事実と違法性阻却事由該当事実とは（積極的に基礎づけるか，消極的に阻却するかの違いはあるが）同質のものであるとの理解があるのである。

なお，以上のような理解を犯罪論体系に位置づけると，次のようになる。まず，①故意・過失を構成要件要素とせず，もっぱら責任要素（責任形式）と解する場合（少数説）には，構成要件該当性（故意犯・過失犯共通）→違法性（故意犯・過失犯共通）→故意阻却→過失→過失犯成立となり，単純な解決が得られる。これに対し，②故意・過失を構成要件要素と解する場合（つまり，構成要件的故意・構成要件的過失を認める通説的立場）には，違法性阻却事由該当事実の認識・予見の有無によって，構成要件的故意が失われることにはならないから，故意犯の成立を否定するためには，責任段階での要件として責任故意を要求し，この存在を否定することになる。そうすると，故意犯の構成要件該当性→故意

---

12) 学説には，故意は構成要件該当事実の認識により認められ，違法性阻却事由該当事実を認識していても，故意は失われず，違法性の意識が欠けることになるにすぎないとの見解（**厳格責任説**）が存在するが，少数説にとどまっている。

犯の違法性→責任故意阻却→過失犯の構成要件該当性→過失犯の違法性→責任過失→過失犯成立という判断過程を経ることになる（このように，責任故意が否定された後，過失犯の構成要件該当性を問題とすることになることを，再び構成要件該当性の検討に戻ることを指して**ブーメラン現象**ということがある）。ここで，責任故意が認められず故意犯の成立が否定された場合に，構成要件的故意があるのに，同時に構成要件的過失を認め，過失犯の構成要件該当性を肯定することができるかが問題となる。これを解決する方策としては，①違法性阻却事由が存在しないことを**消極的な構成要件要素**と解すること（この場合には，違法性阻却事由該当事実の認識・予見により，構成要件的故意が否定される。そして，ブーメラン現象は生じない），あるいは，②構成要件的故意は構成要件的過失を含むと解すること（この場合には，ブーメラン現象は生じるが，過失犯の構成要件該当性が肯定されることの説明はつく）が考えられ，そのいずれかを採る必要があることになる。

　(ii) 誤想防衛・誤想過剰防衛　　違法性阻却事由該当事実が実際には存在しないのに存在すると誤信した場合の典型例が，**誤想防衛**である。誤想防衛とは，正当防衛にあたる事実が存在しないのに，存在すると誤信した場合であり，すでに説明したように，責任故意はなく故意犯は成立しない。誤想したことについて過失がある場合，過失犯処罰規定の存在を前提として，過失犯が成立するにすぎない。

　急迫不正の侵害が存在しないのに，それが存在すると誤想して，それに対し反撃行為を行った場合が誤想防衛の典型であり，誤想した侵害が実際に存在するとした場合に許容される範囲の行為を行ったときには，責任故意は阻却され，誤想したことについて過失があれば，過失犯が成立することになる（過失が存在しなければ，不可罰である）。

　急迫不正の侵害が存在し，それに対して過剰な防衛行為を行ったときには過剰防衛となるが，過剰性について認識・予見がなければ，行為者には正当防衛を構成する事実の認識しかないから責任故意はなく（たとえば，盛岡地一関支判昭和36・3・15下刑集3巻3＝4号252頁。この場合も，誤想防衛と呼ばれている），過剰性についての認識・予見を欠いたことに過失があるとき，過失犯が成立するにすぎない（この場合は，**過失の過剰防衛**である）。これに対し，過剰性について認識があれば**故意の過剰防衛**である（たとえば，最判昭和24・4・5刑集3巻4号

110　第2編　第4章　責　任

421頁〈総 *158*〉）。

　急迫不正の侵害が存在しないのに，それが存在すると誤想して，それに対し反撃行為を行った場合であって，誤想した侵害が実際に存在するとした場合に許容される範囲を超えた行為を行ったときを，**誤想過剰防衛**という。行為者に過剰性の認識があるときには，行為者の認識した事実は違法な過剰防衛となる事実であるから，責任故意があり故意犯が成立する [13]（これに対し，行為者に過剰性の認識が欠ける場合には，行為者の認識した事実は正当防衛となる事実であるから，故意はなく過失犯が成立するにすぎない）[14]。ただし，この場合，誤信した急迫不正の侵害に対する反撃行為を行った行為者の主観面は，現実に存在する急迫不正の侵害に対する過剰防衛の場合と同じであり，責任の程度もそれと同じであるから，科しうる刑は行為者の責任を限度とする以上，過剰防衛に関する刑法36条2項の規定により刑の減免の余地を肯定することができる（最決昭和41・7・7刑集20巻6号554頁〈総 *161*〉，最決昭和62・3・26刑集41巻2号182頁〈総 *162*〉〔英国騎士道事件〕）。この理は，急迫不正の侵害を誤想した者に過剰性の認識がなく，その点について過失がある場合にも妥当すべきものであろう（過失の過剰防衛にも，刑法36条2項の適用があることから，このように解される）。なお，急迫不正の侵害を誤想したことについてそもそも過失がある場合には，生じさせた結果についての過失犯が成立しているから，36条2項は準用されるとしても，刑の免除はできないと解すべきであるように思われる。

　なお，**誤想避難・誤想過剰避難**についても，誤想防衛・誤想過剰防衛と同様に解することができる（誤想過剰避難の例として，大阪簡判昭和60・12・11判時1204号161頁〈総 *179*〉）。

3　未必の故意

(1)　故意と非故意との区別

　すでに述べたように（101頁），故意とは，犯罪事実の認識・予見をいうが，認識・予見には程度の差があり，いかなる心理状態について犯罪事実の認識・予見があるとして故意を肯定するかが問題となる。たとえば，ある目標を目が

　13）　これは，故意の誤想過剰防衛である。

　14）　これは，過失の誤想過剰防衛である。

けて矢を射る場合，行為者の心理状態には，当てようと狙う，確実に当たると思う，たぶん当たるだろうと思う，無理かもしれないと思う，当たらないと思う，などさまざまなバリエーションがありうる。このような中で，故意と非故意との限界をどのように画するのかが問題となるのである。

故意は，一般に，①犯罪事実の実現を意図する場合（**意図**），②犯罪事実の発生を確定的なこととして認識・予見している場合（**確定的故意**），③犯罪事実の確定的な認識・予見はないが，その蓋然性を認識・予見している一定の場合（**未必の故意**）に区別される。これに対し，非故意である過失は，④犯罪事実が一旦は行為者の意識に上ったが結局それを否定した場合（**認識ある過失**），⑤犯罪事実が行為者の意識に上らなかった場合（**認識なき過失**）に分かれる。以上の区別を前提とすると，ここでの問題は③未必の故意と④認識ある過失の限界をいかにして画すかということであるともいうことができるのである。

(2) 意思と表象

故意の理解に関しては，意思に着目する立場（**意思説**）と表象に着目する立場（**表象説**）の基本的な対立があり，それに対応して，未必の故意の限界に関しても，認容説と認識説の対立がある。

認容説は，構成要件実現の可能性・蓋然性を認識・予見し，それを認容したときに故意があるとする。故意を認めるためには，認容という「積極的な人格態度」，意思的態度が必要であるとするのである。認容説に対しては，故意には意思的態度が不可欠であるとしても，それは行為にでる意思である**行為意思**にすでに含まれており，行為意思に担われた行為者の心理内容が故意といえるものかが問題なのであるから，その心理内容を確定するにあたり，再び意思を持ち出すことはできないとする批判がなされている。また，行為意思を超えた意思的態度を考慮するのだとすれば，そのような意思的態度は単なる情緒的要素にすぎず，それによって故意の限界を画することは妥当でないとの批判もなされている。

認識説は，構成要件実現の蓋然性を認識したときに故意が認められるとする。この見解は，行為者の意思が故意の成立にとって重要でないとするのではなく，それは行為意思として考慮済みであり，行為意思に担われた心理内容を問題としているものと解することができる。ただし，この見解に対しては，蓋然性の

認識というのみでは，限界が不明確であるとの批判が可能である。このようなことを考慮して，構成要件実現が行為者の意識ないし意思過程に取り込まれ，それにもかかわらず行為意思が現実化したかを基準とする**動機説**が主張されている（この見解によれば，構成要件の実現が一旦は行為者の意識内に浮かんだが，それを否定しつつ行為にでた場合には，未必の故意は認められないことになる）。

⑶　条件付故意

故意は，実行行為（構成要件的行為）の時点において存在することが必要であるが（これは，**行為と責任の同時存在の原則**と呼ばれている），他人の行為を介した構成要件実現について刑事責任を問われる共犯においては，正犯による実行行為以前の段階の共犯行為の時点において故意が認められることが必要となる。しかし，この段階では，正犯による実行行為の遂行が一定の条件にかかっていることがあり，このような場合に認められる故意を，**条件付故意**という。この場合でも，正犯により実行行為を遂行させようとする意思が確定しているのであれば，故意は認められる。判例も，「謀議の内容においては被害者の殺害を一定の事態の発生にかからせており，犯意自体が未必的なものであったとしても，実行行為の意思が確定的であったときは，殺人の故意の成立に欠けるところはない」としている（最判昭和 59・3・6 刑集 38 巻 5 号 1961 頁〈総 *186*〉）。

第 3 節　事実の錯誤

1　総　説
⑴　「事実の錯誤」論の意義

構成要件該当事実についての認識・予見が行為者に存在する（すなわち，故意がある）場合において，実際に発生した構成要件該当事実が，行為者が認識・予見した構成要件該当事実と何らかの点において異なることはありうる。むしろそれが通常だとさえいえよう。たとえば，相手の頭部を拳銃で撃ち即死させようとした（このことから，殺人罪の故意はあるといえる）が，銃弾は腹部に命中し，被害者は病院に搬送された後死亡した（これが，実際に発生した殺人罪の構成要件該当事実である）ということがありうる。このような場合を，**事実の錯誤**という。ここで，こうした主観・客観の食い違い（錯誤）にもかかわらず，

行為者の認識・予見によって，実際に発生した構成要件該当事実についての故意を認めることができるかが問題となる[15]。すなわち，どこまで主観・客観の事実の食い違いを捨象してよいか，故意があったというために必要となる最低限度の認識・予見内容は何かが問題となるのである。「事実の錯誤」論は，何らかの故意が存在することを前提として，故意犯成立に必要となる故意の最低限度を明らかにする議論であり，一部の学説で採られているように，実際に発生した構成要件該当事実について故意はないが，それにもかかわらず政策的に故意犯の成立を肯定する場合を明らかにする議論ではない。

(2)　事実の錯誤事例の諸類型

事実の錯誤は，①行為者が認識・予見した事実が該当すべき構成要件と，実際に発生した事実が該当する構成要件とが同じ場合，すなわち，同一の構成要件内における事実の錯誤（これを，**具体的事実の錯誤**という）と，②行為者が認識・予見した事実が該当すべき構成要件と，実際に発生した事実が該当する構成要件とが異なる場合，すなわち，異なった構成要件にまたがる事実の錯誤（これを，**抽象的事実の錯誤**という）とに区別される。

また，それぞれの錯誤事例は，さらに，①侵害客体が認識・予見した属性とは異なった属性を有していた場合（この場合を，**客体の錯誤**という），②認識・予見した客体とは別の客体に侵害が生じた場合（この場合を，**方法の錯誤又は打撃の錯誤**という），③認識・予見した客体に侵害が生じたが，結果に至る因果経過が認識・予見したものとは異なっていた場合（この場合を，**因果関係の錯誤**という）に類型化されている。

上記2つの分類軸を組み合わせると（2×3），錯誤事例には6類型あることになる。

(3)　構成要件的符合

事実の錯誤の場合，故意の有無を決する基準として**判例・通説**により採用されているのは，故意を構成要件該当事実の認識・予見と解する立場から，認識・予見した事実と実際に発生した事実とが**構成要件の範囲内**において重なり合っている場合（すなわち，構成要件の範囲内・枠内で**符合**している場合）に，実際

---

15)　とくに触れないが，通説的立場からは，構成要件段階で構成要件的故意の存否として問題となる。

に発生した構成要件該当事実について故意を肯定する見解である（これを**法定的符合説**又は**構成要件的符合説**という）。この見解は，行為者が認識・予見した事実が，実際に発生した事実と同一の構成要件に該当すべきものである場合には，実際に発生した構成要件該当事実についての故意を認めるものであり，構成要件の枠内の具体的事実に関する主観面・客観面の食い違いは，故意の観点からは重要でないと解するものであるといえる。すなわち，たとえば，殺害した相手が男だと思ったところ女だったという場合，男殺し（主観面）と女殺し（客観面）とは殺人罪の構成要件の範囲内で符合し，実際に発生した女殺しについての故意を肯定しうることになる。故意の有無の判断にあたっては，「人殺し」について認識・予見があることだけが必要であり，被害者が男か女かは重要でないとされるのである。

　なお，学説においては，何らかの構成要件に該当する事実の認識・予見があれば，実際に発生した構成要件該当事実についての故意を肯定しうるとする見解（これを，**抽象的符合説**という）も存在するが，一般には支持されていない。なぜなら，この見解においては，実際に発生した構成要件該当事実についての認識がなくとも，当該の構成要件に係る犯罪の故意を認めることとなってしまうからであり，構成要件の区別の重要性を否定する点において支持しがたいからである。

　法定的符合説は，その内部において，さらに見解が分かれている。**判例・多数説**は，実際に発生した事実が該当する構成要件の要素すべてが（その範囲内にある事実として）認識・予見されていれば，その具体的な事実・あり方について錯誤があっても，故意を肯定する（これを，**抽象的法定符合説**という）。たとえば，Aを殺そうと拳銃を発射したが，Aの隣にいたBを射殺した場合，A殺しという認識・予見がある以上，殺人の認識・予見があるから，実際に発生したB殺しについての故意を肯定できると解するのである。ここでは，被害者がAかBかは殺人罪の故意という見地からは重要でないと解されることになる。有力少数説は，抽象的法定符合説と同様の立場に立ちながらも，この点に反対し，被害者の相違だけは重要で，その相違を捨象することはできないと解している（この見解を，**具体的法定符合説**という）[16)]。この見解は，構成要件該当性は，被害者ごとに別々に判断される以上（たとえば，Aを殺そうと拳銃を発射した

が，Aの隣にいたBを射殺した場合，Aに関する構成要件該当性とBに関する構成要件該当性とは別々に判断されることになる），被害者の相違は故意の観点からも無視・捨象しえない重要性を備えていると解するのである。

2 具体的事実の錯誤

(1) 客体の錯誤

客体の錯誤とは，Aだと思い，その人を殺害したところ，被害者はAではなくBだったという場合であり，判例（大判大正11・2・4刑集1巻32頁〈総191〉参照）・学説は一致して，実際に発生した構成要件該当事実について故意を認めている。抽象的法定符合説からは，被害者がAかBかは重要でなく，「人」であることだけが重要だから，A殺害の認識の中に殺人の認識が含まれている以上，人であるBの殺害について故意を肯定することができる。これに対し，具体的法定符合説からB殺人について故意を肯定することについては若干の説明を要する[17]。なぜなら，同説にとっては，被害者の相違が重要である以上，Aを殺す意思とBを殺す意思とは異なる故意だからである（それゆえ，A殺人未遂が成立する可能性がある）。しかし，客体の錯誤の事例では，AであるとしてBが認識されている以上，B殺人の故意を肯定しうることになる[18]。

(2) 方法の錯誤

認識・予見したのとは別の客体（法益主体）に侵害が発生した場合である**方法の錯誤**（**打撃の錯誤**といった方が，直感的理解には適している）は，たとえば，Aを殺そうと拳銃を発射したが，Aには銃弾が命中せず，隣のBに命中して死

---

16) なお，かつて，具体的法定符合説は，抽象的法定符合説同様，法定的符合説の論理を採用するとの理解が不十分であったため，具体的符合説と呼ばれていた。現在もそのように呼ばれることがあり，その場合には，抽象的法定符合説は法定的符合説と呼ばれることになる。

17) 抽象的法定符合説は，具体的法定符合説に対し，客体の錯誤の事案について，発生した構成要件該当事実についての故意を認めるのは一貫しないと批判している。

18) 「あの人」がAだと思って殺したところ，Bだったという場合，行為者の意識において，「あの人」とAとは重なり合い，Aである「あの人」に対する故意が認められる。こうしてAに対する故意により，「あの人」（実は，B）に対する故意を事実上肯定しうることになる。

116　第2編　第4章　責　任

亡させた場合である。この場合，抽象的法定符合説と具体的法定符合説では結論が異なることになる。すなわち，生じた構成要件該当事実について，前者の立場からは故意が肯定され（Bに対する殺人罪が成立する），後者の立場からは故意が否定される（Bに対しては過失致死罪が成立するにすぎない）ことになるのである。

判例は，A殺人の意思で，Aに向け改造びょう打銃を発射し，Aに傷害を負わせたが殺害するに至らず，同時に（Aの身体を貫通したびょうにより）Bにも傷害を負わせたという事案において，「犯人が認識した罪となるべき事実と現実に発生した事実とが必ずしも具体的に一致することを要するものではなく，両者が法定の範囲内において一致することをもって足りる」として，Aに対する殺人の故意のみならず，Bに対する殺人の故意をも肯定している（最判昭和53・7・28刑集32巻5号1068頁〈総*193*〉)[19]。

方法の錯誤事例においては，当初認識・予見していた客体との関係で故意が肯定されることはいわば当然のことである。冒頭の事例で，Aに対する故意があるから，Bとの関係で事実の錯誤の問題（Bに対する故意の有無）が生じることになるのである。したがって，①Aを狙った銃弾が，Aに命中せず，Bに命中して同人を死亡させた場合，②Aを狙った銃弾が，Aに命中して同人を負傷させた後，さらにBに命中して同人を死亡させた場合，③Aを狙った銃弾が，Aに命中して同人を死亡させ，さらにBに命中して同人を死亡させた場合においては，判例の採用する抽象的法定符合説の立場からは，それぞれ，①②Aに対する殺人未遂罪とBに対する殺人罪（両罪は観念的競合），③Aに対する殺人罪とBに対する殺人罪（両罪は観念的競合）が成立することになる（この見解を，複数の故意犯の成立を肯定する説という意味で，**数故意犯説**という）。これに対し，具体的法定符合説の批判を受けて，1人殺す意思の場合には殺人罪（又は殺人未遂罪）は一罪しか成立しないとの理解（これを，**故意の個数**[20]を問題とする，**一故意犯説**という）から，重い罪についてのみ故意を認め，上記①については，Bに対する殺人罪（Aに対しては無罪），②については，Bに対する殺

---

19)　本件は，強盗の意思で行われた殺人未遂であり，強盗殺人未遂罪がA及びBに対して肯定され，観念的競合として処理されている。

20)　1個の故意がある場合には，故意犯は1個しか成立しないと理解するものである。

人罪と A に対する過失傷害罪（又は，A に対しては無罪），③ A に対する殺人罪と B に対する過失致死罪の成立を肯定する見解がある。しかし，上記事例②③で，A が死亡する前は②の罪責が，死亡した後は③の罪責が肯定されるというのは，事後の事実の変化によって，行為時に判断されるはずの故意に事後的変更を認めるものであり，是認しがたいとの批判を避けがたいであろう。

(3) 因果関係の錯誤

(i) 総説　**因果関係の錯誤**とは，侵害が生じた客体に錯誤はないが，侵害に至る因果経過に錯誤がある場合である[21]。たとえば，A をナイフで刺殺しようとしたが，かすり傷を負わせるにとどまったところ，A が血友病患者であったため出血多量で死亡した事例（血友病事例）[22]，B を溺死させるつもりで橋から突き落としたところ，B が水面に向けて落下中，頭部が橋脚に激突して死亡した事例（橋脚事例）において，生じた構成要件該当事実について故意を肯定することができるかが問題となるのである。法定的符合説の立場からは，抽象的法定符合説か具体的法定符合説かを問わず，故意を肯定することができる。なぜなら，故意の関係で，重要なのは因果関係が存在することであり，その具体的なあり方は重要ではないからである。

(ii) いわゆる「ウェーバーの概括的故意」事例　**「ウェーバーの概括的故意」事例**とは，既に述べた（103頁），結果惹起の対象が特定されていない概括的故意の事例とは異なり，行為者が自己の行為（第1行為）により結果を発生させたと考えていたが，実際にはその後の行為（第2行為）により結果が発生したという事例である。判例は，殺人の意思で A の首を細麻縄で絞めたところ（第1行為）動かなくなったので，死亡したと思い，犯行の発覚を防ぐ目的で離れた海岸砂上に運び放置した（第2行為）ところ，A は砂末を吸引し，頸部絞扼と砂末吸引とにより死亡したという事案について，第1行為と結果との間に因果関係が存在し，第2行為の介在はそれを遮断するものではないとの理

---

21) 方法の錯誤事例も，広い意味では因果関係の錯誤事例であるが，それを除いたものが，ここで扱う因果関係の錯誤の事例である。

22) ナイフによる刺突行為と死の結果との間に因果関係を肯定しうることを前提としている。因果関係が否定される場合には，故意の有無を問題とする（既遂の）構成要件該当事実が存在しないことになる。

118　第2編　第4章　責　任

由で，生じた構成要件該当事実について故意を認め，殺人既遂罪の成立を肯定している（大判大正12・4・30刑集2巻378頁〈総 *55・192*〉）。これは，因果関係の錯誤事例に他ならず，第1行為について故意がある限り，第2行為の介在にもかかわらず，第1行為と結果との間に因果関係がある以上，故意既遂犯の成立を肯定することができる。

　　(ⅲ)　早すぎた構成要件の実現　「ウェーバーの概括的故意」事例におけるのとは逆に，行為者が第1行為の後に行う第2行為により結果を発生させようとしていたが，第1行為によりすでに結果が惹起されてしまった場合を，**早すぎた構成要件の実現**（早すぎた結果の発生）という。たとえば，相手の首を絞めて失神させ（第1行為），その後殺害しようとした（第2行為）ところ，首を絞めすぎて殺してしまった場合に，殺人罪（刑199条）の故意を肯定し，殺人罪の成立を肯定することができるかが問題となる。

　この問題に関し，自宅を燃やして焼身自殺を遂げようとした者が，室内にガソリンを撒いた後，死ぬ前に最後のたばこを吸おうとしてライターで点火したところ，ガソリンの蒸気に引火し，爆発して火災に至ったという事案において，ガソリン撒布の段階で，「放火について企図したところの大半を終えたものといってよく，この段階において法益の侵害即ち本件家屋の焼燬を惹起する切迫した危険が生じるに至った」として放火未遂が成立し，本件結果が発生したことについて因果関係が否定されるものではないから，放火既遂罪が成立するとの下級審判決が存在していたが（横浜地判昭和58・7・20判時1108号138頁〈総 *265，各456*〉），さらに，次のような最高裁判例が出されるに至った。すなわち，被害者にクロロホルムを吸引させて失神させた上（第1行為），その失神状態を利用して，被害者を自動車ごと海中に転落させて（第2行為）溺死させる計画で，クロロホルムにより失神した被害者を自動車ごと海中に転落させて沈め，その結果被害者は死亡したが，被害者は第1行為により死亡していた可能性があるとの事案において，第1行為は第2行為を確実かつ容易に行うために必要不可欠なものであること，第1行為に成功した場合，それ以降の殺害計画を遂行する上で障害となるような特段の事情が存在しなかったこと，第1行為と第2行為との時間的場所的近接性などに照らすと，第1行為は第2行為に密接な行為であり，第1行為を開始した時点で殺人に至る客観的危険性が明らかに認

められるから，その時点で殺人罪の実行の着手があり，殺人の目的を遂げたのであるから，行為者の認識とは異なり，第2行為の前の時点で被害者が死亡していたとしても，殺人の故意に欠けるところはないというのである（最決平成16・3・22刑集58巻3号187頁〈総266〉）。こうして，判例においては，（結果を直接惹起した）第1行為の段階で結果惹起の客観的危険性が認められ，未遂犯が成立する場合には，第1行為から直接結果が惹起されるか，第2行為を介して結果が惹起されるかは，重要でない因果関係の錯誤にすぎないと解されているといえる。

3 抽象的事実の錯誤

(1) 総　説

　抽象的事実の錯誤とは，行為者が認識・予見した事実が該当すべき構成要件と実際に発生した事実が該当する構成要件が異なる場合，すなわち，異なる構成要件にまたがる事実の錯誤をいう。この場合について，刑法は「重い罪に当たるべき行為をしたのに，行為の時にその重い罪に当たることとなる事実を知らなかった者は，その重い罪によって処断することはできない」（刑38条2項）と規定するのみであり，いかなる場合に故意・故意犯を肯定しうるかについては沈黙し，その解決を解釈に委ねている。この点に関し，行為者が認識・予見した事実と実際に発生した事実とが同一の構成要件内において符合する限度で故意を肯定する（判例・通説が採用する）法定的符合説の立場からは，実際に発生した構成要件該当事実について本来故意を肯定することができないことになろう[23]。例外は，実際に発生した事実が該当する構成要件と行為者が認識・予見した事実が該当すべき構成要件とが加重減軽関係にあり，一方が他方を包摂する関係にある場合（両者の間に「形式的な重なり合い」がある場合）であり，この場合には故意を肯定することが可能である[24]。ところが，判例・通説は，

---

　23)　抽象的符合説からは，故意を肯定することに問題は生じないが，このような立場には，構成要件の質的差異を認めないことに疑問がある。それは，故意を違法性の意識の見地からのみ捉えることになり，構成要件該当事実の認識が有する独自の意義を無視することになる点に問題がある。反対動機の形成可能性（「規範の問題」ともいわれることがある）を根拠として故意を認める場合にも同様の問題がある。

　24)　このような場合としては，廃止された尊属殺人罪（刑旧200条）と殺人罪（刑199

後述のように，その場合を超え，両者の間に「**実質的な重なり合い**」がある場合においても，故意を肯定している。これをいかに理解するかが問題となる。

(2) 構成要件の実質的符合

判例では，かつて，公文書無形偽造（刑156条）教唆の意思で公文書有形偽造（刑155条）教唆を実現した事案において，罪質の共通性を理由に，公文書有形偽造教唆の成立を肯定したものがあったが（最判昭和23・10・23刑集2巻11号1386頁〈総 *198*〉），近年の**判例**の立場を示すものとして重要なのが，輸入制限物件である覚せい剤25) を輸入する意思で輸入禁制品である麻薬（ヘロイン）の輸入を行ったという事案において，以下の理由で，①麻薬輸入罪及び②無許可輸入罪の成立を肯定した最高裁決定である（最決昭和54・3・27刑集33巻2号140頁〈総 *195*〉）。まず，①麻薬と覚せい剤とは保健衛生上の危害を防止するために，各別の法律で取締りの対象とされているが，両法の取締り目的の同一性，方式の近似性，同じ態様の行為が犯罪とされていること，麻薬と覚せい剤との類似性などにかんがみると，「麻薬と覚せい剤との間には，実質的には同一の法律による規制に服しているとみうるような類似性がある」。本件で，被告人は覚せい剤輸入罪を犯す意思で麻薬輸入罪にあたる事実を実現したことになるが，「両罪は，その目的物が覚せい剤か麻薬かの差異があるだけで，その余の犯罪構成要件要素は同一であり，その法定刑も全く同一であるところ，前記のような麻薬と覚せい剤との類似性にかんがみると，この場合，両罪の構成要件は実質的に全く重なり合っているものとみるのが相当であるから，麻薬を覚せい剤と誤認した錯誤は，生じた結果である麻薬輸入の罪についての故意を阻却するものではない」。次に，②被告人は，無許可輸入罪を犯す意思で禁制品輸入罪にあたる事実を実現したが，関税法は，通関手続を履行しないで貨物を輸入した行為を処罰しており，その貨物が輸入禁制品の場合にはとくに重い刑をもって臨んでいるところ，「覚せい剤を無許可で輸入する罪と輸入禁制品であ

条）の間での錯誤が挙げられる。他人Aを親Bと誤認して殺害した客体の錯誤の場合，尊属殺の意思には殺人の意思が含まれているから，A殺人の故意がありAに対する殺人罪が成立する。親Bを他人Cと誤認して殺害した場合には，刑法38条2項により尊属殺人罪は成立せず，尊属殺の事実には殺人の事実が含まれているから，C殺人の意思があることにより殺人罪が成立する。

25) 法改正により，覚せい剤は現在では輸入禁制品である。

る麻薬を輸入する罪とは，ともに通関手続を履行しないでした類似する貨物の密輸入行為を処罰の対象とする限度において，その犯罪構成要件は重なり合っているものと解するのが相当である。本件において，被告人は，覚せい剤を無許可で輸入する罪を犯す意思であったというのであるから，輸入にかかる貨物が輸入禁制品たる麻薬であるという重い罪となるべき事実の認識がなく，輸入禁制品である麻薬を輸入する罪の故意を欠くものとして同罪の成立は認められないが，両罪の構成要件が重なり合う限度で軽い覚せい剤を無許可で輸入する罪の故意が成立し同罪が成立する」[26]。

こうして，判例によると，①行為者が認識・予見した事実が該当すべき構成要件（以下，Ｓと略記する）と実際に生じた事実が該当する構成要件（以下，Ｏと略記する）について，規定された法定刑が同一であり，両者が完全に重なり合っている場合には，Ｏに係る故意が成立し，故意犯である同罪が成立する。②ＳとＯについて，規定された法定刑が同一でないため完全には重なり合っていないが，両者が軽い罪の限度で重なり合っている場合には，軽い罪である故意犯が成立する。ここで，Ｓの法定刑がＯの法定刑よりも軽い場合には，Ｓの故意があることは当然であり，ＯとＳの重なり合いから，Ｏの事実の内にＳの事実が認められ，Ｓの故意犯が成立することになる。これと逆に，Ｓの法定刑がＯの法定刑よりも重い場合には，Ｏの事実があることは当然であり，ＳとＯとの重なり合いから，Ｓの意思の内にＯの意思が認められ，Ｏの故意犯が成立することになるのである。

なお，判例にいう，構成要件の「**実質的な重なり合い**」とは，問題となる構成要件（ＳとＯ）が，法文上形式的には（隣接しているものの）重なり合うように規定されてはいないが，法文の解釈上重なり合うものと解することができることを意味する[27]と理解すべきである（ＳとＯとが完全に重なり合っているとは，ＳとＯとが同一の構成要件であることを意味している）。学説の一部において主張されているように，構成要件は重なり合わないが，「実質的解釈」により故意犯

---

26) なお，覚せい剤所持を，軽い罪であるコカイン（麻薬）所持の意思で行ったという事案については，軽い麻薬所持罪の成立が肯定されている（最決昭和61・6・9刑集40巻4号269頁〈総 *196*〉）。

27) 双方に共通部分があり，この「共通構成要件」に該当するともいえる。

の成立が肯定されると解すべきではない。判例・通説は，故意を構成要件該当事実の認識・予見と解しながら，抽象的事実の錯誤の問題を解決しているのである。

最後に，構成要件の実質的符合により抽象的事実の錯誤を解決する場合，**符合の限界**がどこにあるかが問題となる。これは，今後に残された問題であるが[28]，ＳとＯとが保護法益を異にする場合には，実質的符合を肯定することはできない。たとえば，死体遺棄罪（刑190条）と遺棄罪（刑217条）とは，遺棄という実行行為においては共通しているが，保護法益が異なる以上[29]，両罪の間で構成要件の実質的符合を肯定することはできないのである。

第4節　過　　失

1　過失犯処罰の例外性

わが国の刑法においては，犯罪の成立を肯定するためには，故意の存在が要求されるのが原則（**故意犯処罰の原則**）であるが（刑38条1項），「特別の規定」が存在する場合には，例外的に過失が認められることで足り，過失犯も処罰の対象となる（刑38条1項但書）[30]。このことは，「過失により」人を死傷させたときに成立する過失傷害・致死罪（刑209条，210条），「失火により」一定の物を焼損したときに成立する失火罪（刑116条）などにおいて明らかである（これらが「特別の規定」である）が[31]，**判例**は，過失犯を処罰する明文の規定が存在

---

28)　前出最判昭和23・10・23は，法定的符合説の立場からこれを是認する場合，保護法益が同一で，行為態様を異にする事案について，構成要件の実質的符合を肯定したものと解されることになる。

29)　このことは，死体遺棄罪の法定刑の方が遺棄罪の法定刑より重いことにも現れている。

30)　判例は，結果的加重犯など，構成要件要素の一部について，故意・過失の存在を要求しない犯罪を認めているが，これは，刑法38条1項但書の明文には反しないとしても，責任主義の見地からは疑問がある。

31)　このほか，法文の解釈から，過失犯処罰が規定されていることが導出される場合も含まれる。たとえば，傷害の規定（刑204条）は，暴行罪（刑208条）が傷害結果の生じた場合を適用範囲から除外していると解釈し，傷害罪の故意犯のみならず，暴行罪の結果的加重犯をも処罰するものであると解するのがその例である。

しない場合においても，過失犯処罰を肯定している（**明文なき過失犯処罰**）。

　判例においては，旧外国人登録令に定める登録証明書の携帯義務違反，古物営業法に定める帳簿の記載義務違反について，過失犯処罰を定める明文の規定が存在しないものの，「取締る事柄の本質に鑑み」過失犯も処罰の対象となるとしている（最決昭和28・3・5刑集7巻3号506頁〈総 *223*〉，最判昭和37・5・4刑集16巻5号510頁）。また，国際条約の国内担保法であることなどを指摘して明文なき過失犯処罰を肯定した原判決を，特段の理由を述べることなく是認した判例も存在する（最決昭和57・4・2刑集36巻4号503頁〈総 *224*〉）。

　しかしながら，過失犯処罰の必要性・合理性と処罰規定の存在とは別問題であるから，学説は，罪刑法定主義の見地から，こうした判例の態度に疑問を呈している。

2　過失犯の構造

　故意犯における責任要件として故意を理解することに対応して，過失を過失犯における責任要件と解するのが，過失に関する伝統的な理解である（これを，次に述べる新過失論は，古い考え方であると批判して，**旧過失論**と呼んだ）。この考え方からは，故意を構成要件該当事実の認識・予見と解するのに対応して，責任要件としての過失は，**構成要件該当事実の認識・予見可能性**と解されることになる（とくに問題となる過失致死傷罪では，人の死傷という結果の惹起が構成要件該当事実であることから，**結果の予見可能性**と略称されることが多い）。これに対し，予見可能性は程度概念であるから，これによっては過失犯の処罰範囲を十分に画することができないと批判し，一定の基準行為を遵守したかという客観的基準によって過失犯の成立範囲を違法性の観点から画定すべきだとする見解が，昭和30年代以降台頭してきた。このように，違法要素としての「基準行為からの逸脱」を過失犯の成立要件とする見解を**新過失論**という。旧過失論は，法益侵害の惹起を過失犯の構成要件該当事実と解するものであり，結果無価値論に基礎を置く過失理解であるといえる。これに対し，新過失論は，法益侵害の惹起に加え，基準行為からの逸脱を過失犯の構成要件要素として要求するという意味で，行為無価値により構成要件該当事実の範囲を画そうとするものであり，行為無価値論に基礎を置く過失理解であったということができよう[32]。念の

124 第2編 第4章 責 任

ためにいえば，新過失論においては，基準行為違反は限定的要素として付加的に要求されるものであり，結果惹起・結果の予見可能性は依然として要求されているのである（この意味で，結果無価値・行為無価値の双方を違法要素と解する折衷型の行為無価値論がその基礎にあるといえる）。なお，新過失論の延長線上には，結果の予見可能性を不要とし，何が起きるかわからないという危惧感（を抱くべきで，そして，その危惧感）を解消する措置を執らないことをもって過失とする見解（これは，**危惧感説又は新新過失論と呼ばれている**）も主張されているが，これは，新過失論の立場においても少数説にとどまっており，広い支持を得るにはいたっていない（実務においても，それを採ったのは徳島地判昭和48・11・28刑月5巻11号1473頁〈総 *225*〉〔森永ドライミルク事件〕くらいであり，一般には否定されている。札幌高判昭和51・3・18高刑集29巻1号78頁〈総 *226・229*〉〔北大電気メス事件〕参照）。それは，結果惹起を違法要素として無視しえない以上，責任要素として結果の予見可能性を不要とすることはできないからである。

　実務においては，一般に，過失は不注意であり，**注意義務違反**であると解されている（最決昭和42・5・25刑集21巻4号584頁〔弥彦神社事件〕参照）。その注意義務としては，結果予見義務と結果回避義務を挙げることができる。すなわち，結果を予見して，その結果を回避すべき義務に違反して結果を惹起したときに過失犯は成立すると解されることになるのである[33]。まず，①**結果予見義務**については，結果の予見可能性があれば，それにもかかわらず結果の予見を欠いたことについて，結果予見義務違反を肯定することができると解されるか

---

32) わが国においては，新過失論の展開が，違法論における行為無価値論の自覚的展開の先駆けとしての意味を有していた。結果無価値論・旧過失論は，これに対する批判として展開されたのである。もっとも，結果無価値論の立場からも，予見可能性を比較的緩やかに解する立場が一般的であることから，処罰の限定要件として，後述する結果回避義務を問題とする必要があり，そのため，新過失論と旧過失論の対立は重視すべきものでなくなったともいえる。

33) 過失犯において，予見しなかった結果を予見した上で，その結果を回避すべきなのに，それを怠ったとして処罰されることになることは，故意犯の場合，結果を予見している者がそれを回避することを怠ったとして処罰されることと同じである。これは，違法行為（結果回避義務違反行為）を行ったことについて責任がある（結果予見義務違反）ことが犯罪の成立に必要となるという理解に由来する表現の仕方であり，犯罪成立要件としては，故意犯の場合も含め，決して責任要件（認識予見・予見可能性）が違法要件（結果回避義務違反）に先行すると理解しているわけではない。

ら，結果予見可能性の有無が焦点となる。次に，②**結果回避義務**については，
それをいかに画定するかが極めて重要な問題となる。新過失論からはもちろん
のこと，予見可能性を比較的緩やかに解する旧過失論からも，客観的な構成要
件要素として，結果回避義務についての検討は実際上極めて重要な課題となる
といえる。過失犯においても，故意犯と同じく，実行行為が認められるために
は結果を生じさせる現実的危険性が必要となるから，行為を差し控えることに
よってそうした危険性を完全に消滅させる（自動車を一時停止する）か，そうで
なくとも，何らかの行為によって，通常結果がもたらされることがないという
程度にまで危険性を減少させる（自動車を減速して徐行する）場合には，過失犯
の実行行為が存在せず，過失犯は成立しないことになる[34]。したがって，実
質的にいえば，結果発生の危険性を減少させることが結果回避義務の内容とな
るといえよう。このような結果回避義務を尽くしていても，結果が発生したと
いえる場合（結果が発生しなかったと立証できなかった場合）には，過失犯は成立
しないことになるのである（最判平成 15・1・24 判時 1806 号 157 頁〈総 **44**〉参照）。

3 予見可能性

　危惧感説以外のすべての立場から，責任要素として極めて重要な意味を有す
るのが，構成要件該当事実の認識・予見可能性である（すでに述べたように，一
般に，**結果の予見可能性**とも略称される）。すなわち，構成要件該当事実の認識・予
見が行為者に存在しない場合，精神を緊張させて，構成要件該当事実の発生を
予見し，その予見に基づいて，それを回避することが行為者に求められている
のである。この意味において，予見可能性としての過失は，「故意という心理
状態に到達する可能性」，「故意の可能性」と称することが可能であり，したが
って，その内容は，故意の概念によって規定されることになる。すなわち，故
意を認めるために重要でない事実について，その認識・予見が可能であること
を過失に求めることはできず，また，故意を肯定するために重要でない事実の
錯誤の範囲内で，予見可能性の対象となる事実の食い違いは予見可能性として

34）　高度の予見可能性を要求する場合には，行為にでないことを要求することもできる
　　が，予見可能性を緩やかに認める場合には，行為にでないことを要求できず，行為の危
　　険性を減少させることを要求しうるにすぎないことになる。

126　第2編　第4章　責　任

の過失を肯定するために重要でないことになるのである。いい換えれば，故意において，構成要件要素Aに該当する事実aではなく，Aに同じく該当する事実a′の認識・予見があるにすぎない場合であっても，aについての故意を肯定できるのであれば，過失においては，aの予見可能性がなくとも，a′の予見可能性があれば，aについての過失を肯定することができることになるのである。

　したがって，故意について判例・多数説が採用する抽象的法定符合説の立場からは，方法の錯誤事例において，実際に侵害が生じた客体と同種の客体に対する故意があれば，侵害された客体に対する故意が阻却されないように，過失について実際に侵害が生じた客体に侵害が生じることの予見可能性があることは不要であり，同種の客体に侵害が生じることが予見可能であれば，実際に生じた構成要件該当事実についての予見可能性を肯定することができることになるものと解される。現に，**判例**は，自動車の運転を誤り，知らないうちに後部荷台に乗車していた2人の者を死亡させた事案において，「人の死傷を伴ういかなる事故を惹起するかもしれないことは，当然認識しえた」として，現に侵害された客体に侵害が生じることの予見可能性を不要としているのである（最決平成元・3・14刑集43巻3号262頁〈総*234*〉）。

　故意において因果関係の錯誤が重要でないのと同じ意味において，実際の因果経過が予見可能であることが，過失を肯定するにあたり必要となるわけではない。すなわち，行為者にとって予見可能な因果経過と実際の因果経過とが異なった場合においても，過失を肯定することができる（最決昭和54・11・19刑集33巻7号728頁〈総*230*〉〔有楽サウナ事件〕，最決平成12・12・20刑集54巻9号1095頁〈総*233*〉〔生駒トンネル火災事故事件〕，東京高判昭和53・9・21刑月10巻9＝10号1191頁〈総*231*〉など）。判決の中には，「特定の構成要件的結果及びその結果の発生に至る**因果関係の基本的部分**」の予見可能性が必要だとするものがあるように（札幌高判昭和51・3・18高刑集29巻1号78頁〈総*226・229*〉〔北大電気メス事件〕，前出東京高判昭和53・9・21，福岡高判昭和57・9・6高刑集35巻2号85頁〈総*232*，各*20*〉〔熊本水俣病事件〕），判例は，予見可能性の対象を「基本的部分」に限定することにより，あるいは，一定の幅をもったもので足りるとすることにより[35]，上記のことを結果として認めている。

第4節　過　失　127

　また，どの程度の予見可能性が必要かも問題となる。旧過失論からは，本来
ある程度高度の予見可能性を要求し，それによって過失犯の成立範囲を画する
ことになるべきものであるが，実際には予見可能性はやや緩やかに捉えられて
いることはすでに触れた。また，予見可能性を比較的厳格に解したのではない
かと思われる下級審判決も存在するが（大阪高判昭和45・6・16刑月2巻6号643
頁，大阪高判昭和51・5・25刑月8巻4＝5号253頁〈総227〉など），判例において
は，予見可能性をやや広めに捉えた上で，結果回避義務を考慮することによっ
て，過失犯の成否を判断しようとしている。

4　信頼の原則

　過失犯の成否を予見可能性によって一元的に判断するにせよ，注意義務違反
として結果予見義務違反・結果回避義務違反という二元的基準により判断する
にせよ，重要な問題となるのが，過失犯の処罰範囲の限定である。予見可能性
は程度概念であるから，それをどの程度のものに限定するのかが問題となるし，
いかなる注意義務を課するのかが問題とならざるをえないといえる。この点に
おいて実際上重要な意義を有するのが，判例も採用する信頼の原則である。

　信頼の原則とは，被害者又は第三者（とくに，被害者）が不適切な行動にでな
いことを信頼するに足る事情がある場合，逆にいえば，適切な行動にでること
を信頼することが不相当な事情がない場合には，それを前提として適切な行為
をすれば足り，その信頼が裏切られた結果として法益侵害が発生したとしても，
過失責任が問われることはないとする原則で，道路交通の場面を中心に判例に
よって承認されているものである（最判昭和41・6・14刑集20巻5号449頁〈総
240〉ほか多数）。たとえば，「自動車運転者としては，特別な事情のないかぎり，
右側方からくる他の車両が交通法規を守り自車との衝突を回避するため適切な
行動に出ることを信頼して運転すれば足りるのであって，本件Aの車両のよ
うに，あえて交通法規に違反し，自車の前面を突破しようとする車両のありう
ることまでも予想して右側方に対する安全を確認し，もって事故の発生を未然

35）「因果関係の基本的部分」に予見の対象が限定されることにより，一定の幅をもった
　ものとして予見可能性が捉えられることになる。予見可能な事実がこの幅に含まれる限
　り予見可能性を肯定することができ，実際の因果経過を予見しえたことは不要である。

に防止すべき業務上の注意義務はない」などとされる（最判昭和 41・12・20 刑集 20 巻 10 号 1212 頁〈総 *241*〉〔自動車を運転して右折中，エンジン停止後，再度発車したところ A の車両に衝突して同人に傷害を負わせた事案〕）。この原則は，自分が交通法規に違反していても，その適用が否定されるものでは必ずしもなく（最判昭和 42・10・13 刑集 21 巻 8 号 1097 頁〈総 *242*〉など），また，被害者などが適切な行動にでることを信頼することが相当でない場合には，その適用が否定されることになる（最決昭和 45・7・28 判時 605 号 97 頁〈総 *243*〉〔自動車を運転中，停車中のバスとすれ違ったところ，バスから降りて道路を横断しようとした幼児に自車を衝突させて死亡させた事案〕）。

　信頼の原則は，信頼の対象となる被害者などの行為が適切になされれば，事故，ひいては結果の発生を回避しうることを前提とするものであり，注意義務（結果回避義務）限定の基準として重要な意義を有している[36]。

5　管理・監督過失

(1)　管理・監督者の過失責任

　近年の過失論において問題とされたのが，管理・監督者の立場にある者の過失責任である（これを総称して，広義の監督過失と呼ぶことがある）。問題となる事例は，次の 2 類型に分けることができる。

　第 1 は，結果を惹起した直接行為者の過失行為を防止すべき立場にある監督者の過失の事例である（これが，狭義の**監督過失**の事例である）。監督者に，直接行為者の過失行為が予見可能であることが，結果の予見可能性を肯定するために必要となるが，その点に問題がある。

　第 2 は，結果発生を防止すべき物的・人的体制を整備すべき立場にある管理者の過失の事例である（これが，**管理過失**の事例である）。管理者に，安全体制の整備の懈怠により，結果が発生することが予見可能でなければならないが，その点に問題が生じることになる。

---

36)　信頼の原則を緩やかに適用して注意義務を否定した最判昭和 48・5・22 刑集 27 巻 5 号 1077 頁に対し，最判平成 15・1・24 判時 1806 号 157 頁〈総 *44*〉は，犯罪の成立は否定したものの，その適用により厳しい態度を示している。また，信頼の意義に関する興味ある判例として，最決平成 16・7・13 刑集 58 巻 5 号 360 頁〈総 *244*〉参照。

(2) 監 督 過 失

監督過失の事例においては，直接結果を惹起した過失行為者が存在し，その過失行為のために結果が発生したのであるから，直接行為者を監督すべき立場にある監督者について結果の予見可能性を肯定するためには，直接行為者の過失行為が予見可能であることが必要となる。ところが，通常は，直接行為者は適切に行為を行うことが見込まれるので，こうした予見可能性を肯定することには問題があると考えられる。直接行為者による過失行為の予見可能性を監督者に肯定するためには，直接行為者が過失行為を行う兆候（たとえば，直接行為者である作業員が，未熟でミスを犯しやすい者であること，あるいは，過労などのためミスを犯しやすい状態にあることなど）を認識しているか，少なくとも予見しうることが必要となろう（監督過失を肯定した例として，新潟地判昭和53・3・9判時893号106頁〈総 *245*〉〔信越化学事件〕，札幌地判昭和61・2・13刑月18巻1＝2号68頁〔北ガス事件〕など）。

(3) 管 理 過 失

管理過失の事例においては，直接結果を惹起した者に対して適切な監督をなさずに，結果を間接的に惹起したことについての過失責任（これは，監督過失である）が問われるのではなく，不十分な結果回避措置（安全体制）により結果を直接惹起したことについての過失責任が問われることになる。ここで多く問題となるのは，安全体制の不備だけでは結果が生じようがなく，他の原因により一旦危険が生じた後に，安全体制の不備が原因となって結果が発生するということで，結果の予見可能性は，危険の発生という条件付きのものだということである。したがって，結果の予見可能性を肯定するためには，条件（人為的又は自然的原因によって危険が生じること）が充たされることの予見可能性が本来必要となるべきものではないかと思われる。しかし，判例においては，火災発生の可能性など，既知の危険に関する限り，この点について厳格には解されていないということができよう。

すなわち，**判例**では，他の原因から出火し，防火体制が不十分であったため，建物に燃え広がり，多数の死傷者が生じた大規模火災事故事件4件（最決平成2・11・16刑集44巻8号744頁〔川治プリンスホテル事件〕，最決平成2・11・29刑集44巻8号871頁〈総 *246*〉〔千日デパートビル事件〕，最判平成3・11・14刑集45巻8

130 第2編 第4章 責 任

号221頁〔大洋デパート事件〕，最決平成5・11・25刑集47巻9号242頁〈総*247*〉
〔ホテル・ニュージャパン事件〕）について，建物の管理者に防火体制確立の懈怠
についての過失責任が問われているが，出火の危険・予見可能性はあるものと
されるか（前出最決平成2・11・16），出火原因が不明である場合には（前出最決
平成2・11・29，前出最判平成3・11・14参照），それは問題とすらされていない。
管理者の過失責任としては，出火した後に，そこから生じうる死傷の結果を回
避するため，事前に措置すべき義務がもっぱら問題とされているのである。

第5節 違法性の意識

(1) 違法性の意識の要否

刑法38条3項本文は，「法律を知らなかったとしても，そのことによって，
罪を犯す意思がなかったとすることはできない」と規定している（ただし，同
項但書において，「ただし，情状により，その刑を減軽することができる」として，刑
の裁量的減軽を認めている）。これは，法の不知，ひいては**違法性の意識**の欠如は，
故意の存否と無関係ではあるものの[37]，責任判断には影響する（責任を減軽す
る）ことを規定したものと解することができるであろう。しかしながら，この
規定だけからは，違法性の意識の犯罪成立要件における意義は十分に明らかに
ならず，したがって，その理解・解釈をめぐっては議論があるのである。

判例の立場は，違法性の意識は犯罪の成立要件ではないとする**違法性の意識
不要説**である（大判大正13・8・5刑集3巻611頁〈総*201*〉，最判昭和25・11・28刑
集4巻12号2463頁〈総*200*〉）。これは，違法性の意識は故意の要件でない（こ
れは，刑法38条3項本文から明らかである）ばかりか，それが欠如することによ
って（量刑が軽くなることはあるが）犯罪の成立が否定されることはないという
ことを意味している。しかしながら，このような理解は責任主義の見地から疑

---

37) 違法性の意識を故意の要件とする厳格故意説（後述131頁）からは，この規定は
「法規の認識」が不要であることを定めたものと解されることになる（そうでないと，
厳格故意説と矛盾することになる）。しかし，このような当たり前のことが規定されて
いると解することには疑問があり，ひいては，厳格故意説には現行刑法の解釈として疑
問がある。

義があるとの学説による批判の影響もあり，違法性の意識を欠いたことについて相当の理由があるときには，故意を欠き[38]，責任が阻却されるとする下級審判決が存在している（東京高判昭和 27・12・26 高刑集 5 巻 13 号 2645 頁〈総 *202*〉，東京高判昭和 44・9・17 高刑集 22 巻 4 号 595 頁〈総 *205*〉〔黒い雪事件〕，東京高判昭和 55・9・26 高刑集 33 巻 5 号 359 頁〈総 *206*〉〔石油やみカルテル事件〕など）。また，最高裁判例も，被告人には（違法性の意識不要説からは，犯罪の成否と無関係なはずの）違法性の意識があったと認めて，違法性の意識を欠き，そのことに相当の理由があったとして犯罪の成立を否定した原判決を破棄し（最判昭和 53・6・29 刑集 32 巻 4 号 967 頁〈総 *203*〉〔羽田空港ロビー事件〕），また，違法性の意識を欠くことについて相当の理由があるとはいえないとした原判決を（違法性の意識不要説からは問題とならないはずであるが）是認しているのである（最決昭和 62・7・16 刑集 41 巻 5 号 237 頁〈総 *204*〉〔サービス券事件〕）。こうして，判例は違法性の意識不要説を変更する一歩手前まで来ていると学説は解釈している[39]。

　学説においては，違法性の意識に関して，多様な見解が主張されているが，違法性の意識の可能性すらない場合には責任を問うことができないとする（すなわち，判例の違法性の意識不要説を批判する）限度では一般的な支持を得ているように思われる。学説は，違法性の意識（又はその可能性）を故意の要素とする見解（**故意説**）と，（故意と区別される）責任の要件に位置づける見解（**責任説**）とに大別することができる。故意説は，さらに，違法性の意識を故意の要素とする**厳格故意説**と，違法性の意識の可能性を故意の要素とする**制限故意説**とに分かれる。厳格故意説は，刑法 38 条 3 項本文に適合しないとも思われ，さらに違法でないと軽信しただけで故意犯の成立が否定される点に問題があり，これを意識した見解は，違法性の意識の内容を緩和して，法的な禁止の認識のみならず，前法的な規範違反（社会的有害性など）の認識で足りるとしているのである。この見解は，実際には，違法性の意識不要説と同一の解釈を採るものとい

38）　これは，制限故意説の立場に立つようにみえるが，故意犯としての免責の根拠を故意が失われることに求めたにすぎないと解する方が，適切な理解だと思われる。

39）　ただし，違法性の意識を欠くにつき相当の理由がある場合に免責を認めるとしても，判断基準の明確性，及ぶ影響の重大さから，判例は慎重な対応をせざるをえないと解することもできる。

132 第2編 第4章 責　任

えよう。制限故意説は，違法性の現実の意識を不要とすることによって具体的
な結論の妥当性を担保しようとするものであるが，違法性の意識の可能性を欠
く場合になお過失犯の成立を肯定するのかが不明である点に問題があり，その
理論的意義に疑問がある[40]。以上に対し，責任説は，違法性の意識の可能性
を故意犯・過失犯共通の責任要素と解するものであるが，さらに，違法性阻却
事由該当事実の誤信の場合に故意阻却を肯定する**制限責任説**と，それを違法性
の意識の問題として扱う**厳格責任説**とに分かれる。すでに述べたように（108
頁），厳格責任説のこの結論に疑問があると解する以上は，制限責任説が支持
されるべきことになろう。この立場からは，違法性の意識の可能性が否定され
る場合には，刑法 38 条 3 項但書の延長線上に，**超法規的責任阻却**が認められ
ることになると思われる。

(2)　違法性の意識の可能性

責任要素としての違法性の意識の可能性については，①違法性の意識の内容
と②違法性の意識の可能性の判断基準が問題となる。

違法性の意識として考えうるのは，前法的な規範違反の意識は「違法性」の
意識といいうるものでないと解されるから，一般的な違法性の意識，又は刑法
上禁止されていることの意識であり，この点については争いがある。いずれに
せよ，法定刑の認識は過多の要求であり，法定刑の錯誤は違法性の意識を失わ
せるものではない。

違法性の意識の可能性の判断にあたっては，行為者が有する法的知識と能力
を発揮することによって，違法性の意識に到達しうるかが問題となる。この判
断にあたりとくに問題となるのが，関係法令を担当する行政機関に照会し，そ
の教示に基づいて行為した場合の扱いである。この場合には，権限ある行政機
関の与えた誤った教示について，それが誤りであると認識しうるような特別な
場合を除き，違法性の意識の可能性は否定されるべきであろう（いい換えれば，
違法性の意識を欠いたことについて相当の理由があることになる）。

---

40)　過失犯の成立を肯定するのであれば，責任主義の点から疑問が生じ，過失犯の成立
　　を否定するのであれば，違法性の意識の可能性は故意犯・過失犯に共通した要件となっ
　　て，責任説に至ることになる。制限故意説が果たして理論的に成り立ちうるのか疑問が
　　あろう。

第6節　期待可能性

　行為者が構成要件該当・違法行為を行った場合において，客観的に存在する限界的状況が行為者の心理を通じて作用し，その行為にでないことが行為者に期待しえない場合には，その行為を行ったことについて，非難可能性が否定され，責任阻却が認められることになる。こうして，適法行為の**期待可能性の欠如**は，超法規的責任阻却事由となりうるのである（福岡高判昭和30・6・14判時61号28頁〈総*263*〉参照）。第5節で述べた違法性の意識を欠き，それに相当な理由がある場合（違法性の意識の可能性がない場合），あるいは，第7節にて後述する責任能力が欠如する場合は，期待可能性の欠如による責任阻却が類型化され，独立した責任阻却事由にまでまとまりをみせたものにすぎないともいえよう。この意味では，期待可能性の欠如は，これらの責任阻却事由の背景に控えている一般的な責任阻却原理ということができるのである。

　期待可能性の判断基準としては，①行為者を基準とする**行為者基準説**，②通常人又は平均人が当該の状況にあった場合に適法行為の遂行を期待しうるかを問題とする**平均人基準説**，③適法行為を期待する国家を基準として判断する**国家基準説**，の3説が主張されている。これらは見かけほど異なるものではなく，要は，行為者の能力を前提とした上で，行為当時の行為者に，その能力を発揮することによって，違法行為にでないことが期待しえたかとの判断に尽きるのである。

　なお，行為の期待可能性を失わせる事実の誤信は，それ自体としては行為者に期待可能性を失わせうるものではあるが，行為者がその能力を発揮することにより，それが存在しないとの認識に到達することが可能であれば，期待可能性は否定されず，責任阻却は否定されることになる。こうして，**期待可能性の錯誤**は，期待可能性の判断の内部において適切に扱われることになるのである。

第7節 責任能力

1 心神喪失・心神耗弱

行為者に精神の障害などにより有責に行為する能力が備わっていない場合には，その行為者を法的に非難することはできず，責任は阻却される。このような責任非難のために行為者に必要とされる能力を**責任能力**という。刑法は，**心神喪失**の場合には，責任能力が欠ける（**責任無能力**）ため責任阻却を認め（刑39条1項），**心神耗弱**の場合には，責任能力は存在するものの，著しく限定されている（**限定責任能力**）ため，責任減少を認めて刑の必要的減軽を規定している（刑39条2項）[41]。ここで，心神喪失・心神耗弱の意義については，もっぱら解釈に委ねられている。

心神喪失・心神耗弱について，判例（大判昭和6・12・3刑集10巻682頁〈総*249*〉参照）及び通説は，生物学的要件（**精神の障害**）と心理学的要件（**弁識・制御能力**）の双方を考慮することによって判断している（このような判断方法を，**混合的方法**という）。すなわち，心神喪失とは，精神の障害により，行為の違法性を弁識し（**弁識能力**），その弁識に従って行動を制御する能力（**制御能力**）を欠く状態をいう。弁識能力又は制御能力のいずれかが欠けている場合が心神喪失である。また，心神耗弱とは，精神の障害により，弁識能力又は制御能力が（欠如するまでには至らないが）**著しく限定**されている状態をいう。

心神喪失・心神耗弱の判断は，判例によれば，病歴，犯行当時の病状，犯行前の生活態度，犯行の動機・態様，犯行後の行動，犯行以後の病状などを総合的に考察することにより行われる（最判昭和53・3・24刑集32巻2号408頁〈総*253*〉参照）。また，この判断は法律判断であり，鑑定書に心神喪失の状況にあったと記載されていても，それを採用せず，異なる判断を行うことは許される（最決昭和59・7・3刑集38巻8号2783頁〈総*254*〉）。さらに，責任能力判断の前提となる生物学的要件及び心理学的要件についても，責任能力判断が法律判断

41） かつて，先天的に，あるいは極めて幼少時に聴覚を失ったため，言語能力を喪失した者（これは，瘖啞者と呼ばれていた）について責任阻却・減少を規定していた規定（刑旧40条）は，平成7年の刑法改正により削除された。

であることとの関係で，究極的には裁判所の評価に委ねられている（最決昭和58・9・13 判時 1100 号 156 頁〈総 *250*〉）。もっとも，生物学的要件とその影響の有無・程度については，臨床精神医学の本分であるから，精神医学者の意見が鑑定等として証拠となっている場合には，これを採用しえない合理的な事情が認められるのでない限り，その意見を十分に尊重して認定すべきである（最判平成 20・4・25 刑集 62 巻 5 号 1559 頁〈総 *251*〉）。

　責任能力判断における生物学的要件（精神障害）として問題となることが多いのが統合失調症である。判例では，その場合，必ず心神喪失とされているわけではない（前出最判昭和 53・3・24 及び前出最決昭和 59・7・3〔同一事件〕では心神耗弱とされている）。また，覚せい剤中毒については，幻覚・妄想があっても，それに人格が完全に支配されていないとして，心神耗弱が認められるにとどまっている（東京高判昭和 59・11・27 判時 1158 号 249 頁〈総 *255*〉）。さらに，飲酒酩酊が問題となるが，通常の単純酩酊の程度では責任能力に影響はなく，複雑酩酊，病的酩酊の程度に達して，責任能力に影響がありうるにとどまる。

2　刑事未成年

　刑法 41 条は，14 歳未満の年少者の責任能力を否定している。しかし，これは，14 歳未満の者が心神喪失にあたるという趣旨ではなく，犯罪予防の見地からも，これらの者については処罰を差し控えることが適当であるとの刑事政策的理由に基づくものである[42]。

3　原因において自由な行為

(1)　行為と責任の同時存在の原則

　責任能力・故意など責任を基礎づける要素は，実行行為（構成要件的行為）の時点で存在することが必要である。これを，**行為と責任の同時存在の原則**（以下，単に，同時存在の原則ともいう）という。したがって，飲酒酩酊等のため，実行行為の時点で心神喪失であれば，処罰することができないことになる。しかし，事前に避けえたにもかかわらず，自ら飲酒・薬物使用などにより心神喪失状態

---

　42)　なお，14 歳以上であっても，20 歳未満の少年については，健全育成を期する見地から，少年法に特別の措置が規定されている。

を招致し，その状態で構成要件的結果を惹起した場合にまで処罰しえないとするのは妥当でないとして 43)，そのような場合であっても構成要件的結果を惹起したことについて完全な責任を追及する法的構成がかねて追求されてきた。こうして，直接結果を惹起した行為（これを，**結果行為**ということがある）の時点において責任能力がない（したがって，「自由でない」）としても，その原因となった行為（これを，**原因行為**ということがある）の時点においては責任能力があり（したがって，「自由である」），結果惹起についての完全な責任を問いうる場合を，**原因において自由な行為**（actio libera in causa）と呼んでいるのである。

　原因において自由な行為の理解としては，①同時存在の原則の一種の例外と解し，結果行為を実行行為としつつ，責任非難を原因行為に遡って行う立場（**責任モデル**）と②同時存在の原則の枠内で，実行行為を原因行為に求める立場（**構成要件モデル**）とがある。①の立場については同時存在の原則の一種の例外を肯定する点についての理解が問題となり，②の立場については原因行為に実行行為性を認め故意を肯定することができるかが問題となる。

　(2)　原因において自由な行為

　原因において自由な行為としての可罰性を肯定することができる条件が問題となる。過失犯の場合には，上述のように，引受け過失として解決しうるから，実際に問題となるのは故意犯の成否である。以下では，**心神喪失**の場合について解説し，その後，心神耗弱の場合についても言及することにする。

　判例は，原因行為時の故意が結果行為を経て構成要件的結果へと実現したとき，刑法 39 条の適用をすべきでないとして，原因において自由な行為としての可罰性を肯定している（心神耗弱の事案であるが，最決昭和 43・2・27 刑集 22 巻 2 号 67 頁〈総 *257*〉，大阪高判昭和 56・9・30 高刑集 34 巻 3 号 385 頁〈総 *258*〉参照）。原因行為の実行行為性，さらにはその認識について言及していないところからは，上記①の立場に立つものと解釈することができよう。

　これに対し，上記②の立場からは，原因行為が実行行為といいうるものであることが必要である。実行行為といいうるためには，それ自体について未遂犯

---

43)　過失犯であれば，結果を惹起したことについての責任を問いがたい場合でも，そうした状態を招いて結果を惹起した点についての過失責任（これを，**引受け過失**という）を問いうることは当然のことと考えられている。

が成立しうるものであることが必要であるか，又はそれ自体について構成要件的特徴（たとえば，殺人罪についていえば，社会通念上「殺人行為」と見うるものであること）が認められることが必要であると解する場合には，実際上は，原因において自由な行為の可罰性は肯定されないことになろう。したがって，その可罰性を肯定するためには，実行行為の遡及，構成要件該当事実の遡及を認めることが必要であり，そのような根拠として考えられるのは，責任無能力者を利用した間接正犯事例のように，自己の心神喪失状態を利用した結果惹起全体を構成要件該当事実として捉えうることである（間接正犯的構成）。しかしながら，その場合には，間接正犯においては，媒介者を「道具」のように利用しうることについての認識・予見が，故意犯の成立を肯定するために必要であったことと同様，構成要件的結果惹起の認識・予見のみならず，責任能力喪失の認識・予見も故意犯成立の要件になるものと思われる（これは，**二重の故意**の要件と呼ばれている）。なお，判例はこうした二重の故意を要求しておらず，ここにも上記①の立場を前提とするものと理解される根拠があることになる。

　結果行為時に**心神耗弱**であった場合についても，原因において自由な行為としての可罰性を肯定しうるかが問題となる。**判例**は，これを肯定している（前出最決昭和43・2・27）。これに対し，原因行為に実行行為性を求める上記②の立場に立ち，正犯性をある程度厳格に要求する場合には，これを肯定することには困難がある。しかし，結果行為時に完全責任能力がある場合，又は心神喪失の場合には結果惹起について完全な責任を問い，心神耗弱の場合にはそれがなしえないというのは不均衡であり，この場合において完全な責任を肯定する理論的根拠は学説における検討課題となっている。

(3)　実行途中からの責任能力の喪失・減弱

　原因において自由な行為の特殊類型が，実行開始後に心神喪失・心神耗弱となり，その状態下で構成要件的結果を生じさせた場合である。

　殺傷などの加害行為が原因となって心神喪失の状態が生じ，その下で構成要件的結果を惹起した場合には，原因行為に故意があるから，因果関係の錯誤として，構成要件的結果惹起について完全な故意犯の責任を問うことができる（心神耗弱の事例であるが，実行途中で，加害行為を開始したことによる精神的昂奮により情動性朦朧状態になり，殺人を行った場合に，完全な責任を肯定したものとして，

東京高判昭和 54・5・15 判時 937 号 123 頁〈総 *261*〉がある）。これに対し，加害行為と並行して行われた飲酒行為等により心神喪失状態が生じ，その下で構成要件的結果を惹起した場合には，通常の原因において自由な行為と同様に解決されるべきことになろう（心神耗弱の事例であるが，加害行為開始後さらに飲酒を継続して，複雑酩酊となって被害者を死亡させた場合に，完全な責任を肯定したものとして，長崎地判平成 4・1・14 判時 1415 号 142 頁〈総 *262*〉がある）。

　実行途中に心神耗弱となった場合には，判例では，心神喪失の場合と同様の解決が与えられることになるものと思われるが，原因行為に実行行為性を求める立場からは，通常の原因において自由な行為の場合と同様の問題が解決されることが必要となる。

第 5 章

未　遂　犯

第 1 節　総　　説

　構成要件的結果が惹起され，構成要件要素がすべて充足されたときに，構成要件該当性が肯定され，犯罪は成立しうることになる。たとえば，殺人罪（刑199 条）では，被害者が死亡して，同罪の成立が可能となるのである。しかし，それでは法益保護の見地からは不十分なことがある。そこで，法益保護のため，犯罪の成立時期を，完成形態からそれ以前にまで繰り上げることが刑事政策的に要請されることがあるのである。ただし，処罰時期の繰上げは，その分，国民の行動の自由をより制約することになるので，**処罰時期の早期化**は，法益保護の必要性と行動の自由の保護の両者を衡量した上で，決められなければならない[1]。

　犯罪は，計画的犯行を例に取って，その完成に至る経過を時系列的に見ると，犯罪計画の立案等の陰謀に基づいて，犯行の準備を行い，犯罪の実行に着手し，その完成に至るものといえる。最終的に構成要件該当事実が惹起されて成立する犯罪を（それ以前の段階で犯罪となるものとの対比で）**既遂犯**といい，構成要件該当事実の実現に着手したが，それを遂げるに至っていない段階を**未遂**，それが処罰の対象となる場合を**未遂犯**（未遂罪）という。未遂を罰する規定は，既遂犯が成立する以前の段階にまで処罰を拡張する意義を有するのである（**処罰拡張事由**）。

---

1)　なお，処罰時期の早期化には，ここで問題としている未遂犯処罰による場合のほか，危険犯の制定による場合もある。

140　第2編　第5章　未　遂　犯

　現行刑法は未遂を一般的に処罰の対象とするのではなく，処罰の必要を認め
た犯罪について，個別に処罰規定を置いている（刑44条）。ただし，未遂犯に
ついての一般的な定義規定（刑43条）が置かれており，さらに，重要な法益に
対する加害行為については，ほとんどの未遂が処罰の対象とされている[2]。こ
れに対し，未遂以前の犯行の**予備**は，殺人罪・強盗罪など極めて重い犯罪につ
いて例外的に処罰の対象となっているにすぎない（刑201条，237条など）。また，
陰謀に至っては，内乱罪や外患罪など国家の存立にかかわる重大犯罪に処罰が
限定されている（刑78条，88条，93条など）。こうしてみると，主要な犯罪につ
いては，未遂になるか否かが，処罰の有無を分ける分水嶺となっているのであ
り，いつ未遂となるかが実際上重要な意義を有しているのである。

第2節　実行の着手

(1)　総　　説

　刑法43条本文は，未遂を「犯罪の実行に着手してこれを遂げなかった」こ
とと規定し，未遂を処罰する場合（刑44条参照）には，既遂犯の刑を裁量的に
減軽しうることを定めている。ここから，未遂というためには「犯罪の実行に
着手し」たことが必要となるが，これをいかに判断するかが問題となるのであ
る。これが，**実行の着手**時期の問題である。

(2)　判　断　基　準

　未遂犯の成立時期を画する基準としての実行の着手時期をいかに画定するか
について，行為者の犯行の意思の表動があった時点に求める見解（主観説）は
現在ほとんど支持されておらず，圧倒的多数の見解・判例は，それを客観的基
準によって判断しようとしている（客観説）。

　実行の着手時期を，客観的基準によって判断するとしても，それを，既遂犯
の構成要件的結果を直接惹起する行為への着手に求める（このような見解を，**形
式的客観説**という）のでは未遂犯の成立時期が遅すぎることになる。たとえば，

　2）　未遂は，故意犯についてのみ処罰の対象とされている。過失犯についても未遂を観念
　　しえないわけではないが，処罰の対象が不明確となるとともに，処罰の著しい拡張とな
　　るため，未遂処罰は行われていない。

第2節 実行の着手 141

窃盗罪（刑235条）の実行の着手を財物の占有を移転する行為への着手に求めるのでは遅すぎて妥当とはいいがたい。そこで，既遂犯の構成要件的結果を生じさせる危険性が認められる行為への着手の時点で実行の着手が認められることになる（このような見解を，**実質的客観説**という）。**判例**においても，このような観点から実行の着手時期が決められている。たとえば，住居侵入窃盗の事案においては，住居に侵入後，金品を物色するためにタンスに近づく行為の段階で窃盗未遂の成立が肯定され（大判昭和9・10・19刑集13巻1473頁〈総 *267*〉。物色すれば窃盗未遂は成立する。最判昭和23・4・17刑集2巻4号399頁〈総 *268*〉），電気器具店に夜間侵入後，現金のある煙草売場の方に行きかけた段階で窃盗未遂の成立が肯定されている（最決昭和40・3・9刑集19巻2号69頁〈総 *270*〉）。また，強姦罪の事案では，姦淫に直接向けられた暴行ではなく，姦淫目的で被害者の自由を拘束するための暴行についても，強姦未遂が肯定されている（最決昭和45・7・28刑集24巻7号585頁〈総 *274*〉）。さらに，クロロホルムを吸引させて被害者を失神させ（第1行為），その失神状態を利用して被害者を自動車ごと海中に転落させて（第2行為）溺死させる（実際には第1行為から死の結果が生じた可能性が否定できない）事案においては，すでに第1行為を開始した段階で，殺人未遂が成立するとされているのである（最決平成16・3・22刑集58巻3号187頁〈総 *266*〉）。

　なお，行為と結果との間に時間的・場所的間隔が存在する事案（このような事案を，**離隔犯**の事案という）において，実行の着手をどの段階で認めるかが問題となる。たとえば，遠隔地に毒入りの饅頭を郵送して，受領者を毒殺しようとする場合，毒入り饅頭を郵送に付した段階で殺人未遂が成立するか（このような見解を，**発送時説**という），毒入り饅頭が相手方に届いて食べることが可能となった段階で殺人未遂が成立するか（このような見解を，**到達時説**という）が問題となるのである[3]。学説には，実行の着手というからには，行為者の行為の時点でそれを認める必要があるという観点から発送時説を主張する見解が存在するが，判例は到達時説に立つ（大判大正7・11・16刑録24輯1352頁〈総 *280*〉）と解されており，それを支持する学説も有力である。到達時説からは，未遂は既

3）　間接正犯の実行の着手時期についても同様の問題がある。利用者の行為の時点で認めるか，被利用者の行為の時点で認めるかである。

遂の構成要件的結果が生じる具体的な危険（これは，行為とは区別された，未遂犯における一種の結果であるともいえる）が生じたときに肯定されることになる。

第3節　不　能　犯

(1)　総　　説

犯罪を遂行しようとする者の行為が，外形的には実行の着手の段階に至っても，既遂犯の構成要件的結果を惹起することが不可能であるため，未遂犯の成立が否定されて不可罰とされる場合，これを**不能犯**（不能未遂）という。これは，未遂犯の処罰の根拠を既遂犯の構成要件的結果惹起の**具体的危険**とする理解から，そうした処罰根拠が欠如することを理由に，犯罪の成立が否定されることにより認められる観念である[4]。ここでは，いかなるときに既遂犯の構成要件的結果惹起の具体的危険が認められ，いかなるときにそれが否定されるか，具体的危険の意義とその判断方法が問題となる。

(2)　判　断　基　準

不能犯の成否を決する具体的危険の判断基準としては，①一般人が行為の時点で認識可能な事実（及び，行為者により認識されていた事実は考慮されるとする見解が多い）に基づいて結果惹起の可能性・蓋然性を判断する見解（これは，**具体的危険説**と呼ばれている）[5]と，②事後的な視点を入れて，結果惹起の可能性・蓋然性をより客観的に判断する立場（これは，**客観的危険説**と呼ばれている）とが対立している。学説においては前者の見解が多数説であり，後述するように判例にも一定の影響を与えているが，近時は後者の見解も有力となりつつある。後者の客観的危険説については，危険判断の方法が問題となるが（事後的立場からは，結果不発生の場合，危険も不存在とならないかが問われるからである），これについては，結果不発生の原因，結果発生に必要な条件を明らかにした上で，そ

---

4)　したがって，犯行の意思の表動があれば未遂犯が成立するとの主観説の立場からは，不可罰である不能犯は基本的には認められないことになる。

5)　この見解が具体的危険説と呼ばれているのは，行為者の認識に従えば結果惹起の可能性がある場合に未遂犯の成立を肯定する見解（主観説）を抽象的危険説と呼ぶことがあることとの対比からである。現在主張されている見解は，いずれも，具体的な危険の発生を要求する点において変わりはない。

うした結果発生に必要な条件が備わっていることがありえたか（仮定的事実の存在可能性）という仮定的判断を行うことによって危険の有無を判断することが考えられる。具体的危険説が一般人の事前の危険感を実質的基準とするのに対し，この見解は一般人の事後的な危険感を実質的基準とするものということもできるであろう。

　判例においては，具体的危険説よりも，より客観的な判断が行われている。まず，結果惹起の方法が不適切であったため，結果発生に至らなかった事例（**方法の不能**）においては，不能犯として未遂犯の成立を否定した判決がいくつか存在する。殺人の意思で硫黄粉末を服用させた事案について，殺人の方法として「絶対不能」であるとして殺人未遂の成立が否定され（大判大正 6・9・10 刑録 23 輯 999 頁〈総 *283*〉），地中に永く埋没して変質し，爆弾本来の性能を欠いていた手榴弾の安全装置を外して投げつけた事案について，「目的とした危険状態を発生する虞はない」として殺人未遂の成立が否定された（東京高判昭和 29・6・16 高刑集 7 巻 7 号 1053 頁〈総 *284*〉）。また，覚せい剤製造に用いられた主原料が真正のものでなかった事案について，「結果発生の危険は絶対に存しない」として覚せい剤製造未遂の成立が否定されている（東京高判昭和 37・4・24 高刑集 15 巻 4 号 210 頁〈総 *285*〉）。これらに対し，殺意をもって被害者の静脈に空気を注射したが，量が不足して目的を遂げなかった事案について，「被注射者の身体的条件その他の事情の如何によっては死の結果発生の危険が絶対にないとはいえない」として殺人未遂の成立が肯定された（最判昭和 37・3・23 刑集 16 巻 3 号 305 頁〈総 *286*〉）。科学的根拠を有する方法で覚せい剤の製造を図ったが，触媒の使用量が不足していたために成品を得るに至らなかった事案については，触媒の増量により覚せい剤製造が可能であったとして覚せい剤製造未遂の成立が認められている（最決昭和 35・10・18 刑集 14 巻 12 号 1559 頁〈総 *287*〉）。さらに，警察官が着装している拳銃を奪取して引き金を引いたが，実弾が装塡されていなかったため殺害に至らなかった事案については，警察官が着装している拳銃には「常時たまが装てんされているべきものであることは一般社会に認められていることであるから……殺害の結果を発生する可能性を有」し，殺人未遂が成立するとされている（福岡高判昭和 28・11・10 判特 26 号 58 頁〈総 *288*〉）。

客体の不存在等により結果発生に至らなかった事案（**客体の不能**）においては，未遂犯の成立が肯定されている。通行人から財物を奪取しようとした事案について，「通行人カ懐中物ヲ所持スルカ如キハ普通予想シ得ヘキ事実ナレハ之ヲ奪取セントスル行為ハ其結果ヲ発生スル可能性ヲ有スル」から，懐中物を所持していなくとも強盗未遂が成立するとされた（大判大正3・7・24刑録20輯1546頁〈総 *290*〉）。また，銃撃を受け倒れている人にとどめを刺そうと，殺意をもって日本刀を突き刺したが，被害者はすでに死亡していた（ただし，生死についての鑑定は分かれた）事案については，被害者の生死については専門家の間においても見解が分かれるほど微妙な案件で，行為者が被害者の生存を信じていただけでなく，「一般人も亦当時その死亡を知り得なかったであろうこと……〔被害者〕が死亡するであろうとの危険を感ずるであろうことはいづれも極めて当然というべく……行為の性質上結果発生の危険がないとは云えない」から殺人未遂が成立するとされている（広島高判昭和36・7・10高刑集14巻5号310頁〈総 *291*〉）。

　以上から，判例においては，方法の不能事例について，結果発生の可能性が科学的な根拠を問題としつつかなり客観的に判断されている場合が多いが，一部の判決及び客体の不能事例に関する判決においては，一般人の危険感が援用され，具体的危険説に近い基準により未遂犯の成立が肯定されていることがわかる。

第4節　中　止　犯

1　刑の減免の根拠

　刑法43条但書は，未遂犯のうち，「自己の意思により犯罪を中止したとき」を特別に扱い，刑の必要的減免を法的効果として規定している[6]。この未遂犯

---

6)　中止犯は未遂犯の一種であるから，それに含まれる犯罪は（181頁以下にて後述する，法条競合により）別途成立しない。たとえば，殺人未遂について，傷害の結果が生じていても，傷害罪の規定の適用は殺人未遂罪の規定によって排除されるため，別に傷害罪として処罰されることはないから，殺人の中止未遂として刑の減免を肯定することが可能である。

の特殊形態を**中止犯**（中止未遂）という（これに対し，一般の未遂犯を，**障害未遂**という）。このような中止犯の成立要件を，法的効果の趣旨から，画定することが解釈論として求められることになる。

　中止犯における刑の減免根拠の理解については，従来，①未遂にまで至った犯罪者に「後戻りのための橋」を提供する端的に政策的なものと解する見解（**政策説**）と，②刑の減免の趣旨を犯罪成立要件である違法性又は責任に関係させて理解する見解（**法律説**）とが対立すると理解されてきた。このうち，法律説は，さらに，②(A)行為者による犯罪遂行意思の放棄又は結果発生の防止による違法性減少を根拠とする見解（**違法減少説**）と，②(B)中止行為に示された行為者の態度が責任を減少させるとする見解（**責任減少説**）に分かれているのである。しかしながら，これらの見解の対立の意義は，それが中止犯のどの要件を重視するかにかかわるものではあるが，重要視すべきものではないように思われる。なぜなら，中止犯の特別の法的効果は，未遂犯の趣旨から内在的・必然的に導かれるものではなく，特別の政策判断に基づくものであることは否定できないが，その政策判断を要件に具体化するにあたっては，犯罪の成立要件である違法性又は責任と関係するものとならざるをえないことを指摘しうるからである。

　このような理解からは，中止犯の趣旨は，未遂の段階にまで至った行為者に，刑の必要的減免という特別の法的効果（一種の褒賞）を与えることによって，結果惹起防止を最後まで図ろうとするものであると理解することができる。そして，未遂犯は既遂犯の構成要件的結果惹起の具体的危険が発生したときに成立すると解する以上，中止犯は，行為者が「自己の意思により」，一旦発生した具体的危険を（それと知りつつ）消滅させることによって「犯罪を中止した」場合に成立すると理解されることになるのである[7]。

7）　このように，中止犯は，現行法上の解釈としては，意識的に危険を消滅させたときに成立すると解されることになる（**意識的危険消滅**）のであり，そこでは違法減少を前提とした責任減少が，刑の必要的減免の根拠と理解されることになる（**違法・責任減少説**）。

2 犯罪の中止

中止犯が成立するためには，「犯罪を中止した」（そして，それにより未遂に終わった）ことが必要である。このことを肯定するためには，客観的要件及び主観的要件が充足されなければならない。

まず，客観的要件としては，行為者が中止行為により結果惹起の危険を**消滅**させたことが必要である。危険を消滅させるためにいかなる行為が必要かは，前提となる未遂の態様によって異なる。①結果惹起の危険が，結果惹起行為（実行行為）が遂行されるおそれにより生じている場合には，当該行為の単なる不作為により，その危険を消滅させることができる（この場合を，**着手中止**ということがある）。実行行為が一旦行われたが失敗に終わり，再度の実行が可能な状態にある場合もこれに含まれる。これに対し，②行為者の行為から独立して，結果惹起に至る危険が生じた場合には，そのような危険を消滅させる特別の作為が必要となるのである（この場合を，**実行中止**ということがある）。たとえば，殺意をもって被害者に刃物で切り付けたところ，死亡するに至らない程度の傷を負わせるにとどまった場合には，再度切り付けることが可能である限り，それを行わないことで犯罪の中止を認めることができる。これに対し，深手を負わせ，放置すれば死亡する危険な状態に陥れた場合には，病院に搬送するなどして，救命することが犯罪の中止を認めるためには必要となるのである。なお，判例は，②（実行中止）の場合に関し，結果防止は単独で行う必要はないが，その場合には犯人が防止にあたったと同視しうる「**真摯な努力**」を要するとしている（大判昭和12・6・25刑集16巻998頁〈総*296*〉，東京地判昭和37・3・17下刑集4巻3＝4号224頁〈総*297*〉，大阪高判昭和44・10・17判タ244号290頁〈総*298*〉など）。このような要件は，責任減少の観点から理解することができるが，そのため，学説には過度の要件を課するものであるとの批判がある。

客観的要件としては，さらに，行為者の中止行為と危険消滅との間に条件関係が必要か（すなわち，行為者の中止行為がなければ，危険は消滅しなかったということが必要か）が問題となる。このことは，①結果惹起が具体的に不能な未遂の場合，②他人によって結果惹起が阻止された場合について，中止犯が成立しうるかという問題と関係する。学説においては，行為者の中止行為がなくとも結果発生がないような場合には，一種の褒賞としての特別の法的効果を認める

必要はないとの見地から，中止行為と危険消滅との間に条件関係がない場合に中止犯の成立を否定する見解が主張されているが，多数の見解は，「防止のための真摯な努力を示す行為」がなされれば，それにより結果が防止されたことは不要であるとして，危険消滅と中止行為との間に条件関係がない場合においても中止犯の成立を肯定しようとしている。

　犯罪の中止の主観的要件として，自己の中止行為によって危険が消滅することについて行為者に認識・予見が必要である。単に結果として危険が消滅しただけでは足りない。たとえば，拳銃で被害者を射殺しようとしたところ，銃弾は外れたが，被害者が命中を装ったので，「うまくいった」とその場を立ち去ったような場合には，再度の銃撃の不作為によって危険は消滅しているが，その点についての認識を欠く行為者に中止犯の成立を肯定することは適当でないと思われる。

3 任 意 性

　犯罪の中止が「自己の意思によ」る場合に，中止犯は成立する。これを**任意性**の要件というが，その理解については見解が分かれている。

　学説は，①行為者の主観において「できるのに止めたのか，できないから止めたのか」を基準とする**主観説**，②「行為者の認識した事情が経験上一般に犯行の障害となるようなものか否か」を基準とする**客観説**，③「広義の悔悟」によることを必要とする**限定主観説**などに分かれている。

　判例では，外部的な原因によることなく，もっぱら内部的原因により中止した場合に限り任意性を肯定するものも存在するが（大判昭和 12・3・6 刑集 16 巻272 頁〈総 *299*〉〔殺意をもって，短刀を胸部に突き刺したが，迸る流血を見て恐怖心にかられて中止した事案について，中止犯の成立を否定〕），多くは，行為者の認識した事情がその主観にいかなる影響を及ぼすものかを客観的に評価して，任意性を判断しているように思われる。たとえば，犯行の発覚を恐れて放火した媒介物を除去した事案では，犯行の発覚を恐れることは「経験上一般ニ犯罪ノ遂行ヲ妨クルノ事情」足りうるものであるから中止犯は成立しないとされた（大判昭和 12・9・21 刑集 16 巻 1303 頁〈総 *300*〉）。また，殺人の実行に着手したところ，恐怖・驚愕により「犯行完成の意力を抑圧せしめられて」中止した事案では，

148 第2編 第5章 未 遂 犯

その中止は「犯罪の完成を妨害するに足る性質の障がいに基くもの」であるとして，任意性が否定された（最決昭和 32・9・10 刑集 11 巻 9 号 2202 頁〈総 *301*〉）。さらに，強姦の被害者の肌が鳥肌立っており欲情が減退して中止した事案では，「一般の経験上，この種の行為においては，行為者の意思決定に相当強度の支配力を及ぼすべき外部的事情が存した」から，任意性に欠けるとされている（東京高判昭和 39・8・5 高刑集 17 巻 6 号 557 頁〈総 *302*〉）。これらに対して，殺人の実行に着手したところ，驚愕と悔悟の情から中止した事案では，「外部的事実の表象が中止行為の契機となっている場合であっても，犯人がその表象によって必ずしも中止行為に出るとは限らない場合に敢えて中止行為に出たときには，任意の意思による」ものとされた（福岡高判昭和 61・3・6 高刑集 39 巻 1 号 1 頁〈総 *303*〉）。また，強姦の実行に着手したところ，「やめて下さい」と哀願されて中止した事案では，「犯罪遂行の実質的障害となる事情に遭遇したわけではなく，通常であればこれを継続して所期の目的を達したであろうと考えられる場合に」自らの意思で中止すれば任意性が肯定されるとされている（浦和地判平成 4・2・27 判タ 795 号 263 頁〈総 *304*〉）。

4 予備罪と中止

予備罪について，中止犯の規定の準用があるかが問題となる。準用を認める実益は，予備罪の法定刑として刑の免除が規定されていない場合（刑法 237 条の強盗予備罪など）において認められる。

学説では，中止犯の規定の準用を肯定する見解が通説的地位を占めているが[8]，判例はこれを否定している（最大判昭和 29・1・20 刑集 8 巻 1 号 41 頁）。積極説の根拠とする未遂の場合との均衡論には説得力があるが，中止犯は，そもそも政策的なものであるから，明文の規定を欠くところにそれを準用することには困難があり，また，具体的な被害法益を救助する切迫した必要性が認められない段階で準用を認めないことにも相当の理由があるといえよう。

---

8) 準用を認める場合には，予備罪の法定刑がすでに既遂・未遂の刑に比べて減軽されたものであるから，刑の免除のみの準用を認めるべきものと解される。

第6章

共　犯

第1節　共犯の基礎理論

1　総　説

(1)　共　犯

犯罪の遂行に複数の行為者が関与する場合（これを，**共犯現象**という）には，自ら直接に構成要件該当事実を実現する者を除き，他の関与者の行為には構成要件該当性が認められない。また，構成要件該当事実の実現を複数の関与者が分担して行った場合には，誰の行為についても構成要件該当性が認められないことも生じることになる。しかし，このような構成要件該当性が認められない関与者の行為も，犯罪遂行を促進するものであるため，禁圧する必要性が認められるのである[1]。こうして，構成要件該当事実を直接実現する行為の周辺に位置する行為にまで処罰を拡張することが要請されるのであり，**共犯規定**（刑60条以下）はこのような趣旨（**処罰拡張事由**）から定められていると解することができる。

刑法は，共犯現象を，共犯規定において定められた以下の**共犯類型**に該当する限りにおいて，処罰の対象としている[2]。

---

1) 複数の者が犯罪の実行を分担した場合には，単独犯行の場合よりも危険性は高いといえるにもかかわらず，誰の行為にも構成要件該当性が認められないとして処罰の対象としないのは，明らかに不都合である。

2) これらの共犯類型は，単独で実現可能な犯罪構成要件に関して認められるものであり，**任意的共犯**といわれている。これに対し，構成要件上複数の行為者の関与が予定されている場合を**必要的共犯**と呼んでいる。

第1の共犯類型が，**共同正犯**である。これは，「二人以上共同して犯罪を実行」することを意味し，「正犯とする³⁾」とされている（刑60条）。

第2の共犯類型が，**教唆**である。これは，「人を教唆して犯罪を実行させ」ること（人に犯罪行為遂行の意思を生じさせて，犯罪を実行させること）を意味し，「正犯の刑を科する⁴⁾」とされている（刑61条1項）。

第3の共犯類型が，**幇助**である。これは，「正犯を幇助」すること（正犯による犯罪の遂行を援助・補助すること）を意味し（刑62条1項），「従犯とする」とされ（同条同項），その刑は正犯の刑を減軽したものとなる（刑63条）。

これらの共犯類型のうち，教唆・幇助は正犯の存在を前提とするものであり，かつ，正犯ではない関与形態であって，**狭義の共犯**と呼ばれている（これらは，正犯の存在を前提とするという意味で，正犯の背後に位置する**2次的責任類型**ということができる）⁵⁾。また，これらと，正犯とされる共同正犯とを合わせて，**広義の共犯**と呼ばれている。狭義の共犯である教唆・幇助は，軽微な犯罪（拘留又は科料のみに処すべき罪）⁶⁾については，特別の規定がない限り，処罰の対象とはならない（刑64条）。

(2) 共犯の処罰根拠

共犯に関する解釈論上の諸問題を解決するにあたっての重要な指針を与えるのが，**共犯の処罰根拠**である。これは，狭義の共犯である教唆・幇助について，共犯は正犯の可罰性を借り受けるものという「可罰性借用説」を否定し，共犯固有の犯罪性を明らかにしようとする見地から問題となり，その基本的な理解としては，以下の3つの見解が考えられるところである（なお，学説においては，共犯の処罰根拠論は，狭義の共犯についてのみ妥当すべき議論なのか⁷⁾，それとも共同正犯にも妥当するのかが問題とされている）。

---

3) この趣旨は明確ではないが，単独で（正犯）構成要件を実現した単独正犯と同じく扱われることを意味するものと解される。

4) この趣旨は，単独正犯と同じく扱われるのではないが，刑については単独正犯と同じであることを意味する。

5) これに対して，正犯とされる単独犯及び共同正犯は，**1次的責任類型**ということになる。

6) これは，侮辱罪（刑231条）や軽犯罪法違反などに限られている。

7) この見解は，共同正犯はあくまでも正犯であることを強調する立場から主張されている。

第1は，**責任共犯論**である。これは，正犯に（構成要件該当・違法で）有責な行為を行わせたことを共犯処罰の根拠とする見解であり，正犯を堕落させ，罪責と刑罰に陥れたことに着目する。この見解によれば，共犯が成立するためには，正犯に構成要件該当性・違法性・責任といった犯罪成立要件すべてが充足されることが必要となる（このような共犯成立要件に関する理解を，**極端従属性説**という）。この見解における，共犯の成立を正犯の責任に従属させる考え方自体が，責任判断・評価の個別性という理解に反するとして，一般的な支持を得ていない。

第2は，**違法共犯論**である。これは，正犯に（構成要件に該当する）違法な行為を行わせたことを共犯処罰の根拠とする見解である。この見解によれば，共犯が成立するためには，正犯行為について構成要件該当性・違法性が認められることで足りることになる（このような共犯成立要件に関する理解を，**制限従属性説**という）。また，この見解によると，正犯に違法な行為を行わせたことが処罰の根拠であるから，共犯行為の違法性は正犯行為に由来し，正犯行為が違法であれば共犯行為も違法となる（これを，**違法の連帯性**という）。したがって，たとえば，Aが自己の殺害をBに依頼したところ，正犯であるBがAの殺害に失敗した場合，Bに嘱託殺人未遂という違法行為を行わせたから，Aに嘱託殺人未遂教唆が成立することになるが，これは被害者自身を処罰することになって妥当でなく，それゆえ，違法共犯論に立つ論者も，被害者Aにとって共犯行為は違法でないとして，**違法の相対性**を例外的に肯定し，Aを不可罰とするのである。しかしながら，このような修正が必要となるところに，違法共犯論の問題点が現れているといえる。

第3は，**因果共犯論**である。これは，正犯の行為を介して構成要件該当事実（法益侵害）を惹起したことを共犯処罰の根拠とする見解である（したがって，この見解は，**惹起説**とも呼ばれる。この見解から，共犯の成立要件がどのように理解されるかは，(3)において解説する）。この理解からは，法益侵害の直接的惹起が（単独）正犯であり，正犯行為を介した間接的惹起が共犯と解され，したがって，正犯と共犯との差異は，法益侵害惹起態様の差にあることになる。この見解からは，上記の嘱託殺人未遂教唆の事例では，Aは被害者であり，自己の法益侵害により処罰されることはないから，嘱託殺人未遂教唆は当然成立しないこ

とになる。

学説においては，因果共犯論が有力化しているが，共犯の成立要件としての制限従属性説を違法共犯論の見地から理解して支持する立場もなお存在しているのが現状である。

(3) 従 属 性

狭義の共犯である教唆・幇助について[8]，それが成立するためには，正犯についていかなる犯罪成立要件が充足される必要があるかが問題となる。これは，正犯の犯罪成立要件にいかなる限度で共犯の成立は「従属する」か（これを，**共犯の従属性**という）という問題であるといえよう。上記の責任共犯論によれば，正犯行為の構成要件該当性・違法性・責任に共犯の成立は従属することになり（これを，**極端従属性説**という），違法共犯論によれば，正犯行為の構成要件該当性・違法性に共犯の成立は従属することになる（これを，**制限従属性説**という）。問題となるのは，因果的共犯論からする従属性の理解であり，この点については，従属性をいわば否定する**純粋惹起説**と正犯行為に構成要件該当性・違法性を要求する**混合惹起説**とに見解は分かれている。

第1の純粋惹起説は，その名の示すとおり，惹起説（＝因果的共犯論）の理解を共犯の成立要件に直接反映させた見解である。すなわち，これは，共犯処罰の根拠である法益侵害の間接惹起を，「共犯の立場から見て，正犯を通じて，違法な構成要件該当事実（法益侵害）を惹起すること」と理解するものであり，共犯が成立するためには，正犯行為に構成要件該当性が認められることは必ずしも必要ないと解するものである（こうして，この見解は，「**正犯なき共犯**」を肯定する）。

純粋惹起説の問題点は，その特色であるところの，正犯なき共犯を肯定すること，いい換えれば，正犯への従属性を否定し，共犯が2次的責任類型であることを否定することにある。すなわち，純粋惹起説は，正犯行為に構成要件該当性が欠けるため，刑法が介入を差し控えている場合についてまで，その背後者の共犯責任を追及する点に問題がある。正犯なき共犯を肯定することは，「人を教唆して犯罪を実行させた」（刑61条1項），「正犯を幇助した」（刑62条1

---

8) 以下の議論は1次的責任類型である共同正犯には妥当しない。

項）といえないにもかかわらず教唆・幇助の成立を肯定することになり，現行法の教唆・幇助概念を逸脱することになるという批判が可能であるが，その問題は上記の点にあるのである（たとえば，身分犯について，非身分者の行為に身分者が関与した場合，結果を直接惹起した非身分者が正犯として禁止の対象とならないにもかかわらず，身分者に正犯なき共犯が成立することになってしまう）。したがって，純粋惹起説の論者も，その具体的帰結の問題性にかんがみて，正犯行為には構成要件該当性は不要であるが，それが「単純な違法行為」であることは必要である等の修正を施している。こうして，修正が必要なことに，教唆・幇助の2次的責任類型性を否定する純粋惹起説の問題点が現れているといえよう。

第2の混合惹起説は，惹起説（＝因果的共犯論）に立ちつつ，狭義の共犯である教唆・幇助について，それは正犯の背後に位置し，2次的に責任が追及される**2次的責任類型**であるとの見地から，その成立要件を画定しようとする見解である。したがって，この見解は，正犯行為に構成要件該当性・違法性が存在することを共犯の成立要件として要求するのであり[9]，共犯の固有の犯罪性及び教唆・幇助の2次的責任類型性の双方の理解を充たすものであるといえよう。

⑷　共同実行の意義

共同正犯には，狭義の共犯である教唆・幇助とは違った特殊性がある。それは，共同正犯は，犯罪を「共同して……実行」する形態であり，広義の共犯であるとしても，それは正犯とされていることである。すなわち，教唆・幇助が構成要件該当事実（法益侵害）のいわば**間接惹起類型**であるのに対して，共同正犯は構成要件該当事実（法益侵害）の**共同惹起類型**なのである。したがって，共同正犯は2次的責任類型ではなく，むしろ**1次的責任類型**であり，正犯行為への従属性は認められないことになる（**従属性の否定**）。ただし，共同正犯の正犯性は，単独正犯の正犯性よりも拡張されたものであり，ここに共同正犯を教唆・幇助と併せ，（処罰拡張事由である）広義の共犯として扱う根拠がある。

共同正犯の共同実行（共同惹起）の意義については，かねて見解の対立があ

---

9)　この場合に，正犯行為は刑法上の禁止に違反して（責任があれば）処罰の対象となることになり，その背後者の刑事責任を追及する基礎が認められることになる。なお，責任自体は，行為者ごとに判断されるべきものであり，正犯における責任の存在は背後者について刑事責任を追及する必須の要件とはならない。

る。それは，特定の犯罪を共同して実行すると解する**犯罪共同説**（この見解によれば，共同正犯は「数人一罪」となる）と行為を共同して各自の犯罪を実行すると解する**行為共同説**（この見解によれば，共同正犯は「数人数罪」となる）の対立である。この対立の実際上の意義は，同一の犯罪（罪名）についてのみ，共同正犯を肯定するか否かにある。

犯罪共同説は，特定の犯罪を共同して実行するものと解し，同じ犯罪（罪名）についての共同正犯しか肯定しない。これを徹底した**完全犯罪共同説**においては，たとえば，AとBが，それぞれ殺人と傷害の故意で，Xに向けて，その背後から拳銃を（その限度で意思を通じて）一緒に発射した結果，一方の弾丸のみが命中してXが死亡した場合，共同正犯は成立せず，それぞれ各自について成立する単独犯の責任を負うにすぎないことになる。したがって，殺意を有するAによりXの死が惹起された場合には，Aについて殺人罪が，Bについて（刑法典上は）暴行罪が成立することになるが，Aが傷害の故意を有していたにとどまる場合には，Bには傷害（致死）[10]罪の共同正犯が成立することと比べて結論が著しく不均衡である（Aがより重い罪の故意を有していると，Bの刑事責任は軽くなってしまう）。そこで，犯罪共同説を採る論者は，**部分的犯罪共同説**を採用する。この見解は，故意を異にする共同者が実行しようとする異なる犯罪について，それらが重なり合う限度で共同正犯の成立を肯定する。上記の例では，殺人罪と傷害罪が重なり合う傷害（致死）罪の限度で共同正犯の成立を肯定することになる。しかし，このように解しても，殺意のあるAについて認められる過剰部分の罪責が問題となる。それは，Aの単独犯（上記事例では，殺人罪）として処理されることになろう（したがって，その結果，Aについては殺人罪の単独正犯が成立し，Bとは傷害〔致死〕罪の限度で共同正犯が成立することになろう）。

これに対し，**行為共同説**は，各人が行為を共同することによって各人の犯罪を実現するものと解するから，共同者の故意に対応して，法益侵害の共同惹起が肯定される範囲内において，異なった犯罪（罪名）間においても共同正犯が成立することになる。したがって，上記の例では，Aについて殺人罪の共同

---

10) 結果的加重犯の共同正犯を肯定するか否かによって，傷害罪の共同正犯か，傷害致死罪の共同正犯かが異なることになる。

正犯が，Bについて傷害（致死）罪の共同正犯が成立することになる。

この点について，**判例**は，A及びBらが，Xに暴行・傷害を加える旨を共謀していたところ，Aが殺意をもってXを刺殺した事案において，殺意のなかったBらについて，殺人罪の共同正犯と傷害致死罪の共同正犯の構成要件が重なり合う限度で軽い傷害致死罪の共同正犯が成立するとしている（最決昭和54・4・13刑集33巻3号179頁〈総 *352*〉）。これは，A・Bらを通じて殺人罪の共同正犯が成立し，傷害の故意しかないBらについては，刑のみを傷害致死罪の限度で科するとの（犯罪の成立と科刑との分離を肯定する）従前の考えを否定したものであった。その後，判例は，殺意をもって被害者を放置し死亡させた被告人に不作為による殺人罪の成立を認め，殺意のない被害者の親族との間では保護責任者遺棄致死罪の限度で共同正犯となるとして，部分的犯罪共同説の立場からの判断を示している（最決平成17・7・4刑集59巻6号403頁〈総 *82*, 各 *37*〉）。

2 共犯の因果性

共同正犯を含む共犯の処罰根拠は，すでに述べたように（151頁），共犯行為が構成要件的結果を惹起したことにある。間接惹起類型である教唆・幇助については，少なくとも基本的には[11]正犯行為を介して構成要件的結果を惹起したことが必要であり，教唆・幇助行為と構成要件的結果との間に因果関係が認められなければならない。共同惹起類型である共同正犯についても，自らの因果的寄与と他の共同者の行為を介した因果的寄与とを併せて，共同正犯行為と構成要件的結果との間に因果関係が認められることが必要となる。ここで問題とするのは，これらの共犯の因果関係の内容である。

共犯の因果関係の内実としては，**物理的因果関係**と**心理的因果関係**が問題となる。前者は，犯行に必要な用具の供与などによって，正犯による犯罪の遂行を物理的に促進することを内容とし，後者は，犯行をそそのかして，正犯に犯罪遂行意思を生じさせたり，犯行の激励などにより，正犯の犯罪遂行意思を維持・強化したりすることをその内容としている（共同正犯の場合も，これらに準

---

11) 判例・通説においては，幇助についてこの点は厳格に解されていない。

156　第2編　第6章　共　犯

じて考えることができる）。

　教唆の場合には，「人に犯罪遂行の意思を生じさせること（犯意の惹起）」により，幇助の場合には，「正犯の犯罪の遂行を援助すること」により，物理的又は心理的に正犯行為を促進することが必要である（共同正犯の場合も，これらに準じて考えることができる）。そのような促進作用を欠く場合には，共犯は成立しない（大判大正4・8・25刑録21輯1249頁〈総 *307*〉〔鳥打帽子及び足袋の交付について強盗幇助の成立を否定〕，名古屋地判昭和33・8・27一審刑集1巻8号1288頁〈総 *309*〉〔塩まきについて賭博場開帳幇助の成立を否定〕）。また，それ自体としては犯行を促進する効果を有する行為がなされたとしても，その効果が犯罪の実際の遂行にまで及ばなかった場合にも，共犯の成立は否定される（拳銃の銃声の音漏れを防ぐため地下室に目張りをしたが，殺人がそこで行われず，またその行為が正犯に認識されていなかった場合，当該行為について殺人幇助の成立を否定したものとして，東京高判平成2・2・21東高刑時報41巻1〜4号7頁〈総 *313*〉）[12]。

　以上のように，共犯の因果関係は，構成要件的結果惹起を促進することであるが，そのような促進関係が肯定されれば足り，共犯行為がなければ構成要件的結果発生がなかったであろうという関係までは要求されない。学説には反対説もあるが，**判例**（大判大正2・7・9刑録19輯771頁〈総 *312*〉）及び**通説**はこのように解している。このような因果関係（結果惹起態様）の拡張は，正犯による犯行を促進すること自体を禁圧することが，犯罪の抑止という刑事政策的観点から，合理性を備えたものであることにより正当化される。こうして，共犯規定は，因果関係の拡張を認めるという意義を有しているのである。

3　共犯の従属性

(1)　総　　説

　教唆・幇助（狭義の共犯）は，正犯を介した間接的な構成要件的結果惹起を

---

12)　なお，A方への住居侵入窃盗を教唆したところ，正犯らは強盗をなすことを決意したが，A方母屋に侵入する方法を発見しえなかったのでそれを断念し，ただでは帰れないと隣のB商会に侵入して強盗を行った事案について，教唆の因果関係の存在を疑問としたものとして，最判昭和25・7・11刑集4巻7号1261頁〈総 *306・349*〉〔ゴットン師事件〕参照。

処罰の根拠とする2次的責任類型である。この意味で，教唆・幇助は正犯の存在を前提とするものであるが，さらに，共犯が処罰の対象となるためには，正犯について一定の要件が充足されることが必要となる。このように共犯の成立が，正犯における一定の要件の充足を要件とすることを，**共犯の従属性**という。以下では，その内容について解説することにする。

(2) 従属性の意義

教唆・幇助（狭義の共犯）の成立を肯定するためには，正犯行為にいかなる要件が備わっている必要があるか（正犯行為のいかなる要素に共犯の成立は従属するか）が，共犯の従属性の問題である。この点についての理解としては，①**最小従属性説**（正犯行為には，構成要件該当性が要求される），②**制限従属性説**（正犯行為には，構成要件該当性及び違法性が要求される），③**極端従属性説**（正犯行為には，構成要件該当性，違法性及び責任が要求される）の3説が存在する。このうち，制限従属性説が通説であるが，最小従属性説も有力な主張者を得ている。

正犯について構成要件該当性及び違法性が認められない限り，刑法の介入は要請されない（禁止されるべき事態は生じていない）こと（したがって，その背後者について2次的責任を追及することは要請されないこと），責任は個別の行為者ごとに判断されるべきことから，正犯について構成要件該当性及び違法性が備わっていることを共犯の成立要件とする制限従属性説が基礎づけられることになる。これに対し，最小従属性説は，正犯の構成要件該当行為について違法性が阻却されたとしても，例外的には，共犯の成立を肯定すべき場合があることを根拠としているのである（すなわち，違法性阻却事由の適用が，正犯と教唆・幇助とで異なることを肯定する理解が前提となるが，この点については後述する〔170頁以下〕）。

いずれにしても，正犯行為には構成要件該当性が必要となるから，正犯が（実行の着手が認められることで）未遂として可罰的となり，刑法の介入・禁圧の対象となった段階で共犯も成立するのであり（**未遂の共犯**），単に共犯行為が行われただけでは足りない。共犯行為が行われても，正犯行為に未遂犯の構成要件該当性が認められなければ，不可罰な**共犯の未遂**にとどまる。たとえば，正犯に窃盗を教唆した者は，正犯について窃盗未遂が成立した段階で，窃盗未遂教唆として可罰的となるのであり，それ以前の段階では，未だ不可罰な（窃盗）教唆未遂であるにすぎない[13]。

158 第2編 第6章 共　犯

予備罪について，その共犯が成立するかについては，見解が分かれている。戦前の判例には，予備罪の幇助を認めたものが存在するほか（大判昭和4・2・19刑集8巻84頁〈総 *336*〉），戦後の判例では予備罪の共同正犯が肯定されており（最決昭和37・11・8刑集16巻11号1522頁〈総 *337*〉），下級審判決には予備罪の幇助の成立を肯定したものもある（大阪高判昭和38・1・22高刑集16巻2号177頁〈総 *338*〉）。予備罪が可罰的とされている場合に，それに対する共犯の成立を否定する理由はないであろう。

(3) 罪名の従属性

教唆・幇助は，正犯と同じ犯罪（罪名）についてのみ成立するのか，それとも正犯と異なった犯罪（罪名）についての共犯を認めることができるかが問題となる。

教唆・幇助は正犯行為を介して間接的に構成要件該当事実を惹起するものであるが，責任要件は行為者ごとに個別的に判断されるから，客観的な構成要件該当事実についての責任内容（故意の範囲）によって罪名が異なる場合には，罪名は自らの責任要件（故意）に対応したものとなる。したがって，殺意をもって人を切り付けようとしている正犯Aに，傷害を与えるにすぎないと思ってBがナイフを貸与し，結果として被害者が傷害を負った場合，Bには殺人未遂の幇助ではなく，（自己の故意に対応する）傷害の幇助が成立することになる。この事例で，Aについては殺人未遂が成立するから，正犯と共犯の罪名は異なったものとなり，この意味では，罪名は正犯に従属しないことになる。

ただし，共犯の故意が正犯の故意より重い罪についてのものである場合に，同様に解することができるかについては検討を要する。上記の設例で，Aが傷害の故意，Bが殺人の故意であった（Aに殺意があると思っていた）場合，Bに殺人未遂の幇助が成立するかが問題となる。教唆・幇助の2次的責任類型としての性格を重視する場合には，教唆・幇助は正犯について成立する犯罪の限度で認められるにすぎないことになろう。したがって，上記設例では，Bには傷害幇助が成立することになる。これに対し，学説では，このような罪名につ

---

13) これに対し，教唆未遂の処罰を肯定する見解を**共犯独立性説**といい，これを否定する本文の見解を**共犯従属性説**ということがある。現行法上，教唆未遂は，それを処罰する特別規定がある場合を除き，処罰規定を欠くことから不可罰である（刑44条）。

いての従属性を完全に否定する見解が有力に主張されている。

関連して，そもそも故意正犯に対する共犯のみならず，過失犯に対する（故意の）[14] 共犯が成立しうるかも問題となりうる。正犯が過失犯である場合には，背後者には間接正犯が成立することが多いと思われるが，背後者の関与態様によってはそうともかぎらない。たとえば，正犯が過失致死行為を行っている場合に，死の結果発生を予見しつつ，正犯行為を心理的に促進したにすぎない者について，過失致死罪に対する故意の幇助の成否が問題となる（この場合，殺人の間接正犯の成立は困難である）[15]。この場合を考えると，過失犯に対する故意の共犯の成立を否定しなければならない理由は乏しいともいえるが，問題は，（過失致死に対する）殺人幇助の成立を肯定するか，過失致死幇助の成立を肯定するにとどめるかである。これは，正犯の罪名への従属性を共犯について肯定するか（否定すれば前者となり，肯定すれば後者となる）により決まることとなる。

第2節　共犯類型

1　教　　唆

(1)　成　立　要　件

教唆は，「人を教唆して犯罪を実行させた」場合に成立する（刑61条1項）。人に犯罪行為遂行の意思を生じさせて[16]，それに基づき犯罪を実行させることを意味する。教唆行為→正犯における犯罪行為遂行意思の惹起→その意思に基づく犯罪の実行→構成要件該当事実の発生という因果関係が肯定されることが，教唆の成立には必要となる。

過失による教唆については，過失犯処罰規定が存在しないから（刑38条1項但書参照）不可罰である。

教唆の故意の要件としては，正犯に対する犯罪遂行意思惹起の認識・予見と

---

14)　第2節で後述するように，**過失による教唆・幇助**は処罰規定を欠き，不可罰である。

15)　問題としうるとすれば，不作為の間接正犯の成否である。

16)　過失犯に対する教唆の成立を肯定する場合には，客観的には構成要件に該当する行為を遂行する意思で足りることになる。

160 第2編 第6章 共 犯

共に，正犯による既遂構成要件該当事実惹起の認識・予見が必要である。これは，教唆の処罰根拠を，正犯を介した構成要件該当事実の間接惹起と解することによる（それゆえ，正犯と同様に 17)，既遂構成要件該当事実惹起の認識・予見がなければ教唆の故意を肯定することはできないのである）。したがって，**未遂の教唆**（**アジャン・プロヴォカトゥール**〔agent provocateur〕)18) については，教唆の成立を肯定する見解も有力であるが，教唆の故意がなく不可罰と解される。

(2) 教唆への関与

刑法61条は，1項で正犯の教唆，2項で教唆者の教唆（**間接教唆**）の処罰を規定している。さらに，刑法62条2項は，従犯（幇助者）の教唆の処罰を定めている。なお，共同正犯の教唆は，共同正犯が正犯とされる（刑60条）以上，当然処罰の対象となる（刑61条1項）。

問題となるのが，教唆者 A を教唆した者 B に対する教唆（**再間接教唆**）の可罰性である。学説においては可罰性否定説もあるが，判例は，教唆者を教唆した者も教唆者であるとして，刑法61条2項により，これを肯定している（大判大正11・3・1刑集1巻99頁〈総 *334*〉）。

2 幇 助

(1) 成 立 要 件

幇助は，正犯に物的・精神的な援助・支援を与えることにより，その実行行為の遂行を促進し，さらには構成要件該当事実の惹起を促進することを意味する。幇助行為→正犯による実行行為の促進→構成要件該当事実惹起の促進という因果関係が必要である。

過失による幇助については，教唆同様，処罰規定を欠くため（刑38条1項但書参照），不可罰である。

幇助の故意についても，教唆の場合と同じく，正犯に対する犯罪行為遂行の促進の認識・予見だけではなく，既遂構成要件該当事実惹起促進の認識・予見が必要である。

なお，インターネット上で提供したソフトが著作権侵害に利用された事案に

---

17) 既遂惹起の意思がなくては，未遂犯の成立も肯定しえない。

18) 被教唆者をはじめから未遂に終わらせる意思で，犯罪の実行を教唆すること。

ついて，幇助犯が成立するには，一般的可能性を超える具体的な侵害利用状況とその認識・認容が必要であるとされている（最決平成23・12・19刑集65巻9号1380頁〈総*401*〉）。

(2) 幇助への関与

刑法62条1項は，正犯の幇助を規定しているが，正犯とされる共同正犯（刑60条）に対する幇助も同様に可罰的である。

問題となるのが，従犯（幇助者）の幇助（**間接幇助**），教唆者の幇助の可罰性である。判例は，間接幇助について，正犯を間接に幇助したことを理由にその可罰性を肯定している（最決昭和44・7・17刑集23巻8号1061頁〈総*335*〉）。これに対し，教唆者の幇助は，処罰規定を欠くため，不可罰であると解される。これは，幇助の犯罪性は共同正犯や教唆よりも低いこと，さらに，教唆については，教唆者の教唆，従犯の教唆の処罰規定が置かれていることの反対解釈からも導出される結論である。

3 共同正犯

(1) 総　説

共同正犯は，「二人以上共同して犯罪を実行した」場合に成立する（刑60条）。すでに述べたように（153頁），構成要件該当事実の共同惹起（共同の意思に基づく共同実行）が認められるときに，共同正犯は成立する。共同正犯は，教唆・幇助が2次的責任類型であることとは異なり，正犯として1次的責任類型である。したがって，従属性の要件は問題とならない（このことは，従属すべき構成要件該当性を充たす共同者の個別の行為が認められないことがあることからも理解しうることである）[19]。なお，同一の犯罪についてのみ共同正犯は成立するか，異なった犯罪の間でも共同正犯は成立するかについては，犯罪共同説・行為共同説の対立を解説する際すでに触れたところである（154頁以下）。

故意犯の共同正犯の故意を認めるためには，他の共同者との共同による既遂構成要件該当事実惹起の認識・予見が必要となる。

---

[19]　たとえば，2人で強盗の実行を共謀し，1人が暴行を，もう1人が財物奪取を行った場合には，強盗罪の構成要件該当性を備えた行為を単独でなす者は存在しない。

162　第2編　第6章　共　犯

⑵　共同正犯の範囲

　構成要件該当事実の共同惹起である共同正犯の原型は，複数の共同者が実行
行為（構成要件的行為）を分担実行する場合である。共同正犯は，複数人が構成
要件該当事実を共同で惹起するという極めて危険性の高い犯行形態でありなが
ら，個々の共同者の行為について見れば，構成要件該当性を肯定することがで
きないことの不都合[20]を解消する意義を有することからも，このような理解
が得られることになる。共同正犯はこのような場合に限られるとする見解（こ
れは，実行行為の分担を共同正犯の成立要件とする**形式的正犯概念**を採る見解であり，
かつて多数の学説により支持されていた）は，その限度では，理解しうるものであ
る。

　これに対し，**判例**は，形式的正犯概念を採用せず，実行行為を分担しない者，
とくに住居侵入窃盗などの犯行現場における**見張り**についても共同正犯の成立
を肯定してきた（大判明治28・12・19刑録1輯5巻89頁，最判昭和23・3・16刑集
2巻3号220頁など多数）。さらに，犯罪の謀議に関与したにすぎない者について
も共同正犯の成立を肯定しているのである（大連判昭和11・5・28刑集15巻715
頁〈総*314*〉，最大判昭和33・5・28刑集12巻8号1718頁〈総*315*〉〔練馬事件〕など
多数）。このような形態の共同正犯を**共謀共同正犯**という（これに対し，実行行為
を分担する形態の共同正犯を**実行共同正犯**という）。

　判例は，共謀共同正犯を，当初，詐欺罪・恐喝罪などのいわゆる知能犯につ
いて認め，その後，その範囲を殺人罪・放火罪，さらには窃盗罪・強盗罪など
の実力犯にまで及ぼしてきた。このような実行行為の分担を伴わない共謀共同
正犯を肯定する根拠は，大審院時代には「共同正犯ノ本質ハ二人以上ノ者一心
同体ノ如ク互ニ相倚リ相援ケテ各自ノ犯意ヲ共同的ニ実現シ以テ特定ノ犯罪ヲ
実行スルニ在リ」（前出大連判昭和11・5・28）として，**共同意思主体説**（これは，
数人の共謀により同心一体的な共同意思主体が成立し，そのうちの1人の実行は共同意
思主体の活動にほかならないが，その責任は各人に帰属すると解する見解であり，共謀

---

20)　Aが暴行を，Bが財物奪取を分担して行うという強盗の共同実行の場合，共同正犯
　　規定が存在しなければ，Aには暴行罪，Bには窃盗罪が成立するにすぎないこととな
　　り，強盗の単独犯行よりも危険な共同実行形態を適切に評価することができなくなって
　　しまう。

共同正犯を基礎づける理論として昭和初期に提唱されたものである）を受けたものであったが，戦後の最高裁においては，次のような理解が示されるに至っている。すなわち，「共謀共同正犯が成立するには，二人以上の者が，特定の犯罪を行うため，**共同意思の下に一体となって互に他人の行為を利用し，各自の意思を実行に移す**ことを内容とする**謀議**をなし，よって犯罪を実行した事実が認められなければなら」ず，このような「共謀に参加した事実が認められる以上，直接実行行為に関与しない者でも，他人の行為をいわば自己の手段として犯罪を行ったという意味において，その間刑責の成立に差異を生ずると解すべき理由はな」く，「実行行為に直接関与したかどうか，その分担または役割のいかんは右共犯の刑責じたいの成立を左右するものではない」というのである（前出最大判昭和33・5・28）[21]。こうして，最高裁によれば，（2人以上の者が，特定の犯罪を行うため，共同意思の下に一体となって互いに他人の行為を利用し，各自の意思を実行に移すことを内容とする）謀議・共謀に基づいて犯罪の実行が行われた場合には，謀議関与者について，実行行為の分担の有無を問わず，共同正犯としての罪責が問われることになるのである[22]（共謀は犯行現場においてなされる場合〔現場共謀〕もある。また，共謀共同正犯の成立を認めるためには，具体的な謀議行為がなされたことが必須ではなく，共同者間において双方向的な暗黙の意思の連絡があるにすぎない場合であっても，共謀共同正犯を認めることができる。最決平成15・5・1刑集57巻5号507頁〈総 *316*〉参照）。このような見地に立つ判例においては，被告人が，自ら当該犯罪を行う主体として，いわば「自己の犯罪」として関与した場合に，その者について共同正犯の成立を肯定する傾向が窺われるともいえよう。下級審判決には，こうした傾向を推し進め，実行行為の遂行・分担を行った者についても，「自己の犯罪」として関与していないとして，共同正犯の成立を否定し，幇助（これを，**故意ある幇助的道具**という）としての可罰性を肯定したものも存在している（横浜地川崎支判昭和51・11・25判時842号127頁〈総

---

21) 謀議・共謀は，共謀共同正犯における罪となるべき事実であり，厳格な証明が必要である。しかし，共謀は厳格な証明により認められ，その証拠が判決に挙示されている以上，謀議の日時・場所，内容の詳細について具体的に判示することを要するものではないとされている。

22) 共謀共同正犯は，上位者が下位の実行担当者を優越的に支配する**支配型**と，必要な行為を各自分担する**分担型**とに類型化することができる。

322〉，大津地判昭和 53・12・26 判時 924 号 145 頁〈総 *323*〉，福岡地判昭和 59・8・30 判時 1152 号 182 頁〈総 *324*〉など）。

　学説においては，かつてとは異なり，共謀共同正犯を肯定する（そして，その成立範囲に限定を付そうとする）見解が多数を占めている。このような見解においては，形式的正犯概念は放棄され，実質的な寄与・役割の重要性を基準に共同正犯の範囲を画することが意図されているのである（このような見解においては，正犯の範囲を実行行為の分担といった形式的基準ではなく，寄与・役割の重要性といった実質的基準により画そうとする**実質的正犯概念**が採られている）。

　（3）　教唆・幇助の共同正犯

　予備罪の共同正犯を肯定しうることについては，すでに触れたが，**判例**は，教唆の共同正犯（最判昭和 23・10・23 刑集 2 巻 11 号 1386 頁〈総 *198*〉），幇助の共同正犯（大判昭和 10・10・24 刑集 14 巻 1267 頁，大阪高判平成 5・3・30 判タ 840 号 218 頁）を肯定している。これを肯定しても，「二人以上共同して犯罪を実行した」という刑法 60 条の法文に反するとはいえないであろう [23]。

第 3 節　共犯の諸問題

1　共犯と身分

　（1）　総　　説

　一定の**身分**が構成要件要素となっている犯罪（**身分犯**）において，当該身分を有する者（身分者）とそれを有しない者（非身分者）とが構成要件の実現に関与した場合，共犯関係がどのようになるかが問題となる。すなわち，①身分者の正犯行為に非身分者が加功した場合，②非身分者の正犯行為に身分者が加功した場合，③身分者と非身分者とが共働した場合の法的処理が問われることになるのである（①②は教唆・幇助の場合，③は共同正犯の場合である）。刑法 65 条はこの問題を規律するものであるが，同条 1 項は，「犯人の身分によって構成すべき犯罪行為」に加功したときは，非身分者についても身分犯の共犯の成立を肯定し，同条 2 項は，「身分によって特に刑の軽重があるときは」，非身分者

23）　なお，教唆・幇助を，刑法 61 条 1 項の「犯罪」にあたると解することは，同条 2 項との関係からも，困難であろう（そうでないと，同項は不要な規定となる）。

には「通常の刑を科する」としている。すなわち，身分があることによって初めて犯罪行為となる**構成的身分犯**（**真正身分犯**ともいう）については身分（**構成的身分**）の連帯作用を，身分がなくとも犯罪行為となるが，身分の存在により刑が加重又は減軽される**加減的身分犯**（**不真正身分犯**ともいう）については身分（**加減的身分**）の個別作用を定めているのである。

身分の作用について，一見矛盾するような規律を定める刑法65条の規定をいかに解釈するかをめぐっては学説上いくつかの見解が主張されてきた。

第1は，法文の文理に忠実に，65条1項は構成的身分の連帯作用を，同条2項は加減的身分の個別作用を定めたものと解する見解である。これは，**判例**（大判大正2・3・18刑録19輯353頁〈総 *360*〉など）及び**多数説**の採用するところとなっているが，1項と2項とで身分が異なった扱いを受けることの理由が明らかにされていない点に（学説としては）問題を残している[24]。

第2は，65条1項は，構成的身分犯及び加減的身分犯を通じて，身分犯における共犯の成立について規定したものであり，同条2項は，とくに加減的身分犯について刑の個別作用を定めたものと解する見解である。この見解は，身分犯では身分が構成要件要素となっているという意味で，すべての身分犯は（当該身分犯は身分により構成すべきものであるから）構成的身分犯といえるという意味では理解しうるものであるが，犯罪の成立と科刑とを分離している点[25]，65条2項が定められている根拠を明らかにしていない点において，疑問ないし問題を残している。

第3は，身分を行為の違法性に関係する身分（**違法身分**）と責任に関係する身分（**責任身分**）に分けることを前提とし，責任身分の個別作用は理論上当然のことであるから，65条は違法身分について定めたものと解する見解である。この見解によれば，違法身分についても身分の有無により違法性の程度は本来異なるべきものと解されることから，2項の個別作用が導かれる。1項が構成的身分について連帯作用を規定しているのは，そうでないと，共犯について成

---

24) 判例においては，何が構成的身分で，何が加減的身分かについて，解釈の余地が留保されている。最終的には，規定形式ではなく，身分の実質を考慮した解釈が必要となろう。

25) 科刑は，犯罪が成立する限度で正当化されるから，両者を分離することはできない。

立する犯罪がなくなるという技術的理由からであり，したがって，構成的身分犯についても2項の精神を尊重して酌量減軽が考慮されるべきだとするのである。この見解は，身分の意義について，違法身分・責任身分という実質的視点を導入した点において優れているが，違法身分についても個別作用が肯定されるべきであるのなら，構成的身分犯に関与した非身分者は本来不可罰とされるべきではないかという疑問が残ることになろう[26]。

第4は，65条1項は違法身分の連帯作用を，同条2項は責任身分の個別作用を定めるものと解する見解である。この見解においては，責任身分の個別作用は理論上当然のこととして，違法身分の連帯作用は，法益侵害惹起を違法性の実質と解する見地から（法益侵害に因果性を有する行為は同様に違法であるとして）基礎づけられることになる。この見解は，65条1項・2項の異なった規律を基礎づける点において優れているが，構成的身分・加減的身分の区別と違法身分・責任身分の区別とが完全に対応していない点に，65条の解釈論として文理上問題を残している[27]。

(2) 刑法65条の解釈

(i) 身分の意義　刑法65条にいう**身分**の範囲が，同条の解釈としてはまず問題となる。**判例**は，「刑法六五条にいわゆる身分は，男女の性別，内外国人の別，親族の関係，公務員たるの資格のような関係のみに限らず，総て一定の犯罪行為に関する犯人の人的関係である特殊の地位又は状態を指称する」（最判昭和27・9・19刑集6巻8号1083頁〈総*355*〉）として，身分の意義を広く解している。以前，拐取罪における「営利の目的」は刑法65条の身分にあたらないとされていたが（大判大正14・1・28刑集4巻14頁〈総*356*〉），上記のような身分理解から，麻薬輸入罪における「営利の目的」も「犯人の特殊な状態」であるとして，刑法65条の身分にあたると解されている（最判昭和42・3・7刑

---

26) このことは，身分犯を身分者に課された義務の違反とする理解（身分犯の義務犯的理解）からは，一層問題となる。すなわち，義務のない者がいかなる意味で義務を前提とする犯罪の共犯になるかが問題となるのである。この立場からは，65条1項は身分犯の処罰を共犯について拡張する規定だと解されることになる。

27) この立場からは，違法身分はすべて構成的身分であると解釈することでこの問題はほぼ解消しうる。これに対し，構成的責任身分については，65条2項を類推適用して，非身分者である加功者を不可罰と解することになろう。

集 21 巻 2 号 417 頁〈総 *31・357*〉）。なお，身分の意義を広く解することの実際上の意義は，加減的身分を認める場合に生じる。なぜなら，問題となる構成要件要素が身分でないとすることと，刑法 65 条 1 項の構成的身分であることを認めることとは，実際の法適用において同じ（正犯と同じ罪名の共犯が成立）だからである。

犯罪の中には，一定の身分を有しないことが構成要件要素となっている場合がある。これを**消極的身分**という。たとえば，無免許医業の罪（大判大正 3・9・21 刑録 20 輯 1719 頁〈総 *362*〉）や無免許運転の罪などがそれにあたる。この場合であっても，「一定の身分を欠く」という身分について刑法 65 条を適用すれば足りる。

なお，犯罪の主体が一定の者に限定されているような規定ぶりがなされている犯罪について，それが身分犯なのかが問題となる場合がある。事後強盗罪（刑 238 条）がその例であり，これについては，身分犯説（それは，さらに構成的身分犯と解する見解[28]と，加減的身分犯と解する見解[29]に分かれる）と結合犯説とが対立している。

(ⅱ)　**適用範囲**　刑法 65 条が共同正犯に適用があるかが問題とされているが，**判例**はこれを肯定している（大判明治 44・10・9 刑録 17 輯 1652 頁〈総 *365*〉，大判昭和 9・11・20 刑集 13 巻 1514 頁〈総 *366*〉など）。学説には，構成的身分犯について，非身分者に共同実行はありえないとして，刑法 65 条の適用を否定する見解があるが[30]，共同正犯も共犯の一種（正犯性がある点が，教唆・幇助とは異なる）であることから，これを肯定することに理由はあると解される。

2　必要的共犯

(1)　総　説

刑法 60 条以下の共犯規定は，単独でも犯しうる犯罪に複数人が関与した事案を捕捉するためのものであり，これによって処罰の対象となる共同正犯・教

---

28)　大阪高判昭和 62・7・17 判時 1253 号 141 頁〈総 *364*, 各 *284*〉参照。
29)　東京地判昭和 60・3・19 判時 1172 号 155 頁〈総 *363*, 各 *283*〉参照。
30)　加減的身分犯については共同実行が可能だとするが，それに矛盾はないかが問題となる。

唆・幇助は**任意的共犯**と呼ばれている。これに対し，犯罪の中には，複数人の共働・加功を前提としたものがある。たとえば，内乱罪（刑77条），騒乱罪（刑106条），重婚罪（刑184条），賭博罪（刑185条），収賄罪（刑197条以下）・贈賄罪（刑198条），凶器準備集合罪（刑208条の3）などがそれにあたり，これらの場合は**必要的共犯**と呼ばれているのである。

　必要的共犯は，さらに，同一の方向に向けて行われる共働を類型化した**多衆犯又は集団犯**（たとえば，内乱罪など）と，対向的な共働・加功を類型化した**対向犯**（たとえば，収賄罪・贈賄罪）に分かれる。これらの必要的共犯の場合においては，刑法の共犯規定の適用が排除されるか，排除される場合があるとすればその理由は何かが問題となる。

　(2)　多　衆　犯

　多衆犯においては，共犯規定の適用が排除されるとする見解が主張されている。すなわち，たとえば，多衆犯である内乱罪（刑77条）においては，首謀者（同条1項1号），謀議参与者・群衆指揮者（同条1項2号），職務従事者（同条1項2号），付和随行者・暴動参加者（同条1項3号）といった役割に応じた罰則が定められているが，この規定は，集団犯罪ないし群集犯罪の特質を考慮して，関与者を一定の態様と限度で処罰しようとするものであり，規定に掲げられていない態様の関与行為は処罰の外に置く趣旨であって，共犯規定の適用は排除されるというのである。しかし，集団内部の者については，その役割に応じた処罰が規定されていると解しうるとしても，集団外部にあって関与する者については，このような理由は妥当せず，共犯規定の適用を否定する理由はないと思われる。

　(3)　対　向　犯

　対向犯においては，当然予想される対向行為の一方について，処罰規定が存在しない場合，共犯規定の適用が排除されるのかが問題となる。

　判例は，かつて，収賄罪のみを処罰し，贈賄についての処罰規定を欠いていた旧刑法下において，収賄の「必要的加担者」である贈賄者を処罰していないことは，収賄の教唆・幇助としても処罰しない趣旨であるとして，贈賄を収賄の共犯として処罰することを否定していた（大判明治37・5・5刑録10輯955頁〈総 *380*〉）。また，弁護士でない者が報酬を得る目的で法律事務を取り扱うこと

を禁止・処罰している弁護士法 72 条違反の罪に関し，弁護士でない者に，自己の法律事件の示談解決を依頼し，これに報酬を与え又は与えることを約束した者について，判例は，次のように述べて弁護士法違反の罪の共犯として処罰することを否定している。すなわち，弁護士法 72 条の規定は，依頼者の行為を当然予想しており，この他人の関与行為なくしては，同罪は成立しえないと解されるが，その関与行為を処罰する規定は置かれていない。「このように，ある犯罪が成立するについて当然予想され，むしろそのために欠くことができない関与行為について，これを処罰する規定がない以上，これを，関与を受けた側の可罰的な行為の教唆もしくは幇助として処罰することは，原則として，法の意図しないところと解すべきである」（最判昭和 43・12・24 刑集 22 巻 13 号 1625 頁〈総 *381*〉）。こうして，判例は，当然予想される関与行為，不可欠な関与行為について，それを処罰する規定が置かれていない場合には，不可罰とする趣旨であるとして，共犯規定を適用することにより対向する可罰的行為の共犯として処罰することを（原則として）[31]否定しているのである [32]。

　学説においても，判例と同様に，「立法の趣旨」に依拠することによって，共犯規定の適用を否定する見解は多数主張されている。この見解については，不可罰となる行為が，可罰的行為にとって不可欠な関与行為を越えて，定型的な関与行為にまで拡張される場合，処罰の限界は不明瞭となるという問題を指摘することができる。たとえば，わいせつ物頒布罪（刑 175 条 1 項）においては買主の存在が必要であるものの，買受け行為について処罰規定は置かれていないところ，単に「売ってくれ」という行為は定型的な行為であり頒布罪の共犯とはならないが，それを越え，積極的に働きかけて売るように仕向けた場合には共犯が成立するとの見解においては，両者の限界は不明瞭である。

　このような理解に対し，学説においては，処罰規定を欠く対向的行為について共犯の成立が否定されるのは，①関与者が被害者である場合，②関与者に責任がない場合（さらに，③関与者を不可罰とする立法者意思が明らかな場合）である

---

31)　この理解は，**立法者意思説**と呼ばれていることからも明らかなように，当該行為を共犯規定を適用することによって，処罰の対象とする立法者意思が存在する場合には適用されない。

32)　さらに，最判昭和 51・3・18 刑集 30 巻 2 号 212 頁参照。

170　第2編　第6章　共　　犯

との見解も主張されている。このうち，①は，「被害者は処罰されない」との当然の法理に依拠するものともいえるが，共犯処罰の根拠となる法益侵害惹起が存在しないこと[33]を処罰否定の根拠とするものである（前出最判昭和43・12・24もこの理由から正当化される）。さらに，犯人蔵匿罪（刑103条）又は証拠隠滅罪（刑104条）において「犯人」が処罰の対象とならないのは期待可能性の欠如（責任の欠如）を理由とすると理解すれば，②により，犯人による犯人蔵匿罪又は証拠隠滅罪の共犯について，その成立は否定されることになる（しかしながら，判例は，これらの場合，「防禦の濫用」だとして，共犯の成立を肯定している[34]。最決昭和40・9・16刑集19巻6号679頁〈総 *382*，各 *575*〉参照）。

3　共犯と違法性阻却事由

正犯の構成要件該当行為について，正当防衛などの違法性阻却事由が存在する場合，それに加功する者が教唆・幇助として処罰されるかが問題となる。教唆・幇助は2次的責任類型であるから，正犯行為が違法でない場合には，背後者の刑事責任を追及する理由がなく，教唆・幇助の成立は否定される（**制限従属性説**）。しかしながら，違法性阻却事由の適用が関与者（正犯と教唆者・幇助者）間で異なる場合，たとえば，正犯について正当防衛が成立する事例において，積極的加害意思がある教唆者・幇助者にとっては（判例理論に従い）侵害の急迫性が否定され，違法性阻却が否定されることになる場合，違法性阻却事由の適用がない教唆者・幇助者について，教唆・幇助が成立することになるのかが問題となる。同様のことは，共同正犯の事例においても問題となるところである（ただし，教唆・幇助については従属性の要件の理解・適用が問題となるのに対して，共同正犯についてはそれが問題とならないという相違がある）。

判例は，共同正犯の事例に関し，「共同正犯が成立する場合における過剰防衛の成否は，共同正犯者の各人につきそれぞれその要件を満たすかどうかを検討して決するべきであって，共同正犯者の一人について過剰防衛が成立したとしても，その結果当然に他の共同正犯者についても過剰防衛が成立することに

---

33)　被害者の利益は害されているようにみえるが，それが被害者の意思に合致しているから，法益侵害性が否定されると解するのである。

34)　判例は，共犯行為については，期待可能性（責任）があるとしているとも解しうる。

なるものではない」とし，現実の侵害行為を行った者には，急迫不正の侵害の存在を認めて過剰防衛の成立を肯定しながら，現実の侵害行為を行っていない共同正犯者については，積極的加害意思の存在を理由に過剰防衛の成立を否定している（最決平成4・6・5刑集46巻4号245頁〈総163〉）。ここでは，違法性阻却事由の適用が共同正犯者間において異なることが肯定されていることになる。

4 共犯と錯誤

(1) 総　説

共犯（教唆者・幇助者）又は共同正犯者が認識・予見した事実と，正犯又は他の共同正犯者が実現した構成要件該当事実とが異なる場合，いかなる犯罪が錯誤に陥っている共犯又は共同正犯者について成立するかというのが，**共犯と錯誤**の問題である。このうち，正犯又は他の共同正犯者が，共犯又は共同正犯者が認識・予見した以上の犯罪を実現した場合を，とくに**共犯の過剰**とも呼んでいる。この問題は，すでに述べた（112頁以下）錯誤の処理に関する理解を基に解決されることになる。

(2) 教唆・幇助と錯誤

正犯が実現した構成要件該当事実が共犯（教唆者・幇助者）の認識・予見したものと異なる事案としては，その錯誤が同一構成要件内の場合（具体的事実の錯誤）と異なる構成要件にまたがる場合（抽象的事実の錯誤）とが存在する。

(i)　同一構成要件内の錯誤　　ここでは，客体の錯誤，方法の錯誤及び因果関係の錯誤が問題となるが，その判断基準は単独犯の場合と同じである[35]。したがって，構成要件的評価の上で重要でない錯誤（たとえば，A宅に侵入して現金を盗んでくるよう教唆したところ，正犯は宝石を盗んできた場合，A所有の財物という点が重要であり，現金か宝石かは重要でない）があるにすぎない場合には，共犯の故意は失われない。判例が採用する抽象的法定符合説の立場からは，正犯にとっての具体的事実の錯誤は重要でなく，このことは共犯についても同様に妥当する（故意は否定されない）。

なお，具体的法定符合説の立場からは，①正犯に方法の錯誤があれば，共犯

---

35) このことは，共犯の処罰根拠は，正犯行為を介した構成要件該当事実の惹起にあり，構成要件該当事実の惹起という点において正犯と同じであることから説明される。

には故意を認めることができないが，②正犯に客体の錯誤がある場合には，共犯にとっても客体の錯誤として故意を肯定する余地がある。

(ii) **異なった構成要件にまたがる錯誤**　これは，正犯が実現した構成要件該当事実が共犯の認識・予見した構成要件該当事実と構成要件において異なる場合であり，両者の構成要件に「実質的符合」を肯定しえない限り，共犯に故意を認めることはできないことになる（たとえば，正犯が遺棄罪に該当する事実を実現するに際し，死体遺棄の認識で幇助した者については，両罪の保護法益が異なるため，両罪の構成要件は符合せず，共犯の成立を肯定することはできない）。

構成要件的符合を肯定しうる場合については，構成要件該当事実の軽重に従って検討することが必要である。①正犯が実現した構成要件該当事実が共犯の認識・予見したものより重い場合（窃盗を教唆したところ，正犯は強盗を行った場合），正犯が実現した構成要件該当事実には共犯が認識した構成要件該当事実が含まれており，共犯の認識に対応した軽い罪の共犯が成立する（上記の例で，窃盗の共犯が成立する。最判昭和25・7・11刑集4巻7号1261頁〈総 *306・349*〉〔ゴットン師事件〕参照）。関連して，正犯による基本犯（たとえば，傷害）の遂行に加功したところ，正犯が結果的加重犯（たとえば，傷害致死）を実現した場合には，結果的加重犯の共犯が成立する [36]（たとえば，傷害致死罪の共犯が成立する。大判大正13・4・29刑集3巻387頁〈総 *351*〉参照）。②正犯が実現した構成要件該当事実が共犯の認識・予見したものと同じ重さの場合には，判例によれば，正犯の罪の共犯が成立することになろう。③正犯が実現した構成要件該当事実が共犯の認識・予見したものより軽い場合（たとえば，殺人幇助の意思であったが，正犯は傷害を行ったにとどまる場合）には，正犯が実現した軽い罪に対する共犯が成立するにとどまることになると解される（傷害の幇助が成立する。ただし，罪名について従属性を認めるか否かが関係する。158頁参照）。

(3) 共同正犯と錯誤

共同正犯における共同正犯者間の錯誤についても，基本的には同じことが妥当する。ただし，共同正犯は1次的責任類型であることから，共同実行の成否・範囲の問題として処理されることになる。この問題については，犯罪共同

---

36) 学説によれば，加重結果惹起について共犯に過失が存在することが必要である。なお，判例によれば，過失は不要である。

説・行為共同説の対立に関連してすでに解説を加えた（154頁）。判例は，殺人の意思がある者と傷害の意思で共同した者について，殺人罪の共同正犯と傷害致死罪の共同正犯の構成要件が重なり合う限度で，軽い傷害致死罪の共同正犯が成立すると解している（最決昭和54・4・13刑集33巻3号179頁〈総 *352*〉。さらに，最決平成17・7・4刑集59巻6号403頁〈総 *82*, 各 *37*〉参照）。

(4) 関与類型間の錯誤

関与類型間の錯誤も問題となる。たとえば，教唆の意思で幇助となった場合，間接正犯の意思で教唆となった場合などの処理が問題となる。教唆，幇助，共同正犯，さらに単独正犯（間接正犯）は，いずれも構成要件該当事実惹起の行為類型であるから，これらの間では実質的に軽い惹起類型の限度で構成要件の実質的符合を認め，その限りにおいて犯罪の成立を肯定することができる。たとえば，教唆の意思で幇助となった場合には幇助が成立し，幇助の意思で教唆となった場合には幇助が成立する。また，間接正犯の意思で教唆となった場合には教唆が成立し（さらに，間接正犯の未遂の可能性がある），教唆の意思で間接正犯となった場合には，教唆が成立することになる（仙台高判昭和27・2・29判特22号106頁〈総 *353*〉参照）。

5 片面的共犯

教唆・幇助又は共同正犯が成立するためには，これらの共犯行為と構成要件該当事実との間に因果関係が必要であるが，共犯行為の物理的因果性は肯定しうるものの，教唆者・幇助者と正犯者の間，又は共同正犯者間において，構成要件該当事実惹起について意思の相互の連絡が欠けるなどのため心理的因果性が欠ける場合においても共犯が成立するかが問題となる[37]。このような関与形態を，共犯又は共同正犯者が正犯又は他の共同正犯者に対して一方的に加功・関与するという意味で，**片面的共犯**と呼んでいる。

判例は，幇助については正犯との間の相互の意思連絡が必須のものではないから，片面的幇助が成立しうるが（大判大正14・1・22刑集3巻921頁〈総 *325*〉，大判昭和3・3・9刑集7巻172頁〈総 *327・394*〉，東京地判昭和63・7・27判時1300

---

37) なお，教唆について，被教唆者に教唆されていることの認識は必要でない。

174　第2編　第6章　共　犯

号153頁〈総 *328*〉など），共同正犯については相互の意思連絡が必要であり，片面的共同正犯は成立しない（大判大正11・2・25刑集1巻79頁〈総 *326*〉など）との態度を採っている。学説においては，幇助・共同正犯ともに片面的共犯の成立を肯定する見解，否定する見解 38) も主張されているが，判例と同様の理解が多数説であると思われる。

6　承継的共犯

　先行者 X により構成要件の実現に向けた実行行為の一部が行われた後に，その事情を知りながら構成要件実現に対する加功を開始した後行者 Y について，加功前の事実をも含めた共犯の罪責を問いうるかが問題となる。それを肯定する場合，このような形態の共犯を**承継的共犯**という。

　判例の態度は犯罪類型により必ずしも同一ではない。かつて，強盗目的で被害者を殺害した夫 X から，事情を知らされて金員の強取に協力を求められた妻 Y が，やむを得ずこれを承諾し，ロウソクを掲げて X の強取を容易にしたという事案において，強盗殺人罪は単純一罪を構成するものだから，同罪の一部である強取行為に加担してこれを幇助したときは，強盗殺人罪の幇助が成立し，単に強盗罪・窃盗罪の幇助にとどまるものではないとした判例が存在したが（大判昭和13・11・18刑集17巻839頁〈総 *370*〉），このような理解が現在一般的に採られているわけではない。裁判例（たとえば，大阪高判昭和62・7・10高刑集40巻3号720頁〈総 *378*, 各 *62*〉）では後述する中間説が有力であるが，判例は，傷害罪の事案について（刑法207条の適用の可能性がありうる），中間説の論理の採用を否定した（最決平成24・11・6刑集66巻11号1281頁〈総 *376*〉）。

　学説においては，前出大判昭和13・11・18と同様，①承継的共犯**肯定説**も主張されているが，共犯の処罰根拠としての因果共犯論の立場から，自己の関与行為と因果関係に立たない事実について刑事責任を負ういわれはないとする②承継的共犯**否定説**も有力に主張されている。これらに対し，比較的多数の見

---

　38)　共犯の因果性として心理的因果性を不可欠と解する立場からは，片面的共犯は否定され，そのように解さない立場からは肯定する余地が生じる。後者の立場からも，共同正犯の共同実行を肯定するためには，相互の意思連絡が必要であると解する場合，片面的共同正犯は否定される。

解に支持されているのが，すでに発生した結果については後行者の罪責を否定するものの，先行者の行為ないしその効果を認識・認容してそれを積極的に利用した場合に限って，その限度で後行者について承継的共犯の成立を肯定する③**中間説**である[39]。この中間説においては，因果共犯論との整合性をいかに担保し，正当化するか，罪名の従属性の影響をどのように考えるかが理論的な課題となっている。

7 共犯関係からの離脱

(1) 因果性の除去・切断

因果共犯論の立場からは，共犯は自己の共犯行為と因果関係を欠く構成要件該当事実について共犯としての責任を問われることはない。したがって，一旦共犯行為が行われても，それが有する犯罪促進効果が除去されたため，その後生じた構成要件該当事実との間に因果関係が存在しなくなれば，**共犯関係からの離脱**又は**共犯関係の解消**が認められ，正犯又は他の共同正犯者により惹起された構成要件該当事実について共犯としての責任を負うことはないのである。

こうして，共犯の因果性の除去・切断によって，共犯責任が否定されることになり，共犯関係からの離脱・解消が，正犯又は他の共同正犯者による実行の着手前であれば，離脱者には（予備罪の刑責は別論として）刑事責任が生じることはなく，実行の着手後であっても既遂前であれば，離脱者には未遂の限度で共犯の罪責が生じるにとどまることになるのである（さらに，離脱が「自己の意思によ」る場合，中止犯となりうる）。

(2) 着手前の離脱

裁判例においては，実行の着手前に，翻意して離脱の意思を表示し，それを他の共犯者も了承した場合に，共犯関係からの離脱が肯定されている（東京高判昭和 25・9・14 高刑集 3 巻 3 号 407 頁〈総 *386*〉）。離脱の意思を明示的に表明しなくとも，他の共犯者がそれを認識しながら犯行を続行した場合には，離脱の黙示の意思が受領されたとして離脱を肯定したものもある（福岡高判昭和 28・1・12 高刑集 6 巻 1 号 1 頁〈総 *387*〉）。ただし，共謀者団体の頭である者について

39）　犯罪結果に対する因果関係を要求する場合，前出大判昭和 13・11・18 の事案については，強盗殺人罪の幇助ではなく，強盗罪の幇助の成立が肯定されることになる。

176 第2編 第6章 共 犯

は，共謀がなかった状態に復元することが離脱を肯定するためには必要である
とされた（松江地判昭和51・11・2刑月8巻11＝12号495頁〈総*388*〉）。なお，正
当防衛として暴行を共同して行い，相手方の侵害が終了した後においても一部
の者が暴行を続けた場合，後の暴行を加えていない者については，暴行の共同
意思から離脱したかどうかではなく，新たに共謀が成立したかを検討すべきだ
とされている（最判平成6・12・6刑集48巻8号509頁〈総*393*〉）[40]。

　心理的因果性は，「あとは宜しく頼む」と途中で帰った場合に切断されない
であろうから，離脱意思が他の共犯者に伝達されることによって，心理的影響
が除去されたかを慎重に検討する必要があろう。物理的因果性は，実際に犯罪
促進効果を失わせることによって解消することが可能となる（たとえば，犯行に
必要な道具を供与した場合，それを取り戻すことが必要である）[41][42]。

(3) 着手後の離脱

　着手後の離脱に関し，かつて判例は犯行の阻止を要求するに近い態度を採っ
ていた。すなわち，XとYがA宅に強盗に入り金員を強取しようとしたとこ
ろ，Aの妻が自分の家には金がないといって900円差し出したので，Yは受
け取らずに，Xに「帰ろう」といって外に出たところ，Xは900円奪取して
から外に出てきたという事案において，Xが「金員を強取することを阻止せ
ず放任した以上」，Yも強盗既遂の罪責を免れないとしていた（最判昭和24・
12・17刑集3巻12号2028頁〈総*383*〉）。しかし，その後，XとYとが共謀の上，
AをX方に連行して暴行を加え，Yが「おれ帰る」といって立ち去った後，
Xがさらに暴行を加えて，Aが死亡したが，死の結果がYが帰る前のX・Y
共同の暴行によるのか，その後のXの暴行によるのか不明であるという事案
において，「被告人〔Y〕が帰った時点では，Xにおいてなお制裁を加えるお
それが消滅していなかったのに，被告人において格別これを防止する措置を講

---

40) 違法性阻却により許された行為を根拠に処罰を基礎づけることには問題があり，こ
　のような判断は正当であるといえよう。
41) ただし，一旦犯行計画が終了したといいうる状態となれば，道具が他の共犯者に残
　され，それによって後に犯罪が遂行されたとしても，因果性の切断を肯定することがで
　きよう。
42) 住居侵入後，強盗着手前の離脱を否定した判例として，最決平成21・6・30刑集63
　巻5号475頁〈総*392*〉参照。

第3節　共犯の諸問題　177

ずることなく，成り行きに任せて現場を去ったに過ぎないのであるから，X
との間の当初の共犯関係が右の時点で解消したということはできず，その後の
Xの暴行も右の共謀に基づくものと認めるのが相当である」として，「かりに
Aの死の結果が被告人〔Y〕が帰った後にXが加えた暴行によって生じてい
たとしても，被告人は傷害致死の責を負う」としている（最決平成元・6・26刑
集43巻6号567頁〈総 *389*〉）。これは，Xが制裁を加えるおそれを消滅させて
いれば，その後Xの暴行によりAが死亡しても，Yは傷害致死の共同正犯の
罪責を負わないという趣旨を含んでいる。

　実行の着手の段階に至れば，行為者の行為とは独立して結果惹起に至る因果
経過が設定されていることがあるから，その場合には，そのような効果を解消
することが共犯関係からの離脱・解消を認めるためには必要となろうが，実行
の着手前後で異なった論理が妥当するものではないと解される。判例は，実行
の着手前に関する前出最決平成21・6・30で前出最決平成元・6・26と同様の
基準を採用している。

8　過失と共犯

(1)　過失犯の共同正犯

過失による教唆・幇助は，過失犯処罰規定を欠くため，不可罰である（刑38
条1項但書）。これに対し，**過失犯の共同正犯**は，過失犯処罰規定が刑法60条
により拡張されると解することが可能であるから，それを肯定することは不可能
ではない。

判例は，かつて，共犯規定は過失犯には適用がないとして，過失犯の共同正
犯の成立を否定する態度を採っていたが（大判明治44・3・16刑録17輯380頁
〈総 *329*〉）[43]，その後，これを肯定するに至った。すなわち，A及びBが共同
して経営する飲食店で，法定の除外量以上のメタノールを含有する液体を，不
注意にも必要な検査をすることなく，意思を通じて客に販売したという事案に
おいて，有毒飲食物取締令4条1項後段の過失犯（メタノールを含有する飲食物
を過失により販売する罪）の共同正犯の成立を肯定した原判決が是認されたので

---

43)　もっとも，過失犯の共同正犯肯定説に立つ原判決を是認したものとして，大判昭和
　　10・3・25刑集14巻339頁があった。

ある（最判昭和 28・1・23 刑集 7 巻 1 号 30 頁〈総 *330*〉）。その後の下級審判決は，過失犯の共同正犯を肯定する態度を示しており，以下のような事案において，その成立が認められている。すなわち，A 及び B が共同で素焼きコンロにより煮炊きを行い，過熱発火を防止する措置を講ずることなく帰宅したために火災が発生した事案（名古屋高判昭和 31・10・22 裁特 3 巻 21 号 1007 頁），A 及び B が酔余観光船に乗り込み，それぞれ操舵と機関部の操作を行い，同船を座礁させ破壊した事案（佐世保簡裁略式命令昭和 36・8・3 下刑集 3 巻 7 = 8 号 816 頁），2 人制踏切の踏切警手 A 及び B が列車の接近の確認を怠り，遮断機を閉鎖しなかったために，衝突事故が発生した事案（京都地判昭和 40・5・10 下刑集 7 巻 5 号 855 頁），鉄工所の従業員 A 及び B が溶接作業を行うにあたり，遮蔽措置を執らずに，1 人が溶接し，他が監視するという方法で溶接を交替しながら実施したために火災を発生させた事案（名古屋高判昭和 61・9・30 高刑集 39 巻 4 号 371 頁），通信工事会社作業員 A 及び B がケーブルの断線探索作業を行った際に使用したトーチランプのとろ火を完全に消火しなかったために火災が発生した事案（東京地判平成 4・1・23 判時 1419 号 133 頁〈総 *331*〉〔世田谷ケーブル火災事件〕）などである。

学説においては，かつて行為共同説からは過失犯の共同正犯は肯定され，犯罪共同説からは否定される傾向があったが，現在では，犯罪共同説の立場からもこれを肯定する見解が有力である（そこでは，「共同義務の共同違反」を成立要件として要求することによって，限定的に肯定しようとする見解が主張されている）。単独の過失同時犯に解消しうるとする否定説も近時主張されているが，学説においては肯定説が多数を占めているということができよう [44]。

(2) 結果的加重犯と共犯

(i) 結果的加重犯の教唆・幇助　判例は，基本犯に対する教唆・幇助がなされたところ，正犯が結果的加重犯を犯した場合，**結果的加重犯の教唆・幇助の成立を肯定している**（大判大正 13・4・29 刑集 3 巻 387 頁〈総 *351*〉〔傷害致死罪の教唆〕など）[45]。学説においても，教唆者・幇助者について，加重結果に関

---

44) 共同者間には相互監督関係はないから，監督過失による過失の同時犯とすることには無理がある。共同正犯の一般的理解を及ぼして，過失による共同惹起により過失の共同正犯を肯定することが考えられる。

する過失が認められる場合には，結果的加重犯の教唆・幇助の成立を肯定する見解が多いといえよう。

(ii)　結果的加重犯の共同正犯　　判例は，**結果的加重犯の共同正犯を肯定**している（最判昭和26・3・27刑集5巻4号686頁）。学説においても，判例と同様に，これを肯定する見解が多数であり，このことは過失犯の共同正犯を否定する立場からも肯定されることが多い。

9　不作為と共犯

(i)　不作為犯に対する共犯　　不作為犯については，主体が限定されているから（真正不作為犯においては明文で主体が限定され，不真正不作為犯においては解釈上保障人的地位にある者に主体が限定されている），このような主体の要件を備えない者が，それを備える者の不作為に関与する場合，不作為犯の共犯が成立しうるかが問題となる。ここで，不作為犯の主体の要件を一種の身分と解することができるから，刑法65条（その背後にある規定の趣旨）によれば，身分のない者も共犯として処罰の対象となると解することができる。

(ii)　不作為による共犯　　不作為による共犯の成立は，判例[46]・学説上肯定されている（不作為による関与はすべて正犯だとする解釈もありうるが，それは少数説である）。ただし，その場合には，作為義務を基礎づける保障人的地位が必要となり，正犯の犯行を防止すべき作為義務があるのにそれを尽くさず，それによって正犯の実行を容易にした場合に，不作為による幇助が成立する（前出札幌高判平成12・3・16参照）。

---

45)　これは，判例は，加重結果について過失を要求していないことと関係するものと思われる。

46)　不作為による幇助を肯定したものとして，大判昭和3・3・9刑集7巻172頁〈総 *327・394*〉，大阪高判昭和62・10・2判タ675号246頁〈総 *395*〉，札幌高判平成12・3・16判時1711号170頁〈総 *396*〉，否定したものとして，大阪高判平成2・1・23高刑集43巻1号1頁〈総 *398*〉，東京高判平成11・1・29判時1683号153頁〈総 *399*〉などがある。

第7章

罪　数

第1節　総　説

　行為者が複数の罪を犯した場合における法的処理を扱うのが**罪数論**である。その内容は，①行為者の犯したのは1個の罪か複数の罪かをいかにして画定するかという問題（これは，その性質上，犯罪成立要件論ないし罰条適用論である）と，②複数の罪をいかに取り扱うかという問題（これは，その性質上，刑罰論である）から成る。

　犯罪の個数（一罪か数罪か）を決定する基準としては，行為を基準とする見解，行為者の意思を基準とする見解，法益侵害を基準とする見解，構成要件的評価の回数を基準とする見解などが主張され，最後の見解（構成要件基準説）が有力な地位を占めてきた。しかし，単純な一罪と単純な数罪との間に中間的な形態が存在するため，それらを単一の基準によって一罪と数罪とに区別することには無理がある。罪数の形態としては，①**単純一罪**（1つの構成要件該当事実が1回惹起された場合），②**包括一罪**（複数の単純一罪が存在するが，なお一罪として扱われる場合），③**科刑上一罪**（複数の単純一罪又は包括一罪が存在するが，その最も重い刑だけで処断される場合），④**併合罪**（数罪であるが，同時審判の可能性があるため，科刑において特別の考慮がなされ，加重された1個の刑が言い渡されるなどのことが認められている場合），⑤**単純数罪**（数罪であり，併合罪の関係にない場合）が存在するのである。一罪と数罪の限界をこれらの諸形態のどの間に引くかによって基準が異なることになるが，そのようなことには特段の意味はないといえよう。

第2節　法条競合

(1)　総　　説

1個の構成要件該当事実，すなわち1個の法益侵害が惹起されたにすぎない場合が**単純一罪**である。そのうち，1個の法益侵害事実に対して，数個の刑罰法規が適用可能であるように見えるが，それらの罰条相互の関係から1つの罰条のみの適用が可能であり，一罪しか成立しない場合を**法条競合**という。1個の法益侵害事実に対して複数の犯罪の成立を肯定することは，二重処罰の禁止の原則に触れて許されない。

(2)　法条競合の諸類型

法条競合は，学説上，特別関係（2つの罰条が一般規定と特別規定の関係に立つ場合），補充関係（一方の罰条が他方を補充する関係に立つ場合），択一関係（2つの罰条が択一的な関係に立つ場合），吸収関係（一方の罰条が他方を吸収する場合）に分けられることが多い。しかし，このうち，吸収関係は法条競合ではなく包括一罪と解すべきであり，補充関係は特別関係の一種であるから，法条競合は，**包摂関係**（特別関係，補充関係）と**交差関係**（択一関係）に分けられることになる。

（i）　**包摂関係**　　一方の罰条が定める構成要件が，他方の罰条が定める構成要件を包摂する場合であり，一般にいう特別関係及び補充関係がこれにあたる。このことは特別関係においては明白であるが，補充関係においても一方の構成要件からある要素を取り去ったものが他方の構成要件であることから，同じといえるのである。

特別関係は，殺人罪（刑199条）と（旧）尊属殺人罪（刑旧200条），殺人罪と同意殺人罪（刑202条）のように，2つの構成要件が基本類型と加重類型又は基本類型と減軽類型の関係にある場合に認められる。強盗罪（刑236条）と暴行罪（刑208条）・窃盗罪（刑235条）の関係もこれにあたる。特別類型にあたる事実が存在する場合，「特別法は一般法に優先する」ため，特別類型である加重・減軽類型の罰条のみが適用されることになる。

補充関係は，現住建造物等放火罪（刑108条）・非現住建造物等放火罪（刑109条）と建造物等以外放火罪（刑110条）において，現住建造物等と非現住建造

物等を客体とする放火罪に次いで「前二条に規定する物以外の物」に対する放火罪が補充的に規定されている場合に認められる（これを，**明示的な補充関係**という）。また，公文書偽造罪（刑155条）に次いで公文書以外の文書である私文書が客体として補充的に定められている場合もこれにあたる（これを，**黙示的な補充関係**という）。基本類型にあたる事実が存在する場合，「基本法は補充法に優先する」ため，基本類型の罰条のみが適用されることになる。

犯罪が既遂となった場合には，その前段階において未遂犯も成立しているが，既遂犯の罰条のみが適用される（補充関係）。しかし，既遂犯と未遂犯とはおよそ補充関係にあるわけではなく，未遂犯成立後，別の行為によって既遂となった場合には，未遂犯と既遂犯とは包括一罪となるにすぎない（未遂犯は既遂犯の刑に吸収される）。既遂犯と予備罪についても，それらは別個の行為によって実現される別の事実である以上，法条競合ではなく，包括一罪となる。

　(ⅱ)　交差関係　　一方の罰条が定める構成要件と他方の罰条が定める構成要件とが部分的に交差する場合であり，一般にいう択一関係の一部がこれにあたる（択一関係でも，構成要件が交差しない場合には，罰条の競合の問題は生じないから，法条競合ではない）。未成年者拐取罪（刑224条）と営利目的拐取罪（刑225条），横領罪（刑252条）と背任罪（刑247条）においてこの関係が認められる。未成年者を営利目的で拐取した場合，背任行為が横領ともなる場合には，罰条の競合が生じるが，解釈により優先する罰条を決めて，それのみを適用すべきことになる（上記の例では，法定刑が重い罪である，営利目的拐取罪，横領罪の罰条のみが適用されることになる）。

　(3)　罰条の優先関係

　当該の事実により即した罰条を解釈により決定し，それを適用することになる。その際，基準となるのは，第1に法益侵害であり，第2に責任である。なお，法条競合のために劣後するとされた罰条は適用されないが，排除された罰条において定められている法定刑を考慮することが要請される場合がある（重い罪の罰条が適用されるため，軽い罪の罰条の適用が排除されるが，軽い罪に定められている法定刑の下限を下回る刑を科することができないのではないかが問題となる）。

第3節　包括一罪

(1)　総　　説

複数の法益侵害事実が存在するが，1つの罰条の適用によりそれを包括的に評価しうる場合が**包括一罪**である。包括一罪を構成する個別の事実は，それ自体犯罪として処罰の対象となりうるものである（したがって，それだけを独立して処罰することもできるし，それに対する共犯の成立も可能である）から，包括一罪は，単純一罪ではなく，科刑上一罪に近似した性格を有するといえる（したがって，科刑上一罪の場合と同様に，処断刑は包括評価された軽い罪の法定刑の下限を下回ることができないと解される）。

包括一罪は，複数の法益侵害が惹起されたが，①主たる法益侵害の惹起に付随する従たる法益侵害を含めて評価しうるか，又は，同一の法益侵害としてまとめて評価しうる場合（**法益侵害の一体性**）であって，②1個の行為又はそれに準ずる場合（**行為の一体性**）のとき，認められる。法益侵害の一体性により（法益侵害を個別・独立に惹起した場合に比して）違法性が減少し，行為の一体性により（複数の意思決定・行為の場合に比して）責任が減少するため，1個の法益侵害を惹起した場合に準じた評価が可能となるものと解される。包括一罪は，法益侵害の一体性において，科刑上一罪とは異なるのであり，それよりも一罪性が強いものといえるのである。

包括一罪は，軽い罪が重い罪の刑に吸収される場合である吸収一罪と，同じ数個の罪を包括して一罪とする狭義の包括一罪に分かれる。

(2)　吸　収　一　罪

重い罪の刑に軽い罪が吸収される場合である**吸収一罪**には，以下のような諸類型がある。

　(i)　第1の類型は，1個の行為により複数の法益を侵害したが，主たる法益侵害に付随して発生した従たる法益侵害は，主たる法益侵害の惹起を処罰の対象とする罪の法定刑を定める際に（情状として）すでに併せ考慮されていると解することができるため，主たる法益侵害の惹起を処罰の対象とする罪の罰条だけで処断する場合（**随伴行為**）である。拳銃で人を射殺すると共に，衣服

を損傷した場合，器物損壊罪（刑261条）は殺人罪（刑199条）の刑に吸収され，顔面を殴打し，それにより眼鏡レンズが破損した場合には，器物損壊罪は傷害罪（刑204条）の刑に吸収される（東京地判平成7・1・31判時1559号152頁〈総**408**〉）。偽造通貨を行使して商品を購入した場合，詐欺罪（刑246条）は偽造通貨行使罪（刑148条2項）の刑に吸収される（大判明治43・6・30刑録16輯1314頁）[1]。重過失致死傷罪（刑211条後段）は現住建造物等放火罪（刑108条）の刑に吸収されるとした判決もある（熊本地判昭和44・10・28刑月1巻10号1031頁〈総**407**〉）。

　(ii) 第2の類型は，同一の法益・客体に向けられた（又はそれに準じる）複数の行為が，目的・手段又は原因・結果の関係に立つ場合である。手段である犯罪が目的である犯罪の刑に吸収される場合を**共罰的事前行為**といい（従来，法条競合の場合であるとして，**不可罰的事前行為**と呼ばれてきた），結果である犯罪が原因である犯罪の刑に吸収される場合を**共罰的事後行為**という（従来，法条競合の場合であるとして，**不可罰的事後行為**と呼ばれてきた）。

　共罰的事前行為の例としては，予備と未遂・既遂の場合における予備，賄賂の要求，約束，収受（刑197条）における要求・約束などがあり，前段階の行為に関する罪はより重い後段階の行為に関する罪の刑に吸収される。

　共罰的事後行為の例としては，窃盗により得た財物を毀棄した事例における器物毀棄があり，器物損壊罪（刑261条）は窃盗罪（刑235条）の刑に吸収される。一旦横領した物を再度横領した事例について[2]，判例は，かつて，事後に行われた横領は処罰の対象とならない（不可罰的事後行為）としていたが（大判明治43・10・25刑録16輯1745頁〔先行・後行行為の双方が訴追された事案〕，最判昭和31・6・26刑集10巻6号874頁〈各**369・373**〉〔後行行為のみが訴追された事案〕），昭和31年判例を変更して，事後の横領罪のみを処罰の対象としうるとするに至った（最大判平成15・4・23刑集57巻4号467頁〈各**374**〉)[3]。ただし，事後行

---

　1) このように解さず，両罪の観念的競合と解すると，偽造通貨の収得後知情行使の事案について，収得後知情行使罪（刑152条）の刑が軽く定められている趣旨が没却されることになり，妥当でない。

　2) 無断で委託不動産に抵当権を設定・登記後，同一物の所有権を移転・登記する場合にこのことが問題となる。

　3) 先行する横領と後行する横領とが双方訴追された場合の罪数処理については，判断が

為について，新たな法益侵害がなく，構成要件該当性が認められない場合には，事後行為は単に不可罰であり，共罰的事後行為とはいえない。窃盗により得た盗品の単なる所持などがその例である。

事後行為が新たな法益侵害を伴う場合には，共罰的事後行為として事前行為に関する罪の刑に吸収されることにはならない。たとえば，窃取した預金通帳を使用して窓口で預金を引き出せば，窃盗罪と詐欺罪の両罪が成立し併合罪となる（最判昭和25・2・24刑集4巻2号255頁〈総*409*〉）。

同一の法益・客体に向けられた複数の行為であっても，1個の意思決定に準じた関係が認められない場合には，（違法性減少は肯定しえても）責任減少を肯定することができず，包括一罪とはならない。たとえば，過失により被害者に重傷を負わせ，その後故意で被害者を殺害した場合，過失行為と故意行為とは同じ被害者に向けられているが1個の意思決定に準じた関係がなく，包括一罪とはならない（最決昭和53・3・22刑集32巻2号381頁〈総*57・405*〉〔併合罪〕）。

(iii) 第3の類型は，同じ法益侵害結果に向けられた（1個の意思決定に基づくと解される）複数の行為の場合である。同一の被害者に対して，何度か殺害を試み，目的を達した場合には，数個の殺人未遂罪は殺人既遂罪の刑に吸収される（大判大正7・2・16刑録24輯103頁〈総*404*〉）。犯罪の教唆・幇助の後に，自ら共同実行した場合には，教唆・幇助は共同正犯の刑に吸収される。

(3) 狭義の包括一罪

同じ数個の罪を包括して一罪とする場合が**狭義の包括一罪**である。これにもいくつかの類型が存在する。

(i) 第1の類型は，1個の行為により数個の同じ法益侵害を惹起した場合である。散弾銃の発射により被害者の身体に多数の傷害を生じさせた場合（この場合には，包括一罪というまでもない），被害者の複数の所有物を焼却した場合には，複数の傷害罪，器物損壊罪が成立するのではなく，傷害罪，器物損壊罪の包括一罪となる。なお，被害法益の法益主体が異なる場合には，包括一罪とはならない。たとえば，1個の行為で複数人を死亡させた場合には，殺人罪の包括一罪ではなく，死亡した人の数だけの殺人罪の観念的競合となるのである。

留保されている。

186　第2編　第7章　罪　　数

　(ii)　第2の類型は，数個の接続した行為により，数個の同じ法益侵害を惹起した場合である（これを，**接続犯**という）。同一の被害者を続けて数回殴り，数個の傷害を負わせた場合には，傷害罪の包括一罪となり，同じ倉庫から短時間のうちに何回かに分けて保管されていた物を盗み出した場合には，窃盗罪の包括一罪となる（最判昭和24・7・23刑集3巻8号1373頁〈総 *410*〉）。なお，同種の行為であっても，具体的な被害法益が異なる場合には，包括一罪とはならない。同一の場所で異なる観客に対して数回行われた公然わいせつ行為は包括一罪にはならず（最判昭和25・12・19刑集4巻12号2577頁〈総 *411*〉），制限速度を超過した状態で自動車の運転を継続した場合であっても，離れた箇所における速度違反行為は包括一罪にはならない（最決平成5・10・29刑集47巻8号98頁〈総 *413*〉）[4]。

　(iii)　第3の類型は，常習犯や営業犯のように，数個の同じ行為が行われることが想定されている場合である（これを，**集合犯**という）。常習として数回賭博をしても，包括して常習賭博罪（刑186条1項）一罪として処罰されるにすぎない（最判昭和26・4・10刑集5巻5号825頁〈総 *402*〉）。(旧)わいせつ図画販売罪（刑旧175条前段）も，性質上反復される多数行為を含み，数回販売した場合でも包括して一罪が成立するにとどまる（大判昭和10・11・11刑集14巻1165頁）[5]。しかし，金融業を営む者が多数回犯した出資法違反の罪については，契約ごとに別罪となるとされている（最判昭和53・7・7刑集32巻5号1011頁〈総 *403*〉）。

第4節　科刑上一罪

(1)　総　　説

「一個の行為が二個以上の罪名に触れ」る場合，及び，「犯罪の手段若しくは

---

　4)　法益侵害の一体性が否定されるばかりでなく，1個の意思決定といえないことからも，包括一罪が否定される。

　5)　不特定多数の通行人一般に対し一括して同一内容の定型的な働き掛けを行って寄付を募るという態様で行われた街頭募金詐欺の事例について包括一罪を認めた判例として，最決平成22・3・17刑集64巻2号111頁〈総 *415*〉がある。

結果である行為が他の罪名に触れる」場合には，「その最も重い刑により処断する」こととされている（刑54条1項）。前者の場合を**観念的競合**（一所為数法ともいう）といい，後者の場合を**牽連犯**という。これらの場合においては，単純一罪が数個存在すると考えられるが，科刑の点で一罪として扱われるため，**科刑上一罪**と呼ばれている[6]。

科刑上一罪の場合には，数個の独立に評価されるべき法益侵害が惹起されているが，行為（意思決定）が1個又はそれに準じる場合であるため，数個の行為（意思決定）による場合よりも，責任が減少し，「その最も重い刑」で処断するという法的効果が認められているのである。

「**最も重い刑**」の意義に関し，判例は，刑法72条により加重減軽する前の法定刑を基準に判断する立場を採っているが，学説では，各罪について刑種を選択し，再犯加重及び法律上減軽を施した刑を基準とすべきだとする見解が主張されている。なお，刑の下限は軽い罪の刑の下限を下回ることができない（最判昭和28・4・14刑集7巻4号850頁）。

(2) 観念的競合

「一個の行為が二個以上の罪名に触れ」る場合（刑54条1項）が**観念的競合**である。「二個以上の罪名」は同じものでも，異なったものでもかまわない。

問題となるのは，「**一個の行為**」の判断基準である。**判例**は，「法的評価をはなれ構成要件的観点を捨象した自然的観察のもとで，行為者の動態が社会的見解上一個のものとの評価を受ける場合をいう」としている（最大判昭和49・5・29刑集28巻4号114頁〈総*416*〉）。これに対し，学説においては，結果惹起までの重なり合いは当然不要であるが，行為は構成要件に該当する行為として問題になるのであるから，構成要件的観点から限定された行為の重なり合いが必要だとする見解が主張されている。いずれにせよ，1個の意思決定による場合が「一個の行為」であるといえる。

判例は，問題の多い交通事犯については，上記の基準を適用して，酒酔い運転の罪とその運転中に行われた業務上過失致死罪とは（酒酔い運転が過失の内容をなすか否かにかかわらず）観念的競合ではないとしている（前出最大判昭和49・

---

6) 訴訟法上も一罪として扱われ，一事不再理効は科刑上一罪の全体に及ぶ。

5・29）。両者は異なった意思決定によるものであるといえよう。それに対し，無免許運転と酒酔い運転（最大判昭和49・5・29刑集28巻4号151頁），無免許運転と無車検車運行（最大判昭和49・5・29刑集28巻4号168頁）は観念的競合である。これらは，自動車の運転という1個の意思決定による場合である。

　なお，銃砲刀剣類の不法所持という継続犯と，その過程で行われた銃砲刀剣類を使用した強盗とは，強盗遂行の段階で，不法所持とは異なる新たな意思決定があるから，観念的競合とはならない（最判昭和24・12・8刑集3巻12号1915頁）。これに対し，判例は，既遂時期が異なる覚せい剤輸入罪と関税法上の無許可輸入罪について，「社会的見解上一個の覚せい剤輸入行為と評価すべきもの」であるとして，観念的競合としており（最判昭和58・9・29刑集37巻7号1110頁〈総*418*〉），これは，1個の意思決定という意味では理解しうるといえよう。

　(3)　牽　連　犯

　「犯罪の手段若しくは結果である行為が他の罪名に触れるとき」（刑54条1項）が，**牽連犯**である。この場合，行為は数個あるが，それが目的・手段又は原因・結果の関係にあるため，1個の意思決定に準じる場合だといえるからである。

　いかなる場合に牽連犯となるかは必ずしも明瞭ではない。**判例**は，「数罪が牽連犯となるためには犯人が主観的にその一方を他方の手段又は結果の関係において実行したというだけでは足らず，その数罪間にその**罪質上通例**手段結果の関係が存在すべきものたることを必要とする」とし（最大判昭和24・12・21刑集3巻12号2048頁〈総*421*〉），住居侵入罪と窃盗・強盗罪（大判明治45・5・23刑録18輯658頁），住居侵入罪と殺人罪（大判明治43・6・17刑録16輯1220頁），公文書偽造罪と同行使罪（大判明治42・7・27刑録15輯1048頁），私文書偽造罪と詐欺罪（大判明治42・1・22刑録15輯27頁）などの場合について牽連犯の関係を肯定している。これに対し，殺人罪と死体遺棄罪（大判明治44・7・6刑録17輯1388頁），営利目的麻薬譲受け罪と麻薬譲渡し罪（最判昭和54・12・14刑集33巻7号859頁〈総*423*〉），監禁罪と恐喝罪（最判平成17・4・14刑集59巻3号283頁〈総*424*〉）などについては牽連犯の関係が否定されている。

第4節　科刑上一罪　189

⑷　不作為犯の罪数

　不作為犯について，いかなる場合に観念的競合を肯定しうるかが問題となる。判例は，交通事故を起こしながら，救護義務及び報告義務を果たさずに事故現場から立ち去った事案について，各義務の不作為は「社会的見解上一個の動態と評価すべきもの」であるから，道路交通法上の救護義務違反罪と報告義務違反罪とは観念的競合の関係にあるとしている（最大判昭和51・9・22刑集30巻8号1640頁〈総 *419*〉）。これは，何もしないという1個の意思決定があるにすぎないという見地からは理解することができるが，同時に両義務を履行しえない以上，観念的競合を肯定する前提となる，2つの不作為の併存を認めること自体に疑問があるとの指摘がなされている。

⑸　共犯の罪数

　教唆・幇助罪の個数は正犯により実行された犯罪の個数に従うが，教唆・幇助行為が1個の行為でなされた場合には，数個の教唆・幇助罪は観念的競合となる（最決昭和57・2・17刑集36巻2号206頁〈総 *428*〉）。また，数個の教唆・幇助行為により正犯の1個の犯罪を教唆・幇助した場合，同一の結果惹起のために数人の正犯を教唆・幇助した場合には，教唆・幇助罪の包括一罪となる。さらに，教唆・幇助行為をなした後に自らも共同実行した場合には，共同正犯の包括一罪となる。

　数人が共同して数個の法益侵害を発生させた場合には，数個の共同正犯が成立し，併合罪となる（最決昭和53・2・16刑集32巻1号47頁〈総 *426*〉）。しかし，共謀のみに関与したなどのため，共同正犯行為が1個の場合には，数個の共同正犯の観念的競合となりうると思われる。

⑹　かすがい現象

　A罪とB罪とは本来併合罪の関係にあるが，X罪が行われ，X罪とA罪及びX罪とB罪とが科刑上一罪の関係に立つ場合，いかなる罪数処理がなされるべきかが問題となる。つまり，X罪が「かすがい」となって，本来併合罪関係にあるA罪及びB罪を含め，3罪すべてが科刑上一罪となる（これを，**かすがい現象**という）のかが問われることになるのである。

　判例は，① X_1 とA罪とが観念的競合，X_2 とB罪とが観念的競合であって，X_1 と X_2 とがX罪の包括一罪をなす場合に，全体が科刑上一罪の関係に立ち

190　第2編　第7章　罪　　数

（集合犯である労働基準法違反の個別行為と観念的競合の関係に立つ職業安定法違反の事案について，最判昭和33・5・6刑集12巻7号1297頁〈総*430*〉），②X罪とA罪とが牽連犯，X罪とB罪とが牽連犯の場合に，全体が科刑上一罪の関係に立つ（住居侵入と複数の殺人の事案について，最決昭和29・5・27刑集8巻5号741頁〈総*429*〉）ことを認めている。

　これに対しては，①では，AとBとの間には1個の意思決定に準じる関係はないから，観念的競合の関係を認めた上で，併合罪処理を行うべきではないか，②では，1個の意思決定に準じる関係に立つ最初の犯罪行為との間でのみ牽連犯関係を肯定し，後の犯罪行為との間では併合罪とすることが妥当ではないかが問題となる。

第5節　併　合　罪

　「確定裁判を経ていない二個以上の罪」が**併合罪**であり（刑45条），同時審判の可能性がある数罪については，全体を考慮した上で処断刑を決するのが妥当であるため，科刑の点において特別の扱いがなされる。なお，ある罪について禁錮以上の刑に処する確定裁判があったときは，その罪とその裁判確定前の罪とが併合罪となる。また，裁判確定後の数罪は併合罪であるが，確定裁判を挟んだ前後の数罪は併合罪の関係にはない。

　併合罪の処断については，加重主義，吸収主義及び併科主義が併用されている。

　有期懲役・禁錮及び罰金については，**加重主義**が採られている。懲役・禁錮では，最も重い罪について定めた刑の長期にその2分の1を加えたものを長期とするが，各刑の長期の合計を超えることはできない（刑47条）。なお，判例は，この処断刑の範囲内で具体的な刑を決するにあたり，併合罪の構成単位である各罪についてあらかじめ個別的な量刑判断を行った上，これを合算するようなことは法律上予定されていないとしている（最判平成15・7・10刑集57巻7号903頁〈総*431*〉〔新潟監禁事件〕）。罰金では，各罰金刑の多額の合計以下で処断することになっている（刑48条2項）。

　死刑又は無期懲役・禁錮については，**吸収主義**が採られており，他の刑は科

さない（刑46条）。ただし，死刑では，没収は併科され（刑46条1項但書），無期懲役・禁錮では，罰金，科料及び没収は併科される（刑46条2項但書）。ここでは，**併科主義**が採られている。

懲役・禁錮と罰金は併科され（刑46条1項），拘留・科料は死刑以外の他の刑と併科される（ただし，無期懲役・禁錮と拘留とは併科されない。刑53条）。

第8章

刑法の適用範囲

第1節　刑法の時間的適用範囲

⑴　罰則の施行

　ある行為が犯罪として処罰の対象となるためには，効力を有する処罰規定が行為時に存在することが必要である。処罰規定は，その施行日以降効力を有する。法令の施行日は法令により定められるが，公布日から施行される場合には，「法令の内容が一般国民の知りうべき状態に置かれる」時点（法令の公布は官報によりなされるから，一般の希望者が官報を閲覧し又は購入しようとすればそれをなしえた最初の時点）において公布があり，その時点において施行されたことになる（最大判昭和33・10・15刑集12巻14号3313頁〈総439〉）。

⑵　犯　罪　時

　罰則の施行後に犯罪が行われた場合，当該犯罪行為に罰則を適用して処罰することができるため，どの時点で犯罪が行われたといえるか（これを，**犯罪時**という）が問題となる。判例・学説においては，実行行為の時点が基準となるとする理解が採られている。結果発生が罰則施行後であれば足りるのではない。判例は，そこから，罰則施行の前後にわたって実行された継続犯（最決昭和27・9・25刑集6巻8号1093頁），さらには包括一罪（大判明治43・11・24刑録16輯2118頁〈総441〉）や牽連犯（大判明治42・11・1刑録15輯1498頁〈総442〉）についても，施行後の罰則を適用すべきものとしている。また，正犯行為が罰則施行の前後にわたり実行されたときは，施行前に終了した共犯にも罰則を適用しうるとする判例もある（大判明治44・6・23刑録17輯1252頁〈総443〉）。しか

し，行為が罰則施行前に終了した事実についてまで，処罰の対象となるとすることには疑問がありうる。とくに，共犯行為も共犯構成要件該当事実である以上，罰則施行後に共犯行為がなされなければ，共犯に罰則を適用することはできないと解すべきであろう（大阪高判昭和 43・3・12 高刑集 21 巻 2 号 126 頁〈総*444*〉）。

(3) 刑 の 廃 止

罰則は，犯罪時に存在すれば足りるのではなく，裁判時にも存在しなければならない。裁判時において罰則が存在しなくなれば，「犯罪後の法令により**刑**が**廃止**されたとき」にあたるとして，**免訴**の判決が言い渡される（刑訴 337 条 2 号）。なお，罰則が犯罪時以後廃止された場合においても，廃止前にした行為の処罰についてはなお従前の例による旨の規定が廃止法令に置かれているときには，犯罪時に存在した罰則は，それが存在する間に行われた犯罪を処罰する限度ではなお存在するのであり，「刑の廃止」にはあたらない（刑法 6 条の適用に関してであるが，最判昭和 30・7・22 刑集 9 巻 9 号 1962 頁参照）。

時限付法令については，法令失効後も期間内に行われた違反行為を処罰する限度で罰則の効力は当然存続する旨を主張する「限時法の理論」がかつて主張されたことがある。そのようなことを認めないと，罰則が失効する間際の行為については，罰則の有効期間中に処罰することが実際上できないため，罰則の威嚇力が失われることを理由としている。しかし，このような問題には立法上の手当で対処することができるから，このような特殊な理論を認める必要性に乏しい。

構成要件要素の意義が他の法令により変更された場合，又は，罰則の内容を委任された法令が変更になった場合，「刑の廃止」があったといえるかが問題となる。これは，法令の変更が変更前の行為の犯罪性に対する評価の変更を伴うものかにより判断されるほかない。判例においては，(旧) 尊属殺人罪（刑旧 200 条）が行われた後，民法の改正により被害者が直系尊属から除外されたとしても（刑法 6 条の「刑の変更」にあたらず）尊属殺人罪の規定の適用が可能であり（最判昭和 27・12・25 刑集 6 巻 12 号 1442 頁），物価統制令 3 条違反の行為があった後に，同令に基づいて価格等の統制額を指定した主務大臣の告示が廃止されても「刑の廃止」にはあたらないとされている（最大判昭和 25・10・11 刑集 4

巻 10 号 1972 頁）[1]。これらに対し，外国とみなされていた奄美諸島との間の密輸出入罪について，同地域が外国とみなされなくなった後には「刑の廃止」があったものとされている（最大判昭和 32・10・9 刑集 11 巻 10 号 2497 頁）。

なお，法条競合関係にある罰則の一方が犯罪後失効した場合，「刑の廃止」ではなく，「刑の変更」（刑 6 条）であるとされている（尊属加重規定の廃止に関して，最判平成 8・11・28 刑集 50 巻 10 号 827 頁）。

(4) 刑 の 変 更

刑法 6 条は，「犯罪後の法律によって**刑の変更**があったときは，その軽いものによる」と規定している。事後的な刑の加重は遡及処罰禁止原則との関係で許されないと解されるから，「刑の変更」としては刑の減軽の場合が重要である。もっとも，刑の減軽は，いわば部分的な「刑の廃止」であるから，当然のことであるということもできる。

犯罪後に複数回「刑の変更」があった場合には，そのうち**最も軽い刑**によることとされている。それは，刑が最も軽かった当時処罰されていれば，その軽い刑で処断されていたのであるから，裁判の遅延等によりその利益が奪われることは妥当でないためである。

法定刑の変更が「刑の変更」の主要な場合であるが，判例は，労役場留置の期間の変更についても同じ趣旨が妥当すると解している（大判昭和 16・7・17 刑集 20 巻 425 頁〈総 *5*〉）。これに対し，刑の執行猶予の条件の変更は「刑の変更」にあたらないとされている（最判昭和 23・6・22 刑集 2 巻 7 号 694 頁〈総 *445*〉）。

第 2 節　刑法の場所的適用範囲

(1) 国 内 犯

刑法は，「日本国内において罪を犯した」（これを，**国内犯**という）者に適用される（刑 1 条 1 項）。日本国外にある日本船舶又は日本航空機内において罪を犯した者についても同様である（刑 1 条 2 項）。これを**属地主義**の原則という。

構成要件該当事実の一部が日本国内（日本船舶・航空機を含む。以下，同じ）で

---

1)　これらには，上記の観点からは，疑問の余地がある。

発生した場合に，犯罪の場所（これを，**犯罪地**という）は国内にあるとされ，国内犯として処罰の対象となる（このような犯罪地に関する理解を，**遍在説**という）。行為が国内で行われれば結果が国外で発生しても国内犯であり（大判明治44・6・16刑録17輯1202頁〈総*432*〉），行為が国外で行われても結果が国内で発生すれば国内犯である。また，犯罪の共謀が国内で行われれば，犯罪行為自体は国外で行われても，共謀自体が共同正犯の構成要件該当事実であるから，国内犯である（東京地判昭和56・3・30刑月13巻3号299頁〈総*433*〉，仙台地気仙沼支判平成3・7・25判タ789号275頁〈総*434*〉）。同様に，国内での正犯行為を国外で教唆・幇助した場合（最決平成6・12・9刑集48巻8号576頁〈総*436*〉），国外の正犯行為を国内で教唆・幇助した場合において，共犯は国内犯である。

なお，犯罪地についての事実の錯誤は故意を阻却するかが問題となる。国内犯を犯しても，国外犯である事実の認識しかない者には，立法者が処罰の対象とした事実の認識が欠けるから，国内犯としての故意を認めることができないのではないかが問われるのである。

(2) 国 外 犯

犯罪地が国内にない場合が**国外犯**であり，それに対して刑法の適用を認める特別の規定（**国外犯処罰規定**）がない限り，国外犯は処罰の対象とはならない。現行法は，国外犯処罰規定として，①すべての者の国外犯（刑2条），②国民の国外犯（刑3条），③国民以外の者の国外犯（刑3条の2），④公務員の国外犯（刑4条），⑤条約による国外犯（刑4条の2）についての規定を置いている。①はわが国の利益を保護する**保護主義**の見地に立つものであり，②は**積極的属人主義**の見地に立つものである。また，③は**保護主義**，④は積極的属人主義ないし保護主義に基づくもので，⑤は**世界主義**に立脚するものと解される。

第9章

刑 罰 論

(1) 刑罰の種類

犯罪に対して科される刑罰の種類は法定されている（刑9条）。それは，**主刑**としての死刑，懲役，禁錮，罰金，拘留及び科料と，主刑に付加してのみ科しうる**付加刑**としての没収である。なお，主刑相互間における軽重についても法定されている（刑10条）。

刑罰は，処罰の対象となる犯罪者に対する利益侵害性を内実とするもので，害される利益により区分すれば，生命刑（死刑），自由刑（懲役，禁錮，拘留），財産刑（罰金，科料，没収）が認められている。身体刑は存在しない。

　（i）　**生命刑**である**死刑**は，現行法上最も重い究極の刑罰であるが（極刑とも呼ばれる），絞首という方法を含め，憲法違反ではないとするのが判例である（最大判昭和23・3・12刑集2巻3号191頁，最大判昭和30・4・6刑集9巻4号663頁）。

　（ii）　**自由刑**としては，**懲役，禁錮**及び**拘留**が認められている。拘留は30日未満の短期自由刑であり（刑16条），軽微な犯罪に対する刑として定められている。

懲役・禁錮は，**無期**及び**有期**の場合があり，有期は1月以上20年以下とされている（刑12条1項，13条1項）。ただし，有期懲役・禁錮を加重減軽する場合には，30年にまで上げることができ，また1月未満に下げることができる（刑14条）。懲役と禁錮の差は，前者においては，「所定の作業」（刑務作業）が科されている点にある。

なお，懲役・禁錮については，その刑に処せられた者に「改悛の状」があるときは，有期刑については刑期の3分の1を，無期刑については10年を経過

した後，行政官庁（地方更正保護委員会）の処分によって仮に釈放すること（**仮釈放**）が認められている（刑28条）。拘留については，その刑に処せられた者の「情状により」，いつでも行政官庁（地方更正保護委員会）の処分によって仮に出場を許すこと（**仮出場**）ができる。労役場留置についても同様である（刑30条）。

　(iii)　**財産刑**としては，付加刑である**没収**を別にすれば，**罰金**と**科料**が認められている。科料は千円以上1万円未満の軽微な財産刑であり（刑17条），拘留と同様，軽微な犯罪に対する刑として定められている。罰金は1万円以上であり，上限は罰則において規定されている。なお，減軽する場合には1万円未満に下げることができる（刑15条）。

　罰金・科料を完納することができない場合には，労役場に留置される（**労役場留置**）。罰金・科料の言渡しをするときは，その言渡しとともに，完納できない場合における留置の期間を言い渡すことになっている（刑18条）。

　主刑を言い渡す場合には，付加刑として**没収**を言い渡すことができる（刑19条，なお20条参照）。没収は対象となる物を国庫に帰属させる処分であり，財産刑としての性質を有している。没収の対象となるのは，①偽造通貨行使罪における偽造通貨など，犯罪行為を組成した物（**犯罪組成物件**），②殺人に使用された凶器であるナイフなど，犯罪行為の用に供し，又は供しようとした物（**犯罪供用物件**），③通貨偽造罪における偽造通貨など，犯罪行為によって生じた物（**犯罪生成物件**），賭博によって得た金銭など，犯罪行為によって得た物（**犯罪取得物件**），又は，犯罪行為の報酬として得た物（**犯罪報酬物件**），④犯罪生成物件，犯罪取得物件及び犯罪報酬物件の対価として得た物（**対価物件**）である。没収は，その物が犯人（共犯者を含む）以外の者に帰属しない場合に限り許される。ただし，犯人以外の者に属する物であっても，犯罪の後にその者が情を知って取得したものであるときは，なお没収が可能である（刑19条2項）。なお，犯罪生成物件，犯罪取得物件，犯罪報酬物件及び対価物件の全部又は一部を没収することができないときには，不正な利益を犯人に残さないため，その価額を**追徴**することができる（刑19条の2）。以上の没収・追徴は任意処分であるが，他の規定（収受した賄賂に関する刑197条の5など）又は法令（組織的な犯罪の処罰及び犯罪収益の規制等に関する法律など）には，必要的没収・追徴など重要な特別規定が存在する。

198 第2編 第9章 刑 罰 論

(ⅳ) 執行猶予 ①前に禁錮以上の刑に処せられたことがない者，②前に
禁錮以上の刑に処せられたことがあっても，その執行を終わった日又はその執
行の免除を得た日から5年以内に禁錮以上の刑に処せられたことがない者につ
いては，3年以下の懲役・禁錮又は50万円以下の罰金の言渡しをするとき，
「情状により」，裁判確定日から1年以上5年以下の期間，その全部の**執行**を**猶
予**することができる（刑25条1項）。また，前に禁錮以上の刑に処せられたこ
とがあってもその執行を猶予された者に1年以下の懲役・禁錮の言渡しをする
場合，「情状に特に酌量すべきものがある」とき，同様に全部執行猶予が可能
である。ただし，保護観察に付されていた者がその期間内に更に罪を犯した場
合には，全部執行猶予はできない（刑25条2項）。前者の執行猶予の場合には，
猶予の期間中**保護観察**に付することができ，後者の執行猶予の場合には，猶予
の期間中保護観察に付する（刑25条の2）。

なお，初入者等に対する刑の一部執行猶予制度が導入されることになった
（刑27条の2以下）。

刑の全部の執行猶予の言渡しを取り消されることなく猶予の期間を経過した
ときは，刑の言渡しは効力を失う（刑27条。なお，刑の一部の執行猶予については
刑27条の7参照）。

(2) 刑罰の適用

(ⅰ) 罰則に規定された刑（これを，**法定刑**という）から，当該の事案に適用
される刑の加重・減軽を施して科しうる刑（これを，**処断刑**という）を確定し，
具体的情状を考慮して，その範囲内で特定した量の刑（これを，**宣告刑**という）
が言い渡される。

法定刑から処断刑を形成するにあたっては，①再犯加重，②法律上の減軽，
③併合罪の加重，④酌量減軽の順に従った加重・減軽を行う（刑72条）。加重
については加重事由に応じた規定が別途存在するが，減軽（法律上減軽及び酌量
減軽）についてはその方法についての規定が置かれている（刑68条以下）。

(ⅱ) 再犯加重 懲役に処せられた者がその執行を終わった日又はその執
行の免除を得た日から5年以内に更に罪を犯した場合であって，その者を有期
懲役に処するときは，**再犯**とし（刑56条1項），再犯の刑はその罪について定
めた懲役の長期の2倍以下とするとされている（**再犯加重**〔刑57条〕）。

なお，懲役にあたる罪と同質の罪により死刑に処せられた者がその執行の免除を得た日又は減刑により懲役に減軽されてその執行を終わった日若しくはその執行の免除を得た日から5年以内に更に罪を犯した場合において，その者を有期懲役に処する場合も再犯とされ（刑56条2項），さらに，併合罪について処断された者が，その併合罪のうちに懲役に処すべき罪があったのに，その罪が最も重い罪でなかったため懲役に処せられなかったものであるとき，再犯に関する規定の適用については，懲役に処せられたものとみなされる（刑56条3項）。

　(3)　刑罰の執行

　確定裁判において言い渡された刑の執行は，検察官の指揮により行われる（刑訴472条）。執行の手続については刑事訴訟法に規定され，さらに，刑の執行は刑事収容施設及び被収容者等の処遇に関する法律等の行刑法規の定めに従って行われる。

第3編

各　論

第1章

刑法各論の意義と体系

　第2編においては，犯罪の一般的成立要件について検討を加えたが（**刑法総論**），第3編においては，個別の犯罪類型について，固有の成立要件を検討する（**刑法各論**）。

　個別の犯罪の成立要件を検討するにあたっては，まず，その**保護法益**を明らかにし，それに対するいかなる**結果**（侵害・危険）が必要とされているかを示すことが必要となる。さらに，ほとんどの犯罪においては，さらに限定的要件が要求されているが，そうした**処罰限定の理由・根拠**を明らかにすることにより，当該犯罪の類型性を明確化することが要請される。

　刑法各論は，保護法益によって体系化することができる。すなわち，犯罪は，保護法益により，個人的法益に対する罪（第1部），社会的法益に対する罪（第2部），国家的法益に対する罪（第3部）に大別される。

　個人的法益に対する罪は，さらに，生命に対する罪（第2章），身体に対する罪（第3章），自由に対する罪（第4章），人格的法益に対する罪（第5章），信用及び業務に対する罪（第6章），財産に対する罪（第7章）に区分される。また，**社会的法益に対する罪**は，さらに，公共危険罪（第8章），取引等の安全に対する罪（第9章），風俗に対する罪（第10章）に区分される。さらに，**国家的法益に対する罪**は，国家の存立に対する罪（第11章），国交に関する罪（第12章），国家の作用に対する罪（第13章）に区分される。

第1部　個人的法益に対する罪

第2章

生命に対する罪

第1節　生命の保護

　人の**生命**は，刑法が保護すべき法益の中で，最高の価値を有するものであり，したがって，包括的な保護を受けている。生物学的な意味でのヒトの生命は，精子と卵子の結合＝受精卵の誕生により始まるが，そこからすべてが，同一の保護を受けているわけではない。それは，胎児以前，胎児，人に区分され，異なった保護が与えられている。

　ヒトの生命が保護の対象となるのは，**胎児**となってからである。それは，受精卵の子宮内着床以降をいうから，着床以前の受精卵は生命としては保護されない[1]。母体内にある胎児は，堕胎罪の規定（刑212条以下）により保護されるが，その保護は限定されている（なお，母体外に出た胎児は，人として保護されるかが問題となるにすぎない）[2]。

　胎児は，出生後，**人**として保護される。胎児に対する保護と人に対する保護との間には相当の違いがあるため，いつ出生により人になったか（人の始期）が重要な問題となる。人の生命に対する包括的な保護は，人の死亡により終了する。その後は**死体**として限られた保護の対象となるにすぎない。それゆえ，

---

　1)　受精卵を物として，器物損壊罪（刑261条）の規定によって保護すべきだとする見解が主張されているが，ヒトの生命は物ではない。

　2)　これを器物損壊罪の保護の対象とすることは，さすがに無理である。

いつ死亡により人が死体になるか（人の終期）も重要な問題となるのである。

第2節 殺 人 罪

1 総 説

　刑法は，人の生命の故意による侵害を，殺人罪（刑199条）という単一の犯罪として処罰の対象としている。法定刑は広く（死刑又は無期若しくは5年以上の懲役），個別の事情は量刑事情として考慮される。

　かつて，行為者又は行為者の配偶者の尊属を客体とする殺人罪の特別規定として，尊属殺人罪（刑旧200条）が規定されていた（死刑又は無期懲役）。同規定の合憲性については議論があったが，最高裁は，従前の合憲判例を変更して，憲法14条1項に違反して無効であるとする判断を示すに至った（最大判昭和48・4・4刑集27巻3号265頁)[3]。その後，同規定は，適用はされないものの削除されずに残存していたが，平成7年の刑法改正の際に，他の尊属加重規定とともに削除された。

2 殺 人 罪

(1) 人 の 意 義

　殺人罪の構成要件要素である人の意義が問題となる。具体的には，人と胎児との限界を画する人の始期（出生），人と死体との限界を画する人の終期（死亡）をいかに理解するかが問われることになる。

　人の始期については，いくつかの見解が主張されている。それらのうち，**全部露出説**（胎児が母体から全部露出した時点で人となる）も学説上有力に主張されているものの，判例（大判大正8・12・13刑録25輯1367頁〈各1〉)・通説は**一部露出説**（胎児が母体から一部露出した時点で人となる）を採用している。これは，一部露出の時点で直接加害の対象となり，保護の必要性が高まるという見地か

---

3) 多数意見は，尊属に対する尊重報恩は刑法上の保護に値し，尊属殺を重く処罰すること自体は許されるが，刑の加重の程度が極端であり，不合理な差別であるとして，違憲と結論づけた。したがって，刑の加重の程度が極端でない尊属傷害致死罪（刑旧205条2項）については，合憲であるとした（最判昭和51・2・6刑集30巻1号1頁）。

206 第3編 第2章 生命に対する罪

ら理解することができる。

人の終期については，伝統的な**心臓死説**（三徴候説ともいう）[4]と**脳死説**（脳全体の機能としての統合機能の不可逆的停止を基準とする全脳死説）が対立している。死の概念については，生命維持技術の進歩と移植医療の発展の中において議論されてきたが，脳死説が十分に社会的に受容されていない状況における妥協的立法として，平成9年，器官の移植に関する法律（臓器移植法）が制定された。平成21年に改正された同法は，「脳死した者の身体」を臓器移植の場合に限らず「死体」とした上で，脳死（脳幹を含む全脳の機能の不可逆的停止）の判定及び臓器の摘出を，提供者が生存中に書面によりその旨の意思を表示し，遺族がそれを拒まないとき又は遺族がいないときに認め，さらに死亡した者がその旨の意思を表示していなくとも，その意思がないことを書面により表示していない場合であって，遺族が書面で承諾しているときに認めている（同法6条）。

(2) 未遂・予備の処罰

殺人については，未遂が処罰の対象となる（刑203条）ばかりではなく，予備も処罰の対象となる（刑201条。2年以下の懲役，ただし，情状により刑の免除[5]が可能である）。

3 自殺関与罪・同意殺人罪

(1) 減軽処罰の根拠

刑法202条は，人を**教唆**し若しくは**幇助**して自殺させる行為（**自殺関与**）及び人をその**嘱託**を受け若しくはその**承諾**を得て殺す行為（**同意殺人**）を，殺人罪よりも軽い刑で処罰している（6月以上7年以下の懲役又は禁錮）。自殺関与・同意殺人を処罰することは，生命のかけがえのない重要性から，自殺者・被殺者の当座の意思に優越する，生命保護の要請（パターナリズム）に基づくものである。しかし，生命侵害自体は自殺者・被殺者の意思に反しないところから，生命主体の意思に反する殺人罪よりも，軽い法定刑が定められている。

(2) 自殺関与と同意殺人との区別

自殺関与と同意殺人の区別は，自殺者・被殺者の意思に合致した生命侵害に

---

4) ①心臓の停止，②呼吸の停止，③瞳孔散大・対光反射の消失を総合して死を判定する。
5) 刑の免除も有罪判決の一種である（刑訴334条）。

対する教唆・幇助的関与（自殺関与）か，正犯的関与（同意殺人）かによる。その限界が不明瞭となる場合も存するが，両者とも同じ法定刑で処罰されるものであるから，両者の区別に関する細かな議論は実益には乏しい。

(3)　未遂の成立時期

自殺関与罪・同意殺人罪の**未遂**も処罰される（刑203条）。同意殺人罪の実行の着手時期は，殺人の具体的危険が生じたときであることに異論はないが，自殺関与罪の実行の着手時期については学説上争いがある。それらは，①教唆・幇助の時点，②教唆・幇助の域を越えて，現実に自殺に駆り立てる行為の時点，③自殺行為への着手の時点の諸説である。同意殺人罪の場合との均衡を重視する立場からは，③が支持されることになる。

(4)　自殺関与罪・同意殺人罪と殺人罪との区別

自殺関与罪・同意殺人罪が成立するためには，自殺者・被殺者の有効な自殺意思・被殺意思の存在が必要である。そのためには，死の意味を理解しうる精神能力が必要であり，それを欠く者に有効な自殺意思・被殺意思を認めることはできない（大判昭和9・8・27刑集13巻1086頁〈総 *111*〉〔幼児〕，最決昭和27・2・21刑集6巻2号275頁〈総 *112*, 各 *9*〉〔精神障害者〕）。また，死の認識及び受容の意思がなければ自殺意思・被殺意思を肯定することはできない（大判昭和8・4・19刑集12巻471頁〈各 *8*〉〔蘇生すると思っていた事案〕，最決昭和59・3・27刑集38巻5号2064頁〈各 *11*〉〔死ぬ意思がない事案〕）。これらの場合，行為者の関与行為と死の結果について（単独犯の）因果関係が認められるときには，殺人罪が成立する。

強制等による意思抑圧の結果として形成された自殺意思・被殺意思は，それ以外を選択することができない精神状態において形成された場合には無効であり，自殺行為を強制した者には殺人罪が成立する（最決平成16・1・20刑集58巻1号1頁〈総 *28*, 各 *12*〉参照）。**欺罔**により自殺意思・被殺意思を生じさせた場合，欺かれなければその意思を形成するに至らなかったと認められるとき，それは「真意に添わない重大な瑕疵ある意思」であって無効となり，欺いた者に殺人罪が成立すると解するのが判例である（最判昭和33・11・21刑集12巻15号3519頁〈総 *114*, 各 *6*〉）。学説には，死ぬことについて認識がある以上，自殺意思・被殺意思は存在し，同意殺人罪の成立を肯定するにとどめるべきだとする

208 第3編 第2章 生命に対する罪

見解も有力に主張されている（前述86頁）。

(5) 同意殺人罪における錯誤

行為者が，被殺意思（同意）の存在を誤信して，それを有しない者を殺害した場合，同意殺人罪と殺人罪の構成要件が実質的に重なり合う限度で，同意殺人罪が成立する（刑38条2項参照）。これとは逆に，行為者が被殺意思（同意）の存在を知らずに，それを有する者を殺害した場合にも，同意殺人罪が成立する（そのほか，殺人未遂罪の成立も可能で[6]，前者は後者の刑に吸収されて包括一罪となる）。

第3節 堕 胎 罪

1 総 説

堕胎罪の保護法益は，第一次的には**胎児の生命**であり，副次的には**母親の生命・身体**である。不同意堕胎罪，同致死傷罪，同意堕胎致死傷罪，業務上堕胎致死傷罪が規定されていることに，後者の点は現れている。なお，第一次的な保護の対象となる胎児について，胎児殺は堕胎の要件でないとの見地から，胎児の身体も保護法益に含むとする理解もある。しかし，胎児傷害は不可罰であり，胎児殺を堕胎の要件とする立場からはもちろんのこと，それを要求しない立場からも，堕胎罪を胎児の生命に対する危険犯と捉えて，保護法益の理解としては胎児の生命に限定することができる。

堕胎罪の客体は**胎児**であるが，母体内に存在するものに限られる（これは，「堕胎」が実行行為であることによる）。堕胎罪で保護されるのは受精卵の子宮内着床以降であるが，発育の段階は問わない（大判昭和2・6・17刑集6巻208頁，大判昭和7・2・1刑集11巻15頁）。

堕胎罪の規定は，実際にはほとんど適用されていない。それは，母体保護法が，一定の要件の下，堕胎を**人工妊娠中絶**として許容しているからである。すなわち，母体保護法は，「胎児が，母体外において，生命を保続することのできない時期[7]に，人工的に，胎児及びその附属物を母体外に排出すること」

---

6) 同意殺人罪の成立を肯定することで足りるとする見解もある（大阪高判平成10・7・16判時1647号156頁〈各3〉参照）。

7) これは，母体外に出ると直ちに死亡することを意味するのではなく，育っていく可能

を「人工妊娠中絶」と定め（同法2条2項），同法14条において「医師の認定による人工妊娠中絶」を自己堕胎罪及び業務上堕胎罪の違法性阻却事由として規定している。そして，その要件（とくに，妊娠の継続又は分娩が**経済的理由**により母体の健康を著しく害するおそれがあることという要件）が緩やかに解され，胎児が「生命を保続することのできない時期」であることが実際上唯一の限定要件となっているにすぎないため，堕胎は人工妊娠中絶として広く許容されることになっている。

2　堕胎の意義

堕胎罪の中心的な構成要件要素である**堕胎**の意義について，判例（大判明治44・12・8刑録17輯2183頁など）及び従来の通説的見解は，それを，「自然の分娩期に先立つ胎児の人工的排出」と解し，胎児が死亡することは要件とならないと解している[8]。これに対し，学説においては，①堕胎後に母体外に出た胎児は死亡することが見込まれているため，母体内での胎児殺も堕胎となるが，それとの均衡を考慮すべきこと，②自然の分娩期における一部露出前の胎児の保護に欠けることになることから[9]，胎児殺を堕胎と解すべきだとする見解も有力に主張されている。

3　堕胎罪の諸類型

(1)　自己堕胎罪

自己堕胎罪（刑212条）は，妊娠中の女子が，薬物を用い，又はその他の方法により，堕胎した場合に成立する（1年以下の懲役）。本罪は，堕胎罪の諸規定中最も軽い罪であるが，それは，母体との関係では，自己の身体的利益が害されるにすぎないこと（処罰を基礎づけえない），胎児との関係では，妊娠中の心理状態を考慮したこと（責任減少）による。

　　性（生育可能性）がないことを意味する。
　8)　堕胎後に生きている嬰児を殺害すれば，堕胎罪と殺人罪との併合罪となる（大判大正11・11・28刑集1巻705頁（各**14**））。
　9)　自然の分娩期に達しているから堕胎の対象とならず，また，一部露出前なので人としても保護されないことになる。

210　第3編　第2章　生命に対する罪

「堕胎した」とは，自らの手で堕胎した場合のほか，堕胎施術者に依頼して堕胎する場合も含まれる（したがって，妊婦は，同意堕胎罪又は業務上堕胎罪の共犯としてではなく，自己堕胎罪の正犯として処罰される）。妊婦が他の者と共同して堕胎した場合には，妊婦については自己堕胎罪の，他の者については同意堕胎罪の共同正犯が成立する（大判大正8・2・27刑録25輯261頁）。また，他人が妊婦の自己堕胎に関与した場合，自己堕胎罪の共犯となると解するのが判例である（大判昭和10・2・7刑集14巻76頁〈各 *15*〉〔施術者の紹介〕，大判昭和15・10・14刑集19巻685頁〔手術費用の支弁〕）。

(2)　同意堕胎罪

同意堕胎罪（刑213条前段）は，妊娠中の女子の嘱託を受け，又はその承諾を得て堕胎させた場合に成立する（2年以下の懲役）。「堕胎させた」とは，自ら堕胎行為を行うことをいう。同意堕胎罪を犯し，よって女子を死傷させたときは，同意堕胎致死傷罪が成立する（同条後段，3月以上5年以下の懲役）。ここにいう傷害とは，堕胎に必然的に伴う傷害以上のものをいう。

(3)　業務上堕胎罪

業務上堕胎罪（刑214条前段）は，医師，助産師，薬剤師又は医薬品販売業者が，妊娠中の女子の嘱託を受け，又はその承諾を得て堕胎させた場合に成立する（3月以上5年以下の懲役）。行為者が業務者であることによる，同意堕胎罪の責任加重類型である。業務上堕胎罪を犯し，よって女子を死傷させたときは，業務上堕胎致死傷罪が成立する（同条後段，6月以上7年以下の懲役）。

(4)　不同意堕胎罪

不同意堕胎罪（刑215条1項）は，妊娠中の女子の嘱託も，承諾もなく，堕胎させた場合に成立する（6月以上7年以下の懲役）。胎児に対する侵害に加え，母体に対する傷害があるため，違法性の程度が重く，刑が加重されている。本罪については，未遂も処罰される（同条2項）。また，本罪又は本罪の未遂を犯し，よって女子を死傷させた場合には，「傷害の罪と比較して，重い刑により処断する」[10]（不同意堕胎致死傷罪，刑216条）。

---

10)　この表現は他の規定においても用いられているが，生じた加重結果に対応して，傷害罪（刑204条）又は傷害致死罪（刑205条）の法定刑と不同意堕胎罪の法定刑とを比較し，上限・下限とも重い方を法定刑とすることを意味する。

4 胎児性致死傷

　母体を通じて胎児に侵害を加え，出生により人となった段階で傷害・死亡の結果が発生する事例を**胎児性致死傷**といい，人に対する罪（殺人罪，傷害致死罪，過失致死傷罪等）が成立するかが問題となる。ことに胎児に対する加害行為が過失による場合には，過失堕胎が不可罰であることから，人に対する罪の成否は可罰性の成否に直結することになるのである。このような胎児性致死傷事例には，出生後，症状が悪化する場合（症状悪化型：胎児性水俣病など）と症状は固定したままである場合（症状固定型：サリドマイドによる奇形など）とがある。現行法上，胎児に対する保護と人に対する保護とが大幅に異なるため，両方の領域にまたがる事例である胎児性致死傷をいかに扱うかは困難な問題となる。

　胎児性致死傷事例における犯罪の成否は，症状悪化型である胎児性水俣病に関する**水俣病事件**において問題となった[11]。**第1審判決**は，致死の結果が発生した段階で客体が人であれば足りるとして，業務上過失致死罪の成立を肯定した（熊本地判昭和54・3・22刑月11巻3号168頁〈各*19*〉）。**控訴審判決**は，過失行為による侵害は，一部露出時点まで継続的に母体を介して及んでいたから，人に対する過失傷害として欠けるところはないとして，有罪の結論を維持した（福岡高判昭和57・9・6高刑集35巻2号85頁〈総*232*，各*20*〉）。そして，**最高裁**も，胎児は，堕胎罪において規定されている場合を除き，母体の一部を構成するものと扱われているから，胎児に病変を生じさせることは，人に病変を発生させることであり，胎児が出生後その病変に起因して死亡した場合には，人に病変を生じさせて人に死の結果をもたらしたことになるので，病変の発生時に客体が人であることを要するか否かにかかわらず，業務上過失致死罪が成立するとした（最決昭和63・2・29刑集42巻2号314頁〈各*21*〉）。このような最高裁の論理は，客体を具体的に区別しない点において，錯誤論における抽象的法定符合説に通じるものがあるということができる。

　学説においては，判例の結論を支持する見解も主張されているが，過失堕胎，胎児傷害を不可罰としている現行法の立場との整合性を重視し，胎児性致死傷

---

11)　工場から排出された塩化メチル水銀により汚染された魚介類を，妊娠中の母親が摂取したために胎児性水俣病に罹患した胎児が出生し，その後病変が原因で死亡した事案である。

を人に対する罪として処罰することは実質的にそれに反することになるという理由から，人に対する罪の成立を否定するのが多数の見解である。

5　排出された胎児の法的地位

　母体から**排出された胎児**が，すでに死亡していた場合又は排出後直ちに死亡する場合には，堕胎罪の成立が可能なだけであるが（堕胎の違法性が阻却されれば，不可罰である），排出された胎児が生存している場合の取扱いが問題となる。母体外にある胎児に生命現象が認められれば，直ちにそれが人として保護されるわけではない。このことは，母体外にある受精卵を考えれば明らかであろう。人として保護されるためには，それが人と見うるだけの要件を備えていることが必要である。それは，その要件が失われた結果，人でないとされる死の概念との関係で決められるべきことになろう。すなわち，脳死説の立場からは全脳の統合機能の存在が必要であり，心臓死説からは心臓の拍動による血液循環機能の存在が要件となる。

　母体から排出された胎児に人としての生命現象が認められる場合，それは人として保護されることになる。したがって，作為による生命の侵害は殺人罪・過失致死罪を構成することになる。不作為による生命侵害については，延命可能性が低い場合，作為義務が否定されて，殺人罪・保護責任者遺棄罪等の成立が否定されることがあろう（それが認められる場合には，それらの犯罪の成立は可能である。最決昭和 63・1・19 刑集 42 巻 1 号 1 頁〈各 *17・31*〉参照）。

　このような理解に対し，学説においては，人工妊娠中絶が可能な時期（**生命保続可能性**が認められない時期）における胎児は，生きて母体外に排出されたとしても，人として保護される段階にまで至っていないと解する見解が主張されている。この段階の胎児は，母体外で生育しえないために保護価値が低く，そのために人工妊娠中絶により生命を奪うことが許されるから，それが一旦母体外に出たとしても，その生命は人としては保護されないと解するのである。しかし，このような理解によれば，育たないが，数日ないしそれ以上の期間生存することがありうる嬰児を第三者が殺害することを許容することになるという問題が生じる。

第4節 遺 棄 罪

1 法益・罪質

遺棄罪（刑217条以下）について，**判例**（大判大正4・5・21刑録21輯670頁〈各24〉参照）及び多数説は，**生命及び身体**に対する（抽象的）**危険犯**と解している。それは，遺棄罪が傷害罪・過失傷害罪の規定の後に置かれていること，遺棄罪の結果的加重犯である遺棄等致死傷罪（刑219条）は傷害の結果が生じた場合においても成立することなどを理由としている。これに対し，学説では，身体に対する抽象的危険で足りると解するのは遺棄の範囲を広げすぎて妥当でなく，また，保護責任者遺棄罪（刑218条）は「生存に必要な保護をしなかった」ことを遺棄と共に処罰しているから，遺棄罪を**生命**に対する（抽象的）**危険犯**と解すべきだとする見解も有力に主張されている。

2 客 体

単純遺棄罪（刑217条）は「老年，幼年，身体障害又は疾病のために扶助を必要とする者」を客体として規定し，保護責任者遺棄罪（刑218条）は「老年者，幼年者，身体障害者又は病者」を客体として規定している。表現は若干異なるが，両者は同一であり，保護責任者遺棄罪についても「扶助を必要とする」との限定が付されていると解される。

「**扶助を必要とする**」の意義につき，判例は，他人の扶持助力がなければ自ら日常の生活を営むべき動作をなしえないことをいうと解している（前出大判大正4・5・21）。これに対し，遺棄罪を生命に対する危険犯と解する立場からは，自分ひとりでは生命に対する危険に対処しえないことをいうと限定的に解することになる。

「扶助を必要とする」状態の原因は，「老年，幼年，身体障害又は疾病」に限られ（**限定列挙**），手足を縛られた者などは含まれない。疾病とは，身体的・精神的に健康状態が害されている状態にあることをいい，高度の酩酊者（最決昭和43・11・7判時541号83頁〈各25〉），覚せい剤により錯乱状態にある者（最決平成元・12・15刑集43巻13号879頁〈総69，各32〉），衰弱状態にある少年（大分

214　第3編　第2章　生命に対する罪

地判平成2・12・6判時1389号161頁），交通事故により重傷を負い歩行不能となった者（最判昭和34・7・24刑集13巻8号1163頁〈各*27*〉）などはそれにあたるが，熟睡中の者，溺れかけている者は含まれない。また，妊娠は疾病にあたらない。

3　行　為

　構成要件的行為（実行行為）として，**単純遺棄罪**（刑217条，1年以下の懲役）では「**遺棄**」が，**保護責任者遺棄罪**（刑218条，3月以上5年以下の懲役）では「**遺棄**」及び「**生存に必要な保護をしなかった**」こと（**不保護**）が規定されている。つまり，遺棄は主体の限定なく処罰され，保護責任者が行った場合には加重処罰されるのに対し，不保護は保護責任者についてのみ処罰の対象とされているのである。ここから，不作為形態の遺棄を不保護との関係においていかに理解するかが問題となる。

　従来の通説的見解は，遺棄を**場所的離隔**を生じさせることにより要扶助者を保護のない状態に置くことと解し，不保護を場所的離隔によらずに要扶助者を保護しないことと解して，場所的離隔の有無によって遺棄と不保護とを区別した上，遺棄を，要扶助者の場所的移転を伴う狭義の遺棄（移置）と，置去りのように要扶助者との場所的離隔を生じさせるすべての場合を含む広義の遺棄とに分け，単純遺棄罪にいう遺棄は狭義の遺棄を意味するが，保護責任者遺棄罪にいう遺棄は広義の遺棄を意味すると解してきた。後者の置去りは不作為形態であるから，作為義務が必要であり，したがって，保護責任の存在を要件とする保護責任者遺棄罪においてのみ可罰的だと解するのである。**判例**も，保護責任者遺棄罪にいう遺棄には，単なる置去りも含むとして，同様の理解を採用しているものと解される（最判昭和34・7・24刑集13巻8号1163頁〈各*27*〉）。

　このような理解に対しては，①不作為の遺棄が作為の遺棄よりも加重処罰されることはないから，保護責任と作為義務とは異なるものと解する必要がある，②移置・置去りの区別は作為・不作為の区別に対応していないなどの疑問・批判がある。学説では，単純遺棄罪及び保護責任者遺棄罪に共通して，遺棄を作為による移置に限定し，置去りその他の不作為形態のものを不保護と解する見解などが主張されている[12]。

第4節 遺 棄 罪   215

4 保 護 責 任

　保護責任者遺棄罪における「保護する責任のある者」の意義，**保護責任**の理解について，判例及び通説的見解は，法令（大判大正7・3・23刑録24輯235頁，最判昭和34・7・24刑集13巻8号1163頁〈各 *27*〉など），契約（大判大正5・2・12刑録22輯134頁など），事務管理（大判大正15・9・28刑集5巻387頁，大判昭和12・3・24判決全集4輯6号42頁など），慣習（大判大正8・8・30刑録25輯963頁など），先行行為等の条理（最決昭和63・1・19刑集42巻1号1頁〈各 *17・31*〉，最決平成元・12・15刑集43巻13号879頁〈総 *69*，各 *32*〉など）を根拠に，広く肯定している。判例は，置去りを保護責任者遺棄罪においてのみ可罰的と解するため，処罰の必要上，保護責任の範囲が拡張されているのではないかと思われる。

5 遺棄等致死傷罪

　単純遺棄罪又は保護責任者遺棄罪を犯し，よって人を死傷させた場合，加重処罰される（刑219条）。本罪の適用に関しては，人の死を惹起し，その点について予見がある場合，なお遺棄等致死罪が成立しうるのか，それとも殺人罪が成立するのかが問題とされている。**判例**は，高度の死の危険が存在し，その認識がある場合には殺人罪の成立を肯定する傾向を示しているが（大判大正4・2・10刑録21輯90頁〈総 *77*，各 *35*〉，東京地判昭和40・9・30下刑集7巻9号1828頁〈総 *84*，各 *36*〉，浦和地判昭和45・10・22刑月2巻10号1107頁），その成立を否定するものも存在する（最決昭和63・1・19刑集42巻1号1頁〈各 *17・31*〉）。学説では，遺棄罪の危険は生命に対する高度の危険に限らず，それよりも広く解されるから，死の予見があっても，なお遺棄等致死罪が成立するにすぎない場合があるとする見解が主張されている。

---

12)　この見解については，上記①が問題として残る。

第3章

身体に対する罪

第1節　総　説

　刑法204条（傷害罪）から同211条（業務上過失致死傷等罪）までは、身体に対する罪である（過失致死罪等の生命に対する罪も含まれているが、便宜上併せて解説する）。これらの罪の保護法益である**人の身体**については、そのいかなる利益を具体的に保護の対象とするかについて学説上争いがある。それは、人の身体の完全性を保護する見解と人の健康状態を保護する見解との対立である。そこから、暴行・傷害の意義についての理解の相違が生じることになる。

第2節　暴　行　罪

(1)　総　説

　暴行罪（刑208条）は、人に暴行を加えた場合に成立する（2年以下の懲役若しくは30万円以下の罰金又は拘留若しくは科料）。

　暴行は、刑法上各種の犯罪において構成要件要素とされているが、その意義は、当該犯罪の保護法益・罪質によって異なる。ただし、そこには**物理力の行使**という共通要素が認められる。これらの各種犯罪における暴行は、通常、4種類に分類される。①**最広義の暴行**は、人のみならず、物に対する物理力の行使を含む（例：騒乱罪）。②**広義の暴行**は、人に向けられた物理力の行使をいう（いわゆる間接暴行を含む。例：公務執行妨害罪）。③**狭義の暴行**は、人に対する物理力の行使をいう（例：暴行罪）。④**最狭義の暴行**は、人の意思ないし反抗の抑

圧の要素を含む，人に対する物理力の行使をいう（例：強要罪，強姦罪，強盗罪）。

暴行罪は，処罰規定を欠く傷害未遂の一部を捕捉するものであるが，それ自体独立した犯罪として規定されている。この意味で，暴行罪は傷害の危険とは区別された固有の法益侵害を捕捉するものであるが，傷害未遂の処罰に代替することも要請され，固有の侵害結果及び傷害の危険という2つの観点から，暴行概念は拡張の要請にさらされている。

(2) 暴行の意義

暴行は，**人に対する物理力の行使**をいう[1]。この点についてはほぼ見解の一致を見ているが，その詳細については見解が分かれている。

判例においては，暴行は緩やかに捉えられている。すなわち，暴行とは，人の身体に対する不法な一切の攻撃方法を含み，性質上傷害の結果を惹起すべきものである必要はない（大判昭和8・4・15刑集12巻427頁〈各*38*〉〔着衣をつかみ引っ張る行為〕）。大太鼓，鉦等を連打して意識朦朧とした気分を与え又は脳貧血を起こさせ，息詰まる程度にさせたことも暴行であり（最判昭和29・8・20刑集8巻8号1277頁〈各*40*〉），塩を振りかける行為も，相手方において受忍すべきいわれはなく，不快嫌悪の情を催させるに足るものだから暴行にあたるとした裁判例もある（福岡高判昭和46・10・11刑月3巻10号1311頁〈各*39*〉）。また，物理力が人の身体に接触することは不要であり，驚かす目的で人の数歩手前を狙って投石する行為（東京高判昭和25・6・10高刑集3巻2号222頁〈各*43*〉），狭い室内で脅かすために日本刀を振り回す行為（最決昭和39・1・28刑集18巻1号31頁〈各*42*〉），高速道路上で並進中の自動車に嫌がらせのため「幅寄せ」する行為（東京高判昭和50・4・15刑月7巻4号480頁〈各*45*〉）も暴行にあたる。こうして，判例では，①物理力が人の身体に接触した場合には，傷害の危険を欠くものも暴行であり，②傷害の危険を有するものであれば，人の身体に接触しなくとも暴行であると解されている。

学説においては，見解が分かれている。判例に賛成する見解も有力であるが，暴行概念の拡張に批判的な見解は，上記①又は②の一方に暴行概念を限定すべきだと主張している。

---

1) 物理力としては，いわゆる暴力の行使のみならず，音，光，熱等による作用も含まれる。細菌の感染も含むとする見解もあるが，物理力の観念を越えるものであろう。

218　第3編　第3章　身体に対する罪

第3節　傷　害　罪

1　傷　害　罪

　傷害罪（刑204条）は，人の身体を傷害した場合に成立する（15年以下の懲役又は50万円以下の罰金）。

　傷害の意義については，学説上，人の**完全性**の侵害と解する見解と，人の**生理機能**の侵害と解する見解とが対立している（前者の方が傷害の範囲が広い）。**判例**は，後者の立場から，生活機能の毀損，健康状態の不良変更を傷害と解している。それゆえ，剃刀によって頭髪を切断する行為は傷害罪ではなく，暴行罪となる（大判明治45・6・20刑録18輯896頁〈各 *47*〉）。これに対し，病毒の感染（最判昭和27・6・6刑集6巻6号795頁〈各 *53*〉），失神（大判昭和8・9・6刑集12巻1593頁），意識障害及び筋弛緩作用を伴う急性薬物中毒症状（最決平成24・1・30刑集66巻1号36頁〈各 *49*〉），胸部疼痛（最決昭和32・4・23刑集11巻4号1393頁），騒音による慢性頭痛症等（最決平成17・3・29刑集59巻2号54頁〈各 *51*〉），不安・抑うつ症（名古屋地判平成6・1・18判タ858号272頁），PTSD（最決平成24・7・24刑集66巻8号709頁〈各 *52*〉）などを生じさせることは傷害となる。

　傷害は暴行によって惹起される場合が多いが，**暴行によらない傷害**もありうる。嫌がらせ電話により不安感を与え精神衰弱症にする場合（東京地判昭和54・8・10判時943号122頁〈各 *50*〉），怒号等の嫌がらせにより不安・抑うつ状態にする場合（前出名古屋地判平成6・1・18）など，心理に働きかけて健康状態を害する場合である。物理力の行使を伴う場合でも，それに対して同意があるときは，暴行によらない傷害となる。性病であることを秘して，被害者の同意を得た上自己の性器を押し当てて性病を感染させる場合（前出最判昭和27・6・6）がその例である。

　極めて**軽微な傷害**は，可罰的違法性の見地から，「傷害」にあたらないと解すべきではないかが問題となる。また，強盗致傷罪（刑240条）などの場合，基本犯である強盗罪において要求されている暴行の程度が高く，傷害が生じることが十分想定されること，法定刑が重いことから，傷害罪の傷害よりも重度の傷害を要求すべきではないかが問題とされている。このような限定解釈を認

める学説・裁判例もあるが（大阪地判昭和 54・6・21 判時 948 号 128 頁など），判例はこれを認めていない（最決平成 6・3・4 裁集刑 263 号 101 頁〈各 *54*〉，最決昭和41・9・14 裁集刑 160 号 733 頁など）。

傷害罪は，故意犯のみならず，**暴行罪の結果的加重犯**の場合を含むと解するのが通説である。暴行罪（刑 208 条）が「暴行を加えた者が人を傷害するに至らなかったときは」と規定されていることから，暴行から傷害が発生した場合には 208 条は適用されないこと，したがって，過失傷害罪のみで処罰されて，かえって軽くなることを避けるため，傷害罪の成立を肯定すべきだと解されているのである。

2 傷害致死罪

傷害致死罪（刑 205 条）は，傷害罪の結果的加重犯であり（3 年以上の有期懲役），傷害を受けた人が死亡したときに成立する。なお，裁判例の中には，錯誤論における抽象的法定符合説の見地から，X が A に嫌がらせのために，自動車を「幅寄せ」したところ，A 車に誤って衝突させて A を傷害し，同車を反対車線に押し出して B 車に衝突させて B を死亡させた事案について，A に対する傷害罪，B に対する傷害致死罪の成立を肯定したものがある（東京地判昭和 49・11・7 判夕 319 号 295 頁）[2]。

なお，判例は，加重結果については過失を不要としている（最判昭和 26・9・20 刑集 5 巻 10 号 1937 頁〈総 *180*，各 *60*〉）[3]。

3 現場助勢罪

傷害罪又は傷害致死罪が行われるにあたり，現場において勢いを助けた者は，現場助勢罪（刑 206 条）として，傷害罪又は傷害致死罪の幇助よりもさらに軽い刑（1 年以下の懲役又は 10 万円以下の罰金若しくは科料）で処断される。**判例**は，同罪は，傷害罪又は傷害致死罪の幇助にならない行為を処罰の対象とするものであり，幇助が成立する場合には，傷害罪又は傷害致死罪の幇助として処罰さ

---

2) これは，A に対する暴行の故意をもって，B に対する暴行の故意を認め，その結果 B が死亡したことによって，B に対する傷害致死罪の成立を肯定したものと理解しうる。
3) 学説は，責任主義の見地から，こぞって過失を要求している。

れると解している（大判昭和2・3・28刑集6巻118頁〈各 *57*〉）。学説は，これに従うものと，現場助勢罪は犯行現場での幇助を野次馬的心理を考慮して軽く処罰するものと解する見解に分かれている。

4　同時傷害の特例

（1）総　説

刑法207条（**同時傷害の特例**）は，2人以上で暴行を加えて人を傷害した場合において，それぞれの暴行による傷害の軽重を知ることができないとき，又はその傷害を生じさせた者を知ることができないときには，共犯関係がなくとも，傷害についての刑事責任を全員に問う（これが，「共犯の例による」の意味である）ことを規定している。これは，暴行と傷害の間の**因果関係**について[4]，**挙証責任の転換**を規定したものである[5]。被告人が因果関係の不存在を立証しない限り，傷害の結果について責任を問われることになるが，本人には反証が可能だとの想定で規定されている。この規定は誰かが「無実の罪」を負うことを認めるものであり憲法違反だとする見解もあり，その妥当性には疑問を呈する見解が多い。

（2）適用要件・範囲

同時傷害の特例が適用される前提条件は，傷害がいずれかの者の暴行により生じた可能性があることであり，行為者が傷害を惹起しうる暴行を行ったことが前提となる（この点については，検察官に立証責任があると解すべきである）。

暴行は**同一機会**に行われたことが必要である（大判昭和12・9・10刑集16巻1251頁〈各 *58*〉参照）。裁判例には，共犯現象との外形的類似性を担保するためにこの要件を要求するものがあるが（札幌高判昭和45・7・14高刑集23巻3号479頁〈各 *59*〉），共犯関係を推定した規定ではないから理由としては疑問である。

4）「共犯の例による」というのは，傷害についての刑事責任を肯定するための法技術にすぎず，共犯関係を推定した規定ではない（もしも，そうだとすると，自己の暴行と傷害の間に直接的な因果関係がないことを証明するだけでは免責されないことになる）。

5）犯罪事実についての挙証責任は検察官が負うのが刑事裁判の大原則であるが，その例外ということになる。

判例は，本条の特例を**傷害致死罪**にも適用している（最判昭和 26・9・20 刑集 5 巻 10 号 1937 頁〈総 *180*，各 *60*〉）。本条自体に批判的な見解は，法文上明示された傷害罪についてのみ適用を肯定すべきだとしている。なお，裁判例の中には，強盗致傷罪（東京地判昭和 36・3・30 判時 264 号 35 頁），強姦致傷罪（仙台高判昭和 33・3・13 高刑集 11 巻 4 号 137 頁）について，本条の適用を否定したものがある。

また，本条が**承継的共犯**の事案において適用可能かが問題となる。A が V に暴行を加え，その後 B が現れて，共同して暴行を加えた結果，V に傷害が生じたが，その原因となった暴行が B の加功前のものか加功後のものかが不明である場合[6]，B 加功前の A の暴行 a と B 加功後の A・B 共同の暴行 b とを想定することにより，本条を適用することは可能である（大阪地判平成 9・8・20 判タ 995 号 286 頁〈総 *379*，各 *63*〉）[7]。

第 4 節　凶器準備集合罪

1　総　　説

凶器準備集合罪・同結集罪（刑 208 条の 2）は，昭和 33 年に暴力団の対立抗争事案に対処すべく制定されたが，昭和 40 年代以降，過激派学生による集団的暴力活動の取締りに使われてきた。その過程で，本罪の解釈・運用について，判例による独自の展開が見られる。すなわち，本罪には，人の生命・身体・財産を侵害する罪の**予備罪**としての位置づけが与えられていたものの，複数人による集合を要件とし，複数人に対する加害行為を目的とする場合でも本罪は一罪しか成立しないことから，当初より，公共に対する危険をもたらす罪（公共危険罪）としての性質が備わっていたが，判例は，**公共危険罪**としての性質に着目して，本罪の解釈を展開することとなった[8]。

判例によれば，凶器準備集合罪は，その**保護法益**として，個人の生命，身体

---

6)　近時の判例（最決平成 24・11・6 刑集 66 巻 11 号 1281 頁〈総 *376*〉）によると（前述 174 頁以下），B について傷害罪の承継的共犯の成立を肯定することは困難である。

7)　少なくとも A は傷害罪の刑責を負うから，本条の適用は不要だとする理解もある（大阪高判昭和 62・7・10 高刑集 40 巻 3 号 720 頁〈総 *378*，各 *62*〉参照）。

8)　凶器準備集合罪は，成立の困難な騒乱罪（刑 106 条）に代わる，「小型騒乱罪」としての機能を果たしてきたともいえる。

又は財産ばかりでなく，**公共的な社会生活の平穏**をも含む（最決昭和45・12・3刑集24巻13号1707頁〈総*39*，各*67・71*〕〔清水谷公園事件〕）。それは，**抽象的危険犯**であり，凶器準備集合の状況が社会生活の平穏を害しうる態様のものであることを要する（最判昭和58・6・23刑集37巻5号555頁〈各*69*〉〔アドセンター事件〕）。このような理解から，犯罪の**終了時期**については，凶器準備集合の状態が継続する限り，凶器準備集合罪は**継続**して成立し（その状態が解消して，終了する），加害行為の実行に着手した後においても同様である（前出最決昭和45・12・3）。そして，本罪と加害行為の罪との罪数関係については，両罪は**併合罪**となる（最決昭和48・2・8刑集27巻1号1頁〈各*68*〉）。また，本罪の構成要件要素である**凶器**の意義は，社会通念上人をして危険感を抱かせるに足りるものかを基準として判断され（前出最決昭和45・12・3），さらに，本罪は，相手方が襲撃してきた場合に迎え撃つ**迎撃形態**の場合にも成立しうるが，その際には，襲撃の蓋然性ないし切迫性が客観的状況として存在することは必要ではなく，凶器準備集合の状況が社会生活の平穏を害しうる態様のものであれば足りるのである（前出最判昭和58・6・23）。

　これに対し，学説では，このような凶器準備集合罪の解釈は，同罪を「小型騒乱罪」として扱うもので，暴行・脅迫の実行を成立要件とし，（付和随行者については）軽い刑をも定める騒乱罪（刑106条）との均衡上も疑問があるとして，予備罪としての性格を基本に据え，公共危険性をその加重要素と解する見解が主張されている（この見解では，凶器準備集合罪は，加害の実行段階に至れば終了し，同罪と加害行為の罪とは牽連犯となる）。

2　凶器準備集合罪

(1)　総　説

　凶器準備集合罪（刑208条の2第1項）は，2人以上の者が，他人の生命，身体又は財産に対し共同して害を加える目的で，凶器を準備して又はその準備があることを知って集合したときに成立する（2年以下の懲役又は30万円以下の罰金）。本罪の実行行為は，共同加害目的で，凶器を準備し又は凶器の準備があることを知って，集合することである。

(2) 共同加害目的

行為者は，他人の生命，身体又は財産に対し共同して害を加える目的（**共同加害目的**）を有していることが必要である。これは，本罪に予備罪的性格を与える基本的な要件である。学説には，2人以上の者が共同加害目的で集合していることは「構成要件的状況」にすぎず，実行行為は凶器を準備して又は凶器の準備があることを知って集合することであると解し，2人以上の者が共同加害目的を有していることの認識は必要であるが，行為者自身がその目的を有している必要はないとする見解があるが，疑問である。**判例**も，本罪の正犯であるためには，共同加害目的を不要としてはいない（最判昭和52・5・6刑集31巻3号544頁〈各 *70*〉〔飯田橋事件〕）。

加害の対象は，他人の生命，身体又は財産に限られる。加害は，凶器を利用した暴力的行為による侵害に限られる。**加害の態様**としては，共同して害を加える目的で足りるから，自ら加害行為を自手実行する意思がなくともよく，加害行為を共同正犯の形態で実行する意思があれば足りる。ただし，集合した者における共同加害目的の内容が問題となっているのであるから，現場での共同実行の意思が必要である（「気勢をそえる目的」では足りないが，「加勢する目的」があれば足りるであろう）。

(3) 凶器の準備

凶器準備集合罪における**凶器**は，人の生命，身体又は財産を侵害しうる器具をいう。これには，器具の本来の用途がそうした侵害にある**性質上の凶器**（拳銃や刀など）のみならず，用い方によっては侵害に利用しうる**用法上の凶器**（ハンマーや角材など）も含まれる。**判例**は，問題となる器具が，「**社会通念上人をして危険感を抱かせるに足りるもの**」かを基準として凶器性を判断している（最決昭和45・12・3刑集24巻13号1707頁〈総 *39*，各 *67・71*〉〔長さ1メートル前後の角棒は凶器にあたる〕）。そこから，エンジンをかけたまま待機していたダンプカーについて凶器性を否定した（最判昭和47・3・14刑集26巻2号187頁〈各 *72*〉）。

凶器を準備するとは，凶器を必要に応じて加害の実行のためいつでも使用可能な状態に置くことをいう（東京高判昭和39・1・27判時373号47頁参照）。

(4) 集　　合

集合とは，2人以上の者が（共同加害目的をもって，凶器を準備し，又はその準備があることを知って）一定の場所に集まることをいうが，すでに一定の場所に集まっている2人以上の者が，その場で凶器を準備し，又はその準備があることを知って，共同加害目的を有するに至った場合も集合にあたると解されている（前出最決昭和45・12・3）。

(5) 共　　犯

凶器準備集合罪について，その教唆・幇助が成立することは明らかである。共同正犯のうち，集合現場における実行共同正犯はすでに本罪の正犯に含まれている（したがって，刑法60条を適用する必要はない）が，共謀共同正犯は別途成立しうると解される（東京地判昭和63・3・17判時1284号149頁）。

3　凶器準備結集罪

凶器準備結集罪（刑208条の2第2項）は，2人以上の者が共同加害目的で集合した場合において，凶器を準備して又はその準備があることを知って人を集合させた場合に成立する（3年以下の懲役）。凶器準備集合罪の法定刑よりも重い刑が定められていることからも窺われるように，凶器準備集合罪の教唆とは区別され，集合状態の形成について主導的役割を果たしたことが必要である。

第5節　過失致死傷罪

1　総　　説

過失傷害罪（刑209条1項）は，過失により人を傷害した場合に成立する（30万円以下の罰金又は科料）。本罪は，告訴がなければ訴追できない親告罪である（同条2項）。過失致死罪（刑210条）は，過失により人を死亡させた場合に成立する（50万円以下の罰金）。これらの法定刑は暴行罪の法定刑（上限は，懲役2年）と比べかなり軽いため，過失致死傷罪の加重類型である業務上過失致死傷罪（刑211条前段）の適用範囲が拡張されているともいえるのである。これらの罪における過失の意義については，第2編第4章第4節（122頁以下）における解説を参照。

2 重過失致死傷罪

重過失致死傷罪（刑211条後段）は，重大な過失により（重過失）人を死傷させた場合に成立する（5年以下の懲役若しくは禁錮又は100万円以下の罰金）。**重過失**とは，過失の程度が重いこと（注意義務違反の程度が著しいこと）を意味する。次に解説する業務上過失概念が解釈により拡張されたため，重過失の事例は比較的限られているが，病的酩酊の素質を有し，飲酒酩酊して心神喪失・心神耗弱の状態に陥り，人に暴行を加える習癖があることを自覚する者が，飲酒酩酊の上人に傷害を負わせた事例（福岡高判昭和28・2・9高刑集6巻1号108頁），自転車に「けんけん乗り」をし，赤信号を見落として，横断歩道上の歩行者の一団に突っ込んで傷害を負わせた事例（東京高判昭和57・8・10刑月14巻7＝8号603頁）などについて重過失傷害罪の成立が肯定されている。

3 業務上過失致死傷罪

(1) 総　　説

業務上過失致死傷罪（刑211条前段）は，業務上必要な注意を怠り（業務上過失），よって人を死傷させた場合に成立する（5年以下の懲役若しくは禁錮又は100万円以下の罰金）。**業務上過失**が重く処罰される理由について，学説上，業務者にはとくに重い注意義務が課されているからだとする見解（義務加重説）と業務者は一般に注意能力が高く過失の程度が重いからだとする見解（重大過失説）に分かれている。いずれにせよ，業務上過失は，「類型化された重過失」と解される。

(2) 業務の意義

業務とは，日常用語上は，職業又はそれに準じるものをいうが，業務上過失における**業務**の意義はそれよりも広い。**判例**によれば，それは，「人が社会生活上の地位に基き反覆継続して行う行為」であって，「他人の生命身体等に危害を加える虞あるもの」を意味する（最判昭和33・4・18刑集12巻6号1090頁〈各 *74*〉）。また，「人の生命・身体の危険を防止することを義務内容とする業務も含まれる」（最決昭和60・10・21刑集39巻6号362頁〈各 *77*〉〔易燃物の管理者〕）。こうして，判例においては，①社会生活上の地位に基づく行為であること，②反復継続性，③人の生命・身体に危険な行為であることが業務概念の構成要素

となっており，このことは，学説においても基本的に是認されている。

①業務は，**社会生活上の地位**に基づく行為であることを要するが，この要件は緩やかに解されている。すなわち，娯楽のための行為でもよく（前出最判昭和33・4・18〔娯楽のため，銃器を使用して行う狩猟〕），免許を要する行為の場合であっても，免許がなくともよいとされ（東京高判昭和35・3・22東高刑時報11巻3号73頁〈*各75*〉），その遂行が違法でも含まれる（最決昭和32・4・11刑集11巻4号1360頁）。この要件は，個人的な生活，家庭生活における行為（炊事，育児など）を除外する点に意義を有している。

②業務であるためには，**反復継続性**が必要である。現実に反復継続されている行為ばかりでなく，1回でも反復継続の意思をもって行われた行為も含まれると解されている（前出東京高判昭和35・3・22，福岡高宮崎支判昭和38・3・29判タ145号199頁〈*各76*〉など）。

③業務であるためには，人の生命・身体に**類型的に危険な行為**であることが必要である。したがって，自転車の走行は，競技者による等の場合を除き，業務からは除外される。

4　自動車運転による致死傷行為の処罰

自動車運転による過失致死傷事案は，自動車の運転により人を死傷させる行為等の処罰に関する法律5条の過失運転致死傷罪として処罰される（7年以下の懲役若しくは禁錮又は100万円以下の罰金）。かつて業務上過失致死傷罪（刑211条前段）として処罰されていた事案のうち，「自動車の運転上必要な注意を怠」ったものを加重処罰するために，同罪から分離・独立させたものであり，かつて自動車運転過失致死傷罪（刑旧211条2項本文）として刑法に規定されていたが，危険運転致死傷罪（自動車運転致死傷2条以下）等とともに，自動車の運転により人を死傷させる行為等の処罰に関する法律に規定されることになった。反復継続性がなくとも，自動車運転自体の危険性を根拠に，過失致死傷事案を重く処罰するものである。

自動車の運転上必要な注意とは，自動車の発進から停止までの運転において必要とされる注意義務をいう。自動車を停止させる行為も運転に含まれるが，停止後降車するためにドアを開ける行為は運転には含まれない。

過失運転致傷の事案で，傷害が軽いときは，情状により，刑を免除することができる（自動車運転致死傷5条但書）。これは，軽微で，刑を科す必要のない事案について，刑の免除を可能とするものである。

第4章

自由に対する罪

第1節　自由の保護

　人の自由は，生命・身体に次いで重要な個人的法益である。しかし，刑法においては限られた内容の自由のみが保護の対象となっている。それは，人の**意思決定及び意思活動（行動）の自由**である。しかも，それも一般的に保護されているのではなく，一定の限られた類型のみが保護されている。この意味で，刑法における自由の保護は極めて限定されているのである。

　刑法で保護されている自由として，まず，①**意思活動（行動）の自由**を挙げることができる。これは，脅迫罪（刑222条），強要罪（刑223条）の規定により保護されている。次いで，②**場所的移動の自由**があり，これは，逮捕・監禁罪（刑220条），略取・誘拐・人身売買罪（刑224条以下）の規定により保護されている。さらに，③**性的自己決定の自由**があり，強姦罪（刑177条），強制わいせつ罪（刑176条）などの規定によって保護されているのである。また，④**住居等に立入りを認める自由**があり，これは住居侵入罪（刑130条）の規定により保護されている。

第2節　脅迫・強要罪

1　脅　迫　罪
(1)　罪　　質
　脅迫罪（刑222条）は，生命，身体，自由，名誉又は財産に対し害を加える

旨を告知して人を脅迫した場合（同条1項），親族の生命，身体，自由，名誉又は財産に対し害を加える旨を告知して人を脅迫した場合（同条2項）に成立する（2年以下の懲役又は30万円以下の罰金）。本罪の**罪質**（**保護法益及び処罰の要件となる法益侵害**）については，①**私生活の平穏・安全感**に対する侵害犯又は危険犯と解する見解と，②**意思活動（行動）の自由**に対する危険犯と解する見解とが対立している。①説は，特定の決意・行動を左右することが要件とされていないこと，強要罪の未遂は別途処罰されていること等を理由とし，②説は，単なる警告や吉凶禍福を告げることを除外するためにも，意思活動の自由に対する危険を問題とすべきだとしている。もっとも，両説は相互に排他的なものではなく，双方の観点を重畳的に採用すべきだとする理解（安全感を害することによる意思活動の自由の危殆化を罪質とする）も可能である。

(2) 構成要件

（i）畏怖　　**脅迫**とは，一般に人を**畏怖**させるに足りる**害悪の告知**をいい，告知が相手方に到達して認識されたことは必要であるが，実際に相手方が畏怖したことは必要ない（大判明治43・11・15刑録16輯1937頁〈各*78*〉）。これにあたるかは，具体的諸事情を勘案して判断される必要がある（最判昭和35・3・18刑集14巻4号416頁〈各*79*〉〔抗争中の一派の中心人物宅に，現実の出火もないのに，出火見舞いの葉書を送ること〕）[1]。

（ii）加害の対象　　**加害の対象**は，①被告知者の生命，身体，自由，名誉，財産（刑222条1項），②被告知者の親族の生命，身体，自由，名誉，財産（同条2項）である。意思の抑圧作用に着目し，被告知者の親族の法益にまで加害の対象は拡張されている。また，これは**限定列挙**であるが，自由の意義はある程度広く解しうるから，個人的法益はほぼカバーされると解される。集団的共同絶交である「村八分」は，交際の自由と名誉に対する加害の告知であって脅迫罪となるとするのが判例であるが（大判明治44・9・5刑録17輯1520頁，大阪高判昭和32・9・13高刑集10巻7号602頁〈各*83*〉など），反対説も有力である[2]。

---

1)　相手方の主観的な特殊事情を除外する理由はないであろう。なお，このような特殊事情のために人を畏怖させる場合，その事情は故意の認識対象となり，その認識がなければ，故意は否定される。

2)　個人には交際の自由があること，村八分の決定の告知は，将来の加害の告知とはいえ

230　第3編　第4章　自由に対する罪

法人に対する脅迫罪の成否が問題とされているが，自然人に対する加害の告知を認めうる限度で脅迫罪の成立を認め，法人に対する脅迫罪の成立を否定するのが裁判例（東京高判昭和50・7・1刑月7巻7＝8号765頁，大阪高判昭和61・12・16高刑集39巻4号592頁〈各 *80*〉，高松高判平成8・1・25判時1571号148頁）及び通説の立場である。

　　(ⅲ)　告知される加害の内容　　加害は，**将来の害悪**であって，告知者が直接・間接にその惹起を**支配・左右**しうるものとして告知されなければならない（最判昭和27・7・25刑集6巻7号941頁〔肯定〕，広島高松江支判昭和25・7・3高刑集3巻2号247頁〈各 *81*〉〔否定〕など参照）。すでに害を加えたことの告知では足りず，ここに，脅迫罪が「力の濫用」による意思活動の自由に対する罪であることが表れている。

　　なお，判例（大判大正3・12・1刑録20輯2303頁〈各 *82*〉）及び通説は，告知される加害行為は違法であることを要しないとしているが，脅迫罪の成立に保護に値する安全感の侵害を要求する立場からは，告知される加害行為は犯罪を構成すること，少なくとも違法であることを要求する見解が主張されうることになる。

　　(ⅳ)　加害告知の方法　　加害告知の方法に制限はない。文書，口頭による告知，態度で示す場合でもよく，明示であると黙示であるとを問わない。第三者を介して伝達する場合でもよい。

2　強　要　罪

(1)　罪　　質

　強要罪（刑223条）は，①生命，身体，自由，名誉若しくは財産に対し害を加える旨を告知して脅迫し，又は暴行を用いて，人に義務のないことを行わせ，又は権利の行使を妨害した場合（同条1項），②親族の生命，身体，自由，名誉又は財産に対し害を加える旨を告知して脅迫し，人に義務のないことを行わせ，又は権利の行使を妨害した場合（同条2項）に成立する（3年以下の懲役）。未遂も処罰される（同条3項）。意思決定・意思活動の自由が保護法益である。もっ

ないことを理由とする。

とも，本罪が成立するためには，義務ないことの強制又は権利行使の妨害が必要だから，**意思活動（行動）の自由**が保護法益であり，意思決定の自由はその前提として保護されるにすぎないと解するのがより正確であろう。

脅迫又は暴行により，恐喝罪（刑249条），強盗罪（刑236条），強姦罪（刑177条），強制わいせつ罪（刑176条）など，特定した自由をより強く侵害する犯罪が成立する場合，強要罪は法条競合によりその適用が排除される。

（2）構成要件

強要罪の成立を肯定するためには，脅迫又は暴行により，人に義務のないことを行わせ，又は権利の行使を妨害したことが必要である。すなわち，脅迫又は暴行により意思活動（行動）の自由を現実に侵害したことが必要であり，義務ないことの強制・権利行使の妨害が生じなければ，強要罪は既遂にならない。

（i）脅迫　被強要者又はその親族の生命，身体，自由，名誉又は財産に対し害を加える旨を告知して**脅迫**することが必要である。学説には，脅迫の相手方と被強要者とが同一である必要はないとする見解もあるが，その場合には強制作用は間接的なものにすぎず，両者は同一でなければならないと解するのが妥当であろう。

（ii）暴行　**暴行**は被強要者に対して加えられることを要する。学説においては，第三者に対する暴行，物に対する暴行も含まれるとする見解も主張されている。しかし，第三者に対する暴行を含めることは，被強要者以外の者に対する脅迫が親族に限定されている趣旨を没却することになる。また，物に対する暴行は，被強要者に対する脅迫として捕捉すれば足りるであろう。暴行は，暴行を継続する旨の態度による脅迫として心理的強制力を有するが，脅迫と異なる独自の意義は，被強要者の意思を完全に抑圧して権利行使を不可能にし，あるいは，直接的な絶対的強制力により義務なきことを行わせる事案を捕捉することにあると解される。もっとも，これらの場合について強要罪の成立を否定する裁判例（東京高判昭和34・12・8高刑集12巻10号1017頁），とくに後者については強要罪の成立を否定する学説もある。

（iii）法人に対する強要罪の成否　脅迫罪と同様，**法人に対する強要罪**の成否が問題となる。否定説が多数であると思われるが，法人に対する恐喝罪は成立しうると解されているように（大判大正6・4・12刑録23輯339頁），法人の

232 第3編 第4章 自由に対する罪

役員・従業員を介した，法人の意思決定・行為を観念することは可能であり，その成立を肯定することは不可能ではないと思われる。なお，人質による強要罪（人質1条）においては，法人も被強要者となりうる。

(iv) **強制・妨害** 暴行・脅迫により，①被強要者の意思を抑圧し，②義務のないことを行わせ，又は権利の行使を妨害したことが必要である。①又は②が欠如すれば，強要罪の未遂が成立しうるにすぎない。問題となるのは，「義務のないこと」「権利の行使」における権利・義務は法律上のものに限るか否かである。法的に強制されない限り，行動しない自由は保護されるべきであり，法的に禁止されない限り，行動する自由は保護されるべきだとすれば，権利は法律上のものに限られないが，義務は法律上のものに限られよう。

第3節　逮捕・監禁罪

1　保護法益

逮捕・監禁罪（刑220条）は，不法に人を逮捕し，又は監禁した場合に成立する（3月以上7年以下の懲役）。保護法益は，人の身体の場所的移動の自由，さらにいえば，**一定の場所から移動する自由**である。なお，この自由は，場所的移動に関する意思決定の自由を前提としている。

逮捕・監禁罪の客体は，場所的移動能力を有する自然人に限られる。したがって，このような能力のない生まれたばかりの嬰児，意識喪失状態下の者は客体には含まれないが（なお，この能力は事実的なもので足り，生後1年7月の幼児も監禁罪の客体となる。京都地判昭和45・10・12刑月2巻10号1104頁〈各 *84*〉参照），自力で移動する能力がなくとも，その意思を他人に伝達し，その助力を得て移動しうる者，器具を利用して移動しうる者は含まれる。

見解が分かれるのが，場所的移動の自由の内容的理解である。すなわち，その自由は，①移動しようと思えば移動できる自由（**可能的自由**）で足りるか，②現実に移動しようと思ったときに移動できる自由（**現実的自由**）に限られるかが問題となる[3]。**判例**（最決昭和33・3・19刑集12巻4号636頁〈各 *85*〉参照）・多

---

3) 部屋の中に閉じ込められた事例において，①説では，閉じ込められた者がとりあえずは部屋に留まっていようと思っていても監禁罪は成立し，②説では，部屋の外に出たい

数説は①説を採っている。なお，②説の立場からも，移動が不可能であるとの認識により移動意思が生じない場合（エレベーターが故障して出られないと騙され，その中に留まる場合），移動の意思自体が抑圧された場合（「部屋から出ると殺す」と脅迫され，部屋の中に留まる場合）には，移動の自由の前提となる意思決定の自由が害されており，監禁罪の成立を肯定することはできる。

2 行 為 類 型

(1) 総　説

逮捕・監禁罪は，不法に[4] 人を逮捕し，又は監禁した場合に成立する。逮捕・監禁の意義については後述するが，両者は保護法益である場所的移動の自由の侵害態様の差により区別されるもので，逮捕に引き続き監禁が行われた場合，包括して刑法 220 条に該当する一罪が成立する（最大判昭和 28・6・17 刑集 7 巻 6 号 1289 頁）。逮捕・監禁罪は**継続犯**であり，場所的移動の自由が侵害されている間，同罪は成立し続ける[5]。

(2) 逮　捕

逮捕とは，人に暴行などの直接的な強制作用を加えて，場所的移動の自由を奪うことである（大阪高判昭和 26・10・26 高刑集 4 巻 9 号 1173 頁〔ロープで人の胸部，足などを柱に縛り付けた事例について，逮捕罪の成立を肯定〕参照）。両腕を縛っても，場所的移動の自由が害されていない限り，（暴行罪は成立しても）逮捕罪は成立しない。強要罪（刑 223 条）よりも法定刑が重いから，場所的移動の自由の侵害は強要罪の場合よりも，より直接的であることを要するであろう。なお，逮捕というためには，場所的移動の自由を拘束したと認められる程度の時間その拘束を継続することが必要である（大判昭和 7・2・29 刑集 11 巻 141 頁）。瞬時の拘束は暴行罪となるにすぎない。

(3) 監　禁

監禁とは，一定の場所からの脱出を困難にして，移動の自由を奪うことであ

と思った時点で初めて監禁罪は成立することになる。
4)　「不法に」とは，逮捕・監禁が法令に基づき適法に行われることがあるため，一般的な違法性の要件を確認のため規定したもの（違法要素）であり，構成要件要素ではない。
5)　公訴時効の起算点（刑訴 253 条）は，移動の自由が回復された時点である。

234 第3編 第4章 自由に対する罪

る。一定の場所内で限られた移動の自由があっても，その外に移動できない場合，なお監禁となりうる。移動の自由を奪う手段には，逮捕の場合と同様，制限はない。また，障壁の中に閉じ込める必要はない（最決昭和38・4・18刑集17巻3号248頁〈各 *88*〉〔疾走するバイクの荷台に乗車させた事例〕）。監禁というためには，移動が，物理的又は心理的に不可能か，著しく困難な状態になったことを要する（最判昭和24・12・20刑集3巻12号2036頁〈各 *87*〉〔沖合に停泊中の漁船内に閉じ込めた事例〕）。

3 同意と錯誤 6)

　場所的移動の自由が失われることに，本人が自由な意思により同意を与えていれば，監禁罪は成立しない。この同意を欺罔・偽計により得た場合，逮捕・監禁罪が成立するかが問題となる（**欺罔・偽計による監禁**）。まず，騙されて外へ出られない部屋に誘いこまれた場合のように，場所的移動の自由が失われること自体に同意がないとき，監禁罪が成立することに異論はない。また，場所的移動が不可能であると騙されて，その場に留まることにした場合にも，滞留の意思が，移動が不可能であるとの認識によって生じており，自由なものではないから，有効な同意はなく，監禁罪は成立する。問題となるのは，場所的移動の自由が失われることに同意したが，その意思が生じる点について欺罔による錯誤がある場合である。騙されなければ同意しなかったであろうという場合に同意の有効性を否定する判例・多数説の立場からは，同意の有効性が否定され，監禁罪が成立することになろう。判例では，行き先を欺罔して，A地点で，Fを自動車に乗せ，B地点まで疾走したところ，騙されたことに気が付いたFが停車を求めたが，そのままさらに走行し，C地点でFは車外に逃げ出したという事案において，A地点からC地点までの間について監禁罪の成立が肯定されている（最決昭和33・3・19刑集12巻4号636頁〈各 *85*〉）。また，下級審判決には，強姦の目的を秘して女性を自動車に乗せ犯行現場まで連行したが，同女はそれまでその意図に気づかず降車を求めなかったという事例について監禁罪の成立を肯定したものがある（広島高判昭和51・9・21刑月8巻9＝10号380

---

6)　前述85頁以下参照。

頁〈各 *86*〉。

4 逮捕・監禁致死傷罪

逮捕・監禁致死傷罪（刑 221 条）は，逮捕・監禁罪を犯し，よって人を死傷させた場合に成立する（傷害の罪と比較して，重い刑により処断される）。逮捕・監禁罪の結果的加重犯である[7]。死傷の結果は，①逮捕・監禁という事実から生じた（東京高判昭和 55・10・7 刑月 12 巻 10 号 1101 頁〔監禁場所から脱出しようとした事例〕）か，②逮捕・監禁の手段から生じたこと（名古屋高判昭和 31・5・31 裁特 3 巻 14 号 685 頁）が必要である。これに対し，逮捕・監禁の機会になされた暴行により死傷の結果が生じた場合，傷害罪・傷害致死罪などの犯罪が別途成立し，逮捕・監禁罪とは併合罪となる（最判昭和 28・11・27 刑集 7 巻 11 号 2344 頁，最決昭和 42・12・21 判時 506 号 59 頁参照）。

第 4 節　略取・誘拐・人身売買罪

1 総　説

(1) 保護法益・罪質

略取・誘拐罪（刑 224 条以下）は，人を略取・誘拐することにより成立するが，本罪については，まず，保護法益の理解が問題となる。**略取・誘拐**（拐取）とは，人をその**生活環境**から**離脱**させ，自己又は第三者の**実力的支配下**に移すことをいう。したがって，処罰を基礎づける法益侵害は，①生活環境からの離脱及び②行為者又は第三者の実力的支配下に置くことであるが，①は，未成年については被拐取者の安全を害する点で重要な意義を有するものの，成人については法益侵害性は高いとまではいえず，②は，それが逮捕・監禁に至れば逮捕・監禁罪（刑 220 条）が別途成立する（大判昭和 13・11・10 刑集 17 巻 799 頁，最決昭和 58・9・27 刑集 37 巻 7 号 1078 頁参照）ように，行動の自由の侵害の程度も相対的には低い（このため，略取・誘拐罪の性格には曖昧さが生じる）。こうして法益侵害性が必ずしも高くないことから，略取・誘拐は全面的に処罰の対象と

---

7) 傷害に故意がある場合も含まれると解される。

はされず，①客体を未成年に限定する（未成年者略取・誘拐罪），②営利目的や身の代金目的など一定の目的が付加的に要件とされる（営利目的等略取・誘拐罪，身の代金目的略取・誘拐罪，所在国外移送目的略取・誘拐罪）ことによって，当罰性の高い類型に処罰範囲は限定されている。その結果，①行動の自由を有しない嬰児も客体とされることから，自由に対する罪というよりも，被拐取者の**安全に対する罪**としての性格が前面に出ることになる。また，②目的要件の意義（法益侵害性を高める違法要素か，有責性を高める責任要素か）が解釈上問題とされることになる。

略取・誘拐罪については，**犯罪終了時期**について，学説上争いがある。通説的見解は，被拐取者に対する実力支配が継続する間成立し続ける継続犯との理解を採っている。これに対し，判例は，基本的には，被拐取者に対する実力支配を設定した時点で犯罪は既遂となり終了すると解し，状態犯との立場に立つとの評価がある（最決昭和57・11・29刑集36巻11号988頁〔営利目的で人を拐取した者が身の代金を要求した場合，営利目的拐取罪と身の代金要求罪とは観念的競合ではなく，併合罪となる〕，前出最決昭和58・9・27〔身の代金目的で誘拐した後に監禁した場合，身の代金目的拐取罪と監禁罪とは観念的競合ではなく，併合罪となる〕）。もっとも，継続犯と解しても，実行行為自体が継続しているわけではなく，したがって，拐取罪が既遂となった後，新たな意思決定により別罪を犯せば，両罪は併合罪となりうるから，判例が状態犯説に立つと断言することにはなお検討の余地があると思われる。

(2)　略取・誘拐

略取・誘拐（拐取）とは，人をその生活環境から不法に離脱させ，自己又は第三者の実力的支配下に移すことをいい，暴行又は脅迫を手段として行う場合が**略取**であり，欺罔又は誘惑を手段として行う場合が**誘拐**である。これらの手段は，被拐取者に対して用いられると，被拐取者の監護者に対して用いられるとを問わない。なお，略取・誘拐というためには，被拐取者の場所的移転は必ずしも必要なく，監護者の保護を排除することによっても可能である。

第4節　略取・誘拐・人身売買罪　237

2　未成年者略取・誘拐罪

(1)　保護法益

　未成年者略取・誘拐罪（刑224条）は，未成年者を略取し，又は誘拐した場合に成立する（3月以上7年以下の懲役）。未遂も処罰される（刑228条）。本罪は親告罪である（刑229条）。

　本罪の**保護法益**については，監護権者の同意がある場合に成立しうるか，監護権者は犯罪の主体となりうるか等の問題と関連して，様々な見解が主張されている。それらは，①被拐取者の自由，②監護権ないし人的保護関係，③被拐取者の自由及び監護権，④被拐取者の自由及びその安全である。まず，本罪の客体には意思・行動能力を欠く嬰児等も含まれるが，①説ではそれが除外されることになりかねず，不十分である。そこで，②③④説は，監護権，被拐取者の安全を保護法益に取り込んでいる。②説によると，監護権者の有効な同意がある場合には本罪は不成立で，監護権者は本罪の主体から除外されることになろう。これに対しては，被拐取者の意思を全く問題としない点に疑問がある。③説は，未成年者の意思から独立した監護権を保護の対象とするものであるが，監護権の濫用事例について本罪の適用を排除するとすれば，問題があろう。こうしたことから，④説は監護権に未成年者の保護と区別された独自の意義を認めていない。これが近時の多数説である。

(2)　客体

　客体は未成年者であり，20歳未満の者をいう（民4条）。意思・行動能力を欠く嬰児等も除外されない。なお，婚姻による成年擬制（民753条）が本条にも適用され，犯罪の客体から除外されるべきかについては争いがある。

3　営利目的等略取・誘拐罪

(1)　客体

　営利目的等略取・誘拐罪（刑225条）は，営利，わいせつ，結婚又は生命若しくは身体に対する加害の目的で，人を略取し，又は誘拐した場合に成立する（1年以上10年以下の懲役）。未遂も処罰される（刑228条）。本罪は，わいせつ又は結婚目的の場合，親告罪である（刑229条）。本罪の客体には，成年者，未成年者のいずれも含まれる。未成年者については，本罪は未成年者略取・誘拐罪

の加重類型であり，本罪が成立する場合には，本罪の規定のみが適用される（法条競合）。

（2）目　的

（i）総説　成人の略取・誘拐自体には必ずしも十分な当罰性が認められないため，営利目的等の要件は，拐取罪の当罰性を基礎づける付加的要件として要求されている。

（ii）営利の目的　**営利の目的**とは，判例によれば，拐取行為によって財産上の利益を得ることを動機とする場合をいい，拐取行為に対する報酬を得る目的の場合も含まれる（最決昭和37・11・21刑集16巻11号1570頁〈各*93*〉）。これは，営利目的を，責任非難を高める責任要素として理解するものともいえるが，このような場合には支配の継続が予想され，法益侵害性が高まると解すれば，主観的違法要素として営利目的が捉えられているといえる（前出最決昭和37・11・21は，ストリッパーとして働かせるために女性を誘拐した事案であり，被拐取者に対する法益侵害性の加重を認めることができる）。学説では，主観的違法要素としての性格をより明確化させ，被拐取者の自由を侵害することにより利得する場合に限る見解も主張されている。

（iii）わいせつの目的　**わいせつの目的**とは，姦淫など，被拐取者の性的な自由を侵害する目的をいい，被拐取者をわいせつ行為の客体とする場合ばかりでなく，その主体とする場合も含まれる。

（iv）結婚の目的　**結婚の目的**とは，行為者又は第三者と結婚させる目的をいう。結婚には，法律婚のみならず事実婚をも含む（「婚姻」ではない）。わいせつの目的との区別は，結婚生活の実体の有無による（岡山地判昭和43・5・6下刑集10巻5号561頁参照）。

（v）生命又は身体に対する加害の目的　**生命・身体に対する加害の目的**とは，臓器摘出の目的，暴行傷害・殺人の目的などを意味する。

4　身の代金目的略取・誘拐罪

（1）趣　旨

身の代金目的略取・誘拐罪（刑225条の2）は，身の代金目的による略取・誘拐事案の悪質性に鑑み，昭和39年に導入された。被拐取者が殺害される場合

が多く，危険性が高いことを考慮して重罰化されている（無期又は3年以上の懲役）。本条制定前は，身の代金目的略取・誘拐は営利目的略取・誘拐罪（刑225条）として処罰され，身の代金要求・取得は恐喝罪（刑249条）として処罰されていた。本条制定後も，身の代金目的略取・誘拐罪の成立要件は限定されているから，営利目的略取・誘拐罪や恐喝罪として処罰される場合は存在しうる。

(2)　身の代金目的略取・誘拐罪

(i)　総説　　身の代金目的略取・誘拐罪（刑225条の2第1項）は，近親者その他略取され又は誘拐された者の安否を憂慮する者の憂慮に乗じてその財物を交付させる目的で，人を略取し，又は誘拐した場合に成立する（無期又は3年以上の懲役）。未遂（刑228条）のほか，予備（刑228条の3）も処罰される（2年以下の懲役。ただし，実行に着手する前に自首した場合には，刑が減軽・免除される）。

本罪は目的犯であり，その目的が行為者にあれば，実際には「安否を憂慮する者」が存在しなくとも，その成立は否定されない。「憂慮に乗じて」とは，憂慮心痛を利用してという意味である。憂慮する者の財物を交付させる目的が必要で，財物以外の財産上の利益を交付させる目的の場合や，被拐取者又は第三者の財物を交付させる目的の場合は除外されている（これらの場合には，営利目的略取・誘拐罪が成立するにすぎない）[8]。

(ii)　安否を憂慮する者　　「近親者その他略取され又は誘拐された者の安否を憂慮する者」の憂慮に乗じて財物を交付させる目的が必要であるが，何を差しおいても被拐取者の安全を慮って財物を交付しようとする者から財物を交付させることは，意思抑圧の程度が高く，当罰性が高いため，重く処罰される。**安否を憂慮する者**の意義については，①近親者のように親身になって憂慮する者とする見解を中間として，②事実上の保護関係にある者に限る狭い見解，③知人その他であっても憂慮する者はすべて含むと解する広い見解が主張されている。**判例・裁判例**において，安否を憂慮する者の意義は，被拐取者との緊密な人的関係という事実的要素のみでなく，憂慮することが社会通念上当然だとする規範的要素を考慮することにより拡張されている。すなわち，単なる同情

---

8)　ただし，交付の対象となる財物は，憂慮する者が処分しうるものであれば足り，その所有物である必要はない。

240　第3編　第4章　自由に対する罪

から被拐取者の安否を気づかうにすぎない者は含まれないが，近親者以外で被拐取者の安否を親身になって憂慮するのが**社会通念上当然**と見られる特別な関係にある者は含まれる（最決昭和62・3・24刑集41巻2号173頁〈各 *96*〉〔佐賀相互銀行事件。相互銀行の代表取締役社長が拐取された事例において，銀行幹部らは安否を憂慮する者にあたる〕）。また，裁判例の中には，上記の「特別な関係」にあるかどうかは，被拐取者との個人的交際関係を離れ，社会通念に従って客観的類型的に判断すべきだとするものがある（東京地判平成4・6・19判タ806号227頁〈各 *97*〉〔富士銀行事件。銀行行員が拐取された事例において，銀行頭取は安否を憂慮する者にあたる〕）。

　(3)　身の代金要求罪

　身の代金要求罪（刑225条の2第2項）は，人を略取し又は誘拐した者が近親者その他拐取され又は誘拐された者の安否を憂慮する者の憂慮に乗じて，その財物を交付させ，又はこれを要求する行為をした場合に成立する（無期又は3年以上の懲役）。

　本罪の主体は，「人を略取し又は誘拐した者」である。ここにいう略取・誘拐については，犯罪が成立する場合に限るとの見解が有力であるが，それに限らないとする見解も主張されている。

　財物の交付は，安否を憂慮する者の憂慮に実際に基づいて行われることが必要である。なお，財物の交付に至らなくとも，財物の交付を「要求する行為」を行えば本罪は成立する（要求の意思表示で足り，それが実際に相手方に到達する必要はない）。こうして，未遂形態までが取り込まれているため，未遂処罰規定は置かれていない。

　身の代金目的略取・誘拐罪とその後実行された身の代金要求罪とは，牽連犯となるとするのが判例である（最決昭和58・9・27刑集37巻7号1078頁）。また，営利目的略取・誘拐罪とその後実行された身の代金要求罪とは，併合罪となる（最決昭和57・11・29刑集36巻11号988頁）。

5　所在国外移送目的略取・誘拐罪

　所在国外移送目的略取・誘拐罪（刑226条）は，所在国外に移送する目的で，人を略取し，又は誘拐した場合に成立する（2年以上の有期懲役）[9]。未遂を罰す

る（刑 228 条）。

6　人身売買罪

　人身買受け罪（刑 226 条の 2 第 1 項）は，人を買い受けた場合に成立する（3
月以上 5 年以下の懲役）。未成年者買受け罪（同条 2 項）は，未成年者を買い受け
た場合に成立する（3 月以上 7 年以下の懲役）。営利目的等人身買受け罪（同条 3
項）は，営利，わいせつ，結婚又は生命若しくは身体に対する加害の目的で，
人を買い受けた場合に成立する（1 年以上 10 年以下の懲役）。人身売渡し罪（同条
4 項）は，人を売り渡した場合に成立する（1 年以上 10 年以下の懲役）。所在国外
移送目的人身売買罪（同条 5 項）は，所在国外に移送する目的で，人を売買し
た場合に成立する（2 年以上の有期懲役）。これらの罪の未遂は罰する（刑 228 条）。
　人を買い受けた者は，出費を回収するために，被害者の自由を強く拘束する
ことが見込まれるため，人身の買受け行為自体が処罰の対象となっている。ま
た，人身売渡し行為は，それ自体常に営利目的があるものとして，営利目的等
人身買受け罪と同様の法定刑が規定されているのである。

7　被略取者等所在国外移送罪

　被略取者等所在国外移送罪（刑 226 条の 3）は，略取され，誘拐され，又は売
買された者を所在国外に移送した場合に成立する（2 年以上の有期懲役）。未遂
は罰する（刑 228 条）。

8　被略取者引渡し等罪

　被略取者引渡し等罪（刑 227 条）は，以下の行為類型からなる。
　①未成年者略取・誘拐罪（刑 224 条），営利目的等略取・誘拐罪（刑 225 条），
所在国外移送目的略取・誘拐罪（刑 226 条），人身売買罪（刑 226 条の 2）又は被
略取者等所在国外移送罪（刑 226 条の 3）を犯した者を幇助する目的で，略取さ
れ，誘拐され，又は売買された者を引き渡し，収受し，輸送し，蔵匿し，又は

---

9)　オランダ国籍の者が，別居中の妻の監護養育下にある 2 歳の長女をオランダに連れ去
　　る目的で拉致した事案につき，（平成 17 年改正前の）国外移送目的略取罪の成立を認め
　　たものとして，最決平成 15・3・18 刑集 57 巻 3 号 371 頁〈各 *98*〉。

隠避させた場合に処罰される（刑227条1項〔3月以上5年以下の懲役〕）。未遂を罰する（刑228条）。略取・誘拐罪等の成立後，被拐取者等に対する支配の継続を助ける罪である。引渡しとは，被拐取者等に対する不法な支配を移転することをいう。収受とは，被拐取者等を受け取り，自己の支配下に置くことをいう。輸送とは，被拐取者等の身柄を移転することをいう。蔵匿とは，被拐取者等の発見を妨げるような場所を与えることをいい，隠避とは，蔵匿以外の方法で被拐取者等の発見を妨げることをいう。

　②幇助の対象となる犯罪が身の代金目的略取・誘拐罪である場合には，刑が加重される（刑227条2項〔1年以上10年以下の懲役〕）。未遂を罰する（刑228条）。本罪は①の加重類型である。

　③営利，わいせつ又は生命若しくは身体に対する加害の目的で，略取され，誘拐され，又は売買された者を引き渡し，収受し，輸送し，又は蔵匿した場合に処罰される（刑227条3項〔6月以上7年以下の懲役〕）。未遂を罰する（刑228条）。

　④③の加重類型であり，身の代金目的の場合に刑が加重される（刑227条4項前段〔2年以上の有期懲役〕）。未遂を罰する（刑228条）。

　⑤④に関連して，略取され又は誘拐された者を収受した者が近親者その他略取され又は誘拐された者の安否を憂慮する者の憂慮に乗じて，その財物を交付させ，又はこれを要求する行為をした場合に処罰される（刑227条4項後段〔2年以上の有期懲役〕）。

9　解放による刑の減軽

　身の代金目的略取・誘拐罪，身の代金要求罪（刑225条の2），被拐取者引渡し等罪（刑227条2項・4項）を犯した者が，公訴提起前に，略取され又は誘拐された者を安全な場所に解放したときは，その刑を減軽する（刑228条の2）。被拐取者の安全に配慮した政策的規定である。**安全な場所**とは，被拐取者が安全に救出されると認められる場所を意味するが，安全とは，具体的かつ実質的な危険のおそれがないことをいい，漠然とした抽象的危険や単なる不安感・危惧感を伴うだけでこれにあたらなくなるわけではない（最決昭和54・6・26刑集33巻4号364頁）。

10　親　告　罪

　未成年者略取・誘拐罪（刑224条）・同未遂罪（刑228条），わいせつ又は結婚目的略取・誘拐罪（刑225条）・同未遂罪（刑228条），未成年者略取・誘拐罪又はわいせつ若しくは結婚目的略取・誘拐罪を犯した者を幇助する目的で犯した被略取者引渡し等罪（刑227条1項）・同未遂罪（刑228条）並びにわいせつ目的での被略取者引渡し等罪（刑227条3項）・同未遂罪（刑228条）は**親告罪**とされ，告訴がなければ公訴を提起することができない（刑229条）。これらの場合には，訴追・処罰を被害者の意思に委ねるのが適当だとされているのである。なお，当罰性の高い，営利又は生命若しくは身体に対する加害目的による場合には親告罪から除外されている。

　告訴権者は犯罪の被害者であり（刑訴230条），被拐取者等に告訴権がある。被害者の法定代理人には独立した告訴権がある（刑訴231条1項）。なお，未成年者略取・誘拐罪について，監護権を独立した保護法益と解する場合，監護権者も被害者として告訴権を有することになる（福岡高判昭和31・4・14裁特3巻8号409頁〈各*91*〉）。被拐取者等が犯人と婚姻したときは，婚姻の無効又は取消しの裁判が確定した後でなければ，告訴の効力はない（刑229条但書）。婚姻前に告訴がなされ，その後婚姻した場合には，公訴提起後であっても告訴は無効となる（名古屋高判金沢支判昭和32・3・12高刑集10巻2号157頁）。

第5節　性的自由に対する罪

1　総　　説

　強制わいせつ罪（刑176条）及び強姦罪（刑177条）は，**性的自由**（性的羞恥心を抱くような性的事項についての自己決定の自由）**に対する罪**である。これらは，公然わいせつ罪（刑174条），わいせつ物頒布罪（刑175条）などと共に同一の章（第22章わいせつ，姦淫及び重婚の罪）に規定されているが，社会的法益に対する罪ではなく，個人的法益である性的自由に対する罪として理解されるべきものである。

244　第3編　第4章　自由に対する罪

2　強制わいせつ罪

(1)　総　　説

強制わいせつ罪（刑176条）は，13歳以上の男女に対し，暴行又は脅迫を用いてわいせつな行為をした場合に成立する（前段〔6月以上10年以下の懲役〕）。13歳未満の男女に対しては，手段，同意の有無を問わず[10]，わいせつな行為をした場合に成立する（後段〔6月以上10年以下の懲役〕）。未遂も処罰される（刑179条）。なお，13歳未満の者に対し，13歳未満であることの認識なく，暴行又は脅迫を用いてわいせつな行為をした場合，刑法176条前段・後段の区別をすることなく，同条に該当する一罪が成立する（最決昭和44・7・25刑集23巻8号1068頁）。

(2)　構 成 要 件

(i)　わいせつな行為　　**わいせつな行為**とは，性的な意味を有し，本人の性的羞恥心の対象となるような行為をいう。公然わいせつ罪（刑174条）における「わいせつな行為」とは，保護法益が異なるため，内容が異なる。強制わいせつ罪においては本人の（当該行為についての）性的自由が問題であり，公然わいせつ罪においては性的秩序が問題である。したがって，無理やりキスをすることは強制わいせつ罪にはなりうるが（東京高判昭和32・1・22高刑集10巻1号10頁参照），公然わいせつ罪にまではならないであろう。女性に対し姦淫目的でなすわいせつ行為については，強姦罪（刑177条）・同未遂罪（刑179条）が成立する限り，強制わいせつ罪の規定の適用は排除される（法条競合）。

(ii)　暴行・脅迫　　わいせつな行為を強要する手段としての暴行・脅迫は，相手方の反抗を抑圧する程度のものである必要はないが，**反抗を著しく困難にする程度**のものであることが必要である。なお，暴行自体がわいせつな行為である場合には，端的に性的自由を侵害するものであり，強制わいせつ罪が成立する（大判大正7・8・20刑録24輯1203頁，大判大正13・10・22刑集3巻749頁など）。

(3)　主観的要件

強制わいせつ罪の故意に関し問題となるのが，**被害者の年齢の錯誤**である。

---

10)　13歳未満の者には，性的な事柄について十分な判断能力がないとの前提から，後見的な絶対的保護が与えられているのである。

13 歳未満の者を 13 歳以上であると誤信して，暴行・脅迫によらずわいせつな行為をした場合，故意がなく本罪は成立しない。13 歳以上の者を 13 歳未満であると誤信して，暴行・脅迫によらずわいせつな行為をした場合，刑法 176 条後段の罪の故意はあるが，同罪の構成要件該当事実がないため，同未遂罪（刑 179 条）の成立がありうるにとどまる。

なお，**判例**は，かつて，強制わいせつ罪の成立を肯定するためには，「犯人の性欲を刺戟興奮させまたは満足させるという**性的意図**」が必要で，もっぱら被害者の女性に報復し，又はこれを侮辱し虐待する目的で同女を裸にして写真撮影しても，同罪は成立しないと解していた（最判昭和 45・1・29 刑集 24 巻 1 号 1 頁〈総 *36*，各 *100*〉）。しかし，学説においては，このような「性的意図」は性的自由の侵害とは無関係であり，不要であるとする見解が多数を占めており，実務においても，上記判例が実質的に維持されているか疑問である（東京地判昭和 62・9・16 判時 1294 号 143 頁〈総 *37*，各 *101*〉）。

3 強 姦 罪

(1) 総 説

強姦罪（刑 177 条）は，暴行又は脅迫を用いて，13 歳以上の女子[11]を姦淫した場合に成立する（前段〔3 年以上の有期懲役〕）。13 歳未満の女子に対しては，手段，同意の有無を問わず，姦淫した場合に成立する（後段〔3 年以上の有期懲役〕）。その趣旨は，強制わいせつ罪と同様である。未遂も処罰される（刑 179 条）。

強姦罪の客体は女に限られているが，主体は男に限られていない（姦淫という構成要件要素は男でなければ事実上実現しえないというにすぎない）[12]。したがって，女でも，責任無能力の男を利用することにより，強姦罪の間接正犯となりうるし，共同正犯には当然なりうる（最決昭和 40・3・30 刑集 19 巻 2 号 125 頁〈総

---

11) 男子を客体から除外することが憲法に反しないとするものとして，最大判昭和 28・6・24 刑集 7 巻 6 号 1366 頁。

12) 主体が男に限定された身分犯ではなく，男でなければ構成要件要素を実現しえない**擬似身分犯**である。身分犯については，非身分者による間接正犯は成立しえないが，擬似身分犯については，そうした問題は生じない。

246　第3編　第4章　自由に対する罪

359〉〔傍論であるが，強姦罪を身分犯と解している〕参照)。

(2)　構　成　要　件

強姦の手段としての暴行・脅迫は，相手方の**反抗を著しく困難にする程度の**ものであることが必要である（最判昭和24・5・10刑集3巻6号711頁)。また，姦淫とは，男性生殖器の少なくとも一部を女性生殖器に挿入することをいう（大判大正2・11・19刑録19輯1255頁参照)。

なお，強姦未遂罪（刑179条）は，姦淫行為，姦淫のための暴行・脅迫への着手以前でも，「強姦に至る客観的な危険性」が認められる場合には成立する（最決昭和45・7・28刑集24巻7号585頁〈総*274*〉〔女性をダンプカーの運転席に引きずり込み，5キロ離れた護岸工事現場で姦淫した事例において，ダンプカーに引きずり込む段階で，強姦罪の実行の着手を肯定〕参照)[13]。この段階の暴行により，被害者に傷害の結果が生じれば，強姦致傷罪（刑181条2項）が成立する（前出最決昭和45・7・28)。

4　準強制わいせつ罪・準強姦罪

(1)　総　　説

準強制わいせつ罪（刑178条1項）は，人の心神喪失若しくは抗拒不能に乗じ，又は心神を喪失させ，若しくは抗拒不能にさせて，わいせつな行為をした場合に成立する（6月以上10年以下の懲役)。準強姦罪（同条2項）は，女子の心神喪失若しくは抗拒不能に乗じ，又は心神を喪失させ，若しくは抗拒不能にさせて，姦淫した場合に成立する（3年以上の有期懲役)。これらは，13歳以上の者に対し[14]，その抵抗困難な状態を利用してわいせつな行為又は姦淫を行う場合を処罰の対象とするものである。したがって，本罪が適用されるのは，①わいせつな行為又は姦淫の目的で，暴行・脅迫によらずに，被害者を心神喪失又は抗拒不能にして，わいせつな行為又は姦淫を行う場合（たとえば，被害者の飲物に睡眠薬を入れて眠り込ませ，わいせつな行為又は姦淫を行う場合)，②わいせつな行為又は姦淫以外の目的で，手段を問わず，心神喪失又は抗拒不能にし，そ

---

13)　前述141頁参照。

14)　13歳未満の者に対しては，わいせつな行為又は姦淫を行っただけで，強制わいせつ罪又は強姦罪が成立するから，本罪は13歳以上の者について適用されることになる。

の後わいせつな行為又は姦淫を行う場合（たとえば，制裁目的で暴行を加えて抗拒不能にし，その後わいせつな行為又は姦淫を行う場合），③第三者などにより作出された，又は被害者に存在する心神喪失又は抗拒不能の状態を利用して，わいせつな行為又は姦淫を行う場合（たとえば，他人の暴行により気絶している被害者に対し，わいせつな行為又は姦淫を行う場合）である。

　本罪は故意犯であり，構成要件該当事実の認識・予見が必要となるが，強制わいせつ罪・強姦罪の故意で，準強制わいせつ罪・準強姦罪の構成要件を実現した場合の処理が問題となる。たとえば，暴行を用いて姦淫したが，被害者は心神喪失状態にあった場合，いかなる犯罪が成立するかが問題となる（津地判平成4・12・14判タ822号281頁〔暴行により反抗抑圧の状態を増大したとして，強姦罪の成立を肯定〕）。これは，性的自由を侵害する異なった罪の間における抽象的事実の錯誤の事案であるが，判例の立場からは，強制わいせつ罪・強姦罪と準強制わいせつ罪・準強姦罪の構成要件の間に実質的な重なり合いを認め，客観的に実現した準強制わいせつ罪・準強姦罪の成立を肯定しうることになると解される。

　(2)　抵抗困難な状態の利用

　　(ⅰ)　心神喪失　　**心神喪失**とは，責任無能力（刑39条1項）とは異なり，意識喪失（睡眠・泥酔を含む），高度の精神障害（東京高判昭和51・12・13東高刑時報27巻12号165頁〔4，5歳程度の知能しかない知的障害の女性を姦淫した事例〕参照）などにより，自己に対してわいせつな行為又は姦淫が行われていることの認識を欠く状態をいう。このため，わいせつな行為又は姦淫に対して抵抗することが困難なのである。

　　(ⅱ)　抗拒不能　　**抗拒不能**とは，物理的（手足が緊縛されている場合など）又は心理的（錯誤，畏怖状態に陥っている場合など）に，わいせつな行為又は姦淫に対して抵抗することが著しく困難な状態をいう。抗拒不能には，①相手方などについて錯誤があるため，わいせつな行為又は姦淫に対して抵抗することが困難な状態にある場合（心理的抗拒不能），②実際の相手方との間でわいせつな行為又は姦淫を行うことの認識は存在するが，それに対して抵抗することが困難な状態にある場合（心理的抗拒不能又は物理的抗拒不能）がある。①の例としては，わいせつな行為又は姦淫の相手について錯誤に陥っている場合（広島高判昭和

33・12・24 高刑集 11 巻 10 号 701 頁〔眠気その他の事情から，犯人を夫と誤信していた事例〕），姦淫が行われることについての認識がない場合（大判大正 15・6・25 刑集 5 巻 285 頁〔陰部に薬を挿入すると偽り，目を閉じさせるなどして姦淫した事例〕）があり，②の例としては，治療のため必要であると誤信させて，わいせつな行為又は姦淫を行った場合（名古屋地判昭和 55・7・28 刑月 12 巻 7 号 709 頁〈各 *103*〉〔肯定〕，東京高判昭和 56・1・27 刑月 13 巻 1 = 2 号 50 頁〈各 *104*〉〔肯定〕，東京地判昭和 58・3・1 刑月 15 巻 3 号 255 頁〈各 *105*〉〔否定〕）がある。

5 集団強姦等罪

集団強姦罪・集団準強姦罪（刑 178 条の 2）は，2 人以上の者が現場において共同して強姦罪（刑 177 条）又は準強姦罪（刑 178 条 2 項）を犯した場合に成立する（4 年以上の有期懲役）。本罪は，平成 16 年刑法改正により新設された。改正前，これらの行為は，その当罰性の高さから非親告罪化されていたにとどまるが，強姦罪・準強姦罪の特別類型として重罰化されることになった。本罪は，現場における共同実行形態（共同正犯）を予定しているから，その限りにおいて，刑法 60 条の適用は不要であると解される。

6 親 告 罪

強制わいせつ罪（刑 176 条），強姦罪（刑 177 条），準強制わいせつ罪（刑 178 条 1 項），準強姦罪（刑 178 条 2 項）及びこれらの罪の未遂罪は**親告罪**とされ，告訴がなければ公訴を提起することはできない（刑 180 条 1 項）。これらの犯罪は重大な法益侵害行為であるが，被害者の名誉などの利益を考慮したためである。

2 人以上の者が現場において共同して，強制わいせつ罪，準強制わいせつ罪又はこれらの未遂罪を犯した場合には，当罰性の高さから一般予防の見地を優先させて**非親告罪**とされている（刑 180 条 2 項）。集団強姦罪・集団準強姦罪も，同様に，非親告罪である（同条 1 項参照）。これらの場合，犯罪自体が非親告罪となるから，現場にいない共犯についても，その訴追には告訴を要しない（最決昭和 43・10・15 刑集 22 巻 10 号 928 頁）。

第5節 性的自由に対する罪 249

7 強制わいせつ等致死傷罪

(1) 総 説

強制わいせつ等致死傷罪（刑181条）は，強制わいせつ罪等を犯し，よって人を死傷させた場合に成立する結果的加重犯である。それは，①強制わいせつ罪，準強制わいせつ罪又はそれらの未遂罪の結果的加重犯（同条1項〔無期又は3年以上の懲役〕），②強姦罪，準強姦罪又はそれらの未遂罪の結果的加重犯（同条2項〔無期又は5年以上の懲役〕），③集団強姦罪，集団準強姦罪又はそれらの未遂罪の結果的加重犯（同条3項〔無期又は6年以上の懲役〕）からなる。

(2) 構 成 要 件

(i) 原因行為　死傷の結果は，わいせつな行為又は姦淫行為から生じた場合，手段である暴行から生じた場合（最決昭和43・9・17刑集22巻9号862頁）のほか[15]，**判例**は，基本犯に**随伴する行為**から死傷結果が生じた場合でも本罪の成立を肯定している（犯行後，逃走のために傷害を負わせた事例についても本罪の成立を肯定する。最決平成20・1・22刑集62巻1号1頁〈各*106*〉，大判明治44・6・29刑録17輯1330頁，東京高判平成12・2・21判時1740号107頁）。学説では，これでは広すぎるとして，基本犯の遂行過程で死傷の結果が発生した場合に限定すべきだとする見解が主張されている。

判例によれば，強姦目的で女性に暴行を加え，被害者を死亡させた直後に姦淫した事案について，強姦既遂致死罪が成立するが（最判昭和36・8・17刑集15巻7号1244頁），死体の姦淫は強姦ではないとする批判がある。

(ii) 死傷結果　強姦罪の被害者の妊娠は傷害ではないが，判例によれば，処女膜裂傷も傷害に含まれ（最大判昭和25・3・15刑集4巻3号355頁），軽度の傷害でもよいとされている（最判昭和24・7・26裁集刑12号831頁）。学説には，手段である暴行から通常生じる程度の軽度の傷害については除外されるべきだとする見解がある。

(3) 主観的要件

判例によれば，結果的加重犯の加重結果について，過失は不要である（ただ

---

15) 共犯者の1名により強姦された後，他の共犯者による強姦の危険を感じた被害者が逃走して救助を求める際に転倒して傷害を負った場合，強姦致傷罪が成立する（最決昭和46・9・22刑集25巻6号769頁）。

250　第3編　第4章　自由に対する罪

し，学説は過失を要求している）。問題は，加重結果について故意がある場合の扱いである。①死について故意がある場合，判例は，強制わいせつ等致死罪と殺人罪との観念的競合としている（大判大正4・12・11刑録21輯2088頁，最判昭和31・10・25刑集10巻10号1455頁）。学説では，死の二重評価をさけるため，強姦罪等と殺人罪との観念的競合と解する見解が主張されている。②傷害の故意がある場合，端的に強制わいせつ等致傷罪の成立を肯定することが妥当であろう。なぜなら，強制わいせつ等致傷罪と傷害罪の観念的競合では，傷害の二重評価が問題となり，また，強制わいせつ罪等と傷害罪の観念的競合では，法定刑の下限が強制わいせつ等致傷罪よりも軽くなり，妥当でないからである。

第6節　住居侵入罪

1　総　　説

(1)　保 護 法 益

　住居侵入罪（刑130条）は，正当な理由がないのに，人の住居若しくは人の看守する邸宅，建造物若しくは艦船に侵入した場合に成立する（3年以下の懲役又は10万円以下の罰金）。要求を受けたにもかかわらず，これらの場所から退去しなかった場合には，不退去罪（同条）として処罰される（3年以下の懲役又は10万円以下の罰金）。これらの罪の未遂も処罰の対象となる（刑132条）。

　住居侵入罪（不退去罪を含む）の**保護法益**については，住居などの建物に対する管理権，その内容をなす「誰に立入りを認めるか」の自由と解する見解（**住居権説**）と，住居などの事実上の平穏と解する見解（**平穏説**）とが対立している。

　判例は，大審院時代，住居侵入罪を「他人ノ住居権ヲ侵害」する犯罪と解して住居権説を採り（大判大正7・12・6刑録24輯1506頁〈各*111*〉），住居権は「家長としての夫」にのみ帰属するとの理解から（**旧住居権説**），夫の不在中に姦通目的で妻の承諾を得て住居に立ち入る行為（姦通事例）について，住居侵入罪の成立を肯定した（大判昭和14・12・22刑集18巻565頁，前出大判大正7・12・6）。戦後，夫の住居権の侵害を理由に，姦通事例について住居侵入罪の成立を肯定することに対する批判から，学説では平穏説が有力に主張され，この影響は判例にも及んで，一般論として平穏説を採用する判例が現れた（最決昭和49・5・

31 裁集刑 192 号 571 頁〈各 *113*〉〔王子病院事件において，看守者に法律上正当な権限が存在するかは犯罪の成否に関係しないことの理由として判示〕，最判昭和 51・3・4 刑集 30 巻 2 号 79 頁〈各 *107*〉〔東大地震研事件において，囲繞地への侵入を処罰の対象とするのは，建造物への侵入に準じる程度に建造物利用の平穏が害され又は脅かされることから保護するためであると判示〕）。しかし，判例は，その後，後述するように，学説における新住居権説の台頭を背景として，「侵入」の意義を「管理権者の意思に反して立ち入ること」と解することによって，住居権説への軌道修正を行っている（最判昭和 58・4・8 刑集 37 巻 3 号 215 頁〈各 *114*〉〔大槌郵便局事件〕）。

学説では，大審院判例の採る旧住居権説を批判すべく，**平穏説**が有力に主張されたが，旧住居権説の問題点は夫にのみ住居権を肯定したところにあるにすぎず，住居権という考え方自体は支持されるべきだとする**新住居権説**が現在多数を占めている。

(2) 罪　質

判例は，住居侵入罪を，侵入後退去するまで継続して成立する**継続犯**と解している（最決昭和 31・8・22 刑集 10 巻 8 号 1237 頁）。これに対し，学説では，侵入は継続しないこと，不退去罪の存在から，状態犯と解すべきではないかとの見解が主張されている。

2 客　体

(1) 人 の 住 居

住居の意義については，人の起臥寝食に使用される場所と解する見解と，それよりも広く，人の日常生活に利用される場所と解する見解が対立している。文字通り「起臥寝食」の場所に限るのは狭すぎるが，単なる事務所まで含めるのは広すぎる。住居は建造物には限らず（艦船・車両を含む），また，住居としての利用は一時的なものでもかまわない（ホテル・旅館の客室も住居である）。

人の住居とは，自らが居住者でない住居という意味である。かつて居住していても，住居から離脱した者が，現に居住する者の許諾なく立ち入る場合には，住居侵入罪が成立しうる（最判昭和 23・11・25 刑集 2 巻 12 号 1649 頁〈各 *117*〉，東京高判昭和 58・1・20 判時 1088 号 147 頁〈各 *118*〉）。死者は人でないから，居住者

252　第3編　第4章　自由に対する罪

全員を殺害した後に侵入しても住居侵入罪は成立しないと解すべきであろう（これに対し，東京高判昭和57・1・21刑月14巻1＝2号1頁〈各 *119・258*〉は，平穏説の立場から，住居侵入罪の成立を肯定する）。

(2)　人の看守する邸宅，建造物，艦船

邸宅とは，居住用の建造物で，住居以外のもの（居住者のいない空き家，閉鎖された別荘など）をいう[16]。集合住宅の共用部分（通路・階段など）は邸宅である（最判平成20・4・11刑集62巻5号1217頁参照〈各 *109・115*〉〔防衛庁宿舎〕。ただし，分譲マンションの共用部分について最判平成21・11・30刑集63巻9号1765頁〈各 *116*〉は邸宅との明言を避け，住居と解する余地を残している）。

建造物とは，住居，邸宅以外の建物を広く含む[17]。裁判例では，広島の原爆ドームは建造物でないとされたが（広島地判昭和51・12・1刑月8巻11＝12号517頁），大阪万博の太陽の塔（大阪高判昭和49・9・10刑月6巻9号945頁），駅構内（最判昭和59・12・18刑集38巻12号3026頁〈各 *110*〉），雑居ビルの駐車場（東京地判平成7・10・12判時1547号144頁），国民体育大会会場スタンドのスコアボード（福岡高那覇支判平成7・10・26判時1555号140頁），警察署の塀（最決平成21・7・13刑集63巻6号590頁〈各 *108*〉）は建造物にあたるとされている。

艦船とは，軍艦及び船舶をいう。

これらについては，住居とは異なり，人の看守するものであることが必要である。人（＝看守者）とは，建物の管理者をいい，人の滞留・立入りに対して許諾を与える権限を有する者のことである（看守者＝管理者により配置される門衛，守衛のことではない）。**看守**とは，建物などを事実上管理・支配するための人的・物的設備を施すことをいう（施錠や門衛の配置など）。

(3)　付属地・敷地（囲繞地）

住居，邸宅及び建造物については，建物自体のみならず，付属する**囲繞地**も客体に含まれる。客体に含まれる囲繞地（土地を囲んでいる他の土地）とは，建物に接してその周囲に存在する付属地であり，管理者が門塀などを設置することにより，建物の付属地として建物利用のために供されるものであることが明示されたものをいう（最判昭和51・3・4刑集30巻2号79頁〈各 *107*〉〔東大地震研

---

16)　後述するように，付属する囲繞地を含む。

17)　後述するように，付属する囲繞地を含む。

事件〕）。なお，判例によれば，邸宅は，居住用の建物及び囲繞地から成るとされ（大判昭和 7・4・21 刑集 11 巻 407 頁参照），防衛庁宿舎の囲繞地は邸宅にあたる（前出最判平成 20・4・11 参照）。また，建造物には囲繞地を含むとされている（最大判昭和 25・9・27 刑集 4 巻 9 号 1783 頁）。

敷地を囲むフェンス（関係者以外立入り禁止の掲示がある）に開口部があっても，看守を認めうる（前出最判平成 20・4・11 参照）。

3　住居侵入罪

(1)　侵入の意義

侵入の意義について，判例は，管理権者の意思に反した建造物への立入りをいう（**意思侵害説**）と解している（最判昭和 58・4・8 刑集 37 巻 3 号 215 頁〈各 *114*〉〔大槌郵便局事件〕）。学説においても，この意思侵害説が通説的地位を占めており，保護法益に関する住居権説のみならず，平穏説からも採用されている。住居の平穏を害する立入りを侵入と解する見解（**平穏侵害説**）は少数説にとどまる。なぜなら，居住者の立入り許諾に関する利益を無視し，居住者の意思に反する立入りを住居の平穏を害しないとして処罰の対象としないことは明らかに妥当でないからである。

侵入というためには，行為者の身体の全部が住居等に入ることが必要である。隠しカメラ等によって映像を外部に送信し，居住者等のプライバシーを侵害することでは足りない。

(2)　許　諾　権

判例・通説である意思侵害説からは，許諾権者（＝管理権者・住居権者）の立入りについての許諾の有無によって住居侵入罪の成否は決められる。そこで，このような許諾権を誰が有するのかが問題となる。

（ⅰ）　邸宅・建造物・艦船　　これらについては，看守者が許諾権者である。看守者とは，守衛・門衛とは異なり，建物について管理権限を有する者をいう（なお，管理組合が管理する分譲マンションについては，管理組合の意思に反する立入りが侵入となる。最判平成 21・11・30 刑集 63 巻 9 号 1765 頁〈各 *116*〉参照）。

（ⅱ）　住居　　住居について許諾権を有するのは居住者であり，許諾権はこれらの者に平等に認められる。年少者は別として，親子，夫婦，兄弟の間で許

諾権に優劣はない。問題は，複数の許諾権者間で意見が対立する場合である。住居侵入罪の成立が否定されるためには，①許諾権者全員の許諾を必要とする立場，②許諾権者のうち1名の許諾があれば足りるとする立場，③「現在者の意思が不在者の意思に優先する」と解する立場に見解が分かれている。①には妥当性に疑問があり，また，許諾権は，他の許諾権との関係で相互に制約されているとすれば，②説が採られることになろう。

　　(ⅲ)　**許諾の対象，推定的許諾**　　立入りの許諾は，建物の一部に限定して行うことができ，立入りが許された領域以外に立ち入る場合，住居侵入罪が成立する。また，立入りの許諾が現実に与えられる場合のほか，許諾権者が不在である等の理由から，現実には与えられないが，許諾が見込まれるので住居侵入罪が成立しない場合がある（**推定的許諾**）。一般に公開された建造物については，立入りについて包括的許諾があるとされているが，個別の立入りについてみれば，包括的許諾から個別の許諾が推定されるということができる。

　(3)　許諾と錯誤

　住居侵入罪の成否は，立入りについての住居権者＝許諾権者の有効な許諾の有無によって決まるから，立入りの許諾が欺罔などによる錯誤に基づいて与えられた場合，有効な許諾が認められるかが問題となる。

　判例は，錯誤に基づく同意を広く無効とする立場（最判昭和33・11・21刑集12巻15号3519頁〈総 *114, 各6*〉〔偽装心中事件〕参照）から（前述85頁以下），広く許諾を無効として住居侵入罪の成立を肯定している（最判昭和23・5・20刑集2巻5号489頁〈各 *120*〉，最大判昭和24・7・22刑集3巻8号1363頁〈総 *115*〉など）。ことに，一般に立入りが許容されている場所への違法目的での立入りについて，違法な目的を秘したことから，広く住居侵入罪の成立を肯定している（東京地判昭和44・9・1刑月1巻9号865頁〔皇居一般参賀会場〕，大阪地判昭和46・1・30刑月3巻1号59頁〔大阪万博中華民国館〕，東京高判昭和48・3・27東高刑時報24巻3号41頁〔共同通信会館〕，東京高判平成5・2・1東高刑時報44巻1〜12号8頁〔参議院〕，仙台高判平成6・3・31判時1513号175頁〈各 *122*〉〔国体開会式場〕，最決平成19・7・2刑集61巻5号379頁〈各 *121・151*〉〔銀行支店出張所〕）。これに対し，学説では，とくに一般に立入りが許容されている場所への立入りについて，違法目的が外形上明らかでない場合，有効な推定的許諾があると考えるべきだとの

批判的見解も主張されている。

4　不 退 去 罪

　不退去罪（刑 130 条）は，住居に立ち入った者が，退去要求を受けたにもかかわらず，その場所から退去しなかった場合に成立する（3 年以下の懲役又は 10 万円以下の罰金）。住居侵入罪を継続犯と解する判例の立場からは，立入り時に住居侵入罪が成立しない場合について認められる補充的な犯罪であると解されることになる（最決昭和 31・8・22 刑集 10 巻 8 号 1237 頁）。

　不退去罪は真正不作為犯であり，退去要求がなされた後，退去に必要な時間が経過した時点で成立する。したがって，本罪については，未遂成立の余地はないとの見解が有力である。

256

第 5 章

人格的法益に対する罪

第 1 節　秘密に対する罪

1　秘密とその保護

　秘密とは，一般に，一定の主体に関係する事実で，①一般には知られておらず（**非公知性**），②秘密の主体にそれを秘匿する意思があり（**秘匿意思**），③それを秘匿することについて利益が認められる（**秘匿の利益**）ものをいう。秘密は，その主体により，①国家秘密，②企業秘密（営業秘密），③個人秘密に分けられるが，それらにおける秘匿の利益の内容は，①国家の存立・作用，②営業上の利益，③プライバシー的利益と，それぞれ異なっている。この意味で，秘密の内実は多様である。これらの秘密は，①探知，②開示（漏示，漏洩），③利用（窃用，盗用）により侵害される。

　現行刑法は，秘密を極めて限定的な形でのみ保護している。それは，秘密の探知を対象とする信書開封罪（刑 133 条），秘密の漏示を対象とする秘密漏示罪（刑 134 条）で，それぞれ限定された秘密を保護の対象としているにすぎない[1]。

2　信書開封罪

(1)　総　　説

　信書開封罪（刑 133 条）は，正当な理由がないのに，封をしてある信書を開けた場合に成立する（1 年以下の懲役又は 20 万円以下の罰金）。本罪は，「封をし

---

1)　秘密保護については，特別法の規定が重要な機能を果たしている。

てある信書」という**秘密の形式**を侵害する罪であり，信書に記載された内容が
それ自体として秘密であるかは問わない。

(2) 構 成 要 件

(i) 信書　**信書**とは，特定人から特定人に宛てた文書をいう。意思伝達
文書に限られず，単なる事実の記載でもよい。また，信書の発信者又は受信者
である特定人には，自然人のみならず，法人その他の団体，地方公共団体，国
も含まれる。

(ii) 開封　客体となる信書には「封をしてある」ことが必要である。**封**
とは，糊付けその他信書の内容を見られないために施された装置をいい，封筒
をクリップ止めする場合やひもで結ぶのでは足りない。この装置は信書と一体
となっていることが必要で，封をしていない信書を引出しに入れて鍵をかけて
も，その信書は本罪の客体とはならない。本罪が成立するためには，封を開け
たことが必要であるが，信書の内容を知りうる状態が作り出されたことで足り，
信書の内容が了知されたことは不要である。

(3) 親 告 罪

信書開封罪は**親告罪**である（刑135条）。犯罪として比較的軽微であり，信書
の存在自体を秘匿する利益も考えられるところから，訴追を被害者の意思に委
ねたものと解される。被害者である**告訴権者**（刑訴230条）について，判例は，
発信者であるが，受信後は発信者及び受信者の双方であると解している（大判
昭和11・3・24刑集15巻307頁）。

3　秘密漏示罪

(1) 総 説

秘密漏示罪（刑134条）は，医師，薬剤師，医薬品販売業者，助産師，弁護
士，弁護人，公証人又はこれらの職にあった者が，正当な理由がないのに，そ
の業務上取り扱ったことについて知り得た人の秘密[2]を漏らした場合に成立
する（同条1項〔6月以下の懲役又は10万円以下の罰金〕）。宗教，祈禱若しくは祭

---

2) 医師が，医師としての知識・経験に基づく，医学的診断を内容とする鑑定を命じられ
た場合に，鑑定の過程で知り得た人の秘密を正当な理由なく漏らす行為は本罪にあたる
（最決平成24・2・13刑集66巻4号405頁〈各 *154*〉）。

祀の職にある者又はこれらの職にあった者が，正当な理由がないのに，その業務上取り扱ったことについて知り得た人の秘密を漏らした場合にも成立する（同条2項〔6月以下の懲役又は10万円以下の罰金〕）。本罪の主体が提供するサービスを受けるためには，秘密の開示が必要となるから，その反面として，秘密保護の必要性が認められるのである。なお，本罪の主体は**限定列挙**である[3]。秘密はこれらの者の補助者によっても漏示されうるが，処罰範囲の明確性から限定されている。

(2) 構 成 要 件

(ⅰ) 人の秘密　　**秘密**というためには，①非公知性，②秘匿の意思，③秘匿の利益が必要である。もっとも，個人秘密については，秘匿の意思があれば，特別の事情がない限り，秘匿の利益を肯定しうる。本罪にいう人の意義について，自然人に限る見解もあるが，そのように限定する理由があるか疑問である（法人・団体が広く含まれるが，死者は含まれない）。

(ⅱ) 漏示　　**漏示**とは，秘密を（それを知らない者に）告知することをいい，その方法を問わない。相手方が秘密の内容を了知したことを要するかについては見解が分かれている。なお，漏示に**正当な理由**があれば，本罪は不成立である。秘密を開示することが法律上の義務である場合などがその例である。また，訴訟手続において証言拒絶権（刑訴149条，民訴197条参照）を行使せず証言した場合，本罪の成立が肯定されるわけではないと解する見解が多数説である。

(3) 親 告 罪

本罪は**親告罪**である（刑135条）。告訴権者（刑訴230条）は，被害者としての秘密の主体である。

第2節　名誉に対する罪

1 総　説

名誉に対する罪としては，名誉毀損罪（刑230条）及び侮辱罪（刑231条）が規定されている。保護法益は**名誉**であるが，名誉の概念は，一般に，①内部的

---

3) ただし，看護師等の秘密漏示は特別法上処罰の対象となる。

名誉（自己又は他人の評価から独立した，人の真価），②**外部的名誉**（人に対する社会の評価，世評，名声。社会的名誉ともいう），③**主観的名誉**（本人が自己に対して有する名誉感情）に区別されている。人の真価である内部的名誉は，本人以外侵害することができないから，刑法による保護の対象とならない。**判例**（最決昭和58・11・1刑集37巻9号1341頁〈各 *155*〕〔法人に対する侮辱罪の成立を肯定〕参照）及び**通説**は，名誉毀損罪及び侮辱罪の保護法益を外部的名誉（社会的名誉）と解している。外部的名誉は，さらに，人の事実上の（積極的な）社会的名誉をいうとされ，その結果，虚名も保護されることとなっている。しかし，それでは，正当な言論の自由の保護が不十分となるため，昭和22年に真実性の証明による免責規定（刑230条の2）が導入された。

2　名誉毀損罪

(1)　人 の 名 誉

　名誉毀損罪（刑230条1項）は，公然と事実を摘示し，人の名誉を毀損した場合に，その事実の有無にかかわらず，成立する（3年以下の懲役若しくは禁錮又は50万円以下の罰金）。親告罪である（刑232条）。なお，死者の名誉毀損は，虚偽の事実を摘示した場合に限って処罰される（刑230条2項）が，これについては後述する（265頁）。

　　(i)　名誉の意義　　人の**名誉**とは，**外部的名誉**，すなわち，人についての事実上の（積極的な）[4] 社会的評価（**事実的名誉**）[5] を意味する。したがって，人の真価とは異なった評価である**虚名**も保護され，摘示した事実が真実でも，真実性の証明による免責（刑230条の2）が認められない限り，処罰の対象となるのである。

　　(ii)　名誉の主体　　名誉の主体である人には，自然人 [6] のほか，法人などの団体を含むと解するのが**判例**（大判大正15・3・24刑集5巻117頁参照）・**通説**である。団体でも社会的活動を行っている以上，その評価は法的保護に値するからである。なお，名誉の主体である人は，まとまった評価が可能であると

---

　4)　悪名といった消極的な社会的評価を含まない。
　5)　これに対し，人の真価に対応した評価を**規範的名誉**という。
　6)　自然人であれば誰でも含まれ，幼児も除外されない。

いう意味で，特定されている必要があり，「関西人」「関東人」などといった不特定集団については，本罪は成立しない（前出大判大正 15・3・24）。

（2）構 成 要 件

名誉毀損罪は，公然と，人の社会的評価を害するに足りる事実を摘示した場合に成立する。

（i）公然性　事実の摘示は**公然**となされる必要がある。公然とは，摘示された事実を不特定又は多数の人が認識しうる状態をいう（大判昭和 6・6・19刑集 10 巻 287 頁，最判昭和 36・10・13 刑集 15 巻 9 号 1586 頁など参照）。ここで，不特定とは，摘示の相手方が特殊な関係によって限定されていないことをいい，多数とは，単に複数であればよいのではなく，相当の多数であることをいう。**判例**は，摘示の直接の相手方が特定少数人であっても，その者らを通じて不特定多数人へと伝播する場合，公然といいうる（これを，**伝播性の理論**と呼ぶことがある）と解している（大判大正 8・4・18 新聞 1556 号 25 頁〈各 *157*〉，大判昭和 3・12・13 刑集 7 巻 766 頁，最判昭和 34・5・7 刑集 13 巻 5 号 641 頁〈各 *158・165*〉など）。これに対し，学説では，それでは，社会的評価の下落である名誉毀損に加え，公然性を事実摘示に要求して処罰範囲を限定した趣旨が無になるとして，摘示の直接の相手方が不特定又は多数人であることを要するとの見解が主張されている。

（ii）事実の摘示　摘示される事実は，それ自体として，人の社会的評価を低下させるような具体的事実でなければならない。それは，**人の社会的評価に関係する事実**であれば足り（大判大正 7・3・1 刑録 24 輯 116 頁参照），プライバシーに関わる事実でも除外されない。被害者が摘示された事実において明示的に特定されていなくとも，他の事情を含め総合的に判断して特定可能であれば足りる（東京地判昭和 32・7・13 判時 119 号 1 頁〔モデル小説〕など）。なお，摘示された事実は，真実性の証明の対象となりうる程度に具体的でなければならない（東京高判昭和 33・7・15 高刑集 11 巻 7 号 394 頁参照）。

摘示された事実は，**公知の事実**でもよいと解されている（大判大正 5・12・13刑録 22 輯 1822 頁，大判昭和 9・5・11 刑集 13 巻 598 頁参照）。当該事実を知らない人にさらに伝播する可能性があり社会的評価をさらに引き下げることになるからともいえるが，実際には，摘示された事実それ自体の性質によって名誉毀損

罪の成否が決せられることになっているのである。摘示された事実は、その**真否**を問わない。これは、「その事実の有無にかかわらず」との法文から明らかであり、名誉毀損罪においては、人の真価に対応した規範的名誉を超えて、現実に存在する社会的評価である事実的名誉までが保護されることになっているのである。

摘示の**方法**は問わない。事実は、確定的な真実として摘示される必要はなく、摘示の相手方がそれを事実として受け取る可能性がある限り、**噂や風評・風聞**の形をとることでもよい（大判昭和 5・8・25 新聞 3192 号 15 頁、最決昭和 43・1・18 刑集 22 巻 1 号 7 頁〈各 *160*〉など）。

　　(ⅲ)　名誉毀損　　名誉毀損罪は、人の社会的評価を低下させるべき事実を公然と摘示することによって成立し、名誉が現実に侵害されたことは要しないと解されている（大判昭和 13・2・28 刑集 17 巻 141 頁）[7]。社会的評価が実際に低下したことを立証することは困難であり、また、それを行うことは適当でもないからである。

　(3)　真実性の証明による免責

　　(ⅰ)　総説　　名誉毀損罪は、既述のように、真実である事実を摘示しても成立する（事実的名誉までが保護されている）。しかし、それでは、言論の自由の保障との関係で問題が生じるため、昭和 22 年に、個人の名誉の保護と、憲法 21 条による正当な言論の保障との調和を図るために、**真実性の証明**による**免責**を認める規定が導入された（刑 230 条の 2〔公共の利害に関する場合の特例〕）。それは、①名誉毀損行為が、公共の利害に関する事実に係り（**事実の公共性**）、②その目的が専ら公益を図ることにあったと認められる場合で（**目的の公益性**）、③摘示した事実が真実であることの証明があった（**真実性の証明**）ときに、免責を認めるものである（同条 1 項）。さらに、公訴が提起されるに至っていない人の犯罪行為に関する事実（同条 2 項〔事実の公共性があるものとされる〕）、公務員又は公選による公務員の候補者に関する事実（同条 3 項〔事実の公共性及び目的の公益性があるものとされる〕）についての特則が定められている。

　　免責規定の法的性質は、立案当局者によれば、犯罪の実体的成否に関わらな

---

　7)　名誉毀損罪は抽象的危険犯であると解されている。

い処罰阻却事由であり，真実性の証明がなければ免責の余地はないと解されていた。判例も当初はその理解に従っていたが（前出最判昭和34・5・7），その後，判例変更され，真実性の証明がない真実性の誤信の場合でも，免責の余地が肯定されるに至った（最大判昭和44・6・25刑集23巻7号975頁〈各 *166*〉〔夕刊和歌山時事事件〕）。

　(ii)　事実の公共性　摘示された事実は，一般の多数人の利害に関係するもの[8]，公共性を備えた事実について評価・判断するための資料となるものであることが必要である。個人のプライバシーに関する私生活上の事実については，原則として公共性が否定されるが，当該人物が携わる社会的活動の性質や影響力の程度などによっては，社会的活動に対する批判・評価の資料として公共性が認められることがある（最判昭和56・4・16刑集35巻3号84頁〈各 *163*〉〔月刊ペン事件〕）。

　なお，事実の公共性は，摘示事実自体の内容・性質に照らし客観的に判断されるべきであり，表現方法の不当性（東京高判昭和28・2・21高刑集6巻4号367頁〔インチキブンヤ事件〕参照）や事実調査の程度などの事情によって左右されない（前出最判昭和56・4・16〔これらは目的の公益性などの判断に際して考慮される〕）。

　(iii)　目的の公益性　法文上は目的が「専ら」公益を図ることにあったことが必要とされているが，下級審判決・学説においては，主たる動機が公益を図るためであれば足りると緩やかに解されている（東京地判昭和58・6・10判時1084号37頁）。それが否定されるのは，事実摘示が窃盗の被害弁償を受ける目的であった場合（広島高判昭和30・2・5裁特2巻4号60頁），主として読者の好奇心を満足させる目的であった場合（東京高判昭和30・6・27東高刑時報6巻7号211頁）などである。

　(iv)　特則　刑法230条の2第2項は，公訴が提起されるに至っていない人の犯罪行為に関する事実については，公共性があるものとみなしている。これは，捜査機関に捜査の端緒を与え，捜査訴追活動が適切に行われているかについて監視を可能とするためである。したがって，本項にあたるのは，法律上

---

8)　限られた範囲の者に限って事実を摘示する場合には，それらの者との関係で公共性が認められることで足りる。

訴追可能な犯罪事実に限られ，人の前科（最判平成 6・2・8 民集 48 巻 2 号 149 頁〔ノンフィクション「逆転」事件〕参照）や犯罪被害者に関する事実は含まれない。

刑法 230 条の 2 第 3 項は，公務員又は公選の公務員の候補者に関する事実については，公共性及び目的の公益性があるものとみなしている。これは，「国民固有の権利」（憲 15 条 1 項）である公務員の選定・罷免を実質的に担保するためである。こうした趣旨から，公務員の資質・能力と全く関係がない事実には，本項の適用がないとの見解が主張されている。

　(v)　真実性の証明　　**真実性の証明**は，事実の公共性及び目的の公益性の要件が充足された場合に許される。この 2 要件が充たされなければ，情状立証のためであっても許されないとの見解が有力である。それは，法廷で事実の真否を明らかにすることにより被害者に再度の苦痛を与えるのは，やむをえない場合に限るという考え方に基づいている。証明の**立証責任**は被告人にある（事実の真否が確定されなければ，被告人は不利益な判断を受ける。前出東京高判昭和 28・2・21 参照）。

証明の対象は，摘示された事実であり，その主要・重要な部分について真実であるとの証明がなされれば足りる（東京地判昭和 49・6・27 刑月 6 巻 6 号 724 頁参照）。事実が噂・伝聞の形で摘示された場合，人の社会的評価を低下させるのが，噂・伝聞の存在自体ではないときには [9]，内容をなす事実の真実性が証明の対象となる（前出最決昭和 43・1・18）。**証明の方法・程度**については，犯罪事実の証明に必要な，厳格な証明による合理的な疑いを容れない程度のものと解する下級審裁判例があるが（東京地判昭和 49・11・5 判時 785 号 116 頁，東京高判昭和 59・7・18 高刑集 37 巻 2 号 360 頁〈各 *164*〉参照。最決昭和 51・3・23 刑集 30 巻 2 号 229 頁〈総 *91*，各 *168*〉〔丸正事件〕は，この点についての判断を留保した），学説では，そのような証明を要求するのは，強力な証拠収集手段を有しない被告人には酷であり，厳格な証明によるべきだとしても，証拠の優越の程度で足りるとの見解が有力である。

(4)　真実性の誤信

刑法 230 条の 2 における真実性の証明による免責に関連して，事実を摘示し

---

9)　噂・伝聞の存在自体が人の社会的評価を低下させる場合には，噂・伝聞の存在自体が証明の対象である。

264 第3編 第5章 人格的法益に対する罪

た者が，何らかの根拠に基づいて摘示事実を真実であると考えていたが，それ
が真実でなかった場合，又は真実性の証明に成功しなかった場合，免責の余地
はないかが問題となる。既述のように，立案当局者は，真実性の証明による免
責は処罰阻却事由であり，真実性の証明がなされない限り免責の余地はないと
考えていた。

判例は，当初，立案当局者と同様，真実性の証明がなされない限り免責の余
地はないと解していたが（前出最判昭和34・5・7），一定の条件の下に免責を肯
定する立場へと判例変更を行った（前出最大判昭和44・6・25。さらに，最判昭和
41・6・23民集20巻5号1118頁）。すなわち，刑法230条の2の規定は，「人格
権としての個人の名誉の保護」と「憲法21条による正当な言論の保障」との
調和を図ったものであるが，両者間の調和・均衡を考慮すれば，真実性の証明
がなされない場合でも，「行為者がその事実を真実であると誤信し，その誤信
したことについて，確実な資料，根拠に照らし相当の理由があるときは [10]，
犯罪の故意がなく，名誉毀損の罪は成立しない」とするに至ったのである。

学説では，見解が分かれている。まず，①**錯誤論**で解決を図ろうとする立場
として，(A) 真実性の証明による免責を違法性阻却事由と解し，厳格責任説の
立場から，真実性の誤信が避けられなかった場合に，責任阻却による免責を肯
定する見解，(B) 刑法230条の2は「訴訟法的規定」で，その実体法上の免責
要件は「証明可能な程度の真実」であり，客観的な資料から「証明可能な真
実」だと思えば故意が阻却されるとの見解 [11] が存在する。(A) については厳格
責任説を前提とする点，(B) については故意阻却には客観的な限定を付するこ
とができず，軽率に真実と誤信しても免責せざるをえないはずだとの批判があ
る。次に，②**違法論**で解決を図ろうとする立場として，信頼すべき資料を基礎
として，一応その事実を真実と判断するのが合理的だといえる場合には，正当
行為（刑35条）として違法性が阻却されるとの見解がある。これに対しては，
一般人の判断を誤らせる虚偽の事実の摘示に，名誉保護よりも優越する利益を

---

10) インターネット上の名誉毀損の場合であっても同様の基準が妥当する（最決平成
22・3・15刑集64巻2号1頁〈各 *167*〉）。

11) この「客観的な資料」が「確実な資料，根拠」と厳格化されて判例に採用されたと
考えられる。

肯定することはできず，違法性阻却を認めることには疑問があるとの批判がなされている。③過失論で解決を図ろうとする立場として，虚偽の事実摘示については，真実性の誤信により虚偽性の認識が欠如したことについての過失責任を問う見解が存在する。これに対しては，刑法230条の2を過失犯処罰規定（刑38条1項但書参照）と解しうるかが問題とされることになる。

(5) 死者の名誉毀損罪

死者の名誉毀損罪（刑230条2項）は，虚偽の事実を摘示することによってした場合だけが処罰の対象となる（3年以下の懲役若しくは禁錮又は50万円以下の罰金）。本罪に関しては，その**保護法益**について，理解が分かれている。すなわち，それは，①死者に対する遺族の敬愛の情とする見解と，②死者自身の名誉とする見解である。このうち，①については，遺族のない死者について犯罪の成立を肯定することができなくなるとの問題があろう。

3 侮 辱 罪

(1) 保 護 法 益

侮辱罪（刑231条）は，事実を摘示せずに，公然と人を侮辱した場合に成立する（拘留又は科料）[12]。本罪の**保護法益**について，**判例**（最決昭和58・11・1刑集37巻9号1341頁〈各 *155*〉〔法人に対する侮辱罪の成立を肯定〕）及び**通説**は，名誉毀損罪と同じく，**外部的名誉**と解している。この理解によれば，名誉毀損罪と侮辱罪の差は，事実の摘示の有無にあることになる。これに対し，少数説ながら，侮辱罪の保護法益は，外部的名誉を保護法益とする名誉毀損罪とは異なり，主観的名誉（名誉感情）だとする見解が主張されている。しかし，この見解については，①名誉毀損については，名誉毀損罪と侮辱罪との観念的競合を認めることになるが，その必要性に乏しいこと，②名誉感情を有しない，幼児，法人などについて侮辱罪が成立しなくなること，③名誉毀損罪については真実性の証明により免責されても，侮辱罪で処罰されることになること，④公然性を要件とすることが十分に説明できないこと等の疑問が出されている。

---

12) 本罪の教唆・幇助は，特別の規定を欠き，不可罰である（刑64条）。

(2) 構成要件

侮辱とは，事実を摘示せずに，人に対する侮辱的価値判断を表示することをいう（大判大正 15・7・5 刑集 5 巻 303 頁参照）。

4 親 告 罪

名誉毀損罪（刑 230 条）及び侮辱罪（刑 231 条）は**親告罪**であり，被害者による告訴がなければ公訴を提起することができない（刑 232 条 1 項）。これは，被害者の意思を無視して訴追する必要性がなく，訴訟の場において被害者の名誉がさらに侵害されるおそれがあり，訴追の有無を被害者の意思にかからせることが適当と判断されることによる。

告訴権者は，被害者であるが（刑訴 230 条），それが天皇などの場合については，特別の規定がおかれている（刑 232 条 2 項）。なお，死者の名誉毀損罪における告訴権者は，死者の親族又は子孫とされている（刑訴 233 条 1 項）。

第6章

信用及び業務に対する罪

第1節　総　　説

　信用は，人に対する評価であるが，名誉と異なり，真実の摘示に対しては保護されていない。これは，信用が経済活動における人の評価であり，経済活動においては，客観的な評価が関与者に広く伝達され，各自の判断の基礎となることが前提とされているからである。また，刑法233条において，信用は**業務**と併せて保護の対象となっている。業務は，後述するように，経済活動には限られないが，それが保護の中核に位置するからである。

第2節　信用毀損罪

1　保護法益・客体

　信用毀損罪（刑233条）は，虚偽の風説を流布し，又は偽計を用いて，人の信用を毀損した場合に成立する（3年以下の懲役又は50万円以下の罰金）。本罪の客体である**信用**の意義について，かつての判例（大判明治44・4・13刑録17輯557頁，大判大正5・6・1刑録22輯854頁）・通説は，人の支払能力・意思に関する信用に限定していたが，**判例**は，近時，商品の品質に対する社会的信頼も含まれると解するに至った（最判平成15・3・11刑集57巻3号293頁〈各*123*〉）。このような理解は，経済活動の世界では虚名保護の原則は妥当しないとの見地から，正当化されるであろう。なお，人には，経済活動の主体となりうるものは広く含むと解すべきだから，自然人のみならず，法人その他の団体が含まれる。

268　第3編　第6章　信用及び業務に対する罪

2　構 成 要 件

(1)　虚偽の風説の流布

虚偽の風説の流布とは，少なくとも一部が客観的真実に反する噂や情報を不特定又は多数人に伝播することをいう。直接少数の者に伝達した場合でも，その者を介して多数の者に伝播するおそれがあるときは，これにあたる（大判昭和12・3・17刑集16巻365頁）。

(2)　偽　　　計

偽計とは，人を欺罔し，あるいは人の錯誤又は不知を利用することをいう。詳しくは，業務妨害罪において解説する（272頁）。

(3)　毀　　　損

信用毀損とは，人の信用を低下させることをいう。名誉毀損罪と同様，現実に信用毀損の結果が生じたことは不要であり，本罪は危険犯だとするのが判例（大判大正2・1・27刑録19輯85頁）・多数説である。

第3節　業務妨害罪

1　業　　　務

(1)　総　　　説

業務妨害罪（刑233条・234条・234条の2）にいう**業務**とは，職業その他社会生活上の地位に基づき継続して行う事務又は事業をいう（大判大正10・10・24刑録27輯643頁〈各*124*〉など）。職業としての経済活動を典型とする，**社会生活上の活動**であることが必要であり，個人的な活動（娯楽としての読書，自家用車の運転，趣味としての散策・スポーツ，学生の学習活動など）や家庭生活上の活動（料理，清掃，洗濯など）は含まれない。

判例によれば，業務であるためには，継続して行われることが必要であり，単発的な事務は含まれない（**継続性**の要件）。そこから，団体の結成式について業務であることを否定した裁判例がある（東京高判昭和30・8・30高刑集8巻6号860頁〈各*125*〉）。しかし，継続的存在である団体の事務・事業の一環としてなされるものであれば，それ自体としては1回しか行われない，単発的な事務・事業も業務に含まれると解されており（前出大判大正10・10・24〔会社の創立事

業〕，東京高判昭和 37・10・23 高刑集 15 巻 8 号 621 頁〔政党の結党大会〕），継続性の要件は実際上不要とされているともいえる。業務活動の主体の事務・事業である限り，複数回行われるものか否かに重要性はないから，こうした態度は支持しうるといえよう。

業務は，**違法**であっても，なお刑法上の保護に値するものであれば，客体となる。裁判例では，違法な業務は保護に値しないとしたものもあるが（名古屋地判昭和 39・2・20 下刑集 6 巻 1 = 2 号 80 頁〔労基法 36 条に基づく時間外協定が締結されていない場合において，時間外に労務を提供させようとする使用者側の行為〕），事実上平穏に行われているものであれば，本罪の客体となりうると解されている（東京高判昭和 27・7・3 高刑集 5 巻 7 号 1134 頁〈各 *127*〉〔知事の許可を得ずに行われた浴場営業〕，横浜地判昭和 61・2・18 刑月 18 巻 1 = 2 号 127 頁〈各 *128*〉〔行政取締法規に違反するパチンコ景品買入営業〕）。ただし，反社会性・違法性が強度な事業（規制薬物の販売など）は保護に値せず，業務から除外されるべきである。なお，後述するように（271 頁），法的瑕疵があるため，公務執行妨害罪（刑 95 条 1 項）の保護の対象とならない公務については，業務妨害罪の対象からも除外されることがある（最決平成 14・9・30 刑集 56 巻 7 号 395 頁〈各 *129・137*〉参照）。

(2) 公　務

公務が業務妨害罪の客体に（いかなる範囲で）含まれるかについては争いがある。公務は，公務執行妨害罪（刑 95 条 1 項）において，暴行・脅迫という限られた妨害手段に対してのみ保護されている。これに対し，業務妨害罪の規定は，人の業務を，①虚偽の風説の流布，偽計（刑 233 条），②威力（刑 234 条），③電子計算機損壊等（刑 234 条の 2）という緩やかな妨害手段から広く保護している。そこで，公務について，それを業務として広い保護を与えることの適否が，公務執行妨害罪における限定的保護との関係で[1]，問題となるのである。

判例は，この問題について，顕著な変遷を示してきた。大審院は，偽計による裁判所の競売の妨害の事案について，偽計業務妨害罪の成立を肯定したが（大判明治 42・2・19 刑録 15 輯 120 頁），小学校長が保管する教育勅語謄本等を隠

---

1) なお，判例は，公務執行妨害罪の対象となる公務を，「ひろく公務員が取り扱う各種各様の事務のすべて」と解している（最判昭和 53・6・29 刑集 32 巻 4 号 816 頁〈各 *541*〉）。後述 446 頁参照。

匿した事案については，公務は業務に含まれないとし，偽計業務妨害罪の成立を否定した（大判大正 4・5・21 刑録 21 輯 663 頁〈各 *130・220*〉〔教育勅語事件〕）。もっとも，（現業傭人で職員でないため）公務員でない[2] 郵便集配人の郵便業務については，公務執行妨害罪が成立しないから，威力業務妨害罪が成立するとされたのである（大判大正 8・4・2 刑録 25 輯 375 頁）。最高裁では，武装警察官の職務に対する妨害の事案について，業務の中には公務は含まれないとして，威力業務妨害罪の成立が否定されていたが（最大判昭和 26・7・18 刑集 5 巻 8 号 1491 頁〈各 *131*〉〔理研小千谷工場生産管理事件〕），国鉄（当時）の貨車運行業務を妨害した事案において，事業の内容は民営鉄道と異ならないから，公務も業務に含まれるとして，威力業務妨害罪の成立が肯定されるに至り（最判昭和 35・11・18 刑集 14 巻 13 号 1713 頁〔古河鉱業 目尾鉱業所事件〕），この立場は，国鉄（当時）の連絡船運航業務を威力で妨害した事案についても踏襲・確認された（最大判昭和 41・11・30 刑集 20 巻 9 号 1076 頁〈各 *132*〉〔摩周丸事件〕）。その後の下級審裁判例では，現業業務以外でも，国立大学の入試実施業務（京都地判昭和 44・8・30 刑月 1 巻 8 号 841 頁），衆議院の議事（東京地判昭和 48・9・6 刑月 5 巻 9 号 1315 頁〈各 *133*〉，東京高判昭和 50・3・25 刑月 7 巻 3 号 162 頁），国税調査官が税務調査に赴く行為（京都地判昭和 61・5・23 刑月 18 巻 5 = 6 号 731 頁〈各 *135*〉，大阪高判昭和 63・9・29 判時 1306 号 138 頁）などについて威力業務妨害罪の成立を認めていたが，最高裁は，県議会委員会における条例案の採択等を威力により妨害した事案において，その事務は**強制力を行使する権力的公務**でないとして，威力業務妨害罪の成立を肯定したのである（最決昭和 62・3・12 刑集 41 巻 2 号 140 頁〈各 *134*〉〔新潟県議会事件〕）。さらに，公職選挙法上の選挙長の立候補届出受理事務を偽計及び威力で妨害した事案においても，強制力を行使する権力的公務でないとして，偽計・威力業務妨害罪の成立が肯定されるに至った（最決平成 12・2・17 刑集 54 巻 2 号 38 頁〈各 *136*〉）。

　こうして，現在の判例によれば，強制力を行使する権力的公務については公務執行妨害罪のみの適用があるが，その他の公務については，公務執行妨害罪及び業務妨害罪の双方の適用があるのである。

---

　2)　これは，郵便集配員を公務員とした最判昭和 35・3・1 刑集 14 巻 3 号 209 頁により変更されている。

学説では，①公務はすべて業務に含まれると解する見解（**積極説**），②公務は業務に含まれないとする見解（**消極説**），③公務員の行う公務は業務に含まれないが，非公務員が行う公務は業務に含まれるとする見解（**身分振分け説**），④一定の基準（現業性，民間類似性，非権力性）によって公務を区分し，その一方を専ら業務妨害罪の対象とし，他方を専ら公務執行妨害罪の対象とする見解（**公務振分け説**），⑤一定の基準（権力性など）により公務を区分し，その一方のみを業務妨害罪の対象とし，併せて公務執行妨害罪の対象ともなりうるとする，判例と同じ見解（**限定積極説**）などが主張されている。公務も基本的には業務に含まれるが，強制力を行使する権力的公務については，業務妨害罪の規定による保護を必要としないという見地から，判例を支持する限定積極説が有力となっている。

なお，公務については，公務執行妨害罪（刑95条1項）において違法な公務が保護されないこととの関係で，業務妨害罪においても同様の制約が存在するかが問題となる（東京地判平成9・3・6判時1599号41頁参照）。民間の業務については，既述のように（269頁），違法でも必ずしも保護の対象から除外されることはないが，（公務執行妨害罪における）強力な妨害手段からは保護されない公務が，（業務妨害罪における）緩やかな妨害手段から保護されるとするのは均衡を失する。判例も，法的瑕疵がある公務については，業務妨害罪の要保護性が否定される余地を認めていると解される（前出最決平成14・9・30）。

2 妨害手段

(1) 虚偽の風説の流布

業務妨害罪（刑233条）は，虚偽の風説を流布し，又は偽計を用いて，人の業務を妨害した場合に成立する（3年以下の懲役又は50万円以下の罰金）。ここにいう**虚偽の風説の流布**とは，少なくとも一部が客観的真実に反する噂や情報を不特定又は多数人に伝播することをいう。直接少数の者に伝達した場合でも，その者を介して多数の者に伝播するおそれがあるときには，これにあたる。なお，下級審判決には，虚偽の風説の意義に関し，確実な資料・根拠なしに述べた事実をいうとしたものがある（東京地判昭和49・4・25刑月6巻4号475頁〈各*139*〉〔著書に，豆腐に使用されるAF−2が毒性の強い有害薬品である旨を記載した事

例。有害性について決着がつくまでは，科学論争に持ち込むと「虚偽」性の証明がなされず無罪となるのは不当だとしたが，故意がないとして無罪とした〕）。ここでは，断定できないことを断定したことが「虚偽」と捉えられているが，断定できると思っていれば，故意を肯定することはできない。

(2) 偽　　計

偽計とは，人を欺罔し，あるいは人の錯誤又は不知を利用することをいい，詐欺罪（刑 246 条）における欺罔行為（人を欺く行為）よりも緩やかな概念である。これは，裁判例により，次第に拡張されている。偽計にあたるとされたものとしては，駅弁業者の駅弁が不衛生である旨の内容虚偽の葉書を鉄道局に郵送した事例（大判昭和 3・7・14 刑集 7 巻 490 頁〈各 *482*〉），新聞社の経営者が他紙の購読者を奪うために，それと紛らわしい題号等に変えて新聞を発行した事例（大判大正 4・2・9 刑録 21 輯 81 頁），外面からわからないように漁場の海底に障害物を沈め，漁業者の漁網を破損させて漁獲不能とした事例（大判大正 3・12・3 刑録 20 輯 2322 頁），デパートに販売のため陳列されている寝具に縫い針を差し込んだ事例（大阪地判昭和 63・7・21 判時 1286 号 153 頁）など，人を欺罔し，その不知・錯誤を利用した場合のほか，中華そば店に多数回の無言電話をかけて業務を妨害した事例（東京高判昭和 48・8・7 高刑集 26 巻 3 号 322 頁〈各 *149*〉），有線放送会社が放送送信に使用している電線を密かに切断して，顧客への放送を不能にした事例（大阪高判昭和 49・2・14 刑月 6 巻 2 号 118 頁〈各 *150*〉），電力量計に細工をして使用量より少ない電力量を指示させた事例（福岡地判昭和 61・3・3 判タ 595 号 95 頁〈各 *148*〉），電話通話料金課金に用いる度数計器の作動を不可能にする「マジックホン」を電話機に設置等した事例（最決昭和 59・4・27 刑集 38 巻 6 号 2584 頁〈各 *147*〉），一般客を装って現金自動預払機を占拠した事例（最決平成 19・7・2 刑集 61 巻 5 号 379 頁〈各 *121・151*〉）など，非公然と行われる妨害手段までが広く含まれるに至っている。

(3) 威　　力

威力業務妨害罪（刑 234 条）は，威力を用いて人の業務を妨害した場合に成立する（3 年以下の懲役又は 50 万円以下の罰金）。ここにいう**威力**とは，人の自由意思を制圧するに足る勢力をいい（最判昭和 28・1・30 刑集 7 巻 1 号 128 頁〈各 *140*〉），妨害手段としては，暴行・脅迫よりも広く，緩やかである。裁判例で

威力にあたるとされたものとしては，デパート食堂の配膳部に縞蛇をまき散らした事例（大判昭和7・10・10刑集11巻1519頁），役員室内に侵入して団体交渉を強要した事例（前出最判昭和28・1・30），総会屋が株主総会の議場で怒号した事例（東京地判昭和50・12・26刑月7巻11＝12号984頁），机の引き出しに猫の死骸を入れ，これを被害者に発見させた事例（最決平成4・11・27刑集46巻8号623頁）など，人の意思に働きかける場合のほか，営業中の商家の周りに板囲いを設置した事例（大判大正9・2・26刑録26輯82頁〈各*141*〉），キャバレーの客席で牛の内臓をコンロで焼いて悪臭を放った事例（広島高岡山支判昭和30・12・22裁特2巻追録1342頁），貨車に積載された石炭を落下させた事例（最判昭和32・2・21刑集11巻2号877頁〈各*142*〉），配電盤のスイッチを切り織機の運転を止めた事例（大阪高判昭和26・10・22高刑集4巻9号1165頁），イルカ捕獲網のロープを切断してイルカを逃走させた事例（長崎地佐世保支判昭和55・5・30刑月12巻4＝5号405頁〈各*144*〉），弁護士が携行する訟廷日誌等在中の鞄を奪い取り，自宅に隠匿した事例（最決昭和59・3・23刑集38巻5号2030頁〈各*143*〉）など，公然と行われた妨害行為まで広く含められている。判例・裁判例では，実際上，非公然の妨害行為が偽計であり，公然と行われた妨害行為が威力であるとの理解が採られている。

(4)　電子計算機損壊等

電子計算機損壊等業務妨害罪（刑234条の2第1項）は，(1)①人の業務に使用する電子計算機若しくはその用に供する電磁的記録を損壊し，②若しくは人の業務に使用する電子計算機に虚偽の情報若しくは不正な指令を与え，③又はその他の方法により，(2)①電子計算機に使用目的に沿うべき動作をさせず，②又は使用目的に反する動作をさせて，(3)人の業務を妨害した場合に成立する（5年以下の懲役又は100万円以下の罰金）。未遂も処罰される（同条2項）。法定刑が，偽計業務妨害罪（刑233条）・威力業務妨害罪（刑234条）より重いのは，業務妨害の結果が広範囲に及ぶことが想定されているからである（たとえば，列車運行システムを制御する電子計算機が損壊され，業務遂行に障害が生じれば，その被害は個別の列車の運行にとどまらない）。

（i）　電子計算機の意義　　人の業務に使用する**電子計算機**とは，独立性をもってある程度広範に業務を処理するものであることが必要で，機器に組み込

274　第3編　第6章　信用及び業務に対する罪

まれたマイクロプロセッサーなどはこれにあたらない。下級審判決には，パチンコ遊技台に組み込まれたロムは，機械的な制御作用があるにすぎず，制御の及ぶ範囲も当該のパチンコ遊技台にとどまるとして，本罪にいう電子計算機にあたらないとしたものがある（福岡高判平成 12・9・21 判時 1731 号 131 頁〈各 *152*〉〔ただし，偽計業務妨害罪の成立を肯定〕）。

　(ii)　動作阻害惹起行為　　電子計算機の動作阻害をもたらす行為としては，①電子計算機又はその用に供する電磁的記録の損壊（大阪地判平成 9・10・3 判タ 980 号 285 頁〈各 *153*〉〔放送会社のホームページ内の天気予報画像を消去し，わいせつな画像等に置き換えた事例〕），②電子計算機への虚偽の情報又は不正な指令の入力（コンピュータ・ウイルスに感染させる行為もこれにあたるが，発症して動作阻害に至ることが必要である)[3]，③その他の方法（動作阻害を直接惹起することが必要であり，コンピュータ室の占拠，オペレータの拘束などは含まれない）が規定されている。

　(iii)　動作阻害　　上記の行為により，電子計算機に，その設置者が実現しようとした，①使用目的に沿うべき動作をさせず（電子計算機の作動を停止させるような場合），あるいは②使用目的に反する動作をさせる（予定とは異なった規格の製品を生産させるような場合）ことが必要である。後述するように，判例では，業務妨害罪の成立には実害の発生は不要とされているが，動作阻害が生じなければ本罪は成立しない。この意味で，偽計・威力業務妨害罪よりも処罰時期が遅くなっている（偽計業務妨害罪などが成立する可能性があっても，電子計算機損壊等業務妨害罪は成立しない場合がある。前出福岡高判平成 12・9・21 参照）。

3　業務妨害

　判例は，業務妨害罪について，妨害の結果発生は不要であり，業務を妨害するに足りる行為が行われればよい（危険犯）としている（大判昭和 11・5・7 刑集 15 巻 573 頁，最判昭和 28・1・30 刑集 7 巻 1 号 128 頁〈各 *140*〉）。これに対し，学説では，業務の妨害を要求する法文の文理から，業務が妨害され，業務遂行に支障が生じたことを要求する見解が主張されている。

---

　3)　ただし，ウイルスの感染が判明したため，当該電子計算機を業務に使用できなくなった点を捉えれば，偽計業務妨害罪の成立を肯定することも不可能でない。

第7章

財産に対する罪

第1節　財産犯の体系

　刑法235条以下に規定された財産犯の客体である**財産**は，①**物**（財物）と②**財産上の利益**に分かれる（物を客体とする財産犯を**財物罪**又は**取財罪**，財産上の利益を客体とする財産犯を**利益罪**又は**利得罪**と呼ぶ）。前者の物は，さらに，**動産**と**不動産**に区別される（民86条1項・2項）。窃盗罪（刑235条）は動産のみを客体とし，不動産侵奪罪（刑235条の2）は不動産を客体とする。横領罪（刑252条以下），盗品等に関する罪（刑256条），毀棄罪（刑258条以下）は，物（動産及び不動産）を客体としている。これらに対し，強盗罪（刑236条以下）[1]，詐欺罪（刑246条以下）[2]，恐喝罪（刑249条），背任罪（刑247条）は，物のみならず財産上の利益[3]をも客体としている。

　客体である財産は，個別財産として個々に保護されるのか，それとも法益主体の財産全体として保護されるのかにより，財産犯は，前者の**個別財産に対する罪**と後者の**全体財産に対する罪**に区分される。全体財産に対する罪では，財産の喪失及び取得を全体として併せて評価し，損害がないと認められる場合，

---

1) ただし，事後強盗罪（刑238条）及び昏酔強盗罪（刑239条）は，物のみを客体とする。

2) このうち，電子計算機使用詐欺罪（刑246条の2）は，財産上の利益のみを客体とする。

3) 強盗罪（刑236条），詐欺罪（刑246条），恐喝罪（刑249条）において，財産上の利益は，各条2項の罪において客体とされていることから，財産上の利益を客体とするこれらの罪を**2項犯罪**と呼ぶことがある。

その成立が否定される点に特色がある。現行刑法で全体財産に対する罪は背任罪のみであり，他の罪は個別財産に対する罪である。後者では，個別の財物・利益の喪失により犯罪が成立しうるが，全体財産に対する罪とは異なるとしても，実質的な財産的被害が要求されるべきではないかが問題とされている。

財産犯は，財産侵害のみを要件とする**毀棄罪**と財産の効用の取得による財産侵害を要件とする**領得罪**に分かれる。前者である毀棄罪（背任罪にも毀棄罪的部分が含まれている）以外の財産犯は領得罪である（盗品等に関する罪も，間接的に財物の効用を取得し，又は領得行為を引き継ぎ，助長する点において，領得罪に準じる）。

領得罪は，占有の移転を伴う**移転罪**[4]と**非移転罪**に分かれる。前者の移転罪は，占有の移転が占有者の意思に反する**盗取罪**と意思に基づく**交付罪**にさらに分かれる。非移転罪としては横領罪が，盗取罪としては窃盗罪・不動産侵奪罪・強盗罪が，交付罪としては詐欺罪・恐喝罪が規定されている。

＊**財産犯の体系**

個別財産に対する罪	領得罪	移転罪	盗取罪	窃盗罪 （物〔動産〕）
				不動産侵奪罪 （物〔不動産〕）
				強盗罪 （物・利益）
			交付罪	詐欺罪・恐喝罪 （物・利益）
		非移転罪		横領罪 （物）
		間接領得罪		盗品等に関する罪 （物）
	毀棄罪			毀棄罪（物）
全体財産に対する罪	領得罪・毀棄罪			背任罪 （物・利益）

---

4) 学説では，奪取罪とも呼ばれている。

第2節 窃 盗 罪

1 総　説

　窃盗罪（刑235条）は，他人の財物を窃取した場合に成立する（10年以下の懲役又は50万円以下の罰金）。本罪は，他人が占有する他人所有の財物の占有を，占有者の意思に反して取得する場合（他人に取得させる場合も含みうる）に成立するが，他人が占有する（範囲には争いがある）自己の所有物に対しても窃盗罪は成立しうるとされ，処罰範囲が拡張されている（刑242条）。未遂も処罰の対象となる（刑243条）。窃盗罪は，**財物罪**であり，**移転罪**のうちの**盗取罪**である。なお，その客体は財物のうち動産に限られ，不動産を客体とする窃盗は，不動産侵奪罪（刑235条の2）として別に規定されている。現行法上，利益窃盗は不可罰であり，債務不履行は処罰の対象とならないが，それは，民事的な救済に委ねることで足りるとの理解を前提にしている（刑法の補充的性格）。

　なお，財産犯の諸規定は互いに隣接しており，構成要件解釈は隣接する他の財産犯規定との関係を踏まえてなされる必要がある。窃盗罪は，暴行・脅迫を用いた占有者の反抗抑圧による占有移転か否かにより強盗罪（刑236条）と区別され，占有者の意思に反する占有の移転か，意思に基づく占有の交付かにより詐欺罪（刑246条）と区別される。さらに，他人の占有を侵害したか否かにより横領罪（刑252条以下）との区別がなされることになる。

2 財　物
(1) 有　体　物

　窃盗罪の客体である**財物**の意義[5]について，有体物（民85条）であることを要すると解する**有体性説**と，有体物に限らず，管理可能性のあるものを広く含むと解する**管理可能性説**とが対立している。

　有体性説によると，財物は有体物（空間の一部を占め有形的存在を持つ，固体・液体・気体）に限られる。刑法245条の電気を「財物とみなす」規定は窃盗罪

---

5)　財物の意義の理解は，財産犯の諸規定に定められた財物又は物に共通して妥当する。

など[6] に適用されるが，財物でない電気を客体に含めるための特別規定と解されることになる。

管理可能性説によると，財物は有体物に限られず，管理可能なものであればよいから，電気も元来財物に含まれ，電気に関する「みなし規定」（刑245条）は確認規定となる。大審院は，他人の所有物の窃取を処罰する旧刑法上の窃盗罪（旧刑366条）に関し，窃取可能性のあるものは窃盗罪の客体となりうると解し，可動性及び管理可能性をその要件として，電気の盗用につき窃盗罪の成立を肯定したが（大判明治36・5・21刑録9輯874頁〈総11，各169〉），学説では反対説が有力であったため，大審院判例の結論を確認するために「みなし規定」が置かれることになったのである。

管理可能性説によれば，電気以外のエネルギーや，サービス，さらには債権，情報までもが財物に含まれることになり，利益窃盗を不可罰とする現行刑法の立場と実質的に矛盾する帰結がもたらされることになる（管理可能性を限定する基準・根拠にも問題がある）。現在は有体性説が通説であり，裁判例も実際上はそれに従っている[7]。

(2) 不 動 産

財物には，動産のみならず，**不動産**も含まれるかが問題となる。不動産窃盗を処罰する不動産侵奪罪（刑235条の2）が別に存在するから，窃盗罪の客体である財物には不動産は含まれない。これに対し，詐欺罪，恐喝罪，横領罪については，不動産も財物・物に含まれると解されている。強盗罪については争いがあり，多数説は，窃盗罪と強盗罪の盗取罪としての共通性を根拠に，客体である財物から不動産は除かれると解している。このように解しても，不動産の占有自体を財産上の利益と解することができるから，暴行・脅迫による不動産

---

6) 財産犯のうち，移転罪である強盗罪，詐欺罪，恐喝罪などに適用ないし準用（刑251条）され，非移転罪である横領罪，毀棄罪などには準用されない（準用されない犯罪の客体は「物」と規定されている）。

7) このことは，情報自体を財物とせず，情報が化体された媒体である物を財物としているところに表れている（東京地判昭和40・6・26下刑集7巻6号1319頁〔大日本印刷事件〕，東京地判昭和59・6・28刑月16巻5＝6号476頁〈各170〉〔新薬産業スパイ事件〕，さらに，東京地判平成9・12・5判時1634号155頁〈各171・202〉など参照）。

の事実的支配の奪取は利益強盗罪（刑236条2項）で処罰可能である。

(3) 人体・臓器など

人体は，現代社会では，その性質上，財産権の客体となりえないので，財物には含まれない。人の生命は財物とはいえない。母体外にある胎児，さらには受精卵についても同様に解すべきであろう[8]。**人体の一部**も，同様に，財物ではない。しかし，人の身体の一部が分離され，人から区別されるに至った場合には，その財物性を肯定する余地がある。ただし，人体の一部が移植により再び人体の構成部分となった場合には，その財物性は失われる。

(4) 財産的価値

財産犯の客体である以上，財物には**財産的価値**が不可欠である。問題はその内容の理解である。**判例**は，財物とは財産権，ことに所有権の目的となりうる物をいい，それが金銭的価値ないし経済的価値を有するかは問わないとして，その範囲を広く捉えている（大判明治43・2・15刑録16輯256頁〔脅迫により無効な約束手形〕，最判昭和25・8・29刑集4巻9号1585頁〈各 *176*〉〔政党の中央指令綴など〕など）。この立場から，衆議院議員投票用紙，支払呈示期間経過後の（小切手法上無効な）線引小切手，消印済収入印紙なども財物にあたるとされている（大判大正2・1・20刑録19輯9頁，最決昭和29・6・1刑集8巻6号787頁，最決昭和30・8・9刑集9巻9号2008頁〈各 *175*〉など）。経済的価値[9]は必須ではなく，所有者・管理者の主観的価値（東京高判昭和28・9・18判特39号108頁〔印鑑証明用紙〕），他人の手に渡ると悪用される恐れがあることから自分の手元におく利益（消極的価値）でもよい（東京地判昭和39・7・31下刑集6巻7＝8号891頁〔失効した運転免許証〕）。裁判例の中には，米穀輸送証明書につき，財産上の利益・処分に関係ある事項を含まず，侵害利益は証明事項の真偽に関わるにすぎないとして財物性を否定したもの（福岡高判昭和30・5・19高刑集8巻4号568頁）[10]，メモ1枚，ちり紙13枚，はずれ馬券，パンフレット入り封筒などにつ

---

8) したがって，それらの保護は立法論的課題である。

9) 最判昭和26・3・15刑集5巻4号512頁（畑のジャガイモ），最判昭和27・4・15裁集刑63号243頁（レース終了までの競馬勝馬予想表）など。

10) 偽造証書，公職を辞する旨約した契約書につき，無価値あるいは法律上不存在で，財産権の目的とはならないとして財物性を否定したものもある（大判大正元・12・20刑録18輯1563頁〈各 *172*〉，大判大正13・12・19評論13巻刑法420頁）。

280　第3編　第7章　財産に対する罪

いて，価値が僅少であることを理由に財物性を否定したものもある [11]（大阪高判昭和43・3・4下刑集10巻3号225頁，東京高判昭和45・4・6東高刑時報21巻4号152頁〈各*177*〉，札幌簡判昭和51・12・6刑月8巻11＝12号525頁，東京高判昭和54・3・29東高刑時報30巻3号55頁〈総*103*〉）。

　財産的価値は，（客観的な）**交換価値**と（主観的な）**使用価値**に分けられるが，客観的交換価値はなくとも，主観的使用価値が認められれば足りる。所有・所持者にとって効用を持つ以上，他人にとって効用が欠けるため交換の対象とならないものでも，十分に保護に値するからである。主観的使用価値には，**積極的価値**（財物を所持すること自体に積極的な効用が認められる場合）と**消極的価値**（財物が悪用されないよう，手元に置く価値）がある。学説の中には，後者を財産的価値から除外する見解があるが，含めざるをえない（たとえば，日本銀行が焼却のため回収した日本銀行券を窃取する行為 [12] について窃盗罪の成立を否定することはできない。他人に渡さないため，廃棄まで保管するという利益は，主観的利益としてそれ自体不合理とはいえず，主観的利益を保護する以上，そのようなものを財産的価値から排除する理由はない）。

3　占　　有

(1)　総　　説

　窃盗罪は，他人の財物を窃取した場合，すなわち，他人の所有する [13] 財物（この範囲は，刑法242条により拡張されている）の占有を移転し，それを取得した（又は，第三者に取得させた）場合に成立する。こうして，窃取の対象となる財物は，他人が占有するものであることが必要となる。

　刑法にいう**占有**とは，財物に対する**事実上の支配**をいう。これは，民法上の占有より事実的なもので，代理占有（民181条）や占有改定（民183条）による占有の取得，さらには相続による占有の承継は認められない。ただし，刑法に

---

11)　スリがスリ取ったものが，結果として価値僅少である場合，この理由から，窃盗既遂ではなく，窃盗未遂となる。

12)　もっとも，それを毀棄しても器物毀棄罪の成立を肯定しうるかは問題となる。

13)　刑法235条にいう「他人の財物」とは，他人が占有する財物をいうのではなく，他人が所有する財物を意味する。したがって，他人が財物の占有を有することは「窃取」から導かれる。

いう占有も，物の現実の握持までは要せず，ある程度その範囲は拡張されている。そのため，限界が不明瞭になっていることは否定できない。

他人の占有の要件により，移転罪である窃盗罪と非移転罪である横領罪とが区別される。すなわち，①取得した財物におよそ他人の占有が存在したか否か（占有の存否）により，窃盗罪と遺失物等横領罪（刑254条）とが区別され，②取得した財物の占有が誰に存するのか（占有の帰属）により，窃盗罪と横領罪（刑252条・253条）とが区別される。

(2) 占有の存否

占有の存否は，客観的要件＝財物に対する支配（**占有の事実**）と主観的要件＝支配意思（**占有の意思**）を総合して，社会通念に従い判断される。

財物に対する事実的支配である占有は，直接的な事実的支配がある場合（財物を握持している場合，財物が支配領域内に存在する場合）から，事実的支配の可能性がある場合へと拡張されてきた（最判昭和32・11・8刑集11巻12号3061頁〈各*179*〉〔物が占有者の支配力の及ぶ場所に存在することで足りる〕）。前者では，支配意思は当然存在するか，あるいは，それを問題とすることなく支配を認めうるが，後者では，他人を排除して支配を確保する意思（支配意思）が必要となる（主観的要件は客観的要件を補完する意義を有している）。さらに，一部の裁判例では，事実的支配可能性が存在しない場合でも，支配意思を推認させる状況の存在により，占有が肯定されるに至っている。

①財物を握持している場合。財物に対する占有は当然に肯定される。道路の通行人が手に持つバッグを，バイクに乗った者がひったくった場合に窃盗罪が成立するのが，その典型例である[14]。

②財物が人の（閉鎖的）支配領域内にある場合。自宅内に存在する物については，その所在を見失っても支配が認められ，占有は肯定される（大判大正15・10・8刑集5巻440頁）。留守中の家に配達された郵便物に対しても，受取人に占有は当然存在する。

③財物が人の（閉鎖的）支配領域内にない場合。財物が短時間で現実的支配

---

14) **ひったくり**は基本的に窃盗罪となり，強盗罪となるのは，抵抗する被害者を引きずって財物を奪取したような場合（最決昭和45・12・22刑集24巻13号1882頁〈各*257*〉）に限られる。

282 第3編 第7章 財産に対する罪

を及ぼしうる場所的範囲内にあるときには，占有を認めうる（財物の所在を認識し，又はその所在を一旦失念してもほどなく思い出し，他人を排除して支配を確保する意思＝支配意思が，事実的支配可能性を基礎づける点で意味を有している）。たとえば，バスに乗るために行列していた被害者がバスを待つ間に写真機を脇に置き，列の移動につれて改札口の方に進んだが，写真機を置き忘れたことに気が付き，直ちに引き返した（その間約5分で，約20m離れていた）事案（前出最判昭和32・11・8），ベンチにポシェットを置き忘れた被害者が約27m離れた場所まで歩いて行った（時点でポシェットが取られた）事案（最決平成16・8・25刑集58巻6号515頁〈各 *181*〉）については占有を肯定しうる。これに対し，大規模なスーパーマーケットの6階ベンチに財布を置き忘れたまま地下1階に移動し，約10分後に置き忘れたことに気が付き戻った事案（東京高判平成3・4・1判時1400号128頁〈各 *180*〉）については占有が否定される。

　なお，判例・裁判例の中には，事実的な支配可能性がなく，占有意思を推認させる状況があるにすぎない場合でも，占有を肯定したものがある。お堂の中に置かれた仏像（大判大正3・10・21刑録20輯1898頁），大震災の際道路に搬出した布団その他の物（大判大正13・6・10刑集3巻473頁〈各 *187*〉），人道橋に無施錠で置かれた自転車（福岡高判昭和58・2・28判時1083号156頁〈各 *189*〉）などである。このような事例では，社会通念上，保管のために置いた物に対して財物の所有者になお支配がある（保管されている）と見うることによる。

　④元の占有者の占有喪失により，占有が他者（当該領域を支配している者）に移る場合。旅館の宿泊客が客室に置いている所有物に対しては宿泊客の占有が認められるように 15)，他人により支配・管理された領域内においても所有者の占有はなお存続するが，所有者がその占有を失うに至れば，当該領域を支配している者に占有は移行する。したがって，旅館内のトイレや脱衣所に忘れた財布に対しては旅館主に占有があり（大判大正8・4・4刑録25輯382頁〈各 *182*〉，札幌高判昭和28・5・7判特32号26頁），ゴルフ場内のロストボールに対してはゴルフ場管理者に占有がある（最決昭和62・4・10刑集41巻3号221頁〈各 *185*〉）。これに対し，列車内に遺留された毛布に対して列車乗務員には占有がないとさ

---

15)　ただし，旅館から貸与された浴衣などについては，旅館に占有がある（それを持ち出せば，横領罪ではなく，窃盗罪が成立する）。

れているが（大判大正 15・11・2 刑集 5 巻 491 頁〈各 *183*〉），それは，一般乗客の自由な立入りが可能な場所については，なお占有を肯定するに足りる支配がないことによる。このような見地からは，公衆電話機内に残された硬貨について電話局長などの占有を肯定した判決（東京高判昭和 33・3・10 裁特 5 巻 3 号 89 頁〈各 *184*〉）には疑問の余地がある。

(3) 占有の帰属

物の支配に複数の者が関与する場合，占有は誰にあるのか（**占有の帰属**）が問題となる。社会通念が判断の基礎として援用されることになる。

(ⅰ) 共同占有　数人が共同して財物を占有する場合，共同占有者の 1 人が他の占有者の同意を得ることなく当該財物を（領得する意思で）自己の単独占有に移した場合，他の共同占有者の占有を侵害したことになり，窃盗罪が成立する（大判大正 8・4・5 刑録 25 輯 489 頁〈各 *197*〉，最判昭和 25・6・6 刑集 4 巻 6 号 928 頁）。

(ⅱ) 上下・主従関係がある場合　物の保管者間に上下・主従関係がある場合，占有は上位者にあり，下位者は占有補助者ないし監視者であるにすぎない。商店の雇人が商店内において物品を販売する場合，商品に対する占有は商店主にあり，雇人がそれを不正に持ち出せば窃盗罪が成立する（大判大正 3・3・6 新聞 929 号 28 頁〈各 *196*〉，大判大正 7・2・6 刑録 24 輯 32 頁）。同様に，倉庫番などは倉庫内の物について占有を有しない（大判大正 12・11・9 刑集 2 巻 778 頁）。

(ⅲ) 支配関係がある場合　旅館が宿泊客に貸与する旅館所有の浴衣などに対する占有は旅館主にあるとされるように，一定の領域の支配者に占有が肯定される場合がある（最決昭和 31・1・19 刑集 10 巻 1 号 67 頁〈各 *201*〉は，宿泊客が旅館外に外出中であっても旅館に占有があるとするが，これには疑問の余地がある）[16]。

(ⅳ) 封緘物の占有　**封緘物**（容器中に物を収め，封を施した物）については，その占有を他者に委託した場合，封緘物自体の占有は受託者にあるとしても，

---

16) なお，自動車販売店で自動車の試乗を申し込み，そこから添乗員のいない試乗車を乗り逃げした事案において，単独試乗した段階で販売店の占有は失われるとした判決として，東京地八王子支判平成 3・8・28 判タ 768 号 249 頁〈各 *311*〉がある。

内容物についての占有は委託者になお留保されている。したがって，判例によると，委託を受けて封緘物を占有する者が，その封を開いて内容物を領得する場合，委託者に留保された占有を侵害したために窃盗罪が成立し（大判明治45・4・26刑録18輯536頁〈各*198*〉），封緘物自体を領得する場合には横領罪が成立することになる（大判大正7・11・19刑録24輯1365頁〈各*199*〉，東京地判昭和41・11・25判タ200号177頁〈各*200*〉）。学説では，封を開いて内容物を領得する場合，委託者に残された内容物に対する占有の侵害があり窃盗罪が成立するが，封緘物全体を領得する場合にも，委託者が有する内容物の占有が同様に侵害されたとして，窃盗罪の成立を肯定する見解が主張されている。

(4) いわゆる「死者の占有」

「死者の占有」を認め，物の奪取について盗取罪（窃盗罪・強盗罪）の成立を肯定しうるかが争われてきた。問題となる事例としては，①当初から財物を奪取する意思で人を殺害し，その後財物を奪取する場合，②人を殺害した後に財物奪取の意思を生じて財物を奪取する場合，③殺人とは無関係の第三者が，死体から財物を奪取する場合が挙げられる。

判例は，事例①について，盗取罪である強盗殺人罪（刑240条）の成立を認め（大判大正2・10・21刑録19輯982頁），事例③については，遺失物等横領罪（刑254条）の成立を認めている（大判大正13・3・28新聞2247号22頁）。さらに，事例②については，被害者が生前有していた財物の所持はその死亡直後においてもなお継続して保護するのが法の目的にかなうとして，窃盗罪の成立を肯定している（最判昭和41・4・8刑集20巻4号207頁〈各*192*〉。すでに，大判昭和16・11・11刑集20巻598頁〈各*191*〉）。ただし，占有が肯定される「死亡直後」の範囲については明瞭でない（新潟地判昭和60・7・2刑月17巻7＝8号663頁〈各*195*〉〔5日後及び10日後について否定〕，東京地判昭和37・12・3判時323号33頁〈各*193*〉〔9時間後について否定〕，東京高判昭和39・6・8高刑集17巻5号446頁〈各*194*〉〔4日後について肯定〕）。

学説では，事例①について強盗殺人罪が成立すること（この場合，被害者が生前に有していた占有が侵害される。「死者の占有」を肯定する必要はない），事例③について遺失物等横領罪が成立することにほぼ異論がないが，事例②については，財物奪取意思が被害者の死後生じた以上，生前の占有を遡って侵害することは

できず，「死者の占有」はフィクションにすぎないとして，遺失物等横領罪の成立を肯定するにとどめるのが多数説である。

4　窃盗罪の保護法益

(1)　他人の財物

窃盗罪の客体は（第1次的には）**他人の財物**である。これは，他人が所有権を有する財物のことを意味する（「の」は所有を表し[17]，占有を意味するのではない）。それゆえ，他人の所有に属さない財物は，本来，刑法242条が適用される場合を除き，窃盗罪の客体にはなりえない。

大気や海水，野生の鳥獣など誰の所有にも属さない**無主物**は，窃盗罪の客体とならない。しかし，これらの物でも，その占有が取得された後は，無主物先占（民239条1項）により所有権の対象となりうる（最決昭和62・4・10刑集41巻3号221頁〈各*185*〉〔ゴルフ場のロストボールの事例〕）。

死体，遺骨，遺髪又は棺に納めてある物（納棺物）について，刑法190条は，その領得を窃盗罪よりも軽く処罰しているが（3年以下の懲役），これは，これらの**葬祭対象物**には通常の意味での所有権が成立していないことによる。判例（大判大正4・6・24刑録21輯886頁）も，納棺物を領得しても，納棺物領得罪（刑190条）が成立するのみであり，窃盗罪などは成立しないとする[18]。なお，死体，遺骨，遺髪又は納棺物であっても，標本や美術品などとして，葬祭の対象でなくなった場合，通常の所有権の対象となり，窃盗罪の客体となる。

禁制品（覚せい剤や麻薬など，特別の許可がない場合，私人に対してその所有・所持が禁止されている物をいう）について，判例は，かつて，財産権の対象ではなく，財産犯の客体とはならないとしていたが（大判明治42・11・9刑録15輯1536頁〔偽造文書〕など参照），後にそれを肯定するに至った（最判昭和24・2・15刑集3巻2号175頁〈各*173・215*〉〔隠匿物資である元軍用アルコール〕，最判昭和26・8・9

---

17)　しかしながら，判例は，建造物損壊罪（刑260条）に関して，これを解釈により修正ないし拡張しようとしている。最決昭和61・7・18刑集40巻5号438頁〈各*434*〉参照。

18)　死体・遺骨の一部であった金歯についても同様に解すべきであろう。これに対し，所有権の対象となることを肯定するものとして，大判昭和14・3・7刑集18巻93頁，東京高判昭和27・6・3高刑集5巻6号938頁〈各*174*〉がある。

裁集刑 51 号 363 頁〔所有・所持を禁じられた密造酒〕など。さらに，最決昭和 55・2・29 刑集 34 巻 2 号 56 頁〈各 *445*〉〔違法なポスター〕参照）。そこでは，物の所持という事実上の状態それ自体が保護に値するとされたが，禁制品であっても，法的手続によらずに剝奪されない利益を肯定することができる。

(2)　本権説と占有説の対立

窃盗罪（刑 235 条）の客体は他人（所有）の財物であるが，刑法 242 条により，「自己の財物であっても，他人が占有」するものにまで拡張されている。ここにいう他人の「占有」の解釈について，**窃盗罪の保護法益**に関し，議論がある。

窃盗罪の保護法益をめぐっては，その基本的理解として，**本権説**と**占有説**とが対立している。本権説は所有権その他の本権を保護法益とする見解，占有説は占有それ自体を保護法益とする見解であるが，成立要件との関係では，前者は本権の侵害を要求する見解，後者は単なる占有の侵害で足りるとする見解である（本権説も占有が保護法益の一部であることを否定する必要はないし，占有説も本権を究極の保護の対象 [19] と解することが可能である）。なお，刑法 242 条における他人の「占有」の意義との関係では，本権説は権原に基づく占有，民事法上保護された占有に限定する見解であり，占有説は単なる占有すべてを含める見解であることになる。

(3)　判例・学説の動向

窃盗罪の保護法益，ひいては財産犯の保護法益に関する**判例**の理解は，以下に示すように，本権説から占有説へ，さらに，財産犯の成否を民事関係に従属させる見解（従属説）から独立に判断する見解（独立説）へと変化を遂げた。

大審院は，本権説的な立場に立っていた。①大判大正 7・9・25 刑録 24 輯 1219 頁〈各 *213*〉（恩給担保事件）は，恩給年金（これは，法規により，担保の目的物とすることができないとされていた）の帯有者が，貸主に借金の担保として渡していた恩給証書を窃取したという事案について，窃盗罪・詐欺罪の規定は占有者が適法にその占有権を所有者に対抗できる場合に限って適用されるべきものであるとして，窃盗罪・詐欺罪は成立しないとし，②大判昭和 5・5・26 刑集 9 巻 342 頁〈各 *293*〉は，債権取立てに際して脅迫行為が行われたという事案

---

19)　親族間の犯罪に関する特例（刑 244 条）の解釈にあたり，このような理解は意味を有する。

について，法律上他人から財物又は財産上の利益を受ける権利を有する者が権利実行のため恐喝手段を用いても，財産に対する不法利益の要件が欠けるため，恐喝罪は成立せず，脅迫罪が成立するにとどまるとしていたのである。

　最高裁は，これに対し，早い時期から，一般論として占有説の論理を採用した。③最判昭和24・2・8刑集3巻2号83頁〈各216〉は，盗品を運搬中の者からそれを喝取した事案において，正当な権利を有しない者の所持でも，その所持は法律上の保護を受けるとして，恐喝罪の成立を肯定し，④前出最判昭和24・2・15は，隠匿物資である元軍用アルコールを騙取した事案において，物の所持という事実上の状態それ自体が独立の法益として保護されると判示して，詐欺罪の成立を肯定したのである。また，⑤最判昭和30・10・14刑集9巻11号2173頁〈各294〉は，3万円の債権の取立てを依頼されたところ，脅迫により6万円交付させた事案について，（②と異なり）6万円全額について恐喝罪の成立を肯定した。さらに，⑥最判昭和34・8・28刑集13巻10号2906頁〈各217〉（国鉄年金証書事件）は，法令上担保に供することが禁止されている国鉄公傷年金証書を借金の担保として差し入れていたところ，それを欺罔手段を用いて取り戻したという①と同様の事案において，証書の所持そのものは保護されなければならないとして，④などを引用しつつ①を変更して，詐欺罪の成立を肯定したのである。その後，窃盗罪について，⑦最判昭和35・4・26刑集14巻6号748頁〈各218〉（譲渡担保事件）は，譲渡担保権者が，譲渡担保権の目的物であり，管財人が保管する自動車を運び去ったが，自動車の所有権の帰属は債務者による弁済の充当関係が不明確なため民事裁判によらなければ確定しがたい状態であったという事案において，③④⑥などを引用しつつ，他人の事実上の支配下にある自動車を無断で運び去った行為は窃盗罪にあたるとし，⑧最決平成元・7・7刑集43巻7号607頁〈各219〉は，自動車金融業者である債権者が，債務者との間に買戻約款付自動車売買契約を締結し，債務者が買戻権を喪失した直後に，密かに作製したスペアキーを利用するなどして，債務者などに無断で自動車を引き揚げた事案において，「自動車は借主の事実上の支配内にあったことが明らかであるから，かりに被告人にその所有権があったとしても，被告人の引揚行為は，刑法242条にいう他人の占有に属する物を窃取したものとして窃盗罪を構成するというべきであり，かつ，その行為は，社会

通念上借主に受忍を求める限度を超えた違法なものというほかはない」として，窃盗罪の成立を肯定した。こうして，現在の判例においては，占有侵害の存在により窃盗罪の構成要件該当性を肯定し，行為者の権利行使の側面は違法性阻却において考慮する立場が採られていることになる。

さらに，⑨前出最決昭和61・7・18が，建造物損壊罪（刑260条）における「他人の」（建造物）の意義に関して，「他人の所有権が将来民事訴訟等において否定される可能性がないということまでは要しない」として，財産犯の成否を民事関係とは区別して判断する態度（独立説）を示していることが重要である。これは，民事法上の権利関係の判断に踏み込むことを避けようとする判例の態度を示すものであるといえよう。

学説では，①民事法上保護される占有のみを保護法益と捉える本権説，②たとえば，「平穏な占有」や「合理的理由のある占有」は保護されるべきだとする中間説，③占有はすべて保護されるとする占有説が主張されている。判例の本権説から占有説への転換を受けて，占有説を正面から是認する立場が主張されているが，保護に値する（占有以上の）利益の存在を要求する中間説も有力である。

5　占有の取得

(1)　窃　　取

窃盗罪は，他人の財物を窃取した場合に成立する。**窃取**とは，他人が占有する財物を，占有者の意思に反して[20] 自己又は第三者の占有に移転させることをいう。窃盗罪は移転罪であり，**占有の移転**（占有者の占有の喪失→占有の移転→新たな占有の取得）が必要であり，単に占有者の占有から財物を離脱させるにすぎない場合（たとえば，他人が鳥かごに入れて飼っている小鳥を逃がす場合）には，窃盗罪は成立しない。

財物を第三者に直接取得させる場合[21] も含まれる。たとえば，他人の所有

---

20)　体感器を使用したパチスロ遊戯によるメダルの不正取得の事案について，判例は，通常の遊戯方法の範囲を逸脱しているかを基準に判断している（最決平成19・4・13刑集61巻3号340頁〈各 *204*〉，さらに，最決平成21・6・29刑集63巻5号461頁〈各 *205*〉）。

物を処分権もないのに勝手に売却し，情を知らない買主に搬出させたような場合（故意なき者を利用する間接正犯の事例）には窃盗罪が成立する（最決昭和31・7・3刑集10巻7号955頁〈総 *343*〉参照)[22]。

(2) 既 遂 時 期

行為者又は第三者が財物の占有を取得したときに，窃盗は既遂となる。占有の取得の有無は，財物の大きさ，財物搬出の容易性，占有者の支配の程度などの事情を総合的に勘案して判断される。判例によれば，店頭にある靴下を懐中に収めた場合（大判大正12・4・9刑集2巻330頁），他人方の浴場で所有者不明の遺留品である指輪を発見し浴室内の容易に発見しえないところに隠匿した場合（大判大正12・7・3刑集2巻624頁〈各 *207*〉〔これは，隠匿以前の，実力的支配を設定した段階で窃盗既遂の成立を肯定したものである〕）には，窃盗既遂が成立する。しかし，門扉，障壁，守衛などの設備がある工場の資材小屋から目的物件を取り出し，工場の構外へ搬出すべく170〜180メートル運搬したが，未だ構内から出るに至っていない場合には窃盗既遂にはならない（大阪高判昭和29・5・4高刑集7巻4号591頁〈各 *210*〉）。なお，鉄道機関助手が，列車から積荷を突き落とし，後にその場所に戻り拾う計画に従い，積荷を列車から突き落とした場合には窃盗既遂が成立するとされている（最判昭和24・12・22刑集3巻12号2070頁〈各 *208*〉）。

6 不法領得の意思

(1) 総 説

窃盗罪の成立を肯定するためには，主観的要件として，他人の物を窃取することの認識（窃盗罪の故意）のほかに，**不法領得の意思**を要求するのが判例・通説である（領得罪共通）。しかし，学説では不法領得の意思不要説も主張されているほか，不法領得の意思の内容については見解が分かれている。

判例では，不法領得の意思が必要とされ，その内容は，「**権利者を排除して**他人の物を自己の所有物としてその経済的用法に従い**利用，処分**する意思」と

---

21) 利益罪（刑236条2項・246条2項・249条2項など）では第三者に利益を得させる場合も含まれることが明定されている。

22) なお，この場合には，不法領得の意思の存否が問題となる。

解されている（大判大正 4・5・21 刑録 21 輯 663 頁〈各 *130・220*〉〔教育勅語事件〕，最判昭和 26・7・13 刑集 5 巻 8 号 1437 頁〈各 *232*〉参照）。毀棄・隠匿の意思の場合には不法領得の意思は否定され（前出大判大正 4・5・21），また，単に一時使用して返還する意思の場合も，不法領得の意思は否定される（大判大正 9・2・4 刑録 26 輯 26 頁〈各 *231*〉）が，無断使用の末，乗り捨て・破壊する意思の場合には不法領得の意思が認められる（前出最判昭和 26・7・13）。このように，判例においては，不法領得の意思は，権利者を排除して，他人の物を自己の所有物として（所有物と同様に）扱う意思（**排除意思**）と，他人の物を，その経済的用法に従い，利用又は処分する意思（**利用意思**）から構成される。排除意思の要件により，不可罰とされる一時使用（使用窃盗）と可罰的な窃盗とが区別され，利用意思の要件により，毀棄罪と窃盗罪とが区別される。

　学説では，不法領得の意思として，①判例と同様に，排除意思及び利用意思を要求する見解，②排除意思のみを要求する見解，③利用意思のみを要求する見解があるほか，④不法領得の意思不要説もなお主張されている[23]。このうち，不可罰な一時使用と可罰的な窃盗罪との区別，毀棄罪と窃盗罪との区別を適切に行うため，①排除意思及び利用意思を要求する，判例と同様の見解が多数説となっている。

　(2)　一 時 使 用

　乗り物の一時使用について，当初，**判例**は，一時使用して返還する意思の場合には窃盗罪は成立しないが，無断使用後破壊し又は乗り捨てる意思がある場合には，不法領得の意思があり窃盗罪が成立するとしていた（前出大判大正 9・2・4〔自転車の無断使用の事案〕，前出最判昭和 26・7・13〔船の無断使用の事案〕）。しかし，その後，自動車の一時使用の事案について，返還意思があっても不法領得の意思があり，窃盗罪が成立することを認めるに至っている（最決昭和 43・9・17 判時 534 号 85 頁〈各 *233*〉〔盗品の運搬に使用し，その目的で相当長時間乗り回していた事案〕，最決昭和 55・10・30 刑集 34 巻 5 号 357 頁〈各 *235*〉〔深夜 4 時間

---

23)　なお，不法領得の意思の要否と窃盗罪の保護法益論とは論理的関係にないというのが，現在の一般的理解である。保護法益は窃盗罪の客体の範囲の問題であり，領得意思は客体を侵害する行為の属性の問題だから，両者は問題となる局面を異にするためである。

余り乗り回していた事案〕）[24]。また，秘密資料をコピーする目的で一時持ち出す事案においては，利用妨害の程度を問題とすることなく，秘密資料の経済的価値は記載された内容にあるから，その内容をコピーし競争関係に立つ会社に譲り渡す手段として利用することの意思は不法領得の意思にあたるとされ（東京地判昭和 55・2・14 刑月 12 巻 1 = 2 号 47 頁〈各 *236*〉〔建設調査会事件〕），あるいは，秘密資料の内容をコピーしてその情報を獲得しようとする意思は不法領得の意思にあたるとされている（東京地判昭和 59・6・15 刑月 16 巻 5 = 6 号 459 頁〈各 *237*〉〔新薬産業スパイ事件〕）。

排除意思の意義は，軽微な一時使用（利用妨害）の事例を不可罰とするところにある。窃盗罪は占有の取得により既遂となるから，既遂後の利用妨害の程度をそれ自体として考慮することは不可能である。したがって，可罰的な程度の利用妨害を要求しつつも，それを行為時に繰り上げ，それに向けられた意思という形で犯罪成立要件とすること，すなわち，可罰的な程度に利用を妨害する意思としての排除意思によって，不可罰な一時使用と可罰的な窃盗罪とを区別するほかないのである。

(3) 毀棄罪との区別

判例では，学校の教員が，校長の失脚を図り，教育勅語などを持ち出して受持ち教室の天井裏に隠匿した事案（前出大判大正 4・5・21〔教育勅語事件〕）につき，毀棄又は隠匿する意思の場合には不法領得の意思が否定され，世話になった弁護士のために競売を延期させようとして，競売記録を持ち出し隠匿した事案（大判昭和 9・12・22 刑集 13 巻 1789 頁〈各 *221・439*〉〔競売記録事件〕）でも，同様に，不法領得の意思が否定されている。さらに，報復目的で動力鋸を持ち出して海中に投棄した事案（仙台高判昭和 46・6・21 高刑集 24 巻 2 号 418 頁〈各 *222*〉），犯行発覚を防ぐために殺害後の死体から貴金属を取り去った事案（東京地判昭和 62・10・6 判時 1259 号 137 頁〈各 *226*〉）[25]，覚せい剤事犯の累が及ぶこ

---

24) ただし，深夜，女性を姦淫する目的で，自転車を無断で持ち出した事案について，不法領得の意思を否定した判決として京都地判昭和 51・12・17 判時 847 号 112 頁〈各 *234*〉がある。逮捕され返還はできなかったが，返還の意思があり，最大限 2, 3 時間程度利用するつもりであった事案である。

25) 犯行隠蔽の目的で手提げ金庫を持ち出し川に投棄した事案について不法領得の意思を肯定した大阪高判昭和 24・12・5 判特 4 号 3 頁〈各 *223*〉，物取りの犯行と装う目的

とを恐れ，廃棄する意思で覚せい剤を取り上げた事案（福岡地小倉支判昭和62・8・26判時1251号143頁）においても，利用意思が否定されている。また，近時，詐取した物を廃棄するだけで他に何らかの用途に利用・処分する意思がなかった場合には（詐欺罪における）不法領得の意思に欠けるとした判例が出されている（最決平成16・11・30刑集58巻8号1005頁〈各 *228*〉）。

利用意思の意義は，法益侵害の点ではより重いとも解される器物損壊罪よりも，さらに重い処罰を基礎づけることにある[26]。これを欠く場合，器物損壊罪が成立するにすぎないことになる。なお，財物を毀棄目的で奪取したが，その後毀棄せずに放置したり，領得したりした場合，毀棄罪又は遺失物等横領罪が成立する（不可罰となるのは，隠匿にならないような，容易に発見可能な放置の場合だけである）。

7　不動産侵奪罪

(1)　総　説

不動産侵奪罪（刑235条の2）は，他人の不動産を侵奪した場合に成立する（10年以下の懲役）[27]。これは，境界損壊罪（刑262条の2）の規定とともに，昭和35年に新設された。それ以前は，**不動産**が窃盗罪の客体である財物に含まれるかが問題とされ，学説にはそれを肯定する見解が存在したが，実務では否定されていたため，立法により処罰規定が新設されるに至ったのである。したがって，不動産侵奪罪は，客体が不動産である点が窃盗罪とは異なるが，その他（不法領得の意思の要件など）については窃盗罪と同様の理解が妥当すると解されている。

不動産侵奪罪の規定の新設により，不動産が窃盗罪の客体に含まれないことは確定した。また，強盗罪における財物に不動産が含まれるかについては，こ

で金品を奪い自宅の庭に埋めた事案について不法領得の意思を肯定した東京高判平成12・5・15判時1741号157頁〈各 *227*〉は，これらの判決とはやや異なる立場に立つものであるといえよう。

26)　利用意思の内実は財物の効用を取得する意思であり，そうした意思は犯行の強力な動機となるため，重い刑を予告して抑止することが必要であるとともに，そうした動機で行われる行為については非難可能性が高まると解することもできる。

27)　未遂も処罰される（刑243条）。

れを否定する見解が多数であり，実務でも同様に解されている[28]。なお，詐欺罪，恐喝罪，横領罪における財物ないし物については，不動産も含まれるとするのが一般的な理解である。

(2) 客　体

客体である**他人の不動産**とは，他人が所有する不動産をいう。ただし，刑法242条が適用され，その限度で客体は拡張される（拡張の範囲・限度については，窃盗罪の保護法益の解説〔285頁以下〕を参照）。**不動産**とは，①土地，②建物などの土地の定着物をいう（民86条1項）。土地は地上の空間，地下をも含む。建物内の一室など，不動産の一部も本罪の客体になりうる（福岡高判昭和37・8・22高刑集15巻5号405頁，東京高判昭和46・9・9高刑集24巻3号537頁）。ただし，不動産の一部を分離してそれを奪取した場合，対象物は動産となっているから，窃盗罪が成立する（最判昭和25・4・13刑集4巻4号544頁）。

不動産侵奪罪は，他人の不動産を**侵奪**した場合に成立し，他人の所有する不動産に対する**他人の占有**を排除することが必要である。占有とは，物に対する事実的支配をいうが，場所の移転がない**不動産の占有**については，動産とは異なった特殊性が認められる。占有判断は社会通念上の帰属判断だから，権利関係が登記により公示される登記済不動産に関しては，遠隔地にあり実効的支配を及ぼしえない土地等でも所有者の占有を肯定することができる[29]。それゆえ，所有者が家族ともども行方をくらまして所在不明の状態にあっても，所有者の土地に対する占有は失われないと解される（最決平成11・12・9刑集53巻9号1117頁〈各 *249*〉）。

(3) 侵　奪

不動産侵奪罪は，他人の不動産を侵奪したときに成立するが，**侵奪**とは，不動産に対する他人の占有を排除して自己又は第三者の占有を設定することをいう[30]。不動産に対する**事実的な支配の侵害**が必要であり，不動産登記の改ざん

---

28)　ただし，不動産の占有を強取した場合，財産上の利益を取得したとして，2項強盗罪が成立しうることに留意する必要がある。

29)　未登記不動産でも，同様のことを肯定する余地はないか問題となる。

30)　境界標を損壊し，土地の境界を認識することができなくしたが，土地の占有を取得したとはいえない場合には，不動産侵奪罪は成立せず，境界損壊罪（刑262条の2）が成立するにとどまる。

294　第3編　第7章　財産に対する罪

や，虚偽の申請による登記名義の不正取得について本罪は成立しない。他人の土地に無断で建物を建てた場合が典型事例であるが，さらに，他人の農地を無断で耕耘して苗床を作り，播種などした場合（新潟地相川支判昭和39・1・10下刑集6巻1＝2号25頁），家屋の2階部分を増築するに際し，隣地上に突出して建築させた場合（大阪地判昭和43・11・15判タ235号280頁），他人の土地の利用権限を超えて大量の廃棄物を堆積させた場合（前出最決平成11・12・9），公園予定地上に簡易建築物を構築した場合（最判平成12・12・15刑集54巻9号923頁〈各 *246*〉）などがそれにあたる。なお，他人の土地の無断使用の事案でも，その土地を買い受けるまで一時利用させてもらう意思であり，原状回復が容易で土地所有者の受ける損害も皆無に等しい場合には，侵奪にあたらないとした判決がある（大阪高判昭和40・12・17高刑集18巻7号877頁）[31]。

　侵奪というためには，他人の占有を排除する必要があるから，不動産の賃借人が契約終了後なお居座っているような場合には，侵奪がなく，不動産侵奪罪は成立しない（東京高判昭和53・3・29高刑集31巻1号48頁参照）。すなわち，不動産をすでに利用・使用している者について，その利用・使用状態が違法となっただけでは不動産侵奪罪は成立しないが，その占有に「**質的変化**」が生じた場合[32]，所有者がなお不動産について有する占有を侵害したとして，不動産侵奪罪の成立を肯定することが可能である（最決昭和42・11・2刑集21巻9号1179頁〈各 *248*〉〔空き地を資材置場として無断で一時使用していた者が，コンクリートブロック塀を築造した事案〕，最決平成12・12・15刑集54巻9号1049頁〈各 *250*〉〔使用貸借の目的とされた土地の無断転借人が，土地とともに簡易施設の引渡しを受け，これを改造して本格的店舗を構築した事案〕など）。

---

31)　動産であれば，一時使用の意思の事案では，不法領得の意思が否定されるから，不動産侵奪罪についても，その成立要件である不法領得の意思の存在を否定することによって，犯罪の成立を否定することが考えられる。

32)　これに対し，大阪高判昭和41・8・9高刑集19巻5号535頁〈各 *247*〉は，不動産の使用貸借終了後に小規模の増築をした事案において，既存の占有状態を変更したにすぎず，新たな占有侵奪行為がないとして，不動産侵奪罪の成立を否定した。

8 親族間の犯罪に関する特例

(1) 総　説

刑法244条は，窃盗罪（刑235条），不動産侵奪罪（刑235条の2）又はこれらの未遂罪（刑243条参照）に関して，以下の特例（**親族相盗例**ともいう）を規定している。まず，①配偶者，直系血族又は同居の親族との間で，これらの罪を犯した者については，刑が免除（有罪判決の一種である〔刑訴334条〕）され（刑244条1項），次に，②①の親族以外の親族との間で犯したこれらの罪は親告罪とされ（同条2項），さらに，③①②の特例は親族でない共犯には適用がないとされる（同条3項）。なお，これらの規定は，詐欺罪・恐喝罪・背任罪など（刑251条）や横領罪（刑255条）に準用されている。

これらの特例中①と②には不均衡がある（より近い親族関係にある者については，刑の免除という有罪判決が言い渡されるが，それよりも離れた親族関係にある者については，親告罪とされて告訴がない限り処罰されない）。これは本来立法により是正されるべきものであるが，②との均衡上，「勿論解釈」として，①についても親告罪として扱う見解が主張されている[33]。

(2) 特例の趣旨・根拠

刑法244条が定める特例の根拠については，存在しない親族関係を行為者が誤信した場合の処理に関連して議論があり，①親族間の紛争には国家は介入を控えるという考えに基づくと解する政策説[34]（最判昭和25・12・12刑集4巻12号2543頁，最決平成20・2・18刑集62巻2号37頁〈各*240*〉），②親族間においては，所有・占有関係が合同的であり区別が明確でないから，法益侵害が軽微だと解する違法減少説，③親族関係という誘惑的要因のために，責任が減少すると解する責任減少説などが主張されている。

(3) 適用要件

親族の意義は民法の規定（民725条）の定めるところによる（6親等内の血族，配偶者，3親等内の姻族）。内縁の配偶者についても刑法244条1項の規定を適用・準用することを認める見解があるが，判例は免除の範囲を明確に定める必

---

[33]　なお，犯罪の立証がなされても，必要的な刑の免除が言い渡されるべき1項の場合について，実際上は，起訴されることはないものと思われる。

[34]　一身的刑罰阻却事由と解されることになる。

要があるという理由から適用・類推適用を否定している（最決平成 18・8・30 刑
集 60 巻 6 号 479 頁〈各 *242*〉）。なお，財産を騙し取る手段として婚姻したにすぎ
ない場合のように，婚姻が無効であるとされる場合には，特例の適用はない
（東京高判昭和 49・6・27 高刑集 27 巻 3 号 291 頁）。同居の親族とは，同じ住居で日
常生活を共にしている者をいい，家屋内の一室を賃借している場合，一時宿泊
しているにすぎないような場合は含まれない。

　親族関係が必要な**人的範囲**について，学説では，①所有者と犯人の間に存在
することが必要であると解する見解，②占有者と犯人の間に存在することが必
要であると解する見解，③所有者及び占有者と犯人との間に存在することが必
要であるとする見解（通説）が存在する。**判例**は，現在，③説を採っている
（最決平成 6・7・19 刑集 48 巻 5 号 190 頁〈各 *243*〉）。判例は占有説を採っているが，
占有説といっても，占有侵害があれば窃盗罪の成立を肯定しうるというものに
すぎず，所有権が保護法益に含まれることを否定するものではない。財物の所
有者と占有者が異なる場合，どちらも被害者で [35)]，両者の利益が尊重される
べきことから③説が基礎づけられる。

(4)　錯　　誤

　犯人が被害者との親族関係を誤信していた場合の処理が問題となる。刑法
244 条の特例の趣旨に関する違法減少説・責任減少説からは，刑法 244 条 1
項・2 項は，一種の減軽構成要件を定めたものと解されることになるから，親
族関係を誤信した場合，刑法 38 条 2 項により，現実に親族関係が存在した場
合と同じく特例の適用・準用を肯定することになる（福岡高判昭和 25・10・17 高
刑集 3 巻 3 号 487 頁参照）。これに対し，政策説からは，親族関係は客観的に存
在するか否かが問題であり，それが認識されていなくても特例の適用を肯定す
ることはでき，親族関係が存在しなければ，その存在を誤信していても，特例
の適用はない（大阪高判昭和 28・11・18 高刑集 6 巻 11 号 1603 頁〈各 *245*〉）。

---

35)　これは，双方にとって，個別に見たときに，それぞれ窃盗罪の成立を肯定しうるこ
　　とを意味するのではない。

第3節 強　盗　罪

1　総　　説

　強盗罪（刑236条）は，暴行又は脅迫を用いて他人の財物を強取した場合（同条1項〔1項強盗罪・強盗取財罪〕）及び暴行又は脅迫を用いて，財産上不法の利益を得，又は他人にこれを得させた場合（同条2項〔2項強盗罪・強盗利得罪〕）に成立する（5年以上の有期懲役）。強盗罪に準じる拡張類型として事後強盗罪（刑238条）及び昏酔強盗罪（刑239条）が，加重類型として強盗致死傷罪（刑240条）並びに強盗強姦及び同致死罪（刑241条）が規定されている。未遂（刑243条）のほか，予備（刑237条）も処罰される。なお，刑法242条（他人の占有等に係る自己の財物に関する規定）及び245条（電気を財物とみなす規定）は以上の犯罪について適用されるが，刑法244条（親族間の犯罪に関する特例の規定）は適用がない。

2　客　　体

(1)　財　　物

　強盗罪の客体としての**他人の財物**の意義（及び刑法242条による範囲の拡張）については，窃盗罪における解説（285頁以下）を参照。

(2)　財産上の利益

　刑法236条2項は，「財産上不法の利益を得，又は他人にこれを得させた」ことを要件とするが，これは，財産上の利益を不法に取得し，又は他人に取得させることを意味し，不法な利益の取得を意味するのではない。2項強盗の客体である**財産上の利益**は，債権など有体物以外の財産的権利・利益を意味する。ただし，強盗罪は，窃盗罪と同様，移転罪であることから，移転可能性に疑問のある情報やサービス（役務）などを広く含めることができるかが問題とされ，移転を観念しうるような，対価を支払うべき有償のサービスなどの財産的利益に限り客体となるとする見解[36]が主張されている。

---

　36)　そうでないサービスなどの不正取得については，強要罪（刑223条）などが成立するにすぎない。なお，キャッシュカードの暗証番号を聞き出した事案について2項強盗

298 第3編 第7章 財産に対する罪

強盗罪の客体として**不法な利益**も含まれるかが問題となる。これは，窃盗罪の保護法益と同質の問題である。判例では，占有説の立場に対応して，盗品などの対価であることを明らかにして消費寄託の目的とした現金に対する返還請求権（大阪高判昭和36・3・28下刑集3巻3＝4号208頁），いわゆる白タクの料金（名古屋高判昭和35・12・26高刑集13巻10号781頁），取引をあっせんすると欺かれて渡した覚せい剤の返還請求権又は代金請求権（最決昭和61・11・18刑集40巻7号523頁〈各 *260*〉）などについて，強盗罪の客体となることが肯定されている。もっとも，売春代金について，強盗罪の客体から除外した判決もある（広島地判昭和43・12・24判時548号105頁）。

3 暴行・脅迫

強盗罪は，暴行又は脅迫を用いて他人の財物（又は財産上の利益）を強取したときに成立するが，そこでは，暴行・脅迫，それによる被害者の（財物の占有などを確保するための）反抗の抑圧，それに基づく財物（又は財産上の利益）の奪取（移転）という一連の因果経過が要求される。強盗罪の手段としての暴行・脅迫は，財物（又は財産上の利益）の占有移転に向けた反抗抑圧手段として，要件とされているのである[37]。

強盗罪の手段としての暴行・脅迫は，判例（最判昭和24・2・8刑集3巻2号75頁〈各 *252*〉など）・通説によれば，**被害者の反抗を抑圧するに足りる程度のもの**であることが必要で，その程度に達していなければ恐喝罪（刑249条）が成立するにすぎない。そして，暴行・脅迫がそうした性質を備えているかは，「社会通念上一般に被害者の反抗を抑圧するに足る程度のものであるかどうかと云う客観的基準によって決せられ」，被害者の反抗が現実には抑圧されなかったときでも強盗既遂となるとした判例がかつて存在したが（前出最判昭和24・2・8），現在では，反抗が現実に抑圧されなければ，強盗未遂とはなっても強盗既遂とならないというのが一般的な考え方となっている。

の成立を肯定したものとして，東京高判平成21・11・16東高刑時報60巻1～12号185頁〈各 *273*〉がある。

[37] 後述（306頁以下）するように，究極の反抗抑圧手段としての殺人も「暴行」に含まれる（大判大正3・6・24刑録20輯1333頁）。

第 3 節 強 盗 罪　299

　なお，暴行がもっぱら財物を直接奪取する手段として用いられた場合，反抗の抑圧に向けられたものではないから，強盗罪は成立しない。したがって，いわゆる「**ひったくり**」は，通常，窃盗罪にしかならない。もっとも，ひったくろうとしたハンドバッグの紐をつかんだまま自動車を進行させ，ハンドバッグを離そうとしない女性被害者を引きずって転倒させたりしたような事例（最決昭和 45・12・22 刑集 24 巻 13 号 1882 頁〈各 *257*〉）では，反抗抑圧手段としての暴行が用いられたとして，強盗罪の成立を肯定することができる（恐喝未遂罪の成立を肯定した判決として，札幌地判平成 4・10・30 判タ 817 号 215 頁）。

4　強　　取

(1)　総　　説

　強盗罪が成立するためには，（財物奪取の意思に担われた）暴行・脅迫により，被害者など[38]の反抗を抑圧して財物[39]を奪取すること（これを，**強取**という）が必要である。暴行・脅迫と財物奪取との間にこのような一連の関係が認められなければ，強盗既遂罪は成立しない。反抗が抑圧された被害者から，その意思に反して財物を奪取する場合が強取の典型例であるが，そのほか，反抗が抑圧された被害者が差し出す物を受け取る場合（東京高判昭和 42・6・20 東高刑時報 18 巻 6 号 193 頁），反抗を抑圧され，逃走した被害者が放置した物を取る場合（名古屋高判昭和 32・3・4 裁特 4 巻 6 号 116 頁），反抗が抑圧された被害者が気付かないうちに物を取る場合（最判昭和 23・12・24 刑集 2 巻 14 号 1883 頁〈各 *256*〉，大阪高判昭和 47・8・4 高刑集 25 巻 3 号 368 頁）などが強取とされている。これに対し，被害者が逃走中に落とした物を取る場合，被害者の反抗を抑圧した結果として物の取得がなされたわけではないから，強取は認められず，強盗未遂罪が成立するにすぎない（名古屋高判昭和 30・5・4 裁特 2 巻 11 号 501 頁）。

(2)　財物奪取後の暴行・脅迫

　財物を奪取した後，その占有を確保するために暴行・脅迫を用いる場合，暴行・脅迫は財物奪取の手段でないから，財物の強取（1 項強盗の成立）を肯定することはできない（最決昭和 61・11・18 刑集 40 巻 7 号 523 頁〈各 *260*〉〔窃取又は

---

　38)　被害者以外に対し暴行・脅迫を加えた場合でも，一定の限度で強盗罪が成立しうる。
　39)　財産上の利益に対する強盗罪（刑 236 条 2 項）については，5 において解説する。

詐取した物の返還請求又は代金の支払を免れる 2 項強盗が成立しうるにすぎない〕）。強盗の意思で，まず財物を奪取し，ついで被害者に暴行を加えてその占有を確保した事例について，強盗罪の成立を肯定した判例があるが（最判昭和 24・2・15 刑集 3 巻 2 号 164 頁〈各 259〉），問題とする余地がある。窃盗が既遂になる以前であれば，暴行・脅迫を用いた物の確保行為による物の強取を認め，強盗罪の成立を肯定することができるが [40]，物の占有の移転があり，窃盗が既遂になった後は，2 項強盗又は事後強盗罪（刑 238 条）の成立を基本的に問題とすることになる。

(3)　暴行・脅迫後の領得意思

　強盗以外の目的で暴行・脅迫を用いて相手方の反抗を抑圧した後に，財物奪取の意思を生じ，反抗抑圧状態を利用して財物を奪取した場合，いかなる要件の下で強盗罪が成立するかが問題となる。**判例**は，かつて，自己が作出した被害者の畏怖状態を利用することは，暴行・脅迫を用いることと同視できるとして，「（新たな暴行・脅迫）**不要説**」を採っていたが（大判昭和 19・11・24 刑集 23 巻 252 頁，最判昭和 24・12・24 刑集 3 巻 12 号 2114 頁など），近時の下級審判決の基本的立場は「（新たな暴行・脅迫）**必要説**」であり（高松高判昭和 34・2・11 高刑集 12 巻 1 号 18 頁，東京高判昭和 48・3・26 高刑集 26 巻 1 号 85 頁〈各 261〉，大阪高判平成元・3・3 判タ 712 号 248 頁），**通説**もそれを支持している。「必要説」の問題は，必要とされる新たな暴行・脅迫の内容である。相手方の反抗を抑圧した者が，すでに反抗が抑圧されている者に対して行う暴行・脅迫だから，通常の場合に比して（それ自体としては）程度の低いもので足り（前出東京高判昭和 48・3・26 参照），また反抗抑圧状態を維持・継続させるもので足りる（前出大阪高判平成元・3・3 参照）。しかし，強盗罪の成立を肯定するためには，単なる反抗抑圧状態の惹起ではなく，暴行・脅迫による反抗抑圧状態の惹起が必要であるから，単なる反抗抑圧状態の不解消で足りるとすることには疑問がある。

---

40)　このように，当初は窃盗の意思であったところ，途中から強盗に変わった事案を**「居直り強盗」**と呼んでいる。

第3節 強盗罪　301

5　不法利得

(1)　利益の移転

2項強盗についても，暴行・脅迫により惹起された反抗抑圧による不法利得が認められることが必要である。ただし，物の移転がある1項強盗とは異なり，利益の移転の有無については不明瞭さがあるため，2項強盗の成否については固有の問題が存在している。

財産上の利益の移転があったというためには，被害者による（債務免除の意思表示などの）**処分行為**が必要かが問題とされた。**判例**は，かつて，財産上の処分行為を強制することが必要であるとしていたが（大判明治43・6・17刑録16輯1210頁〈各 *266*〉〔単なる債権者の殺害は2項強盗罪を構成しない〕），常に被害者の意思表示が必要とはいえないと判示し（大判昭和6・5・8刑集10巻205頁〈各 *267*〉），その後，不要説を採るに至った（最判昭和32・9・13刑集11巻9号2263頁〈各 *268*〉〔債権者を殺害して債務の弁済を免れようとした事案。前出大判明治43・6・17を変更〕）。学説では，強盗罪が成立するためには，被害者の反抗の抑圧が必要であり，意思が抑圧された被害者に処分行為をなす余地はないとの理由から，処分行為不要説が**通説**となっている。

2項強盗の成立には被害者の処分行為は不要だとしても，財産上の利益の移転は現実的かつ具体的に認められなければならない。①まず，問題となるのが，債務の支払を免れる目的で債権者を殺害する場合である。下級審判決においては，殺害の結果，債権者側による速やかな債権の行使を相当期間不可能ならしめた場合においても，不法利得を肯定することができるとしたものがあるが（大阪高判昭和59・11・28高刑集37巻3号438頁〈各 *269*〉），そのためには，債権の存在を示す記録が存在しないなどにより[41]，相続人などにおいて債権の行使が不可能又は事実上極めて困難になり，債務の支払を事実上免脱した状態になったことが必要だとの見解が主張されている。②次に，相続人が他の相続人を殺害する場合，相続人が被相続人を殺害する場合が問題となる。下級審判決

---

41)　前出最判昭和32・9・13は，債権者から債務の返済を強く迫られており，貸借について証書もなくその内容は分明を欠き，また，債権者が死亡すれば同人以外にその詳細を知る者がいないような場合には，強盗殺人罪が成立しうるとしている（ただし，殺害を遂げなかったので，同未遂罪が成立する）。

には，2項強盗の対象となる財産上の利益は，反抗を抑圧されていない状態で被害者が任意に処分できるものであることが必要で，相続の開始による財産の承継は任意の処分の観念を容れる余地がないから，2項強盗の対象となる財産上の利益にあたらないとしたものがある（東京高判平成元・2・27高刑集42巻1号87頁〈各*270*〉）。相続の対象となる個別財産は被相続人による処分が可能であるが，相続による被相続人の地位の承継には，利益取得の現実性の見地から問題とする余地がある。

(2) 財物詐取・窃取後の暴行・脅迫

財物詐取後の暴行・脅迫事例（1項詐欺罪成立後，詐取した財物の代金を暴行・脅迫により免脱した場合）では，2項強盗罪の成否，成立するとした場合における1項詐欺罪との関係が問題となる。判例は，1項詐欺罪と2項強盗罪が成立し，両罪の包括一罪として重い後者の刑で処断すべきものとしている（最決昭和61・11・18刑集40巻7号523頁〈各*260*〉）[42]。

財物窃取後の暴行・脅迫事例（窃盗罪成立後，窃盗の被害物に対する被害者の返還請求を免脱した場合）では，2項強盗罪の成否，成立するとした場合における窃盗罪との関係が問題となる。財物詐取後の暴行・脅迫の場合と類似するが，盗品に対する被害者の返還請求権に関する強盗罪の成否が問題となる点，事後強盗罪（刑238条）との関係が問題となる点において独自性が存在する。判例は，この場合においても，窃盗罪と2項強盗罪の成立を認め，両者の包括一罪として重い後者の刑で処断する立場を採っている（前出最決昭和61・11・18）。学説の中には，盗品に対する返還請求権は窃盗により侵害された所有権の内容にすぎず，窃盗罪による処罰が行われる場合には，その侵害は独立して処罰の対象とならない（事後強盗は別として，2項強盗不成立）とする見解がある。

6 事後強盗罪

(1) 総 説

財物[43]に関する強盗罪の拡張類型として，事後強盗罪（刑238条）及び昏酔

---

42) もっとも，当初は暴行・脅迫による代金免脱の意思がなかった場合には，1項詐欺罪と2項強盗罪との併合罪と解する余地がある（東京高判昭和52・11・9刑月9巻11＝12号798頁など）。

強盗罪（刑239条）が規定されている。これらは，「強盗として論ずる」ことと され，その法定刑のみならず，強盗致死傷罪（刑240条）及び強盗強姦及び同 致死罪（刑241条），さらには強盗予備罪（刑237条）[44] の関係で強盗罪（刑236 条）と同じく扱われる。

事後強盗罪（刑238条）は，窃盗犯人が，①財物を得てこれを取り返される ことを防ぐ目的，②逮捕を免れる目的，又は③罪跡を隠滅する目的で，暴行又 は脅迫をした場合に成立する（5年以上の有期懲役）。なお，本罪については， 窃盗犯人を主体とする身分犯と解する見解（身分犯説）と窃盗罪・同未遂罪と 暴行・脅迫罪の結合犯と解する見解（結合犯説）とが対立している。

(2) 構成要件

(i) 窃盗　本罪の主体として規定されている**窃盗**とは，窃盗罪（未遂を 含む）の犯人を意味する。強盗罪の犯人も含まれるとする見解が主張されてい る（これは，強盗致死傷罪の適用に関して意味をもつ）。

(ii) 暴行・脅迫　事後強盗罪における**暴行・脅迫**は，強盗罪におけるそ れと同程度（相手方の反抗を抑圧すべき程度）で，財物の取返しや逮捕の行為を 抑圧するに足りる程度のものでなければならない（大判昭和19・2・8刑集23巻 1頁など参照）。暴行・脅迫の相手方は窃盗罪の被害者である必要はなく，犯行 を目撃して追跡してきた第三者（大判昭和8・6・5刑集12巻648頁）や警察官 （最決平成14・2・14刑集56巻2号86頁〈各*279*〉）に対して行われる場合も含ま れる。

暴行・脅迫は，①財物の取返しを防ぐ目的，②逮捕を免れる目的，又は③罪 跡を隠滅する目的[45] で行われなければならない。所定の目的で暴行・脅迫が 行われれば足り，目的達成の有無は問わず（大判昭和7・6・9刑集11巻778頁）， 実際に財物の取返しや逮捕の行為が行われたか否かも問わない（最判昭和22・ 11・29刑集1巻40頁）。

---

43) 財産上の利益は客体とされていないことに注意を要する。事後強盗罪・昏酔強盗罪 の規定は，単なる確認規定ではなく，強盗罪の拡張規定である。

44) 強盗予備罪については，事後強盗の予備の処罰をめぐり，後述のように（304頁以 下）議論がある。

45) 罪跡を隠滅するため，窃盗の被害者を殺害したときは，（事後）強盗殺人罪が成立す る（大判大正15・2・23刑集5巻46頁）。

304 第3編 第7章 財産に対する罪

　暴行・脅迫は，**窃盗の犯行現場**又は**窃盗の機会の継続中**に行われなければならない。すなわち，暴行・脅迫の時点において，被害者等から容易に発見されて，財物を取り戻され，あるいは逮捕されうる状況が継続していたことが必要である（前出最決平成14・2・14）。そのような状況下で，法所定の目的でなされた暴行・脅迫について，強盗罪又は強盗未遂罪に近似した犯罪性を肯定することができるからである（肯定例として，広島高判昭和28・5・27判特31号15頁〈各*276*〉〔窃盗行為から30分後，現場から1キロ離れた地点で盗品を持って歩いていた犯人が被害者に発見された事例〕，最決昭和34・3・23刑集13巻3号391頁〈各*277*〉〔電車内で車掌によりスリの現行犯として逮捕された5分後，到着駅のホームを連行中に逃走を企てた事例〕，前出最決平成14・2・14〔他人の居宅で窃盗後，その天井裏に潜み，3時間後，駆けつけた警察官に暴行を加えた事例〕などがあり，否定例として，東京高判昭和27・6・26判特34号86頁〔窃盗現場から200メートル離れた時点で，窃盗と無関係に警ら中の警察官から職務質問をされそうになった事例〕，京都地判昭和51・10・15刑月8巻9＝10号431頁〈各*278*〉〔窃盗現場で被害者に逮捕され，1時間の説得により警察に赴くことを承諾し，その途中逃走したが，すでに70分を経過し，200メートル離れていた事例〕，最判平成16・12・10刑集58巻9号1047頁〈各*280*〉〔財布等を窃取した後，だれからも発見，追跡されることなく，いったん犯行現場を離れ，ある程度の時間を過ごした後，犯行現場に戻った事例〕などがある）。

（3）　未遂・予備

　事後強盗罪の既遂・未遂は，先行する窃盗罪が既遂か未遂かによって決まると解するのが，**判例**（最判昭和24・7・9刑集3巻8号1188頁など）・**通説**である。したがって，窃盗既遂を前提とする，財物の取返しを防ぐ目的による暴行・脅迫の場合，事後強盗罪の未遂は実際上ありえず，それは，先行する窃盗が未遂で，逮捕免脱・罪跡隠滅目的で暴行・脅迫が行われた場合に限って成立することになる。

　判例は，事後強盗罪の**予備**（刑237条）の可罰性を肯定している（最決昭和54・11・19刑集33巻7号710頁〈各*274*〉）。学説では，その可罰性を否定する見解も有力に主張されているが，それは，事後強盗の予備を処罰することは，不可罰である窃盗予備を処罰することと実際上同じで妥当でないということを，その理由としている。

第3節 強盗罪 305

(4) 共 犯

先行者が窃盗又は窃盗未遂を犯した後，法所定の目的でなされた暴行・脅迫にのみ関与した後行者の罪責の範囲（事後強盗罪の共犯か，暴行・脅迫罪の共犯か）と関連して，事後強盗罪の構造の理解（身分犯か，結合犯か）が問題となっている。学説・裁判例は，①刑法65条1項の構成的身分犯（真正身分犯）と解する**構成的身分犯説**（大阪高判昭和62・7・17判時1253号141頁〈総*364*，各*284*〉），②刑法65条2項の加減的身分犯（不真正身分犯）と解する**加減的身分犯説**（新潟地判昭和42・12・5下刑集9巻12号1548頁〈各*282*〉，東京地判昭和60・3・19判時1172号155頁〈総*363*，各*283*〉），③窃盗と暴行・脅迫の結合犯と解する**結合犯説**などに分かれている。暴行・脅迫にのみ関与した後行者の罪責は，①構成的身分犯説からは事後強盗罪の共犯となり，②加減的身分犯説からは暴行・脅迫罪の共犯となり，③結合犯説からは承継的共犯の成否の問題として扱われることになる（承継的共犯肯定説からは事後強盗罪の共犯となり，承継的共犯否定説からは暴行・脅迫罪の共犯となる）。身分犯説については，窃盗の既遂・未遂によって事後強盗罪の既遂・未遂が決まることとの整合性が問題となり [46]，結合犯説については，窃盗の着手で事後強盗罪の未遂を肯定することになりはしないかが問題とされている。

7 昏酔強盗罪

(1) 総 説

昏酔強盗罪（刑239条）は，人を昏酔させてその財物を盗取した場合に成立する（5年以上の有期懲役）。「強盗として論ずる」ことの意味についてはすでに述べた（303頁）。昏酔強盗罪は，事後強盗罪と同様に，**財物**に対する強盗罪の拡張類型である。

(2) 構 成 要 件

人を昏酔させて財物を盗取することが必要である。**昏酔**とは，薬物などによって，人の意識作用に一時的又は継続的な障害を生じさせることをいうが，意識喪失までは要求されない（東京高判昭和49・5・10東高刑時報25巻5号37頁，

---

46) 窃盗が実行行為の一部ではないとすると，窃盗の既遂・未遂により事後強盗罪の既遂・未遂を区別できないということである。

306 第3編 第7章 財産に対する罪

横浜地判昭和 60・2・8 刑月 17 巻 1 = 2 号 11 頁参照）。人を昏酔させる手段は問わな
いが，暴行を用いて昏酔させた場合，昏酔強盗罪ではなく本来の強盗罪（刑
236 条）が成立する。この意味で，昏酔強盗罪は，暴行によらずに昏酔状態を
惹起して財物を盗取する，強盗罪の拡張類型である。なお，昏酔による意識障
害それ自体は，昏酔強盗罪の構成要件に含まれているから，強盗致傷罪（刑
240 条）にいう負傷にはあたらない。

8 強盗致死傷罪

(1) 総 説

強盗致死傷罪（刑 240 条）は，強盗犯人が，①人を負傷させた場合（無期又は
6 年以上の懲役〔強盗致傷罪・強盗傷人罪〕），又は②人を死亡させた場合（死刑又は
無期懲役〔強盗致死罪・強盗殺人罪〕）に成立する。死傷の結果が発生した「人」
は，強盗罪の被害者には限られない。

(2) 構 成 要 件

強盗致死傷罪の主体である**強盗**とは強盗犯人をいい，強盗未遂犯人も含む
（最判昭和 23・6・12 刑集 2 巻 7 号 676 頁参照）[47]。

死傷がいかなる行為から生じた場合に本罪が成立するかが問題となり，判
例・学説で見解が分かれている。すなわち，①本罪の成立を，強盗の手段であ
る暴行・脅迫から死傷が生じた場合に限る見解（**手段説**）もあるが，②強盗の
機会に死傷が生じることで足りるとの見解（**機会説**）を**判例**は採用している（大
判昭和 6・10・29 刑集 10 巻 511 頁〔強盗の機会に残虐な行為が行われることが少なく
ないため，重い情状として規定〕，最判昭和 24・5・28 刑集 3 巻 6 号 873 頁〈各 *286*〉
〔逃走しようとした際，追跡してきた被害者を死亡させた事例〕，最判昭和 25・12・14
刑集 4 巻 12 号 2548 頁〈各 *453*〉〔金品奪取の際，被害者の傍らに寝ていた子供を殺害
した事例〕など。否定例としては，最判昭和 23・3・9 刑集 2 巻 3 号 140 頁〔強盗殺人
行為を終了後，新たな決意に基づき，別の機会に他人を殺害した事例〕，最判昭和 32・
7・18 刑集 11 巻 7 号 1861 頁〔前日岡山県で強盗を行って得た盗品を船で運搬し，神戸
で陸揚げしようとした際に，警察官に発見され，逮捕を免れる目的で暴行を加え，傷害

---

47) さらに，強盗として扱われる事後強盗罪（刑 238 条）・同未遂罪又は昏酔強盗罪（刑
239 条）・同未遂罪の犯人も含まれる（大判昭和 6・7・8 刑集 10 巻 319 頁参照）。

を負わせた事例〕など）。しかし，学説の多くは，機会説では広すぎるとし[48]，③強盗の手段としての暴行・脅迫から死傷が生じた場合には限られず，強盗の機会に行われた原因行為から生じた場合も含まれるが，その原因行為は強盗行為と密接な関連性を有するものに限られるとする見解（**密接関連性説**），④強盗の手段である暴行・脅迫と事後強盗類似の状況における暴行・脅迫から死傷が生じた場合に限り本罪の成立を肯定する見解（**拡張された手段説**）などが主張されている。

　強盗傷人罪・同致傷罪の成否に関し，成立要件をなす傷害の程度が問題となる。強盗罪の要件としての暴行・脅迫は，相手方の反抗を抑圧するに足りる程度の強度を備えたものでなければならないから，それに伴い軽度の傷害が生じることは当然のことであるとして，傷害を限定する見解（限定説）が存在するが（学説では多数説である），**判例**は，傷害罪における傷害と同程度のもので足りるとする非限定説に立っている（大判大正4・5・24刑録21輯661頁，最決平成6・3・4裁集刑263号101頁〈各*54*〉など）。

(3) 主観的要件

　強盗致死傷罪の主観的要件に関し，死傷について故意のある場合が含まれるかが問題となる。殺意がある場合について，**判例**は，かつて，殺人罪と強盗致死罪との観念的競合としていたが（大判明治43・10・27刑録16輯1764頁），その後，刑法240条の適用のみを認めるに至った（大連判大正11・12・22刑集1巻815頁，最判昭和32・8・1刑集11巻8号2065頁）。**通説**もそれに賛同している。傷害について故意がある場合も，同様に，刑法240条の適用のみを肯定することが妥当である。

(4) 未　遂

　強盗致死傷罪の未遂（刑243条）はいかなる場合に成立するかが問題となる。**判例**（前出最判昭和23・6・12）及び**通説**によれば，死傷が生じた場合には，強盗は未遂であっても，強盗致死傷罪は既遂となる。したがって，結果的加重犯である強盗致死罪及び強盗致傷罪には未遂は存在しない。

---

48)　問題となる事例は，被害者に対する日頃の私怨をはらすために，強盗の機会を利用して殺害する場合や，強盗の共犯者同士が，犯行の機会に仲間割れし，仲間を死傷させた場合である。

308　第3編　第7章　財産に対する罪

強盗傷人罪については，傷害の故意で傷害が発生しなかった場合，強盗傷人未遂罪が成立するかが問題となる。傷害の故意があることで未遂減軽が可能となり，かえって軽く処罰しうるのは均衡を失するから，強盗罪の成立を肯定するにとどめるべきであろう。

強盗殺人罪については，殺人の故意で死の結果が発生しなかった場合，強盗殺人未遂罪が成立する（前出大連判大正11・12・22）。結局，強盗致死傷罪の未遂はこの場合に限られることになる。

9　強盗強姦罪及び同致死罪

(1)　強盗強姦罪

強盗強姦罪（刑241条前段）は，強盗犯人が女子を強姦した場合に成立する（無期又は7年以上の懲役）。本罪は強盗罪と強姦罪との結合犯である。強盗犯人には，強盗既遂犯人のみならず，強盗未遂犯人をも含む。なお，通説によれば，本罪の既遂・未遂は強姦の既遂・未遂により決まる。

強盗強姦罪は，強盗の現場又は強盗の機会に強姦が行われた場合に成立する（佐賀地判昭和54・5・8刑月11巻5号435頁〔強取した自動車で被害者を連行し，15キロ離れた場所で2時間20分後に強姦が行われた事例について，本罪の成立を否定〕）。強姦には，準強姦（刑178条2項）を含み，強姦の被害者は強盗の被害者と同一である必要はないと解されている。

判例によれば，強盗の着手後に強姦意思が生じた場合でも，本罪の成立を妨げない（最判昭和30・12・23刑集9巻14号2957頁）。しかし，強姦の後に強盗の意思を生じて強盗した場合，強姦罪と強盗罪との併合罪となる（最判昭和24・12・24刑集3巻12号2114頁）。

(2)　強盗強姦致死罪

強盗強姦致死罪（刑241条後段）は，強盗犯人が，女子を強姦し，よって女子を死亡させた場合に成立する（死刑又は無期懲役）。本罪は，強姦行為又はその手段である暴行・脅迫から死の結果が生じた場合に成立することになる。本罪は結果的加重犯であり，死の結果について故意がある場合は本罪に含まれないと解するのが**判例**（大判昭和10・5・13刑集14巻514頁〔強盗殺人罪と強盗強姦罪の観念的競合〕，大阪高判昭和42・5・29高刑集20巻3号330頁）・**通説**であるが，

刑の均衡や結果の二重評価の回避の理由から，強盗強姦致死罪には殺意のある場合を含むと解する見解（ただし，死後姦淫する意思の場合には，強盗罪と殺人罪の併合罪）がある。

本罪の未遂犯（刑243条）は，同罪を結果的加重犯として殺意のある場合を除外する判例・通説の立場から，強姦が未遂の場合と解されている。

なお，強盗犯人が女子を姦淫し，よって負傷させた場合（強盗強姦致傷）について，特別の処罰規定は置かれていない。この場合の処理としては，①強盗強姦罪（大判昭和8・6・29刑集12巻1269頁，東京地判平成元・10・31判時1363号158頁），②強盗強姦と強盗致傷の観念的競合（浦和地判昭和32・9・27判時131号43頁），③強盗強姦と強姦致傷の観念的競合などの諸説が考えられる。

第4節　詐　欺　罪

1　総　　説

(1)　詐欺罪の基本的性格

詐欺罪（刑246条）は，人を欺いて財物を交付させた場合（同条1項〔1項詐欺罪・詐欺取財罪〕）及び人を欺いて，財産上不法の利益を得，又は他人にこれを得させた場合（同条2項〔2項詐欺罪・詐欺利得罪〕）に成立する（10年以下の懲役）。詐欺罪は**移転罪**であるが，占有者の**意思に基づく占有移転**を要件とする**交付罪**であり，財物のみならず，財産上の利益を客体とする個別財産に対する罪である。詐欺罪の補充規定として準詐欺罪（刑248条）が，2項詐欺罪の補充規定として電子計算機使用詐欺罪（刑246条の2）が定められている。詐欺罪・電子計算機使用詐欺罪・準詐欺罪については，未遂を罰する（刑250条）。さらに，他人の占有等に係る自己の財物についての特例（刑242条），親族間の犯罪に関する特例（刑244条）及び電気についてのみなし規定（刑245条）は準用される（刑251条）。

(2)　国家的法益と詐欺罪の成否

詐欺罪は個人法益に対する罪であるが，国・地方公共団体も財産権の主体としては保護される。問題は，本来の**国家的法益**に向けられた詐欺的行為（とくに，①欺罔的手段による脱税，②欺罔による証明書等の不正取得，③欺罔手段による統

制機構の侵害）について詐欺罪が成立しうるかであり，学説上否定説が主張されている。①については，判例も詐欺罪の成立を否定するが（大判明治44・5・25刑録17輯959頁），それは租税逋脱罪の規定が詐欺罪の特別規定として優先適用されるからである。また，②については，書類の性質により判例の結論が分かれているが，それは書類に財産的利益が事実上化体しているかの理解の差による。さらに，③については，後述するように（319頁），詐欺罪の成立を肯定することが可能である。個別の吟味が必要であり，国家的法益に対し欺罔手段が向けられたということだけで詐欺罪の成立が否定されてはならない。

2 客 体

(1) 財 物

詐欺罪（刑246条1項）における**財物**の意義については，窃盗罪の解説（277頁以下）を参照。なお，詐欺罪における財物には**不動産**も含まれる（大判明治36・6・1刑録9輯930頁，大判大正11・12・15刑集1巻763頁〈各 *307*〉，大判大正12・11・12刑集2巻784頁など）。

(2) 財産上の利益

刑法246条2項は，「財産上不法の利益を得，又は他人にこれを得させた」ことを要件とする。**財産上の利益**の意義については強盗罪の解説（297頁）を参照。以下では，詐欺罪に関しとくに問題となる事項について解説を加える。

財物の詐取を目的として人を欺き，被害者に財物交付の約束をさせた場合，物の**引渡請求権**を取得したものとして2項詐欺が成立するかが問題となる。この場合，引渡請求権の取得に独自の価値・意義があるような例外的場合を除き，1項詐欺の未遂にとどまる。判例は，不動産の詐取の事案において，所有権移転の意思表示があっただけでは足りず，占有又は登記の移転により1項詐欺既遂が成立するとしている（前出大判大正11・12・15）。

債権者を欺いて債務免除を受け，債務を**免脱**して財産上の利益を不正に得る場合が2項詐欺の典型例であるが，債務の履行や弁済の**一時猶予**も財産上の利益にあたって2項詐欺が成立しうる（大判明治44・10・5刑録17輯1598頁，大判大正12・6・14刑集2巻537頁〈各 *306*〉，最決昭和34・3・12刑集13巻3号298頁）。ただし，最判昭和30・4・8刑集9巻4号827頁〈各 *305*〉は，リンゴの仲買を

業とする被告人が，リンゴを売り渡す契約をし，その代金を受領しながら履行
期限を過ぎても履行しなかったため，買主から再三の督促を受けると，履行の
意思がないのに，買主を駅に案内して発送の手続を完了したように誤信させ安
心して帰宅させたという事案について，すでに履行遅滞の状態にある債務者が，
欺罔手段によって，一時債権者の督促を免れたからといって，それだけでは刑
法 246 条 2 項にいう財産上の利益を得たものとはいえず，債権者が欺罔されな
かったら，債務の履行，これに代わり又はこれを担保すべき何らかの具体的措
置が行われざるをえなかったであろうといえるような特段の情況が存在したの
に，欺罔により一時的にせよこのような結果を免れたときに，財産上の利益を
得たものということができるとして，限定的な理解を示している。

3　人を欺く行為

(1)　総　　説

　詐欺罪が成立するためには，人を欺いて錯誤を生じさせ，その錯誤に基づい
て財物・財産上の利益を交付させることが必要である。このような交付行為者
の錯誤を惹起する行為が**人を欺く行為**（欺罔行為）である。「交付の判断の基礎
となる重要な事項」について欺かなければならない（最決平成 22・7・29 刑集 64
巻 5 号 829 頁〈各 *345*〉）。詐欺罪が成立するためには，人を欺く行為による錯誤
の惹起，錯誤に基づいた交付行為，交付行為による物・利益の移転という一連
の因果経過をたどることが必要であり，これらの相互間に因果関係が認められ
ない場合，詐欺罪は既遂とならない（大判大正 11・12・22 刑集 1 巻 821 頁）。

　詐欺罪における人を欺く行為は，人の**錯誤**を惹起する行為である。人に錯誤
を惹起しうる行為であれば，相手方が錯誤に陥らなくとも詐欺未遂にはなりう
るし，一般人は錯誤に陥らないような行為でも相手方の個別事情から錯誤を招
致しうるものであれば，人を欺く行為になりうる。

　人を欺く行為は，人による物・利益の**交付行為**に向けられたものでなければ
ならない。そうでない行為は詐欺罪にいう人を欺く行為ではなく，詐欺未遂も
成立しない。人に向けられていない器械の不正操作は，人を欺く行為ではない
から，詐欺罪は成立しない。物を取得した場合に窃盗罪（刑 235 条）が成立す
ることになり（浦和地判昭和 28・8・21 判時 8 号 19 頁〈各 *301*〉〔磁石でパチンコ玉

を誘導して取得した場合]，東京高判昭和55・3・3判時975号132頁〈各*302*〕〔窃取したキャッシュカードを用いて自動支払機で現金を引き出した場合〕），器械の不正操作によりサービスを取得した場合（たとえば，公衆電話機，ゲーム機などを不正に利用した場合）には，詐欺罪・窃盗罪は不成立である（電子計算機使用詐欺罪の成否が問題となるにすぎない）。

人を欺く行為により惹起される錯誤は，「**交付の判断の基礎となる重要な事項**」についてのものであり，それがなければ交付行為を行わなかったであろうような重要な事実に関するものでなければならない。そうでなければ錯誤と交付行為との間に条件関係を肯定することができず，そのような錯誤を惹起するにすぎない行為は人を欺く行為とはいえない（詐欺未遂も成立しない）。判例では，商品の名称を偽ったが，品質・価格などには変わりがなく，買主は自己の鑑識をもって買い受けた事案において，人を欺く行為による錯誤の惹起を認めることができないとして，詐欺罪の成立が否定されている（大判大正8・3・27刑録25輯396頁。さらに，大判大正4・10・25新聞1049号34頁〔担保物である絵画が偽物であるが，十分な担保価値が認められる場合について，詐欺罪の成立を否定〕参照）。

(2) 不作為による欺罔

人を欺く行為は不作為によっても可能である（**不真正不作為犯**）。それは，相手が錯誤に陥ろうとしていること，又はすでに錯誤に陥っていることを知りながら，真実を告知して錯誤を解消しない場合に認められる。不真正不作為犯としての詐欺罪が成立するためには，真実を告げる作為義務（**告知義務**）が必要である（大判大正6・11・29刑録23輯1449頁参照）。**判例**では，①生命保険契約にあたり被保険者の現在疾患を告知する義務（大判昭和7・2・19刑集11巻85頁〈各*297*〉），②取引にあたり準禁治産者（被保佐人）であることを告知する義務（大判大正7・7・17刑録24輯939頁〈各*295*〉），③売買の対象である不動産に抵当権の設定・登記があることを告知する義務（大判昭和4・3・7刑集8巻107頁〈各*296*〉），④自己の銀行口座に誤振込みがあることを告知する義務（最決平成15・3・12刑集57巻3号322頁〈各*304*〉）があるとされたが（東京高判平成元・3・14判タ700号266頁〈各*299*〉は，取引の対象となる不動産に規制が存在する場合，プロの不動産業者のごとく振る舞っている者に対しては，規制の存在とその概要を告げ，

相手方に調査の機会を与えれば足り，規制内容まで告知する義務はないとする），⑤事業不振で手形の不渡りも数回にわたっているとの事情を取引の相手方に告知する義務はないとされた（福岡高判昭和 27・3・20 判特 19 号 72 頁〈各 *298*〉）。判例には，さらに，売買の対象となる家屋について係争事情を告知する義務はないとしたもの（大判昭和 8・5・4 刑集 12 巻 538 頁），請負契約の締結に際して，請負人とその代理人との間の内部関係において請負人が承諾した請負金額を，注文主に告知する義務はないとしたもの（最判昭和 31・8・30 判時 90 号 26 頁〈各 *300*〉）がある。

　不作為による欺罔（詐欺）と区別されるのが，**挙動による欺罔**（詐欺）である。これは作為による欺罔（詐欺）で，告知義務（保障人的地位）を問題としない場合であるが，見方によっては，告知義務が当然認められる場合だともいえる。たとえば，飲食の際，代金を支払う意思がないのに料理を注文する場合（**無銭飲食**事例。大判大正 9・5・8 刑録 26 輯 348 頁，最決昭和 30・7・7 刑集 9 巻 9 号 1856 頁〈各 *312*〉など），代金を支払う意思がないのに商品を発注して納入させる場合（**取込み詐欺**事例。最決昭和 43・6・6 刑集 22 巻 6 号 434 頁など）がそれにあたる。この場合，注文行為には代金の支払が当然の前提となっており，支払意思についての沈黙は，現実には存在しない支払意思を告知していることと同視しうる[49]。

4 交 付 行 為

(1) 総　　説

　詐欺罪が成立するためには，錯誤により生じた**瑕疵ある意思**に基づき，物・財産上の利益が**交付**される必要がある。すなわち，欺かれた者（被欺罔者）の瑕疵ある意思に基づく**交付行為**（**処分行為**ともいう）により，物・財産上の利益が移転することが必要である。交付行為による**意思に基づく移転**の要件により，交付罪である詐欺罪は盗取罪と区別されるのである。

---

[49]　挙動による欺罔を認めた近時の例として，最決平成 19・7・17 刑集 61 巻 5 号 521 頁〈各 *344*〉（自己名義の預金通帳の不正取得），前出最決平成 22・7・29（搭乗券の不正取得），最決平成 26・3・28 刑集 68 巻 3 号 646 頁〈各 *347*〉（暴力団関係者によるゴルフ場施設利用）がある。

交付行為は，物・財産上の利益を相手方に移転させる行為である（作為のみならず，相手方による占有移転を阻止しない不作為も含む）。交付行為により物・財産上の利益が直接移転することが必要で（**直接性の要件**），占有取得のため相手方がさらに占有移転行為を行う必要があってはならない。このような場合，占有の移転はなく，**占有の弛緩**が生じたにすぎないため，占有者の意思に反する占有移転により窃盗罪が成立するにすぎない。

物・財産上の利益の交付の相手方には，犯人自身のほか，第三者も含まれる（刑 246 条 2 項参照。物についても同様に解しうる）。ただし，犯人と無関係な第三者は除外され，特別な関係を有する第三者に限られるとされるが（大判大正 5・9・28 刑録 22 輯 1467 頁），そうでなくては不法領得の意思を肯定することができないからである。

(2) 交 付 意 思

交付行為の有無は，**意思に基づく占有移転**の有無により決まる。物・財産上の利益の移転が欺かれた者（被欺罔者）の意思に基づかない場合（物・財産上の利益の移転が交付行為によらずに生じた場合），詐欺罪は成立せず，物については窃盗罪が成立し，財産上の利益については不可罰となる。こうして，交付行為は，物については詐欺罪と窃盗罪との限界を画し，財産上の利益については詐欺罪と不可罰な利益窃盗との限界を画する意義を有している。**判例**も交付行為の存在を詐欺罪の成立要件と解している（1 項詐欺に関し最判昭和 26・12・14 刑集 5 巻 13 号 2518 頁〈各 *309*〉など，2 項詐欺に関し最判昭和 30・4・8 刑集 9 巻 4 号 827 頁〈各 *305*〉など）。

問題は，欺かれた者にいかなる意思内容が認められるときに交付行為の存在（意思に基づく占有の移転）を認めるかにある。学説では，**交付意思不要説**が主張されているが，**交付意思必要説**との差は，交付意思の内容の差にすぎない。**判例**も，文書の内容を偽って債務証書に署名させた事案については詐欺罪の成立を否定しつつ（大判明治 43・10・7 刑録 16 輯 1647 頁〔文書偽造罪が成立する〕），電気計量器の針を逆転させて料金の支払を免脱した事案については詐欺罪の成立を肯定しており（大判昭和 9・3・29 刑集 13 巻 335 頁〈各 *320*〉），欺かれた者の主観的要件によって，詐欺罪の成否を決している。占有移転について何の認識もない場合，詐欺罪の成立を肯定しえないことは明らかであるが（たとえば，欺

第4節 詐 欺 罪　315

いて占有者の注意を逸らし，その間に物を盗取する場合，詐欺罪が成立しないことに異論はない），他方，移転する物・利益について完全な認識がある場合にだけ詐欺罪が成立するわけではない。両者の中間に交付行為の主観的要件は見いだされなければならず，何らかの意味での移転意思がある限り，交付意思＝交付行為を肯定しうるとする理解が実際上有力だと思われる。

　なお，交付意思＝交付行為を肯定するためには，物・財産上の利益を移転する認識が必要であり，占有の弛緩の認識では足りない。判例・裁判例では，**財物**に関し，欺かれた者が自ら持参するつもりで，現金を入れた風呂敷包みを家の奥から持ち出して玄関の上がり口に置き，被告人だけを玄関に残して便所に行ったところ，被告人はその隙に現金を持ち逃げした事案において，欺かれて財物を犯人の自由支配内に置かせたから詐欺罪が成立するとされたが（前出最判昭和 26・12・14），占有移転の認識まではないと解されるから [50]，疑問がある。これに対し，自動車販売店の試乗車を乗り逃げしようと考え，購入客を装って試乗車に単独試乗した事案では，単独試乗をさせた時点で，意思に基づく占有移転が肯定され，窃盗罪ではなく詐欺罪が成立する（東京地八王子支判平成 3・8・28 判タ 768 号 249 頁〈各 *311*〉）。**財産上の利益**に関し，料亭に無銭飲食・宿泊後，知人を見送ると欺いて店先に出て逃走した事案では，詐欺罪で得た財産上の利益が債務の支払を免れたことであるとするには，債務免除の意思表示を行わせることが必要であるとして，詐欺罪の成立が否定されている（最決昭和 30・7・7 刑集 9 巻 9 号 1856 頁〈各 *312*〉〔ただし，欺いて宿泊・飲食をしたことにより詐欺罪は既遂に達しているとした〕）。欺かれた者には，欺いた者が店先に出ることの認識（占有を弛緩する認識）しかないため，詐欺罪の成立は否定される。これに対し，旅館の宿泊客が今晩必ず帰ってくるからと欺いて逃走した事案では，支払を一時猶予する旨の黙示の意思表示があったとして，詐欺罪の成立が肯定されている（東京高判昭和 33・7・7 裁特 5 巻 8 号 313 頁〈各 *314*〉）。欺かれた者は，

---

50)　意思に基づく占有移転の否定例として，広島高判昭和 30・9・6 高刑集 8 巻 8 号 1021 頁（洋服の試着を許された者が，店員の隙を見て逃走した事案），東京高判昭和 49・10・23 判時 765 号 111 頁〈各 *310*〉（老人が銀行で預金の払戻しを受ける際，付添いのように装って現金を受け取り，銀行から逃走した事案。現金の占有は銀行にあるとされた）など参照。

316　第3編　第7章　財産に対する罪

戻って支払を行うか否かが欺いた者の意思にかかる状態を知りながらその状況を生じさせている以上，利益の移転があったとみることができよう。

(3)　三 角 詐 欺

　(i)　総説　　欺かれた者（被欺罔者）が被害者であることが通常であるが，欺かれた者と被害者とが異なる場合を**三角詐欺**とよぶ（犯人・欺かれた者・被害者の三者が関係するからである）。この場合，欺かれた者と被害者とは異なってもよいが，欺かれた者と交付行為者とは一致する必要がある。そうでなければ，錯誤に基づく交付行為を認めることができないからである。

　欺かれた者と被害者とが異なる場合，いかなる要件の下で，欺かれた者が交付行為者となり，詐欺罪が成立しうるかが問題となる。たとえば，他人の家の庭にある他人のボールを，通りがかりの人に，「自分のボールだから取ってきてほしい」と騙して取らせた場合，詐欺罪ではなく窃盗罪（間接正犯）が成立するが，詐欺罪と窃盗罪の間接正犯がいかに区別されるかが実際上問題となる。**判例**は，欺かれた者と被害者が異なる場合，「被欺罔者において被害者のためその**財産を処分しうる権能または地位**」のあることが必要だとしている（最判昭和45・3・26刑集24巻3号55頁〈各 *324*〉）。

　(ii)　訴訟詐欺　　**訴訟詐欺**とは，裁判所を欺いて勝訴判決を得，強制執行により敗訴者から物を取得するような事例をいう。この場合，①民事訴訟では形式的真実主義が妥当し，裁判所は虚偽だとわかっていても勝訴判決を下さざるをえない場合があるため，人を欺く行為・錯誤の要件が充たされるか疑問があり，②敗訴者がやむをえず物を提出することが，意思に基づく交付といえるか疑問があるとして，詐欺罪の成立を否定する見解が存在する。しかし，①裁判所が欺かれる場合のあることは否定できず，②物を交付するのは，敗訴者ではなく欺かれた裁判所だから，交付行為の要件も充たされている。すなわち，訴訟詐欺は，欺かれた者と被害者とが分離する三角詐欺の事例として，詐欺罪の成立を肯定することが可能であり，**判例**も詐欺罪の成立を肯定している（大判明治44・11・27刑録17輯2041頁〈各 *321*〉，大判大正5・5・2刑録22輯681頁〈各 *322*〉など）。

　三角詐欺の事例である訴訟詐欺では，被害者は訴訟の当事者となった以上その結果に拘束され，それを甘受せざるをえないから，裁判所による交付行為，

さらには詐欺罪の成立を肯定することができる。これに対し，被害者がその結果を甘受すべき理由がない場合，交付行為の存在，詐欺罪の成立は否定される。被害者が手続から排除されている事例では，そのような理由から詐欺罪の成立は否定されることになる（最決昭和42・12・21刑集21巻10号1453頁〈各323〉〔被害者の氏名を冒用して内容虚偽の起訴前の和解を申し立て，簡易裁判所裁判官に和解調書を作成させ，それを登記官吏に提出して土地の移転登記をさせた事案〕，前出最判昭和45・3・26〔すでに効力を失っている和解調書を裁判所書記官補に示して執行文付与を受け，執行吏に提出して家屋に対して強制執行させた事案〕)。

　　(ⅲ)　クレジットカードの不正使用　　他人名義のクレジットカードの不正使用については，カード会員の個人的信用力に基づき無担保での信用供与を可能とするクレジットカードの前提条件を偽るものだから，詐欺罪が成立することに問題はなく，その際，判例は名義の偽りを根拠とする見解ないしそれに近い見解を採用している（最決平成16・2・9刑集58巻2号89頁〈各327〉)。

　より問題があるのが**自己名義のクレジットカードの不正使用**である。すなわち，自己名義のクレジットカードを（カード発行会社に対し代金相当額を支払う意思・能力なしに）カード会社と加盟店契約を結んだ店で使用し，物・サービスを購入した場合における詐欺罪の成否が問題となる。クレジットカードを使用して商品を購入する場合，加盟店は商品の売却の際作成される売上票をカード会社に送付してカード会社から代金の立替払を受け，カード会社からカード会員に代金の請求がなされるから，経済的損害を被るのは，加盟店ではなくカード会社であり，ここに，クレジットカードの不正使用事例の特殊性がある。

　学説では，加盟店を欺く行為，加盟店の錯誤が存在しない[51]として，詐欺罪の成立を否定する見解も主張されているが，裁判例及び学説の多数は詐欺罪の成立を肯定している。

　裁判例は，加盟店を欺いて商品を交付させたとして，加盟店を欺かれた者＝

---

51)　クレジットカードによる商品売買は一種の信用取引で，買主の支払能力についての危険をカード会社が負担するところに意味がある。加盟店は，買主の資力について判断することが不可能であり，またそのような判断を行うことは予定されておらず，カードの有効性，カード裏面の署名と売上票の署名との同一性を確認することで足りる。ここに，加盟店を欺く行為，加盟店の錯誤を否定する根拠がある。

被害者とする1項詐欺[52]の成立を肯定している（福岡高判昭和56・9・21刑月13巻8＝9号527頁〈各*328*〉，東京高判昭和59・11・19判タ544号251頁など）。しかし，加盟店としては，商品を販売し，カード会社から代金の支払を受けることができる地位を取得したことで取引の目的を達成しており，それを被害者とみることには疑問があることから，加盟店を欺かれた者＝交付行為者，カード会社を被害者とする三角詐欺として，詐欺罪の成立を肯定する見解も学説上有力に主張されている。加盟店は，売上票の作成とカード会社への送付により，カード会社から代金相当額の支払を受けることができるから，カード会社のため「その財産を処分しうる権能または地位」（前出最判昭和45・3・26）があるといえ，その地位に関する限り，顧客の支払意思・能力に無関心ではいられないと解することができるからである。

5 物・利益の移転

(1) 財産の移転と法益侵害

（i）総説 物・利益が交付行為により移転することによって，詐欺罪は既遂となる。交付により移転した個別の**物・利益の喪失**自体が詐欺罪における法益侵害であり（判例・通説），詐欺罪は**個別財産に対する罪**と解される。

上記のように，物・利益の喪失自体を法益侵害と捉える場合，錯誤がなければ交付しなかったであろうときには，たとえば価格相当物品が反対給付として交付されたような事例においても，ただちに詐欺罪の成立を肯定すべきかが問題となる。**判例**（最判昭和33・11・21刑集12巻15号3519頁参照〈総*114*，各*6*〉）・多数説は，錯誤がなければ生じなかったであろう移転意思の有効性を否定する立場から，詐欺罪の成立を肯定しているが，最高裁は，1項詐欺の成否に関して注目すべき判決を行った。それは，請負人が，受領する権利を有する請負代金の支払を欺罔により不当に早めたとして，代金全額について詐欺罪の成立を肯定するためには，欺罔しなかった場合に得られたであろう請負代金の支払とは社会通念上別個の支払にあたるといいうる程度の期間，支払時期を早めたことが必要であるとしたのである（最判平成13・7・19刑集55巻5号371頁

---

52) これは物の交付を受けた場合であり，役務を取得した場合には，もちろん，2項詐欺が成立する。

〈各349〉）。ここでは，支払の若干の繰り上げでは詐欺罪の成立を肯定しうるだけの実質的利得・被害が認められないとしたものであり（社会通念上別個の支払といいうる場合，1項詐欺の成立を肯定しうる），財産移転についての実質的な法益侵害性を問題とするものといえる。学説でも，このように，財産移転について実質的な法益侵害性を要求する見解が有力であるが，その理論構成についてはなお問題を残している。近時，処分意思の有効性を否定する錯誤を法益侵害に関係するものに限定する立場から（前述86頁参照），詐欺罪における保護法益の内実を，交付の対象となる財産自体及びその交付目的などと解し，この点についての錯誤がある場合に，移転した財産について法益侵害性を肯定することができるとの見解が主張されている。なお，判例は，近時，「交付の判断の基礎となる重要な事項」について欺いたことを要求し，処罰範囲を画定しようとしている（最決平成22・7・29刑集64巻5号829頁〈各345〉）。

(ii) **価格相当な商品の提供**　提供された物が**価格相当**でも，欺かれた者が獲得しようとしたものが獲得されていない場合，代金の交付について法益侵害性が認められる。**判例**では，一般に市販され容易に入手可能な電気あんま器（ドル・バイブレーター）を，一般には入手困難な特殊治療器で高価なもののように偽り販売した事例（最決昭和34・9・28刑集13巻11号2993頁〈各331〉）において詐欺罪の成立が肯定されている。これに対し，医師でない者の診断を受けて売薬を所定の代価で購入した事案（大決昭和3・12・21刑集7巻772頁〈各330〉）では，詐欺罪の成立が否定された。

(iii) **公法的規制下にある物の不正取得**　国家的・社会的法益に関わる場合でも，国などが有する財産権が侵害されたといいうるのであれば，詐欺罪の適用を排除する趣旨の特別の規定が存在しない限り，詐欺罪の成立を否定する理由はないとするのが**判例**（最決昭和51・4・1刑集30巻3号425頁〈各332〉）・**通説**である。県知事を欺いて未墾地の売渡しを受けた事案（前出最決昭和51・4・1），偽造した特配指令書を示して，それがなければ買い受けることのできない酒を公定代金を支払って購入した事案（最大判昭和23・6・9刑集2巻7号653頁〈各333〉），虚偽の支払請求書により封鎖預金の払戻を受けた事案（最判昭和25・3・23刑集4巻3号382頁）では，詐欺罪の成立が肯定されている。これに対し，医師の証明書を偽造して，医師の指示又は処方箋がなければ購入で

きない劇薬を購入した事案（東京地判昭和 37・11・29 判タ 140 号 117 頁〈各 *335*〉）
では，詐欺罪の成立が否定された。

(2) 証明書等の不正取得

虚偽の申立てにより証明書等の交付を受ける行為について詐欺罪が成立する
かが問題とされている。**判例**では，建物所有証明書（大判大正 3・6・11 刑録 20
輯 1171 頁），印鑑証明書（大判大正 12・7・14 刑集 2 巻 650 頁〈各 *337*〉），米国旅券
（最判昭和 27・12・25 刑集 6 巻 12 号 1387 頁〈各 *338・520* 参照）については詐欺
罪の成立が否定され，家庭用主食購入通帳（最判昭和 24・11・17 刑集 3 巻 11 号
1808 頁），硝子配給割当証明書（最判昭和 25・6・1 刑集 4 巻 6 号 909 頁），毛製品
輸出証明書（大阪高判昭和 42・11・29 判時 518 号 83 頁），健康保険被保険者証（最
決平成 18・8・21 判タ 1227 号 184 頁〈各 *341*〉），簡易生命保険証書（最決平成 12・
3・27 刑集 54 巻 3 号 402 頁〈各 *340*〉），預金通帳（最決平成 14・10・21 刑集 56 巻 8
号 670 頁〈各 *343*〉，最決平成 19・7・17 刑集 61 巻 5 号 521 頁〈各 *344*〉），航空機搭
乗券（前出最決平成 22・7・29）については詐欺罪の成立が肯定され，結論は事
案により分かれている。

旅券の不正取得に関し，判例は，免状，鑑札，旅券については，刑法 157 条
2 項に不実記載罪の規定が存在するが，これは証明書の取得をも当然の射程に
含む規定で，しかもその法定刑（1 年以下の懲役又は 20 万円以下の罰金）は詐欺
罪よりも軽いから，それとの均衡上詐欺罪の成立は否定されるべきことを理由
として詐欺罪の成立を否定している。これに対し，財産的給付を取得しうる地
位を与える証明書（健康保険被保険者証など）については，財産上の利益が事実
上化体された物の不正取得であるから，財産的な法益侵害性を肯定することが
できる。なお，預金通帳の不正取得について詐欺罪の成立を肯定した判例（前
出最決平成 14・10・21，前出最決平成 19・7・17）は，詐欺罪の成立範囲を従来よ
りも拡張しようとするものといえよう。

(3) 不法原因給付と詐欺

欺かれて財物を交付する被害者の行為が**不法原因給付**（民 708 条）にあたり，
被害者にはその返還請求権が認められない場合にも，詐欺罪が成立するかが問
題となる。**判例**では，闇米を買ってやると偽り金銭を詐取した事案について，
金銭の授受が不法行為を目的とするものであっても詐欺罪は成立するとされ

（最判昭和 25・12・5 刑集 4 巻 12 号 2475 頁〈各 *352*〉），通貨偽造の資金と偽って金銭を詐取した事案（大判明治 43・5・23 刑録 16 輯 906 頁），売春をすると偽って前借金を詐取した事案（最決昭和 33・9・1 刑集 12 巻 13 号 2833 頁）などでも，詐欺罪の成立は肯定されている。学説でも，横領罪の場合（後述 335 頁参照）とは異なり，詐欺罪の成立を肯定する見解が一般的である。交付する物・利益には何らの不法性も存在しないからである。

（4）　権利行使と詐欺

金銭債権を有する債権者が債務者を欺いて債務を履行させた場合に詐欺罪が成立するかが問題となる。これは，**権利行使と詐欺**と呼ばれる問題であり，法益侵害の理解と関連している（326 頁以下で，恐喝罪で併せて解説する）。

6　電子計算機使用詐欺罪

（1）　総　　説

電子計算機使用詐欺罪（刑 246 条の 2）は，人の事務処理に使用する電子計算機に虚偽の情報若しくは不正な指令を与えて財産権の得喪若しくは変更に係る不実の電磁的記録を作り，又は財産権の得喪若しくは変更に係る虚偽の電磁的記録を人の事務処理の用に供して，財産上不法の利益を得，又は他人にこれを得させた場合に成立する（10 年以下の懲役）。本罪は，冒頭に「前条に規定するもののほか」と定められていることから明らかなように，詐欺罪（刑 246 条）の**補充規定**であり，詐欺罪が成立するときは本罪の適用はない（法条競合）。

本罪の規定は，昭和 62 年，コンピュータを利用した不正利得行為を捕捉・処罰するため新設された。それ以前は，拾得・窃取したキャッシュカードを使用して，現金自動支払機において現金を引き出せば，（銀行に対する）窃盗罪が成立するが，他の預金口座に振替送金し（公共料金の自動振替などで引き落とされ）たときには，窃盗罪は成立せず不可罰となり，処罰の間隙が生じていたのである。電子計算機使用詐欺罪の規定はこのような処罰の間隙を埋めるために制定されたが，電子計算機を利用した不法利得行為一般を処罰するのではなく，財産権の得喪・変更に係る不実（虚偽）の電磁的記録を介した不法利得行為だけが処罰の対象とされており，これにより，利益窃盗・利益横領一般の処罰という事態が回避されている。

(2) 構 成 要 件

(i) 財産権の得喪・変更に係る電磁的記録　　電子計算機使用詐欺罪は，不実（虚偽）の電磁的記録で，財産権の得喪・変更に係るものを作成・供用することによる不法利得行為について成立する。**財産権の得喪・変更に係る電磁的記録**とは，財産権の得喪，変更の事実を記録した電磁的記録で，その作出・更新により，直接事実上当該財産権の得喪・変更が生じることになるものをいう。銀行の顧客元帳ファイルの預金残高記録，プリペイドカードの残度数・残額の記録などがこれにあたるが，キャッシュカードやクレジットカードの磁気ストライプ部分中の記録や不動産登記ファイルなどは，一定の事実を証明するための記録にすぎず，財産権の得喪・変更に係る電磁的記録にはあたらない。

財産権の得喪・変更に係る電磁的記録が不実・虚偽の場合，それにより生じることになる財産権の得喪・変更に関し，不法利得が肯定されることになる。ここにいう不実・虚偽とは，事務処理の目的に照らし，その内容が真実に反することをいう。

(ii) 作成型　　本罪の第1類型は，虚偽の情報又は不正な指令を与え，財産権の得喪・変更に係る不実の電磁的記録を作成することによる，不法利得行為である。ここで，虚偽の情報，不正な指令とは，内容が真実に反する情報，与えられるべきでない指令をいい，結果として不実の電磁的記録を作出することとなるものをいう。架空入金データを入力したり，プログラムを改変したりすることにより，自己の預金口座に不実の入金を行わせるような場合がこれにあたる。不実の電磁的記録の作出により，積極的に利得する場合（大阪地判昭和63・10・7判時1295号151頁，最決平成18・2・14刑集60巻2号165頁〈各 *356*〉〔電子マネーの利用権の取得〕など）と債務を免脱する場合（東京地判平成7・2・13判時1529号158頁〈各 *355*〉など）とがある。

(iii) 供用型　　本罪の第2類型は，財産権の得喪・変更に係る虚偽の電磁的記録を人の事務処理の用に供することによる不法利得行為である。たとえば，偽造したプリペイドカードを使用して有償のサービスを取得するような場合がこれにあたる。

第5節 恐 喝 罪　323

7　準 詐 欺 罪

(1)　総　　説

　準詐欺罪（刑248条）は，未成年者の知慮浅薄又は人の心神耗弱に乗じて，その財物を交付させ，又は財産上不法の利益を得，若しくは他人にこれを得させた場合に成立する（10年以下の懲役）。本罪は十分な判断能力を備えていない者に対する詐欺罪の拡張類型である。人を欺いて，錯誤に基づく交付行為により物・利益を取得した場合には詐欺罪が成立するから（大判大正4・6・15刑録21輯818頁），準詐欺罪が成立するのは，人を欺く行為に至らない誘惑などの手段が用いられた場合である。また，本罪が成立するためには，物・利益を交付行為により取得することが必要であり（反対，福岡高判昭和25・2・17判特4号74頁），意思能力を欠く幼児や心神喪失者からその財物を取得した場合には，交付行為が認められず，窃盗罪が成立する。なお，刑法242条（他人の占有等に係る自己の財物），244条（親族間の犯罪に関する特例）及び245条（電気）の規定は準用される（刑251条）。

(2)　構 成 要 件

　未成年者とは20歳未満の者をいい（民4条），**知慮浅薄**とは知識に乏しく思慮が足りないことをいう。また，**心神耗弱**とは意思能力を喪失するには至っていなくとも，精神の健全さを欠き，事物の判断を行うために十分な普通人の知能を備えていない状態をいうとされる（大判明治45・7・16刑録18輯1087頁）。知慮浅薄・心神耗弱状態を利用して物・利益を交付させた場合に本罪が成立することになる。

第5節　恐　喝　罪

1　総　　説

　恐喝罪（刑249条）は，人を恐喝して財物を交付させた場合（同条1項）及び人を恐喝して，財産上不法の利益を得，又は他人にこれを得させた場合（同条2項）に成立する（10年以下の懲役）。恐喝罪は，**移転罪**のうち，詐欺罪（刑246条）と同様，占有者の意思に基づく占有移転を要件とする**交付罪**であり，財物のみならず，財産上の利益を客体とする（個別財産に対する罪）。未遂を罰する

（刑250条）。また，他人の占有等に係る自己の財物に関する規定（刑242条），親族間の犯罪に関する特例（刑244条），電気を財物とみなす旨の規定（刑245条）の準用がある（刑251条）。

2　客　　体

(1)　財　　物

恐喝罪（刑249条1項）における**財物**の意義については，窃盗罪での解説（277頁以下）を参照。なお，財物には，動産のみならず，**不動産**も含まれる（大判明治44・12・4刑録17輯2095頁）。

(2)　財産上の利益

刑法249条2項は，「財産上不法の利益を得，又は他人にこれを得させた」ことを要件とする。**財産上の利益**の意義についてはすでに強盗罪において解説した（297頁）。

3　恐　　喝

恐喝とは，暴行又は脅迫により被害者を**畏怖**させることをいい，それは財物又は財産上の利益の交付に向けられたものでなければならない。交付罪である恐喝罪が成立するためには，意思に基づく交付行為が行われることが必要だから，畏怖状態を惹起すべき暴行・脅迫は被害者の反抗を抑圧する程度に至らないものであることが必要である。

暴行も恐喝の手段となりうると解されているが（最判昭和24・2・8刑集3巻2号75頁〈各*252*〉参照），一旦暴行が加えられた後，さらに暴行が加えられるかもしれないとの脅迫的要素が被害者を畏怖させる実質をなすと考えられる（最決昭和33・3・6刑集12巻3号452頁）。**脅迫**とは，相手を畏怖させるに足る害悪の告知をいい，相手を単に困惑させるにとどまる場合は含まれない（札幌地判昭和41・4・20下刑集8巻4号658頁）。第三者の行為による害悪の告知が恐喝となるためには，告知者において第三者による加害行為に影響を与えうるものとして告知される必要がある（大判昭和5年7月10日刑集9巻497頁）。また，告知する加害が虚構でも，相手を畏怖させるものであれば含まれる（東京高判昭和32・1・30東高刑時報8巻1号16頁）。さらに，告知する害悪の内容は，犯罪を構

成するものあるいは違法なものであることを要しない（最判昭和 29・4・6 刑集 8 巻 4 号 407 頁〔捜査機関に犯罪事実を告発すると脅して，口止め料を出させる事案〕参照）。なお，告知される加害の対象は，脅迫罪（刑 222 条）・強要罪（刑 223 条）とは異なり，被害者及びその親族に限られず，友人その他の第三者も含まれる（大判大正 11・11・22 刑集 1 巻 681 頁）。

4 交 付 行 為

(1) 総 説

恐喝罪が成立するためには，畏怖により生じた**瑕疵ある意思**に基づき，物・財産上の利益が**交付**される必要がある。すなわち，畏怖した者の瑕疵ある意思に基づく**交付行為**（処分行為ともいう）により，物・財産上の利益が移転することが必要である。恐喝罪では，詐欺罪と異なり，占有移転の認識が被恐喝者にあることが想定されるから，交付意思の要否は実際上問題とならない。

(2) 交付行為の意義

恐喝罪の成立を肯定するためには，瑕疵ある意思に基づいて，物・財産上の利益が交付される必要があるから，被恐喝者と交付行為者は同一でなければならない。なお，恐喝罪においても，詐欺罪の場合と同様，被恐喝者＝交付行為者と被害者とが異なる**三角恐喝**も成立可能であるが，その場合には，被恐喝者において被害者の財産を処分する権能・地位が存在することが必要である（三角詐欺の場合と同じである。大判大正 6・4・12 刑録 23 輯 339 頁参照。さらに，東京高判昭和 53・3・14 東高刑時報 29 巻 3 号 42 頁参照）。

判例によれば，畏怖して黙認しているのに乗じて恐喝者が財物を奪取した場合でも恐喝罪が成立し（最判昭和 24・1・11 刑集 3 巻 1 号 1 頁），被恐喝者が畏怖により飲食代金の請求を断念した場合，少なくとも黙示的な支払猶予の処分行為（交付行為）が存在するから，恐喝罪は成立する（最決昭和 43・12・11 刑集 22 巻 13 号 1469 頁〈各 *291*〉）。なお，恐喝が行われたが，被恐喝者が畏怖せず，あるいは一旦畏怖しても（東京地判昭和 59・8・6 判時 1132 号 176 頁〔畏怖した被恐喝者が警察に届けたところ，警察官を張り込ませるからと聞いて，安心した被恐喝者が現金等を交付し，そこで恐喝者が警察官に逮捕された事例において，恐喝未遂罪の成立を肯定〕），別の理由から物・財産上の利益を交付した場合には，恐喝は未遂とな

326 第3編 第7章 財産に対する罪

る。

交付の相手方は，恐喝行為者であることが多いが，それ以外の第三者でもよい（刑249条2項参照。物についても同様に解しうる）。詐欺罪と同様，その場合の第三者は恐喝行為者と特別な関係にあることが必要であると解されているが（大判昭和10・9・23刑集14巻938頁），そうでなくては不法領得の意思を肯定することに問題が生じるからである。

5 物・利益の移転

(1) 総　　説

交付行為により，物・財産上の利益が移転した場合，恐喝罪は既遂となる。交付により移転した個別の**物・利益の喪失**自体が恐喝罪における法益侵害である（判例・通説）。こうして恐喝罪は**個別財産に対する罪**と解されることになる。**判例**においては，畏怖がなければ交付しなかったであろうときには，たとえ相当な対価が支払われた場合でも，交付された物・財産上の利益の全部について恐喝罪が成立するとされている（大判昭和14・10・27刑集18巻503頁）。物・財産上の利益の移転に実質的な法益侵害性が認められる以上，恐喝罪の成立を肯定することができる。

(2) 権利行使と恐喝

権利実現のために恐喝が用いられた場合，恐喝罪が成立するかが問題とされてきた。これは，恐喝罪における物・財産上の利益の移転という法益侵害の実質的理解に関わる問題である（同じ問題が詐欺罪に存在することは前述したところであり，ここでまとめて取り扱うことにする）。問題となる事例として，①他人が不法に占有する自己の所有物を恐喝（欺罔）を用いて取り戻す場合，②金銭債権を有する者が，恐喝（欺罔）を用いて弁済を受ける場合が挙げられる。①は，刑法251条により恐喝罪に準用される，他人の占有等に係る自己の財物に関する規定（刑242条）の解釈問題で，窃盗罪での解説（286頁以下）に譲る。ここでは，②の問題を取り扱う（これが，**権利行使と恐喝**として議論される問題領域の中核部分である）。

判例は，かつて，恐喝（欺罔）を用いて財物・財産上の利益の交付を受けた場合，①正当な権利の範囲内であれば，不当な利得がないから，恐喝罪（詐欺

罪）は成立しない，②しかし，権利実行の意思がなくそれに仮託する場合，領得の原因が正当に有する原因と異なる場合には，恐喝罪（詐欺罪）が成立する。また，③権利の範囲を超えた場合には，物・利益が法律上可分であれば，権利を超えた部分についてのみ恐喝罪（詐欺罪）が成立し，不可分であれば，全体について恐喝罪（詐欺罪）が成立するとしていた（大連判大正2・12・23刑録19輯1502頁〈各292〉）。そして，交付を受けた物・利益が権利の範囲内であっても，恐喝手段が正当な範囲を超えた場合には，脅迫罪（刑222条）が成立するとしていたのである（大判昭和5・5・26刑集9巻342頁〈各293〉）。しかし，その後，3万円の債権を取り立てるに際し，恐喝により6万円交付させた事案において，権利の実行は，その権利の範囲内でありかつその方法が社会通念上一般に忍容すべきものと認められる程度を超えない限り何ら違法の問題を生じないが，その範囲程度を逸脱するときは違法となり，恐喝罪の成立することがあるとして，6万円全額について恐喝罪の成立を肯定するに至ったのである（最判昭和30・10・14刑集9巻11号2173頁〈各294〉）。許容される範囲内であれば，不可罰であるが，それを超えれば恐喝罪（詐欺罪）が成立し，恐喝罪は成立しないが脅迫罪の成立は肯定されるとする領域の存在は否定されたともいえよう。

　学説でも①判例と同様の見解が多数を占めているが，②権利の範囲内にとどまる限り債務者に実質的な法益侵害の発生はないから，恐喝罪の成立は否定されるべきで，手段に行きすぎがあれば暴行罪・脅迫罪が成立するにすぎず，これらについてもその必要性・相当性を要件として違法性阻却が可能であるとする見解も主張されている[53]。

　なお，内容が特定せず，存在が明確でない権利を行使する場合には，相手方に物・財産上の利益の交付を拒絶する正当な理由が認められる合理的な可能性がある限り，物・財産上の利益の占有はなお保護に値するから，②説からも恐喝罪の成立は可能である（東京地判昭和52・8・12刑月9巻7=8号448頁〔ユーザーユニオン事件第1審判決〕，東京高判昭和57・6・28刑月14巻5=6号324頁〔同事件控訴審判決〕参照）。

---

53)　これは，窃盗罪における本権説・占有説の対立と同様の問題である。

328　第3編　第7章　財産に対する罪

6　他の犯罪との関係

　恐喝罪が成立する場合，手段である恐喝の内容をなす暴行・脅迫について，暴行罪・脅迫罪の適用はない（法条競合の包摂関係）。欺罔と恐喝が併用され，物・財産上の利益の交付が行われた場合，欺罔も畏怖を生じさせる要素を構成し，被害者が畏怖して交付した場合には，恐喝罪のみが成立する（最判昭和24・2・8刑集3巻2号83頁〈各216〉）。これに対し，錯誤に陥ると同時に畏怖して交付行為が行われた場合，詐欺罪と恐喝罪の観念的競合を認めることには（大判昭和5・5・17刑集9巻303頁），物・財産上の利益の交付という法益侵害は1個だから，疑問がある。

　公務員が恐喝により賄賂を要求・収受した場合，**判例**によれば，恐喝罪と収賄罪との観念的競合となり，賄賂を供与した被恐喝者には贈賄罪が成立する（大判昭和10・12・21刑集14巻1434頁，福岡高判昭和44・12・18刑月1巻12号1110頁〈各620〉）。ただし，職務執行の意思がなく，職務執行に名を借りて恐喝した場合には，恐喝罪のみが成立する（大判昭和2・12・8刑集6巻512頁〈各618〉，最判昭和25・4・6刑集4巻4号481頁〈各619〉）。これは，被恐喝者にもなお意思決定の自由は残されており，収賄罪が成立するためには公務員に職務執行の意思が必要となるという理解による（後述485頁参照）。

第6節　横　領　罪

1　総　説

(1)　保　護　法　益

　委託物横領罪（刑252条1項）は，自己の占有する他人の物を横領した場合に成立する（5年以下の懲役）。また，自己の物であっても，公務所から保管を命ぜられた場合において，これを横領した者も同様に処罰の対象となるが（同条2項〔5年以下の懲役〕），これは特別な規定である。委託物横領罪は，その客体が**物**に限られており，しかも，占有移転を要件としない**非移転罪**である。

　委託物横領罪の保護法益は，**所有権及び委託（信任）関係**である。まず，物の所有権が第1次的な保護法益で，本権一般が保護されるのではないから，賃借権や質権を侵害しても横領罪は成立しない（大判明治44・10・13刑録17輯

第6節 横領罪 329

1698頁〈各 *409*〉〔質物の保管者が質物を債務者に返還した事例について，所有権の侵害がないとして，委託物横領罪の成立を否定〕参照）。非移転罪である委託物横領罪では占有侵害がなく，そのため法定刑は窃盗罪よりも軽い（学説では，物を自由に処分できる状況にあるため，動機において誘惑的で責任非難が減少する点に着目する見解もある）。次に，委託物横領罪においては，委託関係が副次的な保護法益とされている。これは法文上規定されていない書かれざる要件であるが，後述する遺失物等横領罪（刑254条）との区別のために必要となる。

(2) 横領罪の諸類型

「横領の罪」として，委託物横領罪（刑252条）のほか，業務上横領罪（刑253条），遺失物等横領罪（刑254条）が規定されている。**遺失物等横領罪**は所有権の侵害だけを要件とする基本類型であり，**委託物横領罪**は委託関係の侵害が付加された違法加重類型である。そして，**業務上横領罪**は委託物横領罪の責任加重類型であると解され，これらの三罪は相互に加重減軽関係にある。なお，学説では，委託関係の侵害を成立要件とする委託物横領罪と業務上横領罪は，背信性を基本的要件とする点で背任罪（刑247条）と共通し，背信性を欠く遺失物等横領罪とは性質を異にするとの見解も示されている。この理解でも，現行法上，横領三罪相互間に加重減軽関係があることは肯定しうる [54]。本書では，まず，2以降において委託物横領罪の成立要件について解説することにする。

(3) 親族間の犯罪に関する特例

委託物横領罪，業務上横領罪及び遺失物等横領罪には，親族間の犯罪に関する特例（刑244条）の準用がある（刑255条）。委託物横領罪・業務上横領罪では，所有権侵害及び委託関係の侵害が法益侵害をなすから，特例の準用を認めるためには，親族関係は，行為者と委託者及び所有者との間に存在することが必要となる（大判昭和6・11・17刑集10巻604頁）。これに対し，遺失物等横領罪では，所有権侵害のみが法益侵害であるから，親族関係は，行為者と所有者との間に存在することで足りる。

---

54) 遺失物等横領罪の独自性を強調する実際上の意義は，委託物横領罪の遂行に関与した物の非占有者に，刑法65条1項を適用し，委託物横領罪の共犯の成立を認めるところにある。

330 第3編 第7章 財産に対する罪

なお，**判例**は，未成年後見人の後見の事務は公的性格を有するから，後見の事務として業務上預かり保管中の孫である未成年被後見人の貯金を引き出して横領した場合，刑法244条の準用はないとしている（最決平成20・2・18刑集62巻2号37頁〈各 *240*〉，さらに最決平成24・10・9刑集66巻10号981頁〈各 *241*〉〔成年後見人〕）。

2 客　体

(1) 総　説

委託物横領罪の客体は，自己が（委託関係に基づいて）占有する他人の物である。①物であること（利益横領は不可罰である），②自己が占有すること，③その占有が委託に基づくこと，④それが他人の物であることが必要である。このことを行為者側からみれば，（委託関係に基づく）他人の物の占有者が委託物横領罪の主体ということになる。**判例**によれば，委託物横領罪は刑法65条1項に規定する**構成的身分犯**である（最判昭和27・9・19刑集6巻8号1083頁〈総 *355*〉）。

(2) 物

客体である**物**は，窃盗罪などの客体である「財物」と表現は異なるが，同義である。なお，委託物横領罪には，電気を財物とみなす規定（刑245条）の準用がない（このため財物との表現が避けられたと推測される）。物には，動産のみならず**不動産**も含まれるが，財産権など財産上の利益は，含まれない（利益横領は不可罰である）。したがって，債権証書を委託により保管する者が，債権を行使して債務者から金銭を取得しても，横領罪は成立しない（大判明治42・11・25刑録15輯1672頁〔旧法事件〕）。

(3) 占　有

(ⅰ) **自己の占有**　委託物横領罪は，**自己の占有**する他人の物を客体とする。他人が占有する物，自己と他人の共同占有に属する物については，占有侵害による窃盗罪が成立し，委託物横領罪は成立しない。占有の限界（それにより窃盗罪と委託物横領罪・業務上横領罪・遺失物等横領罪の限界が画される）については，窃盗罪における解説（280頁以下）を参照。

(ⅱ) **委託関係**　他人の物の占有は委託に基づくことが必要である（**委託**

〔信任〕関係。東京高判昭和25・6・19高刑集3巻2号227頁など）。これは，明文にはないが，委託物横領罪と（委託関係侵害なき所有権侵害を捕捉する）遺失物等横領罪とを区別するために必要な要件である。したがって，自己が占有する他人の物でも，たとえば誤配達された郵便物（大判大正6・10・15刑録23輯1113頁〈各 *359*〉）など，その占有が委託に基づかない場合，遺失物等横領罪が成立するにとどまる。

　委託関係は，物の保管を内容とする契約（委任，寄託，賃貸借，使用貸借など）から生じるほか（大判明治42・11・15刑録15輯1596頁など），物の売主としての地位（これは，後述する物の二重売買について問題となる）や雇用契約などから生じる。**判例**では，指名債権の譲渡人が，債務者に債権譲渡の通知をする前に債務の弁済として受領した金銭を領得した場合，委託物横領罪の成立が肯定されており，弁済として受領した金銭について，委託関係の存在が認められている（最決昭和33・5・1刑集12巻7号1286頁〈各 *358*〉）。

　(iii)　占有の拡張・変容　　窃盗罪における占有は物に対する事実的支配を意味するが，委託物横領罪における占有はそれよりも拡張され，事実的支配のみならず**法律的支配**も含むと解されている（大判大正4・4・9刑録21輯457頁）。これは，窃盗罪の客体とはならない物についても不法な領得による所有権侵害が可能であり，そうした客体の特性に基づくものである。

　(iv)　登記による不動産の占有　　**登記済不動産**については，所有権の登記名義人に占有がある（大判明治44・2・3刑録17輯32頁，最判昭和30・12・26刑集9巻14号3053頁〈各 *365* など多数）。ただし，登記が無効である場合，不動産に対する占有は否定される（大判明治43・4・15刑録16輯615頁，大判大正5・6・24刑録22輯1017頁）。登記自体ではなく，登記済証及び委任状といった登記移転に必要な書類を所持している場合でも不動産に対する占有を肯定する裁判例（大阪高判昭和46・10・6刑月3巻10号1306頁，福岡高判昭和53・4・24判時905号123頁〈各 *366*〉）及び学説があるが，登記名義人は依然として（いわゆる保証書方式により）移転登記が可能であり，不動産の占有をなお保持しているともいうことが問題となる。以上に対し，**未登記不動産**については，事実上の支配により占有の有無を決することになる（最決昭和32・12・19刑集11巻13号3316頁など）。

332　第3編　第7章　財産に対する罪

(v)　物権的有価証券の所持による動産の占有　　いわゆる**物権的有価証券**,たとえば倉荷証券を所持する者は,寄託物を任意に処分しうる地位を有するから,寄託物に対する占有を肯定することができる(大判大正7・10・19刑録24輯1274頁〈各*367*〉)。

(vi)　預金による金銭の占有　　預金による金銭の占有が問題となる状況にはいくつかの場合があるが,その中でも,委託された金銭の保管手段として預金をする場合が問題となる。この場合,**判例**(大判大正元・10・8刑録18輯1231頁〈各*368*〉〔村長が村の基本財産である金銭を銀行に預け入れ,それを引き出した事案〕など)は,預金による金銭の占有を肯定している。これを否定する場合には払い戻した金銭について横領罪の成否を問題とすることになるが,振込・振替送金の場合には,金銭を手にしていないので,委託物横領罪は成立せず,背任罪の問題となるにとどまり,均衡上疑問がある(横領の場合には主体の範囲が広く,また業務上横領罪という加重類型が存在する)。この場合,特定の日本銀行券の占有は問題とならないから,一定の**金額**についての占有を考えるべきであろう(この意味で,預金の占有は,占有概念の拡張のみならず,物概念の拡張をも含む)。なお,預金による金銭の占有は,事実上の処分可能性を根拠とするものではなく,払戻権限を根拠とするものである。この場合,預金に対する銀行の重畳的占有が問題となるが,払戻権限に基づく預金の引出し等は有効であり,窃盗罪・詐欺罪等の成立は否定されると解することができよう。

(4)　物の他人性

(i)　所有権　　委託物横領罪は,自己の占有する**他人の物**(「の」は所有を表す)を客体とする。物の他人性は,委託物横領罪の法益侵害の内容をなす所有権侵害を構成するための要件である。以下では,問題となる事例類型について順次検討を加える。

(ii)　共有物　　他人の物には**共有物**も含まれる(大判明治44・4・17刑録17輯587頁など。共有物売却代金について,最決昭和43・5・23判時519号92頁)。共有物には,分割前は持分権を有するにすぎず,権利侵害の点で他人の物と同視しうるからである。

(iii)　売買の対象物　　動産・不動産の売買の場合,売買契約の成立により所有権は移転するから(民176条〔意思主義の原則〕。不動産についての登記,動産

についての引渡しは対抗要件である），売主 A が動産又は不動産を（第 1 譲受人）B
に売却後，同一物をさらに（第 2 譲受人）C に売却し，C が対抗要件（引渡し又
は登記）を備えた**二重売買**の事案では，委託物横領罪が成立すると解するのが
判例（大判明治 30・10・29 刑録 3 輯 9 巻 139 頁〔動産〕，前出最判昭和 30・12・26〔不
動産〕など）及び**通説**である [55]。ただし，第 1 譲受人には保護されるべき所有
権の実質が存在することが必要で，代金の完済又は大部分の支払が済んでいる
ことが必要となると限定的に解する見解が有力である（もっとも，当事者の契約
により，所有権の移転時期について特約がある場合には，それに従うべきであろう）。
不動産については，第 2 譲受人に登記（対抗要件）が備わった時点で，委託物
横領罪は成立（既遂）する。

　なお，二重売買について売主に委託物横領罪が成立する場合，その事情を知
る第 2 譲受人の刑事責任が問題となる。**判例**は，不動産の二重売買であること
を知るにとどまる場合，第 2 譲受人について委託物横領罪の共犯の成立を否定
している（最判昭和 31・6・26 刑集 10 巻 6 号 874 頁〈各 *369・373*〉）。民事判例（最
判昭和 36・4・27 民集 15 巻 4 号 901 頁）によれば，単純悪意の場合には不動産登
記を取得した第 2 譲受人は取得した所有権を第 1 譲受人に対抗しうるが，背信
的悪意の場合には対抗しえないと解されており，所有権を対抗しうるという意
味で民事法上許容された行為を処罰することはできないから，背信的悪意者で
ない限り，第 2 譲受人について委託物横領罪の共犯は成立しない（委託物横領
罪の成立を肯定した判決として，福岡高判昭和 47・11・22 刑月 4 巻 11 号 1803 頁〈各
370〉参照）。

　　(iv)　**所有権留保**　　物の売主が，買主による売買代金完済前，代金債権担
保のため物の所有権を自己に留保する**所有権留保**の場合，売主又は買主による
目的物の処分について，委託物横領罪の成否が問題となる。判例は，代金完済
前に買主が目的物を他に処分した場合，委託物横領罪の成立を肯定している
（大判昭和 9・7・19 刑集 13 巻 1043 頁〈各 *363*〉，最決昭和 55・7・15 判時 972 号 129
頁〈各 *364*〉）。なお，残債務決済のために目的物を処分する場合，後述する不
法領得の意思を欠き委託物横領罪は成立しない。

---

[55]　売主は登記移転等の対抗要件付与に協力する義務があるので，売主の占有は買主と
　　の間の委託関係に基づくものと解されている。

(v) 譲渡担保　　**譲渡担保**とは，債務者が債務の担保として，目的物の所有権を債権者に移転する形式を採るもので，所有権留保同様，非典型担保の一種である（債権者には清算金を支払う義務があると解されている）。かつての刑事判例は，譲渡担保を①売渡担保（所有権は債権者に移転し，債務者には買戻権があるにとどまる）と狭義の譲渡担保とに分け，後者をさらに②所有権が外部的にのみ債権者に移転する類型と③所有権が内外ともに債権者に移転する類型に区別するという理解を前提としていた。この理解によれば，①では，債権者が買戻期間前に処分をしても委託物横領罪は成立しないが，債務者が処分すると委託物横領罪が成立する。②では，債権者が期日前に処分すると委託物横領罪が成立し（大判昭和 11・3・30 刑集 15 巻 396 頁），債務者が処分しても委託物横領罪は成立しない。③では，債務者が処分すると委託物横領罪が成立するが（名古屋高判昭和 25・6・20 判特 11 号 68 頁），債権者が処分しても委託物横領罪は成立しないことになる。

　現在の学説では，形式的に所有権を有する債権者は，清算金の支払義務があるとしても，目的物を自己に帰属させうるから，債務者による不法処分については，そのような実質的にも所有権と見うる地位を侵害したものとして，委託物横領罪の成立を肯定しうるとの見解が主張されている。そして，債権者による履行期前の処分については，形式的にせよ所有権を有する以上，委託物横領罪の成立は否定すべきだとの見解があるが（背任罪の成立を肯定するものとして，大阪高判昭和 55・7・29 刑月 12 巻 7 号 525 頁〈各 *362*〉），同罪の成立を肯定する見解も存在している。

(vi) 寄託された金銭　　金銭については，民事法上，占有と所有が一致すると一応解されているため，**寄託された金銭**については，受寄者に所有権があり，委託物横領罪はおよそ成立しないのではないかが問題となる。

　まず，金銭が**封金**として寄託された場合，その金銭は特定物として寄託されたもので，所有権は寄託者に留保されていると解される。これに対し，金銭が消費寄託として費消を許す趣旨で寄託された場合，金銭の所有権は受寄者に移転し，受寄者による処分について委託物横領罪の成立は否定される。問題は，**使途を定めて**金銭が**寄託**された場合である。民事法上の「占有と所有の一致」原則は，金銭の流通に関する動的安全を保護するためのもので，内部的な所有

権保護を目的とする委託物横領罪の解釈にそのまま妥当すべきものではない。また，特定物として金銭を寄託した場合との均衡からも，金銭の所有権は寄託者にあると解し，受寄者による不法処分については，委託物横領罪が成立すると解される（最判昭和26・5・25刑集5巻6号1186頁〈各*360*〉など）。なお，寄託された金銭の特定性には意味がないから，特定された金銭についての所有権ではなく，**金額についての所有権**を認めることが妥当だとの見解が主張されることになる（この見解によれば，寄託された金銭を両替しても委託物横領罪は成立せず，同額の金銭を所持している場合又はそれと同視しうる場合，一時流用しても，金額所有権の侵害がなく委託物横領罪は成立しない）。

　この考え方は，委託者のために集金した金銭（大判大正11・1・17刑集1巻1頁），債権取立てを委任されて取り立てた金銭（大判昭和8・9・11刑集12巻1599頁），物の売却を委託された者が売却により得た代金（最決昭和28・4・16刑集7巻5号915頁）にも妥当する。

　(vii)　不法原因給付物　　不法な原因のために給付した者は給付物の返還を請求することができない（民708条）。そうした**不法原因給付物**について委託物横領罪が成立しうるかが問題となる。民事判例（最大判昭和45・10・21民集24巻11号1560頁）によれば，不法原因給付として返還請求できないことの反射的効果として，受給者に所有権が帰属するから，不法原因給付物は他人の物とはいえず，それを受給者が処分しても委託物横領罪は成立しないことになる。従来の刑事判例は，給付者は不法原因給付物の返還請求ができないとしても，受給者にとっては他人の物であるとして，委託物横領罪の成立を肯定していたが（最判昭和23・6・5刑集2巻7号641頁〈各*375*〉〔贈賄のために預かった資金〕参照），それは上記民事判例以前の判断であり，維持しうるか疑問がある。なお，学説では，不法原因給付を（終局的な利益を移転することと）限定的に解し，不法な目的に基づいて物を寄託するのは不法原因給付にあたらず（不法原因寄託），所有権は寄託者に残るから，受寄者が寄託物を不法に処分すると委託物横領罪が成立すると解する見解も主張されている。

336　第3編　第7章　財産に対する罪

3　横領行為

(1)　総　説

委託物横領罪の実行行為である**横領**の意義については，不法領得の意思を実現する一切の行為と解する**領得行為説**と，委託の趣旨に反する権限逸脱行為と解する**越権行為説**とが主張されているが，**判例**（大判昭和8・7・5刑集12巻1101頁，最判昭和27・10・17裁集刑68号361頁など）及び**通説**は領得行為説を採っている。越権行為説によれば，他人の物を毀棄する行為も横領に含まれることになるが，領得行為説からは含まれない。委託物横領罪は**領得罪**としての性格を有し，器物損壊罪よりも重く処罰されることになる。

判例によれば，横領行為の要件をなす**不法領得の意思**とは，「他人の物の占有者が委託の任務に背いて，その物につき権限がないのに所有者でなければできないような処分をする意志〔思〕」をいう（最判昭和24・3・8刑集3巻3号276頁〈各 *381*〉）。窃盗罪における不法領得の意思と対比すると，利用意思に言及のないことが注目される。しかし，利用意思こそが加重処罰を基礎づける要素であり，これを不要とする場合，越権行為説と同様の結論に至りうる。このような理解から，委託物横領罪における不法領得の意思は，委託の趣旨に反した，物の利用意思と解されるべきだとする見解が主張されることになる。

横領行為とは，領得行為説の立場から，**不法領得の意思を実現する一切の行為**をいい，売買，贈与，質入れ（ただし，質権者による転質は，原質権の範囲内にある限り，委託物横領罪は成立しない。最決昭和45・3・27刑集24巻3号76頁参照），抵当権の設定，費消，着服，拐帯，抑留などが含まれる。**判例**では，未遂犯処罰規定が存在しないことからも，不法領得の意思を外部に発現させる行為（前出最判昭和27・10・17参照）があった場合には既遂とされ，動産売却の意思表示を行えば委託物横領罪は既遂となり，情を知る売却の相手方には盗品等有償譲受け罪が成立する（大判大正2・6・12刑録19輯714頁）。また，他人の物を自己の所有物であるとして民事訴訟を提起し，又は提起された民事訴訟において自己の所有権を主張し抗争すれば委託物横領罪が成立する（大判昭和8・10・19刑集12巻1828頁，最判昭和25・9・22刑集4巻9号1757頁，最決昭和35・12・27刑集14巻14号2229頁〈各 *440*〉）。ただし，不動産の二重売買事例のように，登記の移転が対抗要件とされている場合，移転登記完了により確定的に所有権侵害が

生じた段階で既遂を肯定する（したがって，動産の二重売買事例とは異なり，買主には横領罪の共犯の成否が問題となる）見解が有力である。

(2) 不法領得の意思

(i) 毀棄・隠匿の意思　　判例は，公文書を持ち出し隠匿した事案において委託物横領罪の成立を肯定している（大判大正2・12・16刑録19輯1440頁〈各*383*〉。さらに，東京高判昭和34・3・16高刑集12巻2号201頁，東京高判昭和56・12・24高刑集34巻4号461頁など参照）。「権限がないのに所有者でなければできないような処分をする意思」が不法領得の意思ならば，毀棄・隠匿の意思も含まれることになるが，物の効用を享受する意思があることによって領得罪として重く処罰されるとの見地から，毀棄・隠匿の意思を含めることには疑問が出されており，効用を享受する機会を確保するための行為として隠匿を捉え，隠匿意思を不法領得の意思に含めるのが限度だとの見解が主張されている。

(ii) 一時使用の意思　　他人の物を委託の趣旨に反して一時使用する場合，不可罰な一時使用（**使用横領**）と委託物横領罪の限界をいかに画するかが問題となる。**裁判例**では，貸与を受けて保管中の自動車を，許諾を受けた使用目的終了後，返却することなく，逮捕されるまで数日間乗り回していた事案（大阪高判昭和46・11・26高刑集24巻4号741頁〈各*379*〉），会社の秘密資料を退社後新会社で利用するためにコピーを作成する意思で，社外に持ち出した事案（東京地判昭和60・2・13刑月17巻1＝2号22頁〈各*380*〉〔新潟鉄工事件〕）において，委託物横領罪の成立が肯定されている。学説では，所有者が許容しない価値の侵害を伴う行為を行う意思を不法領得の意思と解する見解が主張されている。

(iii) 補填意思の存在　　委託を受けて不特定物を保管する者が，一時流用する場合，後に**補填する意思・能力**があっても，不法領得の意思があり，委託物横領罪が成立するかが問題となる。**判例**は，農業会長が，農家からの供出米を，肥料確保用余剰米の収集前に，肥料と交換するために発送した事案において，保管米の不足を後日収集した余剰米により補填する意思があっても，委託物横領罪（業務上横領罪）の成立を妨げないと解している（前出最判昭和24・3・8）。もっとも，下級審判決の中には，一時流用の事案において，遅滞なく補填する意思があり，いつでも補填できる資力がある場合には，違法性を欠き，委託物横領罪は成立しないことを認めるものもある（東京高判昭和31・8・9裁特3

巻 17 号 826 頁〈各 *382*〉〔債権取立てにより受領した金銭を費消した事案。委託物横領罪の成立が肯定されている〕)。学説では，確実な補塡の意思・能力がある場合には，委託物横領罪は成立しないと解する見解が有力である。

(iv) **第三者に取得させる意思**　　**第三者**に**取得**させる意思の場合も不法領得の意思を肯定しうるかが問題となる。**判例**はこれを肯定している（大判明治 44・4・17 刑録 17 輯 605 頁，大判大正 12・12・1 刑集 2 巻 895 頁〈各 *384*〉など）。学説では，自己と全く無関係な第三者に取得させる場合には，背任罪・毀棄罪になりえても委託物横領罪は成立しないとする見解も有力に主張されているが，第三者に取得させることにより間接的に利得する場合のほか，第三者に贈与する場合などでも，物の効用を利用する意思があれば，不法領得の意思を肯定しうる。

(v) **本人（委託者・所有者）のためにする意思**　　行為者が委託された物をもっぱら**本人（委託者・所有者）のために処分する意思**である場合，不法領得の意思が否定され，委託物横領罪は成立しない（大判大正 15・4・20 刑集 5 巻 136 頁〈各 *386*〉〔寺の住職が寺の建設費に充てる目的で什物を処分した事例〕，最判昭和 28・12・25 刑集 7 巻 13 号 2721 頁〈各 *387*〉〔農業協同組合長が組合資金を定款外の営業に支出した事例〕，最判昭和 33・9・19 刑集 12 巻 13 号 3047 頁〔労働争議の手段として，集金した金銭を会社に納入せず，一時保管の意味で組合側で預金する，納金ストの事例〕など）。なお，この場合，後述するように（346 頁），背任罪も図利加害目的の要件を充たさず成立しない。

ところが，判例の中には，本人のためにする意思がある場合であっても，本人がなすべきでない行為，なしえない行為を行う意思の場合には，不法領得の意思を肯定し，委託物横領罪の成立を肯定するものがある。たとえば，会社の取締役が会社資金を贈賄の用に支出した場合，株主総会の議決を執行し，また後日その追認を得たとしても，その議決は違法であり，委託物横領罪（業務上横領罪）が成立する（大判明治 45・7・4 刑録 18 輯 1009 頁〈各 *418*〉），町長が行政事務に属さない町会議員慰労の饗応その他の費用に町の公金を支出した場合，委託物横領罪（業務上横領罪）が成立する（大判昭和 9・12・12 刑集 13 巻 1717 頁〈各 *415*〉），作物報告事務所出張所長が人夫費を接待費等に流用した場合，委託物横領罪（業務上横領罪）が成立する（最判昭和 30・12・9 刑集 9 巻 13 号 2627 頁

〈各 *416*〉），森林組合長が使途の特定された政府貸付金を組合名義で地方公共団体に貸し付けた場合，委託物横領罪（業務上横領罪）が成立する（最判昭和 34・2・13 刑集 13 巻 2 号 101 頁〈各 *419*〉〔横領罪の成立を否定する少数意見がある〕）とされている。この点に関し，判例が，会社の経理部長らが，自社の株式を買い占めた仕手集団に対抗する目的で，第三者に買占めの妨害を依頼し，保管していた現金を工作資金に充てるために支出した事例において，法令に違反する行為でもそれをもっぱら会社のためにするとの意識の下に行うことはありえないではないとして，会社自体でも行いえない性質の行為についてはもっぱら会社のためにする行為とはいえないとする原判決（東京高判平成 8・2・26 判時 1575 号 131 頁）の判断を否定している（最決平成 13・11・5 刑集 55 巻 6 号 546 頁〈各 *388・420*〉〔国際航業事件〕）ことが重要である。

4 共　　犯

委託物横領罪は，**判例**によれば，刑法 65 条 1 項にいう**構成的身分犯**である（大判明治 44・5・16 刑録 17 輯 874 頁，最判昭和 27・9・19 刑集 6 巻 8 号 1083 頁〈総 *355*〉）。したがって，委託物横領罪の身分を欠く者がその身分を有する者と共働して委託物横領罪の構成要件を実現した場合，非身分者についても委託物横領罪の共犯（共同正犯・教唆・幇助）が成立する。

5 罪　　数

(1) 穴埋め横領

横領した金銭の穴を埋めるために，自己が占有する金銭を順次充当する場合（これを，**穴埋め横領**という），充当される金銭についても委託物横領罪が成立するかが問題となる。実質的には過去の犯行の隠蔽工作にすぎないが，**判例**では委託物横領罪の成立が一般に肯定されている（大判昭和 6・12・17 刑集 10 巻 789 頁，東京高判昭和 26・12・27 判特 25 号 134 頁，東京高判昭和 39・1・21 高刑集 17 巻 1 号 82 頁など。これに対し，限定的に解するものとして，福岡高宮崎支判昭和 33・5・30 裁特 5 巻 6 号 252 頁）。

(2) 横領物の横領

判例は，かつて，自己が占有する他人の物について委託物横領罪が成立する

場合，同一物についてさらに不法処分がなされても，委託物横領罪は別途成立しない（大判明治43・10・25刑録16輯1745頁参照）との理解から，Aが所有不動産をBに売却した後，移転登記がなされていないことを利用し，当該不動産にCに対して抵当権を設定した場合には委託物横領罪が成立し，その後Cに所有権移転登記をしても別途委託物横領罪は成立しないと解していた（最判昭和31・6・26刑集10巻6号874頁〈各369・373〉）。しかし，自己が管理する他人の土地を第三者に売却し所有権移転登記をしたが，それに先行して当該土地に無断で抵当権の設定をしていた事例において，委託を受けて他人の不動産を占有する者が，ほしいままに抵当権を設定してその旨の登記を了した後においても，その不動産は他人の物であり，ほしいままに売却等による所有権移転行為を行いその旨の登記を了したときには横領罪が成立し，先行の抵当権設定行為が存在することは，後行の所有権移転行為について犯罪の成立自体を妨げる事情にはならないとして，前出最判昭和31・6・26は変更された（最大判平成15・4・23刑集57巻4号467頁〈各*374*〉）。

6　業務上横領罪

(1)　加重規定

業務上横領罪（刑253条）は，業務上（の委託に基づき）自己の占有する他人の物を横領した場合に成立する（10年以下の懲役）。これは，業務上の委託に基づいて他人の物を占有する者を主体とする，委託物横領罪の（業務者であることによる責任）加重規定である。

(2)　業務上の占有者

業務とは，一般には，社会生活上の地位に基づいて，反復・継続して行われる事務をいうが，業務上横領罪における**業務**とは，委託を受けて物を管理（占有・保管）することを内容とする事務をいう。質屋や倉庫業者，職務上金銭を保管する役職員などが，業務上の占有者の例である。本来の業務に付随して物を保管する場合も含まれるが，その場合には，本来の業務との間に密接な関連性が要求されるべきであろう。

(3)　共　犯

他人の物の占有者でない者（非身分者）が，業務上占有者（身分者）による業

務上横領罪の構成要件の実現に共働した場合，いかなる罪の共犯が成立するかが問題となる。**判例**は，非身分者には，刑法65条1項により業務上横領罪の共同正犯が成立するが，同条2項により委託物横領罪の刑を科すると解している（最判昭和32・11・19刑集11巻12号3073頁〈総 *367*〉）。しかし，このような処理は，非身分者について，罪名と科刑の分離を認める点で疑問がある（罪名と科刑を一致させる最決昭和54・4・13刑集33巻3号179頁〈総 *352*〉参照）。刑法65条1項は構成的身分犯を対象とし，同条2項は加減的身分犯を対象とするとの理解（判例・多数説）からは，非身分者については，刑法65条1項により委託物横領罪の共同正犯が成立し，身分者については，同条2項により業務上横領罪の共同正犯が成立すると解すべきではないかと思われる。

7　遺失物等横領罪

(1)　基 本 類 型

　遺失物等横領罪（刑254条）は，遺失物，漂流物その他占有を離れた他人の物を横領した場合に成立する（1年以下の懲役又は10万円以下の罰金若しくは科料）。**占有離脱物横領罪**ともいう。これは，所有権侵害のみを法益侵害とする犯罪である。本罪の法定刑は，その上限は懲役1年と，器物損壊罪（刑261条）が懲役3年を法定刑の上限とすることと比べ，著しく低くなっている。学説の中には，本罪は，極めて誘惑的要素が大きく責任が低くなるとして，このような法定刑の低さを説明する見解がある。

(2)　客 体

　(i)　占有離脱物　　遺失物等横領罪の客体は，所有者の占有を離れた物（**占有離脱物**）であり，法文に規定された遺失物，漂流物は占有離脱物の例示である。占有離脱物には，①遺失物や漂流物など，誰の占有にも属さない物のほか，②行為者の占有に属するが，その占有が委託に基づかない物（誤って払いすぎた金銭，誤配達された郵便物など）も含まれる。

　(ii)　他人の物　　遺失物等横領罪の客体は**他人の物**でなければならない。所有者が所有権を放棄した物，無主物は客体から除外されるから，遺失物等横領罪の客体と無主物との限界が問題となる。**判例**では，ゴルフ場の人工池の底にあるロストボールはゴルフ場の所有に属し（最決昭和62・4・10刑集41巻3号

221頁〈各 *185*〉〔ゴルフ場の管理者の占有に属し，窃盗罪の客体となる〕），生け簀から逃げ出した養殖色鯉はその回収が困難であるとしても飼養主の所有に属する（最決昭和 56・2・20 刑集 35 巻 1 号 15 頁）とされている。なお，古墳内の埋蔵物も所有者不明の「他人の物」にあたるとして遺失物等横領罪の成立を肯定した判決があるが（大判昭和 8・3・9 刑集 12 巻 232 頁），疑問の余地がある [56]。

第7節　背　任　罪

1　総　説

(1)　背任罪の独自性

背任罪（刑 247 条）は，他人のためにその事務を処理する者が，自己若しくは第三者の利益を図り又は本人に損害を加える目的で，その任務に背く行為をし，本人に財産上の損害を加えた場合に成立する（5 年以下の懲役又は 50 万円以下の罰金）。法定刑が委託物横領罪・業務上横領罪よりも軽いのは（領得罪より軽い）毀棄罪的類型も含まれているからである。なお，加重規定として，会社法 960 条には取締役等の特別背任罪が定められている。

背任罪は，任務違背行為により財産上の損害を生じさせた場合に成立する犯罪であり，以下で順次解説するように，特殊かつ独自の性格を有している。背任罪の規定の保護法益は，（事務処理の委託者と行為者との間の）**委託関係**と（委託者の）**財産**であり，委託関係の侵害と財産の侵害が惹起された場合に背任罪は成立することになる。

(2)　背任罪の罪質

背任罪の罪質（基本的性格）については，本人から与えられた法的代理権の濫用による財産侵害と捉える**権限濫用説**と，本人との間に存在する信任関係違背による財産侵害と捉える**背信説**とが対立している。権限濫用説は背任罪の成立範囲を明確に画すことができるが，法律行為のみが対象となり事実行為が除外される点において，処罰範囲を限定しすぎると批判され，少数説にとどまっている。現在の学説の大勢は背信説に従っており，**判例**もそうした理解に立脚

---

56)　もっとも，祭祀・礼拝の対象でなくなった古墳は墳墓発掘罪（刑 189 条）の対象でなく，納棺物を領得しても納棺物領得罪（刑 191 条）は成立しない。

第7節 背 任 罪　343

している（大判明治44・10・13刑録17輯1698頁〈各*409*〉〔質物の保管者が質物を債務者に返還した事例〕など参照）。もっとも，背信説においては，単なる債務不履行の処罰を回避するため，背任罪の主体の範囲をいかに画するかが課題となる。

(3) 全体財産に対する罪

背任罪は**全体財産に対する罪**として規定されている。それは，後述（347頁以下）するように，任務違背行為により財産上の損失をもたらしても，財産の損失に見合った財産の増加があり，全体として財産上の損害がない場合には，既遂とはならないことを意味する（可罰的な背任未遂にはなりうる）。

また，背任罪は，行為者が物・利益を領得することなく，本人に単に財産上の損害を与えた場合でも成立する。この意味で，背任罪は財産移転罪でなく，単に財産侵害罪（**毀棄罪的性格**）にすぎない場合も含むため，法定刑の下限は軽くなっている。

なお，背任罪には，刑法242条・244条・245条の準用がある（刑251条）。実際に意味のある規定は244条（親族間の犯罪に関する特例）であるが，親族関係は，事務の委託者で財産上の損害を受けた者（本人）と行為者との間に存在することが必要である。

2 主 体

(1) 総 説

背任罪の主体は，「他人のためにその事務を処理する者」（**事務処理者**）である。この範囲をいかに画するかが，背任罪の成立範囲を左右する重要な解釈問題となっている。なお，法文にいう「他人」とは事務の委託者であり，「本人」を意味する。「本人」には，自然人のみならず，法人・法人格なき社団が含まれる（国・地方公共団体を含む）。

(2) 他人の事務

(ⅰ) 事務処理の委託　　背任罪の主体であるためには，本人（事務処理の委託者）から，**事務処理**について**委託**されたことが必要である。この委託関係は，契約により生じる場合が典型であるが，法令上の地位によって生じる場合も含む。**判例**は，慣習（大判大正3・4・10刑録20輯498頁〔裁判所の雇員〕），事

務管理（大判大正3・9・22刑録20輯1620頁〔収入役代理〕）による委託関係の成立を肯定している。委託された事務処理権限は，独立して行使しうる場合だけでなく，補助者・代行者として権限行使に関わる場合でも，背任罪の主体の要件を充たす（大判大正4・2・20刑録21輯130頁，大判大正5・6・3刑録22輯873頁，最決昭和60・4・3刑集39巻3号131頁など）。また，委託された事務処理の範囲は，自己が直接担当するものに限られ，たとえば会社の従業員として就業規則上負担する義務の範囲とは一致しない（神戸地判昭和56・3・27判時1012号35頁〈各 *389*〉〔東洋レーヨン事件〕）。

　　(ⅱ)　本人の事務　　背任罪の主体といいうるためには，「自己の事務」ではなく，「**他人（本人）の事務**」を処理する者であることが必要である。すなわち，本人がなしうる事務を本人に代わって行う（これが事務処理の委託である）という関係が認められることが本来必要となる（大判大正3・10・12新聞974号30頁参照）。契約の当事者が自ら契約上負担する義務（たとえば，物の売主が目的物を引き渡す義務）を履行することは，「自己の事務」であり，「他人のためにする事務」ではあっても，「他人の事務」ではないから，債務不履行は背任罪を構成しない。

　　しかし，**判例**は，このような理解に修正を加えて背任罪の主体の範囲を拡張している。すなわち，判例は，当初，鉱業権の二重譲渡の事案において，登録義務者としてなすべき権利移転の登録申請は売買完成の手続にほかならず，事務処理者の要件は充たされないとして背任罪の成立を否定していたが（大判大正8・7・15新聞1605号21頁〈各 *391*〉），電話加入権の二重譲渡の事案において背任罪の成立を肯定した（大判昭和7・10・31刑集11巻1541頁〈各 *392*〉）。この事例では，被告人は第1譲受人から委託された地位にある者として背任罪の主体とされたのであるが，権利の二重譲渡について背任罪の成立を肯定した結論は，その後，指名債権の二重譲渡の事例についても採られ（名古屋高判昭和28・2・26判特33号9頁〈各 *393*〉），最高裁は，**二重抵当**の事例において，抵当権設定者の「抵当権者に協力する任務」は「主として他人である抵当権者のために負うもの」であるとして，背任罪の成立を肯定するに至った（最判昭和31・12・7刑集10巻12号1592頁〈各 *394*〉）。県知事の許可をもって発効する農地の所有権移転契約を締結した後に，当該農地に抵当権を設定した事例について

も背任罪の成立が肯定されている（最決昭和38・7・9刑集17巻6号608頁〈各395・410〉）。さらに，株式質権の設定者が株券を質権者に交付した後，裁判所を欺き除権判決を得て株券を失効させた事例について，質権設定者は株式の担保価値を保全すべき任務を負い，それは他人である質権者のために負うものであるとして，背任罪の成立が肯定された（最決平成15・3・18刑集57巻3号356頁〈各396〉）。こうして，判例では，「他人のため……事務を処理する者」が背任罪の主体となりうることを認めているが，その限界をどのように画するのかが困難な問題となる。

判例は，所有権侵害の場合に委託物横領罪が成立しうることとの均衡上，担保権侵害の場合に背任罪の成立を肯定するに至っている。背任罪の基本的理解に忠実な立場からこれに反対する見解が学説で主張されているが，判例に従うのが通説的見解である。

(3) 委託された事務

多くの見解は，判例に従い背任罪の主体の範囲を広げながら，他面で限定を図っている。まず，近時の通説は，委託された事務は財産上の事務に限られるとするが，それによって除外される事務（医師の秘密保持義務など）はそもそも「他人の事務」でないから，独自の限定としての意義は実際上乏しい。また，委託された事務は，ある程度包括的・裁量的なものであることを要すると解する見解[57]も有力である。しかし，判例は，質物の保管者（大判明治44・10・13刑録17輯1698頁〈各409〉）や登記協力義務を負う抵当権者（前出最判昭和31・12・7）など，質権や抵当権を害さないという，裁量の余地のない不作為義務を有する者についても背任罪の成立を肯定し，これを是認するのが通説的理解だから，委託された事務が包括的・裁量的なものに実際には限定されていない。

3　任務違背行為

背任罪の構成要件該当行為は，「その**任務に背く行為**」である。これは，誠実な事務処理者としてなすべきものと法的に期待されるところに反する行為をいう。法律行為に限られず，事実行為も含まれる（大判大正3・6・20刑録20輯

---

[57] これは，横領罪と背任罪の区別を権限の逸脱・濫用の区別に求める立場から，濫用しうる権限を背任罪について要求するものといえる。

1313 頁〔帳簿への虚偽記載〕，高松高判昭和 27・9・30 高刑集 5 巻 11 号 1864 頁〔第三者が保管品を搬出することを阻止しない事例〕，東京地判昭和 60・3・6 判時 1147 号 162 頁〈各 *390*〉〔綜合コンピュータ事件。コンピュータプログラムを不正に入力した事例〕など）。また，上司の指示に従ったからといって，背任罪の罪責を免れることはできない（最決昭和 60・4・3 刑集 39 巻 3 号 131 頁）。任務違背の有無を判断するに際しては，法令・通達，定款，内規，さらには契約などが重要な基準を提供する。任務違背行為の事例としては，不良貸付（当座貸越や債務保証を含む），取締役の自己取引，粉飾決算（蛸配当など），契約の相手方からのリベートの受領をはじめとして，多様なものがある。

4　図利加害目的

(1)　総　　説

背任罪は故意犯だから，故意として，①自己が他人の事務処理者であること，②任務違背行為，③財産上の損害についての認識・予見が必要である。したがって，行為の任務違背性について認識を欠く場合には故意を認めることができず（大判大正 3・2・4 刑録 20 輯 119 頁参照），背任罪の成立は否定される。なお，故意を認めるためには，一般原則に従い，構成要件該当事実の未必的な認識・予見でも足りる（大判大正 13・11・11 刑集 3 巻 788 頁参照）。

背任罪においては，故意のほかに，「自己若しくは第三者の利益を図り又は本人に損害を加える目的」（**図利加害目的**）という特別の主観的要件が成立要件とされている。ここで，この主観的要件の趣旨・意義・内容が問題となる。なぜなら，故意として財産上の損害の認識・予見が必要であるから，それにより「本人に損害を加える目的」があることになれば，図利加害目的に独自の意義はなくなるからである。

学説では，この点を意識して，図利加害目的について，意欲又は積極的認容ないし確定的認識を要求する見解が主張されているが，そのようなことを認める根拠に乏しく，判例も意欲又は積極的認容までは必要ないとしている（最決昭和 63・11・21 刑集 42 巻 9 号 1251 頁〈各 *401*〉〔東京相互銀行事件〕）。そこで，近時の有力説は，「本人の利益を図る目的」（**本人図利目的**）が存在しないことを背任罪の成立要件とし，図利加害目的の要件は，それを裏側から規定したもので

あると解している。

(2) 図利加害目的の内容

図利加害目的としては，自己の利益を図る目的（自己図利目的），第三者の利益を図る目的（第三者図利目的），本人に損害を加える目的（本人加害目的）が規定されている。これは，本人の利益を図る目的（本人図利目的）が存在しないことを裏側から規定したものである（本人図利目的があるとして背任罪の成立を否定した判決として，大判大正3・10・16刑録20輯1867頁など）。積極的な本人図利目的がない場合には，任務違背行為及び故意が存在する限り，背任罪の成立を否定すべき実質的理由がなく，背任罪の成立を肯定することができる。なお，図利加害目的と本人図利目的とが併存する場合には，2つの目的の主従によって，背任罪の成否を決するとするのが**判例**である（大判昭和7・9・12刑集11巻1317頁，最判昭和29・11・5刑集8巻11号1675頁，前出最決昭和63・11・21，最決平成10・11・25刑集52巻8号570頁〈各 *402*〉など）。

図利加害目的における利益・損害は，これを財産上のものに限るとする見解もあるが，**判例**は，地位保全や信用・面目の維持といった**身分上の利益**・損害も含まれると解している（前出大判大正3・10・16，前出最決昭和63・11・21など）。

5 財産上の損害

全体財産に対する罪である背任罪は，任務違背行為の結果として，本人に**財産上の損害**が生じたときに**既遂**となる。この財産上の損害には，本人の財産を減少させた場合（積極的損害）のみならず，増加すべき財産の増加を妨げた場合（消極的損害）も含まれる。

財産上の損害は，**経済的見地**から本人の財産状態を評価して行う（最決昭和58・5・24刑集37巻4号437頁〈各 *405*〉〔信用保証協会事件〕参照）。したがって，担保を徴せずに金銭を貸し付けた場合，貸金債権を取得しているが，その回収が不能又は困難なときには，経済的に評価してすでに財産上の損害は発生しており，財産上の損害発生の危険が生じたにとどまる（最判昭和37・2・13刑集16巻2号68頁〈各 *404*〉参照）わけではない。

任務違背行為により財産状態の減少がもたらされても，減少に見合った財産状態の増加が認められる場合には，財産全体としては減少がなく，財産上の損

害は否定される。これが**全体財産に対する罪**の意味である。この判断に際しては，反対利益が本人に帰属したかが問題となることがある。判例は，銀行が手形決済能力のない会社が振り出した約束手形の手形保証をしたが，保証と引換えに額面金額と同額の資金が銀行の会社名義の口座に入金され，会社の当座貸越債務の弁済に充てられていた事案（手形保証，手形割引，入金は同時に執行された）において，当該入金が一時的に貸越残高を減少させ，会社に債務弁済能力があることを示す外観を作り出して，銀行から会社へさらに融資を行わせることなどを目的として行われた場合には，「入金により当該手形の保証に見合う経済的利益が同銀行に確定的に帰属したものということはできず」，財産上の損害を認めることができるとしている（最決平成8・2・6刑集50巻2号129頁〈各 *406*〉）。

6 共　　犯

　背任罪は事務処理者という身分を成立要件とする身分犯であるが，非身分者であっても，身分者と共働することによって背任罪の共犯（教唆・幇助，さらには共同正犯）となりうるとするのが判例（大判昭和8・9・29刑集12巻1683頁など）・通説である。

　判例・学説で問題とされているのが，金融機関の役職員による不正融資が背任罪となる場合に，不正融資の相手方に背任罪の共同正犯が成立しうるとして，それはどのような場合かということである。最高裁は，融資に応じざるをえない状況の利用や，融資実現に積極的な加担行為の有無を重視して共同正犯の成立を肯定している（最決平成15・2・18刑集57巻2号161頁〈各 *407*〉，最決平成20・5・19刑集62巻6号1623頁〈各 *408*〉）。

7 委託物横領罪との関係

　委託物横領罪と背任罪の主体の範囲は異なるが（たとえば，物の賃借人は委託物横領罪の主体であるが，背任罪の主体ではない），重なる場合があり，このときいずれの犯罪が成立するか問題となる（他人の事務処理者が，自己が占有する他人の物について不法な処分を行った場合，委託物横領罪と背任罪のいずれが成立するかが問題となる）。この場合，法益侵害は1つだから，両罪は**法条競合**となり，重い方

の犯罪のみが成立する。それゆえ，重い方の犯罪の限界によって両罪は区別されることになるのである（犯罪の軽重は法定刑により決まり，その上限が同じ場合，下限が軽い方が軽い）。つまり，委託物横領罪と背任罪の成立範囲が重なり合う場合，より重い委託物横領罪だけが成立し（大判昭和 10・7・3 刑集 14 巻 745 頁〈各 *412*〉など参照），同罪の成立の限界により，背任罪との限界が画されることになる。したがって，まず，委託物横領罪の成否を問題とし，その成立が否定された場合，次に背任罪の成否を問題とすることになる。学説では，委託物横領罪と背任罪を，（一般的な）権限逸脱か（委託物横領罪），（一般的な）権限濫用か（背任罪）により区別する見解が主張されているが，客体が利益の場合には権限逸脱の場合でも背任罪の成立が肯定される点でこの区別基準は一般的妥当性を有しない。こうして，委託物横領罪と背任罪は，物の不法領得（委託物横領罪）か事務処理者によるその他の任務違背行為（背任罪）かにより区別されることになる。**判例**も，次に示すように，この見解の枠内で理解することができる。

委託物横領罪が成立するためには，物の所有権の侵害が必要で，それが認められない場合，背任罪の成否が問題となるにすぎない。したがって，質権を侵害したにすぎない場合（大判明治 44・10・13 刑録 17 輯 1698 頁〈各 *409*〉〔質物の保管者が質物を債務者に返還した事案〕）や二重抵当により抵当権を侵害した場合（最判昭和 31・12・7 刑集 10 巻 12 号 1592 頁〈各 *394*〉），売渡し予約済みの農地に抵当権を設定した場合（最決昭和 38・7・9 刑集 17 巻 6 号 608 頁〈各 *395・410*〉）には背任罪が成立する。

他人の事務処理者が，自己が占有する他人の物を不法に処分した場合，自己の利益を図ったときには委託物横領罪が成立する（この場合，処分する一般的権限があっても委託物横領罪が成立する。大判大正 6・12・20 刑録 23 輯 1541 頁参照）。これと異なり，もっぱら本人の利益を図ったときには，委託物横領罪は成立しない（この場合，図利加害目的が否定され，背任罪も成立しない）。以上に対し，第三者のために行った場合，**自己の名義又は計算**（経済的利益が帰属することをいう）で処分したときには委託物横領罪が成立するが，**本人の名義又は計算**で処分したときには背任罪が成立する（大判大正 3・6・13 刑録 20 輯 1174 頁〈各 *411*〉〔質屋の雇人が，質物に対して普通の質取価格よりも多額に貸し出し，又は無担保で貸

350 第3編 第7章 財産に対する罪

し出した事案〕，大判昭和9・7・19刑集13巻983頁〈各413〉〔村長が，職務上保管している村有基本財産を村の計算で第三者に貸与して，村に財産上の損害を与えた事案。背任罪成立〕，前出大判昭和10・7・3〔村の収入役が，保管する公金を自己の名で他人に貸与した事案。業務上横領罪成立〕，最判昭和33・10・10刑集12巻14号3246頁〈各414〉〔信用組合支店長が，支店の預金成績向上を装うため，預金者に対し預金謝礼金を支払い，正規の融資を受ける資格のない者に対し高利で貸付けを行った事案。自己の計算でなされたものであり，業務上横領罪成立〕）。本人の名義・計算による場合には不法領得が否定されるから，委託物横領罪は成立せず背任罪が成立し，これに対して，自己の名義・計算による場合には不法領得が肯定され，委託物横領罪が成立することになる。

第8節　盗品等に関する罪

1　総　説

　盗品譲受け等罪（刑256条）は，盗品その他財産に対する罪にあたる行為によって領得された物（盗品等）を，無償で譲り受けた場合（同条1項〔3年以下の懲役〕），運搬し，保管し，若しくは有償で譲り受け，又はその有償の処分のあっせんをした場合（同条2項〔10年以下の懲役及び50万円以下の罰金〕）に成立する（これらの罪は，平成3年の平易化のための刑法改正以前は，贓物〔臓物〕を客体とする，贓物収受罪，贓物運搬罪，贓物寄蔵罪，贓物故買罪及び贓物牙保罪と呼ばれていた）。これらの盗品等に関する罪（以下，盗品等関与罪と略称する）は，前提犯罪である財産罪（これを，盗品等関与罪との関係で，**本犯**という）にあたる行為によって領得された物の事後的な処分に関わる罪であるが，その罪質についてはかねて多様な理解が示されてきた[58]。通説的見解は，盗品等関与罪の**保護法益**を，前提犯罪である財産罪の被害者が被害物に対して有する回復請求権（追求権）と解する**追求権説**である。**判例**も，このような理解に基本的に従っている（大判大正4・6・2刑録21輯721頁〈各421〉，大判大正11・7・12刑集1巻393頁

---

[58]　犯罪により生じた違法な財産状態を維持する犯罪と解する**違法状態維持説**は，財産罪以外の罪にあたる行為によって取得された物も客体に含める点で，現行法下においては維持することが困難である。

〈各 *378*〉，最決昭和 34・2・9 刑集 13 巻 1 号 76 頁〈各 *422*〉など）。ただし，盗品等有償譲受け罪などが占有・所有権を直接侵害する窃盗罪などよりも実質的には重く規定されていることは，単なる追求権の侵害のみで説明することは困難である。そこでは，本犯の犯人による盗品等の利用行為を援助することにより，財産犯を一般的・類型的に助長・促進する性格（**本犯助長性・事後従犯性**）が考慮され（最判昭和 26・1・30 刑集 5 巻 1 号 117 頁参照），それを禁圧することの必要性から法定刑が重く定められていると解される。

2 客　　体

(1) 総　　説

　盗品等関与罪の客体は，「盗品その他財産に対する罪に当たる行為によって領得された物」と法文上規定されているが，追求権を保護法益とする見地から，前提犯罪である本犯の被害者が**法律上追求**することができるものに限られる（大判大正 12・4・14 刑集 2 巻 336 頁）。

　まず，前提犯罪が**財産に対する罪**に限られるから，墳墓発掘罪（刑 191 条）や漁業法違反などにより得た物は客体にはならない（大判大正 4・6・24 刑録 21 輯 886 頁，大判大正 11・11・3 刑集 1 巻 622 頁など）。次に，**物**である必要があるから，動産のほか不動産を含むが，物でない権利は含まれない（ただし，権利が化体した証券は客体となる。最決昭和 29・6・1 刑集 8 巻 6 号 787 頁）。さらに，財産罪にあたる行為によって**領得された物**である必要があり，これは財産罪にあたる行為によって直接領得された物であることを意味する（第三者に領得させる行為が財産罪を構成する場合には，第三者が領得した物が盗品等関与罪の客体となる）。したがって，会社が保有する営業秘密を漏示するため，秘密資料を社外に持ち出してコピーし，秘密資料を戻した後にコピーを売却する場合，秘密資料自体が財産罪（業務上横領罪・詐欺罪など）により領得された物であり，そのコピーはそれにあたらず，盗品等関与罪の客体には含まれない[59]。また，前提犯罪である財産罪は，犯罪として成立している必要はなく，**財産罪にあたる行為**によって領得された物が盗品等関与罪の客体となる。これは，構成要件該当性（故意を

---

59) いずれにせよ，秘密資料のコピーは会社の所有には属さないから，それに対する追求権もなく，盗品等関与罪は成立しない。

352 第3編 第7章 財産に対する罪

含む)・違法性を備えた行為であれば足り，有責である必要はない（大判明治44・12・18刑録17輯2208頁〔14歳未満の者が窃取した財物〕）。さらに，親族等の間の犯罪に関する特例により刑が免除される場合（大判大正5・7・13刑録22輯1267頁，最判昭和25・12・12刑集4巻12号2543頁），公訴時効が完成した場合（大判明治42・4・15刑録15輯435頁），免責特権によりわが国の裁判権が及ばない場合（福岡高判昭和27・1・23判特19号60頁）でも，盗品等関与罪は成立しうる。

なお，本犯である財産罪は既遂に達し，本犯の被害者に追求権が生じていることが必要である。それとは異なり，将来窃取すべき物の売却をあっせんした場合，盗品等関与罪ではなく，窃盗幇助罪が成立する（大判昭和9・10・20刑集13巻1445頁，最決昭和35・12・13刑集14巻13号1929頁）。

(2) 追 求 権

(i) 総説　盗品等関与罪の客体は，本犯の被害者が法律上追求できるものに限られる。この**追求権**が盗品等関与罪の保護法益であり，その侵害が同罪における法益侵害であるから，追求権の対象とならない物は盗品等関与罪の客体にはならない（被害者が追求権を失えば盗品等としての属性は失われる）。なお，追求権は，所有権に基づく返還請求権よりも広く，被害物を追求する法的利益までを含む（詐欺罪の場合，意思表示の取消し以前でも，被害物の盗品性は肯定される）。

(ii) 追求権の存否　財産罪の被害物が第三者により**即時取得**（民192条）された場合，本犯である財産罪の被害者は追求権を失い，被害物は盗品性を失う（大判大正6・5・23刑録23輯517頁）。ただし，盗品（窃盗罪の被害物）又は遺失物（遺失物等横領罪の被害物）については，被害者は2年間占有回復の請求をなしうるから（民193条），その間なお盗品性は失われない（最決昭和34・2・9刑集13巻1号76頁〈各*422*〉）。また，民法246条（**加工**）により加工者が所有権を取得する場合，本犯の被害者の追求権は失われ，盗品性は失われる。もっとも，**判例**によれば，窃取した貴金属を変形して金塊とした場合（大判大正4・6・2刑録21輯721頁〈各*421*〉），盗品である自転車の部品（車輪，サドル）を取り外し，他の自転車に取り付けた場合（最判昭和24・10・20刑集3巻10号1660頁〈各*427*〉）は加工にあたらないとされ，盗品性が肯定されている。さらに，

不法原因給付物（民708条）については，詐欺罪・恐喝罪及び委託物横領罪の成否がまず問題となることは既に述べた（前述320頁，335頁）。これらの犯罪の成立が否定されれば盗品等関与罪の成立はありえない。しかし，前提犯罪が成立しても，不法原因給付物についてはその所有権が受給者に移る以上（最大判昭和45・10・21民集24巻11号1560頁），給付者の追求権は否定され，盗品性は認められないことになる。ただし，民法708条但書の適用がある限りで，給付者による返還請求が可能だから，盗品性を肯定する余地が生じることになる。なお，財産罪の被害物である**禁制品**については，被害者に追求権はあるが，被害物の所持・所有を国家に対して対抗しえないだけだと解する場合，その盗品性を肯定することができる。

(3) 同 一 性

盗品等がその**同一性**[60]を失った場合，追求権は失われる。それは当該被害物を対象とする権利・利益だからである。したがって，盗品等の転換財産（盗品の売却代金など）には盗品性は肯定できない。**判例**では，横領した紙幣を両替して得た金銭（大判大正2・3・25刑録19輯374頁），詐取した小切手により支払を受けた金銭（大判大正11・2・28刑集1巻82頁〈各*428*〉）について盗品性が肯定されている。前者については金額が問題であって特定の紙幣に対する追求権が問題とならないことから理解しうるが，後者については小切手の換金が詐欺罪を構成すると解してその結論を維持することが可能であると解される。

3 行 為 類 型

(1) 総 説

盗品等関与罪の行為類型としては，無償譲受け（刑256条1項〔3年以下の懲役〕），運搬，保管，有償譲受け，有償処分あっせん（同条2項〔10年以下の懲役及び50万円以下の罰金〕）が規定されている。これらの行為類型に共通するのは，被害者の盗品等に対する追求権を侵害し，その回復を困難にする点である。いずれの行為類型でも，客体が盗品等であることの認識が必要となる。この認識は未必的なものでもよく（最判昭和23・3・16刑集2巻3号227頁〈総*183*〉），何

---

60) 窃取した鉛管等を溶解等し，その原形に変更を加えても，なお盗品等にあたるとした判決として，大判大正5・11・6刑録22輯1664頁。

らかの財産罪にあたる行為により領得された物であることの認識があれば足り，前提犯罪である財産罪がいかなる犯罪か，その被害者又は犯人が誰かを知る必要まではない（最判昭和30・9・16裁集刑108号485頁）。

　無償譲受け等の行為は，前提犯罪である本犯の犯人との間で行われる必要はなく，盗品等関与罪の犯人との間で行われる場合も含まれる。また，無償譲受け等の行為は，本犯の犯人，盗品等関与罪の犯人と意思を通じて行われることが必要である。**意思疎通**を欠く行為に本犯助長性は認められないからである。それゆえ，本犯の犯人，盗品等関与罪の犯人からの盗品等の窃取，横領について，盗品等関与罪は成立しない（最判昭和23・12・24刑集2巻14号1877頁〔盗品等である遺失物を拾得した場合には，遺失物等横領罪が成立し，盗品等無償譲受け罪は成立しない〕参照）。

　(2)　無償譲受け

　無償譲受け（刑256条1項）とは，無償で盗品等の交付を受け，取得することをいう。盗品等についての事実上の処分権を取得することで，盗品等の保管（刑256条2項）とは区別される。盗品等の贈与を受ける場合のほか，無利息消費貸借などの場合を含むが（大判大正6・4・27刑録23輯451頁），単に一時使用の目的で借用したにすぎない場合は含まれない（福岡高判昭和28・9・8高刑集6巻9号1256頁）。本罪の法定刑が軽い（3年以下の懲役）のは，本犯の被害者の追求権を侵害する行為ではあるが，本犯助長性に欠ける場合だからである。

　(3)　運　　搬

　運搬（刑256条2項）とは，委託を受け，交付された盗品等の所在を移転させることをいい，有償・無償を問わない。移転の距離がさほどのものでなくとも，被害物の追求を困難ならしめたといいうるから盗品等運搬罪は成立する（最判昭和33・10・24刑集12巻14号3368頁）。**判例**では，窃盗の被害者に盗品の取戻しを依頼された者が，買い戻した盗品を被害者の下へ運搬する場合でも，窃盗犯人の利益のためにその領得を継受して盗品の所在を移転したもので，被害者をして盗品の正常な回復を困難ならしめた以上，盗品等運搬罪が成立するとされている（最決昭和27・7・10刑集6巻7号876頁〈各 *423*〉）。

　(4)　保　　管

　保管（刑256条2項）とは，委託を受け，盗品等の占有を得て管理することを

いい（最判昭和34・7・3刑集13巻7号1099頁），有償・無償を問わない（大判大正3・3・23刑録20輯326頁）。盗品等の占有の現実の移転が必要で，保管の単なる約束では足りない（京都地判昭和45・3・12刑月2巻3号258頁）。**判例**は，盗品性を知らずに盗品等の保管を始めた者が，後に盗品性を知ったにもかかわらず保管を継続した事案について，盗品等保管罪の成立を肯定している（最決昭和50・6・12刑集29巻6号365頁〈総 *40*，各 *426*〉）。

(5) 有償譲受け

有償譲受け（刑256条2項）とは，有償で盗品等の交付を受け，その処分権を取得することをいう（大判大正2・12・19刑録19輯1472頁）。売買，交換，代物弁済など譲受けの形式を問わない（大判大正12・4・14刑集2巻336頁）。単に売買などの約束が交わされただけでは足りず，盗品等の移転が必要である（大判大正12・1・25刑集2巻19頁）。

(6) 有償処分のあっせん

有償の処分のあっせん（刑256条2項）とは，盗品等の有償の処分を仲介することをいい，処分は有償であることを要するものの，あっせん自体は有償・無償を問わない（最判昭和25・8・9刑集4巻8号1556頁）。**判例**は，あっせん行為をすれば，盗品等有償処分あっせん罪が成立すると解しているが（最判昭和23・11・9刑集2巻12号1504頁〈各 *425*〉，最判昭和26・1・30刑集5巻1号117頁），学説においては，あっせんにより有償処分に関する契約が成立したことを要求する見解も主張されている。なお，**判例**は，本犯の被害者を相手方として盗品等の有償処分のあっせんをする場合でも，被害者による盗品等の正常な回復を困難にし，本犯を助長し誘発するおそれがあるから，盗品等有償処分あっせん罪が成立するとしている（最決平成14・7・1刑集56巻6号265頁〈各 *424*〉）。

4 本犯と盗品等関与罪との関係

(1) 本犯の犯人

本犯である財産罪の犯人には盗品等関与罪は成立しない。ただし，本犯の犯人について盗品等運搬罪などが成立しない場合でも，本犯の犯人と共同して盗品等を運搬した者については，盗品等運搬罪が成立する（最判昭和30・7・12刑集9巻9号1866頁〔本犯の犯人が運搬した物についても盗品等運搬罪が成立する〕）。

356　第3編　第7章　財産に対する罪

(2)　本犯の共犯

　単独で本犯である財産罪を犯した者のみならず，本犯の**共同正犯者**にも，盗品等関与罪は成立しない。しかし，本犯の**教唆・幇助者**については，盗品等関与罪が成立すると解するのが判例である（最判昭和24・10・1刑集3巻10号1629頁〈総 *406*〉など）。本犯の共犯と盗品等関与罪とは併合罪となる（大判明治44・5・2刑録17輯745頁，最判昭和25・11・10裁集刑35号461頁〔窃盗教唆罪と盗品等有償譲受け罪〕，最判昭和24・7・30刑集3巻8号1418頁〔窃盗教唆罪と盗品等有償処分あっせん罪〕，最判昭和28・3・6裁集刑75号435頁など）。

5　親族等の間の犯罪に関する特例

　刑法257条は，配偶者との間又は直系血族，同居の親族若しくはこれらの者の配偶者との間で盗品等関与罪を犯した者は，その刑を免除するが（刑257条1項），親族でない共犯についてはこれを適用しない（同条2項）との特例を定めている。**判例**（最決昭和38・11・8刑集17巻11号2357頁〈各 *429*〉）・**通説**は，盗品等関与罪の犯人庇護的側面を考慮し，期待可能性の減少に特例の根拠を求め，親族関係は本犯の犯人と盗品等関与罪の犯人との間に存在することが必要であると解している[61]。なお，盗品等関与罪の犯人相互間（354頁参照）に親族関係がある場合においても特例の適用があるかについては争いがあり，判例（前出最決昭和38・11・8）はこれを否定するが，学説では肯定説も有力である。

第9節　毀棄・隠匿罪

1　総　　説

(1)　罪　　質

　毀棄・隠匿罪（刑258条以下）は，公用文書等（刑258条），私用文書等（刑259条），建造物等（刑260条），そのほか他人の物（刑261条）を毀棄等した場合，他人の信書（刑263条）を隠匿した場合に成立する（刑法262条の2に定める境界損壊罪は，独自の性格を有する）。これらの罪は，他人の財物（及び電磁的記

---

　61)　親族関係にある本犯の共同正犯から盗品等を譲り受けた場合にも，特例の適用がある（最判昭和23・5・6刑集2巻5号473頁）。

録）の効用を害し，その利用可能性を侵害する犯罪である。財物の領得罪である窃盗罪などと比べて，その法定刑は相対的に低い。

(2) 毀棄の概念

毀棄の意義については，財物の物理的損壊を要求する**物理的損壊説**も主張されているが，財物の効用を害する一切の行為を含むと解する**効用侵害説**が**判例・通説**である。判例では，食器に放尿して心理的に利用困難にした場合（大判明治42・4・16刑録15輯452頁〈各*437*〉），養魚池の鯉を流出させて，その占有を喪失させた場合（大判明治44・2・27刑録17輯197頁〈各*438*〉），競売事件の記録を持ち出して隠匿し，それを利用できなくした場合（大判昭和9・12・22刑集13巻1789頁〈各*221・439*〉），学校の校庭に杭を打ち込み，授業等に支障を生じさせた場合（最決昭和35・12・27刑集14巻14号2229頁〈各*440*〉），看板を取り外して離れた場所に投げ捨て，その本来の効用を喪失させた場合（最判昭和32・4・4刑集11巻4号1327頁〈各*441*〉），建造物に多数のビラを貼って，その効用を減損した場合（最決昭和41・6・10刑集20巻5号374頁〈各*443*〉），公選法違反のポスターにシールを貼って，その効用を滅却した場合（最決昭和55・2・29刑集34巻2号56頁〈各*445*〉）などについて，毀棄にあたるとされている（もっとも，物の物理的損壊があれば，効用侵害を問題とせずに，毀棄にあたると解される傾向にある）。

効用侵害説の立場からは，隠匿（さらには，単なる占有の喪失）も毀棄に含まれる。したがって，後述する信書隠匿罪（刑263条）は，信書の非物理的毀棄を軽く処罰するものと解されることになる。

2 毀棄・隠匿罪の諸類型

(1) 公用文書等毀棄罪

公用文書等毀棄罪（刑258条）は，公務所の用に供する文書又は電磁的記録を毀棄した場合に成立する（3月以上7年以下の懲役）。客体の重要性に鑑みた器物損壊罪（刑261条）の加重規定である。これは，公用文書等の効用を害する罪で，公用文書を利用して遂行される公務を妨害する点において，公務妨害罪としての性格をも有している。

〔i〕公用文書・電磁的記録　公務所の用に供する文書（**公用文書**）とは，

公務所が使用し，又は使用のため保管中の文書をいう（大判明治44・8・15刑録17輯1488頁）。差し押さえて，容器に収納し，保管を命じた文書も公用文書にあたる（最決昭和28・7・24刑集7巻7号1638頁）。公用文書は，「公務所の作成すべき文書」（刑155条参照）とは異なり，その作成者・作成名義を問わない。また，他の毀棄罪の規定とは異なり，「他人の」文書であることを要せず，公務所の用に供するものであれば広く含まれる。それゆえ，偽造文書であっても含まれる場合があり（大判大正9・12・17刑録26輯921頁〈各*431*〉〔偽造した徴税伝令書でも，それを行使して納税義務者から徴税したものだから，保存して後日の使用に供すべき文書である〕），証明の用に供されるべき文書でなくともよい（最判昭和38・12・24刑集17巻12号2485頁〈各*432*〉〔国鉄の助役が白墨を用いて書いた急告板を取り外して持ち出した上，記載文言を抹消した事案〕）。未完成文書（最決昭和32・1・29刑集11巻1号325頁〔被疑者，司法警察員の署名，押印を欠く弁解録取書〕）も，文書としての意味，内容を備えるに至っている以上，将来の使用に備えて公務所が保管すべきものであるから，含まれる（最判昭和52・7・14刑集31巻4号713頁）。また，文書を完成させるために用いられた手段が違法でも，将来これを公務所において適法に使用することが予想されないとはいえず，そのような場合に備えて公務所が保管すべきものであるから，公用文書にあたるとするのが判例である（前出最判昭和52・7・14）。

　公務所の用に供する電磁的記録（刑7条の2参照）とは，公務所が使用し，又は使用のため保管中の電磁的記録をいう。現に公務所に保管されているものばかりではなく，物理的には公務所の外部に置かれているが，公務所からアクセス可能で，公務所により管理・支配されているものも含まれる。自動車登録ファイル，不動産登記ファイルなどがその例である。

　　(ⅱ)　毀棄　　**毀棄**には文書等の物理的損壊のみならず，その効用を害する一切の行為を含む（隠匿も含む）。文書を丸めてしわくちゃにした上で床に投げ捨てた場合（前出最決昭和32・1・29），記載事項を部分的に抹消した場合（大判大正11・1・27刑集1巻16頁）のほか，公正証書に貼付された印紙を剥離した場合（前出大判明治44・8・15）のように文書の形式的部分の毀損も含まれる。さらに，村長に提出した退職届の日付を改ざんする行為（大判大正10・9・24刑録27輯589頁），公立高校の入試答案を改ざんする行為（神戸地判平成3・9・19判

タ797号269頁）のように，文書の証明力を毀損する行為も毀棄にあたる（これに対し，新たに証明力を作出する行為は，文書偽造罪にあたる）。

客体が電磁的記録の場合，記録媒体を損壊する行為（それ自体文書とはいえない記録媒体の損壊自体は器物損壊罪にしかなりえない行為であるが，それによって公務所の用に供する電磁的記録が毀棄されたときは，公用電磁的記録毀棄罪が成立することになる）や当該記録を消去するなどの行為が毀棄にあたる。

(2) 私用文書等毀棄罪

私用文書等毀棄罪（刑259条）は，権利又は義務に関する他人の文書又は電磁的記録を毀棄した場合に成立する（5年以下の懲役）。客体の重要性に鑑みた器物損壊罪（刑261条）の加重規定である。本罪は親告罪である（刑264条）。

(i) 私用文書・電磁的記録　客体である**私用文書**とは，権利又は義務に関する他人の文書をいい，これは権利又は義務の存否・得喪・変更を証明するための文書をいう。事実証明に関する文書は客体から除かれており，これは器物損壊罪（刑261条）に該当するにすぎない。権利又は義務に関する他人の文書であれば作成名義を問わない（私文書のみならず，公文書も含まれる）。有価証券も権利又は義務に関する文書である（最決昭和44・5・1刑集23巻6号907頁）。権利又は義務に関する文書は，他人の所有に属する必要があるが，自己の物でも，差押えを受け，物権を負担し，又は賃貸したものについては客体に含まれる（刑262条）。

権利又は義務に関する他人の電磁的記録も客体となる。これには，銀行の口座残高ファイルやプリペイド・カードの磁気情報部分などが含まれる。

(ii) 毀棄　**毀棄**には文書等の物理的損壊のみならず，その効用を害する一切の行為が含まれる（隠匿も含む〔前出最決昭和44・5・1〕）。

(3) 建造物等損壊罪・同致死傷罪

建造物等損壊罪（刑260条前段）は，他人の建造物又は艦船を損壊した場合に成立する（5年以下の懲役）。これは，客体の重要性及び人を死傷させる危険性に鑑みた，器物損壊罪（刑261条）の加重規定である。

(i) 他人の建造物・艦船　客体である**建造物**とは，家屋その他これに類似する建築物をいい，屋根があり，壁又は柱で支持されて土地に定着し，少なくともその内部に人が出入りすることができるものをいう（大判大正3・6・20

刑録 20 輯 1300 頁〈各 *435*〉〔潜り戸の付いた門は建造物にあたらない〕）。それゆえ，棟上げを終わっただけで，屋根又は壁を有していない物件は建造物ではない（大判昭和 4・10・14 刑集 8 巻 477 頁）。

敷居・鴨居のように建造物の一部を組成し，建造物を損壊しなければ取り外すことのできない物を損壊する行為は建造物等損壊罪にあたり（大判大正 6・3・3 新聞 1240 号 31 頁），雨戸・板戸のように損壊することなく自由に取り外しできる物を損壊する行為は，建造物等損壊罪ではなく器物損壊罪にあたるとされてきた（大判大正 8・5・13 刑録 25 輯 632 頁）。しかし，最高裁は，建造物に取り付けられた物が建造物損壊罪の客体にあたるか否かは，当該物と建造物との接合の程度のほか，当該物の建造物における機能上の重要性をも総合考慮して決すべきだとしている（最決平成 19・3・20 刑集 61 巻 2 号 66 頁〈各 *436*〉）。裁判例で建造物の一部とされたものとしては，市議会議事堂傍聴人入口のガラスドア（仙台地判昭和 45・3・30 刑月 2 巻 3 号 308 頁），アルミサッシに「はめ殺し」にされた壁面ガラス（東京高判昭和 55・6・19 刑月 12 巻 6 号 433 頁），住宅の金属製玄関ドア（前出最決平成 19・3・20）がある。

艦船とは，軍艦又は船舶をいう。自力又は他力による航行能力が必要であり（広島高判昭和 28・9・9 高刑集 6 巻 12 号 1642 頁），廃船や解体中の船舶は含まれない。

建造物・艦船は，他人の所有に属するものである必要がある（ただし，刑法 262 条に規定された自己の物の損壊等に関する特例の適用がある）。**判例**では，「他人の」建造物というためには，他人の所有権が将来民事訴訟等において否定される可能性がないということまでは要しないとされている（最決昭和 61・7・18 刑集 40 巻 5 号 438 頁〈各 *434*〉）。

(ii) **損壊** **損壊**とは，建造物・艦船の物理的損壊に限らず，その効用を害する一切の行為をいう。建造物等の使用を全く不能にするまでの必要はない（大判明治 43・4・19 刑録 16 輯 657 頁）。建造物を定着地点から移動させることも損壊にあたる（大判昭和 5・11・27 刑集 9 巻 810 頁）。

建造物への**ビラ貼り**が建造物等損壊罪を構成するかが問題となる。判例では，貼付した枚数が少ない場合は別として（最判昭和 39・11・24 刑集 18 巻 9 号 610 頁〔34 枚を貼付した事例について，否定〕参照。ただし，最決昭和 43・1・18 刑集 22 巻 1

号 32 頁〔50 枚, 30 枚をそれぞれ貼付した事例について, 肯定〕), 多数枚を貼付した場合, 建造物等損壊罪の成立が肯定されている (最決昭和 41・6・10 刑集 20 巻 5 号 374 頁〈各 *443*〉〔1 回に 4, 5 百枚ないし 2 千枚を 3 回にわたり貼付した事例について, 肯定〕参照)[62]。建造物の美観・威容自体が建造物の効用だとする理解もあるが (名古屋高判昭和 39・12・28 下刑集 6 巻 11 = 12 号 1240 頁), 文化財などの例外を除いて, 疑問である。効用侵害説の立場からは, 建造物の効用が可罰的な程度に侵害されたかが基準となるが, この判断に際しては, 建造物の使用目的, ビラの態様・枚数・貼付方法を総合的に判断することが必要である。なお, 公衆便所への落書きについて, 外観ないし美観を著しく汚損し, 原状回復に相当の困難を生じさせたものであり, その効用を減損させたとして建造物損壊罪の成立を肯定した判例がある (最決平成 18・1・17 刑集 60 巻 1 号 29 頁〈各 *444*〉)。

　(iii)　建造物等損壊致死傷罪　　建造物等損壊致死傷罪 (刑 260 条後段) は, 建造物等損壊罪を犯し, よって人を死傷させた場合に成立する (傷害の罪と比較して重い刑により処断する)。本罪は, 建造物等の損壊行為に内在する, 人を死傷させる危険が, 現実化した場合に成立する結果的加重犯である。

　(4)　器物損壊罪

　器物損壊罪 (刑 261 条) は, 公用文書等 (刑 258 条), 私用文書等 (刑 259 条), 建造物等 (刑 260 条) 以外の他人の物を損壊又は傷害した場合に成立する (3 年以下の懲役又は 30 万円以下の罰金若しくは科料)。本罪の規定は, 公用文書等毀棄罪, 私用文書等毀棄罪, 建造物等損壊罪の**補充規定**である。**親告罪**である (刑 264 条)。

　(i)　他人の物　　器物損壊罪の客体は, 公用文書等毀棄罪, 私用文書等毀棄罪, 建造物等損壊罪の客体以外のすべての他人の物をいう (なお, 本罪にも, 自己の物の損壊等に関する刑法 262 条の適用がある)。したがって, 動産 (動植物を含む), 不動産を広く含む。電磁的記録媒体も含まれる (電磁的記録の消去などにより, 電磁的記録媒体自体の効用を害したと認められる場合には, 器物損壊罪が成立する)。法令上違法なものも客体に含まれると解するのが判例である (最判昭和 25・3・17 刑集 4 巻 3 号 378 頁〔法令違反の電話施設〕, 最決昭和 55・2・29 刑集 34 巻

---

　62)　これに対し, 事務所の窓や扉のガラスにビラ 60 枚を貼付した事案について, 器物損壊罪の成立を肯定したものとして, 最決昭和 46・3・23 刑集 25 巻 2 号 239 頁がある。

2 号 56 頁〈各 *445*〕〔公選法違反のポスター〕）。

(ii) 損壊・傷害　　損壊は，物の物理的な損壊に限らず，物の効用を害する一切の行為を含む。客体が動産の場合，食器に放尿する行為（大判明治 42・4・16 刑録 15 輯 452 頁〈各 *437*〉），鯛・海老が描かれた掛け軸に「不吉」と墨書する行為（大判大正 10・3・7 刑録 27 輯 158 頁）も損壊にあたる。客体が不動産の場合，家屋を建設するために地ならしした敷地を掘り起こして畑地とする行為（前出大判昭和 4・10・14），学校の校庭に杭を打ち込み授業その他に支障を生じさせる行為（最決昭和 35・12・27 刑集 14 巻 14 号 2229 頁〈各 *440*〉），盗難及び火災予防のため埋設貯蔵されているガソリン入りドラム缶を発掘する行為（最判昭和 25・4・21 刑集 4 巻 4 号 655 頁）のほか，施設の塀に赤色スプレーで落書きをする行為（福岡高判昭和 56・3・26 刑月 13 巻 3 号 164 頁）も損壊にあたる。

傷害は，客体が動物の場合に用い，その意義は損壊と同じである。動物を殺傷したり，（用語の日常的意味からは疑問があるが）逃がしたりすることをいう（大判明治 44・2・27 刑録 17 輯 197 頁〈各 *438*〉〔養魚池から鯉を流出させる行為〕）。

(5) 信書隠匿罪

信書隠匿罪（刑 263 条）は，他人の信書を隠匿した場合に成立する（6 月以下の懲役若しくは禁錮又は 10 万円以下の罰金若しくは科料）。**親告罪**（刑 264 条）である。客体は，**他人の信書**である。これは，特定人から特定人に宛てられた意思を伝達する文書であって，他人の所有に属するものをいう。封をされていることは必要なく，葉書も除外されない。

信書隠匿罪については，器物損壊罪の減軽類型・規定なのか，拡張類型・規定なのかの点に争いがある。毀棄の意義に関する物理的損壊説からは，隠匿は毀棄には含まれないから，本罪は，信書についてその隠匿をとくに処罰する，器物損壊罪の拡張規定と解されることになる。しかし，信書以上に重要な物についてその隠匿を不可罰としながら，信書についてだけ処罰の拡張を認めることに十分な理由があるとはいえない。毀棄の意義に関する効用侵害説からは，隠匿も毀棄に含まれることになるから，信書隠匿罪は，信書についてその非物理的毀棄をとくに軽く処罰したものと解されることになる（したがって，信書を物理的に毀棄した場合には，器物損壊罪が成立する）。

第9節　毀棄・隠匿罪　363

3　境界損壊罪

(1)　総　　説

境界損壊罪（刑262条の2）は，境界標を損壊し，移動し，若しくは除去し，又はその他の方法により，土地の境界を認識することができないようにした場合に成立する（5年以下の懲役又は50万円以下の罰金）。本罪は，損壊等の対象となる境界標等についての財産侵害罪ではなく，**土地の権利関係の明確性**を保護法益とする犯罪として理解するのが妥当である[63]。保護の対象となる土地の権利関係としては，所有権に限らず，土地利用権でもかまわない。公法上・私法上のいずれのものでもよい。また，境界は，法律上正当なものであることを必ずしも要せず，事実として一般に認められてきたものであれば足りると解されている（東京高判昭和41・7・19高刑集19巻4号463頁，東京高判昭和61・3・31高刑集39巻1号24頁）。

(2)　構 成 要 件

損壊等の対象となる境界標は，他人の所有に属するものである必要はなく，自己の所有物でもよい。川など自然に存するものも含まれる。

行為として規定されている，境界標の損壊・移動・除去は例示であり，土地の境界を不明にする一切の行為が処罰の対象となる。しかし，境界標の損壊・移動・除去に準じるような行為であることが必要であり，境界を示した図面を毀棄するような行為は含まれない。

境界標等の損壊等により，土地の境界の認識ができなくなったことが必要である。そうでなければ，器物損壊罪は成立しても，境界損壊罪は（不可罰な未遂にとどまり）成立しない（最判昭43・6・28刑集22巻6号569頁）。土地の境界の認識ができなくなったとは，新たに登記簿等によって確認の方法を採らない限り，境界の認識ができなくなったことをいい，およそ境界が不明になることまでは要求されない。

---

[63]　この理解によれば，境界標等の損壊について，別途器物損壊罪が成立すると解する余地があるが（前出東京高判昭和41・7・19），包括一罪として，境界損壊罪に吸収されると理解することが可能であろう。

第 2 部　社会的法益に対する罪

第 8 章

公共危険罪

第 1 節　総　　説

　公共危険罪とは，不特定又は多数の人の生命，身体又は財産に対する侵害の危険を惹起する罪である（危険犯）。特定された個人に対する侵害行為ではなく，不特定又は多数の人（公衆）という広がりをもった対象に対する加害行為が，侵害発生以前の危険惹起の段階ですでに処罰の対象とされている。

　公共危険罪としては，以下のものが規定されている。第 1 が，群衆心理に動かされるなどした集団による危険惹起を内実とする騒乱罪などの罪（刑 106 条以下）である。第 2 は，火力による危険惹起を内実とする放火・失火罪（刑 108 条以下）である。第 3 は，水力による危険惹起を内実とする浸害罪などの罪（刑 119 条以下）である。第 4 は，公衆が利用する交通機関等の侵害による危険惹起を内実とする往来妨害罪などの罪（刑 124 条以下）である。第 5 は，公衆の健康に対する危険惹起を内実とするあへん煙に関する罪（刑 136 条以下）及び飲料水に関する罪（刑 142 条以下）である。

第 2 節　騒　乱　罪

1　総　　説

　騒乱罪[1]（刑 106 条）は，多衆で集合して暴行又は脅迫をした場合に成立し，

首謀者（1号〔1年以上10年以下の懲役又は禁錮〕），他人を指揮した者又は他人に率先して勢いを助けた者（2号〔6月以上7年以下の懲役又は禁錮〕），付和随行した者（3号〔10万円以下の罰金〕）が処罰の対象となる。戦後，騒乱罪の適用は極めて慎重である。平事件（昭和24年6月），メーデー事件（昭和27年5月），吹田事件（昭和27年6月），大須事件（昭和27年7月）という戦後の一時期に集中した4大騒乱事件のうち，平事件と大須事件では騒乱罪の適用が認められ，メーデー事件と吹田事件では否定された。その後，新宿駅騒乱事件（昭和43年10月）において騒乱罪の適用が肯定されている。

判例は，騒乱罪の**保護法益**を**公共の静謐**又は**平和**と解している（最判昭和28・5・21刑集7巻5号1053頁〔佐世保事件〕，最判昭和35・12・8刑集14巻13号1818頁〔平事件〕参照）。学説では，騒乱罪を，群衆心理に支配された集団の暴力に基づく公共危険罪と解し，不特定・多数人の生命，身体，財産を侵害する危険を生じさせた場合に成立すると解する見解が有力である。

2　構成要件

(1)　多　　衆

騒乱罪は，多衆で集合して暴行又は脅迫をした場合に成立する。学説では，騒乱罪の主体を集合した多衆と解する見解が多いが，多衆自体は犯罪の主体となりえないから，集合した多衆による暴行・脅迫は，首謀者などの関与行為により惹起された構成要件的結果・状況と解するのが妥当であろう。**多衆**の意義について，**判例**は，一地方における公共の平和，静謐を害するに足る暴行・脅迫をなすに適当な多人数であると解している（大判大正2・10・3刑録19輯910頁，最判昭和35・12・8刑集14巻13号1818頁〔平事件〕参照）。これに至らない集団による暴行・脅迫は，集団的暴行・脅迫罪（暴力1条）を構成するにとどまる。

騒乱罪では，内乱罪（刑77条）と異なり，特定・共通の目的は不要である（大判明治45・6・4刑録18輯815頁）。また，集団として組織化されている必要はなく（烏合の衆も含む），首謀者が欠けてもよい（最判昭和24・6・16刑集3巻7

---

1)　刑法の平易化前は，騒擾罪という名称であった。

号 1070 頁）。当初は平和的な集団であったものが，途中から暴徒化した場合も含まれる（大判大正 4・11・6 刑録 21 輯 1897 頁）。

(2)　多衆による暴行・脅迫

集合した多衆による暴行・脅迫は，**集団として**行われなければならない。集団に属する者全員が暴行・脅迫を行う必要はないが，一部の者が偶発的に行ったにすぎない場合，騒乱罪は成立しない。

　(i)　共同意思　　**判例・通説**によれば，**集団による暴行・脅迫**と認められるためには，暴行・脅迫は集合した多衆の**共同意思**に出たものであることが必要である（大判明治 43・4・19 刑録 16 輯 657 頁，前出最判昭和 35・12・8）。この共同意思は，多衆の合同力を恃んで自ら暴行・脅迫をなす意思ないしは多衆をしてこれをなさしめる意思と，かかる暴行・脅迫に同意を表し，その合同力に加わる意思とに分かれ，集合した多衆がこのいずれかの意思を有する者によって構成されているとき，その多衆の共同意思があることになる（前出最判昭和 35・12・8）。共同意思は，①暴行・脅迫が集団そのものにより行われたとするために必要な要件であるとともに，②集団による暴行・脅迫を集団を構成する個人に帰属するための要件でもある。判例によれば，共同意思は，①共謀共同正犯を基礎づける共謀・通謀よりも緩やかなもので足り，②多衆の合同力による暴行・脅迫の事態の発生を予見しながら，あえて騒乱行為に加担する確定的な意思があれば足りる（個々の暴行・脅迫の確定的認識は必要でない。前出最判昭和 35・12・8，最決昭和 53・9・4 刑集 32 巻 6 号 1077 頁〔大須事件〕参照）。

なお，同一地域内において，構成を異にする複数の集団により時間，場所を異にしてそれぞれ暴行・脅迫が行われた場合でも，先行の集団による暴行・脅迫に触発，刺激され，暴行・脅迫の事実を認識，認容しつつこれを承継する形態において，その集団による暴行・脅迫に時間的，場所的に近接して，後の集団による暴行・脅迫が順次継続的に行われたときは，各集団による暴行・脅迫は，全体として同一の共同意思によるものというべきであるとされている（最決昭和 59・12・21 刑集 38 巻 12 号 3071 頁〔新宿駅騒乱事件〕）。

　(ii)　暴行・脅迫　　暴行・脅迫は広く解され，**暴行**は物に対する有形力の行使を含み（建造物侵入も含まれる。前出最判昭和 35・12・8），**脅迫**は告知される害悪の内容を問わない。

判例によれば，暴行・脅迫の程度は，**一地方における公共の平和，静謐を害する**に足りるものでなければならず（大判大正 12・4・7 刑集 2 巻 318 頁など），この判断にあたっては，単に暴行・脅迫が行われた地域の広狭や居住者の多寡のみではなく，地域が社会生活において占める重要性や同所を利用する一般市民の動き，同所を職域として勤務する者らの活動状況，当該騒動がその周辺地域の人心にまで不安を与えるに足りる程度のものであったか等の観点から決すべきであるとされる（前出最決昭和 59・12・21〔新宿駅及びその一帯も一地方にあたる〕）。

　(3)　関 与 行 為

　多衆犯・集団犯である騒乱罪における，集合した多衆による暴行・脅迫への関与者は，**首謀者，指揮者，率先助勢者，付和随行者**に区別され，異なった法定刑が規定されている。

　(4)　共犯の成否

　騒乱罪は多衆犯・集団犯であり，複数の者の関与が必要である（必要的共犯）。学説には，必要的共犯である多衆犯では共犯規定の適用がなく，関与者は，首謀者・指揮者・率先助勢者・付和随行者のいずれかとして処罰されるにとどまるとする見解が存在するが，集団の内部者はともかく，集団外の関与者について共犯規定の適用を否定する理由はない。

3　多衆不解散罪

　多衆不解散罪（刑 107 条）は，暴行又は脅迫をするため多衆が集合した場合において，権限のある公務員から解散の命令を 3 回以上受けたにもかかわらず，なお解散しなかったときに成立する（首謀者については 3 年以下の懲役又は禁錮，その他の者については 10 万円以下の罰金）。これは，騒乱罪の予備段階を処罰の対象とするものであり，騒乱罪が成立した場合，本罪は騒乱罪に吸収される（大判大正 4・11・2 刑録 21 輯 1831 頁）。真正不作為犯である。

368　第3編　第8章　公共危険罪

第3節　放火罪・失火罪

1　総　　説

(1)　罪　　質

　刑法108条以下に規定された放火罪・失火罪は，不特定又は多数の人の生命，身体，財産に対し，火力によって危険を惹起する**公共危険罪**である。判例には，放火罪の保護法益を静謐という公共的利益とするものがあるが（大判大正11・12・13刑集1巻754頁〈各*446*〉），その内容の理解が問われているのである。

　現住建造物等放火罪（刑108条）など，人が住居に使用する建造物等（**現住建造物**等）又は現に人が存在する建造物等（**現在建造物**等）を客体とする犯罪では，公共の危険のみならず，建造物等の内部に存在する個人の生命，身体に対する危険も併せ考慮されている。そのため，現住建造物等放火罪の法定刑は極めて重い。また，財産的利益の侵害も副次的に考慮されている。このことは，自己所有に係る非現住建造物等放火罪（刑109条2項），自己所有に係る建造物等以外放火罪（刑110条2項）において，犯罪成立要件の加重，法定刑の減軽が見られることに現れている。

(2)　罪　　数

　放火罪は公共危険罪であるから，放火行為の回数，焼損した建造物等の個数にかかわらず，生じた公共危険が1つであれば放火罪が一罪成立し，行為者がその焼損を予見していた客体に関する最も重い罪が成立する（大判明治42・11・19刑録15輯1645頁，大判大正2・3・7刑録19輯306頁，大判昭和8・4・25刑集12巻482頁）。また，現住建造物等放火罪を犯す目的で隣接する非現住建造物等に放火し，現住建造物等が焼損する危険を惹起した場合，非現住建造物等放火罪が既遂にならなくとも，現住建造物等放火罪の未遂罪が成立しうる（なお，非現住建造物等放火罪が既遂になった場合，それは現住建造物等放火未遂罪に吸収される。大判大正15・9・28刑集5巻383頁）。

2　現住建造物等放火罪

(1)　総　　説

現住建造物等放火罪（刑108条）は，放火して，現に人が住居に使用し又は現に人がいる建造物，汽車，電車，艦船又は鉱坑を焼損した場合に成立する（死刑又は無期若しくは5年以上の懲役）。本罪は，①公共の危険及び②建造物等の内部の人に対する危険の惹起を処罰根拠とする抽象的危険犯であり，②の危険が付加されているため，①のみを処罰根拠とする非現住建造物等放火罪・建造物等以外放火罪よりも法定刑が重くなっている。また，本罪は，未遂を罰する（刑112条）ほか，予備も処罰の対象となる（刑113条〔2年以下の懲役。刑の裁量的免除が認められている〕）。

(2)　客　　体

現住建造物等放火罪の客体は，建造物・汽車・電車・艦船・鉱坑であって，現に人が住居に使用するもの（**現住建造物**等）又は現に人がいるもの（**現在建造物**等）である。

(i)　**建造物等の意義**　　**建造物**とは，家屋その他これに類似する建築物をいい，屋根があり，壁又は柱で支持されて土地に定着し，少なくともその内部に人が出入りすることができるものをいう（大判大正3・6・20刑録20輯1300頁〈各*435*〉）。毀損せずに取り外すことのできる建具，布団，畳，雨戸などは建造物の一部ではない（最判昭和25・12・14刑集4巻12号2548頁〈各*453*〉）。**汽車・電車**とは，一定の軌道上を運行する交通機関をいい，前者は蒸気機関を動力とするもの，後者は電気を動力源とするものを指す。ガソリンカーを汽車に含める判例（大判昭和15・8・22刑集19巻540頁〈総*12*〉）の考え方によれば，ディーゼルカーやモノレールなども含まれることになろう。軌道上を走行しないバスや航空機は含まれない。**艦船**とは，軍艦及び船舶をいう。また，**鉱坑**とは，炭坑など地下の鉱物を採取するための設備をいう。

(ii)　**人の現住性・現在性**　　これらの建造物等は，現に人が住居に使用するもの（**現住建造物**等）か，現に人が存在するもの（**現在建造物**等）であることを要する。人とは犯人（共犯者を含む。大判昭和9・9・29刑集13巻1245頁）以外の者を指し（最判昭和32・6・21刑集11巻6号1700頁），犯人のみが単独で居住する建造物は非現住建造物となる（大判昭和4・6・13刑集8巻338頁）。また，居

住者全員を殺害した後に放火した場合，非現住建造物等放火罪が成立する（大判大正6・4・13刑録23輯312頁〈各 *455*〉）。

　　(ⅲ)　現住性　　現住建造物等においては，現在建造物等との対比から，現に人が存在することは必要でない。**住居**とは，**判例**によれば，人の起臥寝食の場所として日常使用される建造物をいい，昼夜間断なく人が現在することを要しない（大判大正2・12・24刑録19輯1517頁〈各 *454*〉）。学校の宿直室（前出大判大正2・12・24）や待合の離れ座敷（最判昭和24・6・28刑集3巻7号1129頁〈各 *461*〉）なども住居にあたる。

　現住建造物等は，現に人の住居として使用されていなければならない。判例では，競売手続の妨害目的で自己の経営する会社の従業員を交替で泊まり込ませていた家屋について，保険金騙取目的での放火を実行する前に従業員らを沖縄旅行に連れ出していても，家屋内には日常生活に必要な設備等があり，従業員らは犯行前約1ヶ月半の間に十数回交替で宿泊し，また旅行から帰れば再び交替で宿泊するものと認識していたという事案において，「本件家屋は，人の起居の場所として日常使用されていたものであり，右沖縄旅行中の本件犯行時においても，その使用形態に変更はなかった」として，現住建造物等放火罪の成立が肯定されている（最決平成9・10・21刑集51巻9号755頁〈各 *457*〉）。

　　(ⅳ)　複合建造物の現住性　　外観上複数の建造物が接合された**複合建造物**の一部に現住性が認められる場合，全体を現住建造物として扱い現住建造物等放火罪（現住性が認められる部分以外の箇所を焼損した段階ですでに同罪の既遂）の成立を認めてよいかが問題となる。**判例**は，学校校舎（1階に宿直室があり，夜間宿直員が宿泊していた）の2階に放火した事案（前出大判大正2・12・24），棟割長屋（その1軒に人が住んでいる）の空き家部分に放火した事案（大判昭和3・5・24新聞2873号16頁），学校の校舎（これと廊下で接続した本館等には人が現在していた）に放火した事案（大判昭和14・6・6刑集18巻337頁），人が寝泊まりしている劇場の便所に放火した事案（最判昭和24・2・22刑集3巻2号198頁〈各 *458*〉）などについて現住建造物等放火罪の成立を肯定している。また，本殿，拝殿，社務所等の建物が回廊等によって接続され，夜間も神職等が社務所等で宿直していた神宮社殿の一部に放火した事案について，「社殿は，その一部に放火されることにより全体に危険が及ぶと考えられる一体の構造であり，また，

全体が一体として日夜人の起居に利用されていたものと認められる」から，物理的にも機能的にも全体が1個の現住建造物であるとして，現住建造物放火罪の成立が肯定されている（最決平成元・7・14刑集43巻7号641頁〈各 *459*〉〔平安神宮事件〕）。

(v) **不燃性・難燃性建造物**　**不燃性・難燃性建造物**である集合住宅は構造上一体ではあるが，耐火構造のため1区画に放火しても他の区画に延焼しにくいので，区画ごとに独立した建造物とされるべきではないかが問題となる（非住居区画に放火した場合，全体が現住建造物であり現住建造物放火罪が成立するか，非住居区画が独立した非現住建造物であり非現住建造物放火罪が成立するかが問題となる）。裁判例では，深夜10階建てマンションの1階にある無人の外科医院に侵入して放火した事案において，本件医院は，すぐれた防火構造を備え，他区画へは容易に延焼しない構造となっているマンションの1室であり，しかも構造上・効用上の独立性が強く認められるから，放火罪の客体としての性質は当該部分のみをもって判断すべきで，非現住建造物にあたるとした判決がある（仙台地判昭和58・3・28刑月15巻3号279頁〈各 *462*〉）。これに対し，3階建てマンションの空き室に放火した事案において，耐火構造といっても，状況によっては火勢が他の部屋へ及ぶおそれが絶対にないとはいえない構造のものであるから，全体として1個の現住建造物であるとした判決もある（東京高判昭和58・6・20刑月15巻4＝5＝6号299頁〈各 *463*〉)[2]。

(3) **行　　為**

現住建造物等放火罪が成立するためには，放火して建造物等を焼損したことが必要である。**放火**とは，焼損が生じるべき目的物である現住建造物等に点火することを通常意味するが，媒介物を介して目的物に点火する場合には，媒介物への点火も含む（大判大正3・10・2刑録20輯1789頁など）。なお，下級審判決においては，ガソリンなど引火性の強い物質を散布した段階で，点火行為がなくとも，すでに未遂罪の成立が肯定されている（横浜地判昭和58・7・20判時1108号138頁〈総 *265*，各 *456*〉）。

---

[2]　難燃性の複合建造物について，建造物の一体性を否定した近時の裁判例として，福岡地判平成14・1・17判タ1097号305頁〈各 *465*〉がある。

(4) 焼　　損

現住建造物等の焼損により現住建造物等放火罪は既遂になる。現住建造物の焼損によって，通常，公共危険及び建造物内部の人に対する危険の発生が認められるからである。

焼損の意義についてはいくつかの見解が主張されているが，**判例・多数説は独立燃焼説**を採っている（大判明治43・3・4刑録16輯384頁，大判大正7・3・15刑録24輯219頁，最判昭和23・11・2刑集2巻12号1443頁〈各*447*〉など）。これは，火が媒介物を離れ，目的物が**独立に燃焼を継続**するに至った状態を焼損と解するものである。他説は，独立燃焼説では既遂時期が早くなりすぎ，中止犯の可能性が排除されてしまうとして，既遂時期を遅らせるべく主張されている。既遂時期の点で，独立燃焼説の対極に位置する**効用喪失説**は，火力により目的物の重要部分が焼失して，その本来の効用が失われた状態を焼損と解する。ほかに，両説の中間的見解として，**重要部分燃焼開始説**（燃え上がり説），**一部毀棄説**が主張されている。

3　非現住建造物等放火罪

(1)　総　　説

非現住建造物等放火罪（刑109条1項）は，放火して，現に人が住居に使用せず，かつ，現に人がいない建造物，艦船又は鉱坑（非現住建造物等）を焼損した場合に成立する（2年以上の有期懲役）。ただし，非現住建造物等が自己の所有に係るとき（同条2項）は，公共の危険が生じた場合に限り成立する（6月以上7年以下の懲役）。処罰根拠は，公共の危険（抽象的危険・具体的危険）である。

非現住建造物等放火罪は，目的物が他人所有の場合（刑109条1項〔抽象的危険犯〕）と自己所有の場合（同条2項〔具体的危険犯〕）とに区別され，他人の所有権の侵害が副次的に考慮されている（2項には建造物等が共犯者の所有に属する場合，建造物等の所有者が焼損について同意している場合，建造物等が無主物の場合も含まれる）。建造物等が自己所有に属していても，差押えを受け，物権を負担し，賃貸し，又は保険に付したものである場合には，109条1項の適用を受ける（刑115条）。他人所有非現住建造物等放火罪については，未遂を罰するほか（刑112条），予備も可罰的である（113条〔2年以下の懲役。刑の裁量的免除が可

能〕）。自己所有非現住建造物等放火罪については，未遂・予備は不可罰である（ただし，刑法115条の適用により刑法109条1項の適用がある場合，未遂・予備は処罰の対象となる〔大判昭和7・6・15刑集11巻841頁〕）。

(2) 客　　体

　非現住建造物等放火罪の客体は，現に人が住居に使用せず，かつ，現に人がいない建造物，艦船又は鉱坑である。なお，刑法108条とは異なり，汽車，電車は客体には含まれていないから，これらを焼損した場合，刑法110条の適用があることになる。建造物，艦船，鉱坑の意義については，現住建造物等放火罪における解説（369頁）を参照。非現住建造物の典型例は物置小屋や倉庫などである（大判昭和2・5・30刑集6巻200頁〔屋根と柱のみからなる籠堂も含む〕，名古屋高判昭和39・4・27高刑集17巻3号262頁〈各 *472*〉〔屋根のトタン板が台風で飛散し，雨露をしのぐことができなくなった物置小屋は含まれない〕参照）。

(3) 公共の危険

　(i) 公共の危険の発生　　自己所有に係る非現住建造物等を客体とする場合（刑109条2項）には，公共の危険（具体的危険）が発生したことが犯罪成立要件となる（これは，刑法110条の建造物等以外放火罪においても同様に要件とされており，ここで主として検討を加える）。**公共の危険**とは，かつての判例によれば，現住建造物等又は他人所有に係る非現住建造物等に延焼する危険をいう（大判明治44・4・24刑録17輯655頁〔刑110条〕参照）とされていた。このような延焼の危険によって，不特定・多数人の生命・身体・財産に対する危険を肯定することができるからである。ところが，最高裁は，刑法110条1項にいう公共の危険に関し，駐車場に駐車中の自動車を焼損し，隣接して駐車中の車両2台及びゴミ集積場に延焼の危険を生じさせた事案について，刑法108条及び109条1項に規定する建造物等に対する延焼の危険のみに限られるものではなく，不特定又は多数の人の生命，身体又は前記建造物等以外の財産に対する危険も含まれるとして，公共の危険の意義をやや拡張する判断を示したことが注目される（最決平成15・4・14刑集57巻4号445頁〈各 *469*〉）。ここでは，公共危険概念の実質化による拡張が図られている。

　(ii) 公共の危険の認識　　刑法109条2項の非現住建造物等放火罪が成立するためには，**公共の危険の認識**が行為者に必要かが問題とされている（刑法

374 第3編 第8章 公共危険罪

110条の建造物等以外放火罪においても同様に問題となるが，ここで主として検討を加える）。**判例**は公共危険の認識を**不要**とする立場に立っているが（大判昭和6・7・2刑集10巻303頁，最判昭和60・3・28刑集39巻2号75頁〈各473〉〔刑法110条〕），学説の**多数説**は公共危険の認識を**必要**と解している。認識不要説[3]は，公共の危険の認識がある場合，刑法108条・109条1項の放火罪の故意があることになって同罪の未遂が成立し，刑法109条2項の独自の領域が否定されてしまうのではないかということを根拠としている[4]。認識必要説は，自己所有物を焼損すること自体には何らの法益侵害性もなく，109条2項の放火罪は公共危険の発生により初めて法益侵害性・違法性が認められるのだから，責任主義の見地からは，公共危険の認識が当然要求されるとする。

4 建造物等以外放火罪

(1) 総　　説

建造物等以外放火罪（刑110条1項）は，放火して，刑法108条・109条に規定する物（建造物等）以外の物を焼損し，よって公共の危険を生じさせた場合に成立する（1年以上10年以下の懲役）。ただし，建造物等以外の物が自己の所有に係るときについては，軽い法定刑が定められている（刑110条2項〔1年以下の懲役又は10万円以下の罰金〕）。処罰根拠は，公共の危険である。本罪では，刑法109条2項と同様，他人の所有権侵害が副次的に考慮されている。

(2) 客　　体

建造物等以外放火罪（刑110条）の客体は，現住建造物・汽車・電車・艦船・鉱坑，非現住建造物・艦船・鉱坑以外の物を広く含む。なお，下級審判決には，マッチ棒やごく少量の紙片など，他の物体に対する点火の媒介物として用いられ，それ自体の焼損では公共の危険の発生の予想されないような物は，建造物等以外放火罪の客体に含まれないとしたものがある（東京地判昭和40・

---

3) さらに，刑法110条1項は結果的加重犯の規定形式を採用していることなどが理由とされている。

4) 前出最決平成15・4・14のように，公共の危険を，108条及び109条1項に規定された建造物等への延焼の危険に限定しない場合には，こうした理由は必ずしも妥当しないことになろう。

8・31 判タ 181 号 194 頁）。

(3) 公共の危険

公共の危険の発生が成立要件であるが，その意義及び認識の要否については，非現住建造物等放火罪での解説（373 頁以下）を参照。

5 延 焼 罪

延焼罪（刑 111 条）は，① 109 条 2 項の罪（自己所有に係る非現住建造物等放火罪）又は 110 条 2 項の罪（自己所有に係る建造物等以外放火罪）を犯し，よって 108 条・109 条 1 項に規定する物に延焼させた場合（1 項〔3 月以上 10 年以下の懲役〕），② 110 条 2 項の罪（自己所有に係る建造物等以外放火罪）を犯し，よって 110 条 1 項に規定する物に延焼させた場合（2 項〔3 年以下の懲役〕）に成立する。公共の危険の発生を要件とする（**自己所有物に対する**）**放火罪の結果的加重犯**である。延焼の対象となる物は他人所有のものであるが，刑法 115 条の適用により他人所有物として扱われるものも含まれると解される（反対説もある）。

延焼罪の成立には，基本犯である 109 条 2 項・110 条 2 項の罪の成立が必要で，公共の危険発生の結果として，108 条・109 条 1 項・110 条 1 項の客体に延焼したことが要件となる。公共の危険発生前に，延焼の結果が生じた場合には失火罪（刑 116 条）が成立するにすぎない。

6 消火妨害罪

消火妨害罪（刑 114 条）は，火災の際に，消火用の物を隠匿し，若しくは損壊し，又はその他の方法により，消火を妨害した場合に成立する（1 年以上 10 年以下の懲役）。火災の際にその消火を妨害することにより，公共危険の発生・拡大を促進する行為を処罰の対象とするものである。抽象的危険犯であり，現実に消火が妨害されたことを要しない。

消火妨害罪の成立には，構成要件的状況として，火災の発生が必要である（出火原因を問わない）。消火妨害の方法としての，消火用の物（消防車，消火用ホース，消火器など）の隠匿・損壊は例示であり，消防車の出動を妨げる行為や消防士の消防活動を妨げる行為などを広く含む。なお，放火犯人により，消火妨害罪が行われた場合，本罪は放火罪に吸収される（松江地判昭和 52・9・20 刑月

9巻9＝10号744頁）。

7 失 火 罪

(1) 総　説

　失火罪（116条）は，①失火により，108条に規定する物（現住建造物等）又は他人の所有に係る109条に規定する物（非現住建造物等）を焼損した場合（1項〔50万円以下の罰金〕），又は②失火により，109条に規定する物（非現住建造物等）であって自己の所有に属するもの又は110条に規定する物（建造物等以外の物）を焼損し，よって公共の危険を生じさせた場合（2項〔50万円以下の罰金〕）に成立する。**失火**とは，過失により出火させることをいう。

(2) 業務上失火罪

　業務上失火罪（刑117条の2）は，116条（失火罪）の行為が業務上必要な注意を怠ったことによる場合に成立する（3年以下の禁錮又は150万円以下の罰金）。業務者に関する失火罪の責任加重類型である。

　業務上失火罪にいう**業務**とは，職務として火気の安全に配慮すべき社会生活上の地位をいう（最決昭和60・10・21刑集39巻6号362頁〈各77〉）。個人的に行われる喫煙や家庭内で行われる調理などの行為は，反復継続されても，業務にはあたらない。この業務は，以下のように類型化できる。第1は，火気を直接扱う職務である。公衆浴場経営者（最判昭和34・12・25刑集13巻13号3333頁），ボイラーマン（東京高判昭和27・9・3判特34号162頁），溶接作業員（名古屋高判昭和61・9・30高刑集39巻4号371頁），調理師などがこれにあたる。第2は，火気の発生しやすい物質・器具・設備等を取り扱う職務である。高圧ガス等販売業者（最決昭和42・10・12刑集21巻8号1083頁），ディーゼル・エンジン自動車の運転者（最決昭和46・12・20刑集25巻9号1086頁），サウナ風呂製作者（最決昭和54・11・19刑集33巻7号728頁〈総230〉〔有楽サウナ事件〕），給油作業員（最決昭和57・11・8刑集36巻11号879頁），易燃物であるウレタンフォームの管理者（前出最決昭和60・10・21）などがこれにあたる。第3は，火災の発見・防止を任務とする職務である。夜警（最判昭和33・7・25刑集12巻12号2746頁〔京都駅失火事件〕）や劇場・ホテルの経営者・支配人などがこれにあたる。

第 3 節　放火罪・失火罪　377

(3)　重 失 火 罪

重失火罪（刑 117 条の 2）は，116 条（失火罪）の行為が重大な過失による場合に成立する（3 年以下の禁錮又は 150 万円以下の罰金）。これは，過失の程度が重いことによる，失火罪の責任加重類型である（最判昭和 23・6・8 裁集刑 2 号 329 頁〔盛夏晴天の日にガソリン給油所のガソリン缶の間近でライターを使用した事例〕，東京高判平成元・2・20 判タ 697 号 269 頁〔石油ストーブの燃料として，灯油の代わりに，間違えてガソリンとオイルの混合油を使用した事例〕など参照）。

8　激発物破裂罪

激発物破裂罪（刑 117 条 1 項）は，火薬，ボイラーその他の激発すべき物（激発物）を破裂させて，①108 条に規定する物（現住建造物等）又は②他人の所有に係る 109 条に規定する物（非現住建造物等）を損壊した場合に成立する（1 項前段。「放火の例による」。①：死刑又は無期若しくは 5 年以上の懲役，②：2 年以上の有期懲役）。また，激発物を破裂させて，③109 条に規定する物（非現住建造物等）であって自己の所有に係るもの又は④110 条に規定する物（建造物等以外の物）を損壊し，よって公共の危険を生じさせた場合にも成立する（1 項後段。③：6 月以上 7 年以下の懲役，④：1 年以上 10 年以下の罰金〔他人の所有に係る場合〕，1 年以下の懲役又は 10 万円以下の罰金〔自己の所有に係る場合〕）。過失激発物破裂罪（刑 117 条 2 項），業務上過失激発物破裂罪（刑 117 条の 2），重過失激発物破裂罪（刑 117 条の 2）は，失火罪と同様の要件で同様の法定刑により処罰される。

激発すべき物とは，急激に膨張・破裂して物を破壊する力を有する物をいい，法文上例示された火薬やボイラーのほか，高圧ガスボンベ，石油タンクなどが含まれる（横浜地判昭和 54・1・16 判時 925 号 134 頁〔密閉した室内に充満したガスは激発物にあたる〕など参照）。爆発物（爆発物取締罰則参照）も激発物であるが，爆発物取締罰則が特別規定として優先適用され，激発物破裂罪は別途成立しないと解される（大阪高判昭和 52・6・28 刑月 9 巻 5 = 6 号 334 頁参照）。

9　ガス漏出等罪・同致死傷罪

ガス漏出等罪（刑 118 条 1 項）は，ガス，電気又は蒸気を漏出させ，流出させ，又は遮断し，よって人の生命，身体又は財産に危険を生じさせた場合に成

立する（3年以下の懲役又は10万円以下の罰金）。ガス漏出等致死傷罪（同条2項）は，ガス，電気又は蒸気を漏出させ，流出させ，又は遮断し，よって人を死傷させた場合に成立する（傷害の罪と比較して，重い刑により処断する）。

第4節　出　水　罪

　出水罪（刑119条以下）は，水力による公共危険罪である。火力による公共危険罪である放火罪に比肩すべきもので，犯罪構成要件も類似した構成となっている。これに対し，水利妨害罪（123条）は，財産権である水利権に対する罪であり，公共危険罪である出水罪とは異質な犯罪である。ただし，その手段が出水危険罪と共通であり，また出水の危険を伴うことも十分に想定されるため，出水罪と共に規定されている。

第5節　往来妨害罪

1　総　　説
　往来を妨害する罪（刑124条以下）は，交通施設・機関に工作を加えて，交通の安全を害する罪である。直接の保護法益は**交通の安全**であるが，その侵害により交通機関の利用者など不特定又は多数の人の生命・身体に対する危険を生じさせる点において，公共危険罪の性質を備えている。

2　往来妨害罪・同致死傷罪
　(1)　総　　説
　往来妨害罪（刑124条1項）は，陸路，水路又は橋を損壊し，又は閉塞して往来の妨害を生じさせた場合に成立する（2年以下の懲役又は20万円以下の罰金）。未遂を罰する（刑128条）。本罪は陸上・水上の交通を妨害する罪であるが，交通の危険（往来の危険）を生じさせるに至らない程度のものであるため，法定刑が往来危険罪（刑125条）に比して軽くなっている。
　(2)　構　成　要　件
　往来妨害罪は，①陸路・水路・橋の②損壊・閉塞により③往来の妨害を生じ

させた場合に成立する。陸路とは道路をいい（陸上交通路），水路とは船舶・筏などの航行の用に供される河川・運河などをいう（水上交通路）。橋には，陸橋や桟橋などが含まれるが，もっぱら鉄道交通に供されているものは，本条の客体からは除外され，往来危険罪（刑125条1項）の客体となる（鉄道交通は本条には含まれていない）。陸路・水路・橋は，公衆の交通の用に供されていることを要するが，所有権の所在を問わず（大判昭和11・11・6新聞4072号17頁，最決昭和32・9・18裁集刑120号457頁），陸路の敷地の所有者などが本条にあたる行為をした場合でも，それに正当な理由が認められないときには本罪を構成しうる（大判昭和2・3・30刑集6巻145頁）。

　往来妨害罪が成立するためには，陸路などを損壊又は閉塞する必要がある。偽計（虚偽の通行禁止の立札をたてるなど）によって通行を妨害しても本罪は成立しない。**損壊**とは，爆破行為などによる物理的損壊をいい，**閉塞**とは，障害物を設けて道路などを遮断することをいう。**判例**は，陸路の閉塞とは，陸上の通路に障害物を設け，該通路による往来の不能又は危険を生じさせることをいうと解している（最決昭和59・4・12刑集38巻6号2107頁〔道路上に自動車を横向きに置き，ガソリンをまいて炎上させ，爆発するおそれを生じさせた事案。約2メートルの通行余地は存在していたが，陸路閉塞による往来妨害罪の成立を肯定〕）。

　往来の妨害とは，陸路などの損壊・閉塞により，通行が不可能又は著しく困難になったことをいう。往来妨害の状態は現実に生じたことが必要であるが（そうでない場合は未遂である），実際に通行人・車両の通行がなかったため，交通が現実には妨げられなかったとしても，本罪は成立する（現実の妨害結果の発生は不要である）。

(3) 往来妨害致死傷罪

　往来妨害致死傷罪（刑124条2項）は，往来妨害罪を犯し，よって人を死傷させた場合に成立する（傷害の罪と比較して，重い刑により処断する）。本罪は往来妨害罪の結果的加重犯であり，往来妨害罪が既遂となったことが必要である。**判例**は，国庫補助金を獲得するために行われた違法な橋梁損壊の工事中に橋梁が墜落して作業人・通行人を死傷させた事案において，往来妨害致死傷罪の成立を肯定している（最判昭和36・1・10刑集15巻1号1頁〔天狗橋損壊事件〕）。

380　第3編　第8章　公共危険罪

3　往来危険罪

(1)　総　　説

　往来危険罪（刑125条）は，①鉄道若しくはその標識を損壊し，又はその他の方法により，汽車又は電車の往来の危険を生じさせた場合（1項〔2年以上の有期懲役〕），②灯台若しくは浮標を損壊し，又はその他の方法により，艦船の往来の危険を生じさせた場合（2項〔2年以上の有期懲役〕）に成立する。本罪では，鉄道交通又は海上交通の危険を生じさせる行為が往来妨害罪（刑124条）よりも加重処罰されている。

(2)　構 成 要 件

　往来危険罪は，汽車・電車の往来の危険（刑125条1項）又は艦船の往来の危険（同条2項）を生じさせた場合に成立する。その方法として，鉄道（線路そのものだけでなく，汽車・電車の走行に必要な一切の施設・設備をいい，枕木や犬釘，さらにはトンネルなどを含む）又はその標識の損壊，灯台又は浮標の損壊が規定されているが，これらは例示で，その他の方法を広く含む。線路上に障害物（石など）を置くこと（大判大正9・2・2刑録26輯17頁），虚偽の信号・標識を表示すること，無人電車を暴走させること（最大判昭和30・6・22刑集9巻8号1189頁〈各 *478*〉〔三鷹事件〕），正規の運転計画に従わない電車を走行させること（最判昭和36・12・1刑集15巻11号1807頁〈総 *29*，各 *474*〉〔人民電車事件〕），線路沿いの土地を掘削すること（最決平成15・6・2刑集57巻6号749頁〈各 *475*〉），航路に障害物を敷設すること，虚偽の浮標を設置することなどにより往来の危険を生じさせた場合に本罪は成立する。

　往来危険罪が成立するためには，汽車・電車の往来の危険又は艦船の往来の危険が生じたことが必要である。汽車・電車とは，軌道上を走行する交通機関をいう。判例によれば，汽車にはガソリンカーを含む。電車にはモノレールを含みうるが，ロープウェイやトロリーバスは軌道上を走行するものではないから，バスや航空機などと同じく，本罪の客体からは除外される。艦船とは，水上の交通機関であり，軍艦及び船舶をいう。小型の船舶も含まれる（大判昭和10・2・2刑集14巻57頁）。

　往来の危険とは，汽車・電車・艦船の衝突・脱線・転覆・沈没・破壊など交通の安全を害するおそれのある状態（具体的危険）をいう（最判昭和35・2・18刑

集 14 巻 2 号 138 頁，前出最判昭和 36・12・1 など）。往来危険罪の法定刑が重いのは，交通機関の運転に従事する者や利用者の生命・身体に対する危険を根拠とするから，**有人**の汽車・電車・艦船の交通に対する危険が必要であると解すべきであろう。なお，往来の危険が生じることについては，**認識・予見**が必要である（大判大正 13・10・23 刑集 3 巻 711 頁〈各 *476*〉，前出最判昭和 36・12・1 など）。

4 汽車転覆等罪・同致死罪

(1) 総　説

汽車転覆等罪（刑 126 条 1 項）は，現に人がいる汽車又は電車を転覆させ，又は破壊した場合に成立する（無期又は 3 年以上の懲役）。艦船転覆等罪（同条 2 項）は，現に人がいる艦船を転覆させ，沈没させ，又は破壊した場合に成立する（無期又は 3 年以上の懲役）。未遂を罰する（刑 128 条）。

(2) 構 成 要 件

汽車転覆等罪の客体は，**現に人がいる**汽車・電車・艦船である。停車中・停泊中でもよいが，修理中など交通機関としての用に供されていない場合は，客体から除外される。判例によれば，実行の開始時に人が現在することが必要である（大判大正 12・3・15 刑集 2 巻 210 頁〔艦船の船体への穿孔により浸水開始後，避難した事例〕）。

汽車転覆等罪（刑 126 条 1 項）では，現に人のいる汽車・電車の転覆又は破壊が成立要件である。汽車・電車の転覆とは，汽車・電車を横転，転落させることをいい，単に脱線させるだけの場合は含まれない。汽車・電車の破壊とは，汽車・電車の実質を害して，その交通機関としての機能の全部又は一部を失わせる程度の物理的損壊をいい（最判昭和 46・4・22 刑集 25 巻 3 号 530 頁），投石により電車の車体に疵を付けたり，窓ガラスを破損したにとどまる場合は含まれない（大判明治 44・11・10 刑録 17 輯 1868 頁）。

艦船転覆等罪（刑 126 条 2 項）では，現に人のいる艦船の転覆，沈没又は破壊が成立要件である。艦船の沈没とは，船舶の主要な部分が水中に没した状態をいい，単なる座礁は含まない。艦船の破壊とは，艦船の実質を害し，航行機関たる機能の全部又は一部を不能にする程度の損壊をいう（大判昭和 2・10・18 刑集 6 巻 386 頁）。なお，艦船を座礁させることが（船体に破損が生じていなくと

も）破壊にあたる場合がある（最決昭和 55・12・9 刑集 34 巻 7 号 513 頁〈総 *30*, 各 *477*〉〔厳寒の千島列島ウルップ島海岸に漁船を乗り上げて座礁させた上，海水取入れバルブを開放して機関室内に海水を取り入れ，自力離礁を不可能ならしめて同船の航行能力を失わせた事例〕）。

　(3)　汽車転覆等致死罪

　汽車転覆等致死罪（刑 126 条 3 項）は，汽車転覆等罪（同条 1 項）又は艦船転覆等罪（同条 2 項）を犯し，よって人を死亡させた場合に成立する（死刑又は無期懲役）。汽車転覆等罪又は艦船転覆等罪が未遂の場合には汽車転覆等致死罪は成立せず，汽車・電車・艦船の転覆・沈没・破壊の結果として人の死亡が生じた場合にのみ本罪は成立する（ただし，東京高判昭和 45・8・11 高刑集 23 巻 3 号 524 頁〔電車内で時限爆破装置を爆発させて，電車を破壊し，同時に破片により乗客を死亡させた事例〕参照）。

　汽車等の転覆等の結果として，汽車等の内部にいた人が死亡した場合に汽車転覆等致死罪が成立するが，それ以外の人（たとえば，駅のホームの乗客，沿線住民）を死亡させた場合についても本罪が成立するかが問題となる。**判例**はこれを**肯定**している（最大判昭和 30・6・22 刑集 9 巻 8 号 1189 頁〈各 *478*〉〔三鷹事件〕）。

　人に対する殺意をもって汽車等を転覆等させ，よって人を死亡させた場合，判例は殺人罪と汽車転覆等致死罪の観念的競合を認めるが（大判大正 7・11・25 刑録 24 輯 1425 頁），死の二重評価を避けるため，汽車転覆等致死罪のみの成立を肯定する見解が主張されている。

5　往来危険による汽車転覆等罪

　(1)　総　　説

　往来危険による汽車転覆等罪（刑 127 条）は，往来危険罪（刑 125 条）を犯し，よって汽車若しくは電車を転覆させ，若しくは破壊し，又は艦船を転覆させ，沈没させ，若しくは破壊した場合に成立する（刑法 126 条の例により，無期又は 3 年以上の懲役。人が死亡した場合に，126 条 3 項の例により死刑又は無期懲役となるかについては争いがある）。これは，往来危険罪の結果的加重犯であるが，加重結果について故意のある場合と同様に処罰することを定める特殊な規定である。

第5節　往来妨害罪　383

(2)　汽車等の転覆等

汽車等の往来の危険を生じさせ，よって汽車等の転覆等が生じたとき，往来危険による汽車転覆等罪が成立する。転覆等の客体である汽車等について，「現に人がいる」との限定がないので，無人の汽車等を転覆等した場合でも本罪が成立するか問題となる。**判例**は，無人電車を暴走させて電車の往来の危険を生じさせ，その無人電車自体が脱線破壊したという事案において，本罪の成立を肯定している（最大判昭和30・6・22刑集9巻8号1189頁〈各 *478*〉〔三鷹事件〕）[5]。しかし，多数説は，「126条の例による」のは，客体が126条と同様であること（人が現在する汽車等であること）を前提とするとの理解から，無人の汽車等が転覆する場合本罪は成立しないと解している。

(3)　人 の 死 亡

往来危険の結果としての汽車等の転覆等によって人が死亡した場合，刑法126条3項の例によると解するかが問題となる。**判例**は，これを肯定している（前出最大判昭和30・6・22〔三鷹事件。少数意見がある〕）。

6　過失往来危険罪

過失往来危険罪（刑129条1項）は，過失により，汽車，電車若しくは艦船の往来の危険を生じさせた場合，又は，汽車若しくは電車を転覆させ，若しくは破壊し，若しくは艦船を転覆させ，沈没させ，若しくは破壊した場合に成立する（30万円以下の罰金）。すなわち，過失による往来危険罪及び過失による汽車転覆等罪が処罰の対象とされている。業務上過失往来危険罪（同条2項）は，その業務に従事する者が過失往来危険罪（同条1項）を犯した場合に成立する（3年以下の禁錮又は50万円以下の罰金）。本罪にいう「業務に従事する者」とは，直接又は間接に汽車・電車・艦船の交通往来の業務に従事する者をいう（大判昭和2・11・28刑集6巻472頁）。汽車等の運転手，車掌，船長や線路の保線係，信号係などがその例である。

---

5)　そこでは，転覆する汽車等は往来の危険を惹起する手段としての汽車等の場合も含まれるとする理解が併せ採られている。

384　第3編　第8章　公共危険罪

第6節　公衆の健康に対する罪

　公衆（不特定又は多数の人）の健康を保護法益とする犯罪として，あへん煙に
関する罪（刑136条以下）と飲料水に関する罪（刑142条以下）が規定されてい
る。しかし，これらは公衆の健康に関わる領域のごく一部を捕捉するのみで，
特別法の規制が重要な役割を果たしている。あへん煙に対する罪は，いわゆる
薬物犯罪の一部をなすものであるが，あへんについては，別途あへん法があり，
また覚せい剤（覚せい剤取締法），麻薬（麻薬及び向精神薬取締法），大麻（大麻取
締法），シンナー（毒物及び劇物取締法）などについては個別の規制法が存在して
いる。

第9章

取引等の安全に対する罪

第1節 総　　説

　現在の経済社会において極めて重要な意義を有する，経済取引その他の人的交渉関係は，そこで用いられる証拠としての文書や通貨その他の決済手段の信用性に基本的に依存している。これらの信用性が害されることになっては，現在の社会における人々の諸活動の前提条件が損なわれる結果，社会の活動それ自体に多大の障害が生じることになる。そこで，刑法においては，通貨偽造の罪（刑148条以下），文書偽造の罪（刑154条以下），有価証券偽造の罪（刑162条以下），支払用カード電磁的記録に関する罪（刑163条の2以下），印章偽造の罪（刑164条以下）を規定し，通貨・文書・有価証券・支払用カード・印章の偽造等を処罰の対象とすることにより，これらの証明・決済手段に対する公衆の信用を保護しようとしている。また，現在の社会で重要な機能を果たすコンピュータ・プログラムの信頼性を担保するために，平成23年の刑法改正により，不正指令電磁的記録に関する罪（刑168条の2以下）が新設された。

第2節　通貨偽造罪

1　総　　説

　通貨偽造の罪（刑148条以下）としては，通貨偽造罪・同行使等罪（刑148条），外国通貨偽造罪・同行使等罪（刑149条），偽造通貨等収得罪（刑150条），以上の罪の未遂罪（刑151条），収得後知情行使罪（刑152条），通貨偽造等準備罪

386 第3編 第9章 取引等の安全に対する罪

（刑153条）が規定されている。これらの罪の**保護法益**は，**通貨の真正に対する公衆の信用（公共的信用）**である。通貨に対する信用性が失われては，取引の決済に支障を来し，その結果経済活動が麻痺することになりかねないから，通貨偽造罪は極めて重い犯罪であると位置づけられている。

　保護法益に関し，国の**通貨発行権**も保護法益であり，これが害される場合，通貨に対する公共的信用が害されなくとも，通貨偽造罪の成立を肯定すべきかがかつて問題となった。**判例**は，昭和21年の「新円切替え」に際し，不正に入手した証紙を旧円券に貼付して新円券を作成した事案において，通貨偽造罪は通貨発行権者の発行権を保障して通貨に対する社会の信用を確保しようとするものであるとして，通貨偽造罪の成立を肯定した（大判昭和22・2・22刑集26巻6頁，最判昭和22・12・17刑集1巻94頁〔新円切替え事件〕）。

2　通貨偽造罪・同行使等罪

(1)　総　　説

　通貨偽造罪（刑148条1項）は，行使の目的で，通用する貨幣，紙幣又は銀行券を偽造し，又は変造した場合に成立する（無期又は3年以上の懲役）。偽造通貨行使等罪（同条2項）は，偽造又は変造の貨幣，紙幣又は銀行券を行使し，又は行使の目的で人に交付し，若しくは輸入した場合に成立する（無期又は3年以上の懲役）。両罪の未遂は罰する（刑151条）。偽造通貨行使罪は保護法益である通貨の信用性を侵害する侵害犯であり，通貨偽造罪は流通に置かれる危険のある偽造通貨を作出する危険犯として位置づけられる。

(2)　通貨偽造罪

　(i)　客体　　通貨偽造罪の客体は，通用する貨幣，紙幣又は銀行券である。「通用する」とは，事実上流通していることではなく，わが国において**強制通用力**を有することをいう。貨幣・紙幣とは政府が発行する通貨をいい，現在は硬貨である貨幣だけが発行されている。銀行券とは，政府の認許により特定の銀行が発行する貨幣代用証券であり，現在は日本銀行が発行主体である日本銀行券だけが発行されている。

　(ii)　行為　　通貨偽造罪の実行行為は，行使目的による偽造又は変造である。行使目的にいう**行使**とは，真正な通貨として流通に置くことをいい（東京

高判昭和29・3・25高刑集7巻3号323頁参照），他人に行使させる目的でもよい（最判昭和34・6・30刑集13巻6号985頁参照）。行使目的の存在により偽造通貨が流通に置かれる有意な危険が発生するため，成立要件とされている（主観的違法要素）。

偽造とは，権限のない者が通貨に似た外観のものを作成することをいい，作成された物が一般人をして真正の通貨と誤認させる程度に至っていることが必要である（大判昭和2・1・28新聞2664号10頁，最判昭和25・2・28裁集刑16号663頁）。偽造の実行に着手したが，結果として，その程度にまで至らなければ，通貨偽造未遂となる。なお，その程度にまで至らない物を作成する行為は**模造**であり，その製造・販売が貨幣及証券模造取締法で処罰の対象となる（この場合，行使の目的は要件として法文上規定されておらず，通貨偽造罪との均衡上問題がある）。**変造**とは，権限のない者が真正な通貨に加工して通貨に似た外観のもの（一般人をして真正な通貨と誤認させる程度）を作成することをいう。真正な通貨の同一性を失わせない範囲での加工をいい，同一性を欠く場合には偽造となる（ただし，偽造・変造の区別の誤りは上級審における判決破棄の理由とはならない〔最判昭和36・9・26刑集15巻8号1525頁〕）。

(3)　偽造通貨行使等罪

(i)　客体　偽造通貨行使等罪の客体は，偽造又は変造された貨幣，紙幣又は銀行券（刑148条1項参照）である（これを総称して，偽貨という）。それらは，行使の目的をもって偽造・変造されたことを必要とせず，また，誰により偽造・変造されたかを問わない。

(ii)　行為　偽造通貨行使等罪の構成要件的行為は，①行使，②行使目的による交付，③行使目的による輸入である。①は通貨に対する公共的信用を害する侵害犯であるが，②③は偽貨を流通に置く前の危険犯である（したがって，行使の目的が要求されている）。

行使とは，偽貨を真正な通貨として流通に置くことをいう。人に対して直接行使されることが通常であるが，自動販売機での使用も偽貨を流通に置いたことになり，行使に含まれる（東京高判昭和53・3・22刑月10巻3号217頁）。ただし，行使の客体は偽造通貨と認められるものであることを要し，一見して偽貨であることが明白で単に自動販売機を作動させるだけのものは含まない。偽貨

388　第3編　第9章　取引等の安全に対する罪

の使用方法が適法であることは必要とせず，賭博の賭金とする場合でもよい（大判明治41・9・4刑録14輯755頁）。これらに対し，偽貨を見せ金として示す場合，保管のため占有を委託する場合，偽貨は流通に置かれていないから，行使にはあたらない。**交付**とは，偽貨であることを告げ，又は偽貨であることを知る者に偽貨の占有を移転することをいう（大判明治43・3・10刑録16輯402頁）[1]。有償・無償を問わない。通貨偽造の共同正犯間において偽貨を分配する場合，通貨偽造を超えた信用性侵害の危険が生じているとはいえないから，偽造通貨交付罪の成立は否定されるべきであろう。**輸入**の意義については争いがあるが，通貨の信用性に対する危険が生じる時期から，陸揚げを要すると解することができる（大判明治40・9・27刑録13輯1007頁）。

　　(ⅲ)　**罪数**　通貨偽造罪と偽造通貨行使罪とは**牽連犯**となる。また，偽貨によって商品を購入などした場合，偽造通貨行使罪のみが成立し，詐欺罪は同罪に吸収されて別罪を構成しない（大判明治43・6・30刑録16輯1314頁）。詐欺罪の成立を肯定すると，収得後知情行使罪（刑152条）についても詐欺罪が成立することになり，収得後知情行使罪を軽く処罰する趣旨が没却されることになってしまうからである。

3　外国通貨偽造罪・同行使等罪

　外国通貨偽造罪（刑149条1項）は，行使の目的で，日本国内に流通している外国の貨幣，紙幣又は銀行券を偽造し，又は変造した場合に成立する（2年以上の有期懲役）。偽造外国通貨行使等罪（同条2項）は，偽造又は変造の外国の貨幣，紙幣又は銀行券を行使し，又は行使の目的で人に交付し，若しくは輸入した場合に成立する（2年以上の有期懲役）。両罪の未遂は罰する（刑151条）。

　外国通貨偽造罪の客体は，日本国内に流通している外国の貨幣，紙幣又は銀行券である。日本国内とは日本の主権の及ぶ領域内をいうが，判例によれば，日本国内の米軍施設も含む（最決昭和28・5・25刑集7巻5号1128頁〔米軍施設内で流通するドル表示軍票〕）。「流通している」とは「通用する」（刑148条1項）と

---

1)　偽造通貨交付罪は，実質上偽造通貨行使罪の教唆・幇助にあたる行為であり，受交付者が偽造通貨行使罪を犯しても，偽造通貨行使罪の共犯は別途成立しない（前出大判明治43・3・10）。

異なり，事実上（適法に）流通していることをいう。偽造外国通貨行使等罪の客体は，偽造又は変造された外国の貨幣，紙幣又は銀行券（刑149条1項参照）であり，真貨が日本国内に流通していることが必要である。

両罪の構成要件的行為は，通貨偽造罪・同行使罪と同じであり，そこにおける解説（386頁以下）を参照。

4　偽造通貨等収得罪

偽造通貨等収得罪（刑150条）は，行使の目的で偽造又は変造の貨幣，紙幣又は銀行券を収得した場合に成立する（3年以下の懲役）。未遂は可罰的である（刑151条）。

構成要件的行為は，偽貨の**収得**である。これは，偽貨を偽貨と知りつつ取得する一切の行為を含む（偽造通貨交付罪の相手方となる行為は偽造通貨収得罪で処罰される）。偽貨を窃取・詐取する行為も含むと解されている（この場合，窃盗罪・詐欺罪と偽造通貨収得罪とは観念的競合となる）。

なお，偽貨を収得後行使した場合，偽造通貨等収得罪と偽造通貨等行使罪の**牽連犯**となる。

5　収得後知情行使等罪

収得後知情行使等罪（刑152条）は，貨幣，紙幣又は銀行券を収得した後に，それが偽造又は変造のものであることを知って，これを行使し，又は行使の目的で人に交付した場合に成立する（偽貨の額面価格の3倍以下の罰金又は科料。ただし，2千円以下にすることはできない）。本罪は，偽造通貨等行使罪（刑148条2項）・偽造外国通貨等行使罪（刑149条2項）の減軽類型である。本罪が軽いのは，偽貨を知らずに収得したことにより生じた損害を他人に転嫁する行為で，適法行為の期待可能性が類型的に低いことによる。

6　通貨偽造等準備罪

通貨偽造等準備罪（刑153条）は，貨幣，紙幣又は銀行券の偽造又は変造の用に供する目的で，器械又は原料を準備した場合に成立する（3月以上5年以下の懲役）。本罪は，通貨偽造罪（刑148条1項）・外国通貨偽造罪（刑149条1項）

の予備行為のうち，器械又は原料を準備する行為のみをとくに処罰するものであり，自ら通貨偽造等を行う意思を有している場合（**自己予備**）のみならず，他人が行う通貨偽造等の準備をなす場合（**他人予備**）を含む（大判昭和7・11・24刑集11巻1720頁）。通貨偽造罪等の実行に適した準備が行われることは必要であるが，偽造等が可能な状態にまで準備が整っていることは要しない（大判大正2・1・23刑録19輯28頁）。

器械又は原料の準備は偽造又は変造の用に供する目的で行われなければならないが，さらに行使の目的を有することも必要である（大判昭和4・10・15刑集8巻485頁）。器械又は原料の購入代金の提供は通貨偽造等準備罪の幇助となる（大判昭和4・2・19刑集8巻84頁〈総*336*〉）。

第3節　文書偽造罪

1　総　説

(1)　保　護　法　益

文書偽造の罪（刑154条以下）の**保護法益**は，文書（電磁的記録もこれに準じる）に対する**関係者の信用**である。文書とは，後述するように，名義人の意思・観念の表示が固定されたもので，名義人が一定の**意思・観念の表示**をなしたことの**証拠**として意義を有する。したがって，文書に対する信用とは，文書が人のなした意思・観念の表示の証拠となりうることに対する信用に他ならない。すなわち，文書は証拠として保護の対象となっており，文書偽造罪は（証拠にならないものを作出するという意味で）文書の証拠としての信頼性・信用性を害する「証拠犯罪」として把握される[2]。なお，公文書（刑156条・157条参照）及び医師が公務所に提出すべき診断書，検案書又は死亡証書（刑160条参照）については，内容の真実性を確保する必要性が高いことから，虚偽の文書（内容が虚偽の証拠）の作成がさらに処罰の対象とされている。

(2)　文書の意義

(i)　総説　　**文書**とは，文字又はこれに代わるべき可視的符号により，一

---

2)　文書の内容の真実性は，名義人の人的保証により担保されることになる。

第 3 節　文書偽造罪　　391

定期間永続すべき状態において物体の上に記載された，人の意思・観念の表示をいう（大判明治 43・9・30 刑録 16 輯 1572 頁〈各 *480*〉〔入札用の陶器への記載〕参照）。文書であるためには，さらに，意思・観念の表示主体である**作成名義人**が**認識可能**であることを要する。この要件が付加されるのは文書が証拠として保護されることによる（誰の意思・観念の表示か不明なものに証拠としての意義は存しない）。

(ii)　**可視性・可読性**　　文書であるためには，作成名義人の意思・観念が**可視的・可読的**な形で媒体に**固定**されている必要がある。しかも，**視覚**による表示の**直接的**な認識可能性が必要であり，記録が機械的処理により間接的に認識可能な形になるのでは足りない（音声・画像に変換される音声テープ・ビデオテープ，可視的・可読的記録に変換される電磁的記録は文書ではない）。

(iii)　**意思・観念の表示**　　文書であるためには，表示が意思・観念を表し，一定の意味[3]を有することが必要である。簡略化されていても，一定の意味を有するものは文書（これを，**省略文書**と呼ぶ）である（郵便日付印は，郵便物の引受けを証する郵便局の文書であると解した判決として，大判昭和 3・10・9 刑集 7 巻 683 頁〈各 *481*〉など参照。これを印章にすぎないとする見解も存在する）。

　文書は，経済的取引関係など社会生活上重要な関係にとっての証拠として保護の対象となる。このことは，私文書偽造罪（刑 159 条）の客体が「権利，義務若しくは事実証明に関する文書」に限定されているところに現れている（明文の規定を欠く公文書についても，このような限定が付されているものと考えうる）。学術論文や思想・芸術作品は，保護の対象に含まれていない。

(iv)　**作成名義人の存在・認識可能性**　　文書は，人が意思・観念を表示したことの証拠として保護の対象となるから，意思・観念の表示主体である作成者が存在しないか，又は不明な書面は証拠としての意義を有せず，文書とはいえない（大判昭和 3・7・14 刑集 7 巻 490 頁〈各 *482*〉〔町会議員代表名義の書面は，名義人を特定できないから，文書ではない〕）。すなわち，**作成名義人**（書面において作成者として認識される者）が存在しないか，特定しえない書面は文書として保護の対象とはならないのである。名義人の直接的な記載を欠く書面でも，その内

---

3)　旧国鉄が手荷物の発送に使用した駅名札が文書にあたるとしたものとして，大判明治 42・6・28 刑録 15 輯 877 頁など参照。

392　第3編　第9章　取引等の安全に対する罪

容・形式・付属物などから名義人を特定できる場合には，なお文書といいうる（大判昭和7・5・23刑集11巻665頁〈各 *483*〉〔製造会社名が表示されている焼酎瓶に貼付されたアルコール含有量を証明する用紙は文書にあたる〕参照。これに対し，書面自体から名義人の判別が可能であることを要するものとして，前出大判昭和3・7・14参照）。

　文書の作成名義人は，自然人のほか，法人又は法人格なき社団でもよい。また，偽造文書において作成名義人として認識される意思・観念の表示主体が実在することは必ずしも要しない（最判昭和36・3・30刑集15巻3号667頁〈各 *485*〉〔公文書〕，最判昭和28・11・13刑集7巻11号2096頁〔私文書〕）。作成名義人が実在しない場合でも，名義人が実在すると誤認させるものであれば，その文書が名義人の表示した意思・観念の証拠であることについての信用を害することになるから，文書偽造罪の成立を肯定することができる。

　　(v)　文書の写しの取扱い　　文書の**写し**は，写しの対象となる文書（原本）が存在することを示す，写し作成者の文書である。したがって，だれが作成したか不明な写しは文書とはいえない。原本を正しく写した旨の文言（認証文言）が，認証者の名称とともに記載されているような場合においてのみ，写しの文書性を肯定することができる（最決昭和34・8・17刑集13巻10号2757頁〔村議会議決書（写）なる書面に，村役場の名称を刷り込んだ罫紙が使用されていた事案。使用された罫紙から，村役場を作成名義人とする公文書と認めることができる〕参照）。

　ところが，写しの一種である**写真コピー**について，**判例**は，文書偽造罪の客体となる文書は原本に限る根拠はなく，たとえ原本の写しであっても，原本と同一の意識内容を保有し，証明文書としてこれと同様の社会的機能と信用性を有するものと認められる限りこれに含まれるとする。その上で，写真コピーが原本と同様の社会的機能と信用性を有するものである限り文書偽造罪の客体となり，原本と同一の意識内容を保有する原本作成名義人作成名義の文書と解すべきで，作成名義人の印章，署名の有無についても，写真コピーの上に印章，署名が複写されている以上，原本作成名義人の印章，署名のある文書として文書偽造罪の客体となりうるとした（最判昭和51・4・30刑集30巻3号453頁〈各 *486*〉，最決昭和54・5・30刑集33巻4号324頁）[4]。しかし，いかに正確に原本を再現したものであるにせよ，写しそれ自体を原本として行使することが予定さ

れている場合を除き，写しの作成名義人は写し作成者で，それが認識しえない
ものは，文書偽造罪にいう文書とはいえないと解するのが，学説における**多数
説**である。

(3)　偽造の意義

(ⅰ)　総説　　文書偽造罪（刑154条以下）の実行行為（構成要件的行為）と
して，偽造（及び変造）と虚偽文書作成（及び変造）とが規定されている。**偽造**
とは，権限なく他人名義の文書を作成することをいい（作成名義の冒用），**有形
偽造**とも呼ばれている（偽造により作出された文書は，偽造文書又は不真正文書とい
う）。**虚偽文書作成**とは，文書の作成権限を有する者が内容虚偽の文書を作成す
ることをいい，**無形偽造**とも呼ばれている（虚偽文書作成により作出された文書は，
虚偽文書という）。

変造とは，真正に成立した文書に変更を加えることをいい[5]，作成名義人で
ない者によってなされる場合（**有形変造**）と作成名義人によってなされる場合
（**無形変造**）とがある。文書の本質的部分に変更を加え，既存文書と同一性を欠
く新たな文書を作出した場合は変造ではなく，偽造又は虚偽文書作成となる。
既存の借用証書の金額の側に別個の金額を記入した事案（大判明治44・11・9刑
録17輯1843頁），債権証書中の1字を改めて内容を変更した事案（大判明治
45・2・29刑録18輯231頁），不動産登記済証の抵当権欄の登記順位番号を変更
した事案（大判昭和2・7・8評論17巻刑法104頁）などは変造にあたる[6]。また，
虚偽の写真コピーの作成を文書偽造と解する判例によれば，原本とは別の文書
が作出されることになるから，真正文書に加えた改変の程度が小さくとも，変
造ではなく偽造になる（最決昭和61・6・27刑集40巻4号340頁〈各 *487*〉）。

有形偽造を処罰し，文書の成立の真正（形式的真正）を保護する立場を**形式
主義**と呼ぶ（これに対し，無形偽造を処罰し，文書の内容的真実を保護する立場を**実質**

---

4)　文書を改ざんして，それをファクシミリ送信し，受信側ファクシミリで印字させた事
　案について，私文書偽造罪の成立を肯定した判決も存在する（広島高岡山支判平成8・
　5・22高刑集49巻2号246頁〈各 *488*〉）。

5)　不真正文書の非本質的部分に変更を加えただけでは，文書に対する信用を新たに害す
　るものでないので，変造にはならない。

6)　学生証の学生の氏名を変更した事案につき変造にあたるとした判決（大判昭和11・
　4・24刑集15巻518頁）には疑問がある。

主義と呼ぶ）。現行刑法は形式主義を採り，公文書及び医師が公務所に提出すべき診断書等といった内容的真実性を担保することが強く要請される文書についてのみ，虚偽文書の作成を処罰している（限定的な実質主義の併用）。

(ⅱ) 有形偽造の意義　　有形偽造は，従来，判例・学説において，文書の作成名義人以外の者が，権限なしに，その名義を用いて文書を作成すること（最判昭和51・5・6刑集30巻4号591頁〈各 **496・515**〉参照）と解されてきたが，近時，**文書の名義人と作成者との間の人格の同一性を偽る**こととの定義も用いられている（最判昭和59・2・17刑集38巻3号336頁〈各 **501**〉，最決平成5・10・5刑集47巻8号7頁〈各 **505**〉など）。両者の内実は異なったものではないが（前出最判昭和59・2・17参照），後者の定義は近年問題となっている事例の解決に有用であるため，広く用いられている。文書を意思・観念の表示の証拠と捉える場合，意思・観念の表示主体（**作成者**）として文書上認識される者（**作成名義人**）によって意思・観念の表示がなされていない文書を作出することが有形偽造である。なぜなら，そのとき，文書を作成名義人による意思・観念の表示の証拠として使用することができず，関係者の信用が害されることになるからである。この意味で，文書の作成名義人と作成者の**人格の同一性**[7]に齟齬を生じさせることが有形偽造である。

次に，作成名義人・作成者をいかに確定するかが問題となる。作成名義人は文書上作成者として認識される者であり，作成名義人の概念は作成者の概念から派生するから，作成者の概念を確定することがまず必要となる。**作成者**の意義については，学説上，これまで，現実に文書を物理的に作成した者をいうと解する**事実説**，文書に表示された意思・観念が由来する者をいうと解する**意思説**，文書の効果が帰属する者をいうと解する**効果説**などが主張されてきた。しかし，事実説には文書の代筆が有形偽造になりかねないとの問題があり，意思説には文書作成権限が濫用された場合でも有形偽造となるとの問題がある。さらに，効果説には効果は文書の内容に関するものだとの基本的疑問がある。文書を意思・観念の表示の証拠と解する場合，意思・観念の帰属主体を作成者と解すべきことになる（**帰属説**）。文書に表示された意思・観念が（客観的に）帰

---

7)　「人格の同一性」とは，単なる名前の同一性とは異なる。同姓同名の他人になりすまして文書を作成する場合も有形偽造となる。

属する主体が作成者であり，それが文書上認識される作成者（作成名義人）と異なる場合に有形偽造が肯定されることになるのである。いい換えれば，有形偽造とは，表示された意思・観念が作成名義人に帰属しない文書（偽造文書・不真正文書）を作成することであることになる。

　(ⅲ)　真正文書の外観の作出　　有形偽造が成立するためには，一般人に真正な文書（作成名義人が作成者である文書）であると思わせる**外観**の作出が必要である。この程度に至らない場合，偽造とはならない（この場合，不可罰な文書偽造未遂である）。

2　詔書偽造等罪

(1)　総　　説

　詔書偽造罪（刑154条1項）は，行使の目的で，御璽，国璽若しくは御名を使用して詔書その他の文書を偽造し，又は偽造した御璽，国璽若しくは御名を使用して詔書その他の文書を偽造した場合に成立する（無期又は3年以上の懲役）。詔書変造罪（同条2項）は，御璽若しくは国璽を押し又は御名を署した詔書その他の文書を変造した場合に成立する（無期又は3年以上の懲役）。詔書偽造等罪の規定は，天皇文書の偽造・変造を，公文書偽造等罪よりも重く処罰するものである。なお，文書偽造罪においては，偽造文書行使罪が文書の信用を害する侵害犯であり，文書偽造罪はそれ以前の未遂・予備形態であるため，現行法上，偽造未遂は処罰の対象となっていない（未遂を罰する通貨偽造罪は例外である）。

(2)　構　成　要　件

　詔書偽造罪の客体は，御璽，国璽又は御名の記された詔書その他の文書である。御璽とは天皇の印章，国璽とは日本国の印章，御名とは天皇の署名をいう。また，詔書とは，天皇が一定の国事行為について意思表示を公示するために用いる文書をいい（国会の召集詔書，衆議院の解散詔書など），「その他の文書」とは，詔書以外の天皇を作成名義人とする文書をいう（法律・政令・条約の公布文書，内閣総理大臣・最高裁判所長官の任命文書，国務大臣等の任免の認証文書，全権委任状及び大使・公使の信任状の認証文書など）。天皇の私文書は本罪の客体とはならず，私文書偽造罪の客体となる。実行行為は，偽造及び変造である。

396　第3編　第9章　取引等の安全に対する罪

3　公文書偽造等罪

(1)　総　　説

　公文書偽造罪（刑155条1項）は，行使の目的で，公務所若しくは公務員の印章若しくは署名を使用して公務所若しくは公務員の作成すべき文書若しくは図画を偽造し，又は偽造した公務所若しくは公務員の印章若しくは署名を使用して公務所若しくは公務員の作成すべき文書若しくは図画を偽造した場合に成立する（有印公文書偽造罪〔1年以上10年以下の懲役〕）。公文書変造罪（同条2項）は，公務所又は公務員が押印し又は署名した文書又は図画を変造した場合に成立する（有印公文書変造罪〔1年以上10年以下の懲役〕）。公務所又は公務員の印章又は署名（偽造されたものを含む）の記載を欠く，公務所又は公務員の作成すべき文書又は図画を偽造した場合には，無印公文書偽造罪（同条3項）が成立する（3年以下の懲役又は20万円以下の罰金）。公務所又は公務員の印章又は署名の記載を欠く，公務所又は公務員が作成した文書又は図画を変造した場合には，無印公文書変造罪（同条同項）が成立する（3年以下の懲役又は20万円以下の罰金）。公務所又は公務員の作成すべき文書（公務所又は公務員が作成名義人である文書）は一般の私文書に比して信用性が高く，その偽造は私文書偽造罪よりも重い刑で処罰されることになっている。

(2)　客　　体

　公文書偽造罪・変造罪の客体は，公務所又は公務員の作成すべき文書（**公文書**）又は図画（**公図画**）であり，公務所又は公務員が，権限に基づいて，公務所又は公務員を作成名義人として作成する文書又は図画をいう。なお，**公務所**とは官公庁その他公務員が職務を行う場所をいい（刑7条2項），**公務員**とは国又は地方公共団体の職員その他法令により公務に従事する議員，委員その他の職員をいう（刑7条1項）。公文書の例としては，運転免許証，旅券，印鑑登録証明書などがあり，判例は郵便局の日付印も郵便物の引受けを証する郵便局の文書だとしている（大判昭和3・10・9刑集7巻683頁〈各 *481*〉。さらに，最決昭和29・8・20刑集8巻8号1363頁〔物品税証紙〕参照）。**図画**とは，意思・観念が象形的符号により表示されたものをいい，公図画の例としては，たばこ「光」の外箱（最判昭和33・4・10刑集12巻5号743頁〈各 *489*〉），地方法務局の土地台帳付属の地図（最決昭和45・6・30判時596号96頁〈各 *490*〉）などがある。

第3節　文書偽造罪　397

　公務員により作成された文書でも，職務権限に基づき，その職務に関し作成されたものでない場合，公文書ではない（大判大正10・9・24刑録27輯589頁〔村役場書記の退職届〕，最決昭和33・9・16刑集12巻13号3031頁〈各*527*〉〔公務員の肩書を付して政党機関紙に出された「祝発展」という広告文〕）。これに対し，本来作成権限がない公務員を作成名義人とした公文書を権限なく作成した場合，一般人に権限内で作成されたもの（真正な公文書）と信じさせる形式・外観が備わっているときには，公文書偽造罪は成立する（最判昭和28・2・20刑集7巻2号426頁）。無効な文書でも，真正な文書の外観を備えたものであれば，公文書偽造罪が成立しうる（なお，最決昭和52・4・25刑集31巻3号169頁は，窃取した他人の自動車運転免許証に自己の写真を貼り替えて免許証を偽造し，これを交通取締りの警察官に呈示したが，その際には免許証の有効期間が3ヶ月余り経過しており，警察官もこの事実に気づいたものの，真正に作成された免許証であると誤信したまま無免許運転の取調べに入った事案について，偽造公文書行使罪の成立を肯定しており，公文書本来の効力は欠いているが一定の意味をなお有している，「期限切れの真正な公文書」との外観でもよいとしている）。

　(3)　構成要件的行為

　公文書偽造等罪（刑155条）として，有印公文書偽造罪（同条1項），有印公文書変造罪（同条2項），無印公文書偽造・変造罪（同条3項）が規定されている。有印公文書偽造・変造は，公務所又は公務員の印章又は署名（偽造されたものを含む）の記載が存在する公文書の偽造・変造をいい，それが存在しない無印公文書偽造・変造よりも法定刑が重い。それは，公務所・公務員の印章・署名が記載された公文書の方が，それを欠く公文書より高い信用性が認められるからである（もっとも，署名には記名を含むから，作成名義人の記載がある公文書の偽造は有印公文書偽造罪となる）。

　(i)　有印公文書偽造罪　　有印公文書偽造罪は，行使の目的で，公務所・公務員の印章・署名又は偽造された公務所・公務員の印章・署名を使用して公務所・公務員の作成すべき文書・図画を偽造した場合に成立する。公務所又は公務員の**印章**とは，公務所又は公務員を表象するもので，公印・私印・職印・認印のいずれかを問わない（大判昭和9・2・24刑集13巻160頁参照）。偽造文書上に公務所又は公務員の印影が実際に表示されていることを要するが，一般人

をして公務所・公務員の印章と誤認させるに足る印影が表示されることで足りる（最決昭和31・7・5刑集10巻7号1025頁）。「公印省略」という朱色方形の形象は印章の表示にはあたらない（東京高判昭和53・12・12刑月10巻11＝12号1415頁）。公務所又は公務員の**署名**には記名を含むと解するのが判例である（大判大正4・10・20新聞1052号27頁）。これは，公務所の署名が法文上想定されていることによる。

　なお，作成名義人である公務員が，欺かれて，文書を作成することの認識を欠き，又は作成することとなる文書の種類・性質についての認識を欠いて公文書を作成した場合，当該意思・観念の表示を名義人に帰属することができず，公務員を欺いてその文書を作成させた者に公文書偽造罪（の間接正犯）が成立する。これに対し，公務員が当該種類・性質の公文書を作成することの認識を有するが，その内容が虚偽であることの認識を欠くにとどまる場合，当該意思・観念の表示は公務員に帰属するから，公文書偽造罪（の間接正犯）は成立せず虚偽公文書作成罪（の間接正犯）の成否の問題となる（後述400頁参照）。

　（ii）　有印公文書変造罪　　有印公文書変造罪は，行使の目的で，公務所・公務員が押印・署名した文書・図画を変造した場合に成立する。**変造**とは，真正に成立した公文書の非本質的部分に権限なく変更を加えることをいう（大判昭和11・11・9新聞4074号15頁〔郵便貯金通帳の貯金受入れの日付を改ざんした事例〕）。これに対し，公文書の本質的部分に変更を加え，既存の公文書と同一性を欠く文書を作出した場合，公文書偽造となる（大判大正3・11・7刑録20輯2054頁〔旅券が下付された人名及び渡航先を変更した事例〕，最決昭和35・1・12刑集14巻1号9頁〔運転免許証の写真を他人のものに貼り替え，生年月日を変更した事例〕）。

　（iii）　無印公文書偽造・変造罪　　無印公文書偽造・変造罪は，行使の目的で，公務所・公務員の印章・署名（偽造されたものを含む）の記載を欠く公文書・公図画を偽造・変造した場合に成立する。無印公文書の例としては，旧国鉄の駅名札（大判明治42・6・28刑録15輯877頁），物品税証紙（前出最決昭和29・8・20）がある。

　(4)　補助公務員の作成権限

　公務所の組織の中で文書が作成される場合，さまざまな形態の関与者が存在する。それは，①公文書の作成名義人（作成権限者），②公文書の作成名義人の

決裁を待たずに自らの判断で公文書を作成する権限（代決権）を有する代決者，③代決権はないが，事前の決裁なく（決裁は事後になされる），一定の手続に従って公文書を作成することが許される準代決者，④公文書の起案を行うが，決裁は作成権限者又は代決者が行う起案担当者，⑤文書作成作業を担当するにすぎない機械的補助者である。このうち，①作成名義人（作成権限者）及び②代決者が権限を濫用して公文書を作成しても公文書偽造罪は成立せず（内容虚偽の公文書を作成した場合に虚偽公文書作成罪が成立しうる），④起案担当者及び⑤機械的補助者が公文書を勝手に作成すれば公文書偽造罪が成立することに疑問はない。問題は③準代決者である。**判例**は，かつて，③以下の**補助公務員**について，決裁を受けずに勝手に公文書を作成した場合，一律に公文書偽造罪の成立を肯定していたが（大判大正5・12・16刑録22輯1905頁，大判昭和8・10・5刑集12巻1748頁，最判昭和26・10・26裁集刑55号785頁，最判昭和27・12・25裁集刑71号463頁，最決昭和34・6・30裁集刑130号351頁など），その後，市長の代決者である市民課長の補助者として，印鑑証明書を作成する事務を行っていた市民課係長が，申請書の提出・手数料の納付のないまま印鑑証明書を作成した事案において，公文書の作成権限は，作成名義人の決裁を待たずに自らの判断で公文書を作成することが一般的に許されている代決者ばかりでなく，一定の手続を経由するなどの特定の条件のもとにおいて公文書を作成することが許されている補助者も，その内容の正確性を確保することなど，その者への授権を基礎づける一定の基本的な条件に従う限度においてこれを有しているとし，市民課長の決裁が翌日なされる事後決裁であることから，市民課員も市民課長の補助者の立場で，一定の条件のもとにおいて，印鑑証明書を作成する権限を有していたとして公文書偽造罪の成立を否定した（問題となる印鑑証明書は内容が正確であり，通常の申請手続を経由すれば当然に交付されるものであるから，補助者としての作成権限を超えた行為とはいえないとした。最判昭和51・5・6刑集30巻4号591頁〈各*496・515*〉）。決裁が事後的になされるにすぎない③準代決者については，決裁なしに公文書の作成が許されているという意味において，一定の条件付きで（条件違反があってもそれが重要でない場合には，なお）作成権限を肯定することができよう。

400　第3編　第9章　取引等の安全に対する罪

4　虚偽公文書作成等罪

(1)　無形偽造の処罰

虚偽公文書作成罪（刑156条）は，公務員が，その職務に関し，行使の目的で，虚偽の文書若しくは図画を作成し，又は文書若しくは図画を変造した場合に成立する（詔書等・公文書，有印・無印の別により，法定刑は異なる）。虚偽公文書作成等罪の規定は，公文書の名義人など作成権限のある公務員が，行使の目的で，内容虚偽の詔書等・公文書・公図画を作成する行為（**無形偽造**）又は真正に成立した詔書等・公文書・公図画に変更を加え内容虚偽のものとする行為（**無形変造**）を処罰の対象とするものである。公文書は，内容の真実性を担保する必要性が高いことから，無形偽造を全面的に処罰の対象としている。

(2)　間接無形偽造

虚偽公文書作成等罪は，公務員が，その職務に関し，行使の目的で，虚偽の文書・図画を作成し，又は文書・図画を変造した場合に成立する。この罪を，公文書の作成権限を有する公務員以外の者（私人・作成権限を有しない公務員）が，作成権限者を利用して，**間接正犯**の形態で遂行することができるかが問題となる。**判例**は，戦前，村助役が情を知らない村長に虚偽の記載を行った文書に署名させた事案について虚偽公文書作成罪の成立を肯定していたが（大判昭和11・2・14刑集15巻113頁〈各 *521*〉，大判昭和15・4・2刑集19巻181頁），戦後，私人が虚偽の事実を記載した証明願を村役場係員に提出して，村長名義の虚偽の証明書を作成させた事案においては，刑法157条（公正証書原本不実記載罪）が156条（虚偽公文書作成罪）よりも著しく軽く罰していることから，公務員でない者が虚偽公文書作成の間接正犯であるときは，刑法157条のほかこれを処罰しない趣旨と解し（最判昭和27・12・25刑集6巻12号1387頁〈各 *338・520*〉），文書の起案等を担当する地方事務所建築係が，情を知らない所長をして，虚偽の記載をなした現場審査申請書に署名捺印させ，虚偽の現場審査合格書を作成させた事案においては，虚偽公文書作成罪の成立を肯定している（最判昭和32・10・4刑集11巻10号2464頁〈各 *522*〉）。本罪は公務員のみが犯しうる**身分犯**であるから，私人は処罰の対象とならない。**学説**には，作成権限者以外の者による間接正犯の成立を否定する見解もあるが，判例と同様に，公文書の起案を担当する公務員については間接正犯の成立を肯定する見解が有力である。

第3節　文書偽造罪　401

5　公正証書原本不実記載等罪

(1)　総　　説

公正証書原本不実記載罪（刑157条1項）は，公務員に対して虚偽の申立て
をして，登記簿，戸籍簿その他の権利若しくは義務に関する公正証書の原本に
不実の記載をさせ，又は権利若しくは義務に関する公正証書の原本として用い
られる電磁的記録に不実の記録をさせた場合に成立する（5年以下の懲役又は50
万円以下の罰金）。免状等不実記載罪（同条2項）は，公務員に対し虚偽の申立て
をして，免状，鑑札又は旅券に不実の記載をさせた場合に成立する（1年以下
の懲役又は20万円以下の罰金）。両罪の未遂は可罰的である（同条3項）。これら
の罪は，**私人の虚偽の申立て**による公文書の**間接的無形偽造**を処罰の対象とす
るものである。私人による申立てを受け，公務員による審査を経て公文書が作
成される場合であり，虚偽の申立てに対しては審査によるチェックが想定・期
待されるため，こうした形態による間接的無形偽造は限定的に処罰の対象とな
るにとどまる。

(2)　客　　体

(i)　公正証書原本不実記載罪　　公正証書原本不実記載罪の客体は，権利
又は義務に関する公正証書の原本及びそれとして用いられる電磁的記録である。
権利又は義務に関する公正証書の原本とは，公務員が職務上作成し，権利義務
に関する事実を証明する効力を有する文書をいう（最判昭和36・6・20刑集15巻
6号984頁）。原本であることを要し，謄本などは含まれない。また，権利義務
は財産上のものに限られず，身分上のものも含まれる。登記簿（不動産登記簿，
商業登記簿など），戸籍簿は例示であり，公証人が作成する公正証書（最決昭和
37・3・1刑集16巻3号247頁），土地台帳（最判昭和36・3・30刑集15巻3号605頁
〈各*524*〉），住民票（前出最判昭和36・6・20），外国人登録原票（名古屋高判平成
10・12・14高刑集51巻3号510頁）などがこれにあたる。該当しないとされたも
のとしては，自動車運転免許台帳（福岡高判昭和40・6・24下刑集7巻6号1202
頁），印鑑簿（神戸地姫路支判昭和33・9・27一審刑集1巻9号1554頁）などがある。
さらに，**権利又は義務に関する公正証書の原本として用いられる電磁的記録**とし
ては，自動車登録ファイルのほか，不動産登記ファイル，商業登記ファイル，
特許原簿ファイル，住民基本台帳ファイルなどがある。

（ii）免状等不実記載罪　　免状等不実記載罪の客体は，免状，鑑札，旅券である。**免状**とは，特定人に一定の行為を行う権利を付与する公務所・公務員の証明書をいう（大判明治41・9・24刑録14輯797頁）。運転免許証（大判昭和5・3・27刑集9巻207頁），狩猟免状（大判大正4・4・24刑録21輯491頁），医師免許証などがこれにあたり，外国人登録証明書はこれにあたらない（東京高判昭和33・7・15東高刑時報9巻7号201頁）。**鑑札**とは，公務所の許可又は公務所への登録があったことを証明する証票で，公務所が作成して交付し，交付を受けた者がこれを備え付け，又は携帯することを要するものをいう。犬の鑑札，船の鑑札，質屋・古物商の許可証などがこれにあたる。**旅券**とは，外国に渡航する人に対して発給される文書で，国籍等を証明し，旅行に必要な保護等を関係官に要請する旨を記したものである。

(3)　構成要件的行為

　公正証書原本不実記載罪・免状等不実記載罪の実行行為は，公務員に虚偽の申立てをして，客体である公文書に不実の記載をさせることである。**虚偽・不実**とは，申立て・記載が重要な点において客観的真実に反することをいい，離婚の意思がないのに外形上離婚を装って離婚届を提出して戸籍簿の原本にその旨の記載をさせた場合（大判大正8・6・6刑録25輯754頁），不動産の所有者（登記は他人名義となっている）が，登記名義を有する者の承諾なく，同人から売渡しを受けた事実がないのに，その旨の登記申請を行い，登記簿原本にその旨の記載をさせた場合（最決昭和35・1・11刑集14巻1号1頁），仮装の株式払込みに基づいて新株発行による変更登記を申請し，商業登記簿原本にその旨の記載をさせた場合（最決平成3・2・28刑集45巻2号77頁），自動車の所有等の実態を隠蔽するため，実質的所有者とは別人の名義により自動車登録ファイルに新規登録・移転登録を行った場合（東京地判平成4・3・23判タ799号248頁）などがこれにあたる[8]。

---

8)　不動産の中間省略登記は，かつて本罪となるとされたが（大判大正8・12・23刑録25輯1491頁），現在，否定するのが通説である。

6 偽造公文書行使等罪

(1) 総　説

偽造公文書行使等罪（刑 158 条 1 項）は，①詔書偽造等罪（刑 154 条），公文書偽造等罪（刑 155 条），虚偽公文書作成等罪（刑 156 条），公正証書原本不実記載等罪（刑 157 条）の各法文に規定された，偽造・変造に係る文書・図画，虚偽作成・変造に係る文書・図画を行使した場合（法定刑は，当該文書等についての偽造罪の法定刑と同一である），②不実の記録がなされた権利又は義務に関する公正証書の原本として用いられる電磁的記録を公正証書の原本としての用に供した場合（法定刑は，当該記録についての不実記録罪の法定刑と同一である）に成立する。未遂を罰する（刑 158 条 2 項）。偽造公文書行使等罪は，偽造公文書等を行使することによって，公文書に対する関係者の信用を害する侵害犯である。

(2) 行使の意義

（ⅰ）　偽造公文書行使等罪の構成要件的行為は，①偽造公文書等の行使，②不実の記録がなされた権利又は義務に関する公正証書の原本として用いられる電磁的記録を，公正証書の原本としての用に供することであり，行使の意義が問題となる（②については，行使に準じて考えれば足りる）。

偽造文書等の**行使**とは，偽造文書・図画を真正な文書・図画として，虚偽文書・図画を内容が真実である文書・図画として使用することをいう。偽造文書等は，行使する者が自ら偽造等したものである必要はなく（大判明治 43・10・18 新聞 682 号 27 頁），行使の目的をもって作成されたものであることを要しない（大判明治 45・4・9 刑録 18 輯 445 頁）。使用とは，人に文書の内容を認識させ又はそれを認識可能な状態に置くことをいい（最大判昭和 44・6・18 刑集 23 巻 7 号 950 頁〈各 *518*〉），文書本来の用法に従って使用することを要しない（最決昭和 29・4・15 刑集 8 巻 4 号 508 頁参照）。行使の方法・態様は問わない（呈示，交付，閲覧に供するなど）。偽造の運転免許証を携帯しているだけでは，他人の閲覧に供してその内容を認識しうる状態に置いたといえず，行使にあたらない（前出最大判昭和 44・6・18）。これに対し，公衆の閲覧に供する登記簿，戸籍簿等は，それが公務所に備え付けられたときに行使（**備付け行使**）が認められ，閲覧等の申請がなされることまでを要しない（大判大正 11・5・1 刑集 1 巻 252 頁〈各 *517*〉）。

404　第3編　第9章　取引等の安全に対する罪

(ii)　行使というためには，偽造文書等の内容・形式を口頭又は文書で他人に伝達することでは足りず，偽造文書自体（原本）を他人に示すことが必要である（大判明治43・8・9刑録16輯1452頁）。裁判例には，原本を示すのではなく，その写真コピーを示す（東京高判昭和52・2・28高刑集30巻1号108頁〈各*519*〉，福島地判昭和61・1・31刑月18巻1＝2号57頁〔縮小コピーを作成・使用した事案〕），それをファクシミリで送信する（広島高岡山支判平成8・5・22高刑集49巻2号246頁〈各*488*〉参照）又はそれをイメージスキャナーを通じてディスプレイに表示させる（大阪地判平成8・7・8判タ960号293頁〈各*492*〉参照）ことによる行使を肯定するものがある。

　行使というためには，偽造文書等を真正な又は内容が真実である文書等として使用することが必要だから，行使の相手方は当該文書が偽造等されたものであることについて認識を欠いていることが必要である。したがって，行使の相手方から情を知る者は除外され，共犯者に偽造文書等を呈示しても行使にはあたらない（大判大正3・10・6刑録20輯1810頁）。また，相手方が偽造等についての認識を欠いていると思って使用したところ，偽造等されたものであることを知っていた場合には，行使は未遂である（東京高判昭和53・2・8高刑集31巻1号1頁参照）。

(iii)　学説には，行使の相手方は，当該文書について何らかの利害関係を有する者であることが必要で，偽造文書等の保管を依頼して交付する場合や，老母を喜ばせる目的で偽造した郵便貯金通帳を見せるような場合は行使にあたらないとの見解が存在するが，少数説である。**判例**は，私通の相手方である女性から将来のために貯金するよう頼まれたため，偽造した郵便貯金通帳を同女に交付したという事案（大判昭和7・6・8刑集11巻773頁），父親を安心させるため，偽造した高校の卒業証書を同人に見せたという事案（最決昭和42・3・30刑集21巻2号447頁〈各*516*〉）でも偽造公文書の行使を肯定している[9]。

(3)　罪　　数

公文書偽造罪・虚偽公文書作成罪と偽造公文書行使等罪とは**牽連犯**となる。

---

9)　なお，司法書士に公正証書作成の代理嘱託を依頼するに際し，偽造私文書を真正な文書として交付することも行使にあたるとしたものとして，最決平成15・12・18刑集57巻11号1167頁。

判例は，同様に，公正証書原本不実記載罪と備付け行使による同行使罪とは牽連犯だとし（大判明治 42・11・25 刑録 15 輯 1667 頁），偽造公文書行使等罪と詐欺罪とは牽連犯と解している（最決昭和 42・8・28 刑集 21 巻 7 号 863 頁）。

7 私文書偽造等罪

(1) 総　　説

　私文書偽造罪（刑 159 条 1 項）は，行使の目的で，他人の印章若しくは署名を使用して権利，義務若しくは事実証明に関する文書若しくは図画を偽造し，又は偽造した他人の印章若しくは署名を使用して権利，義務若しくは事実証明に関する文書若しくは図画を偽造した場合に成立する（有印私文書偽造罪〔3 月以上 5 年以下の懲役〕）。私文書変造罪（同条 2 項）は，他人が押印し又は署名した権利，義務又は事実証明に関する文書又は図画を変造した場合に成立する（有印私文書変造罪〔3 月以上 5 年以下の懲役〕）。他人の印章又は署名（偽造されたものを含む）の記載を欠く，権利，義務又は事実証明に関する文書又は図画を偽造した場合には，無印私文書偽造罪（同条 3 項）が成立する（1 年以下の懲役又は 10 万円以下の罰金）。他人の印章又は署名の記載を欠く，権利，義務又は事実証明に関する文書又は図画を変造した場合には，無印私文書変造罪（同条同項）が成立する（1 年以下の懲役又は 10 万円以下の罰金）。未遂は不可罰であるが，私印偽造罪・同不正使用罪（刑 167 条）が偽造の前段階を処罰する意義を有している。これらの罪の規定は，行使の目的による，私文書・私図画の有形偽造・変造を処罰の対象とするものである。私文書の無形偽造は，医師が公務所に提出すべき診断書，検案書又は死亡証書（刑 160 条参照）を除き不可罰である。一般の私文書においては，内容の真実性を刑罰を用いて確保・担保すべき要請が認められず，内容の真実性は作成名義人の人的保証に委ねれば足りるからである。

(2) 客　　体

　私文書偽造等罪の客体は，権利，義務又は事実証明に関する文書又は図画である。他人の押印又は署名のある文書・図画（**有印私文書・図画**）の偽造の方が，それを欠く文書・図画（**無印私文書・図画**）の偽造よりも重く処罰されるが，それは有印私文書・図画の方が高い信用が存在するからである（ただし，署名には

記名も含まれるから，無印私文書・図画は例外的である。大判明治 45・5・30 刑録 18 輯 790 頁参照）。文書・図画の一般的な意義については，すでに述べた（390 頁以下）。私文書・図画には，外国の公務所・公務員が職務上作成する文書・図画も含まれる（最判昭和 24・4・14 刑集 3 巻 4 号 541 頁）。

権利・義務に関する文書とは，私法上・公法上の権利・義務の発生・存続・変更・消滅の効果を生じさせることを目的とする意思表示を内容とする文書をいう。送金を依頼する電報頼信紙（大判大正 11・9・29 刑集 1 巻 505 頁），借用証書（大判大正 4・9・2 新聞 1043 号 31 頁），催告書（大判昭和 8・5・23 刑集 12 巻 608 頁），弁論再開申立書（大判昭和 14・2・15 刑集 18 巻 46 頁），無記名定期預金証書（最決昭和 31・12・27 刑集 10 巻 12 号 1798 頁）などがこれにあたる。

事実証明に関する文書とは，判例によれば，実社会生活に交渉を有する事項を証明する文書をいう（大判大正 9・12・24 刑録 26 輯 938 頁〔法律上の事項を証明するものに限らず，選挙候補者推薦会への案内状も含まれる〕，最決昭和 33・9・16 刑集 12 巻 13 号 3031 頁〈各 *527*〉）。学説では，法的に意義のある，社会生活上の重要な利害に関係ある事実を証明しうる文書と限定的に解する見解が有力である。判例・裁判例では，郵便局への転居届（大判明治 44・10・13 刑録 17 輯 1713 頁），衆議院議員候補者の推薦状（大判大正 6・10・23 刑録 23 輯 1165 頁），寄付金の賛助員芳名簿（大判大正 14・9・22 刑集 4 巻 538 頁），書画が真筆であることを証明する書画の箱書（大判大正 14・10・10 刑集 4 巻 599 頁），政党の機関紙に掲載された「祝発展」という広告文（前出最決昭和 33・9・16），私立大学の成績原簿（東京地判昭和 56・11・6 判時 1043 号 151 頁），自動車登録事項等証明書交付請求書（東京高判平成 2・2・20 高刑集 43 巻 1 号 11 頁〈各 *528*〉），私立大学の入学試験の答案（最決平成 6・11・29 刑集 48 巻 7 号 453 頁〈各 *529*〉），一般旅券発給申請書（東京地判平成 10・8・19 判時 1653 号 154 頁），求職のための履歴書（最決平成 11・12・20 刑集 53 巻 9 号 1495 頁〈各 *494*〉）などがそれにあたるとされている。

(3) 構成要件的行為

(i) 偽造・変造　私文書偽造等罪の実行行為は，私文書の有形偽造・変造である。その意義については既に述べた（393 頁以下）。なお，真正に成立した自己名義の私文書を改ざんする行為は無形変造であり，私文書偽造罪は成立しない。改ざん行為によって，当該私文書の効用が害されたときに，文書毀棄

罪（刑 258 条・259 条）又は器物損壊罪（刑 261 条）が成立しうるにとどまる。

(ii) **間接偽造** 私文書偽造罪は，作成名義人など作成権限者を欺くなどして，間接正犯の形態で犯すことができる。欺かれた作成名義人が，自己が作成する私文書の内容についての認識を有しない場合，当該の意思・観念の表示を行うことについての認識に欠け，当該の意思・観念の表示は作成名義人に帰属しない（したがって，作出されたのは偽造文書である。大判明治 44・5・8 刑録 17 輯 817 頁〈各 *507*〉参照）。これに対し，作成名義人に文書の内容を認識させて，当該文書を作成させた場合，欺かれたため文書の内容が虚偽であることの認識がないときでも，当該の意思・観念の表示は作成名義人に帰属し，私文書偽造罪は成立しない（不可罰な私文書無形偽造である。大判昭和 2・3・26 刑集 6 巻 114 頁〈各 *508*〉参照）。

(4) 私文書偽造罪の諸問題

(i) **代理・代表名義の冒用** 代理権・代表権を有しない A が，「B 代理人 A」「B 代表者 A」名義の文書を作成した場合，私文書偽造罪が成立するか問題となる。この場合，現実の作成者である A が文書上表示されているから，作成名義人は A であり（肩書・資格の冒用にすぎない），不可罰な無形偽造にすぎないと解する余地があるからである。

判例は，**代理・代表名義の冒用**の場合，文書内容に基づく効果が本人に帰属する形式を備えているから，作成名義人は代理・代表された本人であると解している（大判明治 42・6・10 刑録 15 輯 738 頁，最決昭和 45・9・4 刑集 24 巻 10 号 1319 頁〈各 *504*〉）。学説でも，この結論を採るのが通説である（ただし，判例の理由は効果説的で疑問の余地がある）。意思・観念の表示の帰属を問題とする場合，文書に表示された意思・観念が本人に帰属し，本人の意思・観念の表示の証拠となる外観が存在することが，本人を作成名義人と解する根拠となる（非顕名代理の場合〔作成名義人は本人〕と同じ構成となる）。

(ii) **作成権限の濫用・逸脱** 文書の作成名義人から作成権限が与えられた者がその権限を不当に行使した場合（**作成権限の濫用・逸脱**），文書偽造罪が成立するか問題となる。

判例は，当初，文書の作成権限を有する者が，権限を濫用して文書を作成した場合，もっぱら自己又は第三者の利益を図ったときは有形偽造となり（大判

408 第3編 第9章 取引等の安全に対する罪

明治42・12・13刑録15輯1770頁），もっぱら本人の利益を図ったときには有形偽造とはならないとしていた（大判大正8・7・9刑録25輯846頁）が，①被告人A（B銀行の支配人として営業の一切を担当）が，自己の取引に用いるため，B銀行支配人A名義・B銀行名義で小切手・為替取引報告書を作成した事案において，作成権限を濫用して代表・代理名義の文書を作成しても，文書においてなされた意思表示は私法上有効で直接本人に対して効力を有するから，文書偽造罪は成立しないとした（大連判大正11・10・20刑集1巻558頁〈各 *510*〉)[10]。最高裁は，②2人の共同代表取締役の一方が，勝手に，共同代表の形で会社名義の文書を作成した事案について，単独で会社を代表する権限はないとして，有形偽造の成立を肯定し（最決昭和42・11・28刑集21巻9号1277頁)，③漁業組合参事として組合の約束手形発行の事務を担当していた被告人が，上司である専務理事の決裁を受けないで組合長振出名義の約束手形を作成した事案について，内部規定によれば，被告人は単なる起案者・補佐役として手形作成に関与していたにすぎないから，組合長・専務理事の決裁・承認を受けることなく，手形を振り出したときには，有形偽造となるとしている（最決昭和43・6・25刑集22巻6号490頁〈各 *512*〉)。有形偽造の成否の区別基準は，作成権限の濫用か逸脱か（実質的に作成権限が与えられていたか否か）に求めることができる。①では支配人に文書作成の権限が事実上存在した（権限濫用の事例）のに対し，②では権限行使の方法に制約があり，③では権限の範囲に制限があり，いずれも権限逸脱の事例となって，有形偽造となると解することができる。

　（ⅲ）作成名義人の承諾　　作成名義人が文書作成に承諾を与えていた場合，私文書偽造罪は成立しない。しかし，**判例**は，一定の文書について，自己の名義による文書作成に承諾を与えた場合でも，私文書偽造罪が成立しうることを認めている。すなわち，無免許運転中取締りを受けた際，予め承諾を得ていた他人の氏名等を用いて交通事件原票の供述書を作成した事案において，「交通事件原票中の供述書は，その文書の性質上，作成名義人以外の者がこれを作成することは法令上許されないものであって」，他人の名義使用について予め承

---

10) その後，大判大正15・2・24刑集5巻56頁〈各 *511*〉は，取締役が退任後，その登記前に取締役の資格で手形を振り出した事案において，第三者が保護されたとしても，有形偽造となるとした。

諾を得ていても私文書偽造罪は成立するとされた（最決昭和56・4・8刑集35巻3号57頁〈各**497**〉。さらに，最決昭和56・4・16刑集35巻3号107頁）。このことは，運転免許申請書（大阪地判昭和54・8・15刑月11巻7＝8号816頁〈各**498**〉〔文書の性質上，文書についての責任を名義人がとることができない場合〕），大学入試答案（東京高判平成5・4・5高刑集46巻2号35頁〔作成名義人以外の者の作成は許容されない。替え玉受験の事案。ただし，志願者の承諾があったとは認定されず，傍論にとどまる〕11)），一般旅券発給申請書（前出東京地判平成10・8・19〔性質上名義人たる署名者本人の自署を必要とする〕）についても認められている。

学説では，不可罰な私文書無形偽造にすぎないとする見解も有力であるが，判例の結論を支持するのが多数説である。一定の条件・状況を前提として作成される文書の意思・観念の表示は，前提条件を充足しない文書の作成名義人に帰属することが許されないため，私文書偽造となると解することができよう（替え玉受験の場合，答案の作成名義人は出願者Aであるが，替え玉受験生Bが作成した答案はAに帰属させることができない）。

なお，作成名義人の承諾にもかかわらず私文書偽造罪が成立する場合，名義の使用を許した者も共犯となる（前出東京地判平成10・8・19）。単独では私文書偽造罪の主体となりえない作成名義人も，それ以外の者を介して私文書偽造罪の実行に関与することは可能だからである。

(ⅳ)　通称名の使用　　文書を戸籍名以外の名義で作成しても，直ちに私文書偽造罪が成立するわけではない。作成名義人と作成者との「人格の同一性」に齟齬が生じたかが問題で，芸名など**通称名の使用**により，この点の齟齬が生じない場合には有形偽造とならないのである。

判例の中には，通称名を使用して文書を作成した場合に，私文書偽造罪の成立を肯定したものが存在する。まず，①懲役刑の受刑中逃走し，義弟の名称をその承諾を得て借用して生活し，それが限られた範囲内で被告人を指称するものとして通用していたところ，交通違反で警察官の取調べを受けた際，その名義を使用して（及び義弟の生年月日・本籍を告げ）交通事件原票供述書を作成した事案において，供述書の作成名義を偽り，他人の名義で作成したことにかわ

---

11)　本件の上告審では，入試答案は事実証明文書にあたるかが問題となり，それが肯定された（前出最決平成6・11・29）。

りはないとして私文書偽造罪の成立が肯定された（最決昭和56・12・22刑集35巻9号953頁〈各*500*〉）。また，②密入国者である被告人が，他人A名義の外国人登録証明書を手に入れ，Aの氏名を公私にわたる広範囲の生活場面において一貫して使用し続けたため，Aという氏名が同人を指称するものであることが定着していたという状況で，A名義の再入国許可を取得して出国しようとし，A名義の再入国許可申請書を作成・提出した事案において，再入国許可申請書の性質にも照らすと，文書に表示されたAの氏名から認識される人格は，適法に本邦に在留することを許されているAであって，密入国をし，何らの在留資格をも有しない被告人とは別の人格であることが明らかであるから，本件文書の名義人と作成者の人格の同一性に齟齬が生じているとして，私文書偽造罪の成立が肯定されている（最判昭和59・2・17刑集38巻3号336頁〈各*501*〉）。①では，偽名は「限られた範囲」で通用していたにすぎず，とくに交通取締当局・前科記録との関係では，被告人とは別人格である義弟が特定されることになり，私文書偽造の成立を肯定することができる。②では，反対説もあるが，出入国管理の観点からは，密入国者である被告人とは別人格の，適法な在留資格を有するAが作成名義人として特定され，私文書偽造罪の成立を肯定することができる。

　(ⅴ)　偽名・仮名の使用　　一般的に，**偽名・仮名**を使用して文書を作成する場合における私文書偽造罪の成否が問題となる。

　判例では，指名手配中の被告人が，素性が明らかになることを免れるため，偽名を用いて就職しようと考え，虚偽の氏名，生年月日，住所，経歴等を記載し，自己の顔写真を貼付した履歴書・雇用契約書等を作成し，雇用主側に提出行使した事案において，これらの文書の性質，機能等に照らすと，たとえ自己の顔写真が貼付され，あるいは被告人が各文書から生ずる責任を免れようとする意思を有していなかったとしても，これらの文書に表示された名義人は，被告人とは別人格の者であることが明らかであるから，名義人と作成者との人格の同一性に齟齬を生じさせたものであり，私文書偽造・同行使罪が成立するとされている（前出最決平成11・12・20）[12]。本事案では，継続的な雇用関係の基

---

12)　前科の発覚を恐れ，就職の際に実在する知人の氏名を使用して履歴書を作成・提出

礎として，従来の経歴等は重要な意義を有するから，履歴書に記載された経歴を有する別人格への「成りすまし」が認められ，私文書偽造罪の成立を肯定することができる。

　(vi)　肩書の冒用　　一定の肩書・資格を有しない者が，それを冒用して肩書・資格を付した名義の文書を作成した場合（医師でない者が医師名義で診断書を作成した場合），私文書偽造罪が成立するかが問題となる。従来，**肩書・資格の冒用**は基本的には文書偽造罪とはならないと解されてきたが，それは，それにより現実の作成者とは別人格が作出されて，名義人と作成者の人格の同一性に齟齬が生じることはないからである。いい換えれば，人格の同一性に齟齬が生じるような例外的場合には私文書偽造罪の成立を肯定する余地が生じる[13]。

　判例では，弁護士でない者が，自己と同姓同名の弁護士Ａが存在することを利用して自己が弁護士であるかのように偽り，弁護士の肩書を付して，弁護士報酬金請求書，振込依頼書，請求書，領収書等の文書を作成して依頼者に交付した事案において，本件各文書は弁護士としての業務に関連して弁護士資格を有する者が作成した形式，内容のものである以上，本件各文書に表示された名義人は実在する弁護士Ａであり，弁護士資格を有しない被告人とは別人格の者であることが明らかだから，本件各文書の名義人と作成者との人格の同一性に齟齬を生じさせたもので，私文書偽造・同行使罪が成立するとされている（最決平成5・10・5刑集47巻8号7頁〈各*505*〉）。本件は，単なる肩書・資格の冒用事例ではなく，同姓同名であることを利用した，実在する別人への「成りすまし」と認められ，名義人と作成者との人格の同一性に齟齬が生じたことを認めやすい事案である。

8　虚偽診断書等作成罪

　虚偽診断書等作成罪（刑160条）は，医師が公務所に提出すべき診断書，検

　した事案について私文書偽造罪の成立を肯定したものとして，大判大正14・12・5刑集4巻709頁がある。

13)　資格が作成権限を基礎づける場合には，当然，私文書偽造罪が成立する。国際運転免許証の発給権限を有する団体であることを偽った事例に関して，最決平成15・10・6刑集57巻9号987頁〈各*506*〉参照。

案書又は死亡証書に虚偽の記載をした場合に成立する（3年以下の禁錮又は30万円以下の罰金）。本罪は私文書の無形偽造を例外的に処罰するものであるが，それは，公務所に提出すべき診断書・検案書・死亡証書は公的色彩が強く，内容の真実性を担保する要請が高いことによる。

本罪は，医師を主体とする**身分犯**である。医師が公務員である場合，虚偽診断書等の作成は，虚偽公文書作成罪として重く処罰される（最判昭和23・10・23刑集2巻11号1386頁〈総 *198*〉参照）。

虚偽診断書等作成罪の客体は，公務所に提出すべき診断書，検案書又は死亡証書である。診断書とは，医師が診察の結果に関する判断を表示して，人の健康上の状態を証明するために作成する文書をいう（大判大正6・3・14刑録23輯179頁）。検案書とは，医師が死体について死亡の事実（死因・死期等）を医学的に確認した結果を記載した文書を指す。死亡証書とは，生前から診療に従事していた医師が，その患者が死亡したときに，死亡の事実を確認して作成する診断書の一種である（死亡診断書）。

9 偽造私文書等行使罪

偽造私文書等行使罪（刑161条1項）は，私文書偽造等罪（刑159条），虚偽診断書等作成罪（刑160条）の各法文に規定された，偽造・変造にかかる文書・図画，虚偽の記載をなした診断書等を行使した場合に成立する（法定刑は，当該文書についての偽造罪の法定刑と同一である）。未遂を罰する（刑161条2項）。本罪は，偽造私文書等を行使することによって，私文書に対する関係者の信用を害する侵害犯である。

行使の意義については，偽造公文書行使等罪における解説（403頁以下）を参照。

偽造私文書等行使罪と私文書偽造罪等とは**牽連犯**となる（大判昭和7・7・20刑集11巻1113頁など）。判例は，偽造私文書行使罪と詐欺罪とは牽連犯となると解している（大判明治44・11・10刑録17輯1871頁）。

10 電磁的記録不正作出罪・同供用罪

(1) 総　説

私電磁的記録不正作出罪（刑 161 条の 2 第 1 項）は，人の事務処理を誤らせる目的で，その事務処理の用に供する権利，義務又は事実証明に関する電磁的記録を不正に作った場合に成立する（5 年以下の懲役又は 50 万円以下の罰金）。公電磁的記録不正作出罪（同条 2 項）は，人の事務処理を誤らせる目的で，その事務処理の用に供する公務所又は公務員により作られるべき権利，義務又は事実証明に関する電磁的記録を不正に作った場合に成立する（10 年以下の懲役又は 100 万円以下の罰金）。さらに，不正作出電磁的記録供用罪（同条 3 項）は，不正に作られた権利，義務又は事実証明に関する電磁的記録を，人の事務処理を誤らせる目的で，人の事務処理の用に供した場合に成立する（法定刑は，前提犯罪である電磁的記録不正作出罪の法定刑と同一である）。供用罪については，未遂を罰する（同条 4 項）。これらの規定は，電子計算機による情報処理の浸透により，文書が電磁的記録に転換したことに伴って生じた，文書であれば偽造罪に相当する行為を処罰の対象とするため，昭和 62 年に新設されたものである。**保護法益**は，電磁的記録の証明手段としての信用性である。電磁的記録は，証明手段として文書と同様の機能を果たしているが，それ自体として可視性・可読性がない上，作成過程に複数の者が関与すること，また一定のシステムの下で用いられてはじめて予定された証明作用を果たすことなど，利用過程においても文書と異なる特色があり，それ自体に固有の作成名義を観念することが困難な場合があるとされ，構成要件的行為は偽造・変造という形ではなく，不正作出として規定されている。

(2) 客　体

電磁的記録不正作出罪の客体は，人の事務処理の用に供する権利，義務又は事実証明に関する電磁的記録である（公務所又は公務員により作られるべきものであるときは，**公電磁的記録**といい，それ以外を**私電磁的記録**という）。**電磁的記録**とは，電子的方式，磁気的方式その他人の知覚によっては認識することができない方式で作られる記録であって，電子計算機による情報処理の用に供されるものをいう（刑 7 条の 2）。これは，一定の記録媒体（ハードディスク等）の上に，情報・データが記録・保存された状態をいい，情報・データそれ自体，記録媒体

（テープ，ディスク等）それ自体をいうのではない。文書が独立に証明機能を果たすのとは異なり，電磁的記録は一定のシステムの下で証明機能を果たすから，本罪の客体である電磁的記録は人の事務処理の用に供されるものに限定されている。

権利・義務に関する電磁的記録としては，銀行の預金元帳ファイルの残高記録，プリペイドカードの残額記録（ただし，刑163条の2第1項参照），自動改札機用定期券の磁気記録などがある。**事実証明に関する電磁的記録**としては，キャッシュカードの磁気ストライプ部分の記録（東京地判平成元・2・17判タ700号279頁，東京地判平成元・2・22判時1308号161頁。ただし，刑163条の2第1項参照），勝馬投票券の裏面の磁気ストライプ部分の記録（甲府地判平成元・3・31判時1311号160頁〈各*491*〉），パソコン通信のホスト・コンピュータ内の顧客データベースファイルの記録（京都地判平成9・5・9判時1613号157頁），売掛金その他の会計帳簿ファイルの記録などがある。これらに対し，コンピュータ・プログラムは，電子計算機に対する指令の記録であるから，電磁的記録ではあっても，「権利，義務又は事実証明に関する」ものとはいえない。

上記の電磁的記録が公務所又は公務員によって作られるべきもの（公電磁的記録）であるときには，その不正作出罪の法定刑は加重されている。これは，公文書偽造罪の法定刑が私文書偽造罪の法定刑よりも加重されている理由と同一であり，その信用性の高さに根拠がある。公電磁的記録の例としては，自動車登録ファイルの記録，運転者管理ファイルの記録，住民基本台帳ファイルの記録などがある。

(3) 不 正 作 出

電磁的記録不正作出罪の実行行為（構成要件的行為）は，人の事務処理を誤らせる目的で，その事務処理の用に供する権利，義務又は事実証明に関する電磁的記録を不正に作出することである。

人の事務処理を誤らせる目的とは，不正に作られた電磁的記録を用いて他人の事務処理を誤らせる目的をいう。取引先の会社に対する債務を減少させるため，会社内部の者と共謀して，売掛金データの記録を改変するような場合がこれにあたる。電磁的記録の**不正作出**とは，電磁的記録の作出権限なく又は作出権限を濫用して記録媒体上に電磁的記録を存在するに至らしめることをいう。

これには，(a) 電磁的記録の作出過程に関与する権限がないのに，勝手にシステムの設置運営主体の意図しない電磁的記録を作出する場合，(b) 電磁的記録の作出過程に関与する一定の権限を有するとはいえ，システムの設置運営主体との関係において，その補助者として真実のデータを入力する義務のある者が，その権限を濫用して虚偽のデータを入力して，権限内では作出することが許されない電磁的記録を作出する場合などがある。なお，システムの設置運営主体であって，本来記録の内容等を自由に決定できる者が記録を作出する場合には，その内容に虚偽があっても，不正作出にはあたらない（個人店主が脱税等の目的で取引状況に関する虚偽の電磁的記録を作成した場合）。不正作出という構成要件的行為は，私電磁的記録及び公電磁的記録について共通に用いられているところから，文書であれば無形偽造に相当する行為を含んでいる。

(4) 供　　用

　不正作出電磁的記録供用罪の構成要件的行為は，不正に作られた権利，義務又は事実証明に関する電磁的記録を，人の事務処理を誤らせる目的で，人の事務処理の用に供したことである。人の事務処理の用に供する（**供用**）とは，不正に作出された電磁的記録を，人の事務処理のため，これに使用される電子計算機において用い得る状態に置くことをいう。キャッシュカードのような「携帯型電磁的記録」の場合には，これを銀行の ATM 等に差し込むことであり，差し込もうとしたときに供用未遂となり，電子計算機により記録内容の読み取りが可能となったときに供用既遂となる。銀行の顧客元帳ファイルのような「備付型電磁的記録」の場合には，不正作出行為が完了し，それを当該事務処理に用いる状態に置くことであり，不正作出行為に引き続き供用未遂があり，直ちに供用既遂となることがあるのは文書における備付け行使の場合と同様である。

第4節　有価証券偽造罪

1　総　　説

　有価証券偽造罪（刑 162 条以下）は，文書偽造罪（刑 155 条・156 条・158 条・159 条・161 条）の特別規定である。有価証券は財産権を表示したものであり，

416　第3編　第9章　取引等の安全に対する罪

それに対する公共的信用は高く，またそれを確保する必要が高いため，法定刑が重くなっている。

2　有価証券偽造罪・同虚偽記入罪

(1)　総　　説

有価証券偽造等罪（刑162条1項）は，行使の目的で，公債証書，官庁の証券，会社の株券その他の有価証券を偽造し，又は変造した場合に成立する（3月以上10年以下の懲役）。有価証券虚偽記入罪（同条2項）は，行使の目的で，有価証券に虚偽の記入をした場合に成立する（3月以上10年以下の懲役）。

(2)　客　　体

有価証券偽造罪・同虚偽記入罪の客体は，有価証券である。**有価証券**とは，財産上の権利が証券に表示され，その表示された権利の行使につきその証券の占有を必要とするものをいう（大判明治42・3・16刑録15輯261頁〈各 *530*〉，最判昭和32・7・25刑集11巻7号2037頁〈各 *531*〉，最決平成3・4・5刑集45巻4号171頁など）。公債証書，官庁の証券，会社の株券は例示である。わが国で発行され，又は国内で流通するものに限る（大判大正3・11・14刑録20輯2111頁。最判昭和28・5・29刑集7巻5号1171頁〔日本国内で事実上流通する，外国銀行発行に係る外国貿易支払票は有価証券にあたる〕）。なお，流通性は必ずしも必要でない（前出最判昭和32・7・25〔流通性を欠く電車定期乗車券も有価証券である〕）。それは商法上の有価証券よりも広く，約束手形（前出大判明治42・3・16），荷為替手形（大判明治44・5・2刑録17輯722頁），小切手（大判明治42・10・7刑録15輯1196頁），貨物引換証（大判大正10・2・2刑録27輯32頁），預証券（大判大正12・2・15刑集2巻73頁），船荷証券，鉄道乗車券（大判大正3・11・19刑録20輯2200頁〔普通乗車券〕，最判昭和25・9・5刑集4巻9号1620頁〔急行券〕，前出最判昭和32・7・25〔定期乗車券〕，名古屋地判平成9・10・16判タ974号260頁〔新幹線回数券〕），劇場の入場券，商品券，クーポン券，タクシーチケット，宝くじ（最決昭和33・1・16刑集12巻1号25頁），競馬の勝馬投票券（東京高判昭和34・11・28高刑集12巻10号974頁。否定説として，大判昭和9・3・31刑集13巻362頁）などが含まれる。

なお，判例は，カード裏面に電磁的記録で利用可能度数情報が記録された，

第4節　有価証券偽造罪　417

プリペイドカードの一種であるテレホンカードを有価証券にあたると解していたが（前出最決平成3・4・5〔磁気情報部分並びに券面上の記載及び外観を一体としてみれば、電話の役務の提供を受ける財産上の権利がその証券の上に表示されていると認められ、かつ、これをカード式公衆電話機に挿入することにより使用するものであるから、有価証券にあたる〕）、機器に対して使用するものを有価証券と解することには疑問があったところ、この問題は平成13年の刑法改正により立法的に解決された（刑163条の2）。

　刑法上の有価証券にあたらないのは、財産上の権利が化体されていないものであり、証拠証券にすぎない預貯金通帳（大判昭和6・3・11刑集10巻75頁）や無記名定期預金証書（最決昭和31・12・27刑集10巻12号1798頁）、免責証券にすぎない下足札、手荷物預り証などである。ゴルフクラブの入会保証金預託証書については、賄賂の没収・追徴の対象に関する判断において有価証券性を否定した最高裁判例（最決昭和55・12・22刑集34巻7号747頁〈各 *622*〉〔ゴルフクラブ会員権を表章する有価証券とはいえない〕）により、実務的には有価証券性を否定することで事実上決着をみた。なお、印紙や郵便切手は金券であり、有価証券にはあたらない（印紙犯罪処罰法1条・2条、郵便法84条・85条に処罰規定がある）。

(3)　構成要件的行為

　有価証券偽造罪の実行行為は、行使の目的による有価証券の偽造又は変造である。有価証券虚偽記入罪の実行行為は、行使の目的による有価証券への虚偽記入である。

　偽造（有形偽造）とは、作成権限のない者が他人名義の有価証券を作成すること（作成名義人と作成者との人格の同一性に齟齬がある有価証券を作成すること）をいう[14]。外観上一般人をして真正な有価証券と誤信させるに足るものであることを要するが、法定要件をすべて備えていることまでは要しない（大判明治35・6・5刑録8輯6巻42頁〔振出地の記載を欠く約束手形〕、東京高判昭和58・5・26東高刑時報34巻4＝5＝6号18頁〔受取人・振出日の記載を欠く約束手形でも、白地手形と誤信させる程度の記載があるときは有価証券である〕）。これに対し、大判大正15・

---

14)　なお、**判例**では、偽造は振出し等の基本的証券行為に限られ、その他の証券上の記載についての有形偽造は虚偽記入とされている。

5・8 刑集 5 巻 271 頁〔外観上株券用紙にとどまることが明らかであれば，有価証券には
あたらない〕参照）。

変造（有形変造）とは，作成権限のない者が真正に成立した有価証券に改ざ
んを加えることをいう。本質的部分に変更を加え，既存の有価証券と同一性を
欠くものを作出した場合には偽造となる。判例では，手形の振出日付・受取日
付の改ざん（大判大正 3・5・7 刑録 20 輯 782 頁），小切手の金額欄の金額数字の
改ざん（最判昭和 36・9・26 刑集 15 巻 8 号 1525 頁）は有価証券変造罪となり，通
用期間を経過して効力を失った鉄道乗車券の終期に改ざんを加え，有効である
ように装ったときには有価証券偽造となる（大判大正 12・2・15 刑集 2 巻 78 頁）。

虚偽記入とは，**判例**によれば，基本的証券行為（振出し等）及び付随的証券行
為（裏書・引受け・保証等）についての無形偽造と，付随的証券行為についての
有形偽造をいう（最決昭和 32・1・17 刑集 11 巻 1 号 23 頁）。これに対し，**学説**で
は，基本的証券行為であれ付随的証券行為であれ，無形偽造を意味するとの見
解が多数である。

⑷　作成権限の濫用・逸脱

有価証券を作成する一般的権限を有する者が，不正に手形・小切手等の有価
証券を作成した場合，有価証券偽造罪が成立するか否かが問題となる。この点
については，文書偽造罪における解説（407 頁以下）を参照。

3　偽造有価証券行使等罪

偽造有価証券行使等罪（刑 163 条 1 項）は，偽造若しくは変造の有価証券又
は虚偽の記入がある有価証券を行使し，又は行使の目的で人に交付し，若しく
は輸入した場合に成立する（3 月以上 10 年以下の懲役）。未遂を罰する（同条 2
項）。本罪の客体は，偽造，変造又は虚偽記入された有価証券である。行使者
自ら作成したものであることは不要であり，また，行使の目的で作成されたも
のであることを要しないことは，偽造文書行使罪と共通である。

偽造有価証券行使等罪の実行行為（構成要件的行為）は，①偽造有価証券等の
行使，②行使目的による（人への）交付，③行使目的による輸入である。**行使**
とは，偽造有価証券等を，真正な又は内容真実の有価証券として使用すること
をいい，通貨とは異なり，流通に置くことを要しない（大判明治 44・3・31 刑録

17 輯 482 頁）。したがって，見せ手形として呈示する場合も含まれる（前出大判明治 44・3・31，大判昭和 7・5・5 刑集 11 巻 578 頁）。**行使**というためには，人に対して偽造有価証券等を呈示することを要し，機器に挿入等して使用するのでは足りないと解すべきである（しかし，最決平成 3・4・5 刑集 45 巻 4 号 171 頁〔変造テレホンカードをカード式公衆電話機で使用することは行使にあたる〕はこれを肯定していた）。なお，偽造手形の即時取得者が，後日偽造であることを知った後，真実の署名をなした手形債務者に手形を呈示して弁済を請求することは，権利行使であって偽造有価証券等行使罪を構成しない（大判大正 3・11・28 刑録 20 輯 2277 頁）。**交付，輸入**の意義については，偽造通貨行使罪の解説（388 頁）を参照。

第 5 節　支払用カード電磁的記録に関する罪

1　総　　説

支払用カード電磁的記録に関する罪（刑 163 条の 2 以下）は，平成 13 年の刑法改正により新設された。それは，クレジットカード，プリペイドカードなど電子計算機による処理に供される電磁的記録を必須の構成部分とする支払用カードが広く普及し，通貨・有価証券に次ぐ決済手段として重要な社会的機能を果たしているところ，支払用カードの電磁的記録の情報を（いわゆるスキミングにより）不正に取得して支払用カードを偽造し，偽造カードを利用して商品の購入（さらには，購入された商品の換金）がなされる事態が頻発し，それに対する対処が要請されたことによる。

2　支払用カード電磁的記録不正作出等罪

(1)　総　　説

支払用カード電磁的記録不正作出罪（刑 163 条の 2 第 1 項）は，人の財産上の事務処理を誤らせる目的で，その事務処理の用に供する電磁的記録であって，①クレジットカードその他の代金又は料金の支払用のカードを構成するもの（同項前段），②預貯金の引出用のカードを構成するもの（同項後段）を不正に作った場合に成立する（10 年以下の懲役又は 100 万円以下の罰金）。不正作出支払用

420 第3編 第9章 取引等の安全に対する罪

カード電磁的記録供用罪（同条2項）は，不正に作られた1項の電磁的記録を，人の財産上の事務処理を誤らせる目的で，その事務処理の用に供した場合に成立する（10年以下の懲役又は100万円以下の罰金）。不正電磁的記録カード譲渡し等罪（同条3項）は，不正に作られた1項の電磁的記録を構成部分とするカードを，人の財産上の事務処理を誤らせる目的で，譲り渡し，貸し渡し，又は輸入した場合に成立する（10年以下の懲役又は100万円以下の罰金）。これらの罪の未遂は可罰的である（刑163条の5）。これらの罪の**保護法益**は，支払用カードを構成する電磁的記録の真正，ひいては支払用カードを用いた支払決済システム（自動化された決済システムを含む15)）に対する社会的信頼である。

(2) 客　体

支払用カード電磁的記録不正作出罪・不正作出支払用カード電磁的記録供用罪の客体は，（不正に作出された）人の財産上の事務処理の用に供する電磁的記録で，①クレジットカードその他の代金又は料金の支払用のカードを構成するもの，②預貯金の引出用のカードを構成するものである。また，不正電磁的記録カード譲渡し等罪の客体は，（不正に作出された）上記の電磁的記録をその構成部分とするカードである。

対象とされているカードは，①（クレジットカードその他の）代金又は料金の支払用のカード及び②預貯金の引出用のカードである（この両者を**支払用カード**と総称する）。このうち，①は，商品の購入・役務の提供等の取引の対価を現金払いに代えて決済するために用いるカードをいい，（法文上例示された）クレジットカードのほかプリペイドカードが含まれる（そのほかETCカード，カード型電子マネーなどがこれにあたる）。②は，郵便局・各種金融機関の預貯金の引出し・預入れに用いるキャッシュカードをいう。ローンカード，生命保険カード，証券カード，量販店のポイントカード，航空会社のマイレージカードなどは支払用カードにあたらない。

(3) 構成要件的行為

(i) 支払用カード電磁的記録不正作出罪　　不正作出罪が成立するために

---

15) 支払用カードをもっぱら器械に対して使用する場面を含む。したがって，真正な支払用カードの外観を欠くもの（券面上の記載を欠いたホワイトカード）でも，器械に対して使用可能である場合，客体に含まれる。

は，**人の財産上の事務処理を誤らせる目的**が必要である。このような目的が要件となっているのは，電磁的記録不正作出罪（刑161条の2）の場合と同様であるが，「財産上の事務処理」に限定されている。それは，支払用カードに，通貨・有価証券に準じた保護を与えようとするところから，そうした社会的機能が発揮される人の財産上の事務処理に限ったことによる。クレジットカードについてはキャッシング機能を利用する目的の場合，キャッシュカードにおいては預貯金の引出機能を利用する目的の場合を含む。これに対し，身分証明書としてクレジットカードを呈示する目的など，非財産的な事務処理を誤らせる目的の場合には，除外される。

　不正作出は，電磁的記録不正作出罪と同様，権限なく又は権限を濫用して，記録媒体上に電磁的記録を存在するに至らしめることを意味する。本罪においては，所定のシステムにおいて電子計算機による事務処理が可能な状態の，カード板と一体となった電磁的記録を作出することが必要である。なお，本罪により，テレホンカードなどのプリペイドカードの磁気情報を改ざんする行為も捕捉されることとなったため，そうした行為について有価証券変造罪の成立を肯定した最高裁判例（最決平成3・4・5刑集45巻4号171頁〔磁気情報部分と券面上の記載を一体として捉え，テレホンカードを有価証券と判断〕）の意義は失われた。

　　(ii)　**不正作出支払用カード電磁的記録供用罪**　**供用**とは，不正に作出された支払用カードを構成する電磁的記録を，他人の財産上の事務処理のため，それに使用される電子計算機において用いうる状態に置くことをいい，電磁的記録の内容が電子計算機により読み取り可能となった時点で供用罪は既遂となる。

　　(iii)　**不正電磁的記録カード譲渡し・貸渡し・輸入罪**　**譲渡し・貸渡し**罪の構成要件的行為としての**譲渡し・貸渡し**とは，不正電磁的記録カード[16]を人に引き渡す行為であって，処分権を与える場合が譲渡しであり，これを伴わないのが貸渡しである。相手方が不正作出された支払用カードであることを知っているか否かを問わない（すなわち，真正なカードとして相手方に引き渡す場合

---

16)　これは，完成品であって，供用しうるものに限る。

も含まれる）。輸入罪の構成要件的行為としての**輸入**とは，国外から国内に不正電磁的記録カードを搬入することである。不正電磁的記録カードは完成品であり，供用しうるものであることが必要である。未完成品の輸入は支払用カード電磁的記録不正作出準備罪として処罰されうる。

3　不正電磁的記録カード所持罪

(1)　総　　説

不正電磁的記録カード所持罪（刑163条の3）は，人の財産上の事務処理を誤らせる目的で，不正電磁的記録カード（刑163条の2第3項）を所持した場合に成立する（5年以下の懲役又は50万円以下の罰金）。所持罪が規定されたのは，不正電磁的記録カードは反復使用が可能で，その所持による法益侵害の危険性が高いこと，また不正に作出された電磁的記録でも内容は真正なものと同一であるため，事務処理の用に供された段階で不正を発見し，犯人を検挙することが困難なことなどを理由とする。

(2)　構　成　要　件

不正電磁的記録カード所持罪の実行行為は，人の財産上の事務処理を誤らせる目的で，不正電磁的記録カードを所持することである。**所持**とは，カードの保管について事実上の支配関係を有していることをいう。客体は完成品である不正電磁的記録カードに限られる。未完成品の所持は，支払用カード電磁的記録不正作出準備罪が成立しうる限りで処罰される。

4　支払用カード電磁的記録不正作出準備罪

支払用カード電磁的記録不正作出準備罪（刑163条の4）は，①刑法163条の2第1項の犯罪行為（支払用カード電磁的記録不正作出）の用に供する目的で，同項の電磁的記録の情報を取得した場合（同条1項前段），②情を知って，その情報を提供した場合（同条1項後段），③不正に取得された刑法163条の2第1項の電磁的記録の情報を，同項の犯罪行為（支払用カード電磁的記録不正作出）の用に供する目的で保管した場合（同条2項），④刑法163条の2第1項の犯罪行為（支払用カード電磁的記録不正作出）の用に供する目的で，器械又は原料を準備した場合（同条3項）に成立する（3年以下の懲役又は50万円以下の罰金）。①

②の未遂は可罰的である（刑163条の5）。本罪は，支払用カード電磁的記録不正作出罪の予備を，電磁的記録の情報の取得・提供・保管，器械・原料の準備に限って処罰の対象としたものである。

第6節　印章偽造罪

1　総　説

　印章偽造の罪（刑164条以下）としては，御璽偽造罪・同不正使用等罪（刑164条），公印偽造罪・同不正使用等罪（刑165条），公記号偽造罪・同不正使用等罪（刑166条），私印偽造罪・同不正使用等罪（刑167条），不正使用等罪の未遂罪（刑168条）が規定されている。これらの規定の**保護法益**は，印章・署名・記号の**真正さ**に対する関係者の**信用**である。印章・署名の偽造・不正使用等は文書偽造罪・有価証券偽造の手段として行われることが多く，印章偽造罪は，未遂を処罰しない文書偽造罪・有価証券偽造罪の既遂以前の段階を捕捉する意義を有するのである。なお，文書偽造罪・有価証券偽造罪が成立する場合には，印章偽造罪は吸収され（包括一罪）別罪を構成しない（大判明治42・2・5刑録15輯61頁，大判明治42・6・24刑録15輯841頁参照）。

2　印章・署名・記号

(1)　印章・署名

(i)　印章　　印章偽造罪の客体である**印章**とは，人の同一性を表示するために使用される一定の象形をいう。人の同一性を表示するためには，氏名が使用されることが多いが（氏名印），雅印（大判大正3・6・3刑録20輯1108頁），花押（大判昭和12・12・14刑集16巻1603頁）でもよく，また拇印でもよいと解されている。**判例**によれば，印章とは，印鑑の影蹟（印影）のみならず印鑑自体（印顆，印形）も含まれる（大判明治43・11・21刑録16輯2093頁，大判大正3・10・30刑録20輯1980頁，さらに，大判明治45・4・22刑録18輯491頁〔記号についても同じである〕）。学説の多数説は印影に限ると解している。

(ii)　署名　　署名偽造罪の客体である**署名**とは，一定の人が自己を表彰すべき文字をもって氏名その他の呼称を表記したものをいう（大判大正5・12・11

刑録 22 輯 1856 頁）。氏又は名だけの表記（大判明治 43・1・31 刑録 16 輯 74 頁，大判明治 45・7・2 刑録 18 輯 995 頁）でも一定の人を表示するに足るものであれば署名にあたる。商号（大判明治 43・3・10 刑録 16 輯 414 頁），取引上使用される略号（大判大正 3・6・20 刑録 20 輯 1289 頁），屋号（大判明治 43・9・30 刑録 16 輯 1572 頁〈各 *480*〉），雅号（大判大正 2・3・10 刑録 19 輯 327 頁，前出大判大正 5・12・11）などを記した場合でも，署名にあたる。**判例**によれば，署名は自署に限らず，代筆や印刷などによる記名を含む（大判明治 45・5・30 刑録 18 輯 790 頁，大判大正 2・9・5 刑録 19 輯 853 頁）。

　　(ⅲ)　重要性　　印章・署名は，権利・義務の証明に関するものである必要まではないが，法律上又は事実上重要な意味を有するものでなければならないと解するのが通説的な見解である。**判例**では，書画の落款（大判大正 14・10・10 刑集 4 巻 599 頁），絵画の署名花押（前出大判昭和 12・12・14）のほか，封筒裏面の署名（大判昭和 8・12・6 刑集 12 巻 2226 頁）などが印章・署名にあたると解されている。

　　(ⅳ)　省略文書との区別　　印章・署名と極度に簡略化された文書（省略文書）との区別が問題となるが，人の同一性の表示を超えて，一定の意味を有するに至れば，たとえ極度に簡略化されていても，文書である（大判昭和 3・10・9 刑集 7 巻 683 頁〈各 *481*〉〔郵便局の日付印〕，最決昭和 35・3・10 刑集 14 巻 3 号 333 頁〔物品税表示証紙〕など）。

　(2)　記　　号

　公記号偽造罪・同不正使用罪（刑 166 条）の客体である記号の意義が問題となる。同罪が公印偽造罪・同不正使用罪（刑 165 条）と区別して規定され，しかも前者の法定刑が後者よりも軽いから，記号と印章との相違・区別が問題となるのである。**通説**は，印章は人の同一性を表示するものであるのに対し，記号はその他の一定の事実を証明・表示するものと解している。人の同一性を証明・表示する印章の方が信用・証明力が大きいから，印章偽造罪の方が記号偽造罪よりも重い犯罪として規定されていると解するのである。**判例**は，当初は，主体の同一性の表示か否かで印章・記号を区別する上記の見解を採っていたが（大判明治 42・9・23 刑録 15 輯 1155 頁，大判明治 43・6・20 刑録 16 輯 1225 頁），その後，使用の目的物により印章と記号とは区別され，文書に押捺して証明の用に

供するものは印章であり，産物・商品等に押捺するものは記号であると解する
に至った（大判大正3・11・4刑録20輯2008頁，最判昭和30・1・11刑集9巻1号25
頁〔選管の選挙ポスターの検印〕）。

3 偽造・使用

(1) 偽 造

印章偽造罪における**偽造**とは，権限なく他人の印章の影蹟（印影），署名，記
号を物体上に表示すること，さらに，印章には印鑑を含むと解する判例によれ
ば，偽造印鑑の作成も含まれる（大判昭和8・8・23刑集12巻1434頁など）。

(2) 使 用

不正使用罪における**使用**とは，偽造された印章等を，正当に表示された印章
等として他人の閲覧に供しうべき状態に置くことをいう（判例も，使用というた
めには，こうした状態を必要としている[17]）。大判大正7・2・26刑録24輯121頁，大判
昭和16・10・9刑集20巻547頁）。使用罪には，真正な印章等を不正に使用する
場合と偽造された印章等を使用する場合とがある。

4 犯罪類型

(1) 御璽偽造罪・同不正使用等罪

御璽偽造罪（刑164条1項）は，行使の目的で，御璽，国璽又は御名を偽造
した場合に成立する（2年以上の有期懲役）。御璽不正使用等罪（同条2項）は，
御璽，国璽若しくは御名を不正に使用し，又は偽造した御璽，国璽若しくは御
名を使用した場合に成立する（2年以上の有期懲役）。不正使用等罪については
未遂を罰する（刑168条）。御璽，国璽，御名の意義については，詔書偽造罪に
おける解説（395頁）を参照。

(2) 公印偽造罪・同不正使用等罪

公印偽造罪（刑165条1項）は，行使の目的で，公務所又は公務員の印章又
は署名を偽造した場合に成立する（3月以上5年以下の懲役）。公印不正使用等罪
（同条2項）は，公務所若しくは公務員の印章若しくは署名を不正に使用し，又

---

17) 大判昭和4・11・1刑集8巻557頁は，他人の印鑑を盗捺したにとどまる事案におい
て，印章不正使用罪の未遂罪の成立を否定している。

は偽造した公務所若しくは公務員の印章若しくは署名を使用した場合に成立する（3月以上5年以下の懲役）。不正使用等罪については未遂を罰する（刑168条）。公務所・公務員の印章とは，公務上使用される印章をいい，職印であると私印であるとを問わない（大判明治44・3・21刑録17輯427頁）。公務所の署名は記名に限られる。

(3) 公記号偽造罪・同不正使用等罪

公記号偽造罪（刑166条1項）は，行使の目的で，公務所の記号を偽造した場合に成立する（3年以下の懲役）。公記号不正使用等罪（同条2項）は，公務所の記号を不正に使用し，又は偽造した公務所の記号を使用した場合に成立する（3年以下の懲役）。不正使用等罪については未遂を罰する（刑168条）。

(4) 私印偽造罪・同不正使用等罪

私印偽造罪（刑167条1項）は，行使の目的で，他人の印章又は署名を偽造した場合に成立する（3年以下の懲役）。私印不正使用等罪（同条2項）は，他人の印章若しくは署名を不正に使用し，又は偽造した印章若しくは署名を使用した場合に成立する（3年以下の懲役）。不正使用等罪については未遂を罰する（刑168条）。**判例**は，印章と記号の差を使用の目的物によって区別するという立場から，本罪の印章には記号を含むと解している（大判大正3・11・4刑録20輯2008頁）。それは，公印偽造罪は重い刑を定めているため，公記号偽造のために別の罰条を設けているが，私印偽造罪の刑は比較的軽いので，私記号偽造もこれに含まれると解しうることを理由としている。

第7節　不正指令電磁的記録に関する罪

不正指令電磁的記録に関する罪（刑168条の2・168条の3）は，コンピュータ・ウイルス等不正プログラム対策として，平成23年，新たに導入されたものである。これは，プログラムがコンピュータに意図せざる不正な動作をさせないことの信頼性を**保護法益**とするものであり，したがって，偽造罪の諸規定の末尾に置かれる。

不正指令電磁的記録作成等罪（刑168条の2）は，正当な理由がないのに，①人の電子計算機における実行の用に供する目的で，人が電子計算機を使用する

に際してその意図に沿うべき動作をさせず，又はその意図に反する動作をさせるべき不正な指令を与える電磁的記録，若しくはその不正な指令を記述した電磁的記録その他の記録を作成し，又は提供した場合（同条1項〔3年以下の懲役又は50万円以下の罰金〕），②①の電磁的記録を人の電子計算機における実行の用に供した場合（同条2項〔3年以下の懲役又は50万円以下の罰金〕）に成立する。未遂を罰する（同条3項）。

　不正指令電磁的記録取得等罪（刑168条の3）は，正当な理由がないのに，人の電子計算機における実行の用に供する目的で，168条の2第1項の電磁的記録その他の記録を取得し，又は保管した場合に成立する（2年以下の懲役又は30万円以下の罰金）。

第10章

風俗に対する罪

第1節 総　説

　風俗に対する罪とは，性生活・経済生活・宗教生活における社会的な風俗・慣習を害する罪をいい，わいせつ及び重婚の罪（刑174条以下）[1]，賭博及び富くじに関する罪（刑185条以下），礼拝所及び墳墓に関する罪（刑188条以下）がそれにあたる。社会的風俗とは何か，それが刑法において保護に値するものかなどについては議論のありうるところであり，いかに処罰範囲を合理的に画するかが課題である。

第2節　わいせつ及び重婚の罪

1　総　説

　本節では，公然わいせつ罪（刑174条），わいせつ物頒布等罪（刑175条），淫行勧誘罪（刑182条）及び重婚罪（刑184条）について解説する。わいせつ罪の**保護法益**の伝統的理解は，**性秩序**ないし**健全な性的風俗**であり，**判例**も同様に解している（最大判昭和32・3・13刑集11巻3号997頁〈総 *216*〉〔チャタレー事件〕）。

---

1)　わいせつ，姦淫及び重婚の罪として一括されている犯罪のうち，強制わいせつ罪（刑176条），強姦罪（刑177条），準強制わいせつ罪・準強姦罪（刑178条），集団強姦等罪（刑178条の2）及びそれらの未遂罪（刑179条）は，性的自己決定の自由を侵害する個人法益に対する罪である。

2 わいせつの意義

わいせつ罪（公然わいせつ罪・わいせつ物頒布等罪）における**わいせつ**の意義について，**判例**は，いたずらに性欲を興奮又は刺激させ，かつ，普通人の正常な性的羞恥心を害し，善良な性的道義観念に反するものをいう，と解している（最判昭和 26・5・10 刑集 5 巻 6 号 1026 頁〔サンデー娯楽事件〕，最大判昭和 32・3・13 刑集 11 巻 3 号 997 頁〈総 *216*〉〔チャタレー事件〕，最判昭和 55・11・28 刑集 34 巻 6 号 433 頁〔四畳半襖の下張り事件〕など）。わいせつ性の判断は一般社会の良識・社会通念を基準として行われる。

裁判実務では，芸術性・科学性を有すると称される文書のわいせつ性が争われてきた。そこでは，わいせつ性の判断方法について変遷を認めることができる。チャタレー事件最高裁判決（前出最大判昭和 32・3・13）は，部分的にわいせつ性が認められれば，当該文書が高度の芸術性・科学性を備えたものでもわいせつ性を失わないとした（「部分の部分的評価」）。その後の判例は，わいせつ性の判断を緩和する方向にある。すなわち，悪徳の栄え事件最高裁判決（最大判昭和 44・10・15 刑集 23 巻 10 号 1239 頁）は，文書の個々の部分の判断は文書全体との関連においてなされる必要があり，文書の芸術性・思想性が性的刺激を減少・緩和させ，処罰の対象とする程度以下にわいせつ性を解消させる場合があるとする（「部分の全体的評価」）。そして，四畳半襖の下張り事件最高裁判決（前出最判昭和 55・11・28。さらに，最判昭和 58・3・8 刑集 37 巻 2 号 15 頁参照）は，文書のわいせつ性の判断にあたっては，全体として見たとき，主として読者の好色的興味に訴えるものと認められるかなどの点を検討することが必要であるとしている（「全体の全体的評価」）。

3 公然わいせつ罪

公然わいせつ罪（刑 174 条）は，公然とわいせつな行為をした場合に成立する（6 月以下の懲役若しくは 30 万円以下の罰金又は拘留若しくは科料）。人がわいせつな行為を公然と行う場合であり，わいせつ性が物に固定されず，広い伝播可能性を欠くため，わいせつ物頒布等罪（刑 175 条）よりも法益侵害性が低い。わいせつ映画を劇場で鑑賞させた場合にはわいせつ物公然陳列罪が成立するが，劇場でわいせつな行為を鑑賞させた場合には軽い公然わいせつ罪が成立する

（最決昭和 30・7・1 刑集 9 巻 9 号 1769 頁）。

「**公然と**」とは，わいせつな行為を不特定又は多数の人が認識できる状態をいう（最決昭和 32・5・22 刑集 11 巻 5 号 1526 頁）。実際に認識される必要はない。特定・少数の者にわいせつな行為を見せた場合でも，それが不特定・多数人を勧誘した結果であれば，なお公然性を肯定しうる（最決昭和 31・3・6 裁集刑 112 号 601 頁，最決昭和 33・9・5 刑集 12 巻 13 号 2844 頁）

なお，強制わいせつ行為を公然と行った場合，強制わいせつ罪と公然わいせつ罪の保護法益が違うため，両罪の観念的競合となる（大判明治 43・11・17 刑録 16 輯 2010 頁）。

4 わいせつ物頒布等罪

（1）総 説

わいせつ物頒布等罪（刑 175 条 1 項)は，わいせつな文書，図画，電磁的記録に係る記録媒体その他の物を頒布し又は公然と陳列した場合（同項前段），電気通信の送信によりわいせつな電磁的記録その他の記録を頒布した場合（同項後段）に成立する（2 年以下の懲役若しくは 250 万円以下の罰金若しくは科料，又は懲役及び罰金の併科）。わいせつ物有償頒布目的所持罪（同条 2 項)は，有償で頒布する目的で，わいせつな文書，図画，電磁的記録に係る記録媒体その他の物を所持した場合，又はわいせつな電磁的記録を保管した場合に成立する（2 年以下の懲役若しくは 250 万円以下の罰金若しくは科料，又は懲役及び罰金の併科）。わいせつな物・電磁的記録にはわいせつ性が固定され，広く伝播される可能性があり法益侵害性が高いので，公然わいせつ罪よりも重い法定刑が定められている。

（2）客 体

わいせつ物頒布等罪の客体は，わいせつな文書，図画，電磁的記録に係る記録媒体その他の物，わいせつな電磁的記録その他の記録である。

文書とは，わいせつな小説などいうが，昨今のわいせつ性の理解によれば，処罰の対象となるものを想定することは実際上困難である。**図画**には，写真や（最判昭和 58・3・8 刑集 37 巻 2 号 15 頁など），映画フィルム（大判大正 15・6・19 刑集 5 巻 267 頁），ビデオテープ（最決昭和 54・11・19 刑集 33 巻 7 号 754 頁）などが含まれる。未現像の映画フィルム（名古屋高判昭和 41・3・10 高刑集 19 巻 2 号 104

頁）のように，わいせつ性が認識されるためには現像など加工が必要なものも含まれる（東京高判昭和 56・12・17 高刑集 34 巻 4 号 444 頁〔わいせつな部分をマジックインキで塗りつぶしているが，シンナーなどによりマジックインキを除去し，復元しうる場合〕，岡山地判平成 9・12・15 判時 1641 号 158 頁〔わいせつ画像にマスク処理がされていても，マスク外しソフトによりマスクを取り外した状態の画像を復元閲覧しうる場合〕）。ただし，わいせつ性発現のための操作が容易であることを要する。わいせつ**物**としては（文書等は例示である），わいせつな形状をした物体（最決昭和 34・10・29 刑集 13 巻 11 号 3062 頁など）のほか，録音テープ（東京高判昭和 46・12・23 高刑集 24 巻 4 号 789 頁），ダイヤル Q^2 に接続された録音再生機（大阪地判平成 3・12・2 判時 1411 号 128 頁）などが含まれる。なお，わいせつ画像データを記憶・蔵置させたパソコンネットのホスト・コンピュータのハードディスク（最決平成 13・7・16 刑集 55 巻 5 号 317 頁〈各 *532*〉〔アルファネット事件。わいせつ物にあたる〕）は**電磁的記録に係る記録媒体**として含まれることになる。さらに，**電磁的記録**その他の記録 [2] が頒布・保管の客体として含まれる。

(3) 構成要件的行為

わいせつ物頒布等罪の実行行為は，頒布，公然陳列，所持，保管である。以下，略説する。

(i) 頒布　　**頒布**とは，対象物・記録を**不特定又は多数の人に交付**することをいう。頒布は不特定又は多数の人に対して行われる必要があるが（特定人に対する 1 回限りの交付は，頒布にあたらない。なぜなら，不特定又は多数の人に対して交付される場合に，わいせつ物・記録が広範囲に伝播される危険性が認められるからである），特定少数人に対して交付された場合でも，反復継続する意思で行われたときは，なお頒布と解しうる（大判大正 6・5・19 刑録 23 輯 487 頁）。ビデオのレンタル業者が，顧客が持ち込んだ生テープに，自己所有のわいせつビデオを録画して有償で交付する場合には，頒布罪が成立しうるが（大阪地堺支判昭和 54・6・22 刑月 11 巻 6 号 584 頁〔顧客のビデオテープの所有権が，録画により一旦レンタル業者に帰属し，業者がそれを顧客に売却するとの構成を取る〕参照），顧客が持ち込んだ生テープに顧客所有のわいせつビデオを有償で録画して交付する場合は，

---

2) わいせつな図画をファックス送信する場合などが想定されている。

432　第3編　第10章　風俗に対する罪

頒布罪の成立を肯定することは困難である（わいせつ物を従来の占有者以外に伝播・拡散していない）。

　なお，頒布の相手方に頒布罪の共犯は成立しないと解するのが一般である（当然予想される対向行為の一方について処罰規定が存在しない場合，不可罰とする趣旨だと説明されることが多い）[3]。

　(ii)　公然陳列　　**公然陳列**とは，わいせつ物のわいせつな内容を不特定又は多数の者が認識できる状態に置くことをいう（前出最決平成13・7・16）。特定少数の者が認識しうるだけでは足りないが（広島高判昭和25・7・24判特12号97頁），不特定の者を勧誘した結果であれば，なお公然陳列といいうる（最決昭和33・9・5刑集12巻13号2844頁）。また，わいせつな内容を認識するため一定の操作が閲覧者側に必要な場合でも，それが閲覧のために通常必要とされる簡単な操作にすぎないときには，公然陳列というに妨げない。それゆえ，パソコンネットのホスト・コンピュータのハードディスクに蔵置された，わいせつ画像データのわいせつな内容を認識するためには，閲覧者がそのデータをダウンロードした上，画像表示ソフトを使用して画像を再生閲覧する操作が必要であっても，わいせつ物（電磁的記録に係る記録媒体〔ハードディスク〕）の公然陳列にあたる（前出最決平成13・7・16）。

　わいせつ物の公然陳列としては，わいせつな映画やビデオテープを映写して観覧させる行為が典型例であるが（前出大判大正15・6・19〔映画の上映〕）[4]，わいせつな画像データを，パソコンネットのホスト・コンピュータに蔵置して，不特定多数の者にアクセスさせ，再生閲覧させるようにする場合（前出最決平成13・7・16）なども含まれる。

　(iii)　所持・保管　　**所持・保管**とは，わいせつな物・電磁的記録を自己の支配下に置くことをいう。有償で頒布する目的が必要であり，これには，客体を販売する場合だけではなく，有償で貸与する場合も含まれる。

　なお，本罪の保護法益は国内の性的風俗・秩序であるから，日本国外で頒布

---

3)　前述168頁以下参照。

4)　わいせつ映画を上映する場合，スクリーンに映し出された映像は固定性を欠くため，陳列の対象とはいえず，わいせつ映画のフィルムが陳列の対象となる。映写は，わいせつな映画フィルムのわいせつな内容を観覧させるための手段として位置づけられる。

する目的があるにとどまる場合，本罪により捕捉されない法益侵害を意図した
ものとして，処罰の対象とはならない（最判昭和 52・12・22 刑集 31 巻 7 号 1176
頁）。

5　淫行勧誘罪

　淫行勧誘罪（刑 182 条）は，営利の目的で，淫行の常習のない女子を勧誘し
て姦淫させた場合に成立する（3 年以下の懲役又は 30 万円以下の罰金）。保護法益
については，淫行の常習のない女子の性的自由・情操と解する見解，性風俗・
秩序と解する見解に分かれている。

6　重　婚　罪

　重婚罪（刑 184 条前段）は，配偶者のある者が重ねて婚姻をした場合に成立
する（2 年以下の懲役）。その相手方となって婚姻をした場合（同条後段）にも処
罰される（2 年以下の懲役）。一夫一婦制という婚姻制度を保護法益とする。婚
姻とは法律婚を指し，事実婚を含まないから，本罪が成立するのは極めて例外
的な場合に限られる（名古屋高判昭和 36・11・8 高刑集 14 巻 8 号 563 頁〔前婚を偽
造・虚偽の協議離婚届により戸籍上抹消して，婚姻届を提出した場合〕）。

第 3 節　賭博及び富くじに関する罪

1　総　　説

　賭博及び富くじに関する罪（刑 185 条以下）の**保護法益・罪質**について，**判例**
は，賭博罪に関し，賭博行為は，国民をして怠惰浪費の弊風を生ぜしめ，健康
で文化的な社会の基礎をなす勤労の美風を害するばかりでなく，甚だしきは暴
行，脅迫，殺傷，強窃盗その他の副次的犯罪を誘発し又は国民経済の機能に重
大な障害を与えるおそれすらあるとしている（最大判昭和 25・11・22 刑集 4 巻 11
号 2380 頁）。なお，賭博罪・富くじ罪に該当する行為を正当化する規定（当せん
金附証票法，競馬法，自転車競技法，小型自動車競走法，モーターボート競走法，スポ
ーツ振興投票の実施等に関する法律など）が存在し，実際上は，これらの「公認さ
れた賭博・富くじ」の枠外で行われ，関連して違法行為を惹起し，暴力団等の

434　第3編　第10章　風俗に対する罪

資金源となりうるような賭博等が処罰の対象となっている。

2　賭博罪

　賭博罪（刑185条）は，賭博をした場合に成立する（50万円以下の罰金又は科料）。ただし，一時の娯楽に供する物を賭けたにとどまるときは，この限りでない。

　賭博とは，偶然の勝敗によって，財物・財産上の利益の得喪を2人以上の者が争う行為をいう。当事者の一方が危険を負担せず，常に利益を取得する仕組みの場合は賭博にあたらない（大判大正6・4・30刑録23輯436頁）。勝敗の結果が偶然性によって決定されることが必要であるが，偶然性は賭博行為者にとって主観的に存在すれば足り，客観的に不確定であることを要しない（大判大正3・10・7刑録20輯1816頁）。また，当事者の技量に差があっても，偶然的要素が存在するかぎり，賭博となりうる（大判大正4・10・16刑録21輯1632頁〔囲碁〕，大判昭和6・5・2刑集10巻197頁〔麻雀〕）。これに対し，当事者の一方にのみ偶然性が存在するにすぎない場合，欺罔行為者に詐欺罪が成立しうるのみである（詐欺賭博。大判昭和9・6・11刑集13巻730頁，最判昭和26・5・8刑集5巻6号1004頁）。賭博行為に着手すれば賭博罪は既遂となり，勝敗が決したこと，財物等の授受がなされたことは不要である（大判大正6・11・8刑録23輯1188頁，最判昭和23・7・8刑集2巻8号822頁）。なお，**一時の娯楽に供する物**を賭けたにとどまるときには賭博罪は成立しないが，それは，関係者が即時に娯楽のため費消する物（飲食物やたばこなど）をいい（大判昭和4・2・18新聞2970号9頁），**判例**によれば，金銭はその性質上含まれない（大判大正13・2・9刑集3巻95頁）。ただし，即座に費消する飲食物等を賭けて，敗者にその対価として金銭を支払わせたにとどまる場合についても，賭博罪の成立は否定される（大判大正2・11・19刑録19輯1253頁）。

3　常習賭博罪

　常習賭博罪（刑186条1項）は，常習として賭博をした場合に成立する（3年以下の懲役）。常習性の発現として賭博が行われた場合に成立する賭博罪の加重類型である。**判例**は，賭博常習者という行為者の身分により加重された加重的

身分犯と解しているものと思われる（最大判昭和23・7・29刑集2巻9号1067頁，最大判昭和26・8・1刑集5巻9号1709頁など参照）。

常習性（「常習として」）とは，賭博行為を反復累行する習癖をいう（大判大正3・4・6刑録20輯465頁）。博徒等でなければ常習性が認められないわけではない（大判大正2・7・10刑録19輯785頁，最判昭和26・3・15裁集刑41号871頁）。常習性は，賭博の種類，賭金の多寡，賭博の行われた期間，度数，前科の有無等諸般の事情を斟酌して裁判所が判断する（最判昭和25・3・10裁集刑16号767頁など）。**判例**は，それまで賭博行為を行ったことのないプラスティック加工業者が，長期間営業する意思で，5200万円の資金を投下して賭博遊技機34台を設置し，摘発されるまでの3日間の営業で，客延べ約140名で70万円の売上利益を上げたという事案について，常習性を肯定している（最決昭和54・10・26刑集33巻6号665頁）。常習性の発現と解される限り，1回の賭博行為でも，常習賭博罪が成立するが（大判大正4・9・16刑録21輯1315頁）[5]，本罪は**集合犯**であり，複数回賭博行為を行っても常習賭博罪が包括して一罪成立するにすぎない（大判明治44・2・16刑録17輯83頁，最判昭和26・4・10刑集5巻5号825頁〈総 *402*〉）。

4 賭博場開張等図利罪

⑴ 賭博場開張図利罪

賭博場開張図利罪（刑186条2項）は，賭博場を開張し，利益を図った場合に成立する（3月以上5年以下の懲役）。**賭博場の開張**とは，犯人自ら主催者となって，その支配下において賭博をさせる場所を開設することをいい（最判昭和25・9・14刑集4巻9号1652頁），そこで実際に賭博が行われたことを要しない（大判明治43・11・8刑録16輯1875頁）。賭博者を一定の場所に集合させることは必ずしも必要なく，事務所に電話等を備え付け，電話により賭博の申込みを受けるなどする場合でも，本罪は成立しうる（最決昭和48・2・28刑集27巻1号68頁〔野球賭博〕）。

---

5) さらに，累犯加重の適用がある（大判大正7・7・15刑録24輯975頁）。

436 第3編 第10章 風俗に対する罪

(2) 博徒結合図利罪

博徒結合図利罪（刑186条2項）は，博徒を結合して利益を図った場合に成立する（3月以上5年以下の懲役）。**博徒**とは，常習的・職業的な賭博行為者をいう。**結合**とは，自己が中心となって博徒との間に親分・子分又はこれに類する人的関係を結び，一定の区域（縄張り）内において随時賭博を行う便宜を提供することをいう（大判明治43・10・11刑録16輯1689頁）。

5 富くじ発売等罪

富くじ発売罪（刑187条1項）は，富くじを発売した場合に成立する（2年以下の懲役又は150万円以下の罰金）。富くじ発売取次罪（同条2項）は，富くじ発売の取次ぎをした場合に成立する（1年以下の懲役又は100万円以下の罰金）。富くじ授受罪（同条3項）は，富くじを授受した場合（ただし，富くじの発売，発売の取次ぎを除く）に成立する（20万円以下の罰金又は科料）。**富くじ**とは，あらかじめ番号札を発売して購買者から金銭その他の財物を集め，その後抽選その他の偶然的方法によって，当選者だけが利益を得るというような形で，購買者間に不平等な利益を分配する仕組みにおけるくじ札をいう（くじ札は有体物である必要はないであろう[6]）。富くじの特色は，①抽選の方法により勝敗を決すること，②財物等の所有権をその提供と同時に失うこと，③購買者のみが危険を負担し，発売者はそれを負担しないことにある（大判大正3・7・28刑録20輯1548頁）。当選しなかった者が拠出した財物等を失わない場合には，富くじ発売等罪は成立しない。

第4節　礼拝所及び墳墓に関する罪

礼拝所及び墳墓に関する罪（刑188条以下）の**保護法益**は，国民の宗教的感情及び死者に対する敬虔・尊崇の感情である。特定の宗教を保護するものではなく，憲法20条の信教の自由に反しない。なお，変死者密葬罪（刑192条）は，行政的取締規定で異質なものとの理解が有力である。

---

6) 電磁的記録として送信される番号・記号等も含むと解すべきである。

礼拝所不敬罪（刑188条1項）は，神祠，仏堂，墓所その他の礼拝所に対し，公然と不敬な行為をした場合に成立する（6月以下の懲役若しくは禁錮又は10万円以下の罰金）。礼拝所とは，宗教的な崇敬の対象となっている場所をいい，一般の宗教的感情により崇敬の対象とされている場所であれば，既存の宗教と関係のない施設でもよい（原爆慰霊碑，「ひめゆりの塔」なども含む）。

説教等妨害罪（刑188条2項）は，説教，礼拝又は葬式を妨害した場合に成立する（1年以下の懲役若しくは禁錮又は10万円以下の罰金）。妨害したとは，その手段・方法を問わず，説教等に支障を生じさせる行為をなすことをいい，結果として説教等が阻止されたことまでは要しない。

墳墓発掘罪（刑189条）とは，墳墓を発掘した場合に成立する（2年以下の懲役）。墳墓とは，人の死体（死体の一部，人体の形状を具えた死胎を含む），遺骨，遺品等を埋葬して記念・祭祀する（礼拝の対象とする）場所をいい，祭祀礼拝の対象でなくなった古墳は，本罪にいう墳墓にはあたらない（大判昭和9・6・13刑集13巻747頁）。

死体損壊等罪（刑190条）は，死体，遺骨，遺髪又は棺に納めてある物を損壊し，遺棄し，又は領得した場合に成立する（3年以下の懲役）。死体には，死体の一部（大判大正14・10・16刑集4巻613頁）及び人体の形状を具えた死胎（大判昭和6・11・13刑集10巻597頁）を含む。遺骨・遺髪は，死者の祭祀・記念のため保存し又は保存すべきものをいい，遺族その他処分権限を有する者が風俗習慣に従って正当に処分したものは含まない（大判明治43・10・4刑録16輯1608頁〔遺骨〕）。なお，死体等（とくに納棺物）を領得した場合，死体領得罪のほかに財産犯が成立するかが問題となるが，判例（大判大正4・6・24刑録21輯886頁）は，納棺物領得罪（刑190条）が成立するのみであり，窃盗罪などは成立しないとする。

墳墓発掘死体損壊等罪（刑191条）は，刑法189条の罪（墳墓発掘罪）を犯して，死体，遺骨，遺髪又は棺に納めてある物を損壊し，遺棄し，又は領得した場合に成立する（3月以上5年以下の懲役）。本罪は，墳墓発掘罪（刑189条）と死体損壊等罪（刑190条）の結合犯であり，墳墓発掘罪の犯人が死体損壊等罪を犯した場合にのみ成立する。

変死者密葬罪（刑192条）は，検視を経ないで変死者を葬った場合に成立する

（10万円以下の罰金又は科料）。これは，犯罪捜査目的の行政的取締規定といわれているが，犯罪が関係しているかもしれない死体を捜査機関に対して隠し，捜査の端緒を失わせてしまう行為を罰するものである。変死者の意義について，判例は，不自然な死亡を遂げ，その死因の不明なもののみを指すとしている（大判大正9・12・24刑録26輯1437頁〔死因が明瞭であり，変死者にあたらない〕）。

第3部　国家的法益に対する罪

第11章

国家の存立に対する罪

第1節　内乱に関する罪

1　総　説

　国家の存立は内部又は外部から侵害されうる。内部からの侵害行為が内乱に関する罪（刑77条以下）であり，外部からの侵害行為が外患に関する罪（刑81条以下）である。本節では，内乱に関する罪を取り扱う。

　内乱罪（刑77条）は，「憲法の定める統治の基本秩序を壊乱」しようとする犯罪として，最も重い罪の1つであり[1]，予備・陰謀（刑78条），さらに，その幇助までが処罰されている（刑79条）。なお，内乱に関する罪は政治犯としての性格を有するため，法定刑として規定されている自由刑は懲役ではなく禁錮である。

2　内　乱　罪

(1)　総　説

　内乱罪（刑77条1項）は，国の統治機構を破壊し，又はその領土において国権を排除して権力を行使し，その他憲法の定める統治の基本秩序を壊乱することを目的として暴動をした場合に成立し，首謀者（1号〔死刑又は無期禁錮〕），

---

1)　内乱に関する罪の第1審裁判所は高等裁判所である（裁16条4号）。

謀議に参与し，又は群衆を指揮した者（2号〔無期又は3年以上の禁錮〕），その他諸般の職務に従事した者（同号〔1年以上10年以下の禁錮〕），付和随行し，その他単に暴動に参加した者（3号〔3年以下の禁錮〕）が処罰の対象となっている。本罪の未遂は，「付和随行し，その他単に暴動に参加した者」を除き，可罰的である（同条2項）。

(2) 目 的 犯

内乱罪は，一定の行為を目的として暴動をした場合に成立する**目的犯**である。目的の内容として，国の統治機構を破壊すること，国の領土において国権を排除して権力を行使すること，その他憲法の定める**統治の基本秩序**を**壊乱**すること，が規定されている。国の統治機構を破壊することとは，憲法が定める統治の基本制度（国民主権の下における，立法・行政・司法の基本制度）を破壊・変革することをいい，個別の内閣・政府を打倒することは含まない（大判昭和10・10・24刑集14巻1267頁〔5・15事件〕）。国の領土において国権を排除して権力を行使することとは，国の全部・一部に対して，国の領土主権を排除して，統治権力を行使することをいう。

(3) 暴動の意義

暴動とは，多数人による集団的な暴行・脅迫を意味する。内乱罪は，上記の行為・事態を目的とするものだから，暴動は，ある程度組織化された集団により行われるものでなければならない。本罪にいう**暴行・脅迫**は広義のものをいう（暴行は物に対する有形力の行使を含み，脅迫については告知される害悪の内容を問わない）。集団的暴行・脅迫の程度としては，一地方の平穏を害する程度であることを要するとの見解，国家の基本組織に動揺を与える程度のものであることを要するとの見解が主張されている。集団的な暴行・脅迫が開始されたが，この程度に達しなかった場合，未遂である（刑77条2項）。なお，暴動として行われた殺人・放火等は本罪に吸収され別罪を構成しない（前出大判昭和10・10・24）。

(4) 集 団 犯

内乱罪は多数人の関与を予定した犯罪であり，必要的共犯のうちの多衆犯（**集団犯**）である。関与者は，①首謀者（1号〔死刑又は無期禁錮〕），②謀議参与者（2号〔無期又は3年以上の禁錮〕），③群衆指揮者（同左），④諸般の職務従事

者（同号〔1年以上10年以下の禁錮〕），⑤付和随行者，単なる暴動参加者（3号〔3年以下の禁錮〕）に区分されて処罰されている。①首謀者とは，集団の中心となって暴動を統率する者，②謀議参与者とは，内乱の計画・謀議に関与して首謀者を補佐する者，③群衆指揮者とは，暴動に際して群衆を指揮する者，④諸般の職務従事者とは，内乱罪の実行に関し，謀議参与・群衆指揮以外の重要な職務（たとえば食糧・弾薬の調達）に従事する者，⑤付和随行者，単なる暴動参加者とは，①から④以外の暴動参加者をそれぞれ意味する。なお，集団内部における関与者については共犯規定の適用はないとしても，集団外の関与者（集団外において，首謀者などを教唆・幇助した者）について共犯規定の適用を否定する理由はない（もっとも，幇助については，内乱等幇助罪の規定が置かれているので，刑法総則の幇助の規定を適用することは実際上不要であろう）。

3　内乱予備罪・同陰謀罪

　内乱の予備又は陰謀は，それぞれ内乱予備罪，内乱陰謀罪として処罰の対象となる（刑78条〔1年以上10年以下の禁錮〕）。実行以前の段階の行為に係る罪の法定刑としてはかなり重い刑が規定されているが，暴動に至る前に自首した場合には，内乱の未然防止という見地から，政策的に，刑を免除する旨が定められている（刑80条）。内乱の**予備**とは，内乱罪を実行する目的で，その準備をすることをいい，武器・弾薬や食糧の調達，参加者の勧誘などを広く含む。内乱の**陰謀**とは，2人以上の者が内乱罪の実行を具体的に計画して合意することをいう。

4　内乱等幇助罪

　内乱等幇助罪（刑79条）は，兵器，資金若しくは食糧を供給し，又はその他の行為により，内乱罪・同未遂罪，内乱予備罪・同陰謀罪を幇助した場合に成立する（7年以下の禁錮）。本罪は，内乱罪，内乱予備罪，内乱陰謀罪の幇助を独立した犯罪類型としたものである。暴動に至る前に自首した場合には，刑が免除される（刑80条）。

第 2 節 外患に関する罪

1 総 説

　国家の存立を外部から侵害する行為が外患に関する罪（刑 81 条以下）である。外患に関する罪においては，内乱に関する罪とは異なり，法定刑として規定されている自由刑は懲役である。これは，外患に関する罪については，「祖国に対する裏切り」という性質が認められるからであると説明されている。

2 外患誘致罪

　外患誘致罪（刑 81 条）は，外国と通謀して日本国に対し武力を行使させた場合に成立する（死刑）。法定刑としては死刑のみが規定されている。未遂（刑 87 条），予備・陰謀（刑 88 条〔1 年以上 10 年以下の懲役〕）を罰する。通謀の相手方である外国は，外国の政府，軍，外交使節等の国家機関に限られ，私人・私的団体は含まれない。武力を行使させるとは，軍事力の行使（国際法上の戦争には限らない）によりわが国を攻撃させることをいう。

3 外患援助罪

　外患援助罪（刑 82 条）は，日本国に対して外国から武力の行使があったときに，これに加担して，その軍務に服し，その他これに軍事上の利益を与えた場合に成立する（死刑又は無期若しくは 2 年以上の懲役）。未遂（刑 87 条），予備・陰謀（刑 88 条〔1 年以上 10 年以下の懲役〕）を罰する。

第 12 章

国交に関する罪

第 1 節　総　　説

　国交に関する罪（刑 92 条以下）の**保護法益**については，議論がある。すなわち，学説では，外国の法益を保護法益とする見解が主張されているが（国際法上の義務に基づくと解する），近時は，日本の外交上の利益を保護法益とする見解が有力である。わが国が一方的に（外国においてわが国の国家的法益が保護されているかに関わりなく）刑事罰で外国の国家的法益を保護することには疑問があり，また条文の位置（外患に関する罪と公務の執行を妨害する罪の間に規定されている）からも，後説が有力となっている。

第 2 節　外国国章損壊等罪

　外国国章損壊等罪（刑 92 条 1 項）は，外国に対して侮辱を加える目的で，その国の国旗その他の国章を損壊し，除去し，又は汚損した場合に成立する（2 年以下の懲役又は 20 万円以下の罰金）。本罪は，外国政府の請求がなければ公訴を提起することができない（同条 2 項）。客体は，外国の国旗その他の国章である。**外国**には，わが国が未だ承認せず，外交関係が存在しない国も含まれると解されているが，国際連合などの超国家的組織・機構は含まれない。**国章**とは，国の権威を象徴する物件をいい，国旗のほか，軍旗や大使館の徽章などがそれにあたる。

第3節　私戦予備罪・同陰謀罪

　私戦予備罪・同陰謀罪（刑93条）は，外国に対して私的に戦闘行為をする目的で，その予備又は陰謀をした場合に成立する（3月以上5年以下の禁錮）。私戦の未然防止の見地から，自首した場合には，刑を免除する（同条但書）。私戦の対象となる外国とは，国家権力の担い手としての外国を意味する。また，私的な戦闘行為とは，国家意思によらない武力行使（組織的な武力による攻撃・防御）を行うことをいう。

第4節　中立命令違反罪

　中立命令違反罪（刑94条）は，外国が交戦している際に，局外中立に関する命令に違反した場合に成立する（3年以下の禁錮又は50万円以下の罰金）。外国が交戦している場合における，わが国の中立的立場を害する行為を処罰するものである。いかなる行為が処罰の対象となるかは，具体的に制定される「局外中立に関する命令」の定めるところによる（本条は白地刑罰法規である）。

第13章

国家の作用に対する罪

第1節　総　　説

　刑法は国家の立法・行政・司法の各作用を保護するため，それを侵害する罪を規定している。それらは，①公務の執行を妨害する罪（刑95条以下），②逃走の罪（刑97条以下），③犯人蔵匿及び証拠隠滅の罪（刑103条以下），④偽証の罪（刑169条以下），⑤虚偽告訴の罪（刑172条以下），⑥汚職の罪（刑193条以下）である。このうち，①から⑤は国家作用を外部から侵害する罪であり，⑥は内部から侵害する罪である。

第2節　公務の執行を妨害する罪

1　総　　説

　公務の執行を妨害する罪（刑95条以下）は，①公務作用を一般的に保護する公務執行妨害罪（刑95条1項）及び職務強要罪（刑95条2項）と，②強制執行に関する公務作用を対象とする封印等破棄罪（刑96条）以下の規定，さらには，③公契約に係る競売等を対象とする公契約関係競売等妨害罪（刑96条の6）の各規定から構成されている。以下では，これらの規定について，順次，解説することにする。

446　第3編　第13章　国家の作用に対する罪

2　公務執行妨害罪

(1)　総　　説

公務執行妨害罪（刑95条1項）は，公務員が職務を執行するにあたり，これに対して暴行又は脅迫を加えた場合に成立する（3年以下の懲役若しくは禁錮又は50万円以下の罰金）。本罪の規定の**保護法益**は，公務員によって執行される**職務**（公務）であり，公務員を特別に保護する趣旨の規定ではない（憲法14条に違反しない。最判昭和28・10・2刑集7巻10号1883頁〈各*538*〉）。

(2)　公務員の意義

公務執行妨害罪規定の保護対象は，公務員が執行する職務であるが，法文上は公務員が行為客体として規定されている。したがって，保護範囲は公務員の意義によって画される。**公務員**とは，国又は地方公共団体の職員その他**法令により公務に従事する議員**，委員その他の**職員**をいう（刑7条1項）。外国の公務員は公務員には含まれない（最判昭和27・12・25刑集6巻12号1387頁〈各*338・520*〉）。

法令により公務に従事する職員とは，公務に従事する根拠が法令にあることを意味し（最判昭和25・10・20刑集4巻10号2115頁），法令には，法律・命令，条例のほか，抽象的な通則を規定する限り，行政内部の組織作用を定めた訓令なども含まれる（最判昭和25・2・28刑集4巻2号268頁〈各*593*〉）。従事すべき**公務**とは，国又は地方公共団体の事務を広く指す（権力的事務に限らない）。また，判例は，公務に従事する**職員**であるためには，職制上職員と呼ばれているかは問わないが，単純な機械的・肉体的労務に従事する者は含まれないとしている（最決昭和30・12・3刑集9巻13号2596頁）。ただし，大審院が公務員でないとした（現業傭人である）郵便集配員について（大判大正8・4・2刑録25輯375頁），単純な機械的・肉体的労働にとどまらず，民訴法・郵便法等に基づく精神的労務に属する事務をも担当しているとして公務員であるとした（最判昭和35・3・1刑集14巻3号209頁）。

(3)　職務の執行

(i)　職務の意義　　判例によれば，公務執行妨害罪における**職務**は，権力的・強制的なものであることを要せず（大判明治42・11・19刑録15輯1641頁），ひろく公務員が取り扱う各種各様の事務のすべてが含まれる（最判昭和53・6・

29 刑集 32 巻 4 号 816 頁〈各 *541*〉〔長田電報局事件〕，最決昭和 59・5・8 刑集 38 巻 7 号 2621 頁〈各 *539*〉〔国鉄の機関士による出区点検行為は職務にあたる〕）。

(ii)　「執行するに当たり」　公務執行妨害罪の成立を肯定するためには，公務員が職務を**執行する**に**当たり**，これに対して暴行・脅迫を加えたことが必要である。保護対象となる職務の執行について，**判例**は，具体的・個別的に特定された職務の執行の開始から終了までの時間的範囲，及びまさに当該職務の執行を開始しようとしている場合のように当該職務の執行と時間的に接着しこれと切り離しえない一体的関係にあるとみることができる範囲内の職務行為に限るとしている（国鉄の助役が，会議室での職員の点呼終了後，事務引継ぎをすべく数十メートル離れた助役室に向かうため会議室を退出しようとしたところ暴行を加えた事案について，本罪の成立を否定。最判昭和 45・12・22 刑集 24 巻 13 号 1812 頁〈各 *540*〉〔国鉄東灘駅事件〕）[1]。したがって，交替制当直勤務中の警察官でも，当直室で休憩中の場合や休憩のため当直室に赴こうとしている場合，勤務時間中でも職務の執行中とはいえない（大阪高判昭和 53・12・7 高刑集 31 巻 3 号 313 頁）。しかし，職務の性質によってはある程度継続した一連の職務として把握することが相当と考えられるものがあり，電報局長及び次長の職務は統轄的なもので，その性質上一体性・継続性を有するから，暴行の際，職務の執行が中断・停止されているかの外観を呈していたとしても，一体性・継続性を有する統轄的職務の執行中であったと見るのが相当であるとされている（前出最判昭和 53・6・29）。また，国鉄運転士が乗務の引継ぎ・交替後，終業点検を受けるために助役のところに赴く行為は，終業点検が運転状況，動力車の状態の報告など乗務に直結する内容をもっているから，職務の執行中にあたり（最決昭和 54・1・10 刑集 33 巻 1 号 1 頁〔国鉄小牛田駅事件〕），県議会委員長が，議事が紛糾したため，委員会の休憩を宣言して退席しようとした際に暴行を加えられた事案では，休憩宣告後も委員長は委員会の秩序を保持し，紛議に対処するための職務を現に執行していたものと認められる（最決平成元・3・10 刑集 43 巻 3 号 188 頁〈各 *542*〉〔熊本県議会事件〕）。

---

1)　なお，本判決には，当直助役として，点呼及び事務引継ぎという一連の職務を執行中であったとみるのが相当であるとの反対意見が付されている。

448　第3編　第13章　国家の作用に対する罪

(4)　職務の適法性

（ⅰ）　適法性の要件　　職務の執行は適法でなければならない。**職務の適法性**は明示されていないが，これを要求するのが**判例**（大判昭和7・3・24刑集11巻296頁〈各*551*〉など）・**通説**である（違法な職務は保護に値しない）。職務の適法性を肯定するためには，以下の3要件が必要である。すなわち，①当該職務が当該公務員の**抽象的職務権限**に属すること，②当該公務員が当該職務を行う（その前提条件が備わっているという意味での）**具体的職務権限**を有していること，③当該職務執行が有効要件として定められている**重要な方式**を履践していること，である。③の「重要な方式」の意義について，訓示規定はそれにあたらないところ，**判例**は，収税官吏が税務調査に際し検査章を携帯すべき旨の規定は訓示規定ではなく，相手方が検査章の呈示を求めたのに対し，収税官吏がこれを携帯せず又は携帯するがこれを呈示しなかった場合には，相手方は検査を拒む正当の理由があるものと解されるが，相手方が何ら検査章の呈示を求めていないのに収税官吏においてたまたまこれを携帯していなかったとしても，その一事を以て，収税官吏の検査行為を「公務の執行」でないということはできないとしている（最判昭和27・3・28刑集6巻3号546頁〈各*547*〉〔本罪の成立を肯定〕）。また，地方議会議長の議事運営措置が会議規則に違反する等，法令上の適法要件を完全には満たしていなかったとしても，その措置が議長の抽象的権限の範囲内に属し，具体的事実関係のもとにおいて刑法上は少なくとも暴行等による妨害から保護されるに値する職務行為と認められるときには，職務の執行にあたると解されている（最大判昭和42・5・24刑集21巻4号505頁〈各*548*〉）。これらに対し，警察官が逮捕状により被疑者を逮捕するに際し，これを被疑者に呈示しなかった場合（大阪高判昭和32・7・22高刑集10巻6号521頁）や警察官による逮捕状の緊急執行（刑訴201条2項）に際して，被疑事実の要旨を告げなかった場合（東京高判昭和34・4・30高刑集12巻5号486頁〈各*549*〉）には，逮捕行為は違法となる。

（ⅱ）　適法性の判断基準　　**適法性の判断基準**については，①公務員が適法な職務執行と信じて行為した場合には適法と解する**主観説**，②行為時における一般人の判断によると解する**折衷説**，③裁判所が法令の解釈により客観的に判断すべきだとする**客観説**が対立している。客観説が多数説であり，これによれ

ば，判断基準は法令に求められる。したがって，行為時の状況を前提として一定の職務執行が認められる場合，その要件が具備されていれば職務執行は適法である（最決昭和41・4・14判時449号64頁〈各 *550*〉参照）。たとえば，被疑者を逮捕する要件が備わっていれば，その逮捕行為は適法で，事後の裁判で無罪となっても，行為時に遡って逮捕行為が違法となる（純客観説）のではない。

　　(iii)　適法性の錯誤　　公務員による職務執行が適法であるのに，これを違法であると誤信して暴行・脅迫を加えた場合（**適法性の錯誤**）の処理が問題となる。学説は，①違法性の錯誤で，故意を阻却しないと解する見解，②事実の錯誤で，故意を阻却すると解する見解，③適法性を基礎づける事実と適法性の評価自体とを区別し，前者についての誤認のみを事実の錯誤と解する見解に分かれている。職務の適法性を構成要件要素と解する場合，事実の錯誤と違法性の錯誤の区別基準に従って解決されるべきものであり，③説が多数の支持を受けている。

　(5)　暴行・脅迫

　公務執行妨害罪における**暴行**は，**判例**によれば，公務員の身体に対し直接であると間接[2]であるとを問わず不法な攻撃を加えることをいう（最判昭和37・1・23刑集16巻1号11頁〈各 *543*〉〔福島県教組事件〕）。収税官吏が差し押さえた密造酒入りの瓶を自動車に積載した際に，鉈で破砕する行為（最判昭和33・10・14刑集12巻14号3264頁），司法巡査が現行犯逮捕の現場で証拠物として差し押さえ，同所においた覚せい剤注射液入りアンプルを足で踏みつけて損壊する行為（最決昭和34・8・27刑集13巻10号2769頁〈各 *545*〉）も暴行にあたる（学説では，暴行は公務員に対して加えられたことを要し，物に加えた物理力が公務員に対して間接的な影響力を持たない場合にまで暴行とするのは妥当でないとの指摘がある）。なお，公務員の指揮に従いその手足となりその職務の執行に密接不可分の関係において関与する補助者に対して加えられた暴行も含まれる（最判昭和41・3・24刑集20巻3号129頁〈各 *544*〉）。

　公務執行妨害罪における**脅迫**は，人を畏怖させる害悪の告知を広く含む。

　公務執行妨害罪における暴行・脅迫は，それにより，現実に職務執行妨害の

---

　2)　これを**間接暴行**という。

結果が発生したことを要せず，妨害となるべきものであれば足りる（前出最判昭和25・10・20，最判昭和33・9・30刑集12巻13号3151頁など）。

(6) 罪　数　等

公務執行妨害罪の罪数は，公務を保護法益と解する見地から，妨害された公務の数によって決まる。公務執行妨害罪の手段である暴行・脅迫は，本罪に吸収されて別罪を構成しないが，それを超えた結果が発生した場合（傷害罪，殺人罪等）には別罪が成立し，公務執行妨害罪とは観念的競合となる。

3　職務強要罪

職務強要罪（刑95条2項）は，公務員に，ある処分をさせ，若しくはさせないため，又はその職を辞させるために，暴行又は脅迫を加えた場合に成立する（3年以下の懲役若しくは禁錮又は50万円以下の罰金）。公務執行妨害罪の規定は現在の職務執行を保護するのに対し，職務強要罪の規定は将来の職務執行を保護するためのもので，公務執行妨害罪を補完する意義を有する。

職務強要罪は，法所定の目的で，公務員に対し暴行・脅迫を加えただけで成立し，目的とされた事態が生じたことは必要でない（大判昭和4・2・9刑集8巻59頁）。強要の対象となる**処分**とは，**判例**によれば，公務員が職務上なしうべき行為を広く指す（大判明治43・1・31刑録16輯88頁）。村会議員が議場に出席して意見を表示し，議事をなすこと（前出大判明治43・1・31，大判大正8・7・22刑録25輯880頁），村助役が村長の代理として村会を開会すること（大判大正13・2・28刑集3巻164頁）などが処分にあたる。かつて，判例は，職務権限外の行為について本罪不成立としていたが（大判昭和2・7・21刑集6巻357頁），その後，職務強要罪は，正当な公務員の職務の執行を保護するばかりでなく，広く職務上の地位の安全をも保護しようとするものであるから，公務員の処分とは，当該公務員の職務に関係ある処分であれば足り，その職務権限内の処分であるか否かを問わないと解するに至った（最判昭和28・1・22刑集7巻1号8頁）。

4 封印等破棄罪

(1) 総　説

封印等破棄罪（刑 96 条）は，公務員が施した封印若しくは差押えの表示を損壊し，又はその他の方法によりその封印若しくは差押えの表示に係る命令若しくは処分を無効にした場合に成立する（3 年以下の懲役若しくは 250 万円以下の罰金又はその併科）。本罪の保護法益は，封印又は差押えの表示により示された公務員による命令・処分の作用である。

(2) 客　体

封印等破棄罪の客体は，公務員が施した封印又は差押えの表示に係る命令又は処分である。

(i) **封印・差押えの表示**　　**封印**とは，物の現状の変更を禁ずる処分として公務員が施した物的標示をいう。公務員が職印を用いてするのが通常であるが，穀類差押えのため，俵に縄張りし，必要事項を記入した紙片を巻き付けた場合も含まれる（大判大正 6・2・6 刑録 23 輯 35 頁）。**差押え**とは，公務員が職務上保全すべき物を自己の占有に移す強制処分をいう（大判大正 11・5・6 刑集 1 巻 261 頁）。動産差押え，民事保全法による仮差押え・仮処分も，占有移転が認められる限り含まれるが，他人に一定の作為・不作為を命ずる処分（仙台高判昭和 43・2・29 下刑集 10 巻 2 号 118 頁），民事執行法による不動産の差押え，金銭債権の差押えは，本罪の差押えにはあたらない。差押えの**表示**とは，貼り札，立札のように，公務員が職務上自己の占有に移すべき物に対し，占有取得を明示するために施す封印以外の表示をいう。

(ii) **命令・処分**　　**命令**は裁判所によるもの，**処分**はその他の公務員によるものをいう。命令・処分は**適法・有効**でなければならない。判例によれば，占有者を誤認してなされた，債務者でない第三者の家屋に対する仮処分の執行でも原則として有効であり，執行方法の異議若しくは第三者異議の訴えによってその取消しを求めない限り，本件家屋に入居することは許されない（最決昭和 42・12・19 刑集 21 巻 10 号 1407 頁〈各 *554*〉）。

(3) 構成要件的行為

(i) **封印・差押えの表示の損壊**　　封印・差押えの表示を物理的に損壊する場合のほか，封印・差押えの表示を剝離し移動する場合などがこれにあたる

452　第3編　第13章　国家の作用に対する罪

（大判大正3・11・17刑録20輯2142頁）。

　　　（ii）封印・差押えの表示に係る命令・処分の無効化　　封印・差押えの表示の損壊以外の方法によって，封印・差押えの表示に係る命令・処分の効果を滅失・減殺する場合も処罰の対象となる。差押え物件を搬出・売却する行為（大判昭和12・5・28刑集16巻811頁），（封印された）桶から濁り酒を漏出させる行為（大判明治44・7・10刑録17輯1409頁），（執行官の占有に移り，立入り禁止の表示札があるにもかかわらず）土地に入り耕作する行為（大判昭和7・2・18刑集11巻42頁），仮処分の執行により執行官の占有に移った家屋に入居する行為（前出最決昭和42・12・19）などがそれにあたる。

5　強制執行妨害目的財産損壊等罪

　⑴　総　　説

　強制執行妨害目的財産損壊等罪（刑96条の2柱書き前段）は，強制執行を妨害する目的で，①強制執行を受け，若しくは受けるべき財産を隠匿し，損壊し，若しくはその譲渡を仮装し，又は債務の負担を仮装する行為（同条1号），②強制執行を受け，又は受けるべき財産について，その現状を改変して，価格を減損し，又は強制執行の費用を増大させる行為（同条2号），③金銭執行を受けるべき財産について，無償その他の不利益な条件で，譲渡をし，又は権利の設定をする行為（同条3号）を行った場合に成立する（3年以下の懲役若しくは250万円以下の罰金又はその併科）。情を知って，③の譲渡又は権利の設定の相手方となった場合も，同じ法定刑で処罰される（同条柱書き後段）。

　本条の前身である旧96条の2（昭和16年制定）については，その保護法益に関し，①国家作用としての強制執行の機能及び債権者の債権の実現と解する見解と，②もっぱら債権者の債権の実現と解する見解（最判昭和35・6・24刑集14巻8号1103頁〈各*555*〉〔本罪が成立するためには，基本たる債権の存在が肯定されなければならない〕参照）とが並立していたが，本条において強制執行がとくに保護されているのは，財産権の実効性の確保に奉仕する要保護性の高い公務だからと解することができる。すなわち，債権者による債権の実現と間接的には関連するが，直接的な**保護法益は，公務としての強制執行作用**であると理解しうる。

　なお，本罪の主体には，債務者のみならず，第三者も含まれる。

第2節　公務の執行を妨害する罪　　453

(2)　強制執行の意義

　本罪における**強制執行**とは，民事執行法所定の民事執行，民事保全法所定の保全執行並びにこれらに準ずる手続をいう（最決平成 21・7・14 刑集 63 巻 6 号 613 頁は，民事執行法 1 条の担保権の実行としての競売を含むとする）。国税徴収法に基づく滞納処分たる差押えについては，旧 96 条の 2 における強制執行に含まれないとする判例がある（最決昭和 29・4・28 刑集 8 巻 4 号 596 頁）。国税徴収法に基づく滞納処分たる差押えを妨げる行為については，旧 96 条の 2 制定前から，国税徴収法に（法定刑の上限を同じくする）罰則が存在していたため，旧 96 条の 2 を適用する必要はなかったが，処罰の対象となる妨害行為の範囲を拡張したことから，本条を適用する意義が生じるに至った。立案当局者も強制執行にそれを含めるという見地に立っており，国税徴収法に基づく滞納処分たる差押えについても，本案にいう強制執行に含まれるものと解すべきである。

(3)　目　　的

　強制執行妨害目的財産損壊等罪は，法所定の行為（1 号から 3 号まで）を**強制執行を妨害する目的**で行った場合に成立する（本条では，妨害行為の目的が強制執行を免れることでなく，強制執行を一時的に阻害する目的の場合も含まれる）。本罪は，強制執行を妨害する目的で法所定の行為が行われたことにより成立し，現実に強制執行が妨害されたことは必要でなく，強制執行の全部又は一部が行われたことを要しない（最決昭和 35・4・28 刑集 14 巻 6 号 836 頁）。ただし，単に強制執行を妨害する目的で妨害行為が行われれば足りるのではなく，客観的に目的実現の可能性が必要であり，現実に強制執行が行われるおそれのある客観的な状態の下で，強制執行を妨害する目的で法所定の妨害行為を行うことが必要となる（前出最判昭和 35・6・24）。

　判例は，この前提から，執行名義が存在せず，債権者が債権の履行請求訴訟を提起しただけの場合，刑事訴訟の審理過程において**基本たる債権の存在**が肯定されなければならず，それが否定されたときには，保護法益の存在を欠くものとして本罪の成立は否定されなければならないとしている（前出最判昭和 35・6・24）。しかし，常に権利関係に争いのあることを建前とする保全執行も本罪にいう強制執行に含まれるから，債権の存在が確定されなくても，強制執行の機能保護の必要性は存在すると解することができ（前出最判昭和 35・6・24

454　第3編　第13章　国家の作用に対する罪

〔池田裁判官反対意見〕参照），行為時に債権が存在する**可能性**があれば足りると
解することが可能である。

(4)　構成要件的行為

(i)　妨害行為　　構成要件的行為である妨害行為としては，①（1号類型）
強制執行を受け，若しくは受けるべき財産を隠匿し，損壊し，若しくはその譲
渡を仮装し，又は債務の負担を仮装する行為，②（2号類型）強制執行を受け，
又は受けるべき財産について，その現状を改変して，価格を減損し，又は強制
執行の費用を増大させる行為，③（3号類型）金銭執行を受けるべき財産につ
いて，無償その他の不利益な条件で，譲渡をし，又は権利の設定をする行為，
が規定されている（これらにおける財産とは，動産及び不動産のほか，債権も含む）。

(ii)　1号類型　　**財産の隠匿**とは，強制執行の対象となる財産の発見を不
能又は困難にすることをいう。判例によれば，財産の所有関係を不明にする行
為も含まれ，仮装競売手続で所有物件を仮装の競落人の所有に帰したように偽
る行為も隠匿にあたる（最決昭和 39・3・31 刑集 18 巻 3 号 115 頁）。銀行から預金
を引き出し，従来取引のない銀行に他人名義で預金することも隠匿である（東
京高判昭和 33・12・22 高検速報 776 号）。**財産の損壊**とは，物理的損壊など，財産
価値を滅失・減少させることをいう。**財産の譲渡の仮装**とは，真実財産が譲渡
されていないのに，第三者と通じて，形式上財産が第三者の所有になっている
ように装うことをいう。真実財産が譲渡された場合は含まれず（大阪高判昭和
32・12・18 裁特 4 巻 23 号 637 頁），この場合を捕捉するのが 3 号類型である。**債
務の負担の仮装**とは，債務の負担がないのに，債務の負担があるように装うこ
とをいう。架空の公正証書により債務の負担を装うこと（福岡地大牟田支判平成
5・7・15 判タ 828 号 278 頁），架空の抵当権を設定すること（福岡高判昭和 47・1・
24 刑月 4 巻 1 号 4 頁）などがこれにあたる。

(iii)　2号類型　　建物に無用の増改築を加えたり，敷地内に廃棄物を搬入
したりするなどして，強制執行の目的財産の物的状況を変化させ，よって財産
の価値を著しく減少させ，あるいは障害除去のために過大な経費を要すること
から強制執行を費用倒れにするような行為を処罰の対象とする。

(iv)　3号類型　　金銭債権の債権者が強制執行により権利実現を図ろうと
したところ，強制執行開始前に，債務者が自己の財産を不利益な条件で処分し

第2節　公務の執行を妨害する罪　　455

た結果，十分な引当財産がなくなってしまう事態を捕捉するものである。不動産を無償や著しく低廉な価格で譲渡したり，極めて不利益な条件で不動産に地上権を設定したりする等の行為がこれにより捕捉される。

6　強制執行行為妨害等罪

　強制執行行為妨害等罪（刑96条の3）は，①偽計又は威力を用いて，立入り，占有者の確認その他の強制執行の行為を妨害した場合（1項〔3年以下の懲役若しくは250万円以下の罰金又はその併科〕），②強制執行の申立てをさせず又はその申立てを取り下げさせる目的で，申立権者又はその代理人に対して暴行又は脅迫を加えた場合（2項〔3年以下の懲役若しくは250万円以下の罰金又はその併科〕）に成立する。これらの行為は，強制執行を妨害する行為のうち，人に対するものである。

7　強制執行関係売却妨害罪

　(1)　総　　説

　強制執行関係売却妨害罪（刑96条の4）は，偽計又は威力を用いて，強制執行において行われ，又は行われるべき売却の公正を害すべき行為をした場合に成立する（3年以下の懲役若しくは250万円以下の罰金又はその併科）。本罪は，旧96条の3として規定されていた競売等妨害罪[3]のうち，強制執行に関する部分を取り出したものである。とくに，旧96条の3は，競売開始決定，入札に付すべき旨の決定があった後の行為のみを捕捉するものであったが（最判昭和41・9・16刑集20巻7号790頁参照），それ以前における公正阻害行為をも処罰の対象とする点に重要な意義がある。本罪の**保護法益**は，強制執行において行われる（べき）（公務作用としての）**売却の公正**である。

　(2)　客　　体

　本罪の客体は，強制執行において行われる（べき）**売却**である。旧96条の3

---

3)　旧96条の3（競売等妨害罪）は，「①偽計又は威力を用いて，公の競売又は入札の公正を害すべき行為をした者は，2年以下の懲役又は250万円以下の罰金に処する。②公正な価格を害し又は不正な利益を得る目的で，談合した者も，前項と同様とする。」と規定していた。

456　第3編　第13章　国家の作用に対する罪

の競売等妨害罪においては,「公の競売又は入札」とされていたが,現在,民事執行法等における財産の換価手続は入札又は競り売りに限られておらず,それ以外の売却手続が「競売又は入札」に含まれるかには疑義があり,そのような手続についても公正さを担保する必要があるところから,「競売又は入札」をより一般化した用語である「売却」が用いられている。これには,国税徴収法にいう公売が含まれると解される。

(3)　構成要件的行為

本罪の実行行為(構成要件的行為)は,偽計又は威力を用いた,強制執行において行われる(べき)売却の公正を害すべき行為である。競売開始決定前に行われたものでもよい。公正を害すべき行為が行われれば本罪は直ちに成立し,現実に売却の公正が害される必要はない。

従来の裁判例において,売却の公正を害すべき行為と認められたものとして,①偽計による場合としては,虚偽の賃貸借を仮装する行為(最決平成10・7・14刑集52巻5号343頁〈各*556*〉)が典型例である。また,②威力による場合としては,入札直後,入札場に近接した裁判所構内で,威力を用いて,入札者の代理人に入札の取下げを申し出させた事例(京都地判昭和58・8・1刑月15巻7＝8号387頁),競売物件の玄関に暴力団名の張り紙をした事例(福岡地判平成2・2・21判時1399号143頁),暴力団の肩書が印刷された名刺を物件明細書に挟み込んだ事例(高松高判平成4・4・30判タ789号272頁),不動産競売における入札で最高価買受申出人となった者に対し,落札後に,威力を用いて当該不動産の取得を断念するよう要求した事例(最決平成10・11・4刑集52巻8号542頁〈各*557*〉)などがある。

なお,**談合**は,96条の6第2項のように別途規定されていないが,偽計を用いた売却の公正を害すべき行為として処罰の対象となる(すなわち,強制執行関係の談合については,特別の要件を付することなく,処罰の対象となる)[4]。

8　加重封印等破棄等罪

加重封印等破棄等罪(刑96条の5)は,報酬を得,又は得させる目的で,人

---

4)　改正前の規定においては,談合は,旧96条の3第2項によって処罰の対象となっていた。

の債務に関して，封印等破棄罪（刑96条），強制執行妨害目的財産損壊等罪（刑96条の2），強制執行行為妨害等罪（刑96条の3），又は強制執行関係売却妨害罪（刑96条の4）を犯した場合に成立する（5年以下の懲役若しくは500万円以下の罰金又はその併科）。本罪は，封印等破棄罪，強制執行妨害目的財産損壊等罪，強制執行行為妨害罪，強制執行関係売却妨害罪の加重類型であり，職業的な強制執行妨害者を捕捉しようとするものである。報酬の取得等の目的が加重要件となっている。

9　公契約関係競売等妨害罪

（1）　総　　説

公契約関係競売等妨害罪（刑96条の6第1項）は，偽計又は威力を用いて，公の競売又は入札で契約を締結するためのものの公正を害すべき行為をした場合に成立する（3年以下の懲役若しくは250万円以下の罰金又はその併科）。本罪の規定は，旧96条の3第1項に規定されていた競売等妨害罪の対象である「公の競売又は入札」のうち，別途処罰規定が置かれた強制執行関係のものを除外した部分からなる。その結果，対象は「公の競売又は入札で契約を締結するためのもの」と限定されるに至った。

本罪の**保護法益**は，公務作用としての**公の競売又は入札の公正**である（強制執行関係売却妨害罪と同様に解すべきである）。

（2）　構　成　要　件

（i）　競売・入札　　本罪の対象となるためには，**公の競売又は入札**であることが必要である。それは，公の機関すなわち国又はこれに準ずる団体の実施するものを指し，公法人でも，その事務が公務にあたらない団体の実施するものを含まない。学説では，範囲明確化のため，公の機関が法令の根拠に基づき実施するものに限るべきだとする見解が存在する[5]。

競売とは，競売施行者（売主）が，多数の者に対し，口頭・文書で買受けの申出をすることを促し，最高価額の申出人に売却する売買手続をいう。**入札**とは，契約内容について2名以上の者を競争させ，原則として最も有利な申出を

5）　たとえば，会計法上の競争入札，予算決算及び会計令上の競り売り，地方自治法上の競争入札など。

458　第3編　第13章　国家の作用に対する罪

した者を相手方として契約する競争契約の手続であって，他の者には内容を知られずに文書によってその申出をするものをいう。

　本罪の成立を肯定するためには，権限ある機関によって適法に入札に付すべき旨の決定がなされたことがその前提条件となる（最判昭和41・9・16刑集20巻7号790頁）。

　　(ii)　構成要件的行為　　本罪の成立を肯定するためには，偽計又は威力を用いて，公の競売又は入札の公正を害すべき行為を行うことが必要である。

　従来の裁判例において，公正を害すべき行為と認められたものとして，①偽計による場合としては，競争入札において，特定の入札予定者にのみ予定価格を内報して入札させた事例（最決昭和37・2・9刑集16巻2号54頁），県有林の立木売却のための競争入札において，入札価格が下位にある業者の入札価格を増額訂正して落札させた事例（甲府地判昭和43・12・18下刑集10巻12号1239頁）などがあり，②威力による場合として，指名競争入札に際し，他の指名業者に談合に応じるよう脅迫した事例（最決昭和58・5・9刑集37巻4号401頁）などがある。

10　談 合 罪

(1)　総　　説

　談合罪（刑96条の6第2項）は，公の競売又は入札で契約を締結するためのものにおいて，公正な価格を害し又は不正な利益を得る目的で，談合した場合に成立する（3年以下の懲役若しくは250万円以下の罰金又はその併科）。談合罪の規定は，旧96条の3第2項として，昭和16年に新設された。それ以前に，談合については詐欺罪の成否が問題となり，大審院はその成立を否定したため（大判大正8・2・27刑録25輯252頁），談合に対処するため導入されることになったのである。当初案は，談合を，競売等妨害罪の規定において，偽計・威力と併せて規定するというものであったが[6]，帝国議会において目的要件が追加されることとなった。なお，旧96条の3第1項が改正により，96条の6第1項となり，強制執行関係の談合罪は96条の6第2項においてではなく，96条

---

　6)　偽計若クハ威力ヲ用ヒ又ハ談合ニ依リ公ノ競売又ハ入札ノ公正ヲ害スヘキ行為ヲ為シタル者ハ二年以下ノ懲役又ハ五千円以下ノ罰金ニ処ス

の4において処罰されることとなった。

なお，談合は，独占禁止法上の不当な取引制限罪にも該当することがある（独禁3条・89条1項1号）。

(2) 談合の意義

談合とは，公の競売・入札において，競争者が互いに通謀して，ある特定の者をして契約者たらしめるために，他の者は一定の価格以下又は以上に入札しないことを協定することをいう（最決昭和28・12・10刑集7巻12号2418頁〈各559〉）。なお，96条の6第2項は第1項の規定を受けたものであるため，第1項と同じく「公の競売又は入札で契約を締結するためのもの」におけるものに限定される。

談合の結果として，競売・入札における公正が害されるところに処罰の根拠がある（**保護法益**は，公務作用としての**競売・入札の公正**であり，これは96条の4，96条の6第1項と共通である）。談合罪は，権限ある機関による適法な競売・入札の決定がなされたことを成立の前提条件とするが（最判昭和41・9・16刑集20巻7号790頁参照），法所定の目的で談合することによって談合罪は成立し，談合に従った行動がなされることを要しない（前出最決昭和28・12・10）。また，公正を害する危険のある談合である限り，入札参加者の一部の者による談合についても本罪は成立しうる（最判昭和32・12・13刑集11巻13号3207頁）。

なお，談合の仲介者（談合屋）など，入札参加者以外の者であっても，談合罪の主体となりうると解される。

(3) 目 的 要 件

談合罪は，談合が**公正な価格を害し又は不正な利益を得る目的**でなされることが必要である。

(i) 公正な価格を害する目的　　**公正な価格**の意義について，**判例・多数説**は，入札を離れて客観的に測定されるべき公正価格をいうのではなく，その入札において，公正な自由競争によって形成されたであろう落札価格をいうとする**競争価格説**を採っている（前出最決昭和28・12・10，最判昭和32・7・19刑集11巻7号1966頁）。これに対し，下級審判決・学説の一部は，自由競争に委ねると出血入札による叩き合いが生じ，業者の倒産を招いたり，工事の不完全実施等の弊害が生じたりするとの見地から，公正な価格とは，その入札において

公正な自由競争により最も有利な条件を有する者が実費に適正な利潤を加算した額で落札すべかりし価格をいうとする**適正利潤価格説**を採っている（東京高判昭和28・7・20判特39号37頁，大阪高判昭和29・5・29判特28号133頁，東京高判昭和32・5・24高刑集10巻4号361頁）。また，談合金の授受を伴う談合については，入札価格への算入や手抜き工事による実費の削減等により「公正な価格」を害することとなるから処罰の対象となるが，談合金の授受を伴わない談合については，通常の利潤の確保と業者の共存を図ると同時に，完全な工事という入札の最終目的をも満足させようとするものであるとして是認する姿勢を示し，実務に影響を及ぼした下級審判決も存在する（大津地判昭和43・8・27下刑集10巻8号866頁）。

適正利潤価格説は，適正利潤の内容が不明瞭であり，さらに，談合それ自体を処罰することに伴う弊害を考慮した見解ではあるが，入札制度の改善により，そうした考慮から処罰の限定を行う意義は失われつつある。むしろ，「許された談合」を肯定することによる弊害が考慮されるべきであろう。

(ii) 不正な利益を得る目的　判例によれば，**不正な利益**とは，談合によって得られる金銭その他の経済的利益であって，社会通念上「祝儀」の程度を超え不当に高額のものをいう（最判昭和32・1・22刑集11巻1号50頁，最判昭和32・1・31刑集11巻1号435頁）。

なお，談合金を支払う者は不正な利益を得る者ではないが，不正な利益を得る目的を有する者との談合により，談合罪の共犯として処罰の対象となりうる。

第3節　逃走の罪

1　総　説

逃走の罪（刑97条以下）は，国家の**拘禁作用**を保護法益とする。保護の対象となる拘禁作用は，刑事司法手続におけるものが主であるが，その範囲は犯罪によって異なる。

第3節 逃走の罪 461

2 逃 走 罪

(1) 総 説

逃走罪（刑97条）は，裁判の執行により拘禁された既決又は未決の者が逃走した場合に成立する（1年以下の懲役）。期待可能性の程度が低いことを考慮して法定刑は低い。未遂を罰する（刑102条）。

(2) 主 体

本罪の主体は，裁判の執行により拘禁された既決又は未決の者である。「裁判の執行により拘禁された」との表現により，**逮捕された者**は主体から除外される[7]。

裁判の執行により拘禁された**既決の者**とは，確定判決によって，刑事施設に拘禁されている者をいう。懲役・禁錮・拘留に処せられ拘禁されている者，死刑の言渡しを受け執行に至るまでの間拘置されている者（最決昭和60・7・19判時1158号28頁），換刑処分として労役場に留置されている者がそれにあたる。収容状（刑訴484条以下参照）が執行されたが収容前の者など，拘禁される以前の者は含まれないと解するのが通説である。

裁判の執行により拘禁された**未決の者**とは，勾留状によって，刑事施設又は警察留置場に拘禁されている被告人又は被疑者をいい，逮捕された者は含まれない（札幌高判昭和28・7・9高刑集6巻7号874頁）。また，勾留状の執行を受けたが引致中の者は主体に含まれない。

(3) 構成要件的行為

逃走するとは，拘禁から離脱すること（看守者の実力的支配を脱すること）を意味する。刑事施設等の外へ脱出する等により，看守者の実力的支配を脱した時点で既遂となる。監房から脱出しても刑務所構内から脱出しない場合には未遂である（広島高判昭和25・10・27判特14号133頁）。裁判所の便所から逃走後，直ちに発見・追跡され，まもなく逮捕された事例（福岡高判昭和29・1・12高刑集7巻1号1頁）のように，施設の外部へ脱出しても，引き続き現に追跡を受けつつある間は既遂にならない。ただし，勾留中の留置場から脱出し，警察署構内より街頭に逃げ出して一旦姿をくらました場合，緊急手配により約30分

---

7) 法令上，「逮捕状を執行する」といわないことが，その根拠である。

462　第3編　第13章　国家の作用に対する罪

後逮捕されたときでも既遂となる（東京高判昭和29・7・26東高刑時報5巻7号295頁）。

3　加重逃走罪

(1)　総　　説

加重逃走罪（刑98条）は，裁判の執行により拘禁された既決若しくは未決の者（刑97条参照）又は勾引状の執行を受けた者が拘禁場若しくは拘束のための器具を損壊し，暴行若しくは脅迫をし，又は2人以上通謀して，逃走した場合に成立する（3月以上5年以下の懲役）。未遂を罰する（刑102条）。

(2)　主　　体

加重逃走罪の主体は，①97条に規定する者又は②勾引状の執行を受けた者である。一定の場所に引致するために発せられる**勾引状の執行を受けた被告人**（刑訴58条以下），身体検査の対象者（刑訴135条以下），証人（刑訴152条以下，民訴194条）などが②にあたる。「執行を受けた」とは，引致中を含み，引致されたことや留置されたことを要しない。なお，本条の勾引状は一定の場所で身体の自由を拘束する令状を広く指すとの理解（又は勾引状に準じるものとの理解）から，②には，逮捕状により**逮捕**された被疑者，収容状・勾留状の執行を受けたが拘禁される以前の者などを含む（現行犯逮捕された被疑者，緊急逮捕され，逮捕状が発布されるまでの間の被疑者は含まれない）との見解が有力である。

(3)　構成要件的行為

加重逃走罪の実行行為は，①拘禁場若しくは拘束のための器具を損壊し，②暴行若しくは脅迫により，又は③2人以上通謀して，逃走することである。

①**拘禁場**とは刑事施設・警察留置場等の拘禁の用に供される施設をいい，**拘束のための器具**とは，被拘禁者の身体を拘束する器具をいう（拘束衣，手錠及び捕縄）。**損壊**は，逃走の加重態様という観点から，物理的な損壊に限られるとの見解が多数で，手錠及び捕縄を施され列車にて護送中の被告人が，手錠・捕縄を外し，手錠を車外に投げ捨て，列車の窓から逃走した事案では，加重逃走罪は成立せず，逃走罪が成立するにとどまる（広島高判昭和31・12・25高刑集9巻12号1336頁）。②**暴行**又は**脅迫**は看守者又はその協力者に対してなされることを要する。③2人以上の**通謀**とは，本罪の主体2人以上がともに逃走するこ

とを内容とする意思連絡をなすことをいう。複数の者が同時に逃走することにより逃走が成功する危険が高まるところに刑の加重根拠があるという見地から，通謀者がともに逃走することを要するとの見解が有力である。

本罪の**未遂**の成立時期として，①類型について，判例は，逃走の手段としての損壊が開始されたときには，逃走行為自体に着手した事実がなくとも未遂が成立するとしている（最判昭和54・12・25刑集33巻7号1105頁〈総*279*〉〔拘禁場である木製舎房の房壁に脱出可能な穴を開けることができず，逃走の目的を遂げなかった事案〕）。②類型では，逃走を目的とした暴行・脅迫が開始されたとき未遂の成立を肯定することができる。③類型では，通謀した2人以上の者が現実に逃走未遂の段階に至ったことが必要である（佐賀地判昭和35・6・27下刑集2巻5＝6号938頁）。通謀して1人だけ逃走した場合，逃走した者については逃走罪が，逃走しなかった者については逃走援助罪が成立する。

4　被拘禁者奪取罪

(1)　総　　説

被拘禁者奪取罪（刑99条）は，法令により拘禁された者を奪取した場合に成立する（3月以上5年以下の懲役）。未遂を罰する（刑102条）。

(2)　客　　体

被拘禁者奪取罪の客体は，**法令により拘禁された者**であるが，逃走の罪は主として刑事司法手続における拘禁作用を保護法益としているから，それに類似した拘禁の対象者に客体を限定すべきであろう。確定判決により刑事施設に拘禁されている者，勾留状によって刑事施設・警察留置場に留置されている被疑者・被告人，勾引状の執行を受けた者，逮捕状により逮捕された被疑者，収容状・勾留状の執行を受けた者，現行犯逮捕された被疑者，緊急逮捕され逮捕状が発せられる前の者のほか，逃亡犯罪人引渡法上の拘禁・仮拘禁に付された者，出入国管理及び難民認定法により入国者収容所等に収容された者などが含まれる。これに対し，精神保健及び精神障害者福祉に関する法律による措置入院・仮入院に付された者，児童福祉法上の児童自立支援施設に送致された者，警察官職務執行法により保護された者は含まれない。少年法により少年院や少年鑑別所に収容された者については，肯定説（福岡高宮崎支判昭和30・6・24裁特2巻

464　第3編　第13章　国家の作用に対する罪

12号628頁）と否定説がある。

(3)　構成要件的行為

被拘禁者奪取罪の実行行為は，被拘禁者の奪取である。**奪取**とは，被拘禁者を自己又は第三者の実力的支配下に移すことをいい[8]，単に解放する場合を含まない（逃走援助罪が成立する）と解するのが多数説である（解放と逃走の援助とは異なるとして，被拘禁者を解放する行為も奪取に含める見解も有力である）。

5　逃走援助罪

(1)　総　　説

逃走援助罪（刑100条）は，法令により拘禁された者を逃走させる目的で，①器具を提供し，その他逃走を容易にすべき行為をした場合（1項〔3年以下の懲役〕），②暴行又は脅迫をした場合（2項〔3月以上5年以下の懲役〕）に成立する。未遂を罰する（刑102条）。本罪は，逃走の援助行為を逃走罪の成否とは独立して処罰の対象とするものである。

(2)　構成要件

(i)　客体　　逃走援助の対象となる者は，法令により拘禁された者である。これは逃走罪・加重逃走罪の主体の範囲より広く，逃走する者に逃走罪が成立しない場合でも，逃走援助罪は成立しうることになる。

(ii)　構成要件的行為　　逃走援助罪は，法令により拘禁された者を逃走させる目的（**目的犯**）で，器具を提供し，その他逃走を容易にすべき行為をした場合に成立する。現実に逃走させたことは必要でなく，逃走の危険を有する行為が行われたことで足りる。

なお，逃走させる目的で暴行・脅迫が行われた場合には，法定刑が加重される（刑100条2項）。

6　看守者等による逃走援助罪

(1)　総　　説

看守者等による逃走援助罪（刑101条）は，法令により拘禁された者を看守

---

8)　この場合，被拘禁者の意思は問わない。

し又は護送する者がその拘禁された者を逃走させた場合に成立する（1年以上10年以下の懲役）。未遂を罰する（刑102条）。本罪は，看守者・護送者を主体とする逃走援助罪の加重的形態である（逃走を要するか否かが異なるから，逃走援助罪とは単なる加重減軽関係にあるわけではない）。

(2) 構 成 要 件

（ⅰ） 主体 本罪の主体は，法令により拘禁された者を看守し又は護送する者（看守者・護送者）である。看守者・護送者は法令上の根拠に基づき看守・護送の任務を行う者をいい，公務員であることを要しない。なお，看守者・護送者の身分は，逃走させる行為の時点であればよく，実際に非拘禁者が逃走した時点において身分を有していなくともよい（大判大正2・5・22刑録19輯626頁）。

（ⅱ） 客体 客体は，法令により拘禁された者である。

（ⅲ） 構成要件的行為 本罪の実行行為は，被拘禁者を逃走させることである。これは，被拘禁者の逃走を惹起し，又は逃走を容易にする一切の行為を指すとする見解が多数であるが，被拘禁者を積極的に解放するか，被拘禁者の逃走を黙認する行為に限るとする見解も有力である。

第4節　犯人蔵匿及び証拠隠滅の罪

1 総 説

犯人蔵匿及び証拠隠滅の罪（刑103条以下）の規定は，捜査，審判及び刑の執行など広義における**刑事司法作用**を保護法益とするものである（最決平成元・5・1刑集43巻5号405頁〈各 *564*〉。さらに，大判大正4・12・16刑録21輯2103頁，最判昭和24・8・9刑集3巻9号1440頁〈各 *560*〉）。これらの罪は，犯人庇護の目的で行われることが多いが[9]，それは成立要件でなく，無実の者に罪をきせるために行われる場合も含まれる。

---

9) そのため，犯人等の親族が犯人等の利益のために犯人蔵匿等罪，証拠隠滅等罪を犯した場合に特別の取扱い（刑の裁量的免除）を認める規定が置かれている（刑105条）。

466　第3編　第13章　国家の作用に対する罪

2　犯人蔵匿等罪

(1)　総　　説

犯人蔵匿等罪（刑103条）は，罰金以上の刑にあたる罪を犯した者又は拘禁中に逃走した者を蔵匿し，又は隠避させた場合に成立する（2年以下の懲役又は20万円以下の罰金）。犯人・拘禁中に逃走した者の発見・身柄の拘束を妨げ，捜査・審判及び刑の執行など広義における刑事司法作用を妨害する行為が処罰される。

(2)　客　　体

犯人蔵匿等罪の客体は，罰金以上の刑にあたる罪を犯した者，又は拘禁中に逃走した者である。

(i)　罰金以上の刑にあたる罪を犯した者　　**罰金以上の刑にあたる罪**とは，法定刑に罰金以上の刑が含まれている罪をいう。除外されるのは，法定刑として拘留又は科料だけが規定される軽微な罪で，侮辱罪（刑231条），軽犯罪法違反の罪など極めて限られている。**罪を犯した者**の意義について，**判例**は，司法作用を妨害する者を処罰する立法目的に照らし，犯罪の嫌疑によって捜査中の者を含むと解している（最判昭和24・8・9刑集3巻9号1440頁〈各*560*〉。大判大正12・5・9刑集2巻401頁参照）。なお，真犯人であれば捜査開始前でも本罪の客体に含まれる（最判昭和28・10・2刑集7巻10号1879頁）。これに対し，**学説**は，①真犯人に限る見解，②犯罪の嫌疑を受けて捜査の対象となっている者を指すとする見解，③真犯人と強く疑われる者を指すとする見解に分かれている。

(ii)　拘禁中に逃走した者　　**拘禁中に逃走した者**とは，逃走罪の主体として処罰の対象となる者であることを要せず，被拘禁者奪取罪の客体として奪取された者を含む。

(3)　構成要件的行為

(i)　総説　　本罪の実行行為は，客体である犯人等を蔵匿し，又は隠避させることである。**蔵匿**とは，官憲の発見・逮捕を免れるべき隠匿場を供給して匿うことをいい（大判明治43・4・25刑録16輯739頁，大判大正4・12・16刑録21輯2103頁），**隠避**とは，蔵匿以外の方法により官憲の発見・逮捕を免れさせる一切の行為をいう（大判昭和5・9・18刑集9巻668頁〈各*563*〉）[10]。本罪は危険犯であり，刑事司法作用が現実に害される必要はなく，その危険が生じれば足

りる（東京地判昭和 52・7・18 判時 880 号 110 頁〔捜査官憲が被蔵匿者の所在を知っていても，蔵匿行為があれば犯人蔵匿罪が成立する〕参照）。

(ii) 隠避の意義・限界　　**判例**が隠避にあたるとした例として，逃走するための資金を供与したり，情報を提供したりすること（大判大正 12・2・15 刑集 2 巻 65 頁，前出大判昭和 5・9・18），犯人が偽名を使えるように，他人の戸籍謄本等を供与すること（大判大正 4・3・4 刑録 21 輯 231 頁），犯人をハイヤーに乗せて潜伏予定場所まで送ること（最判昭和 35・3・17 刑集 14 巻 3 号 351 頁），警察官が現行犯人を逮捕せずに見逃すこと（大判大正 6・9・27 刑録 23 輯 1027 頁），犯人の所在について警察官に虚偽の陳述をすること（大判大正 8・4・22 刑録 25 輯 589 頁），参考人が，犯人に依頼され，捜査官に対して虚偽の供述をすること（和歌山地判昭和 36・8・21 下刑集 3 巻 7 = 8 号 783 頁），身代り犯人として自首すること（最決昭和 35・7・18 刑集 14 巻 9 号 1189 頁）などがある。なお，逮捕され，すでに**身柄が確保された犯人の身代り**を出頭させる行為と犯人隠避教唆罪の成否が問題とされたが，**判例**は，犯人として逮捕勾留されている者も客体に含まれるとし，かかる者をして「現になされている身柄の拘束を免れさせるような性質の行為」も隠避にあたるとした（最決平成元・5・1 刑集 43 巻 5 号 405 頁〈各 *564*〉）。ここでは，隠避とは，単に犯人の特定を害することではなく，**犯人等の身柄の確保を害する性質の行為**として捉えられている。

(iii) 故意　　故意の要件をなす「罰金以上の刑に当たる罪を犯した者」の認識については，法定刑の認識は不要で，軽微でない罪を犯した者であるとの認識があれば足りると解される（最決昭和 29・9・30 刑集 8 巻 9 号 1575 頁〈各 *566*〉。ただし，拘留又は科料にのみあたる軽微な罪であるとの認識があれば，故意を認めることはできない）。また，犯した罪の内容に錯誤があっても，いずれも罰金以上の刑に当たる罪であれば，故意を阻却しない（前出大判大正 4・3・4，大阪高判昭和 56・12・17 刑月 13 巻 12 号 819 頁）。

(4) 共 犯 関 係

犯人蔵匿等罪においては，犯人等が自ら逃走する行為（いわゆる自己蔵匿・隠

---

10) 犯人の逃避行為を直接容易にする行為に限られるとした判決として，大阪高判昭和 59・7・27 高刑集 37 巻 2 号 377 頁〈各 *565*〉（逃走中の被疑者の依頼により，その内妻に金銭を供与する行為。その結果，安心して逃走できるということでは足りない）参照。

468 第3編 第13章 国家の作用に対する罪

避）は構成要件上処罰の対象とならないが[11]，**犯人等が他人に自己を蔵匿し，又は隠避させるよう教唆**した場合に犯人蔵匿等教唆罪が成立するか問題となる。**判例**は，防禦の濫用であるとして犯人蔵匿等教唆罪の成立を肯定している（大判昭和 8・10・18 刑集 12 巻 1820 頁，前出最決昭和 35・7・18，最決昭和 40・2・26 刑集 19 巻 1 号 59 頁〈各 *567*〉など）。これに対し，学説では，自己蔵匿・隠避が期待可能性の欠如を理由として不可罰であれば，共犯の場合も同様に期待可能性がなく不可罰とすべきだとする見解が主張されている。

3 証拠隠滅等罪

(1) 総　説

証拠隠滅等罪（刑 104 条）は，他人の刑事事件に関する証拠を隠滅し，偽造し，若しくは変造し，又は偽造若しくは変造の証拠を使用した場合に成立する（2 年以下の懲役又は 20 万円以下の罰金）。本罪は，虚偽の証拠を作出等することによって，**捜査・審判作用**を誤らせる罪である。

(2) 客　体

(i) 他人の事件に関する証拠　証拠隠滅等罪の客体は，**他人の刑事事件に関する証拠**である。自己の刑事事件に関する証拠が除外されているのは，期待可能性の欠如を考慮したことによる[12]。ここで，他人の刑事事件に関する証拠が自己の刑事事件に関する証拠でもある場合，本罪の成立を肯定しうるかが問題となる。大審院判例は，当初，隠滅等の対象が他人（共犯者を含む）の刑事事件に関する証拠であれば，それが自己の刑事事件に関する証拠でもあっても本罪の成立を肯定しうるが，自己のためにする意思（他人のためにする意思が併存する場合を含む）でなされた場合には本罪の成立は否定されるとしていた（大判大正 7・5・7 刑録 24 輯 555 頁，大判大正 8・3・31 刑録 25 輯 403 頁〈各 *569*〉）。しかし，その後，自己のためにする意思か否かを問わず，他人の刑事事件に関

---

11) 犯人等が自ら身を隠しても，「蔵匿」とはいわないし，隠避することではなく，隠避させることが処罰の対象となっている。

12) ただし，自己の刑事事件に関する証拠を，他人の刑事事件に関する証拠と誤信して隠滅等しても，自己の刑事事件に関する証拠が一旦構成要件から除外された以上，証拠隠滅等罪は成立しない。

する証拠であれば本罪が成立すると解するに至った（大判昭和7・12・10刑集11巻1817頁，大判昭和12・11・9刑集16巻1545頁）。もっとも，これは傍論であり[13]，従来の立場が実質的に変更されたかには疑問がある。この点に関する最高裁判例は存在しないが，下級審判決には当初の大審院判例の立場に従うものがある（広島高判昭和30・6・4高刑集8巻4号585頁，東京地判昭和36・4・4判時274号34頁）。

関連して，**共犯者の蔵匿・隠避**の可罰性が問題となる（犯人も供述の主体として証拠といいうる）。下級審判決には，蔵匿・隠避の方が刑事司法作用を害する度合いが強いから，証拠隠滅罪については期待不可能でも，犯人蔵匿等罪としては期待可能性を認めうるとして，犯人蔵匿等罪の成立を肯定したものが存在する（旭川地判昭和57・9・29刑月14巻9号713頁〈各*568*〉）。

　(ii)　刑事事件に関する証拠　　隠滅等の対象は，**刑事事件に関する証拠**に限られ，民事事件等に関する証拠は含まれない。下級審判決には，少年事件も刑事事件にあたると解したものが存在する（札幌地判平成10・11・6判時1659号154頁〔集団暴走行為により保護処分を受けることをおそれ，自己のアリバイ証拠をねつ造するため，ビデオテープを偽造するよう友人に働きかけた事例について，証拠偽造教唆罪の成立を肯定〕）。刑事事件には，公訴提起後の被告事件のみならず，被疑事件，さらには捜査開始前の事件も含まれる（大判明治45・1・15刑録18輯1頁〈各*570*〉，大判大正2・2・7刑録19輯194頁，大判大正6・3・30新聞1253号27頁など）。刑事事件に関する証拠としては，犯罪の成否に関するものに限られず，情状に関する証拠も含まれる（前出大判昭和7・12・10）。証拠には，物的証拠のみならず，人的証拠も含まれる。したがって，捜査段階の参考人を隠匿すれば証拠隠滅罪が成立する（最決昭和36・8・17刑集15巻7号1293頁〈各*571*〉）。

　(3)　構成要件的行為

　証拠隠滅等罪の実行行為としては，証拠の隠滅，証拠の偽造・変造，偽造・変造された証拠の使用が規定されている。

　証拠の隠滅とは，証拠の顕出を妨げ，又はその効力を滅失・減少させるすべ

---

　13)　大判昭和7・12・10は他人に証拠偽造を教唆した事案に関するもので，判例によれば当然証拠偽造教唆罪が成立すべきもの，大判昭和12・11・9は偽造の対象となった証拠が自己の刑事事件に関するものとはいえない事案についてのものである。

470　第3編　第13章　国家の作用に対する罪

ての行為をいう（大判明治43・3・25刑録16輯470頁〈各*572*〉）。証拠物の隠匿（前出大判明治43・3・25），証人・参考人の蔵匿・隠避（大判明治44・3・21刑録17輯445頁，前出大判昭和7・12・10，前出最決昭和36・8・17）などがそれにあたる。

　証拠の偽造とは，実在しない証拠を実在するかのように新たに作出することをいい，**変造**とは，既存の証拠に変更を加えることをいう（大判昭和10・9・28刑集14巻997頁など）。文書については，文書偽造罪と異なり，作成権限の有無を問わないと解されており，内容虚偽の文書を作成名義人が作成する場合でも，証拠偽造罪が成立しうる（仙台地気仙沼支判平成3・7・25判タ789号275頁〈総*434*〉）。証人・参考人が**虚偽の供述**を行うことが証拠偽造罪を構成するかが問題となる。**判例**では，宣誓した証人が偽証する行為は，偽証罪として（証拠偽造罪よりも）重く処罰され，証拠隠滅罪では処罰されないが（最決昭和28・10・19刑集7巻10号1945頁〈各*577*〉など），宣誓しない証人が虚偽の陳述を行った場合，偽証罪で処罰されないばかりでなく，証拠偽造罪としても処罰の対象とはならないとされている（大判昭和9・8・4刑集13巻1059頁）。同様に，参考人が虚偽の供述を行った場合においても，証拠偽造罪は成立しないと解されている（大阪地判昭和43・3・18判タ223号244頁，宮崎地日南支判昭和44・5・22刑月1巻5号535頁，千葉地判平成7・6・2判時1535号144頁〈各*573*〉，千葉地判平成8・1・29判時1583号156頁）。その理由の概略は，偽証罪が宣誓証人による偽証のみを処罰しているところから，それ以外の虚偽供述は処罰しない趣旨であること，証拠隠滅等罪にいう証拠には人証を含むが，それは物理的存在としての「証拠方法」（証人・参考人）に限られ，「証拠資料」（証言・供述）までは含まないと解されること，である。しかし，民事訴訟において情を知らない裁判所書記官に内容虚偽の認諾調書を作成させた事案において証拠偽造罪の成立を肯定した判例が存在し（大判昭和12・4・7刑集16巻517頁），さらに，参考人が内容虚偽の上申書を作成して捜査機関に提出した事例についても，これを肯定した下級審判決が存在している（千葉地判昭和34・9・12判時207号34頁，東京高判昭和36・7・18東高刑時報12巻8号13頁，東京高判昭和40・3・29高刑集18巻2号126頁，福岡地判平成5・6・29研修562号29頁など）。**学説**では，かつては参考人の虚偽供述について証拠偽造罪の成立を否定する見解が有力であったが，近時は，

参考人の虚偽供述が文書化された場合について証拠偽造罪の成立を肯定する見解が有力化しつつあるといえよう。

偽造・変造された証拠の**使用**とは，偽造・変造された証拠を，それと知りつつ，捜査機関又は刑事裁判所に提出することである。

(4)　共　犯　関　係

犯人が他人に自己の刑事事件に関する証拠の隠滅等を教唆した場合，**判例**は，証拠隠滅等教唆罪の成立を肯定している（前出大判明治45・1・15，最決昭和40・9・16刑集19巻6号679頁〈総 *382*，各 *575*〉など）。学説では，犯人蔵匿等罪の場合と同様，不可罰と解する見解が主張されている。

他人が犯人にその刑事事件に関する証拠の隠滅等を教唆した場合，正犯の構成要件該当性が認められず，共犯の成立は否定される（大判昭和9・11・26刑集13巻1598頁〈総 *339*〉参照）。

4　親族による犯罪に関する特例

(1)　総　　説

犯人蔵匿等罪（刑103条）又は証拠隠滅等罪（刑104条）については，犯人又は逃走した者の親族がこれらの者の利益のために犯したとき，その刑を免除することができる（刑105条）。これは，犯人等の親族が，犯人等の利益のためにこれらの罪を犯した場合，期待可能性の程度が低く，責任が減少することを考慮して，刑の裁量的免除を可能としたものである[14]。特別の取扱いを受ける親族の範囲は，民法の規定により決まる（民725条）。

刑の裁量的免除は，犯人等の親族が犯人等の「利益のために」犯人蔵匿等罪・証拠隠滅等罪を犯した場合に肯定されるが，**判例**は，親族でない他人の利益のために行われた場合，同時に親族である犯人等の利益のためであっても，刑の裁量的免除の適用はないとする（大判昭和7・12・10刑集11巻1817頁）。学説では適用を肯定する見解も主張されている。

(2)　親族と第三者との共犯関係

親族が第三者を教唆して犯人蔵匿等を行わせた場合，判例は，親族の可罰性

---

14)　昭和22年の刑法改正前は不可罰とされていた。

が否定されていた昭和22年改正前の105条に関し，犯人による犯人蔵匿・隠避の教唆，犯人による自己の刑事事件に関する証拠の隠滅等の教唆の場合と同様に，庇護の濫用であるとして，同条の適用を否定した（大判昭和8・10・18刑集12巻1820頁）。学説では，犯人による犯人蔵匿等の教唆の場合と同様，適用肯定説も主張されている。

第三者が親族を教唆して犯人蔵匿等を行わせた場合，通説は，第三者に対して刑の裁量的免除を否定している。第三者には期待可能性の減少が及ばないことを理由とするが，共犯の従属性（前述156頁参照）の理解が関係する。

(3) 親族と犯人等との共犯関係

犯人等が親族を教唆して犯人蔵匿等を行わせた場合，犯人等が他人に犯人蔵匿等を行わせるとき犯人蔵匿教唆罪等の成立を肯定する見解は，犯人蔵匿教唆罪等の成立を肯定するが，親族に刑の裁量的免除が認められることから，犯人についても刑の裁量的免除を肯定している。

親族が犯人等を教唆して自己蔵匿・隠避，自己の刑事事件に関する証拠の隠滅を行わせる場合，正犯に構成要件該当行為が認められない以上共犯は成立せず，親族は処罰の対象とならない。

5 証人等威迫罪

(1) 総　　説

証人等威迫罪（刑105条の2）は，自己若しくは他人の刑事事件の捜査若しくは審判に必要な知識を有すると認められる者又はその親族に対し，当該事件に関して，正当な理由がないのに面会を強請し，又は強談威迫の行為をした場合に成立する（1年以下の懲役又は20万円以下の罰金）。本罪の保護法益は，**刑事司法作用**と**証人等事件関係者の自由・安全**である。

(2) 客　　体

本罪の客体は，自己若しくは他人の刑事事件の捜査若しくは審判に必要な知識を有すると認められる者又はその親族である。刑事事件の意義は証拠隠滅等罪（刑104条）と同じであり，被告事件・被疑事件のほか，捜査開始前の事件も含まれる（東京高判昭和35・11・29高刑集13巻9号639頁，福岡高判昭和51・9・22判時837号108頁）。

（3） 構成要件的行為

証人等威迫罪の実行行為は，刑事事件に関し，正当な理由なくなされる，面会の強請，又は強談威迫の行為である。これらの行為は，捜査・審判の結果に具体的な影響を及ぼすことまでは要求されず（前出福岡高判昭和51・9・22参照），証人が証言を終えた後になされた場合でも本罪は成立する（大阪高判昭和35・2・18下刑集2巻2号141頁，前出東京高判昭和35・11・29）。**面会の強請**とは，相手の意思に反して面会を要求することをいう（大判大正12・11・30刑集2巻884頁参照）。強談威迫の行為にいう**強談**とは他人に対し言語をもって強いて自己の要求に応じるよう迫る行為をいい，**威迫**とは他人に対し言語挙動によって気勢を示して不安の念を生じさせる行為をいうが（大判大正11・10・3刑集1巻513頁参照），文書を送付する方法による場合も含まれる（最決平成19・11・13刑集61巻8号743頁）。

第5節　偽　証　の　罪

1　総　　説

偽証の罪（刑169条以下）は，法律により宣誓した証人，鑑定人，通訳人又は翻訳人が虚偽の陳述，鑑定，通訳又は翻訳をする罪である。現行法では，この罪は偽造罪の後に規定されており，それとの関連性に着目されたものと思われる。しかし，偽証罪は，偽造罪の一種ではなく，国の審判作用の適正を害する罪として，国家的法益に対する罪と位置づけられる。

2　偽　証　罪

（1）　総　　説

偽証罪（刑169条）は，法律により宣誓した証人が虚偽の陳述をした場合に成立する（3月以上10年以下の懲役）。本罪の規定の保護法益は，国の**審判作用の適正**である。

（2）　主　　体

偽証罪の主体は，**法律により宣誓した証人**である（身分犯）。**法律による宣誓**とは，宣誓する根拠が法律又は法律により委任された命令において定められてい

474　第3編　第13章　国家の作用に対する罪

ることをいう（刑訴154条，民訴201条，非訟10条，少年14条，国公16条・91条に基づく人事院規則13－1〔不利益処分についての不服申立て〕52条など）。宣誓は尋問前に行うのが原則であるが（刑訴規117条，民訴規112条1項本文），尋問後の場合もある（民訴規112条1項但書）。尋問後に宣誓がなされる場合でも偽証罪は成立しうると解するのが**判例**（大判明治45・7・23刑録18輯1100頁）・多数説である。宣誓は適法になされなければならず，宣誓無能力者（刑訴155条，民訴201条2項）が誤って宣誓した上で偽証した場合，偽証罪は成立しない（最大判昭和27・11・5刑集6巻10号1159頁）。これに対し，宣誓拒絶権（刑訴146条・147条・149条，民訴196条・197条・201条4項）を有する者が，それを行使せず宣誓の上偽証した場合，偽証罪が成立する（大判大正12・4・9刑集2巻327頁，最決昭和28・10・19刑集7巻10号1945頁〈各 *577*〉）。

　⑶　構成要件的行為

　偽証罪の実行行為は，**虚偽の陳述**であり，その意義については，主観説と客観説の間で争いがある。**判例**は，証人の記憶に反する供述をいうと解する**主観説**を採っている（大判明治42・6・8刑録15輯735頁，大判大正3・4・29刑録20輯654頁〈総 *35*，各 *576*〉，大判昭和7・3・10刑集11巻286頁，東京高判昭和34・6・29下刑集1巻6号1366頁など）。これに対し，学説では，客観的事実に反する陳述を虚偽の陳述と解する**客観説**も主張されている。

　偽証罪は審判作用の適正さを害する抽象的危険犯であり，**判例**によれば，虚偽の陳述が裁判の結果に影響をもたらすか否かは本罪の成否に影響しない（大判明治43・10・21刑録16輯1714頁）。また，尋問事項の如何にかかわらず，虚偽の陳述がなされた場合には偽証罪が成立する（大判大正2・9・5刑録19輯844頁）。

　偽証罪の既遂時期は，通常の事前宣誓の場合には，尋問手続における陳述全体が終了したときであり，事後宣誓の場合には，宣誓の終了時である。

　⑷　共　犯　関　係

　被告人が，自己の刑事事件に関し他人に偽証を教唆した場合，**判例**（大判明治42・8・10刑録15輯1083頁，大判昭和11・11・21刑集15巻1501頁，前出最決昭和28・10・19，最決昭和32・4・30刑集11巻4号1502頁など）・**通説**は，偽証教唆罪の成立を肯定している。

3 自白による刑の減免

偽証罪を犯した者が，その証言をした事件について，その裁判が確定する前又は懲戒処分が行われる前に自白した場合には，その刑を減軽し，又は免除することができる（刑170条）。これは，偽証に基づき誤った裁判・懲戒処分が行われることを回避するために設けられた政策的規定である。同様の考慮から，同様の規定が，虚偽鑑定等罪（刑171条・170条），虚偽告訴等罪（刑173条）についても置かれている。**自白**とは，偽証した事実を認めることをいい，裁判所，捜査機関又は懲戒権者に対してなされることを要し，一般私人に対してなされることでは足りない。自発的に告白する場合ばかりではなく，追及を受けて自認することでも足りる（大判明治42・12・16刑録15輯1795頁）。自白が一旦なされた場合には，その後自白が撤回されても，本条の適用を妨げない（大判大正4・3・8刑録21輯264頁）。なお，本条の刑の裁量的減免規定は正犯者ばかりでなく偽証教唆者にも適用があるが（大判昭和5・2・4刑集9巻32頁），偽証正犯が自白したからといって，自白していない偽証教唆者に本条の適用はない（大判昭和4・8・26刑集8巻416頁）。

4 虚偽鑑定等罪

虚偽鑑定等罪（刑171条）は，法律により宣誓した鑑定人，通訳人又は翻訳人が虚偽の鑑定，通訳又は翻訳をした場合に成立する（3月以上10年以下の懲役）。裁判確定前又は懲戒処分前に自白した場合にはその刑を減軽し，又は免除することができる。虚偽鑑定等罪の主体は，法律により宣誓した鑑定人，通訳人又は翻訳人である（身分犯）。虚偽の鑑定等の意義については，偽証罪における虚偽の陳述と同様の見解の対立がある（大判明治42・12・16刑録15輯1795頁は主観説を採る）。

第6節　虚偽告訴の罪

1 総　説

虚偽告訴罪（刑172条以下）は，人に誤った刑事又は懲戒の処分を受けさせる目的で，虚偽の告訴等の申告をする罪である[15]。本罪の**保護法益・罪質**につ

476　第3編　第13章　国家の作用に対する罪

いては，①適正な刑事司法作用・懲戒作用を害することで足るとする見解（大
判大正元・12・20刑録18輯1566頁〈総*109*，各*578*〉）と②虚偽申告される個人の
利益が害されることを要求する見解とに理解が分かれている。自己に関する虚
偽申告，虚無人に関する虚偽申告についてはいずれの見解からも犯罪の成立が
否定されているが[16)]，同意を得た他人に関する虚偽申告については結論が分
かれる（①説からは成立が肯定され，②説からは否定される）。

2　虚偽告訴等罪

(1)　総　　説

虚偽告訴等罪（刑172条）は，人に刑事又は懲戒の処分を受けさせる目的で，
虚偽の告訴，告発その他の申告をした場合に成立する（3月以上10年以下の懲
役）。

(2)　虚　偽　申　告

虚偽告訴等罪の実行行為（構成要件的行為）は，人に刑事又は懲戒の処分を受
けさせる目的で行う，虚偽の告訴，告発その他の申告である。人に刑事又は懲
戒の処分を受けさせる目的における「人」は他人をいう。実在することを要す
るが，法人も含まれる。**刑事の処分**とは，刑事裁判において言い渡される有罪
判決のほか，少年に対する保護処分（少年24条）等をいい，**懲戒の処分**とは，
公法上の監督関係に基づいて，職務規律維持のために科される制裁をいう。虚
偽の告訴，告発その他の申告における，**告訴・告発**とは，犯罪の被害者その他
の者による，犯罪事実を申告し犯人の処罰を求める意思表示をいう（刑訴230
条以下，239条以下）。**その他の申告**としては，刑事処分を求める請求（刑92条2
項〔外国国章損壊等罪における，外国政府の請求〕），懲戒処分を求める申立てが含
まれる。これらの申告は，捜査機関，懲戒権者又は懲戒権の発動を促しうる機
関（相当官署）に対してなされることが必要である。申告方法は問わず，他人
名義を用いた場合でもよいが（大判明治42・4・27刑録15輯518頁），自発的にな
されることを要し，捜査機関の取調べに対して虚偽の陳述を行った場合には，

---

15)　平成7年の刑法改正前は，誣告罪といった。

16)　処分を受けさせる「人」は他人に限ること，虚無人が処分されることはありえない
　　ことが理由である。

本罪は不成立である。

　虚偽の告訴等にいう**虚偽**とは，客観的真実に反することをいう（最決昭和33・7・31刑集12巻12号2805頁〈各*579*〉）。申告事実は，刑事処分・懲戒の成否に影響を及ぼすようなものであることを要する（大判大正13・7・29刑集3巻721頁〔単に状況を誇張したにすぎない場合，虚偽告訴等罪は成立しない〕）。また，捜査機関・懲戒機関の職権発動を促すに足るべき程度に具体的であればよい（大判大正4・3・9刑録21輯273頁）。

　虚偽告訴等罪の既遂時期は，虚偽の申告が相当官署に到達した時点である。それが現に閲覧されたことは要せず，相当機関が捜査・調査を開始したかは問わない（大判大正3・11・3刑録20輯2001頁）。

(3)　主観的要件

　申告事実が虚偽であることについて，**判例**は，未必的な認識で足りるとするが（最判昭和28・1・23刑集7巻1号46頁など），正当な権利行使を萎縮させないため，確定的認識を要するとの見解も主張されている。なお，人に刑事又は懲戒の処分を受けさせる目的における刑事処分・懲戒処分がなされることについては未必的な認識で足りる（大判大正6・2・8刑録23輯41頁，大判大正12・12・22刑集2巻1013頁，大判昭和8・2・14刑集12巻114頁〈総*34*，各*580*〉など）。

3　自白による刑の減免

　虚偽告訴等罪を犯した者が，その申告をした事件について，その裁判が確定する前又は懲戒処分が行われる前に自白した場合には，その刑を減軽し，又は免除することができる（刑173条）。これは，誤った刑事処分・懲戒処分を防ぐために設けられた政策的規定である。

第7節　職権濫用罪

1　総　　説

　汚職の罪（刑193条以下）は，職権濫用罪と収賄罪とからなるが，これらは国家作用を担当する公務員により犯される罪であり，国家作用を内部から侵害する罪である。本節で扱う職権濫用罪は，公務員がその職権を濫用することに

478　第3編　第13章　国家の作用に対する罪

より（ただし，特別公務員暴行陵虐罪は，職権の濫用を超えた行為により構成される）国民の権利・自由を侵害する罪である。

2　公務員職権濫用罪

(1)　総　　説

公務員職権濫用罪（刑193条）は，公務員がその職権を濫用して，人に義務のないことを行わせ，又は権利の行使を妨害した場合に成立する（2年以下の懲役又は禁錮）。本罪の保護法益は，職権濫用と権利妨害等の2要件に対応して，**職務の適正な執行**と**個人の利益**である。

(2)　権利妨害等

公務員職権濫用罪は，職権濫用により，「人に義務のないことを行わせ，又は権利の行使を妨害したとき」に成立する（本書では権利妨害等の要件と呼ぶ）。濫用される職権の内容と権利妨害等の要件とは関連すべきものと解されるから[17]，この要件解釈が職権濫用の要件解釈にも影響を及ぼすという意味で重要である。かつては，権利妨害等の要件を強要罪と同様に解し，行動の自由の侵害を意味するとの理解が一般的であったが，現在の多数説は，一定の作為・不作為を強制することは不要で，事実上の不利益を受忍させることを含むと解している。**判例**も後者に近い理解を採用している（職権行使の相手方の意思に直接働きかけて，何らかの作為を行わせることまでを要求していない。最決平成元・3・14刑集43巻3号283頁〈各*586*〉〔盗聴事件。警察官が某政党国際部長方の電話を盗聴した事案。「職権行使の外観」や「相手方の意思に働きかけ，これに影響を与え」ることは不可欠の要件ではないとする〕参照）。

(3)　職　権　濫　用

(i)　**職権**　職権濫用にいう**職権**について，**判例**は，公務員の一般的職務権限のすべてをいうのではなく，職権行使の相手方に対し法律上，事実上の**負担**ないし**不利益**を生ぜしめるに足りる**特別の職務権限**をいうと解している（前出最決平成元・3・14。同決定が引用する最決昭和57・1・28刑集36巻1号1頁〈各*582*〉〔身分帳事件〕は，「一般的職務権限は，必ずしも法律上の強制力を伴うものであ

---

17)　すなわち，権利妨害等の結果を生じさせることの可能な職権が濫用される必要があると解される。

ることを要せず，それが濫用された場合，職権行使の相手方をして事実上義務なきことを行わせ又は行うべき権利を妨害するに足りる権限であれば，これに含まれる」とする）。学説の多数説もこれを支持する。

　　(ii)　濫用　　職権の**濫用**とは，公務員が，その一般的職務権限に属する事項につき，職権の行使に仮託して実質的，具体的に違法，不当な行為をすることをいう（前出最決昭和57・1・28）。これには，私的行為であるにもかかわらず，職務遂行を仮装してなされる**職務仮装型**と，職務行為の要件が充足されていないにもかかわらず行われる**職務遂行型**とがある。職務仮装型としては，判事補が，刑務所長に対し裁判官の肩書を付した名刺を手渡した上，司法研究その他職務上の参考に資するための調査・研究という正当な目的でないのに，それを仮装して身分帳簿の閲覧等を求め，刑務所長らをしてこれに応じさせた事案（前出最決昭和57・1・28）や，簡裁判事が，私的な交際を求める意図で，自己の担当する窃盗被告事件の女性被告人を，夜間電話で被害賠償のことで会いたいなどと言って喫茶店に呼び出し，店内に同席させた事案（最決昭和60・7・16刑集39巻5号245頁〈各 *583*〉〔簡裁判事事件〕）などがあり，職務遂行型としては，警察官が，職務として，某政党に関する警備情報を得るため，同党中央委員会国際部長方の電話を盗聴した事案（前出最決平成元・3・14。ただし，本罪の成立を否定〕）などがある。

3　特別公務員職権濫用罪

　特別公務員職権濫用罪（刑194条）は，裁判，検察若しくは警察の職務を行う者又はこれらの職務を補助する者がその職権を濫用して，人を逮捕し，又は監禁した場合に成立する（6月以上10年以下の懲役又は禁錮）。本罪は，裁判等の職務を行う者又はこれらの職務の補助者を主体とする，逮捕・監禁罪の加重類型である。

　裁判，検察若しくは警察の職務を行う者とは，裁判官，検察官，司法警察員をいい，これらの職務を補助する者とは，裁判所書記官，廷吏，検察事務官，司法巡査など職務上補助者としての地位にある者をいうと解され，単なる事実上の補助者は含まない。**判例**によれば，警察署長の委嘱を受けた少年補導員は警察の職務を補助する者にはあたらない（最決平成6・3・29刑集48巻3号1頁）。

480　第3編　第13章　国家の作用に対する罪

4　特別公務員暴行陵虐罪

　特別公務員暴行陵虐罪（刑195条）は，裁判，検察若しくは警察の職務を行う者又はこれらの職務を補助する者が，その職務を行うにあたり，被告人，被疑者その他の者に対して暴行又は陵辱若しくは加虐の行為をした場合（1項〔7年以下の懲役又は禁錮〕），法令により拘禁された者を看守し又は護送する者がその拘禁された者に対して暴行又は陵辱若しくは加虐の行為をした場合（2項〔7年以下の懲役又は禁錮〕）に成立する。暴行・陵虐行為は公務員の一般的職務権限には属さないので，本罪は職権濫用罪ではなく，職権行使に際し，自己の地位を利用して行う違法行為を処罰の対象とするものである。

5　特別公務員職権濫用等致死傷罪

　特別公務員職権濫用等致死傷罪（刑196条）は，特別公務員職権濫用罪又は特別公務員暴行陵虐罪を犯し，よって人を死傷させた場合に成立する（傷害の罪と比較して，重い刑により処断する）。本罪は，特別公務員職権濫用罪・特別公務員暴行陵虐罪の結果的加重犯である。

第8節　賄　　賂　　罪

1　総　　説

⑴　賄賂罪規定の概要

　賄賂罪（刑197条以下）の諸規定は，収賄罪（刑197条1項前段），受託収賄罪（同条同項後段），事前収賄罪（同条2項），第三者供賄罪（刑197条の2），加重収賄罪（刑197条の3第1項・2項），事後収賄罪（刑197条の3第3項），あっせん収賄罪（刑197条の4），以上の収賄罪に対応する贈賄罪（刑198条），賄賂に関する没収・追徴（刑197条の5）からなる。現行刑法制定当初は，収賄罪（刑旧197条1項前段），加重収賄罪（旧同条同項後段），賄賂の没収・追徴（旧同条2項），贈賄罪（刑旧198条1項），贈賄者についての自首減免（旧同条2項）の規定のみであったが，収賄罪類型の追加，贈賄者についての自首減免規定の削除，法定刑の引上げが行われ，現行法の姿となった。

第8節　賄　賂　罪　481

(2)　保　護　法　益

　賄賂罪処罰規定の**保護法益**について，**判例・通説**は，公務員の職務の公正と
これに対する社会一般の信頼（最大判平成7・2・22刑集49巻2号1頁〈各 *595*〉
〔ロッキード事件〕）と解している（**信頼保護説**）。職務の公正のみならず社会一般
の信頼が含まれることにより，①適法な職務行為に関する賄賂罪，②職務行為
後の賄賂の授受の処罰が説明されることになる。なお，近時，学説では，信頼
保護説における信頼の広範さ・不明確さを批判し，職務の公正を保護法益と解
する見解（**純粋性説**）も主張されており，同説においては，①職務行為が賄賂
の影響下に置かれる危険，②（職務行為時に）想定された賄賂による職務行為
への影響によって上記の点は説明される。

(3)　職務行為の意義

　賄賂罪は，公務員の職務行為と賄賂とが**対価関係**に立つことによって成立す
る。この対価関係が認められるとき，職務の公正・社会の信頼が害されるから
である。

　賄賂と対価関係に立つべき**職務**とは，公務員がその地位に伴い公務として取
り扱うべき一切の執務をいう（最判昭和28・10・27刑集7巻10号1971頁）。公務
員の職務は法令上認められるものであるが（最決昭和63・4・11刑集42巻4号
419頁〈各 *591*〉〔大阪タクシー事件。衆議院議員の職務〕，前出最大判平成7・2・22
〔ロッキード事件。内閣総理大臣の職務〕，最決平成11・10・20刑集53巻7号641頁
〔リクルート事件。内閣官房長官の職務〕，最決平成12・3・22刑集54巻3号119頁
〔北海道開発庁長官の職務〕，最決平成17・3・11刑集59巻2号1頁〈各 *588*〉〔警視庁
警察官の職務〕，最決平成20・3・27刑集62巻3号250頁〔KSD事件。参議院議員の
職務〕など），公務員がその任務達成のため公務員の立場で行う行為が含まれ，
その範囲は法令全体の趣旨により決せられる（大阪高判昭和54・11・16刑月11
巻11号1329頁など）。巡査が地主と小作人との間の紛争解決に尽力すること
（大判大正13・1・29刑集3巻31頁），国民学校訓導が児童卒業後の進学校の選定
に尽力すること（大判昭和19・8・17刑集23巻150頁），通商産業政務次官が競輪
場の設置申請について決裁すること（最判昭和31・7・17刑集10巻7号1075頁）
なども職務に含まれる。

　職務には，**正当**なもの及び**不正**なものが含まれる。たとえば，揮発油購買券

482　第3編　第13章　国家の作用に対する罪

交付事務を担当する警察官が正規の手続によらずに揮発油購買券を発行すること（大判昭和16・12・5刑集20巻669頁），守秘義務に違反して情報を漏示すること（大判大正3・12・14刑録20輯2414頁，最決昭和31・7・12刑集10巻7号1058頁〈各*589*〉，最決昭和32・12・5刑集11巻13号3157頁，最決昭和32・11・21刑集11巻12号3101頁，最決昭和59・5・30刑集38巻7号2682頁〈各*590*〉〔大学設置審事件〕など）などについて賄賂罪の成立が肯定され，また，**不作為**も含まれる（大判明治44・6・20刑録17輯1227頁〔県会議員が議会に出席しなかった事案〕，最判昭和27・7・22刑集6巻7号927頁〈各*612*〉〔国鉄の警備係がやみ物資の輸送を黙認した事案〕，最決昭和29・9・24刑集8巻9号1519頁〔巡査が被疑者の依頼により証拠品の押収を取りやめた事案〕，最決平成14・10・22刑集56巻8号690頁〈各*596*〉〔文部事務次官が業者の事業に支障を来す行政措置を執らないことに関する事案〕）[18]）。

　判例・学説によれば，賄賂と対価関係に立つ職務行為は，公務員が具体的に担当する事務でなくとも，その具体的要件がなくとも，その**一般的職務権限**に属するものであれば足りる（前出最大判平成7・2・22参照。さらに，大判大正9・12・10刑録26輯885頁〔内部的事務の分掌によって一般的権限は制限されない〕，最判昭和37・5・29刑集16巻5号528頁〈各*587*〉〔地方事務所農地課開拓係が同課農地係の分担に属する事務について賄賂を収受した事案。農地課に勤務する被告人には，日常担当しない事務であっても，同課の分掌事務に属するものであるかぎり，上司の命を受けてこれを処理しうべき一般的権限が存在する〕など）。

　判例・学説によれば，公務員の本来の職務行為のみならず，**職務と密接に関連する行為**も職務行為の範囲に含まれる（大判大正2・12・9刑録19輯1393頁，前出最決昭和31・7・12など）。職務密接関連行為には以下の諸類型がある。第1は，公務員の本来の職務行為から**派生**した行為の類型である（本来の職務行為と関連して慣行的に担当する職務行為，本来の職務行為の前段階的・準備的行為など）。村役場書記が村長の補佐として担当する外国人登録事務（前出最決昭和31・7・12），市議会議員の会派内で市議会議長候補者を選定する行為（最決昭和60・6・11刑集39巻5号219頁〈各*592*〉〔大館市議会議長選挙事件〕）などである。第2は，自己の職務に基づく**影響力**を利用して行う行為の類型である。これには，

---

18)　近時の最高裁判例として，最決平成21・3・16刑集63巻3号81頁〈各*617*〉がある。

①自己と同一の権限を有する同僚公務員に対する働きかけ，②自己と権限を異にする公務員への働きかけ，③非公務員に対する行政指導的行為，④非公務員に対するあっせん行為が含まれる。①（県会議員が他の議員を勧誘して議案に賛成させる行為〔前出大判大正2・12・9〕など）は，実質的に固有の職務に含まれるともいえ，職務密接関連性を肯定することが容易である。②は，他の公務員への働きかけが自己の職務権限行使とみうる場合を除き，職務密接関連性を肯定することに問題がある（肯定例として，最決昭和32・12・19刑集11巻13号3300頁など，否定例として，最判昭和32・3・28刑集11巻3号1136頁〈各 *597*〉〔復興金融金庫事件〕など）。③は，指導等の行為が，公務員としての地位に基づき行われ，その結果が本来の職務行為に影響をもつ場合には職務密接関連性が肯定されることになる（前出最決昭和59・5・30）。④は，③と実質的に同視しうる場合を除き，職務密接関連性を肯定することには疑問の余地がある（肯定例として，最判昭和25・2・28刑集4巻2号268頁〈各 *514・593*〉〔板硝子事件〕，東京地判昭和60・4・8判時1171号16頁〈各 *594*〉〔芸大バイオリン事件〕など，否定例として，最判昭和51・2・19刑集30巻1号47頁〈各 *599*〉など）。

　判例・通説によれば，すでに終了した**過去の職務行為**に対して賄賂の授受がなされた場合でも，収賄罪は成立しうる。公務員が退職後賄賂を授受した場合，在職中に請託を受け，不正な職務行為を行ったことを要件として，事後収賄罪で処罰の対象となるが，公務員が他の公務員の職に転じた後に賄賂を授受等した場合における賄賂罪の成否が問題となる（**転職後の収賄**）。大審院判例は，転職前と転職後の職務が一般的職務権限を同一にする場合に賄賂罪の成立を肯定していた（大判大正4・7・10刑録21輯1011頁〈各 *602*〉〔帝室林野管理局主事の時に賄賂を約束し，宮内省会計審査官に転じた後に賄賂を収受した事案において，賄賂約束罪のみの成立を肯定〕，大判昭和11・3・16刑集15巻282頁〔岡山駅助役から倉敷駅長に転じた後に前職に関して賄賂を収受した事案において，職務に異同を生じていないとして賄賂収受罪の成立を肯定〕）。これに対し，最高裁判例は，賄賂収受の当時において公務員である以上収賄罪が成立し，賄賂に関する職務を現に担当することは収賄罪の要件ではなく（最決昭和28・4・25刑集7巻4号881頁〈各 *603*〉〔岸和田税務署直税課から浪速税務署直税課に転勤後，前職に関して賄賂を収受した事案〕），公務員が一般的職務権限を異にする他の職務に転じた後に前の職務に関

して賄賂を供与した場合でも，供与の当時受供与者が公務員である以上，贈賄罪が成立する（最決昭和58・3・25刑集37巻2号170頁〈各 *604*〉〔県建築部職員から同県住宅供給公社に出向後，前職に関し賄賂の授受がなされた事案〕）と解している。

公務員が**将来担当すべき職務**に対して賄賂の授受がなされた場合，当該職務を担当する蓋然性があれば，賄賂罪の成立を肯定しうる。具体的な職務の執行が上司の任命にかかる場合などでもよい（最決昭和36・2・9刑集15巻2号308頁〔専売公社地方局長からの任命により葉たばこ等級鑑定の職務を担当する者が，将来ありうる鑑定につき賄賂を収受した事案〕）。なお，**判例**では，市長が任期満了前に，市長としての一般的職務権限に属する市庁舎の建設工事の入札等に関し，再選後担当すべき職務について賄賂を収受した事案につき，受託収賄罪の成立が肯定されている（最決昭和61・6・27刑集40巻4号369頁〈各 *601*〉）。

(4) 賄　　賂

賄賂とは，公務員の職務行為の対価として授受等される不正な利益をいう（あっせん収賄罪の場合，あっせんの対価としての不正な利益をいう）。**判例**によれば，賄賂は，一定の職務に対する対価であれば足り，個別具体的な職務行為との間の対価関係までは不要である（最決昭和33・9・30刑集12巻13号3180頁〈各 *608*〉）。賄賂の目的物は，財物に限らず，有形・無形を問わず，人の需要・欲望を満たすに足りる一切の利益を含む（大判明治43・12・19刑録16輯2239頁〈各 *605*〉）。金銭・物品・不動産などの財物（有体物），金融の利益（大判大正14・4・9刑集4巻219頁など），債務の弁済（大判大正14・5・7刑集4巻266頁，最決昭和41・4・18刑集20巻4号228頁など），接待供応（前出大判明治43・12・19など），ゴルフクラブ会員権（最決昭和55・12・22刑集34巻7号747頁〈各 *622*〉），値上がり確実な未公開株の公開価格による取得（最決昭和63・7・18刑集42巻6号861頁〈各 *606*〉〔殖産住宅事件〕，東京高判平成9・3・24高刑集50巻1号9頁〔リクルート事件〕）などの財産上の利益の他，就職のあっせん（大判大正14・6・5刑集4巻372頁），異性間の情交（最判昭和36・1・13刑集15巻1号113頁）などが含まれる。

社交儀礼としての贈与について賄賂罪が成立するかが問題となる。**判例**は，職務行為と対価関係が認められる限り賄賂罪が成立すると解している（大判昭和4・12・4刑集8巻609頁〈各 *609*〉，大判昭和10・8・17刑集14巻885頁。否定例

として，最判昭和 50・4・24 判時 774 号 119 頁〈各 *600・610*〉）。なお，**政治資金**と賄賂罪の成否の問題も，同様に，職務行為との対価関係の有無により決せられる（前出最決昭和 63・4・11〔大阪タクシー事件〕参照）。

2 収 賄 罪

(1) 総 説

収賄罪（刑 197 条 1 項前段）は，公務員が，その職務に関し，賄賂を収受し，又はその要求若しくは約束をした場合に成立する（5 年以下の懲役）。本罪は，収賄罪の基本的類型である（**単純収賄罪**）。

(2) 構成要件的行為

賄賂の**収受**とは，供与された賄賂を自己のものとする意思で現実に取得することをいう。賄賂の**要求**とは，賄賂の供与を求める意思表示をいうが，相手方が認識しうる程度になされれば足り，現実にそれが認識されたことを要しない（大判昭和 11・10・9 刑集 15 巻 1281 頁）。相手方が要求に応じなかった場合でも賄賂要求罪は成立する（大判昭和 9・11・26 刑集 13 巻 1608 頁）。賄賂の**約束**とは，賄賂の供与・収受について贈賄者・収賄者間で合意することをいう。賄賂の要求・約束・収受が一連の行為として行われた場合には，包括一罪となる（大判昭和 10・10・23 刑集 14 巻 1052 頁）。

(3) 主観的要件

公務員には，収受等した賄賂が職務行為と対価関係に立つものであること（賄賂性）の認識が必要である。賄賂の収受者に賄賂性の認識が欠如している場合賄賂収受罪は成立せず，贈賄者について賄賂申込み罪が成立するにとどまる。なお，賄賂を収受等した公務員に，賄賂と対価関係に立つ職務行為を行う意思がない場合，収賄罪は成立しないと解される。

(4) 他の犯罪との関係

（ⅰ）**収賄罪と恐喝罪** **恐喝**により賄賂を供与させた場合，**判例**は，公務員に職務執行の意思がない場合には恐喝罪のみが成立するが（大判昭和 2・12・8 刑集 6 巻 512 頁〈各 *618*〉，最判昭和 25・4・6 刑集 4 巻 4 号 481 頁〈各 *619*〉），職務執行の意思がある場合には収賄罪と恐喝罪との観念的競合となり（福岡高判昭和 44・12・18 刑月 1 巻 12 号 1110 頁〈各 *620*〉），賄賂の供与者については贈賄罪

が成立すると解している（最決昭和 39・12・8 刑集 18 巻 10 号 952 頁〈各 *621*〉）。

(ii) **収賄罪と詐欺罪**　　**欺罔**により賄賂を供与させた場合，恐喝により賄賂を供与させた場合と同じ考え方により解決されるべきであろう。判例には，収賄罪と詐欺罪との観念的競合を肯定したものが存在するが（大判昭和 15・4・22 刑集 19 巻 227 頁），公務員に職務執行の意思がない場合には収賄罪の成立は否定されるべきだと解される。

3　受託収賄罪

受託収賄罪（刑 197 条 1 項後段）は，公務員が，その職務に関し，賄賂を収受し，又はその要求若しくは約束をした場合において，請託を受けたときに成立する（7 年以下の懲役）。これは，職務行為が請託に基づく場合についての収賄罪の加重類型である。

請託とは，公務員に対し，職務に関して一定の行為を行うことを依頼することをいい，不正な職務行為の依頼か，正当な職務行為の依頼かを問わない（最判昭和 27・7・22 刑集 6 巻 7 号 927 頁〈各 *612*〉）。一定の職務行為の依頼であることを要し，一般的に好意ある取扱いをなすことを依頼することでは足りない（最判昭和 30・3・17 刑集 9 巻 3 号 477 頁〈各 *613*〉）。黙示の請託でもよい（東京高判昭和 37・1・23 高刑集 15 巻 2 号 100 頁）。請託を「受けた」というためには，公務員が依頼を受けて承諾したことが必要である（最判昭和 29・8・20 刑集 8 巻 8 号 1256 頁〈各 *614*〉）。

請託を受けた職務行為が行われた後に賄賂の収受等がなされた場合でも受託収賄罪が成立することは，収賄罪の場合と同様である。この場合，賄賂の収受等の時点で，それが請託・職務行為に対するものである点についての認識があることをもって足りる（東京高判昭和 61・5・14 刑月 18 巻 5 = 6 号 490 頁〔ロッキード事件（全日空ルート）〕）。

4　事前収賄罪

事前収賄罪（刑 197 条 2 項）は，公務員になろうとする者が，その担当すべき職務に関し，請託を受けて，賄賂を収受し，又はその要求若しくは約束をした場合，公務員となったときに成立する（5 年以下の懲役）。将来の職務に関する

収賄罪であるが，公務員になろうとする者が，就任前において賄賂の収受等を行うことを処罰の対象とする。

事前収賄罪の主体には，公選による公務員になろうとする者が含まれ，この場合，立候補届出以前でもよい（宇都宮地判平成5・10・6判タ843号258頁）。本罪が成立するためには，賄賂の収受等を行った者が公務員に就任することが必要である。そうでなければ，職務の公正・信頼が現実に害されないからである。なお，公務員への就任前に，担当すべき職務に関し，請託を受けて，賄賂の要求・約束を行い，就任後に賄賂を収受した場合，受託収賄罪が成立し，事前収賄罪はそれに吸収される。

5　第三者供賄罪

第三者供賄罪（刑197条の2）は，公務員が，その職務に関し，請託を受けて，第三者に賄賂を供与させ，又はその供与の要求若しくは約束をした場合に成立する（5年以下の懲役）。本罪は，賄賂を公務員以外の者に供与等させる場合を捕捉することによって，収賄罪による処罰範囲を拡張するための補充規定である。なお，賄賂の受供与者が形式的には第三者でも，実質的には公務員が賄賂を収受したとみうる場合（たとえば，公務員の配偶者が賄賂の供与を受ける場合）には，本罪ではなく受託収賄罪が成立する。

本罪にいう**第三者**とは，贈賄者及び職務行為をなすべき公務員以外の者をいう（ただし，収賄罪の共同正犯は除かれる）。第三者には，自然人のほか，法人，法人格なき社団を含む（最判昭和29・8・20刑集8巻8号1256頁〈各*614*〉，最判昭和31・7・3刑集10巻7号965頁など）。第三者は，供与される金品等について賄賂性の認識を有する必要はない。なお，公務員と無関係の第三者に対する供与の場合，判例は本罪の成立に肯定的であるが（前出最判昭和29・8・20），学説には反対説も存在する。

6　加重収賄罪

加重収賄罪は，①公務員が収賄罪，受託収賄罪，事前収賄罪，又は第三者供賄罪を犯し，よって不正な行為をなし，又は相当の行為をしなかった場合（刑197条の3第1項〔1年以上の有期懲役〕），②公務員が，その職務上不正な行為を

したこと又は相当の行為をしなかったことに関し，賄賂を収受し，若しくはその要求若しくは約束をし，又は第三者にこれを供与させ，若しくはその供与の要求若しくは約束をした場合（同条2項〔1年以上の有期懲役〕）に成立する（**枉法収賄罪**ともいい，①は収賄後枉法罪，②は枉法後収賄罪である）。

枉法要件である「不正な行為をなし，又は相当の行為をしない」とは，**判例**によれば，職務に反する一切の作為・不作為をいう（大判大正6・10・23刑録23輯1120頁）。ただし，不正な行為は職務行為といえなければならないから，職務違反に対して不正な利益の授受があれば直ちに加重収賄罪が成立するわけではない。

不正な職務行為が他の犯罪を構成する場合，**判例**は，①収賄後枉法罪については加重収賄罪との観念的競合を認め（最決昭和31・7・12刑集10巻7号1058頁〈各*589*〉〔加重収賄罪と文書偽造罪の観念的競合〕），②枉法後収賄罪については加重収賄罪との併合罪を認めている（最決昭和32・12・5刑集11巻13号3157頁〔加重収賄罪と業務上横領罪との併合罪〕）。

7 事後収賄罪

事後収賄罪（刑197条の3第3項）は，公務員であった者が，その在職中に請託を受けて職務上不正な行為をしたこと又は相当の行為をしなかったことに関し，賄賂を収受し，又はその要求若しくは約束をした場合に成立する（5年以下の懲役）。なお，在職中に賄賂を収受等した場合は，職務行為後でも，収賄罪が成立する。また，在職中に賄賂の要求・約束があり，退職後に賄賂の収受がなされた場合，（請託，枉法の要件が満たされているときに成立する）事後収賄罪は加重収賄罪に吸収される。

8 あっせん収賄罪

あっせん収賄罪（刑197条の4）は，公務員が請託を受け，他の公務員に職務上不正な行為をさせるように，又は相当の行為をさせないようにあっせんをすること又はしたことの報酬として，賄賂を収受し，又はその要求若しくは約束をした場合に成立する（5年以下の懲役）。本罪は，公務員が他の公務員の職務行為についてあっせんを行い，職務上不正な行為を行わせようとする場合を捕

第8節　賄　賂　罪　　489

捉・処罰の対象とするものであり，被あっせん公務員の職務の公正を間接的に害する行為を処罰するものである。

　あっせんとは，被あっせん公務員に対し，職務上不正な行為等をなすよう働きかけ，仲介の労をとることをいう。**判例**は，公務員が積極的にその地位を利用してあっせんすることは必要ないが，少なくとも**公務員としての立場**であっせんすることを要し，単なる私人としての行為では足りないと解している（最決昭和43・10・15刑集22巻10号901頁〈各*615*〉）。判例では，税務署の公務員が他の税務署の公務員に対し，過少の納税ですむようにあっせんした事例（前出最決昭和43・10・15），衆議院議員が公正取引委員会委員長に対し，大手ゼネコンの入札談合を独占禁止法違反として刑事告発しないよう働きかけた事例（最決平成15・1・14刑集57巻1号1頁〈各*616*〉）などについて本罪の成立が肯定されている。

9　贈　賄　罪

　贈賄罪（刑198条）は，収賄罪処罰規定（刑197条から刑197条の4まで）に定められた賄賂を供与し，又はその申込み若しくは約束をした場合に成立する（3年以下の懲役又は250万円以下の罰金）。本罪は，収賄罪に対応する賄賂の供与，その申込み・約束を処罰の対象とするものである。

　賄賂の**供与**とは，賄賂を公務員に収受させることをいう（賄賂が提供されても収受されなければ，賄賂申込み罪が成立するにすぎない）。賄賂の**申込み**とは，公務員に賄賂の収受を促す行為をいう。申込みは一方的行為であり，拒絶されても賄賂申込み罪は成立する（大判昭和3・10・29刑集7巻709頁）。相手方に賄賂性の認識が欠けるため収賄罪が成立しない場合でも，申込み罪は成立しうる（最判昭和37・4・13判時315号4頁）。賄賂の**約束**とは，賄賂の供与・収受について贈賄者・収賄者間で合意することをいう。賄賂の申込み・約束・供与が一連の行為としてなされた場合には，包括一罪となる（仙台高秋田支判昭和29・7・6裁特1巻1号7頁）。

　事前収賄罪に対応する贈賄罪は，賄賂の供与等の相手方が公務員になった場合に成立する。また，事後収賄罪に対応する贈賄罪においては，公務員の在職中に請託をなし，職務上不正な行為等がなされたことが成立要件となる。あっ

せん収賄罪に対応する贈賄罪においても，職務上不正な行為等についての請託がなされたことが必要である。その他の収賄罪に対応する贈賄罪においては，重い形態の収賄罪を構成すべき事実の認識が欠如している場合でも，単純収賄罪を構成すべき事実の認識が存在する以上，贈賄罪の成立は否定されない。

10　没収及び追徴

(1)　総　説

刑法 197 条の 5 は，犯人又は情を知った第三者が収受した賄賂の必要的没収・追徴を規定している。これは，刑法 19 条・19 条の 2 に規定された没収・追徴規定の特則であり，賄賂の収受者に不正な利益を残さないために定められたものである。なお，197 条の 5 の要件に該当しない賄賂（たとえば，提供されたが収受されなかった賄賂）も，19 条・19 条の 2 の適用により没収等が可能である。

(2)　賄賂の没収

刑法 197 条の 5 前段により没収の対象となるのは，犯人又は情を知った第三者が収受した賄賂である。同規定にいう**犯人**とは収賄罪の正犯及び共犯をいい，**情を知った第三者**とは第三者供賄罪にいう第三者で，賄賂であることの情を知った者をいう。第三者が法人又は法人格なき社団である場合，代表者が情を知っているとき，情を知った第三者となる（最判昭和 29・8・20 刑集 8 巻 8 号 1256 頁〈各 614〉）。第三者から没収するためには，第三者に対して弁解・防禦の機会を与えることが憲法上必要で（最大判昭和 37・11・28 刑集 16 巻 11 号 1593 頁），そのため，刑事事件における第三者所有物の没収手続に関する応急措置法が制定された。

収受した賄賂が没収の対象となるが，在職中に賄賂の要求・約束がなされ，退職後に収受した賄賂（ただし事後収賄罪が成立しない場合）のように，賄賂の収受自体について犯罪が成立しない場合でも没収の対象となる（広島高判昭和 34・6・12 高刑集 12 巻 7 号 681 頁参照）。なお，提供されたが収受されなかった賄賂は，本条により没収できないが，賄賂申込み罪の組成物件として刑法 19 条 1 項 1 号により没収できる（最判昭和 24・12・6 刑集 3 巻 12 号 1884 頁）。

没収の対象となる賄賂は**有体物**に限られる。金銭が賄賂である場合，収賄者

の金銭との混同等により特定性が失われたときには，没収できず追徴の対象となり（最大判昭和 23・6・30 刑集 2 巻 7 号 777 頁），預金することにより預金債権となった場合も，没収できずに追徴の対象となる（最判昭和 32・12・20 刑集 11 巻 14 号 3331 頁）。

　一旦収受された賄賂が贈賄者に返還された場合，**判例**は，贈賄者から没収すべきだとしている（大連判大正 11・4・22 刑集 1 巻 296 頁，最決昭和 29・7・5 刑集 8 巻 7 号 1035 頁）。これは，賄賂の必要的没収・追徴規定は，没収・追徴の対象範囲を決めたものであり，誰にこれを言い渡すかを決めたものではないという理由による。これに対し，収賄者が収受した賄賂を一旦費消した後に同額を贈賄者に返還した場合，没収不能として，収賄者から賄賂の価額が追徴される（最判昭和 24・12・15 刑集 3 巻 12 号 2023 頁，最決昭和 31・2・3 刑集 10 巻 2 号 153 頁）。

(3)　賄賂の価額の追徴

　収受した賄賂の全部又は一部を没収することができないときは，その**価額**を**追徴**する（刑 197 条の 5 後段）。没収不能の場合において，不正利益の剥奪の趣旨を徹底させるため，その価額を追徴することにしているのである（必要的追徴）。没収不能には，①没収の対象となる有体物である賄賂が，費消，譲渡，滅失等により収賄者から失われた場合（事後的不能）のほか，②賄賂が有体物でないためにそもそも没収の対象とならない場合（原始的不能）がある。すなわち，刑法上の没収の対象は有体物に限定されているところ，①当初没収可能な物が事後的に没収不能となり追徴に転化する場合と，②当初より性質上没収不能な賄賂が追徴の対象となる場合とが存在するのである。**判例**もこのことを認めている（大判大正 4・6・2 刑録 21 輯 721 頁〈各 *421*〉〔供応接待〕，最決昭和 41・4・18 刑集 20 巻 4 号 228 頁〔債務の弁済〕，最決昭和 55・12・22 刑集 34 巻 7 号 747 頁〈各 *622*〉〔ゴルフクラブ会員権〕，最決昭和 63・7・18 刑集 42 巻 6 号 861 頁〈各 *606*〉〔殖産住宅事件。値上がり確実な未公開株を公開価格で取得できる利益〕など）。

　判例は，賄賂を**収受した時点**を基準に追徴すべき価額を算定するとしている（最大判昭和 43・9・25 刑集 22 巻 9 号 871 頁〈各 *623*〉）。なお，賄賂の価額の算定が困難な場合には実際上追徴できない。金融の利益が賄賂である場合，貸付けを受けた金銭自体は賄賂ではないから，必要的没収・追徴の対象とはならず，

492 第3編 第13章 国家の作用に対する罪

また金融の利益の算定が困難である以上，追徴できない。そこで，判例は，貸付けを受けた金銭を犯罪取得物件として刑法 19 条 1 項 3 号により任意的没収の対象とすることを認めている（最決昭和 33・2・27 刑集 12 巻 2 号 342 頁，最決昭和 36・6・22 刑集 15 巻 6 号 1004 頁）。

　なお，第三者から追徴する場合，第三者没収と同様，第三者に弁解・防禦の機会を与えることが必要である（最大判昭和 40・4・28 刑集 19 巻 3 号 203 頁）。第三者が法人・法人格なき社団の場合には，代表者に弁解・防禦の機会が与えられれば足りるが（最大判昭和 40・4・28 刑集 19 巻 3 号 300 頁），被告人が代表者でない場合，没収とは異なって第三者追徴のための規定が存在しないから，手続上第三者追徴は困難である。

条 文 索 引

1条1項 ……………………………194
1条2項 ……………………………194
2条 ………………………………195
3条 ………………………………195
3条の2……………………………195
4条 ………………………………195
4条の2……………………………195
6条 ………………………13, 193, 194
7条1項 ………………………396, 446
7条2項 ……………………………396
7条の2……………………………358, 413
8条 …………………………………3
9条 ……………………………4, 196
10条 ………………………………196
12条1項 …………………………196
13条1項 …………………………196
14条 ………………………………196
15条 ………………………………197
16条 ………………………………196
17条 ………………………………197
18条 …………………………4, 197
19条 ………………………197, 490
19条1項1号 ……………………490
19条1項3号 ……………………492
19条2項 …………………………197
19条の2……………………4, 197, 490
20条 ………………………………197
25条1項 …………………………198
25条2項 …………………………198
25条の2…………………………198
27条 ………………………………198
27条の2…………………………198
27条の7…………………………198
28条 ………………………………197
30条 ………………………………197
35条 …………………………59, 61, 63, 264
36条 …………………21, 59, 63, 73
36条1項 …………………………73, 74
36条2項 ……………………70, 72, 110

37条 …………………43, 59, 61, 63, 70, 93
37条1項 ………………74, 75, 80, 81
37条1項但書 ……………………82
37条2項 …………………………81
38条1項 …………………………101, 122
38条1項本文 …………………101, 103
38条1項但書 ……122, 159, 160, 177, 265
38条2項 …………………119, 208, 296
38条3項本文 …………………130, 131
38条3項但書 …………………130, 132
39条 ………………………………136
39条1項 …………………………134, 247
39条2項 …………………………134
41条 ………………………………42
43条 ………………………………140
43条本文 …………………………140
43条但書 …………………………144
44条 …………………………140, 158
45条 ………………………………190
46条 ………………………………191
46条1項 …………………………191
46条1項但書 ……………………191
46条2項但書 ……………………191
47条 ………………………………190
48条2項 …………………………190
53条 ………………………………191
54条1項 …………………………187, 188
56条1項 …………………………198
56条2項 …………………………199
56条3項 …………………………199
57条 ………………………………198
60条 …149, 150, 160, 161, 164, 167, 177, 224, 248
61条1項 …………150, 152, 159, 160, 164
61条2項 …………………………160, 164
62条1項 …………………150, 152, 161
62条2項 …………………………160
63条 ………………………………150
64条 …………………………150, 265
65条 …………25, 164, 165, 166, 167, 179

65条1項 ···26, 164, 165, 166, 167, 305, 330, 341	100条 ·······464
65条2項·······164, 165, 166, 305, 341	100条1項 ·······464
66条 ·······15	100条2項 ·······464
68条·······198	101条 ·······464
72条·······187, 198	102条 ·······461, 462, 463, 464, 465
77条·······168, 365, 439	103条 ·······170, 445, 465, 466, 471
77条1項·······439	104条 ·······170, 468, 471, 472
77条1項1号·······168, 439, 440	105条 ·······465, 471
77条1項2号·······168, 440	105条の2·······472
77条1項3号·······168, 440, 441	106条 ·······168, 221, 222, 364
77条2項·······440	106条1号 ·······365
78条·······140, 439, 441	106条2号 ·······365
79条·······439, 441	106条3号 ·······365
80条·······441	107条 ·······367
81条·······439, 442	108条 ·······29, 181, 184, 364, 368, 369,
82条·······442	373, 374, 375, 376, 377
87条·······442	109条 ·······181, 374, 376, 377
88条·······140, 442	109条1項 ·······372, 373, 374, 375
92条·······443	109条2項 ·······368, 372, 373, 374, 375
92条1項·······443	110条 ·······29, 181, 373, 374, 376, 377
92条2項·······443, 476	110条1項 ·······373, 374, 375
93条·······140, 444	110条2項 ·······368, 374, 375
93条但書·······444	111条 ·······375
94条·······444	112条 ·······369, 372
95条·······445	113条 ·······369, 372
95条1項 ·······28, 269, 271, 445, 446	114条 ·······375
95条2項·······445, 450	115条 ·······372, 375
96条·······106, 445, 451, 457	116条 ·······122, 375, 376, 377
96条の2·······457	116条1項 ·······376
96条の2柱書き前段·······452	116条2項 ·······376
96条の2柱書き後段·······452	117条1項 ·······377
96条の2第1号·······452, 453	117条1項前段 ·······377
96条の2第2号·······452, 453	117条1項後段 ·······377
96条の2第3号·······452, 453	117条2項 ·······377
96条の3 ·······455, 457	117条の2 ·······376, 377
96条の4 ·······455, 457, 458, 459	118条1項 ·······377
96条の5 ·······456	118条2項 ·······378
96条の6 ·······445	119条 ·······364, 378
96条の6第1項·······457, 458, 459	123条 ·······378
96条の6第2項·······456, 458, 459	124条 ·······364, 378, 380
97条·······445, 461, 462	124条1項 ·······378
98条·······462	124条2項 ·······379
99条·······463	125条·······29, 378, 380, 382

条 文 索 引　495

125条1項 …………………379, 380
125条2項 …………………380
126条 ………………………382, 383
126条1項 …………………381, 382
126条2項 …………………381, 382
126条3項 …………………382, 383
127条 ………………………382
128条 ………………………378, 381
129条 ………………………12
129条1項 …………………383
129条2項 …………………383
130条 ……………28, 45, 228, 250, 255
132条 ………………………250
133条 ………………………256
134条 ………………………256, 257
134条1項 …………………257
134条2項 …………………258
135条 ………………………257, 258
136条 ………………………364, 384
142条 ………………………364, 384
148条 ………………………385
148条1項 …………53, 54, 386, 387, 388, 389
148条2項 …………………184, 386, 389
149条 ………………………385
149条1項 …………………388, 389
149条2項 …………………388, 389
150条 ………………………385, 389
151条 …………………385, 386, 388, 389
152条 ………………184, 385, 388, 389
153条 ………………………386, 389
154条 ………………385, 390, 393, 403
154条1項 …………………395
154条2項 …………………395
155条 …………120, 182, 358, 397, 403, 415
155条1項 …………………54, 396, 397
155条2項 …………………396, 397
155条3項 …………………396, 397
156条 …………120, 390, 400, 403, 415
157条 ………………390, 400, 403
157条1項 …………………107, 401
157条2項 …………………320, 401
157条3項 …………………401
158条 ………………………415

158条1項 …………………403
158条2項 …………………403
159条 ………………………391, 412, 415
159条1項 …………………54, 405
159条2項 …………………405
159条3項 …………………405
160条 ……………390, 405, 411, 412
161条 ………………………415
161条1項 …………………412
161条2項 …………………412
161条の2 …………………421
161条の2第1項 …………………413
161条の2第2項 …………………413
161条の2第3項 …………………413
161条の2第4項 …………………413
162条 ………………………385, 415
162条1項 …………………416
162条2項 …………………416
163条1項 …………………418
163条2項 …………………418
163条の2…………………385, 417, 419
163条の2第1項 …………414, 419, 422
163条の2第2項 …………………420
163条の2第3項 …………………420, 422
163条の3…………………422
163条の4…………………422
163条の4第1項前段 …………………422
163条の4第1項後段 …………………422
163条の4第2項 …………………422
163条の4第3項 …………………422
163条の5…………………420, 423
164条 ………………………385, 423
164条1項 …………………425
164条2項 …………………425
165条 ………………………423, 424
165条1項 …………………425
165条2項 …………………425
166条 ………………………423, 424
166条1項 …………………426
166条2項 …………………426
167条 ………………………405, 423
167条1項 …………………426
167条2項 …………………426

168条 ……423, 425, 426
168条の2 ……385, 426
168条の2第1項 ……427
168条の2第2項 ……427
168条の2第3項 ……427
168条の3 ……426, 427
169条 ……40, 54, 445, 473
170条 ……475
171条 ……475
172条 ……445, 475, 476
173条 ……475, 477
174条 ……243, 244, 428, 429
175条 ……105, 243, 428, 429
175条1項 ……169, 430
175条1項前段 ……430
175条1項後段 ……430
175条2項 ……430
176条 ……55, 228, 230, 243, 244, 248, 428
176条前段 ……244
176条後段 ……244, 245
177条 ……25, 228, 230, 243, 244, 245, 248, 250, 428
177条前段 ……245
177条後段 ……245
178条 ……428
178条1項 ……246, 248
178条2項 ……246, 248, 308
178条の2 ……248, 428
179条 ……244, 245, 246, 428
180条1項 ……248
180条2項 ……248
181条 ……249
181条1項 ……249
181条2項 ……246, 249
181条3項 ……249
182条 ……428, 433
184条 ……168, 428
184条前段 ……433
184条後段 ……433
185条 ……168, 428, 433, 434
186条1項 ……186, 434
186条2項 ……435, 436
187条1項 ……436

187条2項 ……436
187条3項 ……436
188条 ……428, 436
188条1項 ……437
188条2項 ……437
189条 ……342, 437
190条 ……122, 285, 437
191条 ……342, 351, 437
192条 ……436, 437
193条 ……445, 478
194条 ……479
195条 ……480
195条1項 ……480
195条2項 ……480
196条 ……480
197条 ……25, 168, 184, 480, 489
197条1項 ……25
197条1項前段 ……480, 485
197条1項後段 ……480, 486
197条2項 ……104, 480, 486
197条の2 ……480, 487
197条の3第1項 ……480, 487
197条の3第2項 ……480, 488
197条の3第3項 ……480, 488
197条の4 ……480, 488, 489
197条の5 ……197, 480, 490
197条の5前段 ……490
197条の5後段 ……491
198条 ……168, 480, 489
199条 ……24, 28, 29, 45, 104, 105, 118, 119, 139, 181, 184, 205
201条 ……140, 206
202条 ……41, 87, 88, 89, 91, 181, 206
203条 ……206, 207
204条 ……87, 104, 122, 184, 210, 216, 218
205条 ……104, 210, 219
206条 ……219
207条 ……220
208条 ……82, 87, 122, 181, 216, 219
208条の2 ……221
208条の2第1項 ……222
208条の2第2項 ……224
208条の3 ……168

209 条 ……………………122	227 条 2 項 ………………………242
209 条 1 項 ………………224	227 条 3 項 …………………242, 243
209 条 2 項 ………………224	227 条 4 項 ………………………242
210 条 ……………………122, 224	227 条 4 項前段 …………………242
211 条 ……………………216	227 条 4 項後段 …………………242
211 条前段 …………………224, 225	228 条 …………237, 239, 241, 242, 243
211 条後段 …………………184, 225	228 条の 2 ………………………242
212 条 ……………………204, 209	228 条の 3 ………………………239
213 条前段 …………………210	229 条 …………………………237, 243
213 条後段 …………………210	229 条但書 ………………………243
214 条 ……………………25	230 条 …………………………258, 266
214 条前段 …………………59, 210	230 条 1 項 ………………………259
214 条後段 …………………210	230 条 2 項 …………………259, 265
215 条 1 項 ………………210	230 条の 2 ………259, 261, 263, 264
215 条 2 項 ………………210	230 条の 2 第 1 項 ………………261
216 条 ……………………210	230 条の 2 第 2 項 …………261, 262
217 条 ……………………122, 213, 214	230 条の 2 第 3 項 …………261, 263
218 条 ……………………45, 213, 214	231 条 …………150, 258, 265, 266, 466
219 条 ……………………213, 215	232 条 …………………………259
220 条 …………29, 61, 67, 228, 232, 233, 235	232 条 1 項 ………………………266
221 条 ……………………235	232 条 2 項 ………………………266
222 条 ……………………228, 325, 327	233 条 …………267, 268, 269, 271, 273
222 条 1 項 ………………229	234 条 …………………268, 269, 272, 273
222 条 2 項 ………………229	234 条の 2 ………………………268, 269
223 条 …………228, 230, 233, 297, 325	234 条の 2 第 1 項 ………………273
223 条 1 項 ………………230	234 条の 2 第 2 項 ………………273
223 条 2 項 ………………230	235 条 ……………11, 29, 53, 37, 105, 141, 181,
223 条 3 項 ………………230	184, 275, 277, 280, 286, 295, 311
224 条 ……………182, 228, 235, 237, 241, 243	235 条の 2 ………275, 277, 278, 292, 295
225 条 …………54, 182, 237, 239, 241, 243	236 条 …………181, 230, 275, 277, 297, 303, 306
225 条の 2 ………………………238, 242	236 条 1 項 ………………………297
225 条の 2 第 1 項 ………………239	236 条 2 項 …………275, 279, 289, 297, 299
225 条の 2 第 2 項 ………………240	237 条 …………………140, 148, 297, 303, 304
226 条 ……………………240, 241	238 条 …………167, 275, 297, 300, 302, 303, 306
226 条の 2 ………………………241	239 条 …………275, 297, 303, 305, 306
226 条の 2 第 1 項 ………………241	240 条 …………218, 284, 297, 303, 306, 307
226 条の 2 第 2 項 ………………241	241 条 …………………………297, 303
226 条の 2 第 3 項 ………………241	241 条前段 ………………………308
226 条の 2 第 4 項 ………………241	241 条後段 ………………………308
226 条の 2 第 5 項 ………………241	242 条 …………277, 242, 285, 287, 286, 293,
226 条の 3 ………………………241	297, 309, 323, 324, 326, 343
227 条 ……………………241	243 条 …………277, 292, 295, 297, 307, 309
227 条 1 項 ………………242, 243	244 条 …………286, 295, 296, 297, 309,

	323, 324, 329, 343
244 条 1 項 …………………295, 296
244 条 2 項 …………………295, 296
244 条 3 項 ………………………295
245 条…………12, 277, 278, 297, 309,
323, 324, 330, 343
246 条 ……184, 272, 275, 277, 309, 321, 323
246 条 1 項 …………………309, 310
246 条 2 項 ……275, 289, 309, 310, 311, 314
246 条の 2 ……………275, 309, 321
247 条 …………………182, 275, 329, 342
248 条 …………………………309, 323
249 条 ……230, 239, 275, 298, 323
249 条 1 項 ………………………323
249 条 2 項 ……275, 289, 323, 326
250 条 …………………………309, 324
251 条 ……278, 295, 309, 323, 324, 326, 343
252 条 ……182, 275, 277, 281, 329
252 条 1 項 ………………………328
252 条 2 項 ………………………328
253 条 …………………281, 329, 340
254 条 …………281, 284, 329, 341
255 条 …………………295, 329
256 条 …………………………275, 350
256 条 1 項 …………350, 353, 354
256 条 2 項 ……350, 353, 354, 355
257 条 …………………………356
257 条 1 項 ………………………356

| 257 条 2 項 ………………………356 |
| 258 条 ……275, 356, 357, 361, 407 |
| 259 条 ……356, 359, 361, 407 |
| 260 条 ……285, 288, 356, 361 |
| 260 条前段 ………………………359 |
| 260 条後段 ………………………361 |
| 261 条…………184, 261, 341, 356, 357, |
| 359, 361, 407 |
| 262 条 …………………359, 360, 361 |
| 262 条の 2…………292, 293, 356, 363 |
| 263 条 …………………………356, 362 |
| 264 条 …………………………359, 362 |
| |
| 旧 40 条……………………………134 |
| 旧 96 条の 2 ………………………452, 453 |
| 旧 96 条の 3 ………………………455 |
| 旧 96 条の 3 第 1 項………………457, 458 |
| 旧 96 条の 3 第 2 項………………456, 458 |
| 旧 175 条前段 ……………………186 |
| 旧 197 条 1 項前段 ………………480 |
| 旧 197 条 1 項後段 ………………480 |
| 旧 197 条 2 項 ……………………480 |
| 旧 198 条 1 項 ……………………480 |
| 旧 198 条 2 項 ……………………480 |
| 旧 200 条…………18, 119, 181, 193, 205 |
| 旧 205 条 2 項 ……………………205 |
| 旧 211 条 2 項本文 ………………226 |
| 旧 366 条……………………………11, 278 |

判 例 索 引

大判明治 28・12・19 刑録 1 輯 5 巻 89 頁 ……162
大判明治 30・10・29 刑録 3 輯 9 巻 139 頁……333
大判明治 35・6・5 刑録 8 輯 6 巻 42 頁 ……417
大判明治 36・5・21 刑録 9 輯 874 頁……11, 278
大判明治 36・6・1 刑録 9 輯 930 頁……310
大判明治 37・5・5 刑録 10 輯 955 頁 ……168
大判明治 40・9・27 刑録 13 輯 1007 頁……388
大判明治 41・9・4 刑録 14 輯 755 頁 ……388
大判明治 41・9・24 刑録 14 輯 797 頁……402
大判明治 42・1・22 刑録 15 輯 27 頁……188
大判明治 42・2・5 刑録 15 輯 61 頁……423
大判明治 42・2・19 刑録 15 輯 120 頁……269
大判明治 42・3・16 刑録 15 輯 261 頁……416
大判明治 42・4・15 刑録 15 輯 435 頁……352
大判明治 42・4・16 刑録 15 輯 452 頁……357, 362
大判明治 42・4・27 刑録 15 輯 518 頁……476
大判明治 42・6・8 刑録 15 輯 735 頁 ……474
大判明治 42・6・10 刑録 15 輯 738 頁……407
大判明治 42・6・24 刑録 15 輯 841 頁……423
大判明治 42・6・28 刑録 15 輯 877 頁……391, 398
大判明治 42・7・27 刑録 15 輯 1048 頁……188
大判明治 42・8・10 刑録 15 輯 1083 頁……474
大判明治 42・9・23 刑録 15 輯 1155 頁……424
大判明治 42・10・7 刑録 15 輯 1196 頁……416
大判明治 42・11・1 刑録 15 輯 1498 頁……192
大判明治 42・11・9 刑録 15 輯 1536 頁 ……285
大判明治 42・11・15 刑録 15 輯 1596 頁……331
大判明治 42・11・19 刑録 15 輯 1641 頁……446
大判明治 42・11・19 刑録 15 輯 1645 頁……368
大判明治 42・11・25 刑録 15 輯 1667 頁……405
大判明治 42・11・25 刑録 15 輯 1672 頁……330
大判明治 42・12・13 刑録 15 輯 1770 頁……408
大判明治 42・12・16 刑録 15 輯 1795 頁……475
大判明治 43・1・31 刑録 16 輯 74 頁 ……424
大判明治 43・1・31 刑録 16 輯 88 頁 ……450
大判明治 43・2・15 刑録 16 輯 256 頁……279
大判明治 43・3・4 刑録 16 輯 384 頁 ……372
大判明治 43・3・10 刑録 16 輯 402 頁……388
大判明治 43・3・10 刑録 16 輯 414 頁……424
大判明治 43・3・25 刑録 16 輯 470 頁……470
大判明治 43・4・15 刑録 16 輯 615 頁……331

大判明治 43・4・19 刑録 16 輯 657 頁……360, 366
大判明治 43・4・25 刑録 16 輯 739 頁……466
大判明治 43・5・23 刑録 16 輯 906 頁……321
大判明治 43・6・17 刑録 16 輯 1210 頁 ……301
大判明治 43・6・17 刑録 16 輯 1220 頁 ……188
大判明治 43・6・20 刑録 16 輯 1225 頁 ……424
大判明治 43・6・30 刑録 16 輯 1314 頁……184, 388
大判明治 43・8・9 刑録 16 輯 1452 頁……404
大判明治 43・9・30 刑録 16 輯 1572 頁 ……391, 424
大判明治 43・10・4 刑録 16 輯 1608 頁 ……437
大判明治 43・10・7 刑録 16 輯 1647 頁 ……314
大判明治 43・10・11 刑録 16 輯 1620 頁 ……97
大判明治 43・10・11 刑録 16 輯 1689 頁 ……436
大判明治 43・10・18 新聞 682 号 27 頁……403
大判明治 43・10・21 刑録 16 輯 1714 頁……474
大判明治 43・10・25 刑録 16 輯 1745 頁……184, 340
大判明治 43・10・27 刑録 16 輯 1764 頁 ……307
大判明治 43・11・8 刑録 16 輯 1875 頁 ……435
大判明治 43・11・15 刑録 16 輯 1937 頁 ……229
大判明治 43・11・17 刑録 16 輯 2010 頁 ……430
大判明治 43・11・21 刑録 16 輯 2093 頁 ……423
大判明治 43・11・24 刑録 16 輯 2118 頁 ……192
大判明治 43・12・19 刑録 16 輯 2239 頁 ……484
大判明治 44・2・3 刑録 17 輯 32 頁……331
大判明治 44・2・16 刑録 17 輯 83 頁 ……435
大判明治 44・2・27 刑録 17 輯 197 頁……357, 362
大判明治 44・3・16 刑録 17 輯 380 頁……177
大判明治 44・3・21 刑録 17 輯 427 頁……426
大判明治 44・3・21 刑録 17 輯 445 頁……470
大判明治 44・3・31 刑録 17 輯 482 頁……418, 419
大判明治 44・4・13 刑録 17 輯 557 頁……267
大判明治 44・4・17 刑録 17 輯 587 頁……332
大判明治 44・4・17 刑録 17 輯 605 頁……338
大判明治 44・4・24 刑録 17 輯 655 頁……373
大判明治 44・5・2 刑録 17 輯 722 頁 ……416
大判明治 44・5・2 刑録 17 輯 745 頁……356
大判明治 44・5・8 刑録 17 輯 817 頁……407
大判明治 44・5・16 刑録 17 輯 874 頁……339
大判明治 44・5・25 刑録 17 輯 959 頁……310
大判明治 44・6・16 刑録 17 輯 1202 頁 ……195
大判明治 44・6・20 刑録 17 輯 1227 頁 ……482

大判明治 44・6・23 刑録 17 輯 1252 頁 ‥‥‥‥192
大判明治 44・6・29 刑録 17 輯 1330 頁 ‥‥‥249
大判明治 44・7・6 刑録 17 輯 1388 頁‥‥‥‥‥188
大判明治 44・7・10 刑録 17 輯 1409 頁‥‥‥‥452
大判明治 44・8・15 刑録 17 輯 1488 頁 ‥‥‥358
大判明治 44・9・5 刑録 17 輯 1520 頁 ‥‥‥‥229
大判明治 44・10・5 刑録 17 輯 1598 頁‥‥‥‥310
大判明治 44・10・9 刑録 17 輯 1652 頁 ‥‥‥167
大判明治 44・10・13 刑録 17 輯 1698 頁
‥‥‥‥‥‥‥‥‥‥‥‥‥‥328, 343, 345, 349
大判明治 44・10・13 刑録 17 輯 1713 頁 ‥‥‥406
大判明治 44・11・9 刑録 17 輯 1843 頁 ‥‥‥‥393
大判明治 44・11・10 刑録 17 輯 1868 頁‥‥‥‥381
大判明治 44・11・10 刑録 17 輯 1871 頁‥‥‥‥412
大判明治 44・11・27 刑録 17 輯 2041 頁‥‥‥‥316
大判明治 44・12・4 刑録 17 輯 2095 頁 ‥‥‥‥324
大判明治 44・12・8 刑録 17 輯 2183 頁 ‥‥‥‥209
大判明治 44・12・18 刑録 17 輯 2208 頁‥‥‥‥352
大判明治 45・1・15 刑録 18 輯 1 頁‥‥‥‥471, 469
大判明治 45・2・29 刑録 18 輯 231 頁 ‥‥‥‥393
大判明治 45・4・9 刑録 18 輯 445 頁 ‥‥‥‥‥403
大判明治 45・4・22 刑録 18 輯 491 頁 ‥‥‥‥423
大判明治 45・4・26 刑録 18 輯 536 頁 ‥‥‥‥284
大判明治 45・5・23 刑録 18 輯 658 頁‥‥‥‥‥188
大判明治 45・5・30 刑録 18 輯 790 頁 ‥‥406, 424
大判明治 45・6・4 刑録 18 輯 815 頁 ‥‥‥‥‥365
大判明治 45・6・20 刑録 18 輯 896 頁 ‥‥‥‥218
大判明治 45・7・2 刑録 18 輯 995 頁 ‥‥‥‥‥424
大判明治 45・7・4 刑録 18 輯 1009 頁 ‥‥‥‥338
大判明治 45・7・16 刑録 18 輯 1087 頁 ‥‥‥323
大判明治 45・7・23 刑録 18 輯 1100 頁 ‥‥‥474
大判大正元・10・8 刑録 18 輯 1231 頁 ‥‥‥332
大判大正元・12・20 刑録 18 輯 1563 頁‥‥‥279
大判大正元・12・20 刑録 18 輯 1566 頁‥‥‥476
大判大正 2・1・20 刑録 19 輯 9 頁 ‥‥‥‥‥279
大判大正 2・1・23 刑録 19 輯 28 頁‥‥‥‥‥390
大判大正 2・1・27 刑録 19 輯 85 頁‥‥‥‥‥268
大判大正 2・2・7 刑録 19 輯 194 頁‥‥‥‥‥469
大判大正 2・3・7 刑録 19 輯 306 頁‥‥‥‥‥368
大判大正 2・3・10 刑録 19 輯 327 頁 ‥‥‥‥424
大判大正 2・3・18 刑録 19 輯 353 頁 ‥‥‥‥165
大判大正 2・3・25 刑録 19 輯 374 頁 ‥‥‥‥353
大判大正 2・5・22 刑録 19 輯 626 頁‥‥‥‥‥465
大判大正 2・6・12 刑録 19 輯 714 頁‥‥‥‥‥336
大判大正 2・7・9 刑録 19 輯 771 頁 ‥‥‥‥‥156

大判大正 2・7・10 刑録 19 輯 785 頁 ‥‥‥‥435
大判大正 2・9・5 刑録 19 輯 844 頁 ‥‥‥‥‥474
大判大正 2・9・5 刑録 19 輯 853 頁 ‥‥‥‥‥424
大判大正 2・10・3 刑録 19 輯 910 頁 ‥‥‥‥365
大判大正 2・10・21 刑録 19 輯 982 頁 ‥‥‥284
大判大正 2・11・19 刑録 19 輯 1253 頁 ‥‥‥434
大判大正 2・11・19 刑録 19 輯 1255 頁 ‥‥‥246
大判大正 2・12・9 刑録 19 輯 1393 頁‥‥‥482, 483
大判大正 2・12・16 刑録 19 輯 1440 頁 ‥‥‥337
大判大正 2・12・19 刑録 19 輯 1472 頁 ‥‥‥355
大連判大正 2・12・23 刑録 19 輯 1502 頁 ‥‥‥327
大判大正 2・12・24 刑録 19 輯 1517 頁 ‥‥‥370
大判大正 3・2・4 刑録 20 輯 119 頁‥‥‥‥‥346
大判大正 3・3・6 新聞 929 号 28 頁‥‥‥‥‥283
大判大正 3・3・23 刑録 20 輯 326 頁 ‥‥‥‥355
大判大正 3・4・6 刑録 20 輯 465 頁 ‥‥‥‥‥435
大判大正 3・4・10 刑録 20 輯 498 頁 ‥‥‥‥343
大判大正 3・4・29 刑録 20 輯 654 頁‥‥‥54, 474
大判大正 3・5・7 刑録 20 輯 782 頁 ‥‥‥‥‥418
大判大正 3・6・3 刑録 20 輯 1108 頁 ‥‥‥‥423
大判大正 3・6・11 刑録 20 輯 1171 頁 ‥‥‥320
大判大正 3・6・13 刑録 20 輯 1174 頁 ‥‥‥349
大判大正 3・6・20 刑録 20 輯 1289 頁 ‥‥‥424
大判大正 3・6・20 刑録 20 輯 1300 頁‥‥‥359, 369
大判大正 3・6・20 刑録 20 輯 1313 頁 ‥‥‥345
大判大正 3・6・24 刑録 20 輯 1333 頁 ‥‥‥298
大判大正 3・7・24 刑録 20 輯 1546 頁‥‥‥‥144
大判大正 3・7・28 刑録 20 輯 1548 頁‥‥‥‥436
大判大正 3・9・21 刑録 20 輯 1719 頁‥‥‥‥167
大判大正 3・9・22 刑録 20 輯 1620 頁‥‥‥‥344
大判大正 3・10・2 刑録 20 輯 1789 頁‥‥‥‥371
大判大正 3・10・6 刑録 20 輯 1810 頁‥‥‥‥404
大判大正 3・10・7 刑録 20 輯 1816 頁‥‥‥‥434
大判大正 3・10・12 新聞 974 号 30 頁‥‥‥‥344
大判大正 3・10・16 刑録 20 輯 1867 頁 ‥‥‥347
大判大正 3・10・21 刑録 20 輯 1898 頁 ‥‥‥282
大判大正 3・10・30 刑録 20 輯 1980 頁 ‥‥‥423
大判大正 3・11・3 刑録 20 輯 2001 頁‥‥‥‥477
大判大正 3・11・4 刑録 20 輯 2008 頁‥‥‥425, 426
大判大正 3・11・7 刑録 20 輯 2054 頁‥‥‥‥398
大判大正 3・11・14 刑録 20 輯 2111 頁 ‥‥‥416
大判大正 3・11・17 刑録 20 輯 2142 頁 ‥‥‥452
大判大正 3・11・19 刑録 20 輯 2200 頁 ‥‥‥416
大判大正 3・11・28 刑録 20 輯 2277 頁 ‥‥‥419
大判大正 3・12・1 刑録 20 輯 2303 頁‥‥‥‥230

判 例 索 引 501

大判大正 3・12・3 刑録 20 輯 2322 頁…………272
大判大正 3・12・14 刑録 20 輯 2414 頁 ………482
大判大正 4・2・9 刑録 21 輯 81 頁 …………272
大判大正 4・2・10 刑録 21 輯 90 頁…………50, 215
大判大正 4・2・20 刑録 21 輯 130 頁…………344
大判大正 4・3・4 刑録 21 輯 231 頁…………467
大判大正 4・3・8 刑録 21 輯 264 頁…………475
大判大正 4・3・9 刑録 21 輯 273 頁…………477
大判大正 4・4・9 刑録 21 輯 457 頁…………331
大判大正 4・4・24 刑録 21 輯 491 頁…………402
大判大正 4・5・21 刑録 21 輯 663 頁
　　　　　　　　　　…………53, 270, 290, 291
大判大正 4・5・21 刑録 21 輯 670 頁 …………213
大判大正 4・5・24 刑録 21 輯 661 頁 …………307
大判大正 4・6・2 刑録 21 輯 721 頁…350, 352, 491
大判大正 4・6・15 刑録 21 輯 818 頁…………323
大判大正 4・6・24 刑録 21 輯 886 頁
　　　　　　　　　　　　…………285, 351, 437
大判大正 4・7・10 刑録 21 輯 1011 頁…………483
大判大正 4・8・25 刑録 21 輯 1249 頁…………156
大判大正 4・9・2 新聞 1043 号 31 頁…………406
大判大正 4・9・16 刑録 21 輯 1315 頁…………435
大判大正 4・10・16 刑録 21 輯 1632 頁…………434
大判大正 4・10・20 新聞 1052 号 27 頁…………398
大判大正 4・10・25 新聞 1049 号 34 頁…………312
大判大正 4・11・2 刑録 21 輯 1831 頁…………367
大判大正 4・11・6 刑録 21 輯 1897 頁…………366
大判大正 4・12・11 刑録 21 輯 2088 頁…………250
大判大正 4・12・16 刑録 21 輯 2103 頁…465, 466
大判大正 5・2・12 刑録 22 輯 134 頁…………215
大判大正 5・5・2 刑録 22 輯 681 頁…………316
大判大正 5・6・1 刑録 22 輯 854 頁…………267
大判大正 5・6・3 刑録 22 輯 873 頁…………344
大判大正 5・6・24 刑録 22 輯 1017 頁…………331
大判大正 5・7・13 刑録 22 輯 1267 頁…………352
大判大正 5・9・28 刑録 22 輯 1467 頁…………314
大判大正 5・11・6 刑録 22 輯 1664 頁…………353
大判大正 5・12・11 刑録 22 輯 1856 頁…423, 424
大判大正 5・12・13 刑録 22 輯 1822 頁…………260
大判大正 5・12・16 刑録 22 輯 1905 頁…………399
大判大正 6・2・6 刑録 23 輯 35 頁 …………451
大判大正 6・2・8 刑録 23 輯 41 頁 …………477
大判大正 6・3・3 新聞 1240 号 31 頁 …………360
大判大正 6・3・14 刑録 23 輯 179 頁 …………412
大判大正 6・3・30 新聞 1253 号 27 頁…………469

大判大正 6・4・12 刑録 23 輯 339 頁 …231, 325
大判大正 6・4・13 刑録 23 輯 312 頁…………370
大判大正 6・4・27 刑録 23 輯 451 頁…………354
大判大正 6・4・30 刑録 23 輯 436 頁…………434
大判大正 6・5・19 刑録 23 輯 487 頁…………431
大判大正 6・5・23 刑録 23 輯 517 頁…………352
大判大正 6・9・10 刑録 23 輯 999 頁…………143
大判大正 6・9・27 刑録 23 輯 1027 頁…………467
大判大正 6・10・15 刑録 23 輯 1113 頁 …………331
大判大正 6・10・23 刑録 23 輯 1120 頁…………488
大判大正 6・10・23 刑録 23 輯 1165 頁…………406
大判大正 6・11・8 刑録 23 輯 1188 頁…………434
大判大正 6・11・9 刑録 23 輯 1261 頁…………103
大判大正 6・11・29 刑録 23 輯 1449 頁…………312
大判大正 6・12・20 刑録 23 輯 1541 頁…………349
大判大正 7・2・6 刑録 24 輯 32 頁 …………283
大判大正 7・2・16 刑録 24 輯 103 頁 …………185
大判大正 7・2・26 刑録 24 輯 121 頁 …………425
大判大正 7・3・1 刑録 24 輯 116 頁 …………260
大判大正 7・3・15 刑録 24 輯 219 頁 …………372
大判大正 7・3・23 刑録 24 輯 235 頁 …………215
大判大正 7・5・7 刑録 24 輯 555 頁 …………468
大判大正 7・7・15 刑録 24 輯 975 頁 …………435
大判大正 7・7・17 刑録 24 輯 939 頁 …………312
大判大正 7・8・20 刑録 24 輯 1203 頁…………244
大判大正 7・9・25 刑録 24 輯 1219 頁…………286
大判大正 7・10・19 刑録 24 輯 1274 頁…………332
大判大正 7・11・16 刑録 24 輯 1352 頁 …………141
大判大正 7・11・19 刑録 24 輯 1365 頁…………284
大判大正 7・11・25 刑録 24 輯 1425 頁…………382
大判大正 7・12・6 刑録 24 輯 1506 頁…………250
大判大正 7・12・18 刑録 24 輯 1558 頁…………49
大判大正 8・2・27 刑録 25 輯 252 頁 …………458
大判大正 8・2・27 刑録 25 輯 261 頁 …………210
大判大正 8・3・27 刑録 25 輯 396 頁 …………312
大判大正 8・3・31 刑録 25 輯 403 頁 …………468
大判大正 8・4・2 刑録 25 輯 375 頁………270, 446
大判大正 8・4・4 刑録 25 輯 382 頁…………282
大判大正 8・4・5 刑録 25 輯 489 頁…………283
大判大正 8・4・18 新聞 1556 号 25 頁…………260
大判大正 8・4・22 刑録 25 輯 589 頁…………467
大判大正 8・5・13 刑録 25 輯 632 頁…………360
大判大正 8・6・6 刑録 25 輯 754 頁…………402
大判大正 8・7・9 刑録 25 輯 846 頁…………408
大判大正 8・7・15 新聞 1605 号 21 頁…………344

大判大正 8・7・22 刑録 25 輯 880 頁 …………450
大判大正 8・8・30 刑録 25 輯 963 頁 …………215
大判大正 8・12・13 刑録 25 輯 1367 頁 …………205
大判大正 8・12・23 刑録 25 輯 1491 頁 …………402
大判大正 9・2・2 刑録 26 輯 17 頁 …………380
大判大正 9・2・4 刑録 26 輯 26 頁 …………290
大判大正 9・2・26 刑録 26 輯 82 頁…………273
大判大正 9・5・8 刑録 26 輯 348 頁 …………313
大判大正 9・12・10 刑録 26 輯 885 頁 …………482
大判大正 9・12・17 刑録 26 輯 921 頁 …………358
大判大正 9・12・24 刑録 26 輯 938 頁 …………406
大判大正 9・12・24 刑録 26 輯 1437 頁 …………438
大判大正 10・2・2 刑録 27 輯 32 頁…………416
大判大正 10・3・7 刑録 27 輯 158 頁 …………362
大判大正 10・5・7 刑録 27 輯 257 頁…………43
大判大正 10・9・24 刑録 27 輯 589 頁……358, 397
大判大正 10・10・24 刑録 27 輯 643 頁 …………268
大判大正 11・1・17 刑集 1 巻 1 頁 …………335
大判大正 11・1・27 刑集 1 巻 16 頁 …………358
大判大正 11・2・4 刑集 1 巻 32 頁 …………115
大判大正 11・2・25 刑集 1 巻 79 頁 …………174
大判大正 11・2・28 刑集 1 巻 82 頁 …………353
大判大正 11・3・1 刑集 1 巻 99 頁 …………160
大連判大正 11・4・22 刑集 1 巻 296 頁…………491
大判大正 11・5・1 刑集 1 巻 252 頁…………403
大判大正 11・5・6 刑集 1 巻 261 頁 …………451
大判大正 11・7・12 刑集 1 巻 393 頁…………350
大判大正 11・9・29 刑集 1 巻 505 頁…………406
大判大正 11・10・3 刑集 1 巻 513 頁…………473
大連判大正 11・10・20 刑集 1 巻 558 頁…………408
大判大正 11・11・3 刑集 1 巻 622 頁…………351
大判大正 11・11・22 刑集 1 巻 681 頁…………325
大判大正 11・11・28 刑集 1 巻 705 頁…………209
大判大正 11・12・13 刑集 1 巻 754 頁…………368
大判大正 11・12・15 刑集 1 巻 763 頁…………310
大連判大正 11・12・22 刑集 1 巻 815 頁…307, 308
大判大正 11・12・22 刑集 1 巻 821 頁…………311
大判大正 12・1・25 刑集 2 巻 19 頁…………355
大判大正 12・2・15 刑集 2 巻 65 頁…………467
大判大正 12・2・15 刑集 2 巻 73 頁…………416
大判大正 12・2・15 刑集 2 巻 78 頁…………418
大判大正 12・3・15 刑集 2 巻 210 頁 …………381
大判大正 12・4・7 刑集 2 巻 318 頁…………364
大判大正 12・4・9 刑集 2 巻 327 頁…………474
大判大正 12・4・9 刑集 2 巻 330 頁…………289

大判大正 12・4・14 刑集 2 巻 336 頁 ……351, 355
大判大正 12・4・30 刑集 2 巻 378 頁………39, 118
大判大正 12・5・9 刑集 2 巻 401 頁…………466
大判大正 12・6・14 刑集 2 巻 537 頁…………310
大判大正 12・7・3 刑集 2 巻 624 頁…………289
大判大正 12・7・14 刑集 2 巻 650 頁…………320
大判大正 12・11・9 刑集 2 巻 778 頁…………283
大判大正 12・11・12 刑集 2 巻 784 頁…………310
大判大正 12・11・30 刑集 2 巻 884 頁…………473
大判大正 12・12・1 刑集 2 巻 895 頁…………338
大判大正 12・12・22 刑集 2 巻 1013 頁 …………477
大判大正 13・1・29 刑集 3 巻 31 頁…………481
大判大正 13・2・9 刑集 3 巻 95 頁 …………434
大判大正 13・2・28 刑集 3 巻 164 頁 …………450
大判大正 13・3・14 刑集 3 巻 285 頁 …………48
大判大正 13・3・28 新聞 2247 号 22 頁 …………284
大判大正 13・4・25 刑集 3 巻 364 頁 …………106
大判大正 13・4・29 刑集 3 巻 387 頁 ……172, 178
大判大正 13・6・10 刑集 3 巻 473 頁 …………282
大判大正 13・7・29 刑集 3 巻 721 頁 …………477
大判大正 13・8・5 刑集 3 巻 611 頁 …………130
大判大正 13・10・22 刑集 3 巻 749 頁 …………244
大判大正 13・10・23 刑集 3 巻 711 頁 …………381
大判大正 13・11・11 刑集 3 巻 788 頁 …………346
大判大正 13・12・12 刑集 3 巻 867 頁 …………81
大判大正 13・12・19 評論 13 巻刑法 420 頁 …279
大判大正 14・1・22 刑集 3 巻 921 頁 …………173
大判大正 14・1・28 刑集 4 巻 14 頁 …………166
大判大正 14・4・9 刑集 4 巻 219 頁 …………484
大判大正 14・5・7 刑集 4 巻 266 頁 …………484
大判大正 14・6・5 刑集 4 巻 372 頁 …………484
大判大正 14・6・9 刑集 4 巻 378 頁 …………106
大判大正 14・9・22 刑集 4 巻 538 頁 …………406
大判大正 14・10・10 刑集 4 巻 599 頁……406, 424
大判大正 14・10・16 刑集 4 巻 613 頁 …………437
大判大正 14・12・5 刑集 4 巻 709 頁 …………411
大判大正 15・2・23 刑集 5 巻 46 頁 …………303
大判大正 15・2・24 刑集 5 巻 56 頁 …………408
大判大正 15・3・24 刑集 5 巻 117 頁 ……259, 260
大判大正 15・4・20 刑集 5 巻 136 頁 …………338
大判大正 15・5・8 刑集 5 巻 271 頁 …………417
大判大正 15・6・19 刑集 5 巻 267 頁 ……430, 432
大判大正 15・6・25 刑集 5 巻 285 頁 …………248
大判大正 15・7・5 刑集 5 巻 303 頁…………266
大判大正 15・9・28 刑集 5 巻 383 頁 …………368

判例索引　503

大判大正 15・9・28 刑集 5 巻 387 頁 ……………215
大判大正 15・10・8 刑集 5 巻 440 頁 ……………281
大判大正 15・11・2 刑集 5 巻 491 頁 ……………283
大判昭和 2・1・28 新聞 2664 号 10 頁……………387
大判昭和 2・3・26 刑集 6 巻 114 頁……………407
大判昭和 2・3・28 刑集 6 巻 118 頁……………220
大判昭和 2・3・30 刑集 6 巻 145 頁……………379
大判昭和 2・5・30 刑集 6 巻 200 頁……………373
大判昭和 2・6・17 刑集 6 巻 208 頁……………208
大判昭和 2・7・8 評論 17 巻刑法 104 頁………393
大判昭和 2・7・21 刑集 6 巻 357 頁……………450
大判昭和 2・9・9 刑集 6 巻 343 頁……………34
大判昭和 2・10・18 刑集 6 巻 386 頁 ……………381
大判昭和 2・11・28 刑集 6 巻 472 頁……………383
大判昭和 2・12・8 刑集 6 巻 512 頁………328, 485
大判昭和 3・3・9 刑集 7 巻 172 頁 ………173, 179
大判昭和 3・5・24 新聞 2873 号 16 頁……………370
大判昭和 3・7・14 刑集 7 巻 490 頁…272, 391, 392
大判昭和 3・10・9 刑集 7 巻 683 頁…391, 396, 424
大判昭和 3・10・29 刑集 7 巻 709 頁……………489
大判昭和 3・12・13 刑集 7 巻 766 頁……………260
大決昭和 3・12・21 刑集 7 巻 772 頁……………319
大判昭和 4・2・9 刑集 8 巻 59 頁……………450
大判昭和 4・2・18 新聞 2970 号 9 頁 ……………434
大判昭和 4・2・19 刑集 8 巻 84 頁 ………158, 390
大判昭和 4・3・7 刑集 8 巻 107 頁 ……………312
大判昭和 4・6・13 刑集 8 巻 338 頁……………369
大判昭和 4・8・26 刑集 8 巻 416 頁……………475
大判昭和 4・10・14 刑集 8 巻 477 頁………360, 362
大判昭和 4・10・15 刑集 8 巻 485 頁……………390
大判昭和 4・11・1 刑集 8 巻 557 頁……………425
大判昭和 4・12・4 刑集 8 巻 609 頁……………484
大判昭和 5・2・4 刑集 9 巻 32 頁……………475
大判昭和 5・3・27 刑集 9 巻 207 頁……………402
大判昭和 5・5・17 刑集 9 巻 303 頁……………328
大判昭和 5・5・26 刑集 9 巻 342 頁………286, 327
大判昭和 5・7・10 刑集 9 巻 497 頁……………324
大判昭和 5・8・25 新聞 3192 号 15 頁……………261
大判昭和 5・9・18 刑集 9 巻 668 頁………466, 467
大判昭和 5・11・27 刑集 9 巻 810 頁……………360
大判昭和 6・3・11 刑集 10 巻 75 頁……………417
大判昭和 6・5・2 刑集 10 巻 197 頁……………434
大判昭和 6・5・8 刑集 10 巻 205 頁……………301
大判昭和 6・6・19 刑集 10 巻 287 頁……………260
大判昭和 6・7・2 刑集 10 巻 303 頁……………374

大判昭和 6・7・8 刑集 10 巻 319 頁……………306
大判昭和 6・10・29 刑集 10 巻 511 頁……………306
大判昭和 6・11・13 刑集 10 巻 597 頁……………437
大判昭和 6・11・17 刑集 10 巻 604 頁……………329
大判昭和 6・12・3 刑集 10 巻 682 頁 ……………134
大判昭和 6・12・17 刑集 10 巻 789 頁……………339
大判昭和 7・2・1 刑集 11 巻 15 頁 ……………208
大判昭和 7・2・18 刑集 11 巻 42 頁……………452
大判昭和 7・2・19 刑集 11 巻 85 頁……………312
大判昭和 7・2・29 刑集 11 巻 141 頁……………233
大判昭和 7・3・10 刑集 11 巻 286 頁……………474
大判昭和 7・3・24 刑集 11 巻 296 頁 ……106, 448
大判昭和 7・4・21 刑集 11 巻 407 頁……………253
大判昭和 7・5・5 刑集 11 巻 578 頁……………419
大判昭和 7・5・23 刑集 11 巻 665 頁……………392
大判昭和 7・6・8 刑集 11 巻 773 頁……………404
大判昭和 7・6・9 刑集 11 巻 778 頁……………303
大判昭和 7・6・15 刑集 11 巻 841 頁……………373
大判昭和 7・7・20 刑集 11 巻 1113 頁……………412
大判昭和 7・9・12 刑集 11 巻 1317 頁……………347
大判昭和 7・10・10 刑集 11 巻 1519 頁……………273
大判昭和 7・10・31 刑集 11 巻 1541 頁……………344
大判昭和 7・11・24 刑集 11 巻 1720 頁……………390
大判昭和 7・12・10 刑集 11 巻 1817 頁

　　　　　　　　　　　　　…………………469, 470, 471

大判昭和 8・2・14 刑集 12 巻 114 頁……………477
大判昭和 8・3・9 刑集 12 巻 232 頁……………342
大判昭和 8・4・15 刑集 12 巻 427 頁 ……………217
大判昭和 8・4・19 刑集 12 巻 471 頁………41, 207
大判昭和 8・4・25 刑集 12 巻 482 頁……………368
大判昭和 8・5・4 刑集 12 巻 538 頁……………313
大判昭和 8・5・23 刑集 12 巻 608 頁 ……………406
大判昭和 8・6・5 刑集 12 巻 648 頁……………303
大判昭和 8・6・29 刑集 12 巻 1269 頁……………309
大判昭和 8・7・5 刑集 12 巻 1101 頁……………336
大判昭和 8・8・23 刑集 12 巻 1434 頁……………425
大判昭和 8・9・6 刑集 12 巻 1593 頁 ……………218
大判昭和 8・9・11 刑集 12 巻 1599 頁……………335
大判昭和 8・9・27 刑集 12 巻 1654 頁……………66
大判昭和 8・9・29 刑集 12 巻 1683 頁……………348
大判昭和 8・10・5 刑集 12 巻 1748 頁……………399
大判昭和 8・10・18 刑集 12 巻 1820 頁 …468, 472
大判昭和 8・10・19 刑集 12 巻 1828 頁……………336
大判昭和 8・11・30 刑集 12 巻 2160 頁……………76
大判昭和 8・12・6 刑集 12 巻 2226 頁……………424

大判昭和 9・2・24 刑集 13 巻 160 頁 ………397
大判昭和 9・3・29 刑集 13 巻 335 頁 ………314
大判昭和 9・3・31 刑集 13 巻 362 頁 ………416
大判昭和 9・5・11 刑集 13 巻 598 頁 ………260
大判昭和 9・6・11 刑集 13 巻 730 頁 ………434
大判昭和 9・6・13 刑集 13 巻 747 頁 ………437
大判昭和 9・7・19 刑集 13 巻 983 頁 ………350
大判昭和 9・7・19 刑集 13 巻 1043 頁 ………333
大判昭和 9・8・4 刑集 13 巻 1059 頁 ………470
大判昭和 9・8・27 刑集 13 巻 1086 頁 ……84, 207
大判昭和 9・9・29 刑集 13 巻 1245 頁 ………369
大判昭和 9・10・19 刑集 13 巻 1473 頁 ………141
大判昭和 9・10・20 刑集 13 巻 1445 頁 ………352
大判昭和 9・11・20 刑集 13 巻 1514 頁 ………167
大判昭和 9・11・26 刑集 13 巻 1598 頁 ………471
大判昭和 9・11・26 刑集 13 巻 1608 頁 ………485
大判昭和 9・12・12 刑集 13 巻 1717 頁 ………338
大判昭和 9・12・22 刑集 13 巻 1789 頁 …291, 357
大判昭和 10・2・2 刑集 14 巻 57 頁 ………380
大判昭和 10・2・7 刑集 14 巻 76 頁 ………210
大判昭和 10・3・25 刑集 14 巻 339 頁 ………177
大判昭和 10・5・13 刑集 14 巻 514 頁 ………308
大判昭和 10・7・3 刑集 14 巻 745 頁 ……349, 350
大判昭和 10・8・17 刑集 14 巻 885 頁 ………484
大判昭和 10・9・23 刑集 14 巻 938 頁 ………326
大判昭和 10・9・28 刑集 14 巻 997 頁 ………470
大判昭和 10・10・23 刑集 14 巻 1052 頁 ………485
大判昭和 10・10・24 刑集 14 巻 1267 頁 ……164, 440
大判昭和 10・11・11 刑集 14 巻 1165 頁 ………186
大判昭和 10・11・25 刑集 14 巻 1217 頁 ………26
大判昭和 10・12・21 刑集 14 巻 1434 頁 ………328
大判昭和 11・2・14 刑集 15 巻 113 頁 ………400
大判昭和 11・3・16 刑集 15 巻 282 頁 ………483
大判昭和 11・3・24 刑集 15 巻 307 頁 ………257
大判昭和 11・3・30 刑集 15 巻 396 頁 ………334
大判昭和 11・4・24 刑集 15 巻 518 頁 ………393
大判昭和 11・5・7 刑集 15 巻 573 頁 ………274
大連判昭和 11・5・28 刑集 15 巻 715 頁 ………162
大判昭和 11・10・9 刑集 15 巻 1281 頁 ………485
大判昭和 11・11・6 新聞 4072 号 17 頁 ………379
大判昭和 11・11・9 新聞 4074 号 15 頁 ………398
大判昭和 11・11・21 刑集 15 巻 1501 頁 ………474
大判昭和 11・12・7 刑集 15 巻 1561 頁 ………69
大判昭和 12・3・6 刑集 16 巻 272 頁 ………147
大判昭和 12・3・17 刑集 16 巻 365 頁 ………268

大判昭和 12・3・24 判決全集 4 輯 6 号 42 頁…215
大決昭和 12・3・31 刑集 16 巻 447 頁………107
大判昭和 12・4・7 刑集 16 巻 517 頁 ………470
大判昭和 12・5・28 刑集 16 巻 811 頁 ………452
大判昭和 12・6・25 刑集 16 巻 998 頁………146
大判昭和 12・9・10 刑集 16 巻 1251 頁 ………220
大判昭和 12・9・21 刑集 16 巻 1303 頁 ………147
大判昭和 12・11・9 刑集 16 巻 1545 頁 ………469
大判昭和 12・12・14 刑集 16 巻 1603 頁…423, 424
大判昭和 13・2・28 刑集 17 巻 141 頁 ………261
大判昭和 13・3・11 刑集 17 巻 237 頁 ………49
大判昭和 13・11・10 刑集 17 巻 799 頁 ………235
大判昭和 13・11・18 刑集 17 巻 839 頁 …174, 175
大判昭和 14・2・15 刑集 18 巻 46 頁 ………406
大判昭和 14・3・7 刑集 18 巻 93 頁………285
大判昭和 14・6・6 刑集 18 巻 337 頁 ………370
大判昭和 14・10・27 刑集 18 巻 503 頁 ………326
大判昭和 14・12・22 刑集 18 巻 565 頁 ………250
大決昭和 15・2・22 刑集 5 巻 97 頁 ………106
大判昭和 15・4・2 刑集 19 巻 181 頁 ………400
大判昭和 15・4・22 刑集 19 巻 227 頁 ………486
大判昭和 15・8・22 刑集 19 巻 540 頁 ……12, 369
大判昭和 15・10・14 刑集 19 巻 685 頁 ………210
大判昭和 16・7・17 刑集 20 巻 425 頁 ……13, 194
大判昭和 16・10・9 刑集 20 巻 547 頁 ………425
大判昭和 16・11・11 刑集 20 巻 598 頁 ………284
大判昭和 16・12・5 刑集 20 巻 669 頁 ………482
大判昭和 17・9・6 刑集 21 巻 417 頁 ………26
大判昭和 19・2・8 刑集 23 巻 1 頁 ………303
大判昭和 19・8・17 刑集 23 巻 150 頁 ………481
大判昭和 19・11・24 刑集 23 巻 252 頁 ………300
大判昭和 22・2・22 刑集 26 巻 6 頁………386
最判昭和 22・11・29 刑集 1 巻 40 頁………303
最判昭和 22・12・17 刑集 1 巻 94 頁………386
最判昭和 23・3・9 刑集 2 巻 3 号 140 頁………306
最大判昭和 23・3・12 刑集 2 巻 3 号 191 頁 …196
最判昭和 23・3・16 刑集 2 巻 3 号 220 頁 ……162
最判昭和 23・3・16 刑集 2 巻 3 号 227 頁 ……353
最判昭和 23・4・17 刑集 2 巻 4 号 399 頁 ……141
最判昭和 23・5・6 刑集 2 巻 5 号 473 頁……356
最判昭和 23・5・20 刑集 2 巻 5 号 489 頁 ……254
最判昭和 23・6・5 刑集 2 巻 7 号 641 頁………335
最判昭和 23・6・8 裁集刑 2 号 329 頁………377
最大判昭和 23・6・9 刑集 2 巻 7 号 653 頁……319
最判昭和 23・6・12 刑集 2 巻 7 号 676 頁

　　　　………………………………………306, 307
最判昭和 23・6・22 刑集 2 巻 7 号 694 頁…13, 194
最大判昭和 23・6・30 刑集 2 巻 7 号 777 頁…491
最判昭和 23・7・8 刑集 2 巻 8 号 822 頁………434
最大判昭和 23・7・14 刑集 2 巻 8 号 889 頁…107
最大判昭和 23・7・29 刑集 2 巻 9 号 1067 頁…435
最判昭和 23・10・23 刑集 2 巻 11 号 1386 頁
　　　　……………………120, 122, 164, 412
最判昭和 23・11・2 刑集 2 巻 12 号 1443 頁 …372
最判昭和 23・11・9 刑集 2 巻 12 号 1504 頁 …355
最判昭和 23・11・25 刑集 2 巻 12 号 1649 頁…251
最判昭和 23・12・24 刑集 2 巻 14 号 1877 頁…354
最判昭和 23・12・24 刑集 2 巻 14 号 1883 頁…299
最判昭和 24・1・11 刑集 3 巻 1 号 1 頁 ………325
最判昭和 24・2・8 刑集 3 巻 2 号 75 頁 …298, 324
最判昭和 24・2・8 刑集 3 巻 2 号 83 頁 …287, 328
最判昭和 24・2・15 刑集 3 巻 2 号 164 頁 ……300
最判昭和 24・2・15 刑集 3 巻 2 号 175 頁
　　　　………………………………285, 287
最判昭和 24・2・22 刑集 3 巻 2 号 198 頁 ……370
最判昭和 24・2・22 刑集 3 巻 2 号 206 頁 ……103
最判昭和 24・3・8 刑集 3 巻 3 号 276 頁…336, 337
最判昭和 24・4・5 刑集 3 巻 4 号 421 頁 ……109
最判昭和 24・4・14 刑集 3 巻 4 号 541 頁 ……406
最判昭和 24・5・10 刑集 3 巻 6 号 711 頁 ……246
最判昭和 24・5・28 刑集 3 巻 6 号 873 頁 ……306
最判昭和 24・6・16 刑集 3 巻 7 号 1070 頁……365
最判昭和 24・6・28 刑集 3 巻 7 号 1129 頁……370
最判昭和 24・7・9 刑集 3 巻 8 号 1188 頁 ……304
最大判昭和 24・7・22 刑集 3 巻 8 号 1363 頁…254
最判昭和 24・7・23 刑集 3 巻 8 号 1373 頁……186
最判昭和 24・7・26 裁集刑 12 号 831 頁………249
最判昭和 24・7・30 刑集 3 巻 8 号 1418 頁……356
最判昭和 24・8・9 刑集 3 巻 9 号 1440 頁
　　　　………………………………465, 466
最判昭和 24・8・18 刑集 3 巻 9 号 1465 頁…66, 68
最判昭和 24・10・1 刑集 3 巻 10 号 1629 頁 …356
最判昭和 24・10・20 刑集 3 巻 10 号 1660 頁…352
最判昭和 24・11・17 刑集 3 巻 11 号 1808 頁…320
大阪高判昭和 24・12・5 判特 4 号 3 頁 ………291
最判昭和 24・12・6 刑集 3 巻 12 号 1884 頁 …490
最判昭和 24・12・8 刑集 3 巻 12 号 1915 頁 …188
最判昭和 24・12・15 刑集 3 巻 12 号 2023 頁…491
最判昭和 24・12・17 刑集 13 巻 12 号 2028 頁
　　　　…………………………………………176

最判昭和 24・12・20 刑集 3 巻 12 号 2036 頁…234
最大判昭和 24・12・21 刑集 3 巻 12 号 2048 頁
　　　　…………………………………………188
最判昭和 24・12・22 刑集 3 巻 12 号 2070 頁…289
最判昭和 24・12・24 刑集 3 巻 12 号 2114 頁
　　　　………………………………300, 308
福岡高判昭和 25・2・17 判時 4 号 74 頁…323
最判昭和 25・2・24 刑集 4 巻 2 号 255 頁…185
最判昭和 25・2・28 刑集 4 巻 2 号 268 頁
　　　　………………………………446, 483
最判昭和 25・2・28 裁集刑 16 号 663 頁…387
最判昭和 25・3・10 裁集刑 16 号 767 頁…435
最大判昭和 25・3・15 刑集 4 巻 3 号 355 頁 …249
最判昭和 25・3・17 刑集 4 巻 3 号 378 頁 …361
最判昭和 25・3・23 刑集 4 巻 3 号 382 頁 …319
最判昭和 25・3・31 刑集 4 巻 3 号 469 頁 …34
最判昭和 25・4・6 刑集 4 巻 4 号 481 頁…328, 485
最判昭和 25・4・13 刑集 4 巻 4 号 544 頁 …293
最判昭和 25・4・21 刑集 4 巻 4 号 655 頁 …362
最判昭和 25・6・1 刑集 4 巻 6 号 909 頁………320
最判昭和 25・6・6 刑集 4 巻 6 号 928 頁………283
東京高判昭和 25・6・10 高刑集 3 巻 2 号 222 頁
　　　　…………………………………………217
東京高判昭和 25・6・19 高刑集 3 巻 2 号 227 頁
　　　　…………………………………………331
名古屋高判昭和 25・6・20 判特 11 号 68 頁 …334
広島高松江支判昭和 25・7・3 高刑集 3 巻 2 号
　　247 頁…………………………………230
最判昭和 25・7・6 刑集 4 巻 7 号 1178 頁………42
最判昭和 25・7・11 刑集 4 巻 7 号 1261 頁
　　　　………………………………156, 172
広島高判昭和 25・7・24 判特 12 号 97 頁 ……432
最判昭和 25・8・9 刑集 4 巻 8 号 1556 頁 …355
最判昭和 25・8・29 刑集 4 巻 9 号 1585 頁……279
最判昭和 25・9・5 刑集 4 巻 9 号 1620 頁 …416
最判昭和 25・9・14 刑集 4 巻 9 号 1652 頁……435
東京高判昭和 25・9・14 高刑集 3 巻 3 号 407 頁
　　　　…………………………………………175
最判昭和 25・9・22 刑集 4 巻 9 号 1757 頁……336
最大判昭和 25・9・27 刑集 4 巻 9 号 1783 頁…253
最大判昭和 25・10・11 刑集 4 巻 10 号 1972 頁
　　　　…………………………………………193
福岡高判昭和 25・10・17 高刑集 3 巻 3 号 487 頁
　　　　…………………………………………296
最判昭和 25・10・20 刑集 4 巻 10 号 2115 頁

‥‥‥‥‥‥‥‥‥‥‥‥‥‥‥446, 450
広島高判昭和 25・10・27 判特 14 号 133 頁 ‥461
最判昭和 25・11・10 裁集刑 35 号 461 頁 ‥‥356
最大判昭和 25・11・22 刑集 4 巻 11 号 2380 頁
‥‥‥‥‥‥‥‥‥‥‥‥‥‥‥‥‥‥433
最判昭和 25・11・28 刑集 4 巻 12 号 2463 頁‥‥130
最判昭和 25・12・5 刑集 4 巻 12 号 2475 頁 ‥321
最判昭和 25・12・12 刑集 4 巻 12 号 2543 頁
‥‥‥‥‥‥‥‥‥‥‥‥‥‥‥295, 352
最判昭和 25・12・14 刑集 4 巻 12 号 2548 頁
‥‥‥‥‥‥‥‥‥‥‥‥‥‥‥306, 369
最判昭和 25・12・19 刑集 4 巻 12 号 2577 頁‥‥186
最判昭和 26・1・30 刑集 5 巻 1 号 117 頁
‥‥‥‥‥‥‥‥‥‥‥‥‥‥‥351, 355
最判昭和 26・3・15 刑集 5 巻 4 号 512 頁 ‥‥279
最判昭和 26・3・15 裁集刑 41 号 871 頁‥‥‥435
最判昭和 26・3・27 刑集 5 巻 4 号 686 頁 ‥‥179
最判昭和 26・4・10 刑集 5 巻 5 号 825 頁
‥‥‥‥‥‥‥‥‥‥‥‥‥‥‥186, 435
最判昭和 26・5・8 刑集 5 巻 6 号 1004 頁 ‥‥434
最判昭和 26・5・10 刑集 5 巻 6 号 1026 頁‥‥429
最判昭和 26・5・25 刑集 5 巻 6 号 1186 頁‥‥335
最判昭和 26・7・10 刑集 5 巻 8 号 1411 頁 ‥‥107
最判昭和 26・7・13 刑集 5 巻 8 号 1437 頁‥‥290
最大判昭和 26・7・18 刑集 5 巻 8 号 1491 頁‥‥270
最大判昭和 26・8・1 刑集 5 巻 9 号 1709 頁 ‥435
最判昭和 26・8・9 裁集刑 51 号 363 頁 ‥‥‥285
最判昭和 26・8・17 刑集 5 巻 9 号 1789 頁‥‥107
最判昭和 26・9・20 刑集 5 巻 10 号 1937 頁
‥‥‥‥‥‥‥‥‥‥‥‥104, 219, 221
大阪高判昭和 26・10・22 高刑集 4 巻 9 号
1165 頁 ‥‥‥‥‥‥‥‥‥‥‥‥‥273
最判昭和 26・10・26 裁集刑 55 号 785 頁 ‥‥399
大阪高判昭和 26・10・26 高刑集 4 巻 9 号
1173 頁 ‥‥‥‥‥‥‥‥‥‥‥‥‥233
最判昭和 26・12・14 刑集 5 巻 13 号 2518 頁‥314
東京高判昭和 26・12・27 判特 25 号 134 頁 ‥339
福岡高判昭和 27・1・23 判特 19 号 60 頁 ‥‥352
最決昭和 27・2・21 刑集 6 巻 2 号 275 頁
‥‥‥‥‥‥‥‥‥‥‥‥‥41, 84, 207
仙台高判昭和 27・2・29 判特 22 号 106 頁‥‥173
福岡高判昭和 27・3・20 判特 19 号 72 頁 ‥‥313
最判昭和 27・3・28 刑集 6 巻 3 号 546 頁 ‥‥448
最判昭和 27・4・15 裁集刑 63 号 243 頁‥‥‥279
東京高判昭和 27・6・3 高刑集 5 巻 6 号 938 頁

‥‥‥‥‥‥‥‥‥‥‥‥‥‥‥‥‥285
最判昭和 27・6・6 刑集 6 巻 6 号 795 頁‥‥‥218
東京高判昭和 27・6・26 判特 34 号 86 頁 ‥‥304
東京高判昭和 27・7・3 高刑集 5 巻 7 号 1134 頁
‥‥‥‥‥‥‥‥‥‥‥‥‥‥‥‥‥269
最決昭和 27・7・10 刑集 6 巻 7 号 876 頁 ‥‥354
最判昭和 27・7・22 刑集 6 巻 7 号 927 頁
‥‥‥‥‥‥‥‥‥‥‥‥‥‥‥482, 486
最判昭和 27・7・25 刑集 6 巻 7 号 941 頁‥‥230
東京高判昭和 27・9・3 判特 34 号 162 頁 ‥‥376
最判昭和 27・9・19 刑集 6 巻 8 号 1083 頁
‥‥‥‥‥‥‥‥‥‥‥‥166, 330, 339
最決昭和 27・9・25 刑集 6 巻 8 号 1093 頁‥‥192
高松高判昭和 27・9・30 高刑集 5 巻 11 号
1864 頁 ‥‥‥‥‥‥‥‥‥‥‥‥‥346
最判昭和 27・10・17 裁集刑 68 号 361 頁 ‥‥336
最大判昭和 27・11・5 刑集 6 巻 10 号 1159 頁
‥‥‥‥‥‥‥‥‥‥‥‥‥‥‥‥‥474
最大判昭和 27・12・24 刑集 6 巻 11 号 1346 頁
‥‥‥‥‥‥‥‥‥‥‥‥‥‥‥‥‥10
最判昭和 27・12・25 刑集 6 巻 12 号 1387 頁
‥‥‥‥‥‥‥‥‥‥‥‥320, 400, 446
最判昭和 27・12・25 刑集 6 巻 12 号 1442 頁‥193
最判昭和 27・12・25 裁集刑 71 号 463 頁 ‥‥399
東京高判昭和 27・12・26 高刑集 5 巻 13 号
2645 頁 ‥‥‥‥‥‥‥‥‥‥‥‥‥131
福岡高判昭和 28・1・12 高刑集 6 巻 1 号 1 頁
‥‥‥‥‥‥‥‥‥‥‥‥‥‥‥‥‥175
最判昭和 28・1・22 刑集 7 巻 1 号 8 頁 ‥‥‥450
最判昭和 28・1・23 刑集 7 巻 1 号 30 頁 ‥‥178
最判昭和 28・1・23 刑集 7 巻 1 号 46 頁 ‥‥477
最判昭和 28・1・30 刑集 7 巻 1 号 128 頁
‥‥‥‥‥‥‥‥‥‥‥‥272, 273, 274
福岡高判昭和 28・2・9 高刑集 6 巻 1 号 108 頁
‥‥‥‥‥‥‥‥‥‥‥‥‥‥‥‥‥225
最判昭和 28・2・20 刑集 7 巻 2 号 426 頁 ‥‥397
東京高判昭和 28・2・21 高刑集 6 巻 4 号 367 頁
‥‥‥‥‥‥‥‥‥‥‥‥‥‥262, 263
名古屋高判昭和 28・2・26 判特 33 号 9 頁‥‥344
最決昭和 28・3・5 刑集 7 巻 3 号 506 頁‥‥‥123
最判昭和 28・3・6 裁集刑 75 号 435 頁 ‥‥‥356
最判昭和 28・4・14 刑集 7 巻 4 号 850 頁 ‥‥187
最決昭和 28・4・16 刑集 7 巻 5 号 915 頁 ‥‥335
最決昭和 28・4・25 刑集 7 巻 4 号 881 頁 ‥‥483
札幌高判昭和 28・5・7 判特 32 号 26 頁‥‥‥282

最判昭和 28・5・21 刑集 7 巻 5 号 1053 頁……365
最決昭和 28・5・25 刑集 7 巻 5 号 1128 頁……388
広島高判昭和 28・5・27 判特 31 号 15 頁 ……304
最判昭和 28・5・29 刑集 7 巻 5 号 1171 頁……416
最大判昭和 28・6・17 刑集 7 巻 6 号 1289 頁…233
最大判昭和 28・6・24 刑集 7 巻 6 号 1366 頁…245
札幌高判昭和 28・7・9 高刑集 6 巻 7 号 874 頁
　　……461
東京高判昭和 28・7・20 判特 39 号 37 頁 ……460
最決昭和 28・7・24 刑集 7 巻 7 号 1638 頁……358
浦和地判昭和 28・8・21 判時 8 号 19 頁………311
福岡高判昭和 28・9・8 高刑集 6 巻 9 号 1256 頁
　　……354
広島高判昭和 28・9・9 高刑集 6 巻 12 号 1642 頁
　　……360
東京高判昭和 28・9・18 判特 39 号 108 頁……279
最判昭和 28・10・2 刑集 7 巻 10 号 1879 頁 …466
最判昭和 28・10・2 刑集 7 巻 10 号 1883 頁 …446
最決昭和 28・10・19 刑集 7 巻 10 号 1945 頁
　　……470, 474
最判昭和 28・10・27 刑集 7 巻 10 号 1971 頁…481
福岡高判昭和 28・11・10 判特 26 号 58 頁……143
最判昭和 28・11・13 刑集 7 巻 11 号 2096 頁…392
大阪高判昭和 28・11・18 高刑集 6 巻 11 号
　　1603 頁 ……296
最判昭和 28・11・27 刑集 7 巻 11 号 2344 頁…235
最決昭和 28・12・10 刑集 7 巻 12 号 2418 頁…459
最判昭和 28・12・25 刑集 7 巻 13 号 2721 頁…338
福岡高判昭和 29・1・12 高刑集 7 巻 1 号 1 頁
　　……461
最大判昭和 29・1・20 刑集 8 巻 1 号 41 頁……148
東京高判昭和 29・3・25 高刑集 7 巻 3 号 323 頁
　　……387
最判昭和 29・4・6 刑集 8 巻 4 号 407 頁………325
最決昭和 29・4・15 刑集 8 巻 4 号 508 頁 ……403
最判昭和 29・4・28 刑集 8 巻 4 号 596 頁 ……453
大阪高判昭和 29・5・4 高刑集 7 巻 4 号 591 頁
　　……289
最決昭和 29・5・27 刑集 8 巻 5 号 741 頁 ……190
大阪高判昭和 29・5・29 判特 28 号 133 頁……460
最決昭和 29・6・1 刑集 8 巻 6 号 787 頁……279, 351
東京高判昭和 29・6・16 高刑集 7 巻 7 号 1053 頁
　　……143
最決昭和 29・7・5 刑集 8 巻 7 号 1035 頁 ……491
仙台高秋田支判昭和 29・7・6 裁特 1 巻 1 号 7 頁

　　……489
大阪高判昭和 29・7・14 裁特 1 巻 4 号 133 頁…87
東京高判昭和 29・7・26 東高刑時報 5 巻 7 号
　　295 頁 ……462
最判昭和 29・8・20 刑集 8 巻 8 号 1256 頁
　　……486, 487, 490
最判昭和 29・8・20 刑集 8 巻 8 号 1277 頁……217
最決昭和 29・8・20 刑集 8 巻 8 号 1363 頁
　　……396, 398
最決昭和 29・9・24 刑集 8 巻 9 号 1519 頁……482
最決昭和 29・9・30 刑集 8 巻 9 号 1575 頁……467
最判昭和 29・11・5 刑集 8 巻 11 号 1675 頁 …347
最判昭和 30・1・11 刑集 9 巻 1 号 25 頁………425
広島高判昭和 30・2・5 裁特 2 巻 4 号 60 頁 …262
最判昭和 30・3・17 刑集 9 巻 3 号 477 頁 ……486
最大判昭和 30・4・6 刑集 9 巻 4 号 663 頁……196
最判昭和 30・4・8 刑集 9 巻 4 号 827 頁…310, 314
東京高判昭和 30・4・18 高刑集 8 巻 3 号 325 頁
　　……107
名古屋高判昭和 30・5・4 裁特 2 巻 11 号 501 頁
　　……299
福岡高判昭和 30・5・19 高刑集 8 巻 4 号 568 頁
　　……279
広島高判昭和 30・6・4 高刑集 8 巻 4 号 585 頁
　　……469
福岡高判昭和 30・6・14 判時 61 号 28 頁 ……133
最大判昭和 30・6・22 刑集 9 巻 8 号 1189 頁
　　……380, 382, 383
福岡高宮崎支判昭和 30・6・24 裁特 2 巻 12 号
　　628 頁 ……463
東京高判昭和 30・6・27 東高刑時報 6 巻 7 号
　　211 頁 ……262
最判昭和 30・7・1 刑集 9 巻 9 号 1769 頁 ……430
最決昭和 30・7・7 刑集 9 巻 9 号 1856 頁
　　……313, 315
最判昭和 30・7・12 刑集 9 巻 9 号 1866 頁……355
最判昭和 30・7・22 刑集 9 巻 9 号 1962 頁……193
最判昭和 30・8・9 刑集 9 巻 9 号 2008 頁 ……279
東京高判昭和 30・8・30 高刑集 8 巻 6 号 860 頁
　　……268
広島高判昭和 30・9・6 高刑集 8 巻 8 号 1021 頁
　　……315
最判昭和 30・9・16 裁集刑 108 号 485 頁 ……354
最判昭和 30・10・14 刑集 9 巻 11 号 2173 頁
　　……287, 327

最決昭和 30・12・3 刑集 9 巻 13 号 2596 頁 …446
最判昭和 30・12・9 刑集 9 巻 13 号 2627 頁 …338
広島高岡山支判昭和 30・12・22 裁特 2 巻 18 号
　追録 1342 頁………………………………273
最判昭和 30・12・23 刑集 9 巻 14 号 2957 頁…308
最判昭和 30・12・26 刑集 9 巻 14 号 3053 頁
　………………………………………331, 333
最決昭和 31・1・19 刑集 10 巻 1 号 67 頁 …283
最決昭和 31・2・3 刑集 10 巻 2 号 153 頁 …491
最決昭和 31・3・6 裁集刑 112 号 601 頁………430
福岡高判昭和 31・4・14 裁特 3 巻 8 号 409 頁
　……………………………………………243
名古屋高判昭和 31・5・31 裁特 3 巻 14 号 685 頁
　……………………………………………235
最判昭和 31・6・26 刑集 10 巻 6 号 874 頁
　………………………………184, 333, 340
最決昭和 31・7・3 刑集 10 巻 7 号 955 頁…41, 289
最判昭和 31・7・3 刑集 10 巻 7 号 965 頁 …487
最決昭和 31・7・5 刑集 10 巻 7 号 1025 頁……398
最決昭和 31・7・12 刑集 10 巻 7 号 1058 頁
　………………………………………482, 488
最大判昭和 31・7・17 刑集 10 巻 7 号 1075 頁
　……………………………………………481
東京高判昭和 31・8・9 裁特 3 巻 17 号 826 頁
　……………………………………………337
最決昭和 31・8・22 刑集 10 巻 8 号 1237 頁
　………………………………………251, 255
最判昭和 31・8・30 判時 90 号 26 頁 …………313
名古屋高判昭和 31・10・22 裁特 3 巻 21 号
　1007 頁…………………………………178
最判昭和 31・10・25 刑集 10 巻 10 号 1455 頁
　……………………………………………250
最判昭和 31・12・7 刑集 10 巻 12 号 1592 頁
　………………………………344, 345, 349
最判昭和 31・12・11 刑集 10 巻 12 号 1605 頁…97
広島高判昭和 31・12・25 高刑集 9 巻 12 号
　1336 頁…………………………………462
最決昭和 31・12・27 刑集 10 巻 12 号 1798 頁
　………………………………………406, 417
最決昭和 32・1・17 刑集 11 巻 1 号 23 頁 …418
最判昭和 32・1・22 刑集 11 巻 1 号 50 頁 ……460
東京高判昭和 32・1・22 高刑集 10 巻 1 号 10 頁
　……………………………………………244
最決昭和 32・1・29 刑集 11 巻 1 号 325 頁……358
東京高判昭和 32・1・30 東高刑時報 8 巻 1 号

　16 頁 …………………………………………324
最判昭和 32・1・31 刑集 11 巻 1 号 435 頁……460
最判昭和 32・2・21 刑集 11 巻 2 号 877 頁……273
名古屋高判昭和 32・3・4 裁特 4 巻 6 号 116 頁
　……………………………………………299
名古屋高金沢支判昭和 32・3・12 高刑集 10 巻 2
　号 157 頁………………………………243
最大判昭和 32・3・13 刑集 11 巻 3 号 997 頁
　……………………………………107, 428, 429
最判昭和 32・3・28 刑集 11 巻 3 号 1136 頁 …483
最判昭和 32・3・28 刑集 11 巻 3 号 1275 頁……97
最判昭和 32・4・4 刑集 11 巻 4 号 1327 頁 …357
最判昭和 32・4・11 刑集 11 巻 4 号 1360 頁 …226
最判昭和 32・4・23 刑集 11 巻 4 号 1393 頁 …218
最判昭和 32・4・30 刑集 11 巻 4 号 1502 頁 …474
最判昭和 32・5・22 刑集 11 巻 5 号 1526 頁 …430
東京高判昭和 32・5・24 高刑集 10 巻 4 号 361 頁
　……………………………………………460
最判昭和 32・6・21 刑集 11 巻 6 号 1700 頁 …369
東京地判昭和 32・7・13 判時 119 号 1 頁 ……260
最判昭和 32・7・18 刑集 11 巻 7 号 1861 頁 …306
最判昭和 32・7・19 刑集 11 巻 7 号 1966 頁 …459
大阪高判昭和 32・7・22 高刑集 10 巻 6 号 521 頁
　……………………………………………448
最判昭和 32・7・25 刑集 11 巻 7 号 2037 頁 …416
最判昭和 32・8・1 刑集 11 巻 8 号 2065 頁……307
最決昭和 32・9・10 刑集 11 巻 9 号 2202 頁 …148
最判昭和 32・9・13 刑集 11 巻 9 号 2263 頁 …301
大阪高判昭和 32・9・13 高刑集 10 巻 7 号 602 頁
　……………………………………………229
最決昭和 32・9・18 裁集刑 120 号 457 頁 ……379
浦和地判昭和 32・9・27 判時 131 号 43 頁……309
最判昭和 32・10・3 刑集 11 巻 10 号 2413 頁…106
最判昭和 32・10・4 刑集 11 巻 10 号 2464 頁…400
最大判昭和 32・10・9 刑集 11 巻 10 号 2497 頁
　……………………………………………194
最判昭和 32・11・8 刑集 11 巻 12 号 3061 頁
　………………………………………281, 282
最大判昭和 32・11・17 刑集 11 巻 12 号 3113 頁
　……………………………………………26
最判昭和 32・11・19 刑集 11 巻 12 号 3073 頁
　……………………………………………341
最判昭和 32・11・21 刑集 11 巻 12 号 3101 頁
　……………………………………………482
最決昭和 32・12・5 刑集 11 巻 13 号 3157 頁

································482, 488
最判昭和 32・12・13 刑集 11 巻 13 号 3207 頁 ·····459
大阪高判昭和 32・12・18 裁特 4 巻 23 号 637 頁 ·····454
最決昭和 32・12・19 刑集 11 巻 13 号 3300 頁 ·····483
最決昭和 32・12・19 刑集 11 巻 13 号 3316 頁 ·····331
最判昭和 32・12・20 刑集 11 巻 14 号 3331 頁 ·····491
最決昭和 33・1・16 刑集 12 巻 1 号 25 頁 ·····416
最決昭和 33・2・27 刑集 12 巻 2 号 342 頁·····492
最決昭和 33・3・6 刑集 12 巻 3 号 452 頁 ·····324
東京高判昭和 33・3・10 裁集 5 巻 3 号 89 頁·····283
仙台高判昭和 33・3・13 高刑集 11 巻 4 号 137 頁 ·····221
最決昭和 33・3・19 刑集 12 巻 4 号 636 頁
································232, 234
最判昭和 33・4・10 刑集 12 巻 5 号 743 頁·····396
最判昭和 33・4・18 刑集 12 巻 6 号 1090 頁
································225, 226
最決昭和 33・5・1 刑集 12 巻 7 号 1286 頁·····331
最決昭和 33・5・6 刑集 12 巻 7 号 1297 頁·····190
最大判昭和 33・5・28 刑集 12 巻 8 号 1718 頁
································162, 163
福岡高宮崎支判昭和 33・5・30 裁特 5 巻 6 号
　252 頁 ·····339
東京高判昭和 33・7・7 裁特 5 巻 8 号 313 頁·····315
東京高判昭和 33・7・15 高刑集 11 巻 7 号 394 頁
································260
東京高判昭和 33・7・15 東高刑時報 9 巻 7 号
　201 頁 ·····402
最判昭和 33・7・25 刑集 12 巻 12 号 2746 頁·····376
最決昭和 33・7・31 刑集 12 巻 12 号 2805 頁·····477
名古屋地判昭和 33・8・27 一審刑集 1 巻 8 号
　1288 頁 ·····156
最決昭和 33・9・1 刑集 12 巻 13 号 2833 頁 ·····321
裁決昭和 33・9・5 刑集 12 巻 13 号 2844 頁
································430, 432
最判昭和 33・9・9 刑集 12 巻 13 号 2882 頁·····50
最決昭和 33・9・16 刑集 12 巻 13 号 3031 頁
································397, 406
最判昭和 33・9・19 刑集 12 巻 13 号 3047 頁·····338
神戸地姫路支判昭和 33・9・27 一審刑集 1 巻

9 号 1554 頁 ·····401
最判昭和 33・9・30 刑集 12 巻 13 号 3151 頁·····450
最判昭和 33・9・30 刑集 12 巻 13 号 3180 頁·····484
最判昭和 33・10・10 刑集 12 巻 14 号 3246 頁
································350
最判昭和 33・10・14 刑集 12 巻 14 号 3264 頁
································449
最大判昭和 33・10・15 刑集 12 巻 14 号 3313 頁
································192
最判昭和 33・10・24 刑集 12 巻 14 号 3368 頁
································354
最判昭和 33・11・21 刑集 12 巻 15 号 3519 頁
································41, 86, 207, 254, 318
東京高判昭和 33・12・22 高検速報 776 号·····454
広島高判昭和 33・12・24 高刑集 11 巻 10 号
　701 頁 ·····247
最決昭和 34・2・9 刑集 13 巻 1 号 76 頁·····351, 352
高松高判昭和 34・2・11 高刑集 12 巻 1 号 18 頁
································300
最決昭和 34・2・13 刑集 13 巻 2 号 101 頁·····339
最判昭和 34・2・27 刑集 13 巻 2 号 250 頁·····107
最決昭和 34・3・12 刑集 13 巻 3 号 298 頁·····310
東京高判昭和 34・3・16 高刑集 12 巻 2 号 201 頁
································337
最判昭和 34・3・23 刑集 13 巻 3 号 391 頁·····304
東京高判昭和 34・4・30 高刑集 12 巻 5 号 486 頁
································448
最判昭和 34・5・7 刑集 13 巻 5 号 641 頁
································260, 262, 264
広島高判昭和 34・6・12 高刑集 12 巻 7 号 681 頁
································490
東京高判昭和 34・6・29 下刑集 1 巻 6 号 1366 頁
································474
最判昭和 34・6・30 刑集 13 巻 6 号 985 頁·····387
最決昭和 34・6・30 裁集刑 130 号 351 頁·····399
最判昭和 34・7・3 刑集 13 巻 7 号 1099 頁·····355
最判昭和 34・7・24 刑集 13 巻 8 号 1163 頁
································214, 215
最決昭和 34・8・17 刑集 13 巻 10 号 2757 頁·····392
最判昭和 34・8・27 刑集 13 巻 10 号 2769 頁·····449
最判昭和 34・8・28 刑集 13 巻 10 号 2906 頁·····287
千葉地判昭和 34・9・12 判時 207 号 34 頁·····470
最判昭和 34・9・28 刑集 13 巻 11 号 2993 頁·····319
最決昭和 34・10・29 刑集 13 巻 11 号 3062 頁
································431

東京高判昭和34・11・28高刑集12巻10号974
　頁 ……………………………………………416
東京高判昭和34・12・8高刑集12巻10号
　1017頁 …………………………………231
最判昭和34・12・25刑集13巻13号3333頁
　………………………………………………376
最決昭和35・1・11刑集14巻1号1頁………402
最決昭和35・1・12刑集14巻1号9頁………398
最大判昭和35・1・27刑集14巻1号33頁……16
最判昭和35・2・4刑集14巻1号61頁……77, 79
東京高判昭和35・2・17下刑集2巻2号133頁
　………………………………………………50
最判昭和35・2・18刑集14巻2号138頁………380
大阪高判昭和35・2・18下刑集2巻2号141頁
　………………………………………………473
最判昭和35・3・1刑集14巻3号209頁
　……………………………………………270, 446
最決昭和35・3・10刑集14巻3号333頁………424
最判昭和35・3・17刑集14巻3号351頁………467
最判昭和35・3・18刑集14巻4号416頁………229
東京高判昭和35・3・22東高刑時報11巻3号
　73頁 …………………………………………226
最判昭和35・4・26刑集14巻6号748頁………287
最決昭和35・4・28刑集14巻6号836頁………453
東京高判昭和35・5・24高刑集13巻4号335頁
　………………………………………………107
最判昭和35・6・24刑集14巻8号1103頁
　……………………………………………452, 453
佐賀地判昭和35・6・27下刑集2巻5＝6号
　938頁 ………………………………………463
最決昭和35・7・18刑集14巻9号1189頁
　……………………………………………467, 468
最決昭和35・10・18刑集14巻12号1559頁
　………………………………………………143
最判昭和35・11・18刑集14巻13号1713頁
　………………………………………………270
東京高判昭和35・11・29高刑集13巻9号639頁
　……………………………………………472, 473
最判昭和35・12・8刑集14巻13号1818頁
　……………………………………………365, 366
最決昭和35・12・13刑集14巻13号1929頁
　………………………………………………352
名古屋高判昭和35・12・26高刑集3巻10号
　781頁 ………………………………………298
最決昭和35・12・27刑集14巻14号2229頁

……………………………………………336, 357, 362
最判昭和36・1・10刑集15巻1号1頁………379
最判昭和36・1・13刑集15巻1号113頁……484
最決昭和36・2・9刑集15巻2号308頁 ……484
盛岡地一関支判昭和36・3・15下刑集3巻
　3＝4号252頁 ……………………………109
大阪高判昭和36・3・28下刑集3巻3＝4号
　208頁 ………………………………………298
最判昭和36・3・30刑集15巻3号605頁………401
最判昭和36・3・30刑集15巻3号667頁………392
東京地判昭和36・3・30判時264号35頁………221
東京地判昭和36・4・4判時274号34頁………469
最判昭和36・4・27民集15巻4号901頁……333
最判昭和36・6・20刑集15巻6号984頁………401
最決昭和36・6・22刑集15巻6号1004頁 …492
広島高判昭和36・7・10高刑集14巻5号310頁
　………………………………………………144
東京高判昭和36・7・18東高刑時報12巻8号
　13頁 …………………………………………470
佐世保簡裁略式命令昭和36・8・3下刑集3巻
　7＝8号816頁 ……………………………178
最判昭和36・8・17刑集15巻7号1244頁 …249
最決昭和36・8・17刑集15巻7号1293頁
　……………………………………………469, 470
和歌山地判昭和36・8・21下刑集3巻7＝8号
　783頁 ………………………………………467
最判昭和36・9・26刑集15巻8号1525頁
　……………………………………………387, 418
最判昭和36・10・13刑集15巻9号1586頁…260
名古屋高判昭和36・11・8高刑集14巻8号
　563頁 ………………………………………433
最判昭和36・12・1刑集15巻11号1807頁
　……………………………………………380, 381
最判昭和37・1・23刑集16巻1号11頁 ……449
東京高判昭和37・1・23高刑集15巻2号100頁
　………………………………………………486
最決昭和37・2・9刑集16巻2号54頁………458
最判昭和37・2・13刑集16巻2号68頁 ……347
最判昭和37・3・1刑集16巻3号247頁 ……401
東京地判昭和37・3・17下刑集4巻3＝4号
　224頁 ………………………………………146
最判昭和37・3・23刑集16巻3号305頁……143
最判昭和37・4・13判時315号4頁 …………489
東京高判昭和37・4・24高刑集15巻4号210頁
　………………………………………………143

判例索引　511

最判昭和37・5・4 刑集 16 巻 5 号 510 頁 ……123
最判昭和37・5・29 刑集 16 巻 5 号 528 頁……482
最大判昭和37・5・30 刑集 16 巻 5 号 577 頁 …11
大阪地判昭和37・7・24 下刑集 4 巻 7 = 8 号
　　696 頁 …………………………………27
福岡高判昭和37・8・22 高刑集 15 巻 5 号 405 頁
　　……………………………………293
東京高判昭和37・10・23 高刑集 15 巻 8 号 621 頁
　　……………………………………269
最決昭和37・11・8 刑集 16 巻 11 号 1522 頁…158
最決昭和37・11・21 刑集 16 巻 11 号 1570 頁
　　……………………………………238
最大判昭和37・11・28 刑集 16 巻 11 号 1593 頁
　　……………………………………490
東京地判昭和37・11・29 判タ 140 号 117 頁…320
東京地判昭和37・12・3 判時 323 号 33 頁……284
名古屋高判昭和37・12・22 高刑集 15 巻 9 号
　　674 頁 …………………………………90
大阪高判昭和38・1・22 高刑集 16 巻 2 号 177 頁
　　……………………………………158
最判昭和38・3・15 刑集 17 巻 2 号 23 頁………94
福岡高宮崎支判昭和38・3・29 判タ 145 号
　　199 頁 ………………………………226
最決昭和38・4・18 刑集 17 巻 3 号 248 頁……234
最大判昭和38・5・22 刑集 17 巻 4 号 370 頁 …97
最決昭和38・7・9 刑集 17 巻 6 号 608 頁
　　…………………………………345, 349
最決昭和38・11・8 刑集 17 巻 11 号 2357 頁…356
東京高判昭和38・12・11 高刑集 16 巻 9 号
　　787 頁 ………………………………107
最判昭和38・12・24 刑集 17 巻 12 号 2485 頁
　　……………………………………358
新潟地相川支判昭和39・1・10 下刑集 6 巻
　　1 = 2 号 25 頁 ………………………294
東京高判昭和39・1・21 高刑集 17 巻 1 号 82 頁
　　……………………………………339
東京高判昭和39・1・27 判時 373 号 47 頁……223
最決昭和39・1・28 刑集 18 巻 1 号 31 頁 ……217
名古屋地判昭和39・2・20 下刑集 6 巻 1 = 2 号
　　80 頁…………………………………269
最決昭和39・3・31 刑集 18 巻 3 号 115 頁……454
名古屋高判昭和39・4・27 高刑集 17 巻 3 号
　　262 頁 ………………………………373
東京高判昭和39・6・8 高刑集 17 巻 5 号 446 頁
　　……………………………………284

東京地判昭和39・7・31 下刑集 6 巻 7 = 8 号
　　891 頁 ………………………………279
東京高判昭和39・8・5 高刑集 17 巻 6 号 557 頁
　　……………………………………148
最判昭和39・11・24 刑集 18 巻 9 号 610 頁 …360
最決昭和39・12・3 刑集 18 巻 10 号 698 頁……97
最決昭和39・12・8 刑集 18 巻 10 号 952 頁 …486
名古屋高判昭和39・12・28 下刑集 6 巻
　　11 = 12 号 1240 頁 …………………361
最決昭和40・2・26 刑集 19 巻 1 号 59 頁……468
最判昭和40・3・9 刑集 19 巻 2 号 69 頁………141
最判昭和40・3・26 刑集 19 巻 2 号 83 頁……26
東京高判昭和40・3・29 高刑集 18 巻 2 号 126 頁
　　……………………………………470
最決昭和40・3・30 刑集 19 巻 2 号 125 頁
　　…………………………………26, 245
最大判昭和40・4・28 刑集 19 巻 3 号 203 頁…492
最大判昭和40・4・28 刑集 19 巻 3 号 300 頁…492
京都地判昭和40・5・10 下刑集 7 巻 5 号 855 頁
　　……………………………………178
大阪高判昭和40・6・7 下刑集 7 巻 6 号 1166 頁
　　………………………………………87
福岡高判昭和40・6・24 下刑集 7 巻 6 号 1202 頁
　　……………………………………401
東京地判昭和40・6・26 下刑集 7 巻 6 号 1319 頁
　　……………………………………278
東京地判昭和40・8・31 判タ 181 号 194 頁 …374
最決昭和40・9・16 刑集 19 巻 6 号 679 頁
　　…………………………………170, 471
東京地判昭和40・9・30 下刑集 7 巻 9 号 1828 頁
　　…………………………………51, 215
大阪高判昭和40・12・17 高刑集 18 巻 7 号
　　877 頁 ………………………………294
名古屋高判昭和41・3・10 高刑集 19 巻 2 号
　　104 頁 ………………………………430
最判昭和41・3・24 刑集 20 巻 3 号 129 頁……449
最判昭和41・4・8 刑集 20 巻 4 号 207 頁……284
最判昭和41・4・14 判時 449 号 64 頁…………449
最判昭和41・4・18 刑集 20 巻 4 号 228 頁……491
札幌地判昭和41・4・20 下刑集 8 巻 4 号 658 頁
　　……………………………………324
最決昭和41・6・10 刑集 20 巻 5 号 374 頁
　　…………………………………357, 361
最判昭和41・6・14 刑集 20 巻 5 号 449 頁……127
最判昭和41・6・23 民集 20 巻 5 号 1118 頁 …264

最決昭和41・7・7 刑集20巻6号554頁 ……110
東京高判昭和41・7・19 高刑集19巻4号463頁 ……363
大阪高判昭和41・8・9 高刑集19巻5号535頁 ……294
最判昭和41・9・14 裁集刑160号733頁 ……219
最判昭和41・9・16 刑集20巻7号790頁
……455, 458, 459
最大判昭和41・10・26 刑集20巻8号901頁…94
東京地判昭和41・11・25 判タ200号177頁…284
最大判昭和41・11・30 刑集20巻9号1076頁
……270
最判昭和41・12・20 刑集20巻10号1212頁
……128
最判昭和42・3・7 刑集21巻2号417頁 ……166
最決昭和42・3・30 刑集21巻2号447頁…404
最決昭和42・5・19 刑集21巻4号494頁 ……13
最大判昭和42・5・24 刑集21巻4号505頁…448
最決昭和42・5・25 刑集21巻4号584頁……124
大阪高判昭和42・5・29 高刑集20巻3号330頁
……308
東京高判昭和42・6・20 東高刑時報18巻6号
193頁 ……299
最決昭和42・8・28 刑集21巻7号863頁……405
最決昭和42・10・12 刑集21巻8号1083頁…376
最判昭和42・10・13 刑集21巻8号1097頁…128
最決昭和42・10・24 刑集21巻8号1116頁
……33, 37
最決昭和42・11・2 刑集21巻9号1179頁 …294
最決昭和42・11・28 刑集21巻9号1277頁…408
大阪高判昭和42・11・29 判時518号83頁…320
新潟地判昭和42・12・5 下刑集9巻12号
1548頁 ……305
最決昭和42・12・19 刑集21巻10号1407頁
……451, 452
最決昭和42・12・21 刑集21巻10号1453頁
……317
最決昭和42・12・21 判時506号59頁 ………235
最決昭和43・1・18 刑集22巻1号7頁…261, 263
最決昭和43・1・18 刑集22巻1号32頁 ……360
大阪地判昭和43・2・21 下刑集10巻2号140頁
……50
最決昭和43・2・27 刑集22巻2号67頁
……136, 137
仙台高判昭和43・2・29 下刑集10巻2号118頁

……451
大阪高判昭和43・3・4 下刑集10巻3号225頁
……280
大阪高判昭和43・3・12 高刑集21巻2号126頁
……193
大阪地判昭和43・3・18 判タ223号244頁 …470
岡山地判昭和43・5・6 下刑集10巻5号561頁
……238
最決昭和43・5・23 判時519号92頁………332
名古屋地岡崎支判昭和43・5・30 下刑集10巻
5号580頁 ……50
最決昭和43・6・6 刑集22巻6号434頁 ……313
最決昭和43・6・25 刑集22巻6号490頁……408
最決昭和43・6・28 刑集22巻6号569頁……363
大津地判昭和43・8・27 下刑集10巻8号866頁
……460
最決昭和43・9・17 刑集22巻9号862頁……249
最決昭和43・9・17 判時534号85頁………290
最大判昭和43・9・25 刑集22巻9号871頁…491
最決昭和43・10・15 刑集22巻10号901頁…489
最決昭和43・10・15 刑集22巻10号928頁…248
最決昭和43・11・7 判時541号83頁……213
大阪地判昭和43・11・15 判タ235号280頁…294
最決昭和43・12・11 刑集22巻13号1469頁
……325
甲府地判昭和43・12・18 下刑集10巻12号
1239頁 ……458
最判昭和43・12・24 刑集22巻13号1625頁
……169
広島地判昭和43・12・24 判時548号105頁…298
最決昭和44・5・1 刑集23巻6号907頁 ……359
宮崎地日南支判昭和44・5・22 刑月1巻5号
535頁 ……470
最大判昭和44・6・18 刑集23巻7号950頁…403
最大判昭和44・6・25 刑集23巻7号975頁
……262, 264
最決昭和44・7・17 刑集23巻8号1061頁 …161
最決昭和44・7・25 刑集23巻8号1068頁 …244
京都地判昭和44・8・30 刑月1巻8号841頁
……270
東京地判昭和44・9・1 刑月1巻9号865頁…254
東京高判昭和44・9・17 高刑集22巻4号595頁
……131
最大判昭和44・10・15 刑集23巻10号1239頁
……429

大阪高判昭和44・10・17判タ224号290頁…146
熊本地判昭和44・10・28刑月1巻10号1031頁
　……184
最判昭和44・12・4刑集23巻12号1573頁…71
福岡高判昭和44・12・18刑月1巻12号1110頁
　……328, 485
最判昭和45・1・29刑集24巻1号1頁…55, 245
京都地判昭和45・3・12刑月2巻3号258頁
　……355
最判昭和45・3・26刑集24巻3号55頁
　……316, 317, 318
最決昭和45・3・27刑集24巻3号76頁…336
仙台地判昭和45・3・30刑月2巻3号308頁
　……360
東京高判昭和45・4・6東高刑時報21巻4号
152頁……280
大阪高判昭和45・5・1高刑集23巻2号367頁
　……79
大阪高判昭和45・6・16刑月2巻6号643頁
　……127
最決昭和45・6・23刑集24巻6号311頁…97
最決昭和45・6・30判時596号96頁……396
札幌高判昭和45・7・14高刑集23巻3号479頁
　……220
最決昭和45・7・28刑集24巻7号585頁
　……141, 246
最決昭和45・7・28判時605号97頁……128
東京高判昭和45・8・11高刑集23巻3号524頁
　……382
最決昭和45・9・4刑集24巻10号1319頁…407
京都地判昭和45・10・12刑月2巻10号1104頁
　……232
最大判昭和45・10・21民集24巻11号1560頁
　……335
浦和地判昭和45・10・22刑月2巻10号1107頁
　……215
東京高判昭和45・11・26東高刑事報21巻11号
408頁……81
最決昭和45・12・3刑集24巻13号1707頁
　……222, 223, 224
最判昭和45・12・22刑集24巻13号1812頁
　……447
最決昭和45・12・22刑集24巻13号1882頁
　……281, 299
大阪地判昭和46・1・30刑月3巻1号59頁…254

東京高判昭和46・3・4高刑集24巻1号168頁
　……52
福岡地久留米支判昭和46・3・8判タ264号
403頁……50
最決昭和46・3・23刑集25巻2号239頁……361
最判昭和46・4・22刑集25巻3号530頁……381
東京高判昭和46・5・24東高刑時報22巻5号
182頁……79, 82
最判昭和46・6・17刑集25巻4号567頁……34
仙台高判昭和46・6・21高刑集24巻2号418頁
　……291
最決昭和46・7・30刑集25巻5号756頁……67
東京高判昭和46・9・9高刑集24巻3号537頁
　……293
前橋地高崎支判昭和46・9・17判時646号
105頁……51
最決昭和46・9・22刑集25巻6号769頁……249
大阪高判昭和46・10・6刑月3巻10号1306頁
　……331
福岡高判昭和46・10・11刑月3巻10号1311頁
　……217
最判昭和46・11・16刑集25巻8号996頁
　……67, 69
大阪高判昭和46・11・26高刑集24巻4号
741頁……337
最決昭和46・12・20刑集25巻9号1086頁…376
東京高判昭和46・12・23高刑集24巻4号
789頁……431
福岡高判昭和47・1・24刑月4巻1号4頁…454
最判昭和47・3・14刑集26巻2号187頁……223
大阪高判昭和47・8・4高刑集25巻3号368頁
　……299
福岡高判昭和47・11・22刑月4巻11号1803頁
　……333
最決昭和48・2・8刑集27巻1号1頁……222
最決昭和48・2・28刑集27巻1号68頁……435
最決昭和48・3・20裁集刑186号329頁……97
東京高判昭和48・3・26高刑集26巻1号85頁
　……300
東京高判昭和48・3・27東高刑時報24巻3号
41頁……254
最大判昭和48・4・4刑集27巻3号265頁
　……18, 205
最大判昭和48・4・25刑集27巻3号418頁
　……63, 93, 97

………………………………84, 88
最判昭和 55・11・28 刑集 34 巻 6 号 433 頁 …429
最決昭和 55・12・9 刑集 34 巻 7 号 513 頁
………………………………29, 382
最決昭和 55・12・22 刑集 34 巻 7 号 747 頁
………………………………417, 484, 491
東京高判昭和 56・1・27 刑月 13 巻 1 = 2 号 50 頁
………………………………248
最決昭和 56・2・20 刑集 35 巻 1 号 15 頁 ……342
福岡高判昭和 56・3・26 刑月 13 巻 3 号 164 頁
………………………………362
神戸地判昭和 56・3・27 判時 1012 号 35 頁 …344
東京地判昭和 56・3・30 刑月 13 巻 3 号 299 頁
………………………………195
最決昭和 56・4・8 刑集 35 巻 3 号 57 頁………409
最判昭和 56・4・16 刑集 35 巻 3 号 84 頁 ……262
最決昭和 56・4・16 刑集 35 巻 3 号 107 頁…409
福岡高判昭和 56・9・21 刑月 13 巻 8 = 9 号
527 頁 ………………………………318
大阪高判昭和 56・9・30 高刑集 34 巻 3 号 385 頁
………………………………136
東京地判昭和 56・11・6 判時 1043 号 151 頁…406
東京高判昭和 56・12・17 高刑集 34 巻 4 号
444 頁 ………………………………431
大阪高判昭和 56・12・17 刑月 13 巻 12 号 819 頁
………………………………467
最決昭和 56・12・22 刑集 35 巻 9 号 953 頁…410
東京高判昭和 56・12・24 高刑集 34 巻 4 号
461 頁 ………………………………337
東京高判昭和 57・1・21 刑月 14 巻 1 = 2 号 1 頁
………………………………252
最決昭和 57・1・28 刑集 36 巻 1 号 1 頁…478, 479
最決昭和 57・2・17 刑集 36 巻 2 号 206 頁…189
最決昭和 57・4・2 刑集 36 巻 4 号 503 頁 ……123
最決昭和 57・5・26 刑集 36 巻 5 号 609 頁 ……66
東京高判昭和 57・6・28 刑月 14 巻 5 = 6 号
324 頁 ………………………………327
東京地判昭和 57・7・23 判時 1069 号 153 頁 …50
東京高判昭和 57・8・10 刑月 14 巻 7 = 8 号
603 頁 ………………………………225
福岡高判昭和 57・9・6 高刑集 35 巻 2 号 85 頁
………………………………126, 211
最判昭和 57・9・28 刑集 36 巻 8 号 787 頁 ……17
旭川地判昭和 57・9・29 刑月 14 巻 9 号 713 頁
………………………………469

最決昭和 57・11・8 刑集 36 巻 11 号 879 頁 …376
最決昭和 57・11・29 刑集 36 巻 11 号 988 頁
………………………………236, 240
東京高判昭和 57・11・29 刑月 14 巻 11 = 12 号
804 頁 ………………………………82
東京地八王子支判昭和 57・12・22 判タ 494 号
142 頁 ………………………………51
東京高判昭和 58・1・20 判時 1088 号 147 頁…251
福岡高判昭和 58・2・28 判時 1083 号 156 頁…282
東京地判昭和 58・3・1 刑月 15 巻 3 号 255 頁
………………………………248
最判昭和 58・3・8 刑集 37 巻 2 号 15 頁…429, 430
最判昭和 58・3・25 刑集 37 巻 2 号 170 頁……484
仙台地判昭和 58・3・28 刑月 15 巻 3 号 279 頁
………………………………371
最判昭和 58・4・8 刑集 37 巻 3 号 215 頁
………………………………251, 253
最決昭和 58・5・9 刑集 37 巻 4 号 401 頁 ……458
最決昭和 58・5・24 刑集 37 巻 4 号 437 頁……347
東京高判昭和 58・5・26 東高刑時報 34 巻
4 = 5 = 6 号 18 頁 ………………………………417
東京地判昭和 58・6・10 判時 1084 号 37 頁 …262
東京地判昭和 58・6・20 刑月 15 巻 4 = 5 = 6 号
299 頁 ………………………………371
最決昭和 58・6・23 刑集 37 巻 5 号 555 頁……222
横浜地判昭和 58・7・20 判時 1108 号 138 頁
………………………………118, 371
京都地判昭和 58・8・1 刑月 15 巻 7 = 8 号 387 頁
………………………………456
最決昭和 58・9・13 判時 1100 号 156 頁………135
最決昭和 58・9・21 刑集 37 巻 7 号 1070 頁……42
最決昭和 58・9・27 刑集 37 巻 7 号 1078 頁
………………………………235, 236, 240
最判昭和 58・9・29 刑集 37 巻 7 号 1110 頁 …188
最判昭和 58・11・1 刑集 37 巻 9 号 1341 頁
………………………………259, 265
最判昭和 59・2・17 刑集 38 巻 3 号 336 頁
………………………………394, 410
最判昭和 59・3・6 刑集 38 巻 5 号 1961 頁……112
最決昭和 59・3・23 刑集 38 巻 5 号 2030 頁 …273
最決昭和 59・3・27 刑集 38 巻 5 号 2064 頁
………………………………41, 207
最決昭和 59・4・12 刑集 38 巻 6 号 2107 頁 …379
最決昭和 59・4・27 刑集 38 巻 6 号 2584 頁 …272
最決昭和 59・5・8 刑集 38 巻 7 号 2621 頁……447

判 例 索 引　517

最決昭和 59・5・30 刑集 38 巻 7 号 2682 頁
　………………………………………482, 483
東京地判昭和 59・6・15 刑月 16 巻 5 = 6 号
　459 頁 ……………………………………291
東京地判昭和 59・6・28 刑月 16 巻 5 = 6 号 476 頁
　………………………………………………278
最決昭和 59・7・3 刑集 38 巻 8 号 2783 頁
　………………………………………134, 135
最決昭和 59・7・6 刑集 38 巻 8 号 2793 頁 ……35
東京高判昭和 59・7・18 高刑集 37 巻 2 号 360 頁
　………………………………………………263
大阪高判昭和 59・7・27 高刑集 37 巻 2 号 377 頁
　………………………………………………467
東京地判昭和 59・8・6 判時 1132 号 176 頁 …325
福岡地判昭和 59・8・30 判時 1152 号 182 頁…164
東京高判昭和 59・11・19 判タ 544 号 251 頁…318
東京高判昭和 59・11・27 判時 1158 号 249 頁
　………………………………………………135
大阪高判昭和 59・11・28 高刑集 37 巻 3 号
　438 頁 ……………………………………301
最判昭和 59・12・18 刑集 38 巻 12 号 3026 頁
　………………………………………………252
最決昭和 59・12・21 刑集 38 巻 12 号 3071 頁
　………………………………………366, 367
横浜地判昭和 60・2・8 刑月 17 巻 1 = 2 号 11 頁
　………………………………………………306
東京地判昭和 60・2・13 刑月 17 巻 1 = 2 号 22 頁
　………………………………………………337
東京地判昭和 60・3・6 判時 1147 号 162 頁 …346
東京地判昭和 60・3・19 判時 1172 号 155 頁
　………………………………………167, 305
最判昭和 60・3・28 刑集 39 巻 2 号 75 頁 ……374
最決昭和 60・4・3 刑集 39 巻 3 号 131 頁
　………………………………………344, 346
東京地判昭和 60・4・8 判時 1171 号 16 頁……483
最決昭和 60・6・11 刑集 39 巻 5 号 219 頁……482
新潟地判昭和 60・7・2 刑月 17 巻 7 = 8 号 663 頁
　………………………………………………284
最決昭和 60・7・16 刑集 39 巻 5 号 245 頁……479
最決昭和 60・7・19 判時 1158 号 28 頁 ………461
最決昭和 60・10・21 刑集 39 巻 6 号 362 頁
　………………………………………225, 376
最大判昭和 60・10・23 刑集 39 巻 6 号 413 頁
　………………………………………10, 15, 18
大阪簡判昭和 60・12・11 判時 1204 号 161 頁

福島地判昭和 61・1・31 刑月 18 巻 1 = 2 号 57 頁
　………………………………………………404
札幌地判昭和 61・2・13 刑月 18 巻 1 = 2 号 68 頁
　………………………………………………129
横浜地判昭和 61・2・18 刑月 18 巻 1 = 2 号 127 頁
　………………………………………………269
福岡地判昭和 61・3・3 判タ 595 号 95 頁 ……272
福岡高判昭和 61・3・6 高刑集 39 巻 1 号 1 頁
　………………………………………………148
東京高判昭和 61・3・31 高刑集 39 巻 1 号 24 頁
　………………………………………………363
東京高判昭和 61・5・14 刑月 18 巻 5 = 6 号
　490 頁 ……………………………………486
京都地判昭和 61・5・23 刑月 18 巻 5 = 6 号
　731 頁 ……………………………………270
最決昭和 61・6・9 刑集 40 巻 4 号 269 頁 ……121
最決昭和 61・6・24 刑集 40 巻 4 号 292 頁 ……97
最決昭和 61・6・27 刑集 40 巻 4 号 340 頁……393
最決昭和 61・6・27 刑集 40 巻 4 号 369 頁……484
最決昭和 61・7・18 刑集 40 巻 5 号 438 頁
　………………………………285, 288, 360
堺簡判昭和 61・8・27 判タ 618 号 181 頁………82
名古屋高判昭和 61・9・30 高刑集 39 巻 4 号
　371 頁 ………………………………178, 376
最決昭和 61・11・18 刑集 40 巻 7 号 523 頁
　………………………………298, 299, 302
大阪高判昭和 61・12・16 高刑集 39 巻 4 号
　592 頁 ……………………………………230
仙台地石巻支判昭和 62・2・18 判時 1249 号 145
　頁 …………………………………………88
最決昭和 62・3・12 刑集 41 巻 2 号 140 頁……270
最決昭和 62・3・24 刑集 41 巻 2 号 173 頁……240
最決昭和 62・3・26 刑集 41 巻 2 号 182 頁……110
最決昭和 62・4・10 刑集 41 巻 3 号 221 頁
　………………………………282, 285, 341
大阪高判昭和 62・7・10 高刑集 40 巻 3 号 720 頁
　………………………………………174, 221
最決昭和 62・7・16 刑集 41 巻 5 号 237 頁……131
大阪高判昭和 62・7・17 判時 1253 号 141 頁
　………………………………………167, 305
福岡地小倉支判昭和 62・8・26 判時 1251 号 143
　頁 …………………………………………292
東京地判昭和 62・9・16 判時 1294 号 143 頁
　………………………………………55, 245

最決平成 15・4・14 刑集 57 巻 4 号 445 頁
　………………………………………373, 374
最大判平成 15・4・23 刑集 57 巻 4 号 467 頁
　………………………………………184, 340
最決平成 15・5・1 刑集 57 巻 5 号 507 頁 ……163
最決平成 15・6・2 刑集 57 巻 6 号 749 頁 ……380
最判平成 15・7・10 刑集 57 巻 7 号 903 頁……190
最決平成 15・7・16 刑集 57 巻 7 号 950 頁 ……35
最決平成 15・10・6 刑集 57 巻 9 号 987 頁……411
最決平成 15・12・18 刑集 57 巻 11 号 1167 頁
　………………………………………………404
最決平成 16・1・20 刑集 58 巻 1 号 1 頁
　………………………………30, 41, 87, 207
最決平成 16・2・9 刑集 58 巻 2 号 89 頁………317
最決平成 16・2・17 刑集 58 巻 2 号 169 頁 ……36
最決平成 16・3・22 刑集 58 巻 3 号 187 頁
　………………………………………119, 141
最決平成 16・7・13 刑集 58 巻 5 号 360 頁……128
最決平成 16・8・25 刑集 58 巻 6 号 515 頁……282
最決平成 16・10・19 刑集 58 巻 7 号 645 頁……38
最決平成 16・11・30 刑集 58 巻 8 号 1005 頁…292
最判平成 16・12・10 刑集 58 巻 9 号 1047 頁…304
最決平成 17・3・11 刑集 59 巻 2 号 1 頁………481
最決平成 17・3・29 刑集 59 巻 2 号 54 頁 ……218
最判平成 17・4・14 刑集 59 巻 3 号 283 頁……188
最決平成 17・7・4 刑集 59 巻 6 号 403 頁
　………………………………51, 155, 173
最決平成 18・1・17 刑集 60 巻 1 号 29 頁 ……361
最決平成 18・2・14 刑集 60 巻 2 号 165 頁……322
最決平成 18・3・27 刑集 60 巻 3 号 382 頁 ……38
最決平成 18・8・21 判タ 1227 号 184 頁………320
最決平成 18・8・30 刑集 60 巻 6 号 479 頁……296
東京高判平成 19・2・28 刑集 63 巻 11 号 2135 頁
　………………………………………………91
最決平成 19・3・20 刑集 61 巻 2 号 66 頁 ……360
最決平成 19・4・13 刑集 61 巻 3 号 340 頁……288
最決平成 19・7・2 刑集 61 巻 5 号 379 頁
　………………………………………254, 272
最決平成 19・7・17 刑集 61 巻 5 号 521 頁

　………………………………………313, 320
最判平成 19・9・18 刑集 61 巻 6 号 601 頁 ……18
最決平成 20・1・22 刑集 62 巻 1 号 1 頁………249
最決平成 20・2・18 刑集 62 巻 2 号 37 頁
　………………………………………295, 330
最判平成 20・3・27 刑集 62 巻 3 号 250 頁……481
最判平成 20・4・11 刑集 62 巻 5 号 1217 頁
　………………………………………252, 253
最判平成 20・4・25 刑集 62 巻 5 号 1559 頁 …135
最判平成 20・5・19 刑集 62 巻 6 号 1623 頁 …348
最判平成 20・5・20 刑集 62 巻 6 号 1786 頁 …68
最判平成 20・6・25 刑集 62 巻 6 号 1859 頁 …72
最判平成 21・2・24 刑集 63 巻 2 号 1 頁 ………72
最決平成 21・3・16 刑集 63 巻 3 号 81 頁 ……482
最決平成 21・6・29 刑集 63 巻 5 号 461 頁……288
最決平成 21・6・30 刑集 63 巻 5 号 475 頁
　………………………………………176, 177
最決平成 21・7・13 刑集 63 巻 6 号 590 頁……252
最決平成 21・7・14 刑集 63 巻 6 号 613 頁……453
東京高判平成 21・11・16 東高刑時報 60 巻
　1〜12 号 185 頁 ………………………298
最判平成 21・11・30 刑集 63 巻 9 号 1765 頁
　………………………………………252, 253
最決平成 21・12・7 刑集 63 巻 11 号 1899 頁 …90
最判平成 22・3・15 刑集 64 巻 2 号 1 頁………264
最判平成 22・3・17 刑集 64 巻 2 号 111 頁……186
最決平成 22・7・29 刑集 64 巻 5 号 829 頁
　………………………………311, 313, 319, 320
最決平成 22・10・26 刑集 64 巻 7 号 1019 頁 …33
最決平成 23・12・19 刑集 65 巻 9 号 1380 頁…161
最決平成 24・1・30 刑集 66 巻 1 号 36 頁 ……218
最決平成 24・2・8 刑集 66 巻 4 号 200 頁………33
最決平成 24・2・13 刑集 66 巻 4 号 405 頁……257
最決平成 24・7・24 刑集 66 巻 8 号 709 頁……218
最決平成 24・10・9 刑集 66 巻 10 号 981 頁 …330
最決平成 24・11・6 刑集 66 巻 11 号 1281 頁
　………………………………………174, 221
最決平成 26・3・28 刑集 68 巻 3 号 646 頁……313

事 項 索 引

ア

アジャン・プロヴォカトゥール …………160
あっせん収賄罪 ……………………488
穴埋め横領 …………………………339
安否を憂慮する者 …………………239
安楽死……………………………………89

イ

遺　棄 ……………………………………213
遺棄罪 ……………………………………213
遺棄等致死傷罪 ……………………215
意思活動（行動）の自由 ……228, 229
意思侵害説 ……………………………253
意思説 …………………………………111
遺失物等横領罪 ……………………341
意思表明説………………………………85
意思方向説………………………………85
委託（信任）関係 ……………328, 331
委託物横領罪 …………………………329
一元的行為無価値論……………………58
一故意犯説 ……………………………116
1 次的責任類型 ………………150, 153
一所為数法 ……………………………187
一部毀棄説 ……………………………372
一部露出説 ……………………………205
一般的職務権限 ……………………482
移転罪 ……………276, 277, 309, 323
意　図 …………………………………111
意図的な過剰行為………………………70
畏　怖 …………………………………229
違法一元論………………………………94
違法共犯論 ……………………………151
違法減少説………………………………73
違法行為類型……………………………23
違法性……………………………………56
違法性推定機能…………………………58
違法性阻却………………………………58
違法性阻却事由……………57, 58, 83
違法性の意識 ………………102, 130
　──の可能性 ………………………132

──不要説 …………………………130
違法・責任減少説…………………………73
違法多元論………………………………95
違法の相対性 ………………95, 151
違法の連帯性 …………………………151
違法身分 ………………………25, 165
違法身分犯………………………………25
意味の認識 ……………………………105
医療行為…………………………………62
威　力 …………………………………272
因果関係………………………………30
　──の基本的部分 ………………126
　──の錯誤 …………………113, 117
因果共犯論 ……………………………151
淫行勧誘罪 ……………………………433
印　章 …………………………………423
印章偽造罪 ……………………………423
隠　避 …………………………………466
陰　謀 …………………………………140

ウ

ウェーバーの概括的故意 ……………117

エ

営利目的等略取・誘拐罪 …………237
越権行為説 ……………………………336
延焼罪 …………………………………375

オ

応報刑論 …………………………………4
枉法収賄罪 ……………………………488
往来危険罪 ……………………………380
往来危険による汽車転覆等罪 ……382
往来の危険 ……………………………380
往来妨害罪 ……………………………378
横領罪 …………………………328, 336
　──と背任罪との区別 …………348
　不法原因給付と── ……………335
横領物の横領 …………………………339

カ

害悪の告知	229
概括的故意	103
外患援助罪	442
外患誘致罪	442
外国国章損壊等罪	443
外国通貨偽造罪	388
害の均衡	61, 79
外部的名誉	259, 265
解放による刑の減軽	242
価格相当な商品の提供	319
拡張解釈	11
確定的故意	111
科刑上一罪	180, 187
加減的身分	165
加減的身分犯	25, 165
過去の職務行為	483
瑕疵ある同意	85
過　失	122
――による教唆	159
――による教唆・幇助	177
――による幇助	160
――の過剰防衛	109
――の誤想過剰防衛	110
認識ある――	111
認識なき――	111
過失運転致死傷罪	226
過失往来危険罪	383
過失推定説	26
過失致死傷罪	224
過失犯	
――の共同正犯	177
――の構造	123
加重収賄罪	487
加重主義	190
加重逃走罪	462
加重封印等破棄等罪	456
過剰避難	82
過剰防衛	72
過失の――	109
故意の――	109
かすがい現象	189
ガス漏出等罪・同致死傷罪	377
かたい違法一元論	95

肩書の冒用	411
過度に広範な処罰規定	17
可能的自由	232
可罰的違法性	94
仮釈放	197
仮出場	197
科　料	197
監　禁	233
看　守	252
看守者等による逃走援助罪	464
間接教唆	160
間接実行	40
間接惹起	153
間接正犯	40
間接的安楽死	89
間接幇助	161
間接無形偽造	400
艦　船	252, 360, 369
完全犯罪共同説	154
監督過失	128
観念的競合	187
管理過失	128
管理可能性説	277
管理・監督過失	128

キ

毀棄・隠匿罪	276, 356
危惧感説	124
偽　計	268, 272
危　険	28
――の現実化	33
危険運転致死傷罪	226
危険犯	28
記　号	424
擬似身分犯	25, 245
汽車・電車	369
汽車転覆等罪	381
記述的要素	105
偽証罪	473
既遂犯	139
偽　造	387, 393, 417, 425
偽造公文書行使罪	403
偽造私文書等行使罪	412
偽造通貨行使等罪	387
偽造通貨等収得罪	389

事 項 索 引　523

偽造有価証券行使等罪 …………………418
期待可能性 ……………………………133
　——の錯誤 …………………………133
期待された作為…………………………46
寄託された金銭 ………………………334
規範的構成要件要素の認識 …………105
規範的責任論 …………………………100
規範的名誉 ……………………………259
規範的要素 ……………………………105
器物損壊罪 ……………………………361
欺罔・偽計による監禁 ………………234
欺罔行為 ………………………………311
客体の錯誤 ………………………113, 115
客体の不能 ……………………………144
客観的違法性……………………………56
客観的違法論……………………………56
客観的危険説 …………………………142
客観的構成要件要素……………………52
客観的処罰条件 ………………………104
旧過失論 ………………………………123
吸収一罪 ………………………………183
旧住居権説 ……………………………250
吸収主義 ………………………………190
急迫不正の侵害…………………………65
境界損壊罪 ……………………………363
恐　喝 …………………………………324
恐喝罪 …………………………………323
凶　器 …………………………………223
凶器準備結集罪 ………………………224
凶器準備集合罪 ………………………221
狭義の共犯 ……………………………150
狭義の包括一罪 ………………………185
狭義の暴行 ……………………………216
教　唆 ……………………………150, 159
教唆・幇助の共同正犯 ………………164
強制執行関係売却妨害罪 ……………455
強制執行行為妨害等罪 ………………455
強制執行妨害罪 ………………………453
強制執行妨害目的財産損壊等罪 ……452
強制力を行使する権力的公務 ………270
強制わいせつ罪 ………………………243
強制わいせつ等致死傷罪 ……………249
共同意思 ………………………………366
共同意思主体説 ………………………162
共同加害目的 …………………………223

共同惹起 ………………………………153
共同正犯 …………………………150, 161
　過失犯の—— ………………………177
競　売 …………………………………457
競売等妨害罪 …………………………455
脅　迫 ………………229, 297, 324, 366, 440, 449
脅迫罪 …………………………………228
共罰的事後行為 ………………………184
共罰的事前行為 ………………………184
共　犯 …………………………………149
　——と違法性阻却事由 ……………170
　——と錯誤 …………………………171
　——と身分 …………………………164
　——の因果性 ………………………155
　——の過剰 …………………………171
　——の罪数 …………………………189
　——の従属性 …………………152, 157
　——の処罰根拠 ……………………150
　——の未遂 …………………………157
　狭義の—— …………………………150
　広義の—— …………………………150
　事後強盗罪と—— …………………305
　未遂の—— …………………………157
共犯関係からの離脱 …………………175
共犯関係の解消 ………………………175
共犯現象 ………………………………149
共犯者の蔵匿・隠避 …………………469
共謀共同正犯 …………………162, 163
業　務 ………………225, 267, 340, 376
業務上横領罪 …………………………340
業務上過失 ……………………………225
業務上過失致死傷罪 …………………225
業務上失火罪 …………………………376
業務上堕胎罪 …………………………210
業務主処罰規定…………………………26
供　用 …………………………………415
強要罪 …………………………………230
強要による緊急避難 ……………………78
虚偽鑑定等罪 …………………………475
虚偽記入 ………………………………418
虚偽公文書作成等罪 …………………400
虚偽告訴等罪 …………………………476
虚偽診断書等作成罪 …………………411
虚偽の告訴 ……………………………476
虚偽の陳述 ……………………………474

虚偽の風説の流布 …………268, 271	刑法総論 …………………………4
虚偽文書作成 …………………393	激発すべき物 …………………377
極端従属性説 ………151, 152, 157	激発物破裂罪 …………………377
御璽偽造罪 ……………………425	結　果 …………………………203
挙証責任の転換 ………………220	——の予見可能性 ………123, 125
挙動による欺罔 ………………313	結果回避可能性 ………………47
挙動犯 …………………………28	結果回避義務 …………………125
虚　名 …………………………259	結果行為 ………………………136
緊急救助 ………………………68	結果的加重犯 …………………104
緊急避難 ………………………74	——の教唆・幇助 ……………178
——の法的性格 ………………74	——の共同正犯 ………………179
禁　錮 …………………………196	結果犯 …………………………28
禁制品 …………………………285	結果無価値 ……………………57
	結果無価値論 …………………57
ク	結果予見義務 …………………124
偶然防衛 ………………………70	原因行為 ………………………136
具体的危険 ……………………142	原因において自由な行為 ……136
具体的危険説 …………………142	厳格故意説 ……………………131
具体的危険犯 …………………29	厳格責任説 …………83, 108, 132
具体的事実の錯誤 ………113, 115	権限濫用説 ……………………342
具体的法定符合説 ……………114	現在建造物 ……………………369
クレジットカードの不正使用 …317	現在の危難 ……………………76
	現実的自由 ……………………232
ケ	現住建造物 ……………………369
迎撃形態 ………………………222	現住建造物等放火罪 …………369
傾向犯 …………………………55	建造物 ……………252, 359, 369
形式主義 ………………………393	建造物等以外放火罪 …………374
形式的違法性 …………………56	建造物等損壊罪 ………………361
形式的客観説 …………………140	建造物等損壊致死 ……………361
形式的正犯概念 ………………162	限定責任能力 …………………134
刑事事件に関する証拠 ………468	現場助勢罪 ……………………219
刑事未成年 ……………………135	権利・義務に関する文書 ……406
継続犯 …………………………29, 233	権利行使と恐喝 ………………326
刑の廃止 ………………………193	権利行使と詐欺 ………………321
刑の変更 ………………………194	牽連犯 …………………………187
刑　罰 …………………………4	
——の執行 ……………………199	**コ**
刑罰論 …………………………196	故　意 …………………………101
軽微な傷害 ……………………218	——ある幇助的道具 …………163
刑　法 …………………………3	——の過剰防衛 ………………109
——の時間的適用範囲 ………192	——の構成要件関連性 ………103
——の断片性 …………………6	——の個数 ……………………116
——の場所的適用範囲 ………194	——の誤想過剰防衛 …………110
——の補充性 …………………6	故意説 …………………………131
刑法各論 ………………………3	故意犯処罰の原則 ……………122

事項索引　525

行為客体……………………28
行為共同説……………………154
行為者の行為の介入……………38
行為責任………………………100
行為と責任の同時存在の原則………112, 135
行為無価値……………………57
行為無価値論…………………58
公印偽造罪……………………425
交換価値………………………280
強姦罪…………………………245
公記号偽造罪…………………426
広義の共犯……………………150
広義の暴行……………………216
公共危険罪……………………364, 368
公共の危険……………………373
　　──の認識……………………373
公共の静謐……………………365
抗拒不能………………………247
公契約関係競売等妨害罪………457
攻撃的緊急避難………………78
交差関係………………………181
行　使…………………387, 403, 419
強　取…………………………299
公図画…………………………396
公正証書原本不実記載等罪……401
構成的身分……………………165
構成的身分犯…………………25, 165
公正な価格……………………459
構成要件………………………23
　　早すぎた──の実現…………118
構成要件該当性………………23
構成要件的過失…………24, 52, 101, 109
構成要件的結果………………28, 28
構成要件的故意…………24, 52, 101, 109
構成要件的行為………………30
構成要件的符合説……………114
構成要件不該当事由…………82
構成要件モデル………………136
構成要件要素…………………24
公　然…………………260, 430
公然陳列………………………432
公然わいせつ罪………………429
強談威迫………………………473
強盗強姦罪……………………308
強盗強姦致死罪………………308

強盗罪…………………………297
強盗致死傷罪…………………306
交　付…………………………419
交付意思………………………314
交付行為…………311, 313, 325
交付罪……………276, 309, 323
公文書偽造等罪………………396
公法的規制下にある物の不正取得……319
公　務…………………269, 446
公務員…………………………446
公務員職権濫用罪……………478
公務執行妨害罪………………446
効用侵害説……………………357
効用喪失説……………………372
公用文書………………………357
公用文書等毀棄罪……………357
拘　留…………………………196
国外犯…………………………195
国外犯処罰規定………………195
国内犯…………………………194
個人的法益に対する罪………203
誤想過剰避難…………………110
誤想過剰防衛…………………110
　　過失の──…………………110
　　故意の──…………………110
誤想避難………………………110
誤想防衛………………………109
国家的法益と詐欺罪の成否……309
国家的法益に対する罪………203
個別財産に対する罪……275, 318, 326
混合惹起説……………………152
混合的方法……………………134
昏　酔…………………………305
昏酔強盗罪……………………305
コンディツィオ公式……………31

サ

再間接教唆……………………160
最狭義の暴行…………………216
罪刑の均衡……………………18
罪刑法定主義…………………8
最広義の暴行…………………216
財　産…………………………275
財産刑…………………………197
財産上の損害…………………347

財産上の利益 ･････････275, 297, 324
財産的価値 ･･････････････････279
最小従属性説 ････････････････157
罪　数 ･･･････････････････････180
罪数論 ･･･････････････････････180
再　犯 ･･･････････････････････198
再犯加重 ････････････････････198
財　物 ･･･････275, 277, 310, 324
財物罪 ･･･････････････････275, 277
財物詐取・窃取後の暴行・脅迫 ････302
財物奪取後の暴行・脅迫 ･･･････299
罪名従属性 ･･･････････････158, 159
詐欺罪 ･･･････････････････････309
　　国家的法益と――の成否 ･･････309
作　為 ･･･････････････････････27
　　――と不作為の区別･････････46
作為可能性 ･･･････････････45, 52
作為義務 ････････････････45, 48
作為犯 ･･････････････････････44
錯　誤 ･･････････････････････311
作成権限の濫用・逸脱 ･･･････407
作成者 ･･････････････････････394
作成名義人 ･･･････････391, 394
　　――の承諾･･･････････････408
殺人罪 ･･････････････････････205
三角恐喝 ････････････････････325
三角詐欺 ････････････････････316
三徴候説 ････････････････････206

シ

私印偽造罪 ･･････････････････426
自救行為 ････････････････････67
死　刑 ･･････････････････････196
事後強盗罪 ･･････････････････302
　　――と共犯･･･････････････305
事後従犯性 ･･････････････････351
事後収賄罪 ･･････････････････488
自己堕胎罪 ･･････････････････209
事後法の禁止 ････････････････12
自殺関与罪 ･･････････････････207
事実証明に関する文書 ････････406
事実的名誉 ･･････････････････259
事実の公共性 ････････････････261
事実の錯誤と違法性の錯誤の区別 ･･･106
死者の占有 ･･････････････････284

自招危難 ････････････････････81
自招侵害 ････････････････････68
私生活の平穏・安全感 ･･･････229
事前収賄罪 ･･････････････････486
自然的行為論 ････････････････27
私戦予備罪 ･･････････････････444
死体損壊等罪 ････････････････437
失火罪 ･･････････････････････376
実行共同正犯 ････････････････162
実行行為 ････････････････････30
実行中止 ････････････････････146
実行途中からの責任能力の喪失・減弱 ････137
実行の着手 ･･････････････････140
執行猶予 ････････････････････198
実質主義 ････････････････････393
実質的違法性 ････････････････57
実質的客観説 ････････････････141
実質的正犯概念 ･･････････････164
実体的デュー・プロセス ･･････14
質的過剰 ････････････････････72
自手実行 ････････････････････40
自手犯 ･･････････････････････40
支払用カード ････････････････420
支払用カード電磁的記録不正作出準備罪 ････422
支払用カード電磁的記録不正作出等罪 ･････419
私文書偽造等罪 ･･････････････405
事務処理者 ･･････････････････343
社会的行為論 ････････････････27
社会的相当性 ････････････････59
社会的法益に対する罪 ･･･････203
社会的名誉 ･･････････････････259
社会倫理主義 ････････････････6
社交儀礼としての贈与 ･･･････484
写真コピー ･･････････････････392
惹起説 ･･････････････････････151
自　由 ･･････････････････････228
重過失 ･･････････････････････225
重過失致死傷罪 ･･････････････225
住　居 ･･････････････････････251
住居権説 ････････････････････250
住居侵入罪 ･･････････････250, 253
住居等に立入りを認める自由 ･･････228
自由刑 ･･････････････････････196
集　合 ･･････････････････････224
集合犯 ･･････････････････････186

事 項 索 引　527

重婚罪 …………………………433
重失火罪 …………………………377
集団強姦等罪 …………………248
集団犯 ………………………168, 440
収得後知情行使等罪 …………389
重要部分燃焼開始説 …………372
主観的違法要素 …………………53
主観的違法論 ……………………56
主観的構成要件要素 ……………53
主観的名誉 ……………………259
主　刑 …………………………196
取財罪 …………………………275
受精卵 …………………………204
主　体 ……………………………24
受託収賄罪 ……………………486
出水罪 …………………………378
準強制わいせつ罪 ……………246
準強姦罪 ………………………246
準詐欺罪 ………………………323
純粋惹起説 ……………………152
純粋性説 ………………………481
使　用 …………………………425
使用横領 ………………………337
傷害罪 …………………………218
傷害致死罪 ……………………219
障害未遂 ………………………145
使用価値 ………………………280
消火妨害罪 ……………………375
消極的安楽死 ……………………89
消極的価値 ……………………280
消極的構成要件要素 …………109
消極的身分 ……………………167
承継的共犯 ……………………174
条件関係 …………………………31
条件説 ……………………………31
条件付故意 ……………………112
証拠隠滅等罪 …………………468
証拠の隠滅 ……………………469
証拠の偽造 ……………………470
常習性 …………………………435
常習賭博罪 ……………………434
詔書偽造等罪 …………………395
焼　損 …………………………372
状態犯 ……………………………29
譲渡担保 ………………………334

証人等威迫罪 …………………472
私用文書 ………………………359
私用文書等毀棄罪 ……………359
証明書等の不正取得 …………320
将来担当すべき職務 …………484
職　務 ……………………446, 481
　　――と密接に関連する行為 ……482
　　――の適法性 ………………448
職務強要罪 ……………………450
所在国外移送目的略取・誘拐罪 …240
所　持 …………………………432
処断刑 …………………………198
職権濫用 ………………………478
処罰拡張事由 ……………139, 149
処分行為 ………………………313
署　名 …………………………423
所有権留保 ……………………333
侵害の急迫性 ……………………66
侵害の予期 ………………………67
人格責任 ………………………100
人格責任論 ……………………100
人格的行為論 ……………………27
新過失論 ………………………123
人工妊娠中絶 …………………208
親告罪 ………243, 248, 257, 258, 266
真実性の誤信 …………………263
真実性の証明 …………………261
　　――による免責 ……………261
真摯な努力 ……………………146
新住居権説 ……………………251
信　書 …………………………257
信書隠匿罪 ……………………362
信書開封罪 ……………………256
新新過失論 ……………………124
心神耗弱 …………………134, 323
心神喪失 …………………134, 247
人身売買罪 ……………………241
真正不作為犯 ……………………44
真正身分犯 ………………25, 165
心臓死説 ………………………206
親族間の犯罪に関する特例 …295
親族相盗例 ……………………295
親族による犯罪に関する特例 …471
身　体 …………………………216
人　体 …………………………279

──の一部 …………………………279
侵　奪 ……………………………293
侵　入 ……………………………253
信　用 ……………………………267
信用毀損 …………………………268
信用毀損罪 ………………………267
信頼の原則 ………………………127
信頼保護説 ………………………481
心理的因果関係 …………………155
心理的責任論 ……………………100

ス

推定的許諾 ………………………254
推定同意……………………………91
随伴行為 …………………………183
数故意犯説 ………………………116

セ

制御能力 …………………………134
制限故意説 ………………………131
制限従属性説 …………151, 152, 157
制限責任説 ………………………132
政治資金と賄賂罪 ………………485
性質上の凶器 ……………………223
請　託 ……………………………486
性的意図 …………………………245
性的自己決定の自由 ……………228
性的自由に対する罪 ……………243
正当業務行為………………………61
正当行為……………………………61
正当な目的のための相当な手段 …93
正当防衛……………………………63
正犯なき共犯 ……………………152
生　命 ……………………………204
生命刑 ……………………………196
生命保続可能性 …………209, 212
世界主義 …………………………195
責　任 ……………………………99
責任共犯論 ………………………151
責任減少説 ………………………72
責任主義……………………………7, 99
責任説 ……………………………131
責任能力 …………………………134
責任身分……………………………25, 165
責任身分犯…………………………25

責任無能力 ………………………134
責任モデル ………………………136
説教等妨害罪 ……………………437
積極的加害意思……………………67
積極的加害行為……………………69
積極的価値 ………………………280
積極的属人主義 …………………195
窃　取 ……………………………288
接続犯 ……………………………186
折衷的行為無価値論………………58
窃盗罪 ……………………………277
　　──と一時使用との区別 ……290
　　──と毀棄罪との区別 ………291
　　──の保護法益 ………………285
窃盗の機会の継続中 ……………304
宣告刑 ……………………………198
全体財産に対する罪 ……275, 343
全部露出説 ………………………205
占　有 ……………………………280
　　──の意思 ……………………281
　　──の弛緩 ……………………314
　　──の事実 ……………………281
　　登記による不動産の── ……331
　　不動産の── …………………293
　　預金による金銭の── ………332
占有説 ……………………………286
占有離脱物 ………………………341

ソ

争議行為……………………………63
葬祭対象物 ………………………285
相当因果関係説……………………31
相当性……………………………31
蔵　匿 ……………………………466
騒乱罪 ……………………………364
贈賄罪 ……………………………489
遡及処罰の禁止……………………12
即成犯 ……………………………29
属地主義 …………………………194
訴訟詐欺 …………………………316
損　壊 ……………………360, 362
尊厳死 ……………………………91
尊属殺人罪 ………………………205

事 項 索 引　529

タ

対価関係 …………………481
対価物件 …………………197
対向犯 ……………………168
第三者供賄罪 ……………487
第三者に取得させる意思 …338
第三者の行為の介入………36
第三者領得 ………………288
胎　児 ………………204, 208
胎児性致死傷 ……………211
対物防衛……………………65
逮　捕 ……………………233
逮捕・監禁罪 ……………232
代理・代表名義の冒用……407
打撃の錯誤 …………113, 115
他行為可能性………………99
多　衆 ……………………365
多衆犯 ……………………168
多衆不解散罪 ……………367
堕　胎 ……………………209
堕胎罪 ……………………208
奪取罪 ……………………276
他人の事務 ………………344
談　合 ……………………459
談合罪 ……………………458
単純遺棄罪 ………………213
単純一罪 ……………180, 181
単純行為犯…………………28
単純収賄罪 ………………485
単純数罪 …………………180
単純な故意ある幇助的道具…42

チ

着手中止 …………………146
注意義務違反 ……………124
中止犯 ……………………145
抽象的危険説 ……………142
抽象的危険犯………………29
抽象的事実の錯誤 …113, 119
抽象的符合説 ……………114
抽象的法定符合説 ………114
中立命令違反罪 …………444
懲　役 ……………………196
超法規的違法性阻却事由…57, 59, 93

超法規的責任阻却 ………132
直接性の要件 ……………314
直接的安楽死………………89
知慮浅薄 …………………323

ツ

追求権説 ……………350, 352
追　徴 ……………………197
通貨偽造罪 ………………386
通貨偽造等準備罪 ………389
通貨の真正 ………………386
通貨発行権 ………………386
通称名の使用 ……………409
罪を犯す意思 ……………101

テ

邸　宅 ……………………252
電子計算機使用詐欺罪 …321
電磁的記録 ………………413
電磁的記録不正作出罪 …413
転職後の収賄 ……………483
伝播性の理論 ……………260

ト

同意殺人罪 ………………207
同意堕胎罪 ………………210
同一視説……………………26
同意能力……………………84
同意の代行…………………84
動機説 ……………………112
登記による不動産の占有…331
動　産 ……………………275
同視可能性…………………45
同時傷害の特例 …………220
盗取罪 ………………276, 277
逃　走 ……………………461
逃走援助罪 ………………464
逃走罪 ……………………461
到達時説 …………………141
同等利益・優越的利益の保護…60, 74, 79
盗品等に関する罪 ………350
図　画 ……………………396
特定委任……………………9
特別関係 …………………181
特別公務員職権濫用罪 …479

特別公務員職権濫用等致死傷罪 …………480	犯　罪 ………………………………3
特別公務員暴行陵虐罪 ………………480	───の個数 …………………………180
独立燃焼説 ……………………………372	───の終了 …………………………29
賭　博 …………………………………434	犯罪共同説 ……………………………154
賭博罪 …………………………………434	犯罪供用物件 …………………………197
賭博場開張図利罪 ……………………435	犯罪構成要件 …………………………23
富くじ発売等罪 ………………………436	犯罪時 …………………………………192
図利加害目的 …………………………346	犯罪事実の認識・予見 ………………101
取込み詐欺 ……………………………313	犯罪取得物件 …………………………197
	犯罪組成物件 …………………………197

ナ

内部的名誉 ……………………………258	犯罪地 …………………………………195
内乱陰謀罪 ……………………………441	犯罪報酬物件 …………………………197
内乱罪 …………………………………439	犯罪類型 ………………………………24
内乱等幇助罪 …………………………441	判断基底 ………………………………32
内乱予備罪 ……………………………441	犯人蔵匿等罪 …………………………466
	頒　布 …………………………………431

ニ

判例の不遡及的変更…………………13

2次的責任類型 ……………………150, 153	
二重抵当 ………………………………344	

ヒ

二重の故意 ……………………………137	非移転罪 …………………………276, 328
二重売買 ………………………………333	被害者
任意性 …………………………………147	───の行為の介入 …………………34
任意的共犯 ………………………149, 168	───の同意 …………………………82
認識ある過失 …………………………111	───の特殊事情 ……………………34
認識説 …………………………………111	───の反抗を抑圧するに足りる程度 ……297
認識なき過失 …………………………111	非現住建造物等放火罪 ………………372
任務違背行為 …………………………345	被拘禁者奪取罪 ………………………463
認容説 …………………………………111	必要的共犯 ………………………149, 168
	人の始期 ………………………………205

ノ

脳死説 …………………………………206	人の事務処理を誤らせる目的 ………414
	人の終期 ………………………………206

ハ

排出された胎児 ………………………212	人を欺く行為 …………………………311
排除意思 ………………………………290	非　難…………………………………4, 99
背信説 …………………………………342	非難可能性……………………………7, 99
背任罪 …………………………………342	避難行為 ………………………………78
横領罪と───との区別 …………348	───の相当性 ………………………79
博徒結合図利罪 ………………………436	避難の意思 ……………………………78
場所的移動の自由 ……………………228	秘　密 ……………………………256, 258
罰　金 …………………………………197	秘密漏示罪 ……………………………257
発送時説 ………………………………141	評価規範 ………………………………56
早すぎた構成要件の実現 ……………118	表現犯 …………………………………54
反抗を著しく困難にする程度 ……244, 246	表象説 …………………………………111
	ビラ貼り ………………………………361
	被略取者等所在国外移送罪 …………241
	被略取者引渡し等罪……………………41

事 項 索 引　531

フ

封印等破棄罪 …………………………451
封緘物の占有 …………………………283
ブーメラン現象 ………………………109
付加刑 …………………………………196
不可罰的事後行為 ……………………184
不可罰的事前行為 ……………………184
武器対等の原則…………………………71
複合建造物 ……………………………370
不作為……………………………………27
　　――と共犯 ………………………179
　　――による欺罔 …………………312
　　――の因果関係 ……………………46
　　――の罪数 ………………………189
　　作為と――の区別 …………………46
不作為犯…………………………………44
侮辱罪 …………………………………265
不真正不作為犯…………………………45
不真正身分犯………………………25, 165
不正作出 ………………………………414
不正作出支払用カード電磁的記録供用罪 …421
不正指令電磁的記録作成等罪 ………426
不正指令電磁的記録取得等罪 ………427
不正電磁的記録カード所持罪 ………422
不正電磁的記録カード譲渡し・貸渡し・輸入罪
　………………………………………421
不正な利益 ……………………………459
付属地 …………………………………252
不退去罪 ………………………………255
物 …………………………………275, 330
物理的因果関係 ………………………155
物理的損壊説 …………………………357
不同意堕胎罪 …………………………210
不動産 …………275, 278, 292, 310, 324, 330
　　――の占有 ………………………293
不動産侵奪罪 …………………………292
不燃性・難燃性建造物 ………………371
不能犯 …………………………………142
部分的犯罪共同説 ……………………154
不法原因給付と横領罪 ………………335
不法原因給付と詐欺 …………………320
不法原因給付物と盗品等関与罪 ……353
不法な利益 ……………………………298
不法利得 ………………………………301

不法領得の意思 …………………289, 336
不保護 …………………………………214
文 書 …………………………………390
文書偽造 ………………………………390
文書の写し ……………………………392
墳墓発掘罪 ……………………………437
墳墓発掘死体損壊等罪 ………………437

ヘ

平穏侵害説 ……………………………253
平穏説 …………………………………250
併科主義 ………………………………191
併合罪 ……………………………180, 190
弁識能力 ………………………………134
変死者密葬罪 …………………………437
変 造 ………………………387, 393, 418
片面的共犯 ……………………………173

ホ

防衛行為…………………………………69
防衛行為の相当性………………………71
防衛の意思………………………………69
法益関係的錯誤 ……………………41, 86
法益衡量 …………………………60, 79, 93
法益性の欠如 ………………………60, 82
法益保護主義 ……………………………5
放 火 …………………………………371
法確証の利益……………………………64
包括一罪 …………………………180, 183
謀 議 …………………………………163
防御的緊急避難…………………………78
暴 行 ………216, 297, 324, 366, 440, 449
　　――・脅迫後の領得意思 ………300
　　――によらない傷害 ……………218
　　狭義の―― ………………………216
　　広義の―― ………………………216
暴行罪 …………………………………216
幇 助 ……………………………150, 160
法条競合 …………………………181, 348
法 人
　　――に対する脅迫罪 ……………230
　　――に対する強要罪 ……………231
　　――の犯罪能力 ……………………26
包摂関係 ………………………………181
法秩序の統一性…………………………61

法定刑 …………………………198
法定的符合説 …………………114
暴　動 …………………………440
方法の錯誤 ………………113, 115
方法の不能 ……………………143
法律主義 …………………………9
法律的支配 ……………………331
法律による宣誓 ………………473
法令行為 …………………………61
保　管 ……………………354, 432
保護観察 ………………………198
保護客体 …………………………28
保護主義 ………………………195
保護責任 ………………………215
保護責任者遺棄罪 ……………214
保護法益 ……………………28, 203
補充関係 ………………………181
補充性の要件 …………………60, 78
保障人的地位 …………………48
補助公務員の作成権限 ………398
没　収 …………………………197
本権説 …………………………286
本人のためにする意思 ………338
本犯助長性 ……………………351

ミ

未　遂 …………………………139
　――の教唆 …………………160
　――の共犯 …………………157
未遂犯 …………………………139
未成年者略取・誘拐罪 ………237
身の代金目的略取・誘拐罪 …238
身の代金要求罪 ………………240
見張り …………………………162
未必の故意 ……………………111
身　分 …………………………164
　――なき故意ある道具 ……43
身分犯 …………………………164

ム

無印公文書偽造・変造罪 ……398
無印私文書・図画 ……………405
無害な行為を処罰する罰則 …16
無形偽造 ………………………393
無形変造 ………………………393

無主物 …………………………285
無償譲受け ……………………354
無銭飲食 ………………………313

メ

明確性の原則……………………14
明文なき過失犯処罰 …………123
名　誉 …………………………259
名誉毀損罪 ……………………259
命令規範 ………………………56
面会の強請 ……………………473
免状等不実記載罪 ……………402

モ

目的刑論 …………………………4
目的的行為論……………………27
目的なき故意ある道具 ………43
目的の公益性……………………261
目的犯 …………………………54
模　造 …………………………387

ヤ

約　束 ……………………485, 489
やむを得ずにした行為 ………70, 78
やわらかな違法一元論…………95

ユ

有印公文書偽造罪 ……………397
有印公文書変造罪 ……………398
有印私文書・図画 ……………405
誘　拐 …………………………236
有価証券 ………………………416
有価証券偽造罪 ………………415
有価証券虚偽記入罪 …………416
有形偽造 …………………393, 394
有形変造 ………………………393
有償の処分のあっせん ………355
有償譲受け ……………………355
有体性説 ………………………277
輸　入 ……………………388, 419

ヨ

要　求 …………………………485
用法上の凶器 …………………223
預金による金銭の占有 ………332

事 項 索 引   533

予　備 ………………………………140
予備行為………………………………31
予備罪
　——と中止 ………………………148
　——の共犯 ………………………158

リ

利益罪 …………………………………275
離隔犯 …………………………………141
立法者意思説 ………………………169
利得罪 …………………………………275
略取・誘拐・人身売買 ……………235
利用意思 ……………………………290
量的過剰………………………………72
領得行為説 …………………………336
領得罪 …………………………276, 336
両罰規定………………………………26

ル

類推解釈…………………………………11

レ

礼拝所不敬罪 ………………………437

ロ

労役場留置 …………………………197
漏　示 …………………………………258

ワ

わいせつ ……………………………429
　——な行為 ………………………244
わいせつ物頒布等罪 ………………430
賄　略 …………………………………484
　——の価額の追徴 ………………491
　——の供与 ………………………489
　——の収受 ………………………485
　——の没収 ………………………490
　——の申込み ……………………489
賄略罪 …………………………………480

著者紹介

山口　厚（やまぐち・あつし）
　　1953 年　生まれ
　　1976 年　東京大学法学部卒業
　　現在　　東京大学名誉教授
　　　　　　早稲田大学名誉教授

主要著書
危険犯の研究（東京大学出版会，1982）
問題探究　刑法総論（有斐閣，1998）
問題探究　刑法各論（有斐閣，1999）
理論刑法学の最前線，同〈2〉（岩波書店，共著，2001・2006）
判例刑法総論［第 6 版］（有斐閣，共著，2013）
判例刑法各論［第 6 版］（有斐閣，共著，2013）
刑法総論［第 3 版］（有斐閣，2016）
刑法各論［第 2 版］（有斐閣，2010）
基本判例に学ぶ刑法総論（成文堂，2010）
基本判例に学ぶ刑法各論（成文堂，2011）
新判例から見た刑法［第 3 版］（有斐閣，2015）

　　　刑法〔第 3 版〕
平成 17 年 10 月 10 日　初　版第 1 刷発行
平成 23 年 9 月 25 日　第 2 版第 1 刷発行
平成 27 年 2 月 20 日　第 3 版第 1 刷発行
令和 2 年 1 月 30 日　第 3 版第 7 刷発行

　　　　著　者　　山　口　　厚

　　　　発行者　　江　草　貞　治

　　　　発行所　　株式会社　有　斐　閣
　　　　　　　　　郵便番号 101-0051
　　　　　　　　東京都千代田区神田神保町 2-17
　　　　　　　　　電話　（03）3264-1314〔編集〕
　　　　　　　　　　　　（03）3265-6811〔営業〕
　　　　　　　　http://www.yuhikaku.co.jp/

印刷・株式会社理想社／製本・牧製本印刷株式会社
Ⓒ2015, 山口厚. Printed in Japan
落丁・乱丁本はお取替えいたします。
★定価はカバーに表示してあります。
ISBN 978-4-641-13908-4

|JCOPY| 本書の無断複写（コピー）は，著作権法上での例外を除き，禁じられています。複写される場合は，そのつど事前に（一社）出版者著作権管理機構（電話03-5244-5088, FAX03-5244-5089, e-mail:info@jcopy.or.jp）の許諾を得てください。